S T A T I S T I C S

R & Excel 통계학의 이해와 응용

권성훈
김상익
김성환
김형문
서한손
유규상
조영주

민영사

머리말

이 책은 저자들이 수년간 학부 학생들을 대상으로 강의한 내용을 대학의 기초통계학 교재로 사용할 수 있도록 엮은 것이다. 통계학은 자체로 독립된 학문분야이기도 하나, 역사적으로 경제학, 경영학, 공학, 이학, 농학, 사회학 등 여타 학문분야에 연구의 방법론을 제공하는 보조학문으로서의 특성이 두드러졌다. 이러한 점을 감안하여 저자들은 통계학의 기초적인 이론과 응용 모두에 중점을 두고 전공 기초과목이나 일반 교양과목으로 통계학을 수강하는 학생 모두가 통계학의 기본개념을 쉽게 이해할 수 있도록 이 책을 서술하였다. 또한 학생들이 학습한 내용을 개인용 컴퓨터를 활용하여 실습할 수 있도록 각 장의 끝부분에 통계분석 프로그램인 R과 MS Excel을 사용한 예제를 수록하였다.

이 책은 기본적으로 두 학기 동안 강의할 수 있도록 구성되어 있다. 첫 번째 학기에는 기술통계학을 다루는 2장부터 시작하여 표본이론을 다루는 6장까지 자세히 강의하고, 두 번째 학기에는 7장의 통계적 추정부터 시작하여 12장의 비모수적 방법까지 강의하는 것을 추천한다. 한 학기만 강의하는 경우, 2장의 기술통계학을 생략하고 확률의 정의와 성질을 다루는 3장부터 시작하여 8장의 가설검정까지 강의하고, 시간이 허락하면 9장의 분산분석과 10장의 상관분석 및 회귀분석까지 강의할 수도 있다. 아니면 2장의 기술통계학에서 필요한 부분만 강의하고 6장의 표본이론을 마친 후, 7장이나 8장의 추정 및 검정 이론에서 기초부분만 발췌하여 다루는 것도 한 방법이 될 것이다.

이번 개정에서는 독자들이 지적해 준 몇 가지 오류를 수정하였으며, 지나치게 복잡한 내용을 간결하게 정리하고 불필요한 내용을 삭제하여 전체적인 내용을 해치지 않는 범위에서 가독성을 최대화하는데 중점을 두었다.

끝으로 건국대학교 응용통계학과 학생들과 통계학과 대학원 학생들을 포함하여, 이 책이 나오기까지 여러 모로 도움을 주신 분들과 민영사의 여러분께 감사드린다.

2023년 5월

저자 씀

차례

01 통계학 및 R 개론 9

1.1 통계학 개요 11

1.1.1 통계학은 어떤 학문인가 11

1.1.2 기술통계학과 추측통계학 12

1.1.3 표본추출 방법 14

1.2 R 사용법 15

02 자료의 정리 및 요약 23

2.1 자료의 요약 25

2.1.1 모집단과 통계량 25

2.1.2 모수와 통계량 26

2.1.3 대표값 27

2.1.4 산포도 33

2.2 도표를 이용한 자료의 정리 40

2.2.1 도수분포표와 상대도수분포표 40

2.2.2 히스토그램 44

2.2.3 줄기-잎 그림 45

2.2.4 상자그림 48

03 확률 65

3.1 표본공간과 사건 67

3.2 사건의 확률 73

3.3 확률법칙 77

3.4 조건부 확률 81

3.5 베이즈 정리 87

04 확률변수와 확률분포 97

4.1 확률변수 99
4.2 이산형 확률분포 103
4.3 연속형 확률분포 106
4.4 결합확률분포 109
4.5 주변확률분포 114
4.6 두 확률변수의 독립성 118
4.7 확률변수의 기댓값 119
4.8 확률변수의 분산 125
4.9 공분산과 상관계수 128
4.10 기댓값, 분산의 성질 133

05 여러 가지 확률분포 143

5.1 이산형 확률분포 145
- 5.1.1 이산형 균등분포 145
- 5.1.2 이항분포 147
- 5.1.3 초기하분포 155
- 5.1.4 포아송분포 160

5.2 연속형 확률분포 163
- 5.2.1 연속형 균등분포 163
- 5.2.2 지수분포 166
- 5.2.3 정규분포 168

06 표본분포 189

6.1 서론 191
6.2 확률표본과 통계량 192
- 6.2.1 확률표본 192
- 6.2.2 통계량 194

6.3 표본평균 $\overline{X}$의 분포와 중심극한정리 196

6.4 χ^2(카이제곱), t 그리고 F 분포 205
6.4.1 χ^2(카이제곱)분포 205
6.4.2 t 분포 209
6.4.3 F 분포 213

07 추정 231

7.1 서론 233
7.2 점추정 234
7.2.1 추정량과 추정값 234
7.2.2 추정량의 바람직한 성질 237
7.3 구간추정 244
7.3.1 모평균 μ에 대한 신뢰구간 246
7.3.2 모분산 σ^2에 대한 신뢰구간 257
7.3.3 두 모평균들의 차 $\mu_1-\mu_2$에 대한 신뢰구간 260
7.3.4 두 모분산들의 비 $\frac{\sigma_1{}^2}{\sigma_2{}^2}$에 대한 신뢰구간 271
7.3.5 모비율 p에 대한 신뢰구간 274
7.3.6 두 모비율들의 차 p_1-p_2에 대한 신뢰구간 277

08 가설검정 299

8.1 서론 301
8.2 가설검정의 기본원리 302
8.2.1 가설의 설정 302
8.2.2 검정의 설정 305
8.3 모평균 μ에 대한 검정 314
8.4 모분산 σ^2에 대한 검정 325
8.5 두 모평균들의 차 $\mu_1-\mu_2$에 대한 검정 328
8.5.1 독립인 두 확률표본들 이용 328
8.5.2 짝지어진 표본 이용 339
8.6 두 모분산들의 비 $\frac{\sigma_1{}^2}{\sigma_2{}^2}$에 대한 검정 343
8.7 모비율에 대한 검정 346

8.8 두 모비율의 차이 $p_1 - p_2$에 대한 검정 349

09 분산분석 367

9.1 서론 369
9.2 일원배치법 370
9.3 반복이 없는 이원배치법 378
9.4 반복이 있는 이원배치법 383

10 상관과 회귀분석 403

10.1 서론 405
10.2 상관분석 407
10.3 단순회귀분석 410
10.3.1 단순회귀식의 추정 410
10.3.2 단순회귀의 분산분석 414
10.3.3 단순회귀의 통계적 추론 419
10.3.4 모형의 검토 424
10.4 중회귀분석 426

11 범주형 자료의 분석 445

11.1 서론 447
11.2 다항분포 447
11.2.1 다항분포의 정의 447
11.2.2 다항분포의 검정 451
11.3 적합도의 검정 455
11.3.1 귀무가설하에서 모집단분포의 모수가 알려져 있는 경우 456
11.3.2 귀무가설하에서 모집단분포의 모수가 알려져 있지 않은 경우 459
11.4 동일성의 검정 466

11.5 독립성의 검정 470

12 비모수적 방법 495

12.1 서론 497

12.2 일표본위치문제 499

12.2.1 부호검정 499

12.2.2 윌콕슨의 부호순위검정 506

12.3 이표본위치문제 513

12.3.1 순위합 검정 513

12.3.2 대응비교 522

부록 541

Chapter 01

통계학 및 R 개론

1.1 통계학 개요

1.2 R 사용법

공공주택 분양 정책의 맹점

1960년대 볼티모어 시는 당시의 공공주택 분양정책이 저소득층의 사회적 태도를 긍정적으로 변화시키는 가에 대하여 알고 싶었다. 하지만 코크란(W. G. Cochran)은 이와 같은 질문에 올바른 대답을 할 수 없음을 정확히 지적하였다. 볼티모어 시는 공공주택 분양공고를 낸 후 먼저 온 순서대로 주택을 분양해왔다. 분양신청을 하려고 일찍 온 사람들의 대부분은 야망 있고 활기찬 사람들일 가능성이 높다. 따라서 이런 정책은 당연히 '분양받은 사람들의 사회적 태도'에 좋은 영향을 미치게 될 것이다. 이는 주택분양의 효과라기보다는 적극적인 사회태도를 가진 사람들이 먼저 분양을 신청하였기 때문에 발생하는 자연스런 결과이다. 코크란은 이러한 문제를 해결하기 위하여 볼티모어 시를 위한 새로운 통계적인 모형을 제안하였고 이는 여러 학문분야에 영향을 주었다.

1.1 통계학 개요

1.1.1 통계학은 어떤 학문인가

현대사회를 흔히 정보화 시대라고 부르며, 이는 현대사회에서 정보가 매우 중요함을 강조하는 표현이다. 우리는 특정 목적을 이루기 위해 다양한 관찰이나 조사를 실시하여 자료를 수집하며, 나아가 관련된 실험이나 연구를 실행하여 자료를 생성하기도 한다. 하지만 목적과 상관없는 잘못된 방법으로 수집되고 생성된 자료로부터 올바른 의사결정을 할 수는 없으며, 올바로 수집되고 생성된 자료라 하더라도 그 자체는 단지 숫자의 나열일 뿐 유익한 정보를 직접적으로 제공해 주지는 못한다. 통계학은 이렇게 특정 목적을 이루기 위하여 올바른 자료를 수집하고 생성하는 효과적인 방법을 연구하고, 이러한 자료를 효율적으로 정보화 하여, 이를 바탕으로 과학적인 의사결정 방법을 연구하고 개발하는 학문이라 할 수 있다.

예를 들어 작년에 비해 올해의 물가가 얼마나 상승했는가를 알아보기 위하여 물가상승률을 산출하는 문제를 생각해 보자. 물가상승률을 정확히 산출하려면 우리나라에서 거래되는 모든 상품의 거래가격을 조사해야 한다. 하지만 이러한 조사는 조사에 소요되는 비용이나 시간을 고려하면 현실적으로 불가능하거나 비효율적이다. 결국 모든 상품을 조사하는 대신 특정 상품의 거래가격을 조사할 수밖에 없으며, 이 경우 조사결과의 신뢰성을 얻기 위해서는 어떠한 상품의 거래가격을 조사할 것인가를 신중하게 결정해야 한다. 통계학은 이러한 결정의 문제를 해결하기 위하여 다양한 표본조사 기법들을 제공하고 있으며 주어진 상황에 맞게 적절히 적용하면 문제를 쉽게 해결할 수 있다.

또 다른 예로, 새로 개발한 고혈압 치료제의 효과를 알아보는 문제를 생각해 보자. 100명의 고혈압 환자들에게는 새로운 치료제를 복용시키고 또 다른 100명의 고혈압 환자들에는 과거의 치료제를 복용시킨 후 각각 혈압을 측정한 결과 새로운 치료제를 복용한 환자들의 혈압이 다른 환자들의 혈압보다 평균 10mHg만큼 낮았다고 하자. 이 결과만을 가지고 새로운 치료제가 과거의 치료제보다 효과적이라고 주장할 수 있을까? 혈압의 감소는 새로운 치료제의 약효가 뛰어나서 발생한 필연적 결과일 수도 있고 아니면 약효의 차이가 없음에도 불구하고 발생한 우연의 결과일 수도 있다. 이러한 경우 통계학에서 제공하는 검정방법을 사용하면 치료제의 효과가 좋아졌는지에 대한 과학적인 의사결정을 할 수 있다.

마지막 예로 과거 20년간 회사의 매출액 자료를 바탕으로 올해의 매출액을 예측하는 문제를 생각해 보자. 통계학의 시계열 분석기법을 적절히 활용하면 매출액 자료가 변화하는 패턴을 설명해 주는 효과적인 모형을 설정할 수 있고, 과거의 매출액 자료를 바탕으로 그 모형을 추정할 수 있다. 이렇게 추정한 모형을 사용하면 올해의 매출액을 합리적으로 예측할 수 있을 뿐만 아니라 회사의 매출전략 및 경영에 관련된 다양한 의사결정에 유용한 정보를 얻을 수 있게 된다.

이와 같이 통계학은 제한된 자료에 근거하여 특정 목적에 대한 합리적인 의사결정을 가능하게 해주는 학문이다. 통계학의 이러한 장점은 거의 대부분의 학문분야에서 응용되고 발전되어 왔다. 특히 생물통계학(Biometrics), 계량경제학(Econometrics), 심리통계학(Psychometrics) 화학통계학(Chemometric)은 단순한 응용이 아니라 고유의 학문분야로 인정받고 있으며, 이러한 발전은 계속 확대되고 있는 추세이다.

1.1.2 기술통계학과 추측통계학

2장에서 좀 더 자세히 정의하겠지만, 조사 및 관심의 대상이 되는 집단 전체를 **모집단**(population)이라 하고, 모집단에서 추출된 일부를 **표본**(sample)이라고 한다. 앞에서 기술한 바와 같이 통계학은 조사나 실험을 통하여 얻은 자료를 대상으로 하는 학문이며 이러한 자료를 **통계적 자료**라고 한다. 통계적 자료를 얻는 방법은 크게 두 가지로 분류할 수 있다. 하나는 모집단 전체를 조사하여 **모집단자료**를 얻는 방법이며, 다른 하나는 모집단의 일부분인 표본을 조사하여 **표본자료**를 얻는 방법이다.

통계적 자료 : Statistical Data(sample)

통계적 연구를 목적으로 수집한 자료를 **통계적 자료**라고 한다. 특히 조사대상 전체에서 수집한 자료를 **모집단자료**(population data)라고 하며 조사대상의 일부에서 수집한 자료를 **표본자료**(sample data)라고 한다.

** 문맥상 오해가 없는 경우, 모집단자료와 표본자료를 각각 모집단과 표본이라고 간단히 표현하기도 하며 단순히 자료라고 하기도 한다.

통계적 자료가 모집단자료이건 표본자료이건 간에 자료를 목적에 적합하게 정리하고 요약하지 않으면 자료의 특성이나 자료 속에 담겨져 있는 정보를 정확하게 파악할 수 없다. 따라서 자료를 정리하고 요약하여 그 특성을 정확하게 기술하는 기법을 연구할 필요가 있고 이러한 분야를 **기술통계학**(descriptive statistics)이라고 한다. 이 책의 2장부터 5장까지의 내용이 이러한 기술통계학을 다루고 있으며, 대표값과 산포도를 이용한 자료의 요약기법, 다양한 도표의 활용법, 확률변수를 활용하여 자료의 분포를 기술하는 방법 등을 소개하고 있다.

통계학의 궁극적 목적은 모집단 전체의 특성을 파악하는 것이라고 할 수 있다. 하지만 대부분의 통계적 자료는 표본자료이고 따라서 우리는 표본자료로부터 모집단 전체의 특성을 파악해야 하며, 이러한 분야를 **추측통계학**(inferential statistics)이라고 한다. 이 책의 6장 이후의 내용이 추측통계학을 다루고 있으며, 모집단의 특성을 추정하거나 가설을 검정하는 방법을 다양한 분야로 세분하여 소개하고 있다.

역사적으로 통계학은 자료를 정리·요약하는 기술통계학이 주된 분야였으나 최근 통계적 추정 및 검정 방법이 발달하면서 추측통계학이 현대 통계학의 주요 분야로 자리 잡고 있다.

1.1.3 표본추출 방법

모집단의 특성을 정확히 파악하기 위해서는 충분한 수의 표본이 필요하다. 하지만 많은 수의 표본이 반드시 모집단의 특성을 정확히 파악할 수 있는 통계적 자료를 제공하는 것은 아니며, 오히려 적지만 올바른 방법으로 얻어진 표본이 더 중요한 경우가 많다. 여기에서 올바른 방법으로 얻어진 표본이란 모집단을 잘 대표할 수 있도록 합리적으로 추출된 표본을 의미한다. 표본의 추출방법은 통계학의 한 분야인 표본조사론에서 자세히 연구되고 있으며, 자세한 사항은 이 책의 범위를 벗어난다. 다만, 이 책을 공부하기 이전에 표본이란 반드시 정해진 추출방법에 의하여 과학적으로 얻어진 것이라는 점을 확실히 숙지해야 하며, 여기에서는 통계학에서 흔히 사용하는 몇 가지 추출방법을 간단하게 소개하기로 한다.

첫 번째 방법은 **단순임의추출**(simple random sampling)이다. 단순임의추출은 가장 대표적인 추출방법으로 모집단에서 추출 가능한 모든 표본에 대하여 추출확률이 동일하도록 추출하는 방법이다. 단순임의추출은 직관적으로 이해하기 쉬울 뿐만 아니라 대부분의 통계학 분야에서 가장 많이 사용되는 추출방법이다.

두 번째 방법은 **계통추출**(systematic sampling)이다. 계통추출은 연속적인 모집단 목록으로부터 동일 간격으로 연속하여 표본을 얻는 방법이다. 즉, 모집단에서 첫 번째 표본을 임의로 추출하고 두 번째 표본부터는 정해진 간격으로 연속하여 추출하는 것이다. 모집단이 무작위로 구성된 경우, 계통추출은 단순임의추출과 거의 동일하다. 하지만 추출의 과정이 단순임의추출에 비하여 매우 간단하다는 장점이 있다.

세 번째 방법은 **층화추출**(stratified sampling)이다. 층화추출은 먼저 모집단을 여러 개의 그룹으로 나누어 층(strata)을 구성하고, 모든 층에서 독립적으로 단순임의추출을 적용하는 방법이다. 모집단을 동질적인 여러 개의 층으로 나눌 수 있는 경우, 층화추출이 단순임의추출에 비하여 더 유용하다는 사실이 알려져 있다.

마지막으로 소개할 방법은 **집락추출**(cluster sampling)이다. 집락추출은 먼저 모집단을 여러 개의 그룹으로 나누어 집락(cluster)을 구성하고, 이 집락 자체를 표본추출 단위로 간주하여 단순임의추출 하는 것이다. 모집단을 여러 개의 그룹으로 나눈다는 점은 층화추출과 동일하지만, 층화추출은 모든 그룹을 조사하고 집락추출은 그 중 일부를 조사한다는 점이 다르다.

이외에 많은 표본조사방법들이 있지만 정확한 내용은 표본조사론을 참고하기 바란다.

1.2 R 사용법

R은 뉴질랜드 오클랜드 대학교의 통계학과 교수인 로스 이하카(Ross Ihaka)와 로버트 젠틀맨(Robert Gentleman)에 의해 통계 프로그래밍 언어인 S-PLUS(S 언어)의 무료 버전 형태로 1993년부터 소개되었다. 5,000개가 넘는 패키지(일종의 애플리케이션)들이 다양한 기능을 지원하고 있으며 수시로 업데이트되고 있다. 다른 개발 언어와의 연계 호환이 가능하고, 웹과 연동하여 실시간 처리가 가능하다. 또한, 소스코드까지 공개해 R을 응용한 소프트웨어를 개발하거나 상업화할 수 있도록 허용하여 경제적 이익이 수반되는 새로운 애플리케이션 개발 및 웹 서비스 제공에 유용하다. 주로 연구 및 산업별 응용 프로그램으로 사용되었으나 최근에는 빅데이터를 다룰 수 있는 무료 소프트웨어로 주목받으며 기업에서도 많이 사용하기 시작했다. 다른 유료 데이터 분석 소프트웨어(SAS, SPSS 등)에 비해 누구나 비용적인 부담 없이 자유롭게 사용할 수 있기 때문에 현재 빅데이터 시대에서 통계 분석 도구로 사랑받고 있다. Rstudio 소프트웨어의 화면을 설명하자면, 아래 그림의 좌측 상단은 통계계산을 위한 명령어를 코딩작업하는 부분이며, 좌측 하단은 명령어 기록 및 결과를 출력해주고, 우측 상단에 생성한 데이터를 보여주며, 우측 하단에서는 그래프 등을 나타내주고 있다. 이처럼 오픈소스 프로젝트로 진행되고 있는 R은 통계 계산과 결과를 그래픽으로 표현하여 데이터를 이해하기 쉽도록 시각화에 특화된 프로그래밍 언어이다.

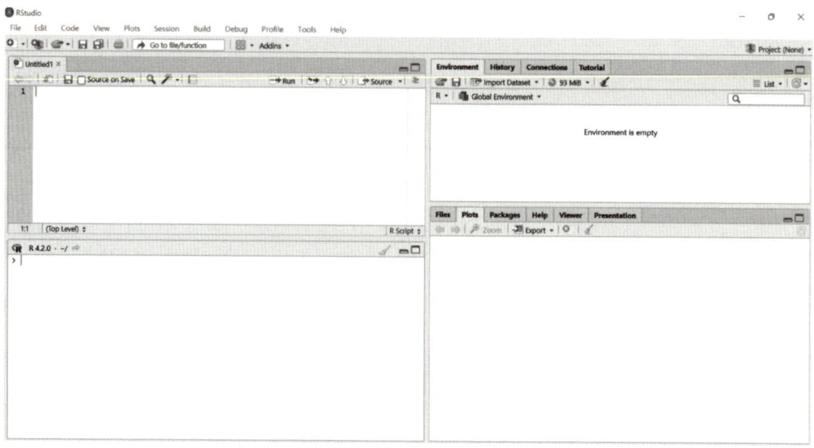

최근 RStudio 모습

좌측 상단 > 소스 창 : 명령어를 기록, 코드 저장도 가능

좌측 하단 > 콘솔 창 : R GUI의 콘솔 창과 같은 기능, 명령어 기록 및 결과 출력

우측 상단 > 환경 창 : 생성한 데이터를 보여 주는 기능

우측 하단 > 파일 창 : 워킹 디렉터리, 그래프, 설치된 패키지, 도움말 등 보여 줌

◈ R과 RStudio 설치하기 ◈

◎ R 설치

① https://www.r-project.org/ 접속

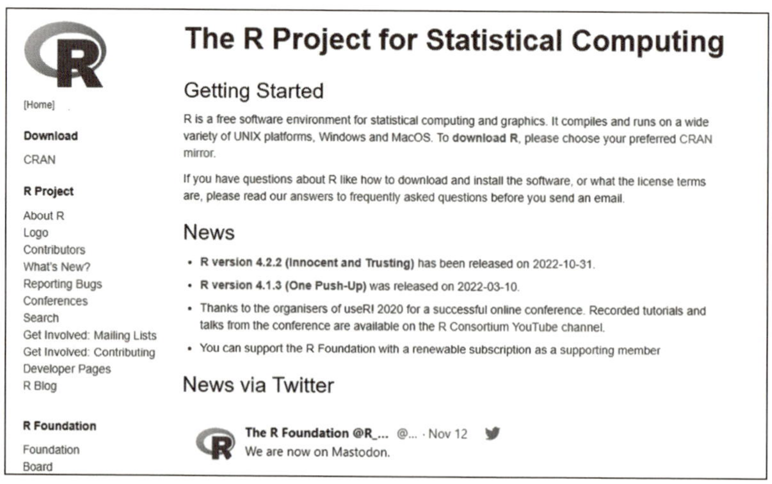

② 좌측 **Download ▶ CRAN** 클릭 : Korea에서 아무거나 선택(3번째 선택함)

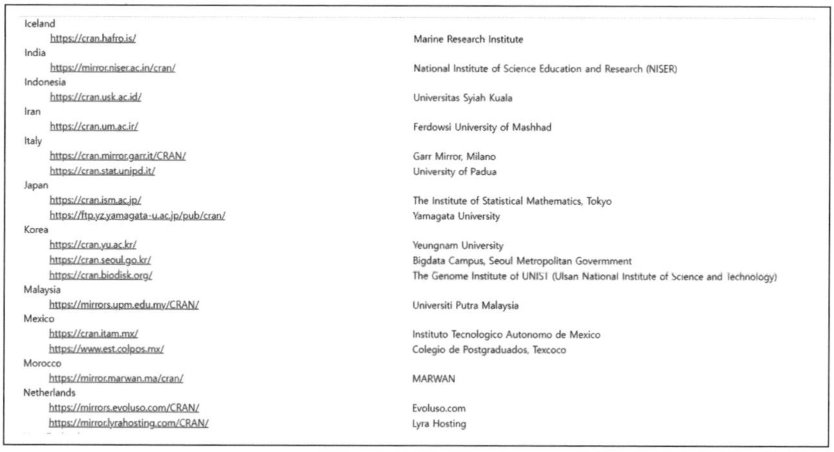

③ 자신의 컴퓨터 OS 환경에 맞게 **Download R for ~** 선택

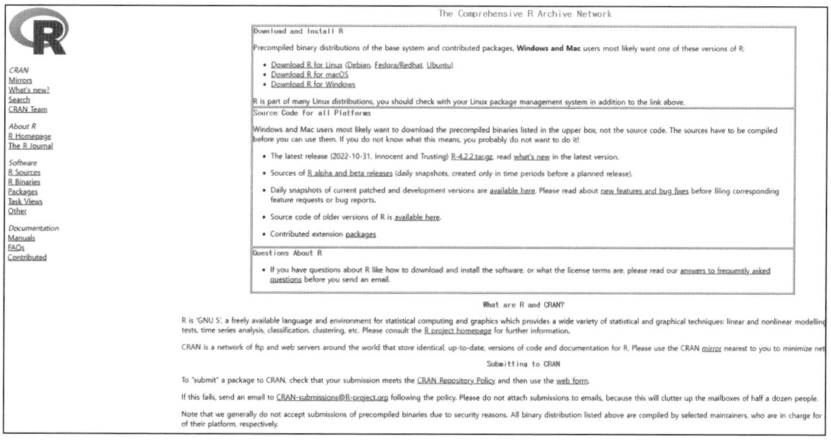

④ Download R for Windows 클릭 시 화면 > install R for the first time 클릭

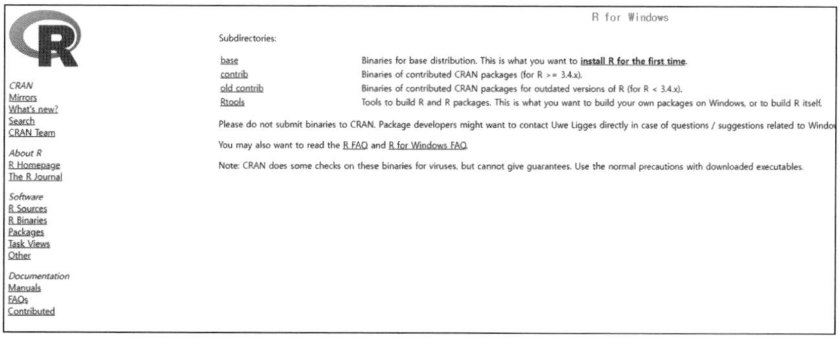

⑤ **Download R-4.2.2 for Windows** 클릭 및 설치

※ 버전 업데이트시 R-4.2.2 숫자가 변경 됩니다.

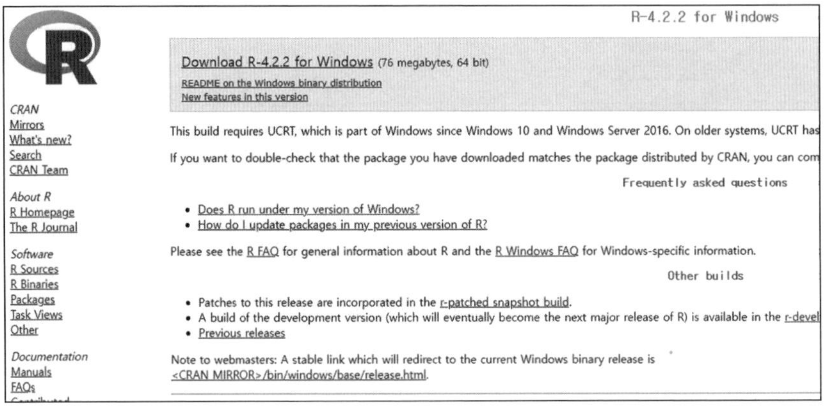

⑥ R 실행 화면

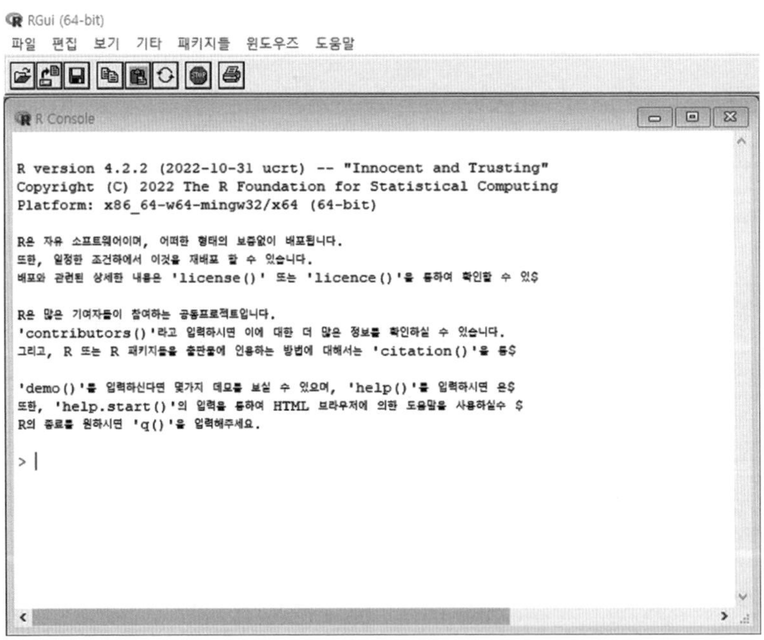

◎ RStudio 설치

① https://www.rstudio.com/ 접속

② 우측 상단 DOWNLOAD 클릭

③ **RStudio Desktop ▶ DOWNLOAD** 클릭

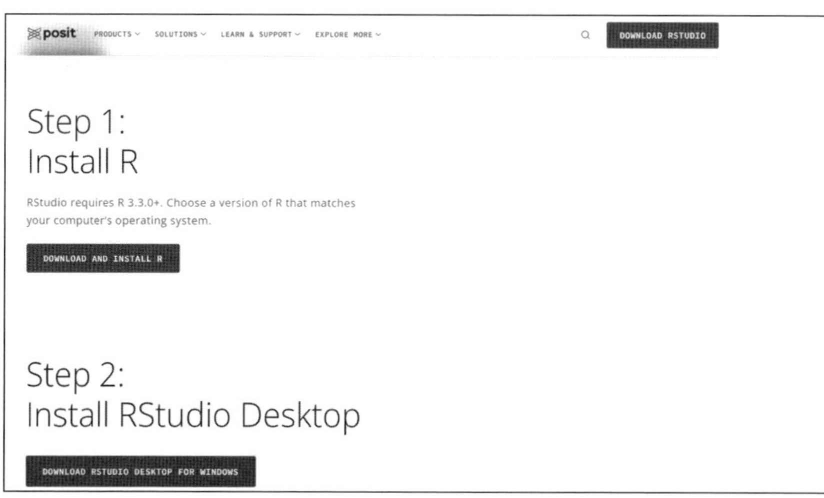

④ 자신의 컴퓨터 OS 환경에 맞게 Download 클릭

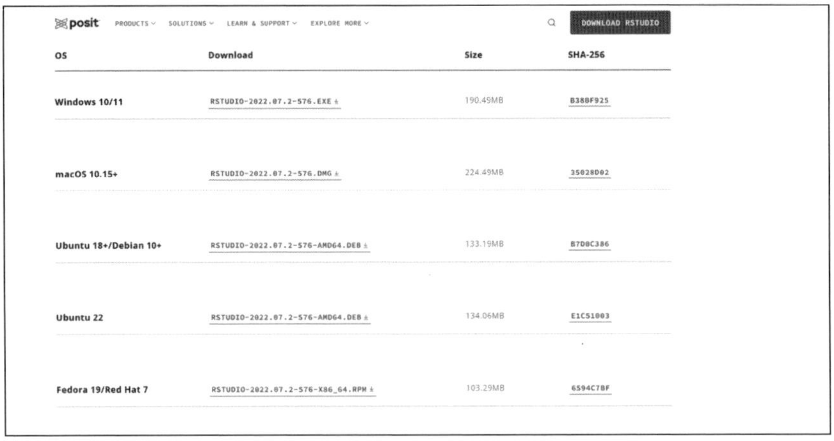

⑤ RStudio 실행 화면

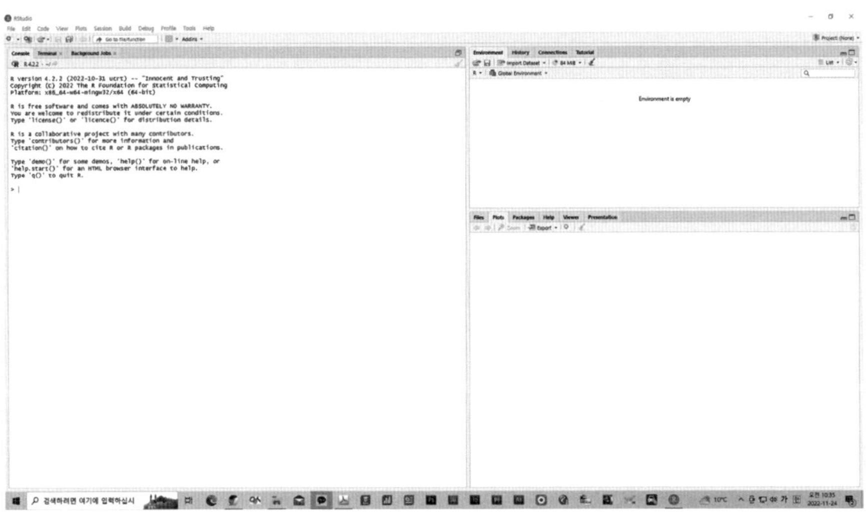

예제

새로운 식이요법을 개발한 제약회사가 이 식이요법의 효과를 알아보기 위하여 7명의 주부를 대상으로 실험을 한 결과, 이들의 체중변화는 다음과 같았다.

주부 / 체중(kg)	1	2	3	4	5	6	7
적용 전	58.5	60.3	61.7	69.0	64.0	62.6	56.7
적용 후	60.0	54.9	58.1	62.1	58.5	59.9	54.4

위의 데이터에 대하여 간단한 통계분석을 하기로 한다.

H_0 : (식이요법 전 체중 − 식이요법 후 체중)의 평균 = 0 , 식이요법 효과 없다

H_1 : (식이요법 전 체중 − 식이요법 후 체중)의 평균 〉 0 , 식이요법 효과 있다

소표본이므로 t-test 가설검정 / 유의수준 0.05

데이터 생성

```
x1 <- c(58.5, 60.3, 61.7, 69, 64, 62.6, 56.7)
x2 <- c(60, 54.9, 58.1, 62.1, 58.5, 59.9, 54.4)
diff <- x1-x2
diff
## [1] -1.5  5.4  3.6  6.9  5.5  2.7  2.3
```

명령어 - T 검정

```
t.test(diff, mu=0, alter="greater")
```

결과물

```
##     One Sample t-test


## data:  diff
## t = 3.3902, df = 6, p-value = 0.007336
## alternative hypothesis: true mean is greater than 0
```

```
## 95 percent confidence interval:
##  1.518299      Inf
## sample estimates:
## mean of x
##  3.557143
```

명령어 - 정규성 검정

```
shapiro.test(diff)
```

결과물

```
##      Shapiro-Wilk normality test

## data:  diff
## W = 0.93777, p-value = 0.6187
```

t검정통계량 : 3.3902 , p-value : 0.007336

p-value 값이 0.007336으로 유의수준 0.05보다 작아서 통계적으로 유의하므로 식이요법은 효과가 있다고 볼 수 있다. 또한, 정규분포 테스트에서 p-value 값이 0.6187로 유의수준 0.05보다 크므로 정규성을 만족한다.

Chapter 02

자료의 요약 및 정리

2.1 자료의 요약

2.2 도표를 이용한 자료의 정리

나이팅게일(Florence Nightingale)

영국의 전설적 영웅 나이팅게일은 자애로운 간호사로 잘 알려져 있지만 실제 나이팅게일은 군에서 특수한 임무를 담당하였던 여성이었다. 또한 그녀는 독학으로 높은 수준의 통계학 지식을 습득한 통계학자였다. 그녀가 고안한 독특한 파이형 그래프는 크리미안 전쟁 중 영국 군병원에서 사망한 사람의 수를 잘 표현하였다.

2.1 자료의 요약

2.1.1 모집단과 표본

통계적 자료를 얻기 위한 조사에서 조사대상이 되는 개체 하나하나를 **원소**라고 하며, 원소 전체의 모임을 **모집단**, 모집단의 일부를 **표본**이라고 한다. 모집단 원소 전체를 빠짐없이 모두 조사하는 방법을 **전수조사**라 하고 전수조사를 통해 얻은 자료를 **모집단자료**라고 한다. 또한 모집단의 일부를 조사하는 방법을 **표본조사**라 하고 표본조사를 통해 얻은 자료를 **표본자료**라고 한다. 예를 들어 한 대학교에 재학 중인 학생들의 키의 특성을 연구하기 위한 조사를 생각해보자. 이 대학교 재학생 모두의 키를 측정하여 자료를 얻을 수 있고 아니면 재학생 중 일부의 키를 측정하여 자료를 얻을 수도 있다. 이 경우 전자는 모집단 원소를 모두 조사한 전수조사이며, 후자는 모집단 원소 중 일부를 조사한 표본조사이다.

모집단과 표본 : Population and Sample

통계적 자료를 얻을 수 있는 원소 전체의 집합을 **모집단**(population)이라 하며, 모집단의 부분집합을 **표본**(sample)이라고 한다.

** 모집단을 구성하는 원소의 수가 무한인 모집단을 **무한모집단**(infinite population)이라 하고, 원소의 수가 유한인 모집단을 **유한모집단**(finite population)이라고 한다.

전수조사와 표본조사 : Census and Sampling

모집단 전체를 조사하는 방법을 **전수조사**(census)라 하며, 모집단의 일부인 표본을 조사하는 방법을 **표본조사**(sampling survey)라고 한다.

모집단의 특성을 가장 잘 반영하는 자료는 당연히 전수조사로 얻은 모집단자료이다. 하지만 무한모집단의 경우 전수조사가 불가능하며 유한모집단이라 하더라도 조사시간이나 비용 등 현실적인 측면을 고려하면 표본조사가 더 바람직한 경우가 많다. 예를 들어 전구를 생산하는 공장에서 생산된 전구의 수명시간을 조사할 때, 생산된 전구 모두를 조사하여 수명을 관찰한다면 시장으로 출하할 전구가 모두 없어지게 된다. 따라서 이러한 경우에는 전수조사가 현실적으로 불가능하며 표본조사를 통해 표본자료를 얻을 수밖에 없다.

모집단으로부터 표본을 추출하는 방법 중에서 가장 일반적인 방법은 **랜덤추출**방법이다.

랜덤추출 : Random Sampling

모집단으로부터 어떠한 인위적인 조작이 없이 무작위로 표본을 추출하는 방법을 **랜덤추출**(random sampling)이라고 한다.

2.1.2 모수와 통계량

통계학에서는 자료의 중심위치나 산포의 정도와 같이 자료가 가지는 고유의 특성을 파악하는 것이 매우 중요하며 이러한 특성을 파악하기 위하여 다양한 수치를 정의하고 활용한다. 특히 모집단자료의 특성을 요약하는 것이 통계학의 주요 목적이 되는 경우가 많으며, 전수조사가 가능한 경우라면 모집단자료를 사용하여 이러한 수치를 정확히 계산할 수 있을 것이다. 하지만 전수조사가 불가능한 경우가 많고 이러한 경우 표본조사를 통해 얻은 표본자료를 사용하여 모집단 특성을 근사적으로 계산할 수 있다. 앞으로의 논의를 간단히 하기 위하여 모수와 통계량을 다음과 같이 정의한다.

모수와 통계량 : Parameter and Statistic

모집단의 특성을 나타내는 수치를 **모수**(parameter)라고 하고 표본의 특성을 나타내는 수치를 **통계량**(statistic)라고 한다. 모수는 전수조사를 통해 얻은 모집단자료로부터 정의되며 통계량은 표본조사를 통해 얻은 표본자료로부터 정의된다.

** 하나의 모수에는 반드시 하나 이상의 통계량이 대응되어 정의되며, 이러한 통계량을 모수의 근삿값 혹은 추정값으로 활용한다.

일반적으로 모수는 그리스어 알파벳(Greek alphabet)을 사용하여 표기하고 통계량은 영어 알파벳(English alphabet)을 사용하여 표기한다. 예를 들어, 가장 대표적인 모수인 모평균(population mean)과 모분산(population variance)은 각각 μ와 σ^2으로 표기한다. 또한 모평균과 모분산에 대응하는 통계량은 표본평균(sample mean)과 표본분산(sample variance)이며 각각 $\overline{x}$와 s^2으로 표기한다.

2.1.3 대표값

자료의 특성을 나타내는 다양한 수치 중 가장 대표적인 것이 대표값이다. **대표값**은 자료 전체의 중심 위치를 하나의 값으로 요약하는 수치이며 이러한 의미에서 중심값이라고도 한다.

(1) 평균

평균은 대표값 중 가장 널리 사용되는 값이며 자료의 합을 자료의 개수로 나눈 값으로 정의된다.

평균 : Mean

n개의 자료 $x_1, x_2, \cdots, x_n$의 **평균**(mean)은 다음과 같다.

$$\frac{1}{n}\sum_{i=1}^{n} x_i$$

** 자료가 모집단자료인 경우, 평균을 **모평균**(population mean)이라고 하며 μ로 표기한다. 또한 자료가 표본자료인 경우, 평균을 **표본평균**(sample mean)이라고 하며 $\overline{x}$로 표기한다.

예제 2.1

9명의 학생으로 구성된 한 학급의 통계학 성적(점)이 79, 82, 86, 80, 84, 75, 78, 100, 77이고 이 학급에서 3명의 학생을 표본으로 추출하여 조사한 통계학 성적이 79, 86, 75이다. 이 학급의 통계학 성적의 모평균과 표본평균을 구하라.

모평균과 표본평균의 정의를 사용하면 다음과 같다.

$$\mu = \frac{(79+82+\cdots+77)}{9} = 82.3 \quad \text{그리고} \quad \overline{x} = \frac{(79+86+75)}{3} = 80$$

따라서 이 학급 전체의 통계학 성적의 모평균은 $\mu = 82.3$이고 표본으로 추출된 학생 3명의 성적의 표본평균은 $\overline{x} = 80$이다.

[예제 2.1] 에서 알 수 있듯이 평균은 계산이 간편하고 관측값의 정보가 모두 반영되는 장점이 있다. 그러나 평균은 이상점(outlier)이 존재하는 경우 자료의 중심위치를 대표하는 값으로 사용할 수 없다. 여기서 이상점은 값이 아주 크거나 작은 자료를 의미한다. 예를 들어, **[예제 2.1]** 에서 첫 번째 학생의 성적이 0점이었다고 하자. 이 경우 모평균은 대략 73.6점이며 이 값은 전체 학생의 성적을 대표한다고 보기는 어렵다. 왜냐하면 한 학생만 제외하고 모든 학생들의 성적이 75점 이상이기 때문이다. 이러한 결과가 나타난 이유는 자료에 0점과 같은 이상점이 존재하기 때

문이며 평균이 이러한 이상점에 민감하게 반응하기 때문이다. 따라서 이상점이 존재하는 경우 평균을 대표값으로 사용하는 것은 바람직하지 못하다.

이러한 단점을 보완하는 방법 중 가장 쉬운 방법은 이상점을 제거하는 것이다. 예를 들어, 단순하게 0점을 제외한 나머지 8개 성적을 사용하여 평균을 구하면 82.75점이고 이 값을 대표값으로 사용한다면 전체 성적을 좀 더 잘 요약할 수 있다. 위와 같이 전체 자료에서 큰 값이나 작은 값을 일정비율로 제외하고 구한 평균을 **절사평균**이라고 한다. 절사평균은 평균보다 이상점에 둔감하며, 일반적으로 큰 값과 작은 값을 동시에 버린 후 계산하지만, 자료의 특성에 따라 큰 값만 제외하거나 작은 값만 제외하기도 한다.

절사평균 : Trimmed Mean

자료 중에서 큰 값과 작은 값을 각각 α%만큼 버린 나머지 자료로부터 구한 평균을 α% **절사평균**(trimmed mean)이라고 한다.

** 자료가 모집단자료인 경우 **모절사평균**, 표본자료인 경우 **표본절사평균**이라고 한다.

예제 2.2

한 아파트에서 100개의 가구 중 11개의 가구를 표본으로 추출하여 조사한 결과 월간 전기사용량이 5, 90, 104, 109, 118, 125, 127, 159, 166, 188, 230이다. 이 자료로부터 10% 절사평균을 구하라.

$n=11$, $\alpha=0.1$이므로 $n\times\alpha=1.1$이다. 따라서 1개의 가장 큰 값과 작은 값인 5와 230을 버리고 난 후 평균을 구하면, 10% 표본절사평균은 다음과 같다.

$$\frac{(90+104+\cdots+188)}{9}=131.8$$

앞에서 정의한 평균과 절사평균은 자료의 중요도가 모두 같은 경우에 사용하며 **산술평균**(arithmetic mean)이라고도 한다. 그러나 자료의 중요도가 모두 같지 않은 경우에는 중요도를 반영하기 위하여 가중치를 사용하며, 이러한 대표값을 **가중평균**이라고 한다. 특히 가중평균은 물가지수와 같이 국가에서 관리하는 통계지수를 구하는 경우에 자주 사용된다.

가중평균 : Weighted Mean

n개의 자료 $x_1, x_2, \cdots, x_n$의 가중치(weight)를 각각 $w_1, w_2, \cdots, w_n$이라 할 때 **가중평균**(weighted mean)은 다음과 같다.

$$\frac{\sum_{i=1}^{n} w_i x_i}{\sum_{i=1}^{n} w_i}$$

** 자료가 모집단자료인 경우 **모가중평균**, 표본자료인 경우 **표본가중평균**이라고 한다.

가중평균은 자료의 가중치가 모두 1인 경우 평균과 같고, 계산에 사용된 자료의 가중치가 모두 1이고 버린 값의 가중치는 모두 0인 경우 절사평균과 동일하다.

예제 2.3

5개 상장회사의 주식가격이 150, 100, 30, 76, 145이고 각 주식가격의 가중치가 0.25, 0.3, 0.1, 0.2, 0.15일 때 5개 회사 주식가격의 가중평균을 구하라.

$$\frac{0.25\times 150+0.3\times 100+0.1\times 30+0.2\times 76+0.15\times 145}{0.25+0.3+0.1+0.2+0.15}=107.45$$

(2) 중위수

자료에 이상점이 포함되어 있는 경우, 평균은 중심위치를 정확히 요약하지 못하고 절사평균은 자료 중 몇 개를 버린다는 단점이 있다. 이러한 단점을 보완할 다른 대표값으로 중위수가 있다.

중위수 : Median

크기순으로 배열된 자료에서, 자료의 개수가 홀수인 경우 중앙에 위치한 자료를, 짝수인 경우 중앙에 위치한 두 자료의 평균을 **중위수**(median) 혹은 **중앙값**이라고 한다.

** 자료가 모집단자료인 경우 **모중위수**, 표본자료인 경우 **표본중위수**라고 한다.

** 일반적으로 모중위수는 $\tilde{\mu}$, 표본중위수는 $\tilde{x}$ 혹은 M으로 표기한다.

예제 2.4

[예제 2. 2] 의 자료에서 표본중위수 $\tilde{x}$와 표본평균 $\bar{x}$를 구하라.

자료의 수가 11개이므로 중앙에 위치하는 자료는 6번째 자료인 125가 되며, 따라서 $\tilde{x}=125$이다. 그리고 표본평균은 다음과 같다.

$$\bar{x}=\frac{(5+\cdots+230)}{11}=129.18$$

[예제 2. 1] 에서 성적의 모중위수는 $\tilde{\mu}=80$이고, 첫번째 학생의 성적이 0점인 경우에도 역시 모중위수는 80이다. 이와 같이 중위수는 이상점의 영향을 크게 받지 않는다는 장점이 있다.

예제 2.5

20개피의 담배 중에서 6개피를 표본으로 추출하여 조사한 결과 니코틴의 양이 2.3, 2.7, 2.5, 2.9, 3.9, 1.9이었다. 이 자료의 중위수를 구하라.

자료를 작은 값에서 큰 값 순으로 재배열하면 1.9, 2.3, 2.5, 2.7, 2.9, 3.9이고 중앙에 위치하는 자료는 2.5와 2.7이다. 따라서 표본중위수는 다음과 같다.

$$\tilde{x} = \frac{(2.5 + 2.7)}{2} = 2.6$$

---

(3) 최빈수

최빈수는 자료 중 가장 많이 출현한 값으로 정의한다. 예를 들어 11명의 학생의 성적이 9, 10, 5, 9, 9, 7, 8, 6, 10, 9, 9라면 가장 많이 출현한 자료는 9이고 따라서 최빈수는 9이다. 최빈수는 대표값의 성질을 가지고 있으며, 정의에 따르면 1개 이상 존재할 수도 있다.

최빈수 : Mode

자료 중에서 가장 많이 출현한 값을 **최빈수**(mode)라고 한다.

** 자료가 모집단자료인 경우 **모최빈수**, 표본자료인 경우 **표본최빈수**라고 한다.

예제 2.6

어떤 회사에서 12명의 사원을 표본으로 추출하여 회사에 대한 만족도를 조사한 결과 다음과 같은 자료를 얻었다.

2, 0, 3, 1, 2, 4, 2, 5, 4, 0, 1, 4

이 자료의 최빈수를 구하라.

자료 중에서 값 2와 4가 3회로 가장 많이 나타나므로 이 자료의 최빈수는 2와 4로 2개가 존재하게 된다.

최빈수는 계산이 간편하며, 자료의 수가 많은 경우에도 쉽게 구할 수 있다. 또한 무게나 부피와 같은 양적자료(quantitative data)뿐만 아니라, **[예제 2.6]**의 만족도와 같은 질적자료(qualitative data)에도 사용할 수 있다는 장점이 있다.

2.1.4 산포도

자료의 특성을 나타내는 수치 중 대표값과 함께 가장 널리 사용되는 것이 **산포도**이다. 산포도는 전체 자료가 퍼진 정도를 하나의 값으로 요약한 값이며 이러한 의미에서 산포값이라고도 한다. 예를 들어 A, B 두 음료 제조회사에서 각각 5개의 제품을 표본으로 추출하고 음료의 용량을 조사한 결과, A사 제품의 용량은 0.97, 1.00, 0.94, 0.98, 1.11이고 B사 제품의 용량은 1.06, 1.01, 0.88, 0.91, 1.14라고 하자. 이 경우 두 회사 제품의 용량의 표본평균은 1로 동일하다. 그러나 각 회사의 용량을 하나하나 살펴보면 A사 제품의 용량이 B사 제품의 용량보다 표본평균을 중심으로 퍼진 정도가 작다는 것을 알 수 있으며, 따라서 A사의 제품을 B사의 제품보다 더 신뢰할 수 있다.

(1) 범위

자료의 산포도 중 가장 간단한 것은 자료의 범위이다.

범위 : Range

자료 중 가장 큰 값에서 가장 작은 값을 뺀 값을 **범위**(range)라고 한다.

** 자료가 모집단자료인 경우 **모범위**, 표본자료인 경우 **표본범위**라고 한다.

앞의 자료에서 A사의 자료의 범위는 $1.11-0.94=0.17$이고, B사의 자료의 범위는 $1.14-0.88=0.26$이다. 따라서 B사의 범위가 더 크고 퍼진 정도가 심하다고 할 수 있다. 하지만 범위는 자료 중 가장 큰 값과 작은 값만을 사용하므로 자료의 정보를 모두 반영하지 못한다. 예를 들어 A사에서 얻은 자료가 3, 4, 5, 6, 8, 9, 10, 12, 15이고 자료 B사에서 얻은 자료가 3, 7, 7, 7, 8, 8, 8, 9, 15라고 하자. 이 경우 두 회사의 자료의 평균과 범위는 각각 8과 12로 동일이다. 그러나 자료를 하나하나 살펴보면, A사의 자료가 B사의 자료보다 평균인 8을 중심으로 좀 더 퍼져 있음을 알 수 있다. 따라서 범위는 같지만 산포의 형태는 다른 경우가 발생한다. 이러한 결과가 나타나는 이유는 범위가 자료의 최댓값과 최솟값만 고려하여 산포도를 정의하기 때문이며, 따라서 모든 자료를 산포도에 반영하는 것이 바람직하다.

(2) 분산

자료의 산포도를 측정하기 위해 각각의 자료가 자료의 위치의 중심인 평균에서 얼마만큼 떨어져 있는가를 계산하고 이를 모두 더하는 방법을 고려할 수 있다. 그러나 N개의 모집단자료 $x_1, x_2, \cdots, x_N$이 모평균 μ에서 떨어져 있는 정도인 $x_i-\mu$를 직접 더하면

$$\sum_{i=1}^{N}(x_i-\mu)=\sum_{i=1}^{N}x_i-N\mu=0$$

이 된다. 따라서 $x_i-\mu$를 직접 더하지 않고 제곱을 하여 평균을 낸 값을 자료의 산포도로 사용하는 것이 적당하며, 이 값을 **모분산**이라고 한다.

모분산 : Population Variance

N개의 모집단자료 $x_1, x_2, \cdots, x_N$의 **모분산**(population variance) σ^2은 다음과 같다.

$$\sigma^2=\frac{1}{N}\sum_{i=1}^{N}(x_i-\mu)^2$$

** 위 정의에서 $x_1-\mu, x_2-\mu, \cdots, x_N-\mu$를 **모편차**(population deviation)라고 한다.

예제 2.7

위 A사와 B사의 자료가 모집단자료라고 하자. 각각의 모평균은 8이므로, A사의 자료의 모분산은

$$\sigma_A{}^2 = \frac{(3-8)^2 + (4-8)^2 + \cdots + (15-8)^2}{9} = \frac{124}{9}$$

이며, B사의 자료의 모분산은

$$\sigma_B{}^2 = \frac{(3-8)^2 + (7-8)^2 + \cdots + (15-8)^2}{9} = \frac{78}{9}$$

이 되어 A사의 모분산이 B사의 모분산보다 크다.

표본분산 : Sample Variance

n개의 표본자료 $x_1, x_2, \cdots, x_n$의 **표본분산**(sample variance) s^2은 다음과 같다.

$$s^2 = \frac{1}{n-1}\sum_{i=1}^{n}(x_i - \overline{x})^2$$

** 위 정의에서 $x_1 - \overline{x}, x_2 - \overline{x}, \cdots, x_n - \overline{x}$를 **표본편차**(sample deviation)라고 한다.

모분산과 표본분산을 계산할 때, 모분산의 경우 편차의 제곱의 합을 자료의 개수 N으로 나누어 계산하지만, 표본분산의 경우 자료의 개수 n이 아닌 $(n-1)$로 나눈다는 점을 주의하라. 이 점에 대해서는 뒷장에서 자세히 설명하기로 한다.

예제 2.8

한 회사의 제품에 대한 시장가격을 조사하여 표본자료 12, 15, 17, 20을 얻었다. 제품가격의 표본분산을 구하라.

표본분산을 구하기 위하여 먼저 표본평균을 구한다.

$$\bar{x} = \frac{12+15+17+20}{4} = 16$$

따라서 표본분산은 다음과 같다.

$$s^2 = \frac{(12-16)^2+(15-16)^2+\cdots+(20-16)^2}{4-1} = \frac{34}{3}$$

모분산이나 표본분산은 편차를 제곱하여 계산하기 때문에 측정단위가 자료의 측정단위의 제곱이 된다. 따라서 자료의 측정단위와 같은 단위를 갖도록 양의 제곱근을 사용하는데 이를 **표준편차**(standard deviation)라고 한다.

표준편차 : Standard Deviation

모표준편차(population standard deviation) : $\sigma = \sqrt{\sigma^2}$

표본표준편차(sample standard deviation) : $s = \sqrt{s^2}$

표본분산 s^2을 계산할 때, 위 정의를 바로 사용하는 것보다 아래 정리를 사용하는 것이 간편하다.

정리 2.1

$$s^2 = \frac{1}{n(n-1)}\left\{n\sum_{i=1}^{n}x_i^2 - \left(\sum_{i=1}^{n}x_i\right)^2\right\} = \frac{n}{(n-1)}\left\{\frac{1}{n}\sum_{i=1}^{n}x_i^2 - \left(\frac{1}{n}\sum_{i=1}^{n}x_i\right)^2\right\}$$

| 증명 |

$$(n-1)s^2=\sum_{i=1}^{n}(x_i-\overline{x})^2=\sum_{i=1}^{n}(x_i^{\,2}-2\overline{x}\,x_i+\overline{x}^2)=\sum_{i=1}^{n}x_i^{\,2}-2\overline{x}\sum_{i=1}^{n}x_i+n\overline{x}^2$$

이고, 이 식에 $\overline{x}=\frac{1}{n}\sum_{i=1}^{n}x_i$를 대입하여 정리하면

$$(n-1)s^2=\sum_{i=1}^{n}x_i^{\,2}-2\left(\sum_{i=1}^{n}\frac{x_i}{n}\right)\left(\sum_{i=1}^{n}x_i\right)+n\left(\sum_{i=1}^{n}\frac{x_i}{n}\right)^2=\sum_{i=1}^{n}x_i^{\,2}-\frac{1}{n}\left(\sum_{i=1}^{n}x_i\right)^2$$

이므로 양변을 $n-1$로 나누어 **정리 2.1**을 얻는다.

예제 2.9

어느 공장에서 생산되는 볼트를 8개 추출하여 지름(cm)을 측정한 결과 다음과 같은 표본자료를 얻었다.

2.5, 2.8, 2.7, 2.4, 2.8, 2.9, 2.5, 2.2

표본분산 s^2과 표준편차 s를 구하라.

$\sum_{i=1}^{8}x_i=2.5+2.8+\cdots+2.2=20.8$이고 $\sum_{i=1}^{8}x_i^{\,2}=54.48$이므로

$$s^2=\frac{8\times54.48-20.8^2}{8\times7}=\frac{3.2}{56}=0.057(\text{cm}^2)$$이고

$s=\sqrt{0.057}=0.239(\text{cm})$이다.

자료 x_i에 일정한 상수 a를 더하여 새로운 자료 $y_i=x_i+a$로 변환한 경우, 새로운 자료의 분산은 원래 자료의 분산과 같다. 그러나 일정한 상수 a를 곱하여 $y_i=ax_i$로 변환한 경우, 새로운 자료의 분산은 원래 자료의 분산에 a^2을 곱한 것이 된다. 예를 들어, **[예제 2.9]**에서 측정단위를 mm로 변환한 경우, 자료는 25, 28, ⋯, 22로 10배가 되며, 분산은 $0.057\times100=5.7$로 100배, 표준편차는 $0.239\times10=2.39$로 10배가 된다. 이와 같이 분산이나 표준편차는 측정단위가 변하면 함께 변하며 따라서 측정

단위와 무관한 산포도의 개념이 필요하다. 대표적인 예는 표준편차와 평균의 비율인 **변동계수**이다.

변동계수 : Coefficient of Variation

모변동계수 : $\dfrac{\sigma}{\mu}$

표본변동계수 : $\dfrac{s}{\overline{x}}$

예제 2.10

[예제 2.9]의 볼트의 지름을 측정한 자료에서 측정단위가 cm인 경우와 mm인 경우의 표본변동계수를 각각 구하라.

지름을 cm로 측정한 경우 $\overline{x}=2.6$, $s=0.239$이므로 표본변동계수는 다음과 같다.

$$\frac{0.239}{2.6}=0.092$$

반면, mm로 측정한 경우 $\overline{x}=26$, $s=2.39$이므로 표본변동계수는 다음과 같다.

$$\frac{2.39}{26}=0.092$$

[예제 2.10]에서 표준편차를 사용하면 자료의 산포도가 마치 10배나 차이 나는 것처럼 잘못 판단할 수 있다. 그러나 변동계수를 사용하면 산포도는 측정단위와 상관없이 동일하다. 이와 같이 변동계수는 측정단위가 서로 다른 자료들의 산포도를 비교하는 데 사용된다.

(3) 사분위편차(IQR)

분산은 평균과 마찬가지로 자료에 포함된 이상점에 매우 민감하다. 예를 들어 자료에 몇 개의 매우 큰 값이 포함된 경우, 분산 역시 매우 커짐을 쉽게 확인할 수 있다. 이러한 단점을 보완하기 위하여 사용하는 산포도가 **사분위편차**이다.

자료를 작은 값에서 큰 값으로 크기순으로 나열하였을 때 4등분되는 위치의 값을 **사분위수**(quartile)라고 한다. 사분위수는 3개가 존재하며 가장 작은 사분위수를 **제1사분위수**, 가운데 사분위수를 **제2사분위수** 그리고 가장 큰 사분위수를 **제3사분위수**라고 한다.

사분위수는 자료의 제1사분위수보다 작거나 제3사분위수보다 큰 이상점에 영향을 받지 않는다. 또한 제1사분위수와 제3사분위수 사이에 자료의 절반 정도가 포함되며, 다음과 같이 제3사분위수와 제1사분위수의 차이가 산포도를 측정하는 수치로 사용된다.

사분위편차는 큰 값들과 작은 값들 중 각각 25%를 버린 나머지 자료들의 범위에 해당한다고 할 수 있다. 따라서 사분위편차를 **사분위수범위**라고 부르기도 한다.

예제 2.11

한 병원의 중환자실에서 환자 12명의 산소호흡기 착용시간을 조사하여 다음과 같은 표본자료를 얻었다.

3, 37, 52, 90, 56, 58, 45, 66, 75, 36, 68, 100

이 자료의 사분위편차를 구하라.

자료를 크기 순위로 재배열하면 다음과 같고,

3, 36, 37, 45, 52, 56, 58, 66, 68, 75, 90, 100

12개의 값의 중위수 $\frac{(56+58)}{2}=57$이 제2사분위수 Q_2가 된다. 그리고 3부터 56까지 6개의 값의 중위수 $\frac{(37+45)}{2}=41$이 제1사분위수 Q_1이고, 58부터 나

머지 6개의 값의 중위수 $\frac{(68+75)}{2}=71.5$가 제3사분위수 Q_3이 된다. 따라서 사분위편차 IQR은 다음과 같다.

$$IQR = 71.5 - 41 = 30.5$$

2.2 도표를 이용한 자료의 정리

앞 절에서 자료의 특성을 몇 개의 숫자로 요약하는 방법에 대하여 알아보았다. 본 절에서는 자료를 도표나 그림을 이용하여 정리하는 방법에 대하여 알아본다.

2.2.1 도수분포표와 상대도수분포표

자료의 개수가 많은 경우, 자료를 몇 개의 그룹으로 나누고 각 그룹에 몇 개의 자료가 있는지 요약하는 것이 편리한 경우가 있다. 이러한 방법의 대표적인 예가 **도수분포표**와 **상대도수분포표**이다. 예를 들어 15세대로 구성된 한 구역의 세대별 자녀 수를 조사하여 다음과 같은 자료를 얻었다고 하자.

0, 1, 3, 1, 2, 0, 4, 6, 3, 2, 2, 1, 0, 1, 2

위 자료는 0에서 6까지 7가지의 종류로 구성되어 있으며, 따라서 아래 **〈표 2-1〉**과 같이 간단히 요약할 수 있다.

표 2-1 자녀수에 대한 도수분포표

계급(자녀수)	도수
0	3
1	4
2	4
3	2
4	1
5	0
6	1
합계	15

위와 같은 표를 **도수분포표**라고 하며, 자료를 요약하기 위해 사용한 0에서 6까지의 7개의 값을 **계급**(class), 각 계급에 속한 자료의 개수를 **도수**(frequency)라고 한다.

도수분포표를 작성할 때 계급의 수가 너무 많거나 혹은 너무 적으면 자료의 특성이 잘 나타나지 않는 경우가 발생한다. 따라서 적당한 수의 계급을 결정하는 것이 중요하다. 위 예와 같이 자녀의 수 혹은 불량품의 개수와 같이 **이산형자료**(셀 수 있는 자료)인 경우에는 자료의 값을 직접 계급으로 사용하거나 혹은 몇 개의 값을 묶어서 계급으로 사용할 수 있다.

하지만 몸무게나 키와 같이 **연속형자료**(셀 수 없는 자료)인 경우 계급 대신 계급의 범위인 **계급구간**(class interval)과 계급구간의 길이인 **계급폭**(class width)의 개념을 사용하여 도수분포표를 작성한다. 사전에 정해진 계급구간의 개수 K와 계급폭 C가 없다면, 자료의 개수 n과 자료의 범위 R을 사용하여, 스터지스(Sturges)가 제안한 다음의 값을 사용하는 것이 좋다.

$$K = 1 + 3.3\log_{10} n \quad \text{이고} \quad C = \frac{R}{K}$$

예제 2.12

어떤 회사에서 생산되는 자동차용 배터리 40개의 수명을 조사한 결과 다음과 같았다(단위 : 년).

2.2	4.1	3.5	4.5	3.2	3.7	3.0	2.6
3.4	1.6	3.1	3.3	3.8	3.1	4.7	3.7
2.5	4.3	3.4	3.6	2.9	3.3	3.9	3.1
3.3	3.1	3.7	4.4	3.2	4.1	1.9	3.4
4.7	3.8	3.2	2.6	3.9	3.0	4.2	3.5

이 자료를 가지고 도수분포표를 작성하는 경우 계급구간의 수 K와 등간격폭 C를 구하라.

스터지스 공식을 이용하면 $n=40$이므로 계급의 수 K는

$$K=1+3.3\log_{10}(40)=6.28$$

이므로 계급구간의 수는 $K=6$ 혹은 $K=7$로 하는 것이 적당하다. 자료의 범위는 $R=4.7-1.6=3.1$이고, 따라서 $K=7$을 사용하면, 계급폭은 $C=\dfrac{3.1}{7}=0.443$이 된다. 그러나 편의를 위하여 계급폭은 $C=0.5$를 사용하는 것이 적당하다.

계급구간의 개수와 계급폭이 결정되면 전체 자료가 다 포함되도록 각 계급구간을 결정한다. **[예제 2.12]** 에서 등간격 계급폭 0.5, 계급구간의 개수 7을 사용하여 최솟값 1.6과 최댓값 4.7이 모두 포함되도록 적당한 계급구간을 정하면 (1.5 ~ 2.0), (2.0 ~ 2.5), (2.5 ~ 3.0), (3.0 ~ 3.5), (3.5 ~ 4.0), (4.0 ~ 4.5), (4.5 ~ 5.0)와 같이 7개의 계급구간을 얻을 수 있다. 그러나 이렇게 계급구간을 정하면 값 2.5는 두 번째 계급구간과 세 번째 계급구간에 동시에 속하게 되므로 각 계급구간에서 적당한 수를 더하거나 빼서 계급구간을 보정한다. 예를 들어, 위 계급구간에서 0.05를 빼면 (1.45 ~ 1.95)에서 (4.45 ~ 4.95)까지 보정된 계급구간을 얻을 수 있다. 마지막으로 표를 이해하기 쉽도록 각 계급구간의 중앙값인 계급중앙값을 표기하고 각 계급구간에 속하는 자료의 개수인 도수를 표기하여 정리하면 **〈표 2-2〉**와 같은 도수분포표가 된다.

표 2-2 배터리 자료에 대한 도수분포표

계급구간	계급중앙값	도수
1.45~1.95	1.7	2
1.95~2.45	2.2	1
2.45~2.95	2.7	4
2.95~3.45	3.2	15
3.45~3.95	3.7	10
3.95~4.45	4.2	5
4.45~4.95	4.7	3
합계		40

도수분포표를 작성하는 방법의 순서를 요약하면 다음과 같다.

① 계급구간의 수 K를 정한다.
② 범위 R을 사용하여 등간격 계급폭 $C=\dfrac{R}{K}$를 구한다.
③ 각 자료가 하나의 계급구간에 포함되도록 계급구간을 보정한다.
④ 각 계급구간의 계급중앙값과 도수를 구한다.
⑤ 계급구간, 계급중앙값, 도수, 도수의 합을 표기한다.

상대도수분포표는 각 계급구간에서 도수 대신 도수를 자료의 개수 n으로 나누어 계산한 **상대도수**를 나타낸 표이다. 따라서 도수분포표에서 i번째 계급구간의 도수를 f_i라 하면 상대도수분포표에서 상대도수 f_i'은 $f_i'=\dfrac{f_i}{n}$이 된다. 도수분포표와 상대도수분포표의 도수를 누적해서 **누적도수분포표**와 **누적상대도수분포표**를 얻을 수 있다. 누적도수분포표에서 i번째 계급구간의 **누적도수**를 F_i라 하면 $F_i=f_1+f_2+\cdots+f_i$가 된다. 그리고 누적상대도수분포표에서 누적상대도수 F_i'은 $F_i'=f_1'+f_2'+\cdots+f_i'$이 된다. 도수분포표, 상대도수분포표 그리고 누적상대도수분포표는 각각 따로 작성될 수도 있으나 일반적으로 몇 개의 표를 동시에 작성하며, **<표 2-3>**은 **[예제 2.12]**의 배터리 자료에 대하여 여러 가지 표를 동시에 나타낸 표이다.

표 2-3 배터리 자료에 대한 여러 가지 도수분포표

계급구간	계급중앙값	도수(f_i)	상대도수(f_i')	누적도수(F_i)	누적상대도수(F_i')
1.45~1.95	1.7	2	0.050	2	0.050
1.95~2.45	2.2	1	0.025	3	0.075
2.45~2.95	2.7	4	0.100	7	0.175
2.95~3.45	3.2	15	0.375	22	0.550
3.45~3.95	3.7	10	0.250	32	0.800
3.95~4.45	4.2	5	0.125	37	0.925
4.45~4.95	4.7	3	0.075	40	1.000
합계		40	1.00		

2.2.2 히스토그램

자료를 도수분포나 상대도수분포표로 정리하고 이것을 다시 그래프로 나타낸 것이 **히스토그램** 혹은 **막대그래프**이다. 히스토그램은 좌표축에서 가로축에 계급구간을 표시하고, 세로축에는 각 계급구간의 도수나 혹은 상대도수를 표시하여 막대로 도형화한 것이다. **〈표 2-3〉**의 배터리 자료의 도수분포표를 히스토그램으로 나타내면 **〈그림 2-1〉**과 같다.

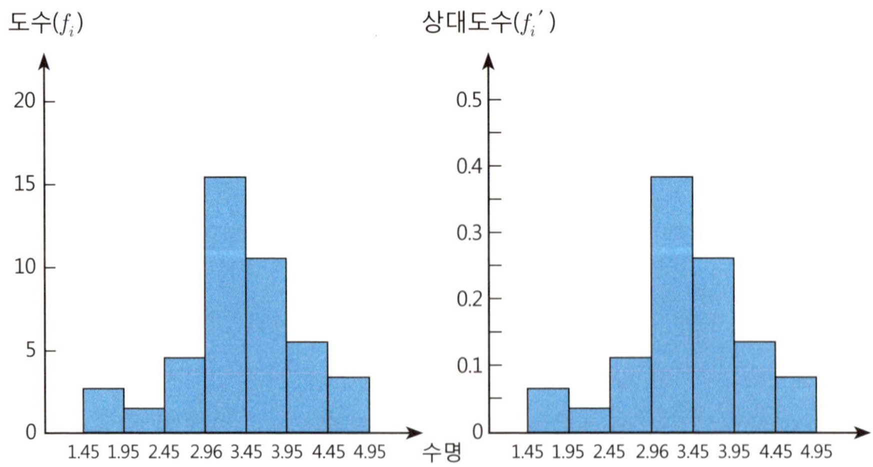

그림 2-1 배터리 자료의 히스토그램

히스토그램은 시각적인 효과를 가지고 있기 때문에 도수분포표나 상대도수분포표보다 자료의 특성을 쉽게 파악할 수 있다. 그러나 계급구간의 폭이 서로 다른 경우에는 오히려 자료의 특성이 왜곡되기 쉽다. 히스토그램의 이러한 단점을 보완하기 위하여 각 계급중앙값에서 도수나 혹은 상대도수값을 직선으로 연결시켜서 다각형 형태로 연결한 그래프를 사용하는데 이를 **도수다각형**(frequency polygon)이라고 한다.

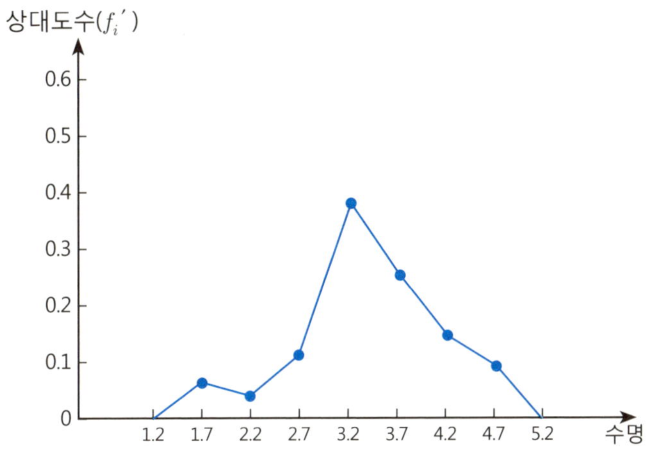

그림 2-2 배터리 자료의 도수다각형

도수다각형은 다각형의 처음과 끝에 도수가 0인 계급구간을 추가하여 그린다. **〈그림 2-2〉**는 **〈그림 2-1〉**의 상대도수 히스토그램을 도수다각형으로 표현한 것이다.

2.2.3 줄기-잎 그림

도수분포표나 히스토그램에서 모든 자료의 값을 확인할 수는 없다. 도수분포표나 히스토그램과 비슷한 성격을 가지면서 모든 자료의 값을 확인할 수 있는 그림이 **줄기-잎 그림**(stem-and-leaf display)이다. 줄기-잎 그림은 자료의 값에서 큰 단위의 값을 **줄기**로 하고 작은 단위의 값을 **잎**으로 하여, 세로줄에는 줄기를 표시하고 가로

줄에 각 줄기에 해당하는 잎을 적어 넣은 그림이다. 특히 줄기-잎 그림은 자료의 수가 비교적 적은 경우 유용하게 사용할 수 있다.

예제 2.13

한 공장에서 생산되는 제품 21개를 추출하여 크기를 측정한 결과 다음의 자료를 얻었다.

27.5, 27.6, 27.6, 30.3, 28.8, 22.9, 26.6, 31.8, 28.4, 26.9,
30.0, 31.2, 29.4, 28.0, 26.8, 26.9, 28.4, 28.8, 28.5, 26.3, 29.9

이 자료를 줄기-잎 그림을 사용하여 정리하여라.

자료에서 정수부분을 줄기로 소수부분을 잎으로 하여 줄기-잎 그림을 그릴 수 있다. 줄기가 27인 값은 27.5, 27.6, 27.6이고, 각 잎은 0.5, 0.6, 0.6이다. 마찬가지로 줄기가 26인 값은 26.3, 26.6, 26.8, 26.9, 26.9이고 각 값의 잎은 0.3, 0.6, 0.8, 0.9, 0.9이다. 이와 같이 각 값을 줄기와 잎으로 분할하여 줄기는 왼쪽 세로줄에 표시하고, 각 줄기마다 오른쪽에 잎을 적어 넣어서 줄기-잎 그림을 작성하면 **〈그림 2-3〉**과 같다.

줄기	잎
22	9
23	
24	
25	
26	3 6 8 9 9
27	5 6 6
28	0 4 4 5 8 8
29	4 9
30	0 3
31	2 8

<단위 : 0.1>

그림 2-3 제품크기 자료에 대한 줄기-잎 자료

〈그림 2-3〉의 줄기-잎 그림을 시계 반대 방향으로 90°회전하면 히스토그램의 형태가 되며, 각 줄기의 잎의 길이(잎들을 나열한 것)가 히스토그램의 막대의 길이에 해당된다. 이와 같이 줄기-잎 그림은 히스토그램의 특성을 그대로 가지고 있으며, 줄기에 해당하는 잎을 차례로 적어 넣기만 하면 되므로 히스토그램보다 간편하게 작성할 수 있다.

줄기-잎 그림을 효과적으로 사용하기 위해서는 줄기의 수를 잘 결정해야 한다. 예를 들어 **[예제 2. 12]**의 배터리자료에서 1년 단위를 줄기로 하고 0.1년 단위를 잎으로 하여 줄기-잎 그림을 그리면 **〈그림2-4〉**와 같다.

줄기	잎
1	6 9
2	2 5 6 6 9
3	0 0 1 1 1 1 2 2 2 3 3 3 4 4 4 5 5 6 7 7 7 8 8 9 9
4	1 1 2 3 4 5 7 7

<단위 : 0.1년>

그림 2-4 [예제 2. 12]의 배터리 자료에 대한 줄기-잎 그림

〈그림 2-4〉의 경우 줄기의 수가 너무 적기 때문에 자료의 특성이 잘 나타나지 않으며, 줄기의 수를 늘려서 좀 더 효과적인 그림을 얻을 수 있다. 예를 들어 잎이 0부터 4인 경우 줄기를 ∗로 표시하고 잎이 5부터 9인 경우 줄기를 ·로 표시하면 **〈그림 2-5〉**와 같이 줄기의 수가 2배인 줄기-잎 그림을 그릴 수 있다.

줄기	잎
1∗	
1·	6 9
2∗	2
2·	5 6 6 9
3∗	0 0 1 1 1 1 2 2 2 3 3 3 4 4 4
3·	5 5 6 7 7 7 8 8 9 9
4∗	1 1 2 3 4
4·	5 7 7

<단위 : 0.1년>

그림 2-5 두 배로 늘린 줄기-잎 그림

〈그림 2-4〉보다 **〈그림 2-5〉**의 줄기-잎 그림이 자료의 특성을 보다 잘 반영하고 있으며, 특히 **〈그림 2-5〉**의 줄기-잎 그림은 **〈그림 2-1〉**의 히스토그램과 비슷한 형태이다.

자료의 수가 아주 많은 경우 줄기의 수를 2배로 늘려도 자료의 특성이 잘 나타나지 않으며, 5배 혹은 10배로 늘려야 할 경우도 있다. 이와 같이 줄기-잎 그림에 자료의 특성이 잘 반영되도록 하려면 줄기의 수를 효과적으로 결정해야 한다. 일반적으로 자료의 개수가 n인 경우 줄기의 수는

$$L = 10 \cdot \log_{10} n$$

보다 적어야 효과적이라고 알려져 있다. **[예제 2. 12]**의 배터리 자료의 경우 줄기의 수는 $L = 10 \cdot \log_{10}(40) = 16.02$보다 적어야 한다. 따라서 **〈그림 2-4〉**의 4개의 줄기를 4배 이하로 늘리는 것이 적당하며 5배로 늘린 경우 줄기의 수가 20개가 되어 너무 많다고 할 수 있다.

2.2.4 상자그림

상자그림(box plot)은 자료의 사분위수, 좌우로의 치우침, 꼬리의 상태 등 자료의 분포적 특성을 파악하기 위해 사용한다. 특히 상자그림을 활용하면 이상점을 분류하거나 여러 종류의 자료의 특성을 동시에 비교할 수 있다. 상자그림을 그리기 전에 먼저 필요한 용어를 정리한다.

상자그림에서 사용하는 용어와 정의

① **스텝**(step) : 사분위편차의 1.5배 = IQR×1.5

② **안 울타리**(inner fence) : 제1, 3 사분위수에서 1스텝 바깥쪽 값

- 아래쪽 안 울타리(lower inner fence) : $f_1 = Q_1 - 1 \times$스텝
- 위쪽 안 울타리(upper inner fence) : $f_2 = Q_3 + 1 \times$스텝

③ **바깥 울타리**(outer fence) : 제 1, 3 사분위수에서 2스텝 바깥쪽 값

- 아래쪽 바깥 울타리(lower outer fence) : $F_1 = Q_1 - 2 \times$ 스텝
- 위쪽 바깥 울타리(upper outer fence) : $F_2 = Q_3 + 2 \times$ 스텝

상자그림에서 안 울타리 f_i 안쪽에 위치하면서 안 울타리에 가장 가까운 값을 **인접값**(adjacent value)이라고 한다. 또한 안 울타리 f_i의 바깥쪽에 위치하는 값을 이상점이라고 판단한다. 특히 이상점 중, 안 울타리 f_i와 바깥 울타리 F_i사이에 있는 값을 **보통이상점**(mild outlier), 바깥 울타리 F_i의 바깥쪽에 위치하는 값을 **극단이상점**(extreme outlier)이라고 판단한다. 위에서 정의된 용어와 이상점을 도표로 나타내면 **<그림 2-6>**과 같다.

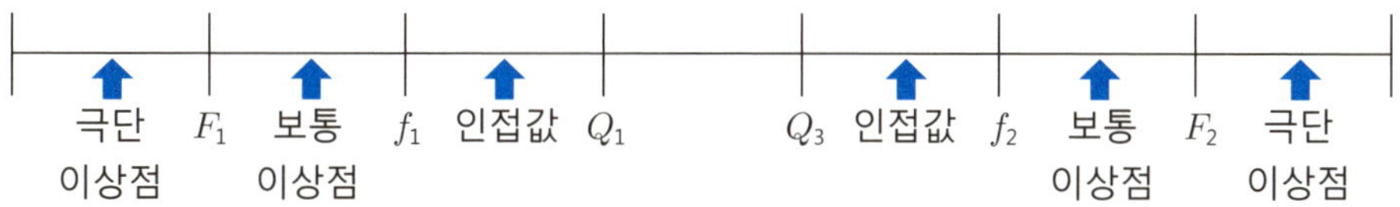

그림 2-6 상자그림에서의 용어와 이상점

이상의 논의를 바탕으로 상자그림을 그리는 순서를 정리하면 다음과 같다.

① 제1, 3 사분위수를 막대로 표시하고 연결하여 상자를 그린다.
② 상자 속에 중위수의 위치를 막대로 표시한다.
③ 인접값을 막대로 표시하고 제 1, 3사분위수 막대와 직선으로 연결한다.
④ 보통이상점과 극단이상점을 특별한 기호(예를 들어 보통이상점은 ○표, 극단이상점은 ×표)로 표시한다.

예제 2.14

다음은 1960년도 미국의 15대 도시의 인구수 자료이다(단위 : 만명).

778, 355, 248, 184, 167, 94, 94, 88, 76, 75, 75, 74, 70, 68, 63

이 자료를 가지고 이상점을 표시한 상자그림을 작성하여라.

사분위편차와 스텝, 그리고 2개의 안 울타리 값 f_1, f_2와 2개의 바깥 울타리 값 F_1, F_2를 구하면 다음과 같다.

중위수(M) = 88 $\qquad Q_1 = 74.5 \qquad Q_3 = 175.5$

사분위편차 = $175.5 - 74.5 = 101$ 스텝 = $1.5 \times 101 = 151.5$

$f_1 = 74.5 - 151.5 = -77 \qquad f_2 = 175.5 + 151.5 = 327$

$F_1 = 74.5 - 2 \times 151.5 = -228.5 \qquad F_2 = 175.5 + 2 \times 151.5 = 478.5$

따라서 f_1보다 크면서 f_1에 가장 가까운 인접값은 63이고, f_2보다 작으면서 f_2에 가장 가까운 인접값은 248이다. f_2보다 크고 F_2보다 작은 보통이상점은 355이고 F_3보다 큰 극단이상점은 778이다. 따라서 제1, 3사분위수 74.5와 175.5를 사용하여 상자를 그리고, 상자 안에 중위수 88을 표시하고 인접값 248과 63을 상자와 연결한 후 보통이상점은 355는 ○으로 극단이상점은 778은 ×로 표시하여 상자그림을 그리면 **〈그림 2-7〉**과 같이 된다.

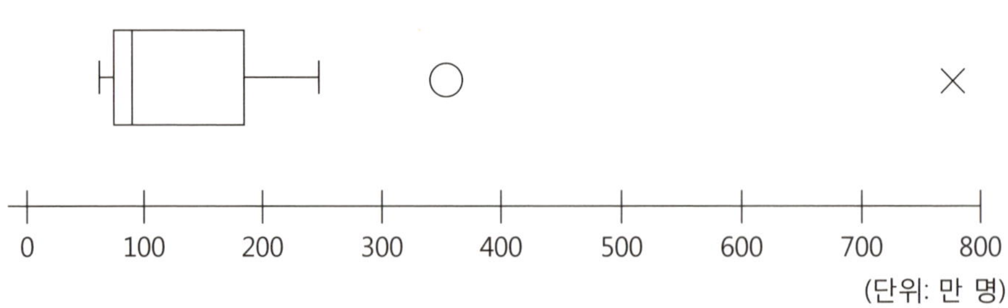

그림 2-7 미국 도시 인구자료에 대한 상자그림

상자그림을 사용하면 자료의 분포적 특성을 쉽게 파악할 수 있다. 첫째, 상자의 길이는 자료의 사분위편차이므로 자료가 퍼진 정도 즉 산포도를 나타낸다. 둘째, 중위수가 상자의 가운데에 위치하면, 자료는 대략적으로 중위수에서 좌우대칭으로 분포하며, 중위수가 어느 한쪽으로 치우쳐 있으면 자료는 비대칭적으로 분포한다. 셋째, 상자와 인접값을 연결하는 직선이 우(좌)측으로 길게 나타나면, 자료는 우(좌)측으로 긴 꼬리를 가지면서 분포한다. 넷째, 인접값 바깥쪽에 특별한 기호가 있으면 이상점이 존재한다. 이러한 내용을 **〈그림 2-6〉**의 상자그림에 적용해 보면, 미국의 15대 도시의 인구자료는 중위수에서 우측으로 기울어진 비대칭분포를 하고 있으며, 전반적으로 우측으로(큰 값 쪽으로) 길게 늘어지는 형태이며, 2개의 매우 큰 이상점을 가지고 있음을 알 수 있다.

상자그림은 특히 아래 **[예제 2.15]**와 같이 서로 다른 자료의 특성을 비교하는 데 사용할 수 있다.

예제 2.15

다음 자료는 1967년도 중국과 일본의 10대 도시의 인구를 조사한 자료이다(단위 : 십만 명).

중국 : 69.0, 40.10, 36.92, 32.2, 24.11, 21.46, 21.21, 16.5, 15.0, 11.13

일본 : 110.21, 32.14, 18.88, 16.39, 13.37, 11.95, 10.70, 7.89, 7.71, 7.04

두 자료의 특성을 상자그림을 사용하여 비교하여라.

상자그림을 그리기 위해 필요한 값을 계산하면 각각 다음과 같다.

중국 :		일본 :	
$M=22.8$		$M=12.7$	
$Q_1=16.5$	$Q_3=36.9$	$Q_1=7.9$	$Q_3=18.9$
사분위편차 = 20.4		사분위편차 = 11	
$f_1=-14.1$		$f_1=-8.6$	
$f_2=67.5$		$f_2=35.4$	

$F_1 = -44.7$	$F_1 = -25.1$
$F_2 = 98.1$	$F_2 = 51.9$
인접값 : 40.1, 11.13	인접값 : 32.14, 7.04
보통이상점 : 69	극단이상점 : 110.21

위의 값들을 이용하여 상자그림을 동시에 그리면 다음과 같다.

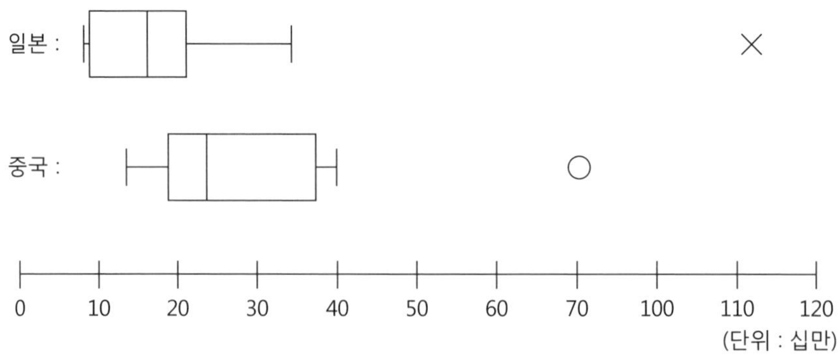

[예제 2. 15] 의 상자그림을 비교해 보면, 일본 자료의 사분위편차가 더 작고, 자료의 분포가 중위수에서 더 대칭적이며 우측으로 길게 늘어지는 형태임을 알 수 있다. 일본은 극단이상점이 중국은 보통이상점이 각각 1개씩 존재하고, 전반적으로 중국도시의 인구가 일본도시의 인구보다 많다는 것을 알 수 있다.

▶ 예제 2.13 : 기술통계량, 줄기-잎 그림, 상자 그림

데이터 생성

```
size <- c(27.5, 27.6, 27.6, 30.3, 28.8, 22.9, 26.6, 31.8, 28.4,
26.9, 30, 31.2, 29.4, 28, 26.8, 26.9, 28.4, 28.8, 28.5, 26.3,
29.9)
```

설명

Min : 최솟값

1st Qu : 1사분위 수

Median : 중앙값

Mean : 평균

3rd Qu : 3사분위 수

Max : 최댓값

var : 분산

sd : 표준편차

str : 데이터의 개수, 속성 등을 요약

명령어 - 기술통계량_최솟값, 1사분위 수, 중앙값, 3사분위 수, 최댓값

```
summary(size)
```

결과물

```
##    Min. 1st Qu.  Median    Mean 3rd Qu.    Max.
##   22.90   26.90   28.40   28.22   29.40   31.80
```

명령어 - 기술통계량_분산

```
var(size)
```

결과물

```
## [1] 3.783619
```

명령어 - 기술통계량_표준편차

```
sd(size)
```

결과물

```
## [1] 1.945153
```

명령어 - 기술통계량_데이터의 개수, 속성 등을 요약

```
str(size)
```

결과물

```
##  num [1:21] 27.5 27.6 27.6 30.3 28.8 22.9 26.6 31.8 28.4
26.9 ...
```

명령어 - 줄기-잎 그림

```
stem(size,scale=2)
```

결과물

```
The decimal point is at the |

22 | 9
23 |
24 |
25 |
26 | 36899
27 | 566
28 | 044588
29 | 49
30 | 03
31 | 28
```

명령어 - 상자 그림

```
boxplot(size)
```

결과물

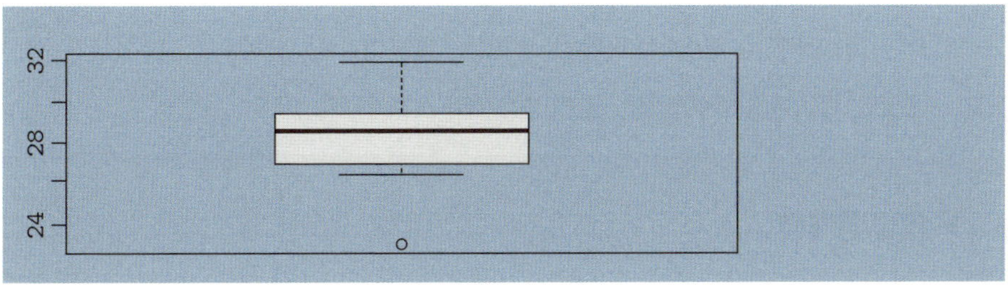

명령어 - 히스토그램

```
hist(size)
```

결과물

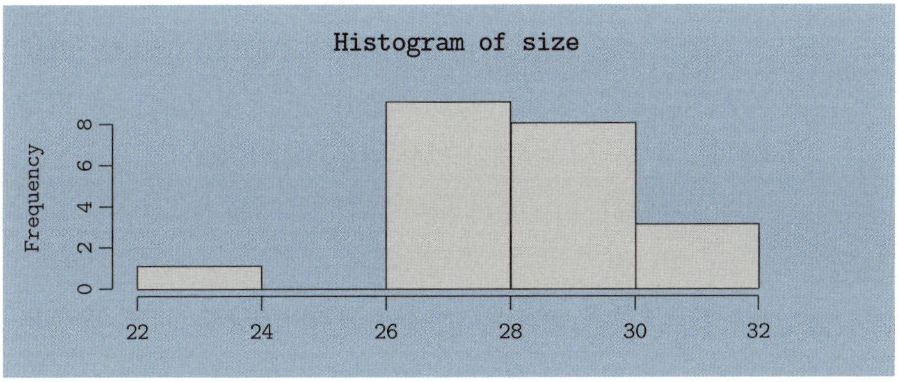

Excel

엑셀을 이용하여 **[예제 2. 13]**의 자료에 대한 기술 통계량을 구하는 방법을 알아본다. 엑셀은 기술 통계량을 구하는 통계함수들과 데이터 분석 메뉴를 제공하므로 이를 이용하여 기술 통계량을 구할 수 있다.

▶ 기술 통계량

통계함수를 이용한 절차

◎ 자료를 워크시트에 입력한다.

◎ 수식입력줄에 구하고자 하는 통계량의 함수를 직접 입력하거나 함수마법사를 이용하여 원하는 함수를 찾아 입력한다.

◎ 기술 통계량을 구하는 함수들 :

평균(AVERAGE), 합계(SUM), 표준편차(STDEV), 최댓값(MAX), 최솟값(MIN), 최빈값(MODE), 중앙값(MEDIAN), 자료의 수(COUNT), 절사평균(TRIM-MEAN), 사분위수(QUARTILE), 백분위수(PERCENTILE)

선택인수에 대한 자세한 내용은 엑셀의 도움말을 참조한다.

다음의 그림은 AVERAGE 함수를 이용하여 평균을 계산한 예이다.

D1 　 fx =AVERAGE(A1:A21)

	A	B	C	D	E
1	27.5		평균	28.2	
2	27.6		표준편차	1.9	
3	27.6		최소값	22.9	
4	30.3		최대값	31.8	
5	28.8		데이터 수	21	
6	22.9		중위수	28.4	
7	26.6		1사분위수	26.9	
8	31.8		3사분위수	29.4	
9	28.4				

다음 그림은 QUARTILE 함수를 이용하여 사분위수를 계산한 예이다.

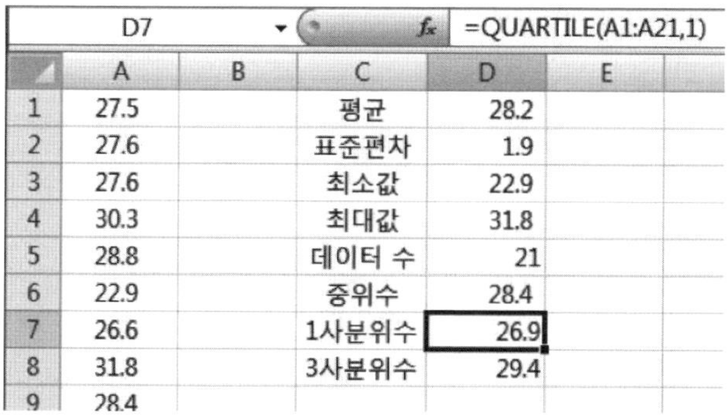

D7 | =QUARTILE(A1:A21,1)

	A	B	C	D	E
1	27.5		평균	28.2	
2	27.6		표준편차	1.9	
3	27.6		최소값	22.9	
4	30.3		최대값	31.8	
5	28.8		데이터 수	21	
6	22.9		중위수	28.4	
7	26.6		1사분위수	26.9	
8	31.8		3사분위수	29.4	
9	28.4				

데이터 분석 도구를 이용한 절차

◎ **[도구] ⇒ [데이터 분석]**에서 기술 통계법을 선택한다.

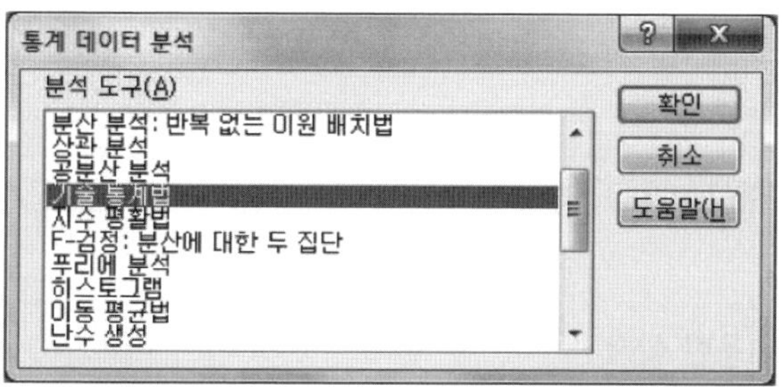

◎ 데이터 범위를 선택한 후 출력옵션에서 요약 통계량을 선택한다.

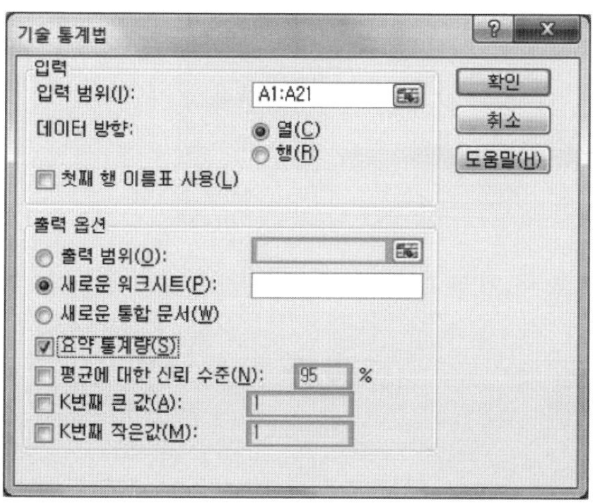

결과물

	A	B
1	Column1	
2		
3	평균	28.21905
4	표준 오차	0.424467
5	중앙값	28.4
6	최빈값	27.6
7	표준 편차	1.945153
8	분산	3.783619
9	첨도	1.746927
10	왜도	-0.57227
11	범위	8.9
12	최소값	22.9
13	최대값	31.8
14	합	592.6
15	관측수	21
16		

▶ 히스토그램 그리기

히스토그램도 데이터 분석 도구를 이용하여 다음과 같이 그릴 수 있다.

데이터 분석 도구를 이용한 절차

◎ **[도구]** ⇒ **[데이터 분석]**에서 히스토그램을 선택한다.

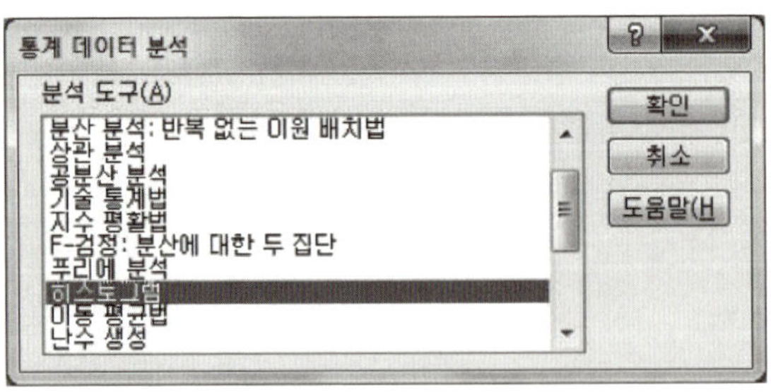

◎ 데이터 범위를 선택한 후 출력옵션에서 차트 출력을 선택한다.

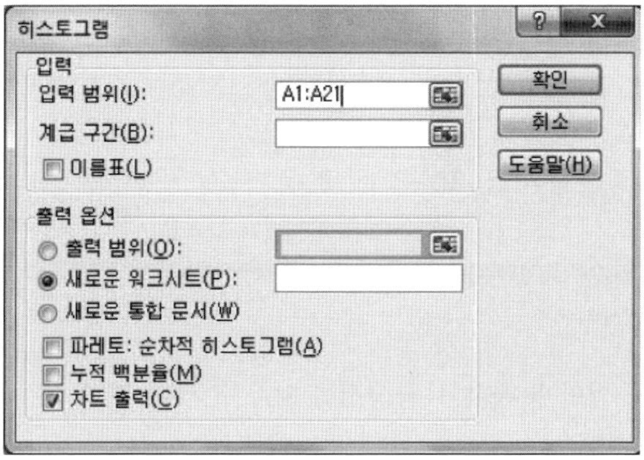

결과물

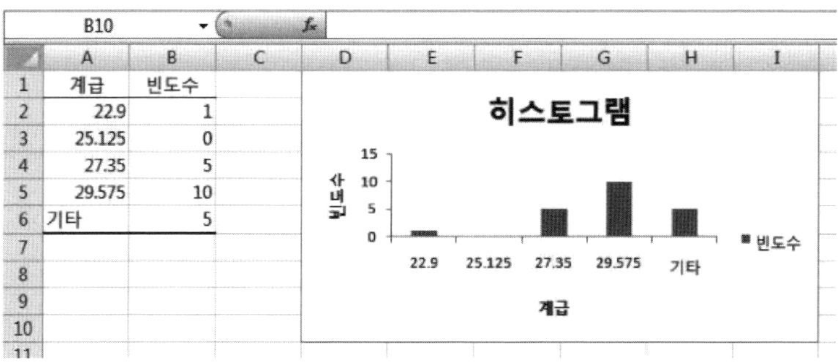

연습문제

1. 어느 도시에서 5층 이상의 건물 수를 조사한 결과 다음과 같은 자료를 얻었다.

4 7 0 7 11 4 1 15 3 5 8 7

이 자료의 평균, 중위수, 최빈수를 구하라.

2. 어느 학급 36명의 학생의 통계학 시험성적을 모두 조사한 결과 다음과 같았다.

53 94 78 67 90 47 85 60 70
91 82 61 42 86 79 83 39 95
64 86 60 88 82 95 54 80 91
91 78 90 90 60 48 76 88 81

(1) 평균, 중위수, 5% 절사평균을 구하라.
(2) 범위, 사분위편차, 분산, 표준편차를 구하라.

3. 교육부에서 전국 대학 졸업생의 평균학점을 조사하기 위하여 전국 대학 졸업생 중 20명을 표본으로 추출해서 4.0 만점으로 환산한 결과 성적은 다음과 같았다.

3.2 1.9 2.7 2.4 2.8 2.9 2.8 3.0 2.5 3.3
1.8 2.5 3.7 2.8 2.0 3.2 2.3 2.1 2.5 1.9

(1) 이 자료의 표본평균과 표본중위수는 얼마인가?
(2) 이 자료의 표본분산과 표준편차 및 사분위편차를 구하라.
(3) 변동계수는 얼마인가?

4. 어떤 회사에서 생산되는 제품을 랜덤하게 10개를 추출하여 무게를 측정한 결과 표본평균은 2,780g이었고 표준편차는 96.4g이었다. 그리고 이 제품의 판매가격을 알아보기 위하여 10개 지역을 랜덤하게 추출하여 판매가격을 조사한 결과 가격의 평균과 표준편차는 각각 1,290원과 90원이었다. 이 제품의 가격과 무게 중 어느 것이 균일하다고 할 수 있겠는가?

5. 중소기업인 갑회사와 대기업인 을회사의 과거 9년 동안의 매출액을 조사한 결과가 다음과 같았다.

갑회사	4.7	9.73	13.66	14.48	10.01	11.95	11.51	13.92	20.19	(단위 : 천만원)
을회사	116.9	106.3	178.7	270.5	165.1	205.2	226.6	243.2	313.4	(단위 : 십억원)

(1) 두 회사의 표본평균은 각각 얼마인가? 그리고 각 회사의 분산과 표준편차를 구하라.

(2) 각 회사의 변동계수를 구하라.

(3) 어느 회사의 매출액이 과거 9년 동안 변동이 더욱 심하였다고 할 수 있는가?

6. 다음 자료는 어떤 생물실험실에서 지방성분이 없는 사료를 15마리의 실험용 쥐에게 3주 동안 먹이로 주고 난 후, 혈액 속의 글루코스 양을 측정한 결과이다(단위 : mg/ml).

94.55 96.53 88.11 93.26 97.17 87.13 99.10 94.45
83.63 103.02 100.5 86.83 89.40 89.09 92.55

(1) 이 표본자료의 평균과 중위수를 구하라.

(2) 표본자료의 범위 및 분산, 표준편차를 구하라.

(3) 제1사분위수와 제3사분위수는 얼마인가? 그리고 이 자료의 사분위편차를 구하라.

7. 화학실험에서 화학물질을 다른 특정물질에 혼합시켰을 때 화학반응이 일어나는 시간을 36회 실시하여 조사한 결과가 다음과 같았다(단위 : 초).

1.25 1.50 2.00 1.00 2.75 1.25 1.50 1.50 1.25
1.00 1.50 1.50 0.75 1.75 1.75 1.75 1.00 1.50
2.50 0.75 2.25 1.00 1.00 1.25 1.00 1.25 2.00
0.75 1.50 1.00 1.50 0.75 1.50 1.00 1.25 2.25

(1) 이 자료를 도수분포표를 이용하여 정리하고 히스토그램을 작성하여라.
(2) 상대도수분포표, 누적도수분포표, 상대누적도수분포표를 작성하여라.

8. 다음 자료는 30일 동안 한 학생이 집에서 학교까지 등교하는 데 소요된 시간을 측정한 결과이다(단위 : 분).

22 28 12 44 26 19 37 16 20 14 26 33 24 31 30
14 18 15 23 34 26 25 18 49 35 40 29 32 27 31

(1) 줄기의 단위를 10으로 하여 줄기-잎 그림을 작성하여라.
(2) (1)번의 줄기-잎 그림에서 줄기를 2배로 증가시켜 새로운 줄기-잎 그림을 작성하여라.
(3) 2개의 줄기-잎 그림을 비교하여 어느 그림이 이 자료의 특성을 잘 나타내 주고 있는지 설명하여라.

9. 두 종류의 사료의 효과를 측정하기 위하여 각 사료 당 20마리의 같은 종류의 송아지에게 한 달 동안 먹인 후, 송아지 무게의 증가를 측정하였다(단위 : kg).

사료 A					사료 B				
8.6	10.1	10.5	9.3	9.7	9.6	9.8	12.3	9.9	10.0
9.1	8.5	11.6	8.2	9.6	13.2	10.4	11.6	12.0	9.5
10.3	7.9	9.4	9.1	11.0	11.5	10.5	10.5	11.3	10.6
10.8	9.4	8.8	8.5	7.5	9.7	9.3	11.8	11.0	10.8

(1) 각각의 자료를 줄기-잎 그림을 이용하여 정리하여라.

(2) 두 자료에 대한 상자그림을 작성하고, 두 자료의 특성을 비교하여라.

10. 어느 상점에서 하루에 물건을 사가는 고객의 수를 40일 동안 조사한 결과가 다음과 같았다.

27 28 29 29 26 17 30 25 29 33 34 25 30 27
21 19 28 31 30 36 32 16 31 24 25 23 21 22
23 21 26 24 28 26 27 28 19 20 27 25

(1) 단위를 5로 하여 줄기-잎 그림을 작성하여라.

(2) 이 자료에 대한 상자그림을 작성하고 자료의 특성을 요약하여라.

11. 어떤 특정한 식물의 뿌리 무게를 조사하기 위하여 40개를 조사한 결과가 다음과 같았다(단위 : g).

3.36 1.98 3.80 2.35 5.94 2.96 5.30 3.95 3.33 3.43
9.26 4.24 3.33 2.52 2.90 2.70 4.41 2.00 3.67 2.30
4.50 4.14 9.85 3.73 1.50 1.93 1.93 1.78 3.63 2.65
4.14 2.02 4.42 2.53 9.00 3.88 2.10 2.22 7.27 4.11

상자그림을 작성하고 보통 이상점 및 극단 이상점을 파악하고 자료의 특성을 요약하여라.

12. 본장의 연습문제 11의 자료에 대해 R을 이용하여 기술통계량을 구하고 상자그림을 작성하여라.

Chapter 03
확률

3.1 표본공간과 사건

3.2 사건의 확률

3.3 확률법칙

3.4 조건부 확률

3.5 베이즈 정리

확률(probability)의 응용

베네치아 공화국은 한때 지중해를 이끄는 도시 국가 중 하나였다. 이 공화국은 150여 명의 도제가 나라를 다스렸다. 이들은 일련의 귀족 가문에서 선출되었는데 도제가 사망하면 귀족 가문에서 몇을 제비뽑기로 선택하여 렉터(lector)를 구성하고 비슷한 방식으로 몇 번의 과정을 반복하여 마지막 렉터들이 사망한 도제를 대신하는 도제를 선출하였다.

이 장에서는 확률을 정의하고, 확률이 가지는 몇 가지 중요한 성질에 대하여 알아보고자 한다. 확률은 통계학 전반에 걸쳐 이론의 기본을 제공해주는 중요한 개념이다.

3.1 표본공간과 사건

확률은 통계학뿐만 아니라 일상생활에서도 널리 사용되는 용어이다. 예를 들어 '동전을 던질 때 앞면이 나타날 확률은 얼마인가'와 같은 질문에서 '확률'이라는 용어가 자연스럽게 사용된다. 위 질문을 자세히 살펴보면 '확률'을 정확하게 정의하기 위해서는 반드시 두 가지 전제조건이 갖추어 져야한다는 사실을 알 수 있다. 첫 번째 조건은 '동전을 던질 때'와 같이 어떠한 '실험이나 조사'가 있어야 한다는 것이고, 두 번째 조건은 '앞면이 나타날'과 같이 실험이나 조사의 '결과'가 있어야 한다는 것이다. 이 두 가지 전제조건은 확률을 엄밀하게 정의하기 이전에 먼저 고려되어야 하며, 통계학에서는 다음과 같이 **표본공간**과 **표본점**라는 용어를 사용하여 개념을 정리하고 있다.

표본공간과 표본점 : Sample Space and Sample Point

어떤 실험이나 조사에서 얻을 수 있는 '모든 결과의 집합'을 **표본공간**(sample space)이라 하며, 일반적으로 영어 대문자 $\boldsymbol{S}$로 표기한다. 그리고 표본공간에 속하는 각각의 원소를 **표본점**(sample point)이라 한다.

** 표본점의 개수가 유한인 표본공간을 **유한표본공간**(finite sample space)이라 하고, 표본점의 개수가 무한인 표본공간을 **무한표본공간**(infinite sample space)이라고 한다.

** 표본점을 하나씩 셀 수 있는 표본공간을 **이산형 표본공간**(discrete sample space)이라 하고, 표본점을 하나씩 셀 수 없는 표본공간을 **연속형 표본공간**(continuous sample space)이라고 한다.

예제 3.1

1개의 동전을 1회 던지는 실험에서 앞면이 나타나는 경우 H로 뒷면이 나타나는 경우 T로 표시하면, 표본공간 S는 다음과 같다.

$$S = \{H, T\}$$

이 때 표본공간의 원소 H와 T가 표본점이고 S는 이산형 유한표본공간이다.

예제 3.2

1개의 주사위를 1회 던져서 윗면에 나타나는 숫자를 조사할 때, 표본공간 S는 다음과 같다.

$$S = \{1, 2, 3, 4, 5, 6\}$$

예제 3.3

어떤 공장에서 생산되는 제품을 하나씩 연속적으로 3개를 검사하여 불량품이면 D, 양품이면 N으로 표기하는 경우 표본공간 S는 다음과 같다.

$$S = \{DDD, DDN, DND, NDD, DNN, NDN, NND, NNN\}$$

그리고 DDD 혹은 DDN과 같은 각각의 원소가 표본점이 되며 따라서 표본점의 수는 $2^3 = 8$개이다.

예제 3.4

자연수 전체의 집합에서 1개의 수를 선택하는 경우 표본공간은 S는 다음과 같다.

$$S = \{1, 2, 3, 4, \cdots\}$$

개개의 자연수가 모두 표본점이 된다. 이 경우 표본점의 수는 무한히 많으나 하나씩 셀 수 있으므로 S는 이산형 무한표본공간이다.

예제 3.5

전자제품 공장에서 생산되는 제품을 1개 선택하여 수명을 측정하는 경우, 표본공간 S는 다음과 같다.

$$S = \{x \mid x \geqq 0\}$$

이 경우 0보다 크거나 같은 실수가 모두 표본점이 되어 표본점을 하나씩 셀 수 없다. 따라서 S는 연속형 무한표본공간이다.

표본공간 S는 하나의 집합이므로 항상 공집합 ϕ와 S 자신을 부분집합으로 가진다. 따라서 표본공간 S는 항상 2개 이상의 부분집합을 가진다. 이와 같이 표본공간의 부분집합을 표본공간 S에서 정의된 **사건**(event)이라고 한다. 정의에 의하면 사건은 실험이나 조사를 통해 얻을 수 있는 모든 결과 중 특정 조건을 만족하는 결과의 집합을 의미하게 된다. 예를 들어 **[예제 3.2]**에서 사건 $A = \{2, 4, 6\}$과 사건 $B = \{4\}$는 각각 짝수가 나오거나 4가 나오는 경우를 나타낸다. 이와 같이 표본공간보다 사건이 관심의 대상이 되는 경우가 많다.

사건 : Event

표본공간 S의 부분집합을 표본공간 S에서 정의된 **사건**이라고 한다.

** 표본점 하나로 이루어진 사건을 **단순사건**(simple event)이라 하고, 둘 이상의 표본점으로 이루어진 사건을 **복합사건**(compound event)이라 한다.

** 유한개의 표본점으로 이루어진 사건을 **유한사건**(finite event)이라 하며, 무한개의 표본점으로 이루어진 사건을 **무한사건**(infinite event)이라 한다.

예제 3.6

1개의 동전을 1회 던지는 경우, 표본공간 S와 S에서 정의된 사건을 모두 나열하여라.

동전의 앞면이 나타나면 H로 뒷면이 나타나면 T로 표시할 경우, 표본공간 S는 다음과 같다.

$$S = \{H, T\}$$

또한 표본공간 S에서 정의 가능한 모든 사건은 다음과 같다.

$$\{H\}, \{T\}, \{H, T\}, \phi$$

이 경우, $\{H\}$와 $\{T\}$는 단순사건이며 $\{H, T\}$는 복합사건이다.

표본공간과 S와 S에서 정의된 사건은 모두 하나의 집합이므로 집합의 연산을 그대로 적용할 수 있고, 연산기호도 그대로 사용한다.

결합사건 : Joint Event

사건 A와 B에 동시에 포함되는 표본점의 집합을 A와 B의 **결합사건**(joint event) 혹은 곱사건이라 하고 $A \cap B$로 표기한다.

합사건 : Union of Events

사건 A에 포함되거나 혹은 사건 B에 포함되는 표본점의 집합을 A와 B의 **합사건**(union of event)이라 하고 $A \cup B$로 표기한다.

결합사건과 합사건을 **벤다이어그램**으로 도시하면 **〈그림 3-1〉**과 같다.

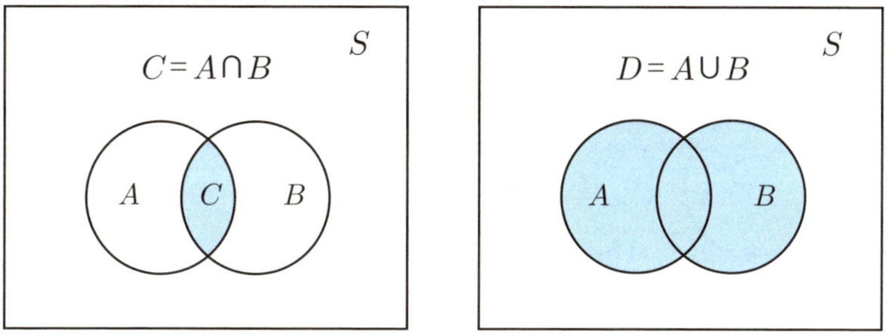

그림 3-1 결합사건 $C = A \cap B$와 합사건 $D = A \cup B$

배반사건 : Exclusive Events

1) 2개의 사건 A, B에 대하여

$$A \cap B = \phi$$

이면 사건 A와 B를 **상호 배반인 사건** 혹은 간단히 **배반사건**(exclusive or disjoint events)이라고 한다.

2) 3개의 사건 A, B, C에 대하여 A와 B, B와 C, C와 A가 각각 배반사건이면 사건 A, B, C를 **배반사건**이라고 한다.

3) n개의 사건 A_1, A_2, $\cdots$, A_n에 대하여 임의의 두 사건 A_i와 A_j가 배반사건이면 사건 A_1, A_2, $\cdots$, A_n를 **배반사건**이라고 한다.

여사건 : Complementary Event

표본공간 S의 표본점 중 사건 A에 포함되지 않는 표본점의 집합을 A의 **여사건**(complementary)이라 하고 A^C으로 표현한다.

** 사건 A와 여사건 A^C은 배반사건이다.

〈그림 3-2〉는 배반사건과 여사건을 벤다이어그램으로 표시한 것이다.

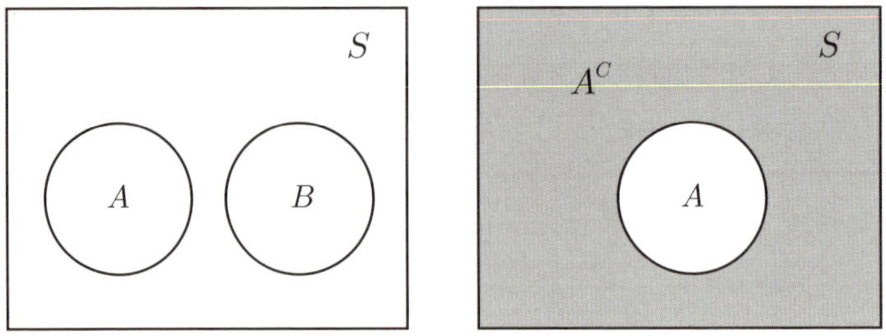

그림 3-2 배반사건과 여사건

예제 3.7

[예제 3.3]에서 검사한 3개의 제품 중 적어도 한 개의 불량품이 발견될 사건을 A, 3개 모두 양품일 사건을 B라 하자. 그리고 첫 번째와 두 번째 검사한 제품이 불량품일 사건을 C, 두 번째와 세 번째 검사한 제품이 불량품일 사건을 E라 할 때 다음 물음에 답하라.

(1) C와 E의 결합사건은 무엇인가?

(2) B와 C의 합사건은 무엇인가?

(3) 배반사건이 되는 사건들을 찾아보아라.

(4) A의 여사건 A^C는 무엇인가?

각 사건은 다음과 같다.

$$A=\{DDD,\ DDN,\ DND,\ NDD,\ DNN,\ NDN,\ NND\}$$

$$B=\{NNN\}$$

$$C=\{DDD,\ DDN\}$$

$$E=\{DDD,\ NDD\}$$

(1) C와 E의 결합사건은 $C \cap E=\{DDD\}$

(2) B와 C의 합사건은 $B \cup C=\{NNN,\ DDD,\ DDN\}$

(3) $A \cap B=\phi$, $B \cap C=\phi$, $B \cap E=\phi$이므로 A와 B, B와 C, 그리고 B와 E가 배반사건이 된다.

(4) A의 여사건은 $A^C=\{NNN\}=B$이다.

정리 3.1

표본공간 S에서 정의된 사건 A에 대하여 다음의 성질이 만족된다.

① $A \cap \phi = \phi$ ② $A \cup \phi = A$

③ $A \cap A^C = \phi$ ④ $A \cup A^C = S$

⑤ $S^C = \phi$ ⑥ $\phi^C = S$

⑦ $\{A^C\}^C = A$

3.2 사건의 확률

표본공간 S에서 정의된 사건 A에 대하여 A가 출현할 가능성을 수치로 나타내고자 할 때 확률이라는 개념을 사용한다. 예를 들어 '주사위를 한 번 굴렸을 때 짝수가 나올 확률은 얼마인가?'라는 질문을 생각해 보자. 위 실험에서 표본공간을 $S=\{1, 2, 3, 4, 5, 6\}$이라고 하면 짝수가 나오는 사건은 $A=\{2, 4, 6\}$에 해당한다. 또한 각 표본점이 출현할 가능성은 모두 동일하기 때문에, 사건 A가 출현할 확률 $P(A)$를 다음과 같이 계산할 수 있다.

$$P(A)=\frac{\text{사건 A의 표본점의 개수}}{\text{표본공간 } S\text{의 표본점의 개수}}=\frac{3}{6}=\frac{1}{2}$$

이와 같이 유한표본공간에서, 모든 표본점의 출현 가능성이 동일하다는 것을 전제로 하여 정의한 확률을 **고전적 확률**이라고 한다.

고전적 확률 : Classical Probability

S를 출현 가능성이 같은 N개의 표본점을 가지는 유한표본공간이라 하자. S에서 정의된 사건 A가 n개의 표본점을 가지는 경우 사건 A가 출현할 **고전적 확률**(classical probability)은 다음과 같다.

$$P(A)=\frac{n}{N}$$

** 이 교재에서 예로 제시하는 주사위 던지기와 같은 다양한 실험들은 대부분 모든 표본점의 출현 가능성이 동일한 실험이라고 가정한다. 따라서 특별한 경우가 아니라면 각 표본점의 출현 가능성이 동일하다는 표현은 생략하며, 고전적 확률의 정의를 사용하여 주어진 사건의 확률을 계산한다.

예제 3.8

1개의 동전을 연속으로 2회 던져서 적어도 한 번 앞면이 나오는 사건을 A라 할 때, A의 확률 $P(A)$를 구하라.

앞면이 나오는 경우를 H, 뒷면이 나오는 경우를 T로 표현하면 표본공간 S는 $S=\{HH, HT, TH, TT\}$가 되고 4개의 표본점은 출현할 가능성이 모두 같다. 따라서 사건 $A=\{HH, HT, TH\}$가 3개의 표본점으로 구성되어 있으므로 고전적 확률의 정의에 의하여 $P(A)=\frac{3}{4}$이다.

예제 3.9

빨간색 주사위 1개와 파란색 주사위 1개를 동시에 굴려서 윗면에 나타나는 숫자의 합이 7일 사건을 A라 할 때 $P(A)$를 구하라.

표본공간은 다음과 같이 출현할 가능성이 모두 같은 36개의 표본점으로 구성되어 있고

$$S=\{(1, 1), (1, 2), (1, 3), \cdots, (6, 5), (6, 6)\}$$

사건 A는 다음과 같이 6개의 표본점으로 구성되므로

$$A = \{(1, 6), (2, 5), (3, 4), (4, 3), (5, 2), (6, 1)\}$$

확률은 다음과 같다.

$$P(A) = \frac{6}{36} = \frac{1}{6}$$

고전적 확률은 표본공간의 각 표본점이 출현할 가능성이 모두 같다는 것을 전제로 하고 있다. 그러나 각 표본점이 출현할 가능성이 서로 다른 경우도 많다. 예를 들어 어떤 공장에서 제품 하나를 검사하였을 때 그 제품이 불량품일 가능성과 양품일 가능성은 이 공장의 불량률에 따라 결정되므로 서로 같다고 할 수 없다. 더구나 고전적 확률은 표본점의 수가 무한개인 무한표본공간에서는 사용할 수 없다. 따라서 고전적 확률의 개념을 확장하여 보완할 필요가 있다.

다시 처음의 질문 '주사위를 굴렸을 때 짝수가 나올 확률은 얼마인가?'를 생각해 보자. 동일한 조건하에서 동일한 주사위를 n번 던졌을 때, 짝수가 나오는 횟수를 n_A라고 하고, 이러한 실험을 무한히 반복하면서 짝수가 나오는 빈도 즉 상대도수 $\frac{n_A}{n}$가 어떻게 변화하는지 관찰한다. 만약 이 상대도수가 어떠한 고정된 수 a로 수렴하면, 이 수 a를 짝수가 나올 가능성 즉 짝수가 나올 확률로 사용할 수 있다. 이렇게 상대도수의 극한의 개념으로 정의한 확률을 **경험적 확률**이라 한다.

경험적 확률 : Frequency Probability

사건 A를 관측하는 실험을 동일한 조건에서 n번 반복하였을 때, 사건 A가 출현한 횟수를 n_A라 하자. 이러한 실험을 무한히 반복하였을 때 상대도수 $\frac{n_A}{n}$가 어떠한 수 a로 수렴하면 이 수 a를 사건 A의 **경험적 확률**(frequency probability)이라 한다.

$$P(A) = \lim_{n \to \infty} \frac{n_A}{n}$$

** 동전을 무한히 던지는 실험을 생각해 보면 앞면이 나오는 빈도는 1/2로 수렴한

다는 사실을 직관적으로 확인할 수 있다. 따라서 동전을 한번 던졌을 때 앞면이 나올 고전적 확률은 동전을 무한히 던졌을 때 앞면이 나올 경험적 확률과 서로 동일하다.

예를 들어 어떤 병원에서 태어난 한 신생아가 남자아이일 확률을 구하는 문제를 생각해 보자. 이 병원의 과거 기록에 의하면, 전체 신생아 중 51%의 아이가 남자아이였다고 한다. 만약, 과거의 기록이 충분이 많다면, 이 신생아가 남자아이일 경험적 확률은 0.51이 된다. 그러나 출현 가능한 표본점은 남자 혹은 여자의 두 가지이고, 이 두 표본점의 출현 가능성이 모두 같다면 이 신생아가 남자아이일 고전적 확률은 0.5이다.

이상에서 논의한 바와 같이 경우에 따라 고전적 확률이 타당할 수도 있고 경험적 확률이 타당할 수도 있다. 하지만 어떠한 개념을 사용하더라도 확률은 반드시 3가지의 기본적인 성질을 만족해야만 하며, 이러한 성질을 만족하는 확률을 **공리적 확률**이라고 한다.

공리적 확률 : Axiomatic Probability

표본공간 S에서 정의된 확률 P가 다음의 세 가지 성질을 만족할 때, 확률 P를 **공리적 확률**(axiomatic probability)이라고 한다.

① 모든 사건 A에 대하여 $0 \leq P(A) \leq 1$이다.

② $P(S) = 1$이다.

③ 임의의 배반사건 $A_1, A_2, \cdots$ 에 대하여 $P(\bigcup_{i=1}^{\infty} A_i) = \sum_{i=1}^{\infty} P(A_i)$이다.

** 공리적 확률의 정의에서, 표본공간 S가 유한표본공간이고 S의 각 표본점들의 출현 가능성이 모두 동일하다는 조건을 추가하면, 고전적 확률이 위 3가지 조건을 모두 만족하는 것을 쉽게 확인할 수 있다. 따라서 위에서 정의한 공리적 확률은 고전적 확률보다 넓은 의미의 개념이라 할 수 있다.

3.3 확률법칙

앞에서 정의한 확률의 세 가지 성질을 사용하면 몇 가지 유용한 확률법칙을 유도할 수 있다. 먼저 다음의 정리에 의하면 공사건의 확률은 0이다.

정리 3.2 공사건의 확률

공사건 ϕ의 확률은 $P(\phi)=0$이다.

| 증명 |

먼저 $S\cup\phi=S$이고, S와 ϕ는 배반사건이므로 성질 ③에 의하여

$$P(S)=P(S\cup\phi)=P(S)+P(\phi)=1$$

따라서 $P(\phi)=P(S)-P(S)=0$이다.

다음으로 확률법칙 중 가장 유용하게 사용되는 덧셈정리를 소개한다.

정리 3.3 확률의 덧셈정리

1) 2개의 사건 A, B의 합사건의 확률은 다음과 같다.

$$P(A\cup B)=P(A)+P(B)-P(A\cap B)$$

2) 2개의 사건 A, B가 배반사건이면 합사건의 확률은 다음과 같다.

$$P(A\cup B)=P(A)+P(B)$$

3) n개의 사건 $A_1, A_2, \cdots, A_n$이 배반사건이면 합사건의 확률은 다음과 같다.

$$P(A_1\cup A_2\cup\cdots\cup A_n)=P(A_1)+\cdots P(A_n)$$

| 증명 |

먼저, 벤다이어그램을 사용하면 다음 3개의 등식을 확인할 수 있다.

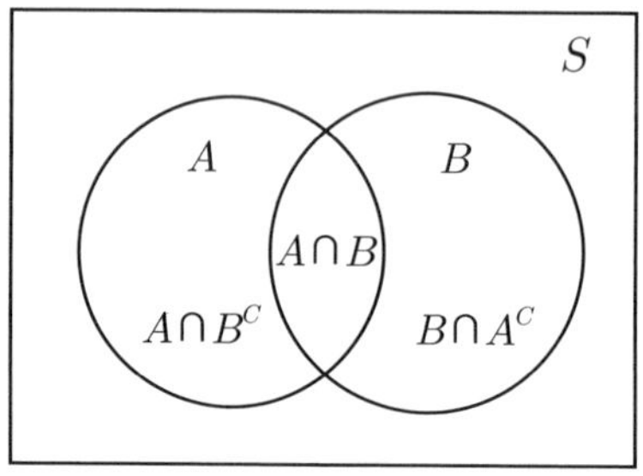

$$A \cup B = (A \cap B^C) \cup (A \cap B) \cup (B \cap A^C)$$

$$A = (A \cap B^C) \cup (A \cap B)$$

$$B = (B \cap A^C) \cup (A \cap B)$$

또한 $A \cap B^C$, $A \cap B$, $B \cap A^C$는 배반사건이므로 성질 ③을 적용하여 다음과 같이 3개의 등식을 얻을 수 있다.

$$P(A \cup B) = P(A \cap B^C) + \mathrm{P}(A \cap B) + (B \cap A^C)$$

$$P(A) = P(A \cap B^C) + P(A \cap B)$$

$$P(B) = P(B \cap A^C) + P(A \cap B)$$

따라서

$$\begin{aligned} P(A) + P(B) - P(A \cap B) &= P(A \cap B^C) + P(B \cap A^C) + P(A \cap B) \\ &= P(A \cup B) \end{aligned}$$

이다. 나머지 결과의 증명은 생략한다.

예제 3.10

한 수험생이 수학시험에 합격할 사건을 M, 영어시험에서 합격할 사건을 E라 할 때 $P(M)=\frac{2}{3}$, $P(E)=\frac{4}{9}$라고 한다. 수학과 영어 두 과목 중 적어도 한 과목에서 합격할 확률이 $P(M\cup E)=\frac{4}{5}$일 때, 수학과 영어 두 과목 모두 합격할 확률을 구하라.

수학과 영어 모두 합격할 사건은 $M\cap E$이고 **〈정리 3.3〉**에 의하여

$$P(M\cup E)=P(M)+P(E)-P(M\cap E)$$

이다. 따라서

$$P(M\cap E)=P(M)+P(E)-P(M\cup E)$$
$$=\frac{2}{3}+\frac{4}{9}-\frac{4}{5}=\frac{14}{45}$$

예제 3.11

1개의 주사위를 2회 굴릴 때, 윗면에 나타나는 숫자의 합이 7일 사건을 A, 11일 사건을 B라 할 때, 합사건 $A\cup B$의 확률을 구하라.

표본공간은 $6^2=36$개의 표본점으로 구성되어 있고,

$$A=\{(1,\ 6),\ (2,\ 5),\ (3,\ 4),\ (4,\ 3),\ (5,\ 2),\ (6,\ 1)\}$$
$$B=\{(5,\ 6),\ (6,\ 5)\}$$
$$A\cap B=\phi$$

이므로

$$P(A\cup B)=P(A)+P(B)=\frac{6}{36}+\frac{2}{36}=\frac{2}{9}$$

마지막으로 여사건의 확률을 구하는 정리를 소개한다.

정리 3.4 여사건의 확률

표본공간 S에서 정의된 사건 A에 대해서 여사건 A^C의 확률은 다음과 같다.

$$P(A^C) = 1 - P(A)$$

| 증명 |

$A \cup A^C = S$이고 A와 A^C은 배반사건이므로 성질 ②와 덧셈정리를 사용하면

$$1 = P(S) = P(A \cup A^C) = P(A) + P(A^C)$$

따라서

$$P(A^C) = 1 - P(A)$$

예제 3.12

한 개의 동전을 연속하여 6회 던졌을 때, 적어도 한 번 앞면이 나올 사건의 확률을 구하라.

표본공간은 $2^6 = 64$개의 표본점으로 구성되어 있고, 앞면이 한 번도 나오지 않을 사건을 A라 하면, A는 6회 모두 뒷면이 나오는 단순사건이다. 따라서 $P(A) = \frac{1}{64}$이고 적어도 한 번 앞면이 나올 사건은 A의 여사건인 A^C이므로 확률은 다음과 같다.

$$P(A^C) = 1 - P(A) = 1 - \frac{1}{64} = \frac{63}{64}$$

3.4 조건부 확률

1개의 동전을 2회 던질 경우 다음 두 확률을 각각 P_1과 P_2라 하자.

P_1 : 처음에 앞면이 나오고 나중에 뒷면이 나오는 확률

P_2 : 처음에 앞면이 나왔을 때 나중에 뒷면이 나오는 확률

P_1과 P_2는 서로 비슷한 것처럼 보이지만 사실 확률을 구하고자 하는 상황도 다를 뿐만 아니라 확률을 정의하는 방식도 서로 다르다. P_1의 경우 표본공간에서 처음에 앞면이 나오는 사건과 나중에 뒷면이 나오는 사건이 동시에 출현할 확률 즉 **결합확률**(joint probability)을 의미한다. 하지만 P_2의 경우 처음에 앞면이 나온다는 '조건'하에서 나중에 뒷면이 나오는 사건의 확률을 의미하며, 이러한 확률을 **조건부 확률**(conditional probability)이라 한다.

위 예에서 표본공간을 $S=\{HH, HT, TH, TT\}$, 처음에 앞면이 나오는 사건을 $A=\{HH, HT\}$, 나중에 뒷면이 나오는 사건을 $B=\{HT, TT\}$라 하면, P_1은 사건 A와 B의 결합사건 즉 $A\cap B=\{HT\}$가 출현할 확률을 의미하고 따라서 $P_1=P(A\cap B)=\frac{1}{4}$이다. 하지만 P_2의 경우 사건 A가 출현한다는 '조건'하에서 확률을 계산해야 하며, 결국 '조건'이 반영된 새로운 표본공간 $S_A=S\cap A=\{HT, HH\}$에서 '조건'이 반영된 새로운 사건 $B_A=B\cap A=\{HT\}$가 출현할 확률이 되어 $P_2=\frac{1}{2}$이다. 이상에서 논의한 것처럼 '사건 A의 출현을 전제한 상태에서 사건 B가 출현할 확률'을 '사건 A가 주어진 경우의 사건 B의 조건부 확률'이라고 정의하고 $P(B\mid A)$로 표기한다.

위의 예에서 조건부 확률 $P(B\mid A)$를 구하기 위하여 새로운 표본공간 S_A와 새로운 사건 B_A를 정의한 것을 확인할 수 있다. 하지만 좀 더 자세히 살펴보면 조건부 확률 $P(B\mid A)$는 항상 $P(A)$와 $P(A\cap B)$의 비율과 같다는 것을 확인할 수 있다. 다시 말하면 아래와 같이 원래 표본공간 S에서 정의한 두 확률의 비율을 조건부 확률로 정의해도 그 결과는 항상 같다.

$$P_2=P(B\mid A)=\frac{P(A\cap B)}{P(A)}=\frac{1/4}{2/4}=\frac{1}{2}$$

조건부 확률 : Conditional Probability

2개의 사건 A, B에 대하여 **조건부 확률**(Conditional Probability) $P(B \mid A)$와 $P(A \mid B)$는 다음과 같다.

$$P(B \mid A) = \frac{P(A \cap B)}{P(A)}, \text{ 단 } P(A) \neq 0$$

$$P(A \mid B) = \frac{P(A \cap B)}{P(B)}, \text{ 단 } P(B) \neq 0$$

조건부 확률의 정의에서 주의해야 할 점은 결합확률과 구분하기 위해서 표현상의 모호함을 확실히 배제해야 한다는 것이다. 위 예에서 조건부 확률 P_2를 결합확률 P_1과 좀 더 정확하게 구분할 수 있도록 기술하려면

P_2 : 처음에 앞면이 나오는 조건하에서 나중에 뒷면이 나오는 확률

과 같이 좀 어색하더라도 구체적으로 표현하는 것이 더 좋다.

조건부 확률의 정의에서 주의해야 할 또 다른 점은, 조건부 확률 $P(B \mid A)$가 두 사건 A와 B가 출현하는 시간상의 순서와는 상관없다는 점이다. 조건부 확률 $P(B \mid A)$는 단지 사건 A의 출현 가능성을 전제로 했을 때 사건 B의 출현 가능성이 얼마인지를 정의한 확률이다. 따라서 조건부 확률은 $P(B \mid A)$ 뿐만 아니라 $P(A \mid B)$도 정의가 가능하다.

개념을 좀 더 분명히 하기 위해서 다음과 같은 예를 생각해 보자. 어느 대학에서 졸업생 900명을 대상으로 여학생과 남학생의 취업상태를 조사한 결과 다음과 같은 자료를 얻었다.

성별 \ 취업상태	취업	미취업	합계
남학생	460	40	500
여학생	140	260	400
합계	600	300	900

이 학교에서 한 학생을 표본으로 추출했을 때 여학생일 사건을 A, 남학생일 사건을 B, 뽑힌 학생이 취업상태일 사건을 E라 하면

$$P(E)=\frac{600}{900}=\frac{2}{3},\ P(A)=\frac{400}{900}=\frac{4}{9},\ P(B)=\frac{500}{900}=\frac{5}{9}$$

이고, $A \cap E$의 사건은 표본으로 추출한 학생이 여학생이면서 취업을 한 사건을 의미하므로

$$P(A \cap E)=\frac{140}{900}=\frac{7}{45}$$

이다. 그러나 $P(A \mid E)$는 뽑힌 학생이 취업을 했다는 조건 하에서 그 학생이 여학생인 경우의 확률이므로, 이것은 취업한 학생 600명 중 여학생 140명의 비율을 의미하게 된다. 따라서

$$P(A \mid E)=\frac{140}{600}=\frac{7}{30}$$

이다. 혹은 조건부 확률의 정의를 사용하여 다음과 같이 계산할 수도 있다.

$$P(A \mid E)=\frac{P(A \cap E)}{P(E)}=\frac{7/45}{2/3}=\frac{7}{30}$$

예제 3.13

한 도시에서 다른 도시로 운항하는 비행기가 정시에 출발할 사건을 A라 하고 정시에 도착할 사건을 B라 할 때, $P(A)=0.83$, $P(B)=0.92$라고 한다. 그리고 이 비행기가 정시에 출발하여 정시에 도착할 사건의 확률은 $P(A \cap B)=0.78$이라고 한다. 이 비행기가 정시에 출발했을 때 정시에 도착할 확률을 구하라.

우리가 구하고자 하는 확률은 $P(A \mid B)$이므로, 정의에 의하여 다음과 같다.

$$P(B \mid A)=\frac{P(A \cap B)}{P(A)}=\frac{0.78}{0.83}\fallingdotseq 0.94$$

참고로, 이 비행기가 정시에 도착했을 때 정시에 출발했을 확률은 다음과 같다.

$$P(A \mid B) = \frac{P(A \cap B)}{P(B)} = \frac{0.78}{0.92} \fallingdotseq 0.85$$

어떠한 두 사건은 어느 한 사건의 출현을 전제해도 나머지 사건의 출현 가능성이 변하지 않는 경우가 있다. 다시 말하면 두 사건 A와 B의 조건부 확률이 $P(A \mid B) = P(A)$이고 $P(A \mid B) = P(B)$인 경우이다. 이러한 성질을 만족하는 사건은 통계학에서 매우 중요한 사건이며 일반적으로 **독립사건**이라고 한다.

독립사건 : Independent Events

1) 2개의 사건 A, B에 대하여

$$P(A \cap B) = P(A)P(B)$$

이면 사건 A, B를 **독립사건**(independent events)이라고 하며, 독립사건이 아닌 경우 **의존사건**(dependent events)이라고 한다.

** A, B가 독립사건인 경우 A와 B를 (서로) **독립**이라고 한다.

2) 3개의 사건 A, B, C에 대하여, 임의의 2개의 사건의 조합 즉 A와 B, B와 C, C와 A가 독립이고

$$P(A \cap B \cap C) = P(A)P(B)P(C)$$

이면, 사건 A, B, C를 **독립사건**이라고 한다.

3) n개의 사건 A_1, A_2, $\cdots$, A_n에 대하여 임의의 2, 3, 4, $\cdots$, $n-1$개의 사건의 조합이 독립이고

$$P(A_1 \cap A_2 \cap \cdots \cap A_n) = P(A_1)P(A_2)\cdots P(A_n)$$

이면 사건 A_1, A_2, $\cdots$, A_n을 **독립사건**이라고 한다.

2개의 사건 A, B가 독립이면

$$P(A \mid B) = \frac{P(A \cap B)}{P(B)} = \frac{P(A)P(B)}{P(B)} = P(A)$$

이고 마찬가지로 $P(B \mid A) = P(B)$이다. 마찬가지로 3개의 사건 A, B, C가 독립이면 다음과 같은 등식을 얻을 수 있다.

$$\begin{aligned} P(A \cap B \mid C) &= \frac{P(A \cap B \cap C)}{P(C)} \\ &= \frac{P(A)P(B)P(C)}{P(C)} \\ &= P(A)P(B) \\ &= P(A \cap B) \end{aligned}$$

$$\begin{aligned} P(A \cup B \mid C) &= \frac{P((A \cup B) \cap C)}{P(C)} \\ &= \frac{P(A \cap C) + P(B \cap C) - P(A \cap B \cap C)}{P(C)} \\ &= \frac{P(A)P(C) + P(B)P(C) - P(A \cap B) \cdot P(C)}{P(C)} \\ &= P(A) + P(B) - P(A \cap B) \\ &= P(A \cup B) \end{aligned}$$

따라서 $A \cap B$와 $A \cup B$도 C와 독립이다.

예제 3.14

1개의 주사위를 2회 굴려서 윗면에 나타나는 숫자를 조사할 때, 두 숫자의 합이 홀수일 사건을 A, 처음 시행에서 숫자 1이 출현할 사건을 B, 두 숫자의 합이 7일 사건을 C라 하자. 어떠한 사건이 독립사건이 되는지 알아보아라.

이 실험의 표본공간과 각 사건을

$$S=\{(1,1),(1,2),(1,3),\cdots,(6,4),(6,5),(6,6)\}$$
$$A=\{(1,2),(1,4),(1,6),(2,1),(2,3),\cdots,(6,3),(6,5)\}$$
$$B=\{(1,1),(1,2),(1,3),(1,4),(1,5),(1,6)\}$$
$$C=\{(1,6),(2,5),(3,4),(4,3),(5,2),(6,1)\}$$

과 같이 표현하면

$$P(A)=\frac{1}{2},\ P(B)=\frac{1}{6},\ P(C)=\frac{1}{6}$$

이다. 그리고 사건 A, B, C로 구성할 수 있는 모든 결합사건은

$$A\cap B=\{(1,2),(1,4),(1,6)\}$$
$$B\cap C=\{(1,6)\}$$
$$C\cap A=\{(1,6),(2,5),(3,4),(4,3),(5,2),(6,1)\}$$

이고, 위 각 결합사건의 확률과 대응되는 확률의 곱을 계산하면

$$P(A\cap B)=\frac{1}{12}=P(A)P(B)=\frac{1}{12}$$
$$P(B\cap C)=\frac{1}{36}=P(B)P(C)=\frac{1}{36}$$
$$P(C\cap A)=\frac{1}{6}\neq P(C)P(A)=\frac{1}{12}$$

이다. 따라서 A와 B, B와 C는 독립사건이고 C와 A는 의존사건이다.

예제 3.15

어느 도시에서 소방차와 응급차가 대기하고 있을 확률은 각각 0.98과 0.92이다. 소방차가 대기하고 있을 사건과 응급차가 대기하고 있을 사건이 독립사건이라면, 소방차와 응급차가 동시에 대기하고 있을 확률은 얼마인가?

소방차와 응급차가 대기하고 있을 사건을 각각 A, B라고 하면, 구하고자 하는 확률은 $P(A\cap B)$이고, A와 B는 독립사건이므로 다음과 같다.

$$P(A\cap B)=P(A)P(B)=0.98\times 0.92=0.9016$$

3.5 베이즈 정리

베이즈 정리를 소개하기 전에 먼저 **사건의 분할**의 개념을 정의한다. 분할의 개념은 통계학 전반에서 매우 중요한 역할을 하며 복잡한 현상을 단순화하는 과정에 유용하게 사용된다.

사건의 분할 : Partition of an Event

사건 A와 공집합이 아닌 k개의 사건 $B_1, B_2, \cdots, B_k$에 대하여 다음의 두 성질

1) 임의의 $i\neq j$에 대하여 $B_i\cap B_j=\phi$(배반사건)

2) $B_1\cup B_2\cup\cdots\cup B_k=\boldsymbol{A}$

가 성립하면 사건 $B_1, B_2, \cdots, B_k$를 사건 A의 **분할**(partition)이라고 한다.

예를 들어 표본공간이 $S=\{1, 2, 3, 4\}$이면 사건 $A_1=\{1\}$, $A_2=\{2\}$, $A_3=\{3\}$, $A_4=\{4\}$는 S의 분할이고, A_1, A_2, A_4는 사건 $T=\{1, 2, 4\}$의 분할이다. 마찬가지로 사건 $B_1=\{1, 3\}$과 $B_2=\{2, 4\}$는 S의 분할이고, A_1과 B_2는 T의 분할임을 쉽게 확인할 수 있다. 분할의 중요한 성질 중 하나는 표본공간의 분할을 사용하여 다른 사건의 분할을 쉽게 구성할 수 있다는 점이다.

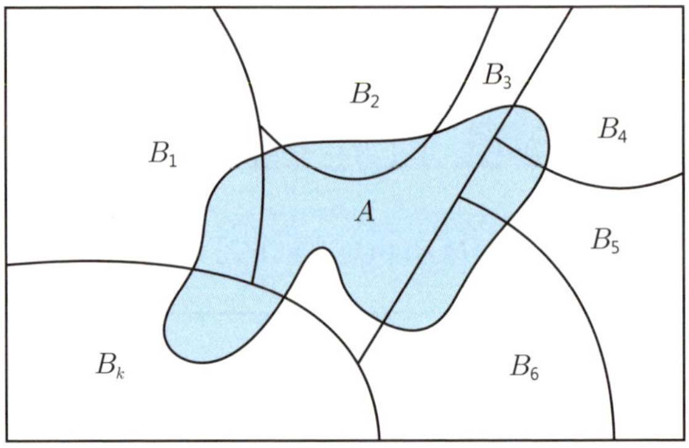

그림 3-3 표본공간 S와 사건 A의 분할

k개의 사건 $B_1, B_2, \cdots, B_k$가 표본공간 S의 분할이라고 하자. **〈그림 3-3〉**의 벤다이어그램에서 확인할 수 있듯이, k개의 사건 $B_1 \cap A, B_2 \cap A, \cdots, B_k \cap A$는 사건 A의 분할이고 A를 다음과 같이 표현할 수 있다.

$$A = (B_1 \cap A) \cup (B_2 \cap A) \cup \cdots \cup (B_k \cap A)$$

사건 A의 분할을 구성하는 임의의 두 사건 $B_i \cap A$와 $B_j \cap A$는 배반사건이고, 조건부 확률의 성질을 사용하면 $P(B_i \cap A) = P(A \mid B_i)P(B_i)$이므로

$$\begin{aligned} P(A) &= P\{(B_1 \cap A) \cup (B_2 \cap A) \cup \cdots \cup (B_k \cap A)\} \\ &= P(B_1 \cap A) + P(B_2 \cap A) + \cdots + P(B_k \cap A) \quad \text{(배반사건의 결합확률)} \\ &= P(A \mid B_1)P(B_1) + P(A \mid B_2)P(B_2) + \cdots + P(A \mid B_k)P(B_k) \quad \text{(조건부 확률)} \end{aligned}$$

이고 따라서 다음의 전확률 정리를 얻는다.

정리 3.5 전확률 정리 : Theorem of Total Probability

$B_1, B_2, \cdots, B_k$가 표본공간 S의 분할이거나 또는 사건 A의 분할이면 A의 확률은 다음과 같다.

$$P(A) = \sum_{i=1}^{k} P(A \mid B_i)P(B_i)$$

예제 3.16

한 명의 대통령을 선출하는 선거에서 갑, 을, 병 3명이 출마하였다. 갑, 을, 병이 당선될 확률은 각각 0.3, 0.5, 0.2이고 당선 후 세금을 올릴 확률이 각각 0.8, 0.1, 0.4라고 할 때, 선거가 끝난 후 세금이 오를 확률은 얼마인가?

A를 세금이 오를 사건, B_1, B_2, B_3를 각각 갑, 을, 병이 당선될 사건이라고 하면

$$P(B_1)=0.3,\ P(B_2)=0.5,\ P(B_3)=0.2$$
$$P(A \mid B_1)=0.8,\ P(A \mid B_2)=0.1,\ P(A \mid B_3)=0.4$$

이다. 한 명의 대통령을 선출하므로 B_1, B_2, B_3는 배반사건이고

$$B_1 \cup B_2 \cup B_3 = S$$

이므로 B_1, B_2, B_3는 표본공간 S의 분할이다. 따라서 전확률 정리를 적용하면 구하고자 하는 확률은 다음과 같다.

$$\begin{aligned} P(A) &= P(A \mid B_1)P(B_1) + P(A \mid B_2)P(B_2) + P(A \mid B_3)P(B_3) \\ &= 0.8 \times 0.3 + 0.1 \times 0.5 + 0.4 \times 0.2 = 0.37 \end{aligned}$$

위의 예제에서 세금이 이미 올랐다는 조건하에서 갑이 당선되었을 조건부 확률 $P(B_1 \mid A)$를 구해보자. 조건부 확률의 성질을 사용하여 $P(A \cap B_1) = P(A \mid B_1)P(B_1)$을 구할 수 있고 전확률 정리를 사용하여 $P(A)$를 구할 수 있으므로

$$P(B_1 \mid A) = \frac{P(A \mid B_1)P(B_1)}{P(A)} = \frac{0.3 \times 0.8}{0.37} = \frac{24}{37}$$

가 된다. 이와 같이 확률 $P(A \mid B_1)$과 $P(B_1)$을 사용하여 조건의 순서를 바꾼 확률 $P(B_1 \mid A)$를 구하고자 할 때 다음과 같은 정리가 사용되며, 이를 **베이즈**(Bayes) **정리**라고 한다.

정리 3.6 베이즈 정리 : Bayes' Rule

$B_1, B_2, \cdots, B_k$가 표본공간 S의 분할이고 다른 사건 A에 대하여 $P(A) \neq 0$이면, 전확률의 정의에 의하여 $P(B_i \mid A)$는 다음과 같이 구해진다.

$$P(B_i \mid A) = \frac{P(B_i \cap A)}{P(A)} = \frac{P(A \mid B_i) \cdot P(B_i)}{\sum_{j=1}^{k} P(A \mid B_j) P(B_j)}$$

예제 3.17

어느 의학연구소에서 새로운 간염 검사방법을 개발하였다. 이 방법에 의하면 건강한 사람을 간염환자라고 잘못 판단할 확률이 0.03, 간염환자를 간염환자라고 정확하게 판단할 확률이 0.98, 다른 간질환 환자를 간염환자라고 판단할 확률이 0.2라고 한다. 어떤 사람을 새로운 간염 검사방법으로 검사한 결과 간염환자라고 판단되었다. 이 사람이 간염에 걸려 있을 확률은 얼마인가? 그리고 건강한 사람일 확률은 또한 얼마인가? 단 전체 인구 중 건강한 사람, 간염환자, 다른 간질환 환자는 각각 93%, 5%, 2%이며, 간염환자는 다른 간질환에 걸리지 않는다고 한다.

B_1, B_2, B_3를 각각 검사를 받은 사람이 간염환자, 다른 간질환 환자, 건강한 사람일 사건이라고 하고 A를 이 검진방법에 의하여 간염환자로 판단할 사건이라고 하면,

$$P(B_1) = 0.05,\ P(B_2) = 0.02,\ P(B_3) = 0.93$$
$$P(A \mid B_1) = 0.98,\ P(A \mid B_2) = 0.2,\ P(A \mid B_3) = 0.03$$

이다. B_1, B_2, B_3는 배반사건이고

$$P(B_1 \cup B_2 \cup B_3) = P(B_1) + P(B_2) + P(B_3) = 1$$

이므로 B_1, B_2, B_3는 표본공간 $S=B_1 \cup B_2 \cup B_3$의 분할이다. 먼저 전확률 정리를 사용하면

$$\begin{aligned} P(A) &= P(A \mid B_1)P(B_1) + P(A \mid B_2)P(B_2) + P(A \mid B_3)P(B_3) \\ &= 0.98 \times 0.05 + 0.2 \times 0.02 + 0.03 \times 0.93 = 0.0809 \end{aligned}$$

이다. 따라서 베이즈 정리를 적용하면 구하고자 하는 조건부 확률은 다음과 같다.

$$P(B_1 \mid A) = \frac{P(A \mid B_1)P(B_1)}{P(A)} = \frac{0.05 \times 0.98}{0.0809} = 0.606$$

$$P(B_3 \mid A) = \frac{P(A \mid B_3)P(B_3)}{P(A)} = \frac{0.03 \times 0.93}{0.0809} = 0.345$$

베이즈 정리는 **[예제 3.17]** 에서와 같이 표본공간의 분할 B_1, B_2, $\cdots$, B_k과 분할에 대한 사전적인 조건부 확률 $P(A \mid B_1)$, $P(A \mid B_2)$, $\cdots$, $P(A \mid B_k)$이 주어진 상태에서, 조건의 순서를 바꾼 사후적인 조건부 확률 $P(B_1 \mid A)$, $P(B_2 \mid A)$, $\cdots$, $P(B_3 \mid A)$를 구하는 경우에 자주 사용되며 통계학뿐만 아니라 여러 학문분야에서 널리 응용되고 있다.

연습문제

1. 빨간색, 푸른색, 흰색 공이 각각 6개, 4개, 6개씩 들어 있는 상자로부터 2개의 공을 꺼낼 때

(1) 표본공간 S를 정의하라.
(2) 꺼낸 공이 모두 같은 색일 사건을 구하라.
(3) 적어도 하나의 공이 푸른색일 사건을 구하라.

2. 오른쪽 그림과 같이 2, 3, 4, 5의 4개의 점수가 매겨져 있는 표적판에 1개의 화살을 쏘고 점수를 조사할 때, 다음 물음에 답하라. 단, 화살이 표적판 밖으로 나가지 않으며, 경계선에 화살이 꽂히면 경계를 이루고 있는 두 점수의 평균을 사용한다.

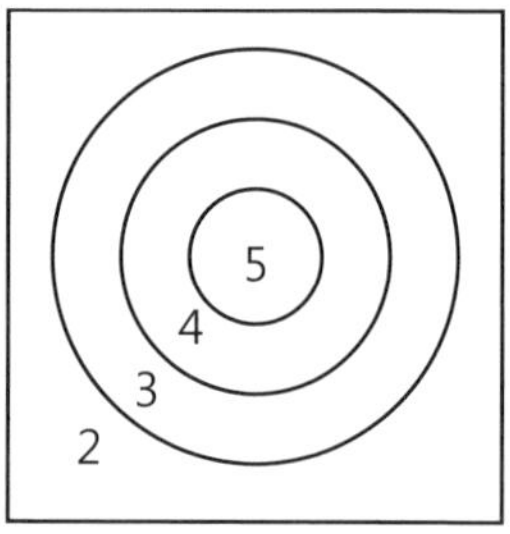

(1) 표본공간 S를 정의하라.
(2) 위에서 정의 가능한 사건의 수는 모두 몇 개인가?
(3) 경계선에 화살이 꽂힐 사건 A를 정의하라.
(4) A의 여사건은 어떤 사건인가?

3. 위 2번 문제에서 화살을 2회 쏘았을 때 2회 모두 경계선에 꽂힐 사건을 구하라.

4. 다음 사건을 벤다이어그램으로 표현하라.

(1) $A \cap B^C$ (2) $A^C \cup B \cup C$ (3) $A \cap (B \cap C)^C$
(4) $(A \cap C^C) \cup (B \cap C)$ (5) $(A \cap B^C \cap C)$

5. 표본공간 $S=\{0, 1, 2, 3, 4, 5, 6, 7, 8\}$에서 정의된 사건 $A=\{0, 2, 6\}$, $B=\{1, 7\}$, $C=\{0, 1, 2, 3, 4\}$, $D=\{4, 6, 7, 8\}$에 대하여 다음 사건을 구하라.

(1) $A \cup B$	(2) $A \cap C$	(3) $B \cup C^C$
(4) A^C	(5) $A \cap B$	(6) $(B \cap D)^C$

6. 1개의 주사위를 2회 던져서 윗면의 숫자를 조사할 때

(1) 숫자의 합이 8이 될 확률은 얼마인가?
(2) 숫자의 합이 적어도 5가 될 확률은 얼마인가?
(3) 첫 번째는 짝수가 나올 확률은 얼마인가?
(4) 첫 번째는 짝수가 나오고 두 번째는 홀수가 나올 확률은 얼마인가?
(5) 두 번째 숫자가 4라는 조건하에서 첫 번째 숫자가 5일 확률은 얼마인가?
(6) 숫자의 합이 9라는 조건하에서 두 번째 숫자가 5일 확률은 얼마인가?

7. 다섯 권의 소설책과 세 권의 시집, 그리고 한 권의 사전이 꽂혀 있는 책꽂이로부터 랜덤하게 세 권의 책을 뽑을 때

(1) 사전을 뽑을 확률은 얼마인가?
(2) 두 권의 소설책과 한 권의 시집을 뽑을 확률을 구하라.

8. 1에서 9까지의 자연수 중 랜덤하게 한 개의 숫자를 뽑을 때, A, B, C, D를 각각 숫자가 짝수일 사건, 적어도 4 이상일 사건, 적어도 7 이상일 사건, 5 이하일 사건이라고 하자. 다음 확률을 구하라.

(1) $P(A)$	(2) $P(B)$	(3) $P(A \mid B)$
(4) $P(B \mid A)$	(5) $P(C \mid A)$	(6) $P(C \mid D)$

9. $P(A) = 0.4$, $P(B) = 0.5$, $P(A \cap B) = 0.2$일 때 다음 확률을 구하라.

(1) $P(A^C)$ (2) $P(A \cap B^C)$ (3) $P\{(A \cup B)^C\}$

(4) $P(A^C \cap B)$ (5) $P(B \mid A)$

(6) A와 B는 배반사건인가?

(7) A와 B는 독립사건인가?

10. $P(A) = 0.15$, $P(B) = 0.25$, $P(A \cup B) = 0.3625$일 때

(1) $P(A \cap B)$를 구하라.

(2) $P(A \mid B)$와 $P(B \mid A)$를 구하라.

(3) A와 B는 독립사건인가?

(4) A와 B는 배반사건인가?

11. 두 대의 승강기를 사용하고 있는 어떤 건물에서 1번 승강기와 2번 승강기가 1층에 있을 확률이 각각 0.15와 0.3이고, 2번 승강기가 6층에 있을 확률이 0.4라고 한다. 두 대의 승강기가 독립적으로 운행될 때 다음 확률을 구하라.

(1) 어떤 사람이 1층에서 승강기가 없어서 기다릴 확률은 얼마인가?

(2) 1층에 승강기 두 대가 모두 대기하고 있을 확률은 얼마인가?

(3) 1층에 1번 승강기가 있고 6층에 2번 승강기가 있을 확률은 얼마인가?

12. 갑과 을이 20년 이상 생존할 확률은 각각 0.7, 0.9라고 하며, 서로 독립적이라고 한다. 갑과 을이 모두 20년 이상 생존하지 못할 확률은 얼마인가?

13. $P(A)=0.26$, $P(B)=0.44$, $P(A\cap B)=0.15$일 때

(1) A와 B는 독립인 사건인가?
(2) A와 B는 배반인 사건인가?
(3) $P(A\cup B)$를 구하라.

14. $P(A)=0.26$, $P(B)=0.44$, $P(B\mid A)=0.63$일 때 다음 확률을 구하라.

(1) $P(A\mid B)$
(2) $P(A\cup B)$

15. 어떤 가게의 고객 중 75%가 25세 미만이고, 고객 중 $\frac{3}{5}$은 남성이며, 고객의 $\frac{5}{8}$는 여성이거나 혹은 25세 이상이라고 한다. 고객 한 사람을 랜덤하게 추출하여 조사할 때 그 고객이 여성인 조건하에서 25세 이상일 확률을 구하라.

16. 어떤 대학교에서 재학생의 20%가 통계학을 수강하였고, 통계학을 수강한 학생 중 40%의 학생이 평균학점을 3.0 이상 받았으며, 통계학을 수강하지 않은 학생 중 30%의 학생이 평균학점을 3.0 이상을 받았다.

(1) 이 대학교에서 평균학점이 3.0 이상인 학생은 전체의 몇 %인가?
(2) 랜덤하게 한 학생을 조사하였을 때, 다음 확률을 구하라.
  (a) 이 학생이 통계학 과목을 수강했다는 조건하에서 평균학점이 3.0 이상일 확률을 구하라.
  (b) 이 학생이 통계학 과목을 수강하지 않았다는 조건하에서 평균학점이 3.0 이상일 확률은 얼마인가?
  (c) 이 학생의 평균학점이 3.0 이상이었다는 조건하에서 통계학 과목을 수강하였을 확률을 구하라.

17. 어떤 도시의 성인 인구는 55%가 남성이고 45%가 여성이라고 한다. 그리고 성인남성 중 70%가 흡연을 하고 성인여성 중 20%가 흡연을 한다고 한다. 이 도시의 한 성인을 조사하였을 때 그 사람이 흡연자였다는 조건하에서 여성일 확률을 구하라.

18. 어느 회사의 회사원의 학력분포는 대학 졸업, 전문대학 졸업, 고등학교 졸업 이하가 각각 50%, 20%, 30%이고, 이 중 여사원이 각각 20%, 15%, 60%라고 한다. 회사원 중 한 명을 랜덤하게 조사하였을 때 다음의 확률을 구하라.

(1) 이 사원이 여사원일 확률을 구하라.
(2) 이 사원이 여사원일 조건하에서 대학 졸업 사원일 확률을 구하라.

Chapter 04

확률변수와 확률분포

4.1 확률변수

4.2 이산형 확률분포

4.3 연속형 확률분포

4.4 결합확률분포

4.5 주변확률분포

4.6 두 확률변수의 독립성

4.7 확률변수의 기댓값

4.8 확률변수의 분산

4.9 공분산과 상관계수

4.10 기댓값, 분산의 성질

분포(distribution)의 응용

아일랜드의 오래된 교회를 재건축하는 과정에서 한 사람의 유골이 발견되었다. 발견된 유골이 누구의 것인지에 대하여 여러 분야의 학자들 사이에서 큰 논쟁이 발생하였으며 이들 중 몇 명은 이것이 크롬웰(Oliver Cromwell)의 유골이라고 주장했다. 당시의 유명한 통계학자인 칼 피어슨(Carl Pearson)은 초상화에서 얻은 신체 특성 자료와 발견된 유골을 조사하여 얻은 유골 자료를 과학적으로 비교하여, 이 유골이 크롬웰의 유골이라고 결론지었다.

칼 피어슨은 통계학에서 가장 좋은 학술지 중 하나인 바이오메트리카(Biometrika)를 창시하고, 확률분포와 관련된 많은 논문들을 초창기의 이 학술지에 게재하였다.

4.1 확률변수

확률변수는 통계학에서 가장 중요한 개념 중 하나이다. 확률변수의 개념을 정확히 이해하면, 자료를 단순한 숫자의 나열이 아닌 분석 가능한 통계적 자료로 인식할 수 있을 뿐만 아니라, 이러한 인식을 바탕으로 다양한 통계적 분석을 시도할 수 있다. 예를 들어 100명의 학생의 키를 조사하여 얻은 자료를 '100개의 수치'로 이해하는 것과 '어떤 확률변수의 100개의 관측 값'으로 이해하는 것은 자료를 이해하고 분석하는 과정에서 매우 큰 차이를 갖는다.

확률변수를 엄밀하게 정의하기 전에 확률변수의 개념이 필요한 이유를 설명해 주는 예를 하나 생각해 보자. 1개의 동전을 1회 던지는 실험에서 앞면이 나타나는 경우를 표본점 H로 뒷면이 나타나는 경우를 표본점 T로 표기하면 표본공간 S는 $S=\{H, T\}$로 표기할 수 있다. 하지만 기호 H와 T가 아니라 기호 '앞'과 '뒤'를 사용하여 표본공간을 $S=\{$앞, 뒤$\}$로 표기한다고 해도 이 실험에서 정의할 수 있는 확률의 실질적인 의미는 다른 점이 전혀 없다. 두 경우 모두 앞면이 나올 확률은 $\frac{1}{2}$이고 뒷면이 나올 확률도 $\frac{1}{2}$이다. 이러한 표현상의 임의성을 배제할 수 있는 가장 확실한 방법 중 하나는 '함수를 사용하여 표본공간의 표본점을 숫자로 변환'하는 것이다. 예를 들면, 앞면에 대응하는 표본점에서 '0'의 값을 가지고 뒷면에 대응하는 표본점에서 '1'의 값을 갖는 함수를 X라고 정의해 보자. 이렇게 함수 X를 정의하면, 표본공간 S를 $S=\{H, T\}$와 $S=\{$앞, 뒤$\}$ 중 어떤 표기법으로 사용하더라도, 앞면이 나오는 사건 즉 $\{H\}$와 $\{$앞$\}$을 '$X=0$인 사건'으로 단순하고 유일하게 표현할 수 있다. 또한 앞면이 나올 확률을 표현할 경우에도 $P(H)=\frac{1}{2}$이나 $P($앞$)=\frac{1}{2}$ 대신 $P(X=0)=\frac{1}{2}$과 같이 함수 X를 사용하여 표기할 수 있다.

위에서 기술한 것처럼 표본공간의 각각의 표본점을 하나의 실수로 대응시키면, 표본공간의 표현의 임의성을 배제할 수 있고, 이러한 함수를 통계학에서는 **확률변수**(random variable)라 한다.

확률변수를 정의하는 목적이 단순히 표현의 임의성을 배제하는 것에만 있는 것은 아니다. 확률변수를 정의하는 좀 더 중요한 이유는 실험이나 조사에서 관심의 대상이 되는 중요한 부분에 분석의 초점을 맞추기 위해서이다.

예를 들어 1개의 동전을 2회 던지는 실험에서 '앞면이 1회 이상 나타날 확률'에 관심이 있다고 하자. 앞면을 나타내는 기호 H와 뒷면을 나타내는 기호 T를 사용하여 표본공간 S를 $S=\{HH, HT, TH, TT\}$와 같이 정의하면 앞면이 1회 이상 나타나는 사건의 확률은 $P(\{HT, TH, TT\})=\frac{3}{4}$임을 알 수 있다. 이제 확률변수 X를 다음과 같이 정의하자.

확률변수 X는 '각 표본점에서 앞면이 출현하는 횟수'

확률변수 X의 정의에 따르면 표본공간 S의 표본점은 아래 **〈표 4-1〉**과 같이 숫자로 변환된다.

표 4-1 확률변수 X를 사용한 표본점의 변환

표본점	HH	HT	TH	TT
X로 변환된 값	2	1	1	0

위와 같이 확률변수 X를 사용하여 변환된 표를 사용하면 '앞면이 1회 이상 나타나는 사건'을 간단하게 '$X \geq 1$'과 같이 표현할 수 있고, '앞면이 1회 이상 나타나는 확률'을 간단하게 '$P(X \geq 1)=\frac{3}{4}$'과 같이 표현할 수 있다. 이 예가 확률변수의 중요성이나 유용성을 모두 설명할 수는 없지만, 표본공간 위에 실험이나 조사의 목적에 부합하는 확률변수를 적절히 도입하면 분석이나 논의가 매우 간단하고 명확해진다는 사실은 분명하다.

일반적으로 확률변수는 X, Y와 같이 영어 알파벳의 대문자를 사용하여 표기하며, 확률변수가 가지는 값은 x, y와 같이 소문자를 사용하여 표기한다. 또한 '$X=x$'라는 표현은 'X가 값 x를 가지는 사건'을 의미하며 표본공간 S에서 정의된 어떤 사건과 정확히 대응된다. 예를 들면 위 **〈표 4-1〉**에서 '$X=2$'라는 표현은 'X가 값 2를 가지는 사건'을 의미하며 따라서 '사건 $\{HH\}$'에 대응된다. 따라서 $P(X=2)=P(\{HH\})=\frac{1}{4}$이다. 또한 X가 가질 수 있는 값 중 최댓값은 2이므로 '$X \geq 1$'이라는 표현은 집합 $\{1, 2\}$ 혹은 닫힌구간 $[1, 2]$를 사용하여 '$X \in \{1, 2\}$' 혹은 '$X \in [1, 2]$'와 같이 표현할 수도 있으며 '사건 $\{HT, TH, TT\}$'에 대응된다. 따라서 $P(X \geqq 1) = P(X \in \{1, 2\}) = P(X \in [1, 2]) = P(\{HT, TH, TT\}) = \frac{3}{4}$이다.

확률변수와 확률변수의 값 : Random Variable and Value of Random Variable

표본공간 S에서 각각의 표본점을 실수로 변환시키는 함수를 **확률변수**(Random Variable)라 하고 각각의 표본점이 변환된 실수를 **확률변수의 값**(Value of Random Variable)이라고 한다.

확률변수로 표현된 사건 : Event Defined by Random Variable

표본공간 S위에 정의된 사건 B에 대하여 확률변수 X가 B의 표본점을 집합 A로 변환시키면 사건 B를 $X \in A$로 표기하고 **확률변수 X로 표현된 사건** 혹은 간단히 사건이라고 한다.

** 집합 A가 하나의 값 a를 가지면 사건 $X \in A$를 간단히 $X = a$라고 표현하고 집합 A가 연속된 구간 $[a, b]$이면 $X \in A$를 $a \leqq X \leqq b$라고 표현한다.

예제 4.1

1개의 주사위를 1회 굴려서 윗면에 나오는 점의 개수를 조사하는 실험을 생각해 보자. 윗면에 나오는 점의 개수를 사용하여 표본공간 S를 정의하면

$$S = \{1, 2, 3, 4, 5, 6\}$$

이다. 그리고 X를 '윗면에 나오는 점의 개수'라고 정의하면 X는 표본공간 S위에서 정의된 확률변수이며 다음과 같이 표본점과 동일한 함수값을 가진다.

표본점	1	2	3	4	5	6
X	1	2	3	4	5	6

예제 4.2

[예제 4.1] 에서 윗면에 5개의 점이 나올 때까지 주사위를 계속 굴리는 실험을 생각해 보자. 윗면에 5개의 점이 나오면 S, 그렇지 않으면 F로 표기하면 표본공간 S는

$$S=\{S, FS, FFS, FFFS, FFFFS, \cdots\}$$

가 된다. 그리고 '윗면에 5개의 점이 나올 때까지 던진 횟수'를 X라고 정의하면, X는 다음과 같은 확률변수가 된다.

표본점	S	FS	FFS	$FFFS$	$FFFFS$	$\cdots$
X	1	2	3	4	5	$\cdots$

또한 위 **[예제 4.1]** 과 아래 **[예제 4.3]** 에서 알 수 있듯이 하나의 표본공간 위에서 서로 다른 확률변수를 정의할 수 있다.

예제 4.3

[예제 4.1] 에서 확률변수 Y를 '윗면에 나오는 점의 수가 짝수이면 0, 홀수이면 1의 값을 갖는 함수'라고 정의하자. 이때 확률변수 Y는 다음과 같다.

표본점	1	2	3	4	5	6
Y	1	0	1	0	1	0

예제 4.4

전자제품 한 개를 추출하여 제품의 수명시간을 관측할 때, 표본공간은 0과 같거나 큰 실수 전체의 집합이 된다. 이때 확률변수 X를 '제품의 수명시간'으로 정의하면 X는 **[예제 4.1]** 에서와 같이 표본점 자체를 함수값으로 가지는 확률변수가 된다. 따라서 X는 0과 같거나 큰 실수 전체에서 값을 가질 수 있다.

표본공간을 이산형이나 연속형으로 분류하는 것처럼 확률변수도 이산형과 연속형으로 분류할 수 있고, 이러한 분류는 확률변수를 정확히 이해하는 데 많은 도움이 된다.

이산형 확률변수와 연속형 확률변수 : Discrete and Continuous Random Variable

하나씩 셀 수 있는 값을 가지는 확률변수를 **이산형 확률변수**(discrete random variable)라 하고, 하나씩 셀 수 없는 값을 가지는 확률변수를 **연속형 확률변수**(continuous random variable)라 한다.

[예제 4.1], **[예제 4.2]**, **[예제 4.3]**에서 정의된 확률변수는 값을 하나씩 셀 수 있으므로 이산형 확률변수이고 **[예제 4.4]**에서 정의된 확률변수는 하나씩 셀 수 없으므로 연속형 확률변수이다.

4.2 이산형 확률분포

이산형 확률변수 X가 값 x를 가지면 X로 표현된 사건 $X=x$의 확률 $P(X=x)$를 계산할 수 있다. 따라서 X의 값 x와 확률 $P(X=x)$의 대응관계를 모든 x에서 정의할 수 있고 이렇게 정의된 대응관계를 **확률변수 X의 이산형 확률분포**(discrete probability distribution) 혹은 간단히 **확률변수 X의 분포**라고 한다. 이산형 확률분포는 하나의 함수관계이므로 표나 그림을 활용하여 정의하는 것이 편리하고 이러한 표나 그림의 예가 **확률분포표**와 **확률히스토그램**이다.

예를 들어 1개의 동전을 3회 던지는 실험을 생각해 보자. 이 실험에서 앞면을 H, 뒷면을 T로 표기하고 앞면이 나오는 횟수를 X라 정의하면, X는 표본공간 $S=\{HHH, HHT, HTH, THH, TTH, THT, HTT, TTT\}$ 위에서 정의된 이산형 확률변수이며 0, 1, 2, 3의 4개의 값을 가진다. 따라서 X로 표현된 각각의 사건에 대하여 확률을 계산하면

$$P(X=0)=P(\{TTT\})=\frac{1}{8}$$

$$P(X=1)=P(\{HTT, THT, TTH\})=\frac{3}{8}$$

$$P(X=2)=P(\{HHT, HTH, THH\})=\frac{3}{8}$$

$$P(X=3)=P(\{HHH\})=\frac{1}{8}$$

이나. 그리고 이 확률을 표로 나타내거나 히스토그램 형태의 그림으로 나타내면 **〈그림 4-1〉**과 같고, 각각을 **확률분포표**와 **확률히스토그램**이라고 한다.

그림 4-1 확률변수 X의 확률분포표와 확률히스토그램

x	0	1	2	3
$P(X=x)$	$\frac{1}{8}$	$\frac{3}{8}$	$\frac{3}{8}$	$\frac{1}{8}$

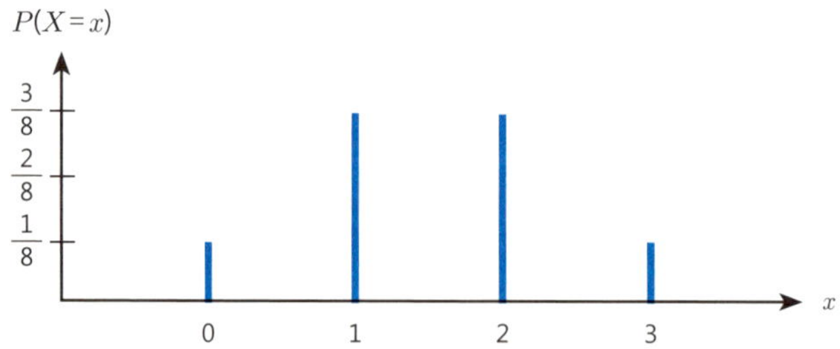

이산형 확률변수의 확률분포를 표나 그림으로 표현하면 확률변수의 분포 즉 확률변수의 값과 확률과의 대응관계를 시각적으로 쉽게 이해할 수 있다. 하지만 앞에서 언급했듯이 확률분포는 하나의 함수 관계이고 따라서 하나의 함수로 정의할 필요가 있으며 가장 대표적인 것이 다음의 **이산형 확률밀도함수**이다.

이산형 확률밀도함수 : Discrete Probability Density Function

이산형 확률변수 X가 x_1, x_2, …의 값을 가질 때, 아래와 같이 확률변수의 값 x_i에 확률 $P(X=x_i)$를 대응시키고 그 이외의 값에는 0을 대응시키는 함수 f를 확률변수 X의 **이산형 확률밀도함수**(Probability Density Function), 혹은 **확률질량함수**(Probability mass function)라고 하며, 간단히 **밀도함수**(Density Function)라고 하기도 한다.

$$f(x)=\begin{cases} P(X=x), & x=x_1, x_2, \cdots \\ 0, & \text{이외의 값} \end{cases}$$

** X의 밀도함수가 f일 때 간단히 $X \sim f$라고 표현하기도 한다.

** 밀도함수값이 0인 경우는 표현을 생략하여 간단히

$$f(x)=P(X=x),\ x=x_1, x_2, \cdots$$

라고 표현하기도 한다.

** X의 밀도함수임을 강조하기 위하여 첨자를 사용하여 f_X로 표현하기도 한다.

정의에 의하면 이산형 밀도함수의 값은 0이거나 혹은 하나의 확률이므로 음수가 될 수 없다. 그리고 모든 확률의 합은 1이므로 밀도함수의 값을 모두 더하면 역시 1이 된다. 또한 $P(X \in A)$는 확률변수 X의 값이 집합 A에 속하게 되는 사건의 확률이므로 A에 속하는 모든 x_i에 대하여 확률 $P(X=x_i)$를 더한 값과 같다. 따라서 이산형 밀도함수는 다음과 같은 성질을 갖게 된다.

정리 4.1 이산형 밀도함수의 성질

이산형 확률변수 X가 x_1, x_2, …의 값을 가질 때, 밀도함수 f는 다음과 같은 성질을 가진다.

① 임의의 x_i에 대하여 $0 \le P(X=x_i)=f(x_i) \le 1$

② 임의의 집합 A에 대하여 $P(X \in A)=\sum_{x_i \in A} f(x_i)$

③ $\sum_{x=x_1, x_2, \cdots} P(X=x)=\sum_{x=x_1, x_2, \cdots} f(x)=1$

예제 4.5

1개의 동전을 4회 던지는 실험에서 앞면이 나오는 횟수를 확률변수 X라고 하자. X의 밀도함수를 구하라.

X가 가질 수 있는 값 x는 앞면의 개수 즉 0, 1, 2, 3, 4이고, 사건 $X=x$에 대응되는 표본점의 개수는 전체 표본점 16개 중에서 ${}_4C_x$개 이므로 사건 $X=x$의 확률은 $P(X=x)=\frac{{}_4C_x}{16}$이다. 따라서 X의 밀도함수 f는 다음과 같다.

$$f(x)=\frac{{}_4C_x}{16}, \quad x=0, 1, 2, 3, 4$$

참고로 X의 확률분포표는 다음과 같다.

x	0	1	2	3	4
$f(x)$	$\frac{1}{16}$	$\frac{4}{16}$	$\frac{6}{16}$	$\frac{4}{16}$	$\frac{1}{16}$

4.3 연속형 확률분포

연속형 확률변수는 어떤 구간에 속한 모든 점에서 연속적으로 값을 가질 수 있고 이러한 값의 개수는 셀 수 없이 많다. 따라서 확률분포표를 작성하여 확률분포를 도시할 수 없을 뿐만 아니라 확률변수가 어떠한 하나의 값을 정확하게 가질 확률은

0이 된다. 하지만 연속형 확률변수가 길이를 가지는 어떠한 구간에 속할 확률은 정의할 수 있으며 이러한 확률을 정의하기 위해서는 이산형 확률변수에서와 다른 접근법이 필요하다.

예를 들어 어떤 원형 시계의 시계바늘이 멈춰 있는 시간을 확률변수 X라고 정의해 보자. 시간은 0시에서 12시까지 연속적으로 존재하므로 X는 0에서 12까지의 모든 실수를 값으로 가질 수 있고, 시계 바늘이 정확히 3시에서 멈춰 있을 확률 즉 $X=3$일 확률은 $P(X=3)=0$이다. 하지만 시계바늘이 2시에서 3시 사이에서 멈출 확률은 정확하게 전체의 $\frac{1}{12}$임을 직관적으로 알 수 있고 따라서 $2 \leqq X < 3$일 확률은 $P(2 \leqq X < 3)=\frac{1}{12}$라고 정의할 수 있다.

또 다른 예로 0도를 중심으로 영하 10도에서 영상 10도까지 변하는 어떤 지역의 기온을 확률변수 X로 정의해 보자. X는 -10에서 10까지 연속적인 값을 가지는 연속형 확률변수이며 따라서 $X=3$과 같이 X가 어떤 값을 가질 확률은 $P(X=3)=0$이다. 하지만 $-5 \leqq X < 5$와 같이 X가 어떤 구간에 속할 확률은 다음과 같이 상대적 가능성의 개념을 사용하여 정의할 수 있다. 먼저 이 지역의 온도를 모두 조사하고, 이 온도를 계급구간이 무한히 짧은 히스토그램의 형태로 그리면 **〈그림 4-2〉**와 같은 형태의 부드러운 곡선를 얻을 수 있다. 또한 이 곡선의 아래 부분에서 온도가 -5에서 5사이인 영역을 진하게 표시하면 **〈그림 4-3〉**과 같고, 만약 곡선 아래의 '전체 영역의 넓이'와 '온도가 -5에서 5사이인 영역의 넓이'의 비율이 0.5라면 이 비율을 사용하여 $P(-5 \leqq X < 5)=0.5$와 같이 확률을 정의할 수 있다.

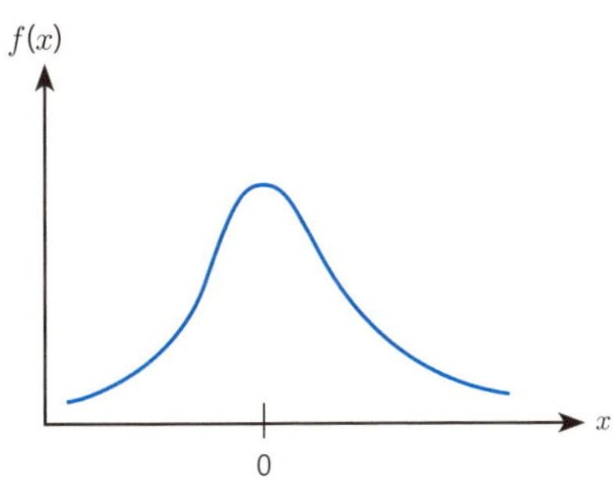

그림 4-2 연속형 확률변수의 확률분포

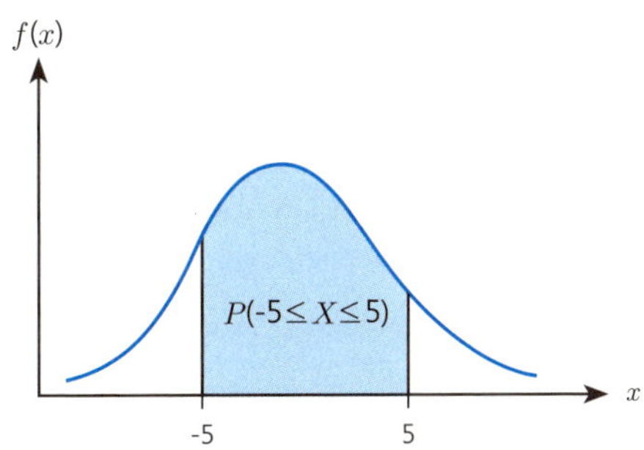

그림 4-3 연속형 확률변수의 확률

이와 같이 길이, 면적, 부피 등을 활용하여 전체에 대한 상대적 가능성의 개념을 도입하면 연속형 확률변수의 확률을 정확하게 정의할 수 있다. 특히 **〈그림 4-2〉**와 **〈그림 4-3〉**에서 확인할 수 있듯이, 상대적 가능성을 비교하기 위해 부드러운 곡선 형태의 함수가 필요하고, 확률을 계산하기 쉽도록 함수 아래 부분의 전체 면적이 1이 되도록 함수값의 크기를 조절한 함수를 연속형 확률변수의 확률밀도함수라고 한다. 따라서 연속형 확률변수의 값이 어떤 구간에 속할 확률은 **〈그림 4-3〉**에서와 같이 확률밀도함수의 아래 부분의 영역 중 그 구간에 해당하는 영역의 넓이가 된다. 이상의 논의를 바탕으로 연속형 확률변수를 엄밀하게 정의하면 다음과 같다.

연속형 확률밀도함수 : Continuous Probability Density Function

확률변수 X가 집합 R에서 값을 가지는 연속형 확률변수이며, R에서 정의된 함수 f가 다음의 성질을 만족할 때, f를 X의 **확률밀도함수**(Probability density function) 혹은 간단히 **밀도함수**라고 한다.

① 임의의 $x \in R$에 대하여 $f(x) \geqq 0$

② 임의의 집합 $A \subset R$에 대하여 $P(X \in A) = \int_A f(x)dx$

③ $P(X \in R) = \int_R f(x)dx = 1$

** 집합 A가 $[a, b]$와 같이 구간의 형태인 경우 다음과 같이 표현한다.

$$P(X \in A) = P(a \leqq X \leqq b) = \int_a^b f(x)dx$$

** X가 이산형 확률변수인 경우, 밀도함수의 값 $f(x)$가 사건 $X = x$의 확률이지만 X가 연속형 확률변수인 경우 $f(x)$는 사건 $X = x$의 확률이 아니라는 점을 유의하라.

밀도함수의 정의에 의하여 연속형 확률변수 X가 하나의 값 x를 가질 확률은 한 점에서의 넓이이므로 $P(X = x) = 0$이다. 따라서 X가 어떤 구간에 속할 확률은 다음과 같이 구간의 끝점이 포함이 되거나 되지 않거나 모두 동일하다.

$$P(a < X < b) = P(a \leqq X < b) = P(a < X \leqq b) = P(a \leqq X \leqq b)$$

예제 4.6

연속형 확률변수 X의 밀도함수 f가 다음과 같을 때 물음에 답하라.

$$f(x) = c(2-x)x,\ \ 0 \leqq x \leqq 2$$

(1) 상수 c의 값을 구하라.

(2) 확률 $P(1<X<2)$를 구하라.

(3) 확률 $P(X \leqq 1.5)$를 구하라.

---

(1) 밀도함수의 정의에 의하여 $\int_0^2 f(x)dx = 1$이 되어야 하므로

$$\int_0^2 c(2-x)xdx = \int_0^2 (2cx - cx^2)dx = \left[cx^2 - \frac{c}{3}x^3\right]_0^2 = \frac{4}{3}c = 1$$

이다. 따라서 $c = \dfrac{3}{4}$이다.

(2) $P(1<X<2) = \int_1^2 f(x)dx = \int_1^2 \frac{3}{4}(2-x)xdx = \frac{1}{2}$

(3) $P(X \leqq 1.5) = \int_0^{1.5} f(x)dx = \int_0^{1.5} \frac{3}{4}(2-x)xdx = \frac{27}{32}$

4.4 결합확률분포

하나의 표본공간에 1개 이상의 확률변수를 정의할 수도 있다. 이 절에서는 논의의 단순성을 위하여 하나의 표본공간에 2개의 확률변수를 정의하는 경우를 생각해 보고, 이러한 경우의 확률분포 즉 밀도함수를 정의하는 방법을 알아본다.

예를 들어 1개의 동전을 2회 던지는 실험을 생각해 보자. 앞면을 H, 뒷면을 T로 나타내면 표본공간은 $S=\{HH, HT, TH, TT\}$이고 S위에 2개의 확률변수 X와 Y를 다음과 같이 정의한다. X는 첫 번째 시행에서 앞면이 나오면 0 뒷면이 나오면 1의 값을 가지고, 마찬가지로 Y는 두 번째 시행에서 앞면이 나오면 0 뒷면이 나오면 1의 값을 가진다. 따라서 X와 Y가 가질 수 있는 값은 각각 두 가지이고 각각의 값을 조합할 수 있는 방법은 총 네 가지이다.

표본점	HH	HT	TH	TT
X의 값 x	0	0	1	1
Y의 값 y	0	1	0	1

따라서 '첫 번째 시행에서 앞면이 나오고 두 번째 시행에서 뒷면이 나올 확률'은 '사건 $\{HT\}$가 출현할 확률'과 같고 이를 확률변수 X와 Y를 사용해 나타내면 '$X=0$이고 $Y=1$일 확률'이 된다. 이러한 경우 확률변수 X와 Y로 표현된 사건을 '$X=0$, $Y=1$'로 나타내거나 '$(X, Y)=(0, 1)$'로 나타내며 따라서 $P(X=0, Y=1)=P((X, Y)=(0, 1))=P(\{HT\})=\frac{1}{4}$임을 쉽게 확인할 수 있다. 같은 방법으로 모든 경우의 확률을 계산하여 이를 표와 그림으로 나타내면 **〈표 4-2〉**와 **〈그림 4-4〉**가 되고 각각을 X와 Y의 **결합확률분포표**와 **결합확률히스토그램**이라고 한다.

표 4-2 확률변수 X, Y의 결합확률분포표

$P(X=x, Y=y)$		$x=0$	$x=1$
y	0	$\frac{1}{4}$	$\frac{1}{4}$
	1	$\frac{1}{4}$	$\frac{1}{4}$

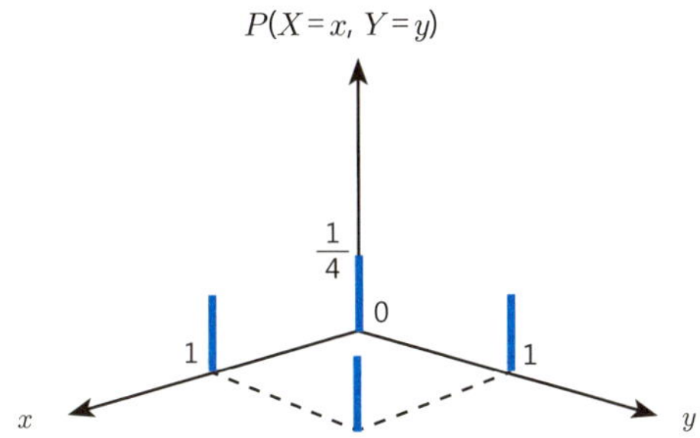

그림 4-4 확률변수 X, Y의 결합확률히스토그램

이산형 확률변수 X와 Y가 가질 수 있는 값 x와 y에 대하여 확률 $P(X=x, Y=y)$를 대응시켜 주는 함수 f를 **이산형 결합확률밀도함수**(discrete joint probability density function)라고 한다.

이산형 결합확률밀도함수 : Discrete Joint Probability Density Function

이산형 확률변수 X가 값 $x_1, x_2, \cdots$을 가지고 이산형 확률변수 Y가 값 $y_1, y_2, \cdots$을 가질 때, 아래와 같이 확률변수의 값 x와 y에 확률 $P(X=x, Y=y)$를 대응시키고 그 이외의 값에는 0을 대응시키는 함수 f를 확률변수 X와 Y의 **이산형 결합확률밀도함수**, 혹은 **결합확률질량함수**(joint probability mass function)라고 하며, 간단히 **결합밀도함수**라고 한다.

$$f(x, y) = \begin{cases} P(X=x, Y=y), & x=x_1, x_2, \cdots \text{ 이고 } y=y_1, y_2, \cdots \\ 0, & \text{이외의 값} \end{cases}$$

** $P(X=x, Y=y)$ 대신에 $P((X, Y)=(x, y))$로 표현하기도 한다.

** 확률변수 X와 Y의 결합밀도함수임을 강조하기 위하여 첨자를 사용하여 f_{XY}라고 표현하기도 한다.

이산형 결합확률밀도함수도 확률밀도함수와 비슷한 성질을 만족한다.

정리 4.2 이산형 결합밀도함수의 성질

이산형 확률변수 X가 값 $x_1, x_2, \cdots$ 을 가지고 이산형 확률변수 Y가 값 $y_1, y_2, \cdots$ 을 가질 때, 결합밀도함수 f는 다음과 같은 성질을 가진다.

① 임의의 x_i와 y_j에 대하여 $0 \le P(X=x_i, Y=y_j)=f(x_i, y_j) \le 1$

② 임의의 집합 A에 대하여 $P((X, Y) \in A) = \sum\sum_{(x_i, y_j) \in A} f(x_i, y_j)$

③ $\sum_{x=x_1, x_2, \cdots} \sum_{y=y_1, y_2, \cdots} P(X=x, Y=y) = \sum_{x=x_1, x_2, \cdots} \sum_{y=y_1, y_2, \cdots} f(x, y) = 1$

** 집합 A가 $A=\{(x, y) \mid a < x \leqq b, c < y \leqq d\}$의 형태이면

$$P((X, Y) \in A) = P(a < X \leqq b, c < Y \leqq d) = \sum_{a < x_i \leqq b} \sum_{c < y_j \leqq d} f(x_i, y_j)$$

라고 표현하기도 한다.

예제 4.7

검은색, 빨간색, 푸른색 공이 각각 4개씩 모두 12개가 들어 있는 상자로부터 3개의 공을 동시에 꺼내는 실험을 생각해 보자. 확률변수 X를 꺼낸 3개의 공 중에서 검은색 공의 수, Y를 빨간색 공의 수라 할 때 X와 Y의 이산형 결합밀도함수를 구하고, 집합 $A=\{(x, y) \mid x+y \geqq 3\}$에 대하여 확률 $P((X, Y) \in A)$를 구하라.

12개의 공이 들어 있는 상자로부터 3개의 공을 꺼내는 경우의 수는 ${}_{12}C_3$이다. 그리고 3개의 공을 꺼낼 때 검은색 공이 x개, 빨간색 공이 y개 나오는 경우의 수는 ${}_4C_x\,{}_4C_y\,{}_4C_{3-x-y}$ 이므로 확률변수 X, Y의 결합밀도함수는 다음과 같다.

$$f(x, y) = \frac{{}_4C_x\,{}_4C_y\,{}_4C_{3-x-y}}{{}_{12}C_3}$$

단, $0 \leqq x+y \leqq 3$, $x=0, 1, 2, 3$, $y=0, 1, 2, 3$

따라서 위의 확률분포를 표로 나타내면 다음과 같다.

$f(x, y)$		x			
		0	1	2	3
y	0	$\frac{1}{55}$	$\frac{6}{55}$	$\frac{6}{55}$	$\frac{1}{55}$
	1	$\frac{6}{55}$	$\frac{16}{55}$	$\frac{6}{55}$	0
	2	$\frac{6}{55}$	$\frac{6}{55}$	0	0
	3	$\frac{1}{55}$	0	0	0

그리고 영역 A에 속하는 (x, y)의 값들은 $(0, 3)$, $(1, 2)$, $(2, 1)$, $(3, 0)$이므로 구하는 확률은 다음과 같다.

$$
\begin{aligned}
P((X, Y)\in A) &= \sum\sum_{(x, y)\in A} f(x, y) \\
&= f(0, 3) + f(1, 2) + f(2, 1) + f(3, 0) \\
&= \frac{1}{55} + \frac{6}{55} + \frac{6}{55} + \frac{1}{55} = \frac{14}{55}
\end{aligned}
$$

2개의 연속형 확률변수 X와 Y의 결합확률밀도함수(joint probability density function) 역시 다음과 같이 정의할 수 있다.

연속형 결합확률밀도함수 : Continuous Joint Probability Density Function

확률변수 X, Y가 집합 R에서 값을 가지는 연속형 확률변수이며, 이 구간 위에서 정의된 함수 f가 다음의 성질을 만족할 때, f를 X와 Y의 **결합확률밀도함수**(joint probability density function) 혹은 간단히 **결합밀도함수**라고 한다.

① 임의의 $(x, y)\in R$에 대하여 $f(x, y) \geq 0$

② 임의의 집합 $A\subset R$에 대하여 $P(X, Y)\in A = \int\int_A f(x, y)d(x, y)$

③ $P(X \in R) = \int\int_R f(x, y)d(x, y) = 1$

** 집합 A가 $[a, b] \times [c, d]$와 같이 구간의 형태인 경우 다음과 같이 표현한다.

$$P((X, Y) \in A) = P(a < X \leqq b, c < Y \leqq d) = \int_c^d \int_a^b f(x, y)dxdy$$

예제 4.8

연속형 확률변수 X, Y의 결합밀도함수가 다음과 같을 때

$$f(x, y) = 4xy,\ 0 < x,\ y < 1$$

$P[(X, Y) \in A]$를 구하라. 단, $A = \{(x, y) \mid 0 \leqq x \leqq 1,\ 0 \leqq y < \frac{1}{2}\}$이다.

$$\begin{aligned} P[(X, Y) \in A] &= \int\int_A f(x, y)d(x, y) = \int_0^{\frac{1}{2}} \int_0^1 4xy\,dx\,dy \\ &= \int_0^{\frac{1}{2}} [2yx^2]_{x=0}^{x=1} dy = \int_0^{\frac{1}{2}} 2y\,dy \\ &= [y^2]_0^{\frac{1}{2}} = \frac{1}{4} \end{aligned}$$

4.5 주변확률분포

확률변수 X와 Y의 결합밀도함수 f_{XY}가 주어지면 f_{XY}를 사용하여 X와 Y 각각의 확률밀도함수 f_X와 f_Y를 쉽게 구할 수 있다. 예를 들어 앞 절의 **〈표 4-2〉**의 이산형 결합확률분포를 생각해 보자. 확률변수 X가 가질 수 있는 값은 0과 1이므로 X의 확률밀도함수 f_X는 두 개의 값 $f_X(0) = P(X = 0)$과 $f_X(1) = P(X = 1)$을 구하여 얻을

수 있다. 먼저 확률변수 X로 표현된 사건 $X=0$은 표본공간 위의 사건 $\{HH, HT\}$에 대응되고, 마찬가지로 두 사건 $X=0, Y=0$과 $X=0, Y=1$은 각각 사건 $\{HH\}$와 $\{HT\}$에 대응된다는 사실을 확인하자. 사건 $\{HH, HT\}$는 $\{HH\}$와 $\{HT\}$의 합사건이고 $\{HH\}$와 $\{HT\}$는 상호배반사건이므로 따라서

$$\begin{aligned} P(X=0) &= P(\{HH, HT\}) \\ &= P(\{HH\})+P(\{HT\}) \\ &= P(X=0, Y=0)+P(X=0, Y=1) \\ &= \frac{1}{4}+\frac{1}{4}=\frac{1}{2} \end{aligned}$$

임을 쉽게 확인할 수 있다. 즉 확률 $P(X=0)$은 $X=0$인 경우의 모든 Y의 값의 확률 $P(X=0, Y=0)$과 $P(X=0, Y=1)$의 합이 된다. 같은 방법으로 사건 $X=1$의 확률을 구하면 다음과 같고

$$\begin{aligned} P(X=1) &= P(X=1, Y=0)+P(X=1, Y=1) \\ &= \frac{1}{4}+\frac{1}{4}=\frac{1}{2} \end{aligned}$$

따라서 X의 확률밀도함수 f_X는 다음과 같다.

$$f_X(x)=\frac{1}{2},\quad x=0, 1$$

이와 같이 이산형 결합밀도함수로부터 각각의 이산형 확률밀도함수를 구할 수 있고 이를 **이산형 주변확률밀도함수**(discrete marginal probability density function) 혹은 간단히 **주변밀도함수**라고 한다. 그리고 이산형 주변밀도함수를 사용하여 **〈표 4-3〉**과 **〈그림 4-5〉**와 같이 확률분포표와 확률히스토그램을 구할 수 있다.

표 4-3 X와 Y의 이산형 주변확률분포표

x	0	1
$f_X(x)$	$\frac{1}{2}$	$\frac{1}{2}$

y	0	1
$f_Y(y)$	$\frac{1}{2}$	$\frac{1}{2}$

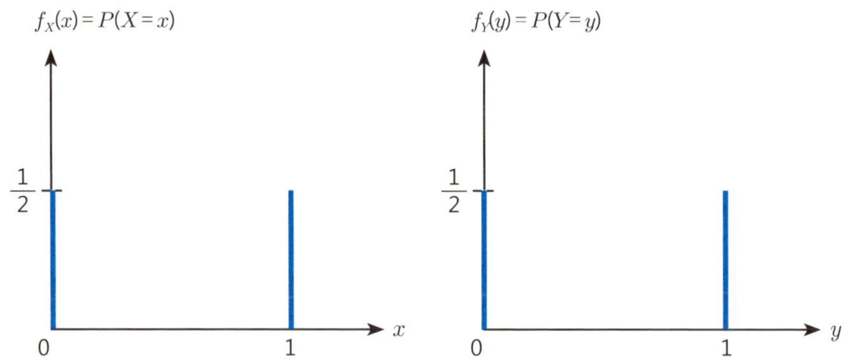

그림 4-5 X와 Y의 주변확률히스토그램

확률변수가 연속형인 경우에도 연속형 결합밀도함수로부터 각각의 연속형 확률밀도함수를 구할 수 있으며 이를 **연속형 주변확률밀도함수**(marginal probability density function)라고 한다.

주변밀도함수 : Marginal Probability Density Function

확률변수 X, Y의 결합밀도함수가 f_{XY}일 때, X와 Y의 확률밀도함수 f_X와 f_Y를 다음과 같이 구할 수 있고 이를 **주변확률밀도함수**(Marginal Probability Density Function)라고 한다.

$$① \ f_X(x) = \begin{cases} \sum_y f_{XY}(x, y) & \text{(이산형인 경우)} \\ \int_{-\infty}^{\infty} f_{XY}(x, y)dy & \text{(연속형인 경우)} \end{cases}$$

$$② \ f_Y(y) = \begin{cases} \sum_x f_{XY}(x, y) & \text{(이산형인 경우)} \\ \int_{-\infty}^{\infty} f_{XY}(x, y)dx & \text{(연속형인 경우)} \end{cases}$$

예제 4.9

[예제 4.7]의 결합밀도함수 f_{XY}로부터 Y의 주변밀도함수 $f_Y(y)$를 구하라.

$$f_Y(0)=\sum_{x=0}^{3} f_{XY}(x, 0)=f_{XY}(0, 0)+f_{XY}(1, 0)+f_{XY}(2, 0)+f_{XY}(3, 0)=\frac{14}{55}$$

$$f_Y(1)=\sum_{x=0}^{2} f_{XY}(x, 1)=f_{XY}(0, 1)+f_{XY}(1, 1)+f_{XY}(2, 1)=\frac{28}{55}$$

$$f_Y(2)=\sum_{x=0}^{1} f_{XY}(x, 2)=f_{XY}(0, 2)+f_{XY}(1, 2)=\frac{12}{55}$$

$$f_Y(3)=\sum_{x=0}^{0} f_{XY}(x, 3)=f_{XY}(0, 3)=\frac{1}{55}$$

예제 4.10

연속형 확률변수 X, Y가 **[예제 4.8]**의 결합확률밀도함수 $f(x, y)$를 가질 때

$$f(x, y)=4xy, \quad \text{단 } 0<x, \ y<1$$

X에 대한 주변확률밀도함수 $f_X(x)$와 Y에 대한 주변확률밀도함수 $f_Y(y)$를 구하시오.

$$f_X(x)=\int_{-\infty}^{\infty} f(x, y)dy=\int_0^1 4xydy=2x, \ 0<x<1$$

$$f_Y(y)=\int_{-\infty}^{\infty} f(x, y)dx=\int_0^1 4xydx=2y, \ 0<y<1$$

참고로 3장에서 정의한 사건 B의 사건 A에 대한 조건부 확률

$$P(B \mid A)=\frac{P(A\cap B)}{P(A)}, \quad \text{단 } P(A)\neq 0$$

를 사용하면 확률변수 X의 Y에 대한 조건밀도함수도 정의할 수 있으나 여기에서는 생략하기로 한다.

4.6 두 확률변수의 독립성

3장에서 두 개의 사건 A, B가 $P(A\cap B)=P(A)P(B)$를 만족하면 사건 A, B를 서로 독립인 사건이라고 정의하였다. 이러한 개념을 확장하면 확률변수 X와 Y에 대해서도 독립의 개념을 정의할 수 있으며, 확률변수의 독립성은 통계학에서 가장 중요한 개념 중의 하나이다.

독립인 확률변수 : Independent Random Variables

두 확률변수 X와 Y의 결합밀도함수 f_{XY}와 두 주변밀도함수 f_X와 f_Y가 다음의 관계를 만족하면

임의의 x와 y에 대하여 $f_{XY}(x, y)=f_X(x)f_Y(y)$

X와 Y를 서로 **독립인 확률변수**라고 혹은 간단히 **독립**이라고 한다.

** X와 Y가 독립이면 각각의 함수 $h(X)$와 $g(Y)$도 독립이다. 예를 들면 X^2과 $\frac{1}{Y}$은 독립이다.

예제 4.11

[예제 4.10] 의 확률변수 X, Y가 독립인 확률변수인지 판단하라.

[예제 4.10] 의 결과로부터 임의의 x와 y에 대하여

$$f_{XY}(x, y)=4xy=2x\times 2y=f_X(x)f_Y(y)$$

가 성립함을 쉽게 확인할 수 있다. 따라서 X, Y는 독립인 확률변수이다.

예제 4.12

확률변수 X, Y가 **[예제 4.7]** 의 이산형 결합밀도함수를 가질 때, X, Y의 독립성을 판단하라.

$x=0$이고 $y=0$인 경우

$$f_{XY}(0, 0)=\frac{1}{55}\neq\frac{15}{55}\times\frac{14}{55}=f_X(0)f_Y(0)$$

이므로 X와 Y는 독립이 아니다.

4.7 확률변수의 기댓값

확률변수 X의 확률분포 혹은 확률밀도함수를 사용하면 확률변수가 평균적으로 취하는 값을 정의할 수 있으며, 이 값을 **확률변수의 기댓값**(expected value)이라고 한다. 예를 들어 1개의 동전을 2회 던지는 실험에서 앞면이 평균적으로 얼마나 나오는지 정의해 보자. 확률변수 X를 '앞면이 나오는 횟수'라고 정의하면 X가 가지는 값과 각각의 확률은 **〈표 4-4〉**와 같다.

표 4-4 X의 확률분포표

x	0	1	2
$f(x)$	$\frac{1}{4}$	$\frac{2}{4}$	$\frac{1}{4}$

〈표 4-4〉를 보면 X는 0, 1, 2의 3개의 값을 가지며, 1을 가질 확률이 다른 값을 가질 확률보다 2배 더 큰 것을 알 수 있다. 따라서 X가 평균적으로 취하는 값 즉 X의 기댓값을 구하는 경우 1을 0과 2보다 2배 더 많다고 생각하는 것이 합리적이다. 이러한 논리를 평균의 개념에 적용하면, X의 기댓값은 3개의 수 0, 1, 2의 평균 $\frac{(0+1+2)}{3}$이 아니라 4개의 수 0, 1, 1, 2의 평균 $\frac{(0+1+1+2)}{4}$로 정의하는 것이 옳다. 다시 말해서 동전을 2회 던지면 평균적으로 기대할 수 있는 앞면의 수는 1회이며 이는 직관적인 평균과 같다.

다른 예로 **[예제 4.7]**에서 소개한 실험을 생각해 보자. 검은색, 빨간색, 푸른색의 공이 각각 4개씩 모두 12개가 들어 있는 상자로부터 3개의 공을 동시에 꺼내는 실험이며, 빨간색 공의 수를 Y라고 하고 Y가 취하는 평균적인 값 즉 Y의 기댓값을 정의해 보자. **[예제 4.9]**의 결과에 따르면 Y의 확률분포는 다음과 같다.

y	0	1	2	3
$f(y)$	$\frac{14}{55}$	$\frac{28}{55}$	$\frac{12}{55}$	$\frac{1}{55}$

따라서 위의 두 방법을 적용하면 두 개의 기댓값을 정의할 수 있으며 하나는 4개의 수의 평균 $\frac{(0+1+2+3)}{4}=1.5$이고 다른 하나는 55개의 수의 평균 $\frac{(0\times 14+1\times 28+2\times 12+3\times 1)}{55}=1$이다. 직관적으로 판단해 보면, 상자에는 3가지 색깔의 공이 같은 개수만큼 들어있으므로, 모든 공은 동일한 확률로 뽑히게 되며, 따라서 모든 공의 평균적인 출현횟수는 동일해야 한다. 또한 3개의 공을 꺼내는 실험이므로 당연히 3가지 색깔의 공은 각각 평균적으로 1회식 뽑혀야 한다. 결국 빨간색 공의 수 Y가 취하는 평균적인 값 즉 Y의 기댓값은 1.5가 아니라 1로 정의하는 것이 더 합리적인 것을 알 수 있다. 또한 이렇게 정의한 Y의 평균은

$$0\times\frac{14}{55}+1\times\frac{28}{55}+2\times\frac{12}{55}+3\times\frac{1}{55}=1$$

과 같이 계산할 수 있으며 이를 확률밀도 함수를 사용하여 표현하면

$$0\times f_Y(0)+1\times f_Y(1)+2\times f_Y(2)+3\times f_Y(3)=1$$

과 같다. 따라서 Y의 기댓값은 Y의 값 y에 가중치 $f_Y(y)$를 적용하여 계산한 가중평균과 같다는 것을 알 수 있다.

이상의 예에서 논의한 바와 같이 이산형 확률변수 X의 기댓값은 X의 값에 확률을 가중치로 적용한 가중평균으로 정의하며 일반적으로 $E(X)$라고 표기한다. 또한 X가 연속형 확률변수인 경우에도 적분을 사용하여 비슷하게 정의할 수 있다. 확률변수의 기댓값은 확률변수의 분포를 설명하는 가장 중요한 개념이며 확률변수가

평균적으로 취하는 값을 의미하므로, 확률분포의 중심의 위치를 나타내는 지표로 이해하기도 한다.

확률변수의 기댓값 : Expected Value of Random Variable

확률변수 X가 확률밀도함수 f를 가질 때, X의 기댓값(Expected Value) $E(X)$는 다음과 같이 정의한다.

$$E(X) = \begin{cases} \sum_x xf(x) & \text{(이산형인 경우)} \\ \int_{-\infty}^{\infty} xf(x)dx & \text{(연속형인 경우)} \end{cases}$$

** 기댓값을 확률변수 X의 평균이라고 하기도 하며 확률변수의 중심위치라는 의미에서 μ로 표기하기도 한다. 또한 확률변수 X를 강조하기 위하여 μ_X라고 첨자를 사용하기도 한다.

예제 4.13

4명의 남자와 3명의 여자 회원이 있는 어느 모임에서 3명의 대표를 선출하고자 한다. 7명의 회원 중 랜덤하게 3명의 대표를 선출할 때, 남자 대표의 수 X의 기댓값을 구하여라.

7명 중 3명을 선출하는 경우의 수는 ${}_7C_3$이고, 3명의 대표 중 x명의 남자 회원이 포함될 경우의 수는 ${}_4C_x \cdot {}_3C_{3-x}$이다. 따라서 X의 이산형 밀도함수는

$$f(x) = \frac{{}_4C_x \cdot {}_3C_{3-x}}{{}_7C_3}, \qquad x = 0, 1, 2, 3$$

이며, 확률분포표는 다음과 같다.

x	0	1	2	3
$f(x)$	$\frac{1}{35}$	$\frac{12}{35}$	$\frac{18}{35}$	$\frac{4}{35}$

따라서 기댓값은 다음과 같다.

$$E(X)=\sum_{x=0}^{3} x f(x) = 0\times\frac{1}{35}+1\times\frac{12}{35}+2\times\frac{18}{35}+3\times\frac{4}{35}=\frac{12}{7}$$

예제 4.14

1개의 동전을 3회 던지는 실험에서 3회 모두 앞면이 나오거나 뒷면이 나오면 500원을 얻고, 앞면이 1회 혹은 2회 나오면 300원을 잃는 놀이를 할 때, 얻는 금액의 기댓값을 구하라.

확률변수 X를 얻는 금액, Y를 앞면이 나오는 횟수라 하자. 그러면 X가 취할 수 있는 값은 500, -300이고, $X=500$인 경우는 $Y=3$ 또는 $Y=0$인 경우와 같고, $X=-300$일 경우는 $Y=1$ 또는 $Y=2$인 경우와 같다. 따라서

$$P(X=500)=P(Y=3)+P(Y=0)=\frac{1}{8}+\frac{1}{8}=\frac{1}{4}$$

이 된다. 따라서 X의 기댓값은

$$E(X)=500\times\frac{1}{4}+(-300)\times\frac{3}{4}=-100$$

이 되어, 이러한 놀이를 한 번 하는 경우 평균 100원을 잃게 된다.

예제 4.15

연속형 확률변수 X가 다음과 같은 확률밀도함수를 가질 때

$$f(x)=2x,\quad 0\leqq x\leqq 1$$

X의 기댓값 μ를 구하라.

연속형 확률변수 X의 기댓값의 정의에 의하여 다음과 같다.

$$\mu=E(X)=\int_{-\infty}^{\infty} x f(x)dx=\int_{0}^{1} 2x^2\,dx=\frac{2}{3}$$

확률변수의 기댓값 개념을 확장하여, 확률변수의 함수에 대한 기댓값을 쉽게 정의할 수 있다. 예를 들어 1개의 주사위를 1회 던져서 윗면에 나타나는 숫자의 100배에 해당하는 상금을 받는다고 하고 이 상금의 기댓값을 구해 보자. 확률변수 X를 주사위의 윗면에 나타난 숫자라고 하고 Y를 상금이라고 하자. X와 Y는 $Y=100X$의 함수관계를 가지고 따라서 **〈표 4-5〉**에서 확인할 수 있듯이 $X=x$일 확률과 $Y=100x$일 확률은 동일하다. 즉 X와 Y가 취하는 값 x와 $y=100x$는 다르지만 확률밀도함수의 함수값은 $f_Y(y)=f_Y(100x)=f_X(x)$가 되어 서로 같다. 따라서 기댓값의 정의에 의하여 상금액 Y의 기댓값은

$$\begin{aligned} E(Y) &= \sum_y y f_Y(y) = \sum_x 100x f_X(x) \\ &= 100\times\frac{1}{6}+200\times\frac{1}{6}+\cdots+600\times\frac{1}{6}=350 \end{aligned}$$

이 된다. 위 식을 자세히 보면, 기댓값 $E(Y)$를 구하는 과정에서 Y의 확률밀도함수 f_Y를 사용하지 않고 x와 y의 함수관계 $y=100x$와 확률밀도함수의 동일성 $f_Y(y)=f_X(x)$를 사용하고 있다는 것을 확인할 수 있다.

표 4-5 확률변수 X와 $Y=100X$의 확률분포표

x	1	2	3	4	5	6
y	100	200	300	400	500	600
확률	$\frac{1}{6}$	$\frac{1}{6}$	$\frac{1}{6}$	$\frac{1}{6}$	$\frac{1}{6}$	$\frac{1}{6}$

일반적으로 X의 함수 $Y=t(X)$도 확률변수이며, Y의 기댓값은 X의 확률분포를 사용하여 다음과 같이 구할 수 있다.

정리 4.3 확률변수의 함수의 기댓값

확률변수 X의 밀도함수를 $f(x)$라 할 때, X의 함수 $Y=t(X)$는 확률변수이며 Y의 기댓값은 다음과 같다.

$$E(Y)=E(t(X))=\begin{cases}\sum_{x} t(x)f(x) & \text{(이산형일 때)}\\ \int_{-\infty}^{\infty} t(x)f(x)dx & \text{(연속형일 때)}\end{cases}$$

예제 4.16

어느 자동차 정비공장에서 1시간에 수리하는 자동차의 수를 X라 할 때, X의 확률분포를 조사한 결과 확률밀도함수 f가 다음과 같았다.

x	4	5	6	7	8	9
확률	$\frac{1}{12}$	$\frac{1}{12}$	$\frac{1}{4}$	$\frac{1}{4}$	$\frac{1}{6}$	$\frac{1}{6}$

확률변수 Y를 이 정비공장의 시간당 수입이라고 할 때, 확률변수 X와 Y 사이에는 $Y=2X-1$의 관계가 있다고 한다. 이 정비공장의 시간당 평균수입 $E(Y)$를 구하라.

$t(X)=2X-1$이라고 하면 $Y=t(X)$의 기댓값은 **〈정리 4.3〉**에 의해 다음과 같다.

$$\begin{aligned}E(Y)=E(t(X))&=\sum_{x} t(x)f(x)\\&=\sum_{x=4}^{9}(2x-1)f(x)\\&=7\times\frac{1}{12}+9\times\frac{1}{12}+11\times\frac{1}{4}+13\times\frac{1}{4}+15\times\frac{1}{6}+17\times\frac{1}{6}\\&=12.67\end{aligned}$$

예제 4.17

연속형 확률변수 X가 다음과 같은 확률밀도함수를 가질 때, 확률변수 $Y=2X$의 기댓값을 구하라.

$$f(x)=6x(1-x),\quad 0 \leqq x \leqq 1$$

$t(X)=2X$라고 하면

$$E(Y)=E(t(X))=\int_{-\infty}^{\infty} t(x)f(x)dx=\int_{0}^{1}(12x^2-12x^3)\,dx=1$$

4.8 확률변수의 분산

확률변수의 기댓값은 확률분포의 중심에 해당하는 값이며 일종의 대표값으로 이해할 수 있다. 이 절에서는 확률변수의 **분산**과 **표준편차**(variance and standard deviation of a random variable)를 정의한다. 확률변수의 분산과 표준편차는 확률분포가 기댓값을 중심으로 얼마나 퍼져 있는지 그 정도를 나타내는 일종의 산포도이다.

확률변수의 분산과 표준편차 : Variance and Standard Deviation of Random Variable

확률변수 X의 기댓값을 μ, 확률밀도함수를 f라 할 때, X의 **분산**은 다음과 같다.

$$Var(X)=E[\{X-E(X)\}^2]=E[(X-\mu)^2]$$

$$=\begin{cases}\displaystyle\sum_x (x-\mu)^2 f(x) & \text{(이산형일 때)}\\ \displaystyle\int_{-\infty}^{\infty}(x-\mu)^2 f(x)dx & \text{(연속형일 때)}\end{cases}$$

그리고 분산의 양의 제곱근 $\sqrt{Var(X)}$을 확률변수 X의 **표준편차**라 한다.

** X의 분산은 함수 $Y=\{X-E(X)\}^2=(X-\mu)^2$의 기댓값 $E(Y)$와 같다.

** 분산과 표준편차가 확률변수의 산포도라는 의미에서 각각 σ^2과 σ로 표기하기도 한다. 또한 확률변수 X를 강조하기 위하여 $\sigma_X{}^2$과 σ_X와 같이 첨자를 사용하기도 한다.

** 확률변수 X는 일반적으로 관심의 대상이 되는 모집단의 자료를 정의하는데 사용된다. 이러한 경우 X의 확률분포는 정확하게 모집단의 분포를 의미하며, 확률변수 X의 기댓값과 분산은 각각 모평균과 모분산이 된다.

예제 4.18

3개의 부품으로 구성되어 있는 전자제품에서 고장난 부품의 수를 X라 할 때, 확률변수 X는 다음과 같은 이산형 밀도함수 $f(x)$를 갖는다고 한다. 이때 확률변수 X의 분산을 구하라.

x	0	1	2	3
$f(x)$	0.51	0.38	0.1	0.01

먼저 확률변수 X의 기댓값 $E(X)$를 구하면

$$\mu = E(X) = \sum_{x=0}^{3} x f(x) = 0 \times 0.51 + 1 \times 0.38 + 2 \times 0.1 + 3 \times 0.01 = 0.61$$

이고, 따라서 분산은 다음과 같다.

$$\begin{aligned}\sigma^2 = Var(X) = E\left[(X - E(X))^2\right] = E\left[(X-\mu)^2\right] &= \sum_{x=0}^{3} (x-\mu)^2 f(x) \\ &= (0-0.61)^2 \times 0.51 + (1-0.61)^2 \times 0.38 + (2-0.61)^2 \times 0.1 \\ &\quad + (3-0.61)^2 \times 0.01 \\ &= 0.4979\end{aligned}$$

확률변수 X의 분산은 다음 정리를 이용하면 보다 간편하게 계산할 수 있다.

정리 4.4

확률변수 X의 기댓값을 $\mu = E(X)$라 하면

$$Var(X) = E(X^2) - [E(X)]^2 = E(X^2) - \mu^2$$

| 증명 |

확률변수 X가 연속형인 경우 **〈정리 4.3〉**을 적용하면 다음과 같다.

$$\begin{aligned} Var(X) = E[(X-\mu)^2] &= \int_{-\infty}^{\infty} (x-\mu)^2 f(x)dx \\ &= \int_{-\infty}^{\infty} (x^2 - 2\mu x + \mu^2) f(x)dx \\ &= \int_{-\infty}^{\infty} x^2 f(x)dx - 2\mu \int_{-\infty}^{\infty} x f(x)dx + \mu^2 \int_{-\infty}^{\infty} f(x)dx \\ &= E(X^2) - 2\mu E(X) + \mu^2 \\ &= E(X^2) - 2\mu^2 + \mu^2 \\ &= E(X^2) - \mu^2 \end{aligned}$$

X가 이산형인 경우에도 같은 방법으로 증명할 수 있고 여기에서는 생략하기로 한다.

예제 4.19

[예제 4.18]에서 확률변수 X의 분산을 **〈정리 4.4〉**를 이용하여 구하라.

X의 기댓값은 $\mu = E(X) = 0.61$이다. X^2의 기댓값 $E(X^2)$을 구하기 위해 $t(X) = X^2$이라고 하자. 그러면 **〈정리 4.3〉**에 의하여

$$\begin{aligned} E(X^2) = E(t(X)) = \sum_x t(x) f(x) &= \sum_{x=0}^{3} x^2 f(x) \\ &= 0 \times 0.51 + 1 \times 0.38 + 4 \times 0.1 + 9 \times 0.01 = 0.87 \end{aligned}$$

이다. 따라서

$$Var(X) = E(X^2) - \mu^2 = 0.87 - (0.61)^2 = 0.4979$$

예제 4.20

연속형 확률변수 X의 확률밀도함수가 다음과 같을 때 $Var(X)$를 구하라.

$$f(x)=2x, \quad 0 \leqq x \leqq 1$$

먼저 X와 X^2의 기댓값을 각각 구하면 다음과 같다.

$$E(X)=\int_{-\infty}^{\infty} x f(x) dx=\int_0^1 2x^2 dx=\frac{2}{3}$$
$$E(X^2)=\int_{-\infty}^{\infty} x^2 f(x) dx=\int_0^1 2x^3 dx=\frac{1}{2}$$

따라서

$$Var(X)=E(X^2)-[E(X)]^2=\frac{1}{2}-\left(\frac{2}{3}\right)^2=\frac{1}{18}$$

4.9 공분산과 상관계수

두 확률변수의 공분산과 상관계수를 정의하려면 먼저 두 확률변수의 함수로 정의되고 그 값이 실수인 확률변수의 기댓값을 정의해야 한다. 예를 들어, 1개의 동전을 2회 던지는 실험에서 뒷면이 나오는 횟수의 기댓값을 계산해 보자. Z를 이 실험에서 뒷면이 나오는 횟수라 하면 Z의 밀도함수 f_Z는 다음과 같다.

z	0	1	2
$f_Z(z)$	$\frac{1}{4}$	$\frac{1}{2}$	$\frac{1}{4}$

따라서 기댓값의 정의를 사용하면

$$E(Z)=\sum_z z f_Z(z)=0\times\frac{1}{4}+1\times\left(\frac{1}{4}+\frac{1}{4}\right)+2\times\frac{1}{4}=1$$

임을 쉽게 알 수 있다. 이 결과는 f_Z를 직접 구한 후 기댓값의 정의를 사용한 결과이지만, 다음과 같이 Z를 두 확률변수 X와 Y의 함수로 정의하고 X와 Y의 결합밀도함수 f_{XY}를 사용하여 계산할 수도 있다. 먼저 X와 Y를 각각 첫 번째와 두 번째 시행에서 앞면이 나오면 0, 뒷면이 나오면 1을 가지는 확률변수라 하자. 정의에 의하면 Z는 X와 Y의 함수이며 그 관계는 $Z=X+Y$임을 쉽게 확인할 수 있다. 이 경우, X와 Y의 결합밀도함수 f_{XY}와 f_Z의 관계는 다음과 같다.

(x, y)	(0, 0)	(0, 1) 혹은 (1, 0)	(1, 1)
$f_{XY}(x, y)$	$\frac{1}{4}$	각각 $\frac{1}{4}$	$\frac{1}{4}$
z	0	1	2
$f_Z(z)$	$\frac{1}{4}$	$\frac{1}{4}+\frac{1}{4}=\frac{1}{2}$	$\frac{1}{4}$

즉 확률 $f_Z(z)$는 $x+y=z$를 만족하는 모든 경우의 결합확률 $f_{XY}(x, y)$를 더한 값과 동일하며, 이 사실을 사용하면 다음과 같이 f_{XY}를 직접 사용하여 $E(Z)$를 계산할 수 있다.

$$E(Z)=\sum_x\sum_y (x+y)f_{XY}(x, y)$$
$$=(0+0)\times\frac{1}{4}+(0+1)\times\frac{1}{4}+(1+0)\times\frac{1}{4}+(1+1)\times\frac{1}{4}=1$$

위 결과는 연속형 확률변수인 경우에도 비슷하게 성립하며 이를 일반화하면 다음과 같다.

두 확률변수의 함수에 대한 기댓값

두 확률변수 X, Y의 결합밀도함수가 f_{XY}일 때 X와 Y의 함수 $Z=t(X, Y)$의 기댓값은 다음과 같다.

$$E(Z)=E(t(X, Y))=\begin{cases}\sum_x\sum_y t(x, y)f_{XY}(x, y) & \text{(이산형일 때)}\\ \int_{-\infty}^{\infty}\int_{-\infty}^{\infty} t(x, y)f_{XY}(x, y)d(x, y) & \text{(연속형일 때)}\end{cases}$$

예제 4.21

이산형 확률변수 X, Y가 다음과 같은 결합밀도함수 $f_{X,Y}(x, y)$를 가질 때

$f_{X,Y}(x, y)$		x		
		0	1	2
y	0	$\frac{3}{28}$	$\frac{9}{28}$	$\frac{3}{28}$
	1	$\frac{3}{14}$	$\frac{3}{14}$	0
	2	$\frac{1}{28}$	0	0

(1) XY의 기댓값 $E(XY)$를 구하라.

(2) X와 Y의 기댓값 $E(X)$와 $E(Y)$를 구하라.

---

(1) $t(X, Y)=XY$라 하고 두 확률변수의 함수의 기댓값의 정의를 사용하면

$$
\begin{aligned}
E(XY) &= \sum_{x=0}^{2}\sum_{y=0}^{2} xy f_{X,Y}(x, y) \\
&= 0\times 0\times f(0, 0)+0\times 1\times f(0, 1)+0\times 2\times f(0, 2) \\
&\quad +1\times 0\times f(1, 0)+1\times 1\times f(1, 1)+2\times 0\times f(2, 0) \\
&= \frac{3}{14}
\end{aligned}
$$

(2) X와 Y의 주변밀도함수 $f_X(x)$와 $f_Y(y)$는 각각 다음과 같다.

x	0	1	2
$f_X(x)$	$\frac{10}{28}$	$\frac{15}{28}$	$\frac{3}{28}$

y	0	1	2
$f_Y(y)$	$\frac{15}{28}$	$\frac{12}{28}$	$\frac{1}{28}$

따라서 각각의 기댓값은 다음과 같다.

$$E(X)=\sum_{y=0}^{2} xf_X(x)=0\times\frac{10}{28}+1\times\frac{15}{28}+2\times\frac{3}{28}=\frac{3}{4}$$

$$E(Y)=\sum_{y=0}^{2} yf_Y(y)=0\times\frac{15}{28}+1\times\frac{12}{28}+2\times\frac{1}{28}=\frac{1}{2}$$

이제 두 확률변수 X와 Y의 함수의 기댓값의 정의를 사용하여 X와 Y의 공분산(covariance)과 상관계수(correlation)를 정의할 수 있다. **공분산**은 두 확률변수 X와 Y가 가지는 직선관계의 정도를 나타내는 수치이다. 예를 들어 공분산이 양수(음수)일 경우 X가 증가하면 Y도 증가(감소)하는 함수관계 즉 X와 Y사이에 기울기가 양수(음수)인 직선관계가 존재함을 의미하며, 공분산의 절대값이 클수록 이러한 직선관계의 정도가 더 강하다고 할 수 있다. 하지만 일반적으로 X와 Y의 공분산은 각각의 측정 단위에 의존하므로 직선관계의 정도를 비교하는 목적으로 사용하기 어렵다. 따라서 이러한 단위의 영향을 제거하고 절대적인 크기로 환산한 수치가 필요하며 이를 X와 Y의 **상관계수**(correlation coefficient)라 한다. 공분산과 상관계수는 10장에서 자세하게 다루게 되므로 여기에서는 각각의 정의만 간단히 소개하기로 한다.

두 확률변수의 공분산과 상관계수 : Covariance and Correlation between Two Random Variables

두 확률변수 X, Y의 기댓값을 각각 μ_X, μ_Y라 할 때, X와 Y의 **공분산**과 **상관계수**는 각각 다음과 같다.

$$Cov(X,Y)=E[\{X-E(X)\}\{Y-E(Y)\}]=E[(X-\mu_X)(Y-\mu_Y)]$$

$$Corr(X,Y)=\frac{Cov(X,Y)}{\sqrt{Var(X)Var(Y)}}$$

** 공분산은 X와 Y의 함수 $Z=\{X-E(X)\}\{Y-E(Y)\}$의 기댓값 $E(Z)$와 같다.

** 공분산과 상관계수를 각각 σ_{XY}과 ρ_{XY}로 나타내기도 한다.

** 다음 절에서 배우는 기댓값의 성질을 사용하면

$$Cov(X, Y) = E(XY) - E(X)E(Y) = E(XY) - \mu_X\mu_Y$$

임을 쉽게 확인할 수 있다.

예제 4.22

[예제 4.21] 에서 확률변수 X, Y의 공분산과 상관계수를 구하라.

[예제 4.21] 로부터

$$E(XY) = \frac{3}{14}, \quad \mu_X = E(X) = \frac{3}{4}, \quad \mu_Y = E(Y) = \frac{1}{2}$$

이므로 공분산은 다음과 같다.

$$Cov(X, Y) = E(XY) - \mu_X\mu_Y = \frac{3}{14} - \frac{3}{4} \times \frac{1}{2} = -\frac{9}{56}$$

그리고 상관계수를 구하기 위하여 X와 Y의 분산을 각각 계산하면

$$E(X^2) = \sum_{x=0}^{2} x^2 f_X(x) = 0 \times \frac{10}{28} + 1 \times \frac{15}{28} + 4 \times \frac{3}{28} = \frac{27}{28}$$

$$E(Y^2) = \sum_{x=0}^{2} y^2 f_Y(y) = 0 \times \frac{15}{28} + 1 \times \frac{12}{28} + 4 \times \frac{1}{28} = \frac{16}{28}$$

$$Var(X) = E(X^2) - \mu_X{}^2 = \frac{27}{28} - \frac{9}{16} = \frac{45}{112}$$

$$Var(Y) = E(Y^2) - \mu_Y{}^2 = \frac{16}{28} - \frac{1}{4} = \frac{9}{28}$$

따라서 상관계수는

$$\rho = \frac{Cov(X, Y)}{\sqrt{Var(X)}\sqrt{Var(Y)}} = \frac{-\frac{9}{56}}{\sqrt{\frac{45}{112}}\sqrt{\frac{9}{28}}} = -0.45$$

4.10 기댓값, 분산의 성질

두 확률변수 X와 Y의 함수로 정의된 확률변수의 기댓값과 분산은 정의를 사용하여 계산할 수 있다. 하지만 기댓값과 분산이 가지는 고유의 성질을 활용하면 $X+Y$, $X-Y$, XY와 같은 특별한 함수의 기댓값과 분산을 쉽게 계산할 수 있다. 이 절에서는 이러한 성질을 몇 가지 소개하고 이를 활용하여 확률변수의 함수의 기댓값과 분산을 쉽게 계산할 수 있는 다양한 정리를 소개한다.

정리 4.7

확률변수의 기댓값에 대하여 다음의 성질이 성립한다.

1. 상수 a에 대하여

$$E(a)=a$$

2. 상수 a, b와 확률변수 X에 대하여

$$E(aX+b)=aE(X)+b$$

3. 상수 a, b, c와 확률변수 X, Y에 대하여

$$E(aX+bY+c)=aE(X)+bE(Y)+c$$

4. n개의 상수 a_i와 b 그리고 확률변수 X_i에 대하여

$$E(a_1X_1+a_2X_2+\cdots+a_nX_n+b)=a_1E(X_1)+a_2E(X_2)+\cdots+a_nE(X_n)+b$$

| 증명 |

두 번째 결과를 사용하여 다른 결과를 쉽게 증명할 수 있으므로, 여기에서는 연속형인 확률변수에 대하여 두 번째 결과만을 증명한다. $t(X)=aX+b$라 하면

$$\begin{aligned}E(aX+b)=E[t(X)]&=\int_{-\infty}^{\infty}t(x)f(x)dx\\&=\int_{-\infty}^{\infty}(ax+b)f(x)dx\\&=a\int_{-\infty}^{\infty}xf(x)dx+b\int_{-\infty}^{\infty}f(x)dx\end{aligned}$$

$$= aE(X) + b \quad \left(\because \int_{-\infty}^{\infty} f(x)dx = 1\right)$$

위 정리의 세 번째 결과에서 $a = b = 1$이고 $c = 0$이면 $E(X+Y) = E(X) + E(Y)$임을 쉽게 확인할 수 있고 마찬가지 방법으로 $E(X-Y)$도 계산할 수 있다.

정리 4.8

확률변수 X, Y에 대하여

$$E(X+Y) = E(X) + E(Y)$$

$$E(X-Y) = E(X) - E(Y)$$

일반적으로 두 확률변수 X, Y의 곱 XY의 기댓값은 기댓값의 곱 $E(X)E(Y)$와 같지 않다. 하지만 X, Y가 서로 독립인 경우 다음과 같은 성질을 갖는다.

정리 4.9

확률변수 X, Y가 서로 독립이면

$$E(XY) = E(X)E(Y)$$

** X, Y가 독립이면 X와 $\frac{1}{Y}$도 독립이지만

$$E\left(\frac{X}{Y}\right) = E(X)E\left(\frac{1}{Y}\right) \neq \frac{E(X)}{E(Y)}$$

| 증명 |

X와 Y가 독립이므로 결합밀도함수 f_{XY}는 주변밀도함수 f_X와 f_Y의 곱으로 표현된다. 즉

$$f_{XY}(x, y) = f_X(x) f_Y(y)$$

따라서

$$\begin{aligned} E(XY) &= \int_{-\infty}^{\infty}\int_{-\infty}^{\infty} xyf_{XY}(x, y)dxdy \\ &= \int_{-\infty}^{\infty}\int_{-\infty}^{\infty} xyf_X(x)f_Y(y)dxdy \\ &= \int_{-\infty}^{\infty} xf_X(x)dx\int_{-\infty}^{\infty} yf_Y(y)dy \\ &= E(X)E(Y) \end{aligned}$$

이산형 확률변수에 대해서도 역시 같은 방법으로 증명이 된다.

분산도 다음과 같은 성질을 가지며 자세한 증명은 생략하기로 한다.

정리 4.10

확률변수의 분산에 대하여 다음의 성질이 성립한다.

1. 상수 a에 대하여

   $Var(a) = 0$

2. 상수 a, b와 확률변수 X에 대하여

   $Var(aX + b) = a^2Var(X)$

3. 상수 a, b, c와 확률변수 X, Y에 대하여

   $Var(aX + bY + c) = a^2Var(X) + b^2Var(Y) + 2abCov(X, Y)$

4. n개의 상수 a_i와 b 그리고 확률변수 X_i에 대하여

$$\begin{aligned} &Var(a_1X_1 + a_2X_2 + \cdots + a_nX_n + b) \\ &\quad = a_1^2Var(X_1) + a_2^2Var(X_2) + \cdots + a_n^2Var(X_n) \\ &\qquad + 2a_1a_2Cov(X_1, X_2) + 2a_1a_3Cov(X_1, X_3) + \cdots + 2a_{n-1}a_nCov(X_{n-1}, X_n) \end{aligned}$$

위 **〈정리 4. 10〉**과 **〈정리 4. 9〉**를 사용하면 다음과 같은 유용한 정리를 얻는다.

정리 4.11

확률변수 X, Y에 대하여 다음이 성립한다.

1. $Var(X \pm Y) = Var(X) + Var(Y) \pm 2Cov(X, Y)$
2. 확률변수 X, Y가 독립이면 $Cov(X, Y) = E(XY) - E(X)E(Y) = 0$
3. 확률변수 X, Y가 독립이면 $Var(X \pm Y) = Var(X) + Var(Y)$

예제 4.23

X, Y가 독립이고 $Var(X) = 1$, $Var(Y) = 2$일 때, $Z = 3X - 2Y + 5$의 분산을 구하라.

〈정리 4.10〉과 **〈정리 4.11〉**을 적용하면

$$\begin{aligned} Var(Z) = Var(3X - 2Y + 5) &= Var(3X - 2Y) \\ &= Var(3X) + Var(2Y) \\ &= 9Var(X) + 4Var(Y) = 9 \times 1 + 4 \times 2 = 17 \end{aligned}$$

위 정리 **〈정리 4.11〉**에서 주의할 점은 일반적으로 두 번째 성질의 역은 성립하지 않는다는 점이다. 즉 확률변수 X, Y가 독립이면 $Cov(X, Y) = 0$이지만 역으로 $Cov(X, Y) = 0$이라고 해서 항상 X, Y가 독립인 것은 아니다. 참고로 뒤에서 소개할 정규분포에서는 위 성질의 역이 성립한다.

예제 4.24

확률변수 X, Y가 다음과 같은 밀도함수 f_X, f_Y 그리고 결합밀도함수 f_{XY}를 가질 때 X와 Y가 독립인지 확인하고 $Cov(X, Y)$를 구하라.

$f_{XY}(x, y)$		x				$f_Y(y)$
		0	1	2	3	
y	1	$\frac{2}{27}$	0	0	$\frac{1}{27}$	$\frac{1}{9}$
	2	$\frac{6}{27}$	$\frac{6}{27}$	$\frac{6}{27}$	0	$\frac{2}{3}$
	3	0	$\frac{6}{27}$	0	0	$\frac{2}{9}$
$f_X(x)$		$\frac{8}{27}$	$\frac{12}{27}$	$\frac{6}{27}$	$\frac{1}{27}$	

$(x, y)=(0, 1)$일 때 $f_{XY}(0, 1)=\dfrac{2}{27}$이고, $f_X(0)=\dfrac{8}{27}$, $f_Y(1)=\dfrac{1}{9}$이므로

$$f_{XY}(0, 1) \neq f_X(0)f_Y(1)$$

이다. 따라서 X, Y는 독립이 아니다. 그러나

$$E(Y)=\sum_{y=1}^{3} y f_Y(y)=\frac{19}{9}$$

$$E(X)=\sum_{x=0}^{3} x f_X(x)=1$$

$$E(XY)=\sum_{x=0}^{3}\sum_{y=1}^{3} xy f_{XY}(x, y)=\frac{19}{9}$$

이므로

$$Cov(X, Y)=E(XY)-E(X)E(Y)=\frac{19}{9}-1\times\frac{19}{9}=0$$

이다. 따라서 $Cov(X, Y)=0$이 X, Y가 독립임을 의미하는 것은 아니다.

연습문제

1. 다음 확률변수가 이산형인지 연속형인지 구분하라.

   (1) X : 어떤 도시에서 1년간 발생하는 교통사고 건수
   (2) Y : 어떤 탁구시합의 소모 시간
   (3) M : 어떤 젖소의 하루 우유 생산량
   (4) N : 어떤 닭이 1년간 낳는 달걀의 수
   (5) Z : 어떤 연못에서 서식하는 물고기의 수

2. 1개의 동전을 3회 던지는 실험에서 앞면이 나온 횟수에서 뒷면이 나온 횟수를 뺀 수를 X라 하자.

   (1) 표본공간 S를 정의하라.
   (2) 각 표본점과 확률변수 X의 값의 변환관계를 설명하라.

3. 검정색 공 4개, 흰색 공 2개, 푸른색 공 3개가 들어 있는 상자에서 2개의 공을 동시에 꺼냈을 때, 확률변수 X를 푸른색 공의 수라 하자. 표본공간 S를 정의하고 각 표본점과 X의 값의 변환관계를 설명하라. 단, 같은 색 공은 서로 구별할 수 없다.

4. 위 문제 3번의 실험에서 확률변수 X의 확률밀도함수를 구하라.

5. 아래 이산형 확률변수 X의 확률밀도함수를 사용하여 다음의 확률을 구하라.

x	0	1	2	4	6
$f(x)$	0.1	0.2	0.25	0.2	0.25

(1) $P(X<4)$　(2) $P(X\leqq 2)$　(3) $P(1<X\leqq 6)$　(4) $P(X=2)$

6. 확률변수 X가 다음과 같은 확률밀도함수 f를 가질 때

$$f(x) = \frac{a(1+x)}{27}, \quad 2<x<5$$

(1) a의 값을 구하라.

(2) f를 그래프로 나타내라.

(3) $P(X<4)$를 구하라.

(4) $P(3 \leq X<4)$를 구하라.

7. 연속형 확률변수 X가 다음과 같은 확률밀도함수 f를 가질 때

$$f(x) = \begin{cases} x & 0<x<1 \\ 2-x, & 1 \leq x<2 \end{cases}$$

(1) f가 확률밀도함수임을 보여라. (2) $P(0<X<2)$를 구하라.

(3) $P(X<1.2)$를 구하라. (4) $P(X>0.5)$를 구하라.

8. 연속형 확률변수 X가 다음과 같은 확률밀도함수를 가지고

$$f(x) = \frac{1}{x^2}, \qquad x>1$$

사건 $1<X<4$과 $3<X<6$를 각각 A_1과 A_2라고 할 때

(1) $P(A_1 \cup A_2)$를 구하라. (2) $P(A_1 \cap A_2)$를 구하라.

9. 이산형 확률변수 X, Y가 다음과 같은 이산형 결합확률밀도함수 f_{XY}를 가질 때, 상수 c의 값을 구하라.

(1) $f_{XY}(x, y) = cxy, \ \ x=1, 2, 3, \quad y=1, 2, 3$

(2) $f_{XY}(x, y) = c\,|x-y|, \ \ x=-2, 0, 2, \quad y=-2, 3$

10. 이산형 확률변수 X, Y가 다음과 같은 이산형 결합밀도함수 f_{XY}를 가질 때, 다음 확률을 구하라.

$$f_{XY}(x, y) = \frac{(x+y)}{30}, \quad x=0, 1, 2, 3, \quad y=0, 1, 2$$

(1) $P(X \leqq 2,\ Y=1)$　　(2) $P(X>2,\ Y \leqq 1)$

(3) $P(X>Y)$　　(4) $P(X+Y=4)$

11. 1개의 주사위를 2회 굴리는 실험에서 4, 5가 나오는 횟수를 각각 X, Y라 할 때

(1) 확률변수 X, Y의 이산형 결합확률밀도함수를 구하라.

(2) 영역 $A=\{(x, y) \mid 2x+y<3\}$에 대하여 $P((X, Y) \in A)$를 구하라.

12. 연속형 확률변수 X, Y가 다음과 같은 결합밀도함수를 가질 때

$$f_{XY}(x, y) = cxy, \quad 0<x<1, \quad 0<y<1$$

(1) c의 값을 구하라.

(2) 주변확률밀도함수 f_X와 f_Y를 구하라.

(3) X, Y가 독립인지 확인하고 그 이유를 설명하라.

13. 확률변수 X, Y가 다음과 같은 이산형 결합확률분포를 가질 때

$f_{XY}(x, y)$		x	
		2	4
y	1	0.10	0.15
	2	0.20	0.30
	3	0.10	0.15

(1) X의 주변밀도함수를 구하라.

(2) Y의 주변밀도함수를 구하라.

(3) X, Y가 독립인지 판단하라.

14. 12번 문제의 확률밀도함수를 이용해서

(1) $P(0<X<0.5,\ Y>0.5)$를 구하라.

(2) $P\left(\frac{1}{2}<X<\frac{2}{3}\right)$를 구하라.

(3) $P\left(Y>\frac{1}{3}\right)$를 구하라.

15. 확률변수 X가 다음과 같은 이산형 확률밀도함수 f를 가질 때

x	-3	6	9
$f(x)$	$\frac{1}{6}$	$\frac{1}{2}$	$\frac{1}{3}$

(1) 기댓값 $E(X)$를 구하라.

(2) X^2의 기댓값 $E(X^2)$를 구하고, $Var(X)$를 구하라.

(3) 확률변수 $Y=(2X+1)^2$의 기댓값 $E(Y)$를 구하라.

16. 6번 문제에서 확률변수 X의 기댓값과 분산을 구하라.

17. 독립인 확률변수 X, Y의 평균이 각각 $\mu_X=2$, $\mu_Y=-1$이고, 분산이 각각 ${\sigma_X}^2=5$, ${\sigma_Y}^2=3$이라 할 때 확률변수 $Z=-2X+4Y-3$의 평균과 분산을 구하라.

18. 13번 문제에서

(1) 확률변수 X의 기댓값 μ_X와 분산 $\sigma_X{}^2$을 구하라.

(2) 확률변수 Y의 기댓값 μ_Y와 분산 $\sigma_Y{}^2$을 구하라.

(3) 공분산 σ_{XY}를 구하고, 상관계수를 구하라.

19. 12번 문제의 결합확률밀도함수를 이용하여

(1) X의 기댓값과 분산을 구하라.

(2) Y의 기댓값과 분산을 구하라.

(3) X와 Y의 공분산과 상관계수를 구하라.

Chapter 05

여러 가지 확률분포

5.1 이산형 확률분포

5.2 연속형 확률분포

포아송분포(Poisson distribution)

기니스 맥주는 그 독특한 맛으로 잘 알려져 있다. 고셋(William Sealy Gosset)은 이 회사에서 양조 기법에 대한 몇 가지 문제를 다루었다. 정확한 양의 이스트가 맥아의 발효 시에 중요하나 이스트는 산 유기체여서 정확히 측정하는 것이 매우 어려웠다. 맥아에 얼마의 이스트가 들어가는지에 따라 맥주의 맛이 결정되므로 이는 매우 중요한 문제였다. 여기서 관측한 것은 표본에 있는 이스트 세포의 수이고 알기를 원하는 것은 전체 용기에 있는 이스트 세포의 수이다. 자료를 조사한 후 고셋은 이스트 세포의 수를 포아송 분포에 의해 모형화 하였다.

5.1 이산형 확률분포

이 절에서는 유용하게 사용되는 몇 가지 이산형 확률분포를 소개하고, 각 확률분포의 확률밀도함수, 기댓값, 분산 등 확률분포를 결정하는 특성에 대하여 알아본다.

5.1.1 이산형 균등분포

이산형 확률변수 X가 유한개의 연속된 정수를 값으로 가지고 각 값을 가질 확률이 모두 같을 때 X의 확률분포를 **이산형 균등분포** 혹은 **균등분포**라고 한다. 이산형 균등분포는 다음과 같이 밀도함수를 사용하여 간단하게 정의할 수 있다.

이산형 균등분포 : Discrete Uniform Distribution

확률변수 X의 밀도함수가 다음과 같을 때 X의 확률분포를 **이산형 균등분포**(Discrete Uniform Distribution) 혹은 간단히 **균등분포**라고 한다.

$$f(x) = \begin{cases} \frac{1}{n}, & x = a, a+1, \cdots, a+n-1 \\ 0 & \text{이외의 값} \end{cases}, \quad a\text{는 실수}$$

** 위 이산형 균등분포는 X가 '취할 수 있는 최솟값 a'와 '취할 수 있는 값의 개수 n'에 의하여 결정되고, 이렇게 분포를 결정하는 두 개의 수 a와 n을 각각 **균등분포의 분포모수** 혹은 간단히 **모수**(parameter)라고 한다.

** 정의에 의하여 X는 n개의 연속된 수 $a, a+1, \cdots, a+n-1$를 값으로 가지고 각각의 값을 가질 확률은 모두 $\frac{1}{n}$로 동일하다.

** X의 분포가 균등분포일 때, 'X가 균등분포를 가진다' 혹은 'X가 균등분포를 따른다'라고 표현하기도 한다.

예제 5.1

1개의 주사위를 1회 던지는 실험에서 '윗면에 나오는 숫자에 4를 더한 수'를 확률변수 X라 하자. 이 경우 X의 분포는 이산형 균등분포이다.

X는 5, 6, 7, 8, 9, 10의 값을 가지며, 이는 연속된 6개의 정수이다. 또한 각각의 값을 가질 확률은 모두 $\frac{1}{6}$로 동일하다. 따라서 X의 분포는 균등분포이며 밀도함수는 다음과 같다.

$$f(x)=\frac{1}{6},\quad x=5,\ 6,\ 7,\ 8,\ 9,\ 10$$

이산형 균등분포의 특별한 예로, 1부터 n까지 n개의 값을 동일한 확률로 가지는 확률변수 X를 생각해 보자. X의 밀도함수는

$$f(x)=\frac{1}{n},\quad x=1,\ 2,\ \cdots,\ n$$

이며 따라서 X와 X^2의 기댓값은 각각

$$E(X)=\sum_{x=1}^{n}xf(x)=\sum_{x=1}^{n}x\frac{1}{n}=\frac{1}{n}\frac{n(n+1)}{2}=\frac{n+1}{2}$$

$$E(X^2)=\sum_{x=1}^{n}x^2f(x)=\sum_{x=1}^{n}x^2\frac{1}{n}=\frac{1}{n}\frac{n(n+1)(2n+1)}{6}=\frac{(n+1)(2n+1)}{6}$$

이며 X의 분산은 다음과 같다.

$$Var(X)=E(X^2)-\left[E(X)\right]^2=\frac{(n+1)(2n+1)}{6}-\left(\frac{n+1}{2}\right)^2=\frac{n^2-1}{12}$$

위 결과를 이용하여 좀 더 일반적인 경우로 확장하면 다음과 같은 정리를 얻을 수 있다.

정리 5.1 이산형 균등분포의 기댓값과 분산

1. 확률변수 X의 분포가 이산형 균등분포이고, X가 n개의 값 1, 2, $\cdots$, n을 가지면, X의 기댓값과 분산은 다음과 같다.

$$E(X)=\frac{n+1}{2},\ Var(X)=\frac{n^2-1}{12}$$

2. 확률변수 X의 분포가 이산형 균등분포이고, X가 n개의 값 $a, a+1, \cdots, b-1, b$를 가지면 X의 기댓값과 분산은 각각 다음과 같다.

$$E(X)=\frac{a+b}{2},\ Var(X)=\frac{n^2-1}{12}$$

예제 5.1.1

위 **[예제 5. 1]**에서 확률변수 X의 기댓값과 분산을 구하라.

확률변수 X는 5부터 10까지 6개의 값을 가지고 균등분포를 따르므로 **[정리 5. 1]**을 적용하면 X의 기댓값과 분산은 각각 다음과 같다.

$$E(X)=\frac{(5+10)}{2}=\frac{15}{2},\quad Var(X)=\frac{(6^2-1)}{12}=\frac{35}{12}$$

5.1.2 이항분포

(1) 베르누이 분포

어떤 실험은 오직 2개의 결과만 관측 가능하고 이 2개의 결과가 동시에 발생하지 않는 경우가 있다. 예를 들어 1개의 동전을 1회 던지는 실험에서 앞면과 뒷면을 조사하는 실험이나, 1개의 제품이 불량품인지 양품인지 판별하는 실험의 경우, 관측 가능한 결과는 항상 2개이고 이 2개의 결과는 동시에 발생할 수 없다. 이와 같이 동시에 발생하지 않는 2개의 결과를 가지는 시행 혹은 실험을 **베르누이**(Bernoulli) **시행** 혹은 **베르누이 실험**이라고 한다.

베르누이 시행에서 2개의 결과 중 주된 관심의 대상이 되는 결과를 일반적으로 '성공'이라고 표현하며 그렇지 않은 경우 '실패'라고 표현한다. 또한 성공과 실패 2개의 결과만 관측 가능하므로 성공할 확률이 p이면 실패할 확률은 $1-p$이다. 이렇게 성공할 확률이 p인 베르누이 시행에서 시행의 결과가 성공이면 1, 실패이면 0의 값을 가지는 확률변수를 정의할 수 있고 이 확률변수의 확률분포를 스위스의 수학자 **베르누이**(J. Bernoulli)의 이름을 따서 '성공확률이 p인 베르누이 분포'라고 한다.

베르누이 분포 : Bernoulli Distribution

확률변수 Y의 밀도함수가 다음과 같을 때 Y의 확률분포를 성공확률이 p인 **베르누이 분포**라 한다.

$$f(y)=\begin{cases} p^y(1-p)^{1-y}, & y=0, 1 \\ 0, & \text{이외의 값} \end{cases}$$

** 베르누이 분포는 하나의 모수 p로 결정되고 따라서 간단하게 $Y\sim Ber(p)$와 같이 표현하기도 한다.

** Y의 정의에 의하면 성공할 확률은 $P(Y=1)=f(1)=p$이고 실패할 확률은 $P(Y=0)=f(0)=1-p$임을 쉽게 확인할 수 있다.

예제 5.2

불량률이 20%인 한 생산공정에서 1개의 제품을 검사하고, 제품이 불량품이면 1 양품이면 0의 값을 갖는 확률변수 Y를 생각해보자. 이 경우 Y의 확률분포는 성공확률이 $p=0.2$인 베르누이 분포이며 밀도함수 f는 다음과 같다.

$$f(y)=0.2^y\times 0.8^{1-y}, \quad y=0, 1$$

정리 5.2 베르누이 분포를 따르는 확률변수의 기댓값과 분산

확률변수 Y의 확률분포가 성공확률이 p인 베르누이 분포일 때, Y의 기댓값과 분산은 다음과 같다.

$$E(Y)=p\,,\quad Var(Y)=p(1-p)$$

| 증명 |

기댓값의 정의에 의하여

$$E(Y)=\sum_{y=0}^{1} yf(y)=0\times(1-p)+1\times p=p$$

$$E(Y^2)=\sum_{y=0}^{1} y^2 f(y)=0^2\times(1-p)+1^2\times p=p$$

이고 따라서

$$Var(Y)=E(Y^2)-[E(Y)]^2=p-p^2=p(1-p)$$

(2) 이항분포

성공확률이 '동일한' 베르누이 시행을 여러 번 '독립적으로' 반복하고 총 시행 횟수 중 '성공의 횟수'가 얼마인지 알아보는 실험을 생각해 보자. 예를 들어 불량품이 발생할 확률이 p인 한 공정에서 3개의 제품을 각각 독립적으로 검사하고 그 중 불량품이 몇 개인지 혹은 어떠한 확률분포를 가지는지 조사한다고 하자.

먼저, 각각의 검사에서 제품이 불량품인 경우를 '성공'이라고 정의하자. 그러면 3개의 제품을 검사하는 행위는 모두 성공확률이 p이고 실패확률이 $q=1-p$인 베르누이 시행에 해당하며, 따라서 이 조사는 성공확률이 p로 동일한 베르누이 시행을 독립적으로 3회 반복하는 실험으로 이해할 수 있다.

다음으로, 각각의 베르누이 시행의 결과가 성공이면 1, 실패이면 0의 값을 가지는 확률변수를 Y_1, Y_2, Y_3라 정의하고, 새로운 확률변수 X를 Y_1, Y_2, Y_3의 합 즉 $X=Y_1+Y_2+Y_3$이라 정의하자. X의 정의에 의하면 X는 검사한 3개의 제품 가운데

'성공의 횟수' 즉 이 조사에서 발생한 '불량품의 수'를 의미한다.

마지막으로 각각의 검사에서 불량품이면 S로, 양품이면 F로 표기하여 표본공간 S를 정의하고, 각 표본점에서의 확률을 계산하여 확률분포를 구하면 다음의 **〈표 5-1〉**과 같다.

표 5-1 베르누이 시행을 3회 실시한 경우의 확률분포

표본점	FFF	FFS	FSF	SFF	FSS	SFS	SSF	SSS
Y_1	0	0	0	1	0	1	1	1
Y_2	0	0	1	0	1	0	1	1
Y_3	0	1	0	0	1	1	0	1
X	0	1	1	1	2	2	2	3
확률	q^3	pq^2	pq^2	pq^2	p^2q	p^2q	p^2q	p^3

〈표 5-1〉에서 '사건 $X=1$의 확률' 즉 '불량품이 1개'일 확률을 구해보자. 먼저 사건 $X=Y_1+Y_2+Y_3=1$은 3개의 배반사건 $A_1=(Y_1=0,\ Y_2=0,\ Y_3=1)$, $A_2=(Y_1=0,\ Y_2=1,\ Y_3=0)$, $A_3=(Y_1=1,\ Y_2=0,\ Y_3=0)$의 합사건이다. 또한 각각의 베르누이 시행에서 정의된 확률변수 Y_1, Y_2, Y_3가 서로 독립이므로

$$\begin{aligned}P(A_1)&=P(Y_1=0,\ Y_2=0,\ Y_3=1)\\&=P(Y_1=0)P(Y_2=0)P(Y_3=1)\\&=q\times q\times p\\&=pq^2\end{aligned}$$

임을 쉽게 확인할 수 있다. 동일한 방법으로 나머지 2개의 사건 A_2, A_3의 확률을 계산할 수 있고 이 결과를 사용하면

$$\begin{aligned}P(X=1)&=P(A_1\cup A_2\cup A_3)\\&=P(A_1)+P(A_2)+P(A_3)=pq^2+pq^2+pq^2=3pq^2\end{aligned}$$

임을 알 수 있다.

이상의 논의를 일반화하면, '사건 $X=x$'의 확률 즉 '불량품이 x개'일 확률을 계산할 수 있다. 먼저 사건 $X=Y_1+Y_2+Y_3=x$는 사건

$$(Y_1=y_1, Y_2=y_2, Y_3=y_3), \quad \text{단, } y_1+y_2+y_3=x$$

의 합사건이고, 이러한 사건의 개수는 x개의 1과 $3-x$개의 0을 선택하는 조합의 수 ${}_3C_x$와 같다. 또한 각각의 베르누이 시행에서 정의된 확률변수 Y_1, Y_2, Y_3가 서로 독립이므로 항상

$$\begin{aligned} P(Y_1=y_1, Y_2=y_2, Y_3=y_3) &= P(Y_1=y_1)P(Y_2=y_2)P(Y_3=y_3) \\ &= p^x q^{3-x} \end{aligned}$$

이다. 따라서

$$P(X=x)={}_3C_x p^x q^{3-x}, \quad x=0, 1, 2, 3$$

임을 알 수 있다.

일반적으로 성공확률이 p인 베르누이 시행을 독립적으로 n번 시행하는 실험에서, 성공의 횟수를 값으로 가지는 확률변수를 정의할 수 있고, 이러한 확률변수의 확률분포를 '시행횟수가 n이고 성공확률이 p인 이항분포'라고 한다.

이항분포 : Binomial Distribution

이산형 확률변수 X의 밀도함수가 다음과 같을 때 X의 분포를 '시행횟수가 n이고 성공확률이 p인 **이항분포**'라 한다.

$$f(x)=\begin{cases} {}_nC_x p^x (1-p)^{n-x}, & x=0, 1, 2, \cdots, n \\ 0, & \text{이외의 값} \end{cases}$$

** 이항분포는 두 개의 모수 n과 p로 결정되고 따라서 간단하게 $X \sim B(n, p)$와 같이 표현하기도 한다.

** 성공확률이 p인 베르누이 분포를 따르는 n개의 독립인 확률변수 $Y_1, Y_2, \cdots, Y_n$에

대하여 $X = Y_1 + Y_2 + \cdots + Y_n$의 분포는 $B(n, p)$이다.

** 이항분포의 밀도함수를 $b(x\,;n, p)$로 표기하기도 하며 다양한 누적확률값이 <부표-2>에 수록되어 있다.

** X의 정의에 의하면 n번의 시행 중 x번 성공할 확률은 $P(X=x) = {}_nC_x\, p^x (1-p)^{n-x}$임을 쉽게 알 수 있다.

〈표 5-2〉와 **〈그림 5-1〉**에서 확인할 수 있듯이, 일반적으로 이항분포의 밀도함수는 좌우대칭이 아니다. 하지만 성공확률이 0.5인 경우 **〈표 5-3〉**과 **〈그림 5-2〉**에서 확인할 수 있듯이 좌우대칭인 형태이다.

표 5-2 $X \sim B(3,\ 0.2)$의 확률분포

x	0	1	2	3
$P(X=x)$	0.512	0.384	0.096	0.008

표 5-3 $X \sim B(3,\ 0.5)$의 확률분포

x	0	1	2	3
$P(X=x)$	0.125	0.375	0.375	0.125

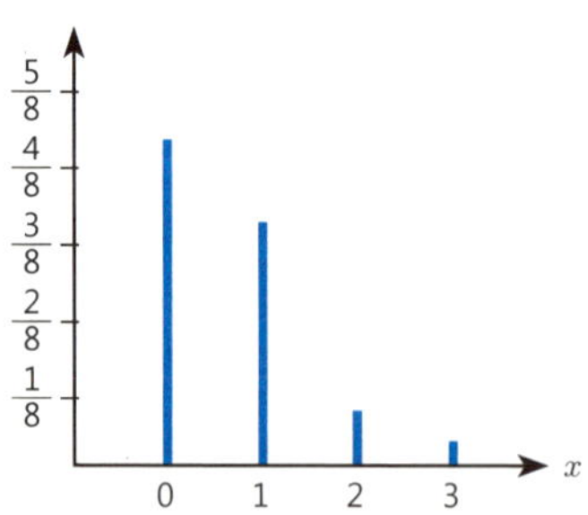

그림 5-1 $X \sim B(3,\ 0.2)$의 확률히스토그램

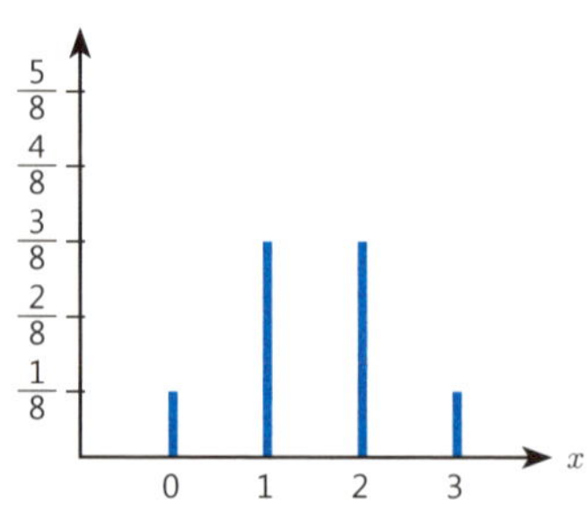

그림 5-2 $X \sim B(3,\ 0.5)$의 확률히스토그램

예제 5.3

어떤 전염병은 회복될 확률이 0.4라고 한다. 이 전염병에 15명의 환자가 감염되었을 경우

(1) 5명이 회복될 확률을 구하라.
(2) 적어도 10명이 회복될 확률을 구하라.
(3) 3명에서 8명이 회복될 확률은 얼마인가?

확률변수 X를 회복될 환자의 수라 하면 X는 $n=15$, $p=0.4$인 이항분포를 따르며 밀도함수는 다음과 같다.

$$f(x)=b(x\,;15,\ 0.4)={}_{15}C_x\times 0.4^x\times 0.6^{15-x},\ \ (\text{단},\ x=0,\ 1,\ 2,\ \cdots,\ 15)$$

따라서 〈부표-2〉에 의해

(1) $P(X=5)=b(x\,;15,\ 0.4)=\sum_{x=0}^{5}b(x\,;15,\ 0.4)-\sum_{x=0}^{4}b(x\,;15,\ 0.4)$
$=0.4032-0.2173=0.1859$

(2) $P(X\geqq 10)=1-P(X<10)=1-\sum_{x=0}^{9}b(x\,;15,\ 0.4)$
$=1-0.9662=0.0338$

(3) $P(3\leqq X\leqq 8)=\sum_{x=0}^{8}b(x\,;15,\ 0.4)-\sum_{x=0}^{2}b(x\,;15,\ 0.4)$
$=0.9050-0.0271=0.8779$

예제 5.4

한 학생이 10개의 4지선다형 객관식 시험문제에 대하여 답안을 랜덤하게 작성하였다고 한다. 이 학생이 정답으로 작성한 문제가 3개 이하일 확률은 얼마인가?

확률변수 X를 이 학생이 정답으로 작성한 문제의 수라고 하자. 랜덤하게 답안을 작성하였으므로 X는 $n=10$, $p=\frac{1}{4}$의 이항분포를 따른다. 따라서

$$P(X \leqq 3) = \sum_{x=0}^{3} b\left(x\,;10,\ \frac{1}{4}\right)$$
$$= 0.7759$$

정리 5.3 이항분포를 따르는 확률변수의 기댓값과 분산

확률변수 X의 확률분포가 시행횟수가 n이고 성공확률이 p인 이항분포일 때 X의 기댓값과 분산은 각각 다음과 같다.

$$E(X) = np, \qquad Var(X) = np(1-p)$$

| 증명 |

서로 독립인 n개의 확률변수 $Y_1, Y_2, \cdots, Y_n$의 분포를 성공확률이 p인 베르누이 분포라고 하자. 새로운 확률변수 X를

$$X = Y_1 + Y_2 + \cdots + Y_n$$

와 같이 정의하면 X의 분포는 시행횟수가 n이고 성공확률이 p인 이항분포이다. $q = 1-p$라 하고 **〈정리 5.2〉**를 적용하면

$$E(Y_i) = p$$
$$Var(Y_i) = pq, \ \ i = 1, 2, \cdots, n$$

이다. 따라서 **〈정리 4.7〉**의 기댓값의 성질을 적용하면

$$E(X) = E(Y_1 + Y_2 + \cdots + Y_n) = E(Y_1) + E(Y_2) + \cdots + E(Y_n)$$
$$= p + p + \cdots + p = np$$

이다. 그리고 $Y_1 + Y_2 + \cdots + Y_n$은 독립인 확률변수이므로 **〈정리 4.10〉**과 **〈정리 4.11〉**의 분산의 성질을 적용하면

$$Var(X) = Var(Y_1 + Y_2 + \cdots + Y_n)$$

$$= Var(Y_1) + Var(Y_2) + \cdots + Var(Y_n)$$
$$= pq + pq + \cdots + pq = npq$$

이다.

예제 5.5

[예제 5.3]과 **[예제 5.4]**의 확률변수 X의 기댓값과 분산을 각각 구하라.

(1) **[예제 5.3]**에서 확률변수 X는 $n = 15$, $p = 0.4$인 이항분포를 따르므로

$$E(X) = np = 15 \cdot 0.4 = 6$$
$$Var(X) = npq = 15 \cdot 0.4 \cdot 0.6 = 3.6$$

(2) **[예제 5.4]**에서 확률변수 X는 $n = 10$, $p = \frac{1}{4}$인 이항분포를 따르므로

$$E(X) = np = 10 \cdot \frac{1}{4} = 2.5$$
$$Var(X) = npq = 10 \cdot \frac{1}{4} \cdot \frac{3}{4} = \frac{15}{8}$$

따라서 10개의 4지선다형 시험문제에서 무작위로 답안지를 작성하면, 정답으로 작성한 개수는 평균 2.5개이고 개수의 분산은 $\frac{15}{8}$이다.

5.1.3 초기하분포

서로 다른 빨간색 공이 4개 서로 다른 파란색 공이 5개 들어있는 한 상자에서 랜덤하게 3개의 공을 꺼낼 때, 이 중에서 빨간색 공이 2개 파란색 공이 1개일 확률을 생각해 보자.

1) 이 상자 안에 있는 9개의 공 중에서 공의 색깔과 상관없이 모두 3개의 공을 꺼내는 경우의 수는 ${}_9C_3$가지이다.
2) 이 상자 안에 있는 4개의 빨간색 공 중에서 2개의 빨간색 공을 꺼내는 경우의 수는 모두 ${}_4C_2$가지이다.
3) 이 상자 안에 있는 5개의 파란색 공 중에서 1개의 파란색 공을 꺼내는 경우의 수는 ${}_5C_{3-2}$가지이다.
4) 위 2)와 3)의 경우의 조합은 모두 ${}_4C_2 \cdot {}_5C_{3-2}$가지이다.
5) 위 4)의 모든 경우의 출현 가능성은 항상 동일하므로 고전적 확률의 정의를 적용하면 구하는 확률은 $\frac{{}_4C_2 \cdot {}_5C_{3-2}}{{}_9C_3}$이다.

위의 예를 일반화하여 다음과 같은 실험을 생각해 보자.

1) 모집단의 원소가 모두 N개 이고 각 원소는 반드시 2개의 속성 A와 B 중 하나를 갖는다.
2) N개의 원소 중 속성 A를 가지는 원소가 k개 속성 B를 가지는 원소가 $N-k$개이다.
3) 이 모집단에서 n개의 원소를 비복원 추출한다.

이 실험에서 확률변수 X를 추출된 n개의 원소 중 속성 A를 가지는 원소의 수라고 정의하고 사건 $X=x$의 확률을 계산해 보자. 먼저 N개의 원소 중에서 n개를 추출하는 경우의 수는 ${}_NC_n$이다. 그리고 속성 A를 가지는 k개의 원소 중에서 x개를 추출하고, 그 다음 속성 B를 가지는 나머지 $N-k$개의 원소 중에서 $n-x$개를 추출하는 경우의 수는 ${}_kC_x \cdot {}_{N-k}C_{n-x}$이다. 따라서 사건 $X=x$의 확률은 다음과 같다.

$$P(X=x)=\frac{{}_kC_x \cdot {}_{N-k}C_{n-x}}{{}_NC_n}$$

단, 위 식에서 x는 속성 A를 가지는 전체 원소의 수 k보다 작아야 하고 또한 추출하는 원소의 수 n보다도 작아야 하므로 $x \le \min(n, k)$이다. 여기서 $\min(n, k)$는 n과 k 중 작은 수를 의미한다. 따라서 가능한 x의 값은 $x=0, 1, 2, \cdots, \min(n, k)$이고 이상의 논의를 요약하면 다음과 같다.

초기하분포 : Hypergeometric Distribution

이산형 확률변수 X의 밀도함수가 다음과 같을 때 X의 확률분포를 '모집단 크기가 N, 시행 횟수가 n, 속성 모집단 크기가 k인 **초기하분포**'라고 한다.

$$f(x)=\begin{cases} \dfrac{{}_kC_x \cdot {}_{N-k}C_{n-x}}{{}_NC_n}, & x=0, 1, 2, \cdots, \min(n, k) \\ 0 & \text{이외의 값} \end{cases}$$

** 초기하분포는 세 개의 모수 N, n, k에 의하여 결정되므로 간단하게 $X \sim H(N, n, k)$라고 표현하기도 한다.

** 초기하분포의 밀도함수를 $h(x\,;N, n, k)$로 표기하기도 한다.

예제 5.6

어떤 상자에 제품 100개가 들어있고 이 상자로부터 5개의 제품을 비복원추출하여 검사를 실시한 후 불량품의 수가 1개 이하로 나오면 합격으로 판정한다고 한다. 이 상자 속에 10개의 불량품이 포함되어 있는데도 불구하고 합격판정을 받을 확률을 구하라.

상자 속에는 $N=100$개의 제품이 있고 그 중에는 $k=10$개의 불량품과 $N-k=90$개의 양품이 있다. 이 상자에서 $n=5$개의 제품을 추출하여 검사하고 이 중 불량품의 수를 X라 하면 X의 확률분포는 $N=100,\ n=5,\ k=10$인 초기하분포이며 X의 밀도함수는 다음과 같다.

$$f(x)=h(x\,;100,\ 5,\ 10)=\frac{{}_{10}C_x \cdot {}_{90}C_{5-x}}{{}_{100}C_5}, \quad x=0,\ 1,\ 2,\ 3,\ 4,\ 5$$

따라서 구하고자 하는 확률은 다음과 같다.

$$P(X \leqq 1) = \sum_{x=0}^{1} h(x\,;100,\ 5,\ 10) = \frac{{}_{10}C_0 \cdot {}_{90}C_5}{{}_{100}C_5} + \frac{{}_{10}C_1 \cdot {}_{90}C_4}{{}_{100}C_5}$$
$$= 0.923$$

위의 **[예제 5.6]**에서 제품을 추출하는 방법이 복원추출인 경우를 생각해 보자. 즉 제품을 추출하여 검사한 후 그 제품을 다시 상자로 되돌려 넣는다. 이러한 경우 각각의 검사는 불량품일 확률이 $p=\frac{10}{100}=0.1$로 동일한 베르누이 시행이고 따라서 불량품의 수 Y의 분포는 $n=5,\ p=0.1$인 이항분포이다. Y의 밀도함수는 $b(y\,;5,\ 0.1)={}_5C_y \times 0.1^y \times 0.9^{5-y}$이므로 구하고자 하는 확률은 $\sum_{y=0}^{1} b(y\,;5,\ 0.1)=0.919$이다. 이와 같이 모집단으로부터 원소를 추출하는 방법이 비복원추출이냐 복원추출이냐에 따라서 확률변수의 분포가 초기하분포와 이항분포로 결정된다.

정리 5.4 초기하분포를 따르는 확률변수의 기댓값과 분산

이산형 확률변수 X의 확률분포가 모집단 크기 N, 시행 횟수 n, 속성 모집단 크기 k인 초기하분포일 때 X의 기댓값과 분산은 다음과 같다.

$$E(X) = \frac{nk}{N} \qquad Var(X) = \frac{N-n}{N-1} \cdot n\frac{k}{N}\left(1-\frac{k}{N}\right)$$

위의 **〈정리 5.4〉**에서 $N \to \infty,\ \frac{n}{N} \to 0,\ \frac{k}{N} \to p$이면 $\frac{N-n}{N-1} \to 1$이고, 확률변수 X의 기댓값과 분산은

$$E(X) = \frac{nk}{N} \to np \qquad Var(X) = \frac{N-n}{N-1} n\frac{k}{N}\left(1-\frac{k}{N}\right) \to np(1-p)$$

이 되어 성공확률이 p인 이항분포의 기댓값 및 분산과 각각 같아지는 것을 확인할

수 있다. 일반적으로 초기하분포에서 $N \to \infty$, $\frac{n}{N} \to 0$, $\frac{k}{N} \to p$이면 아래 **〈정리 5.5〉**와 같이 초기하분포의 밀도함수가 이항분포의 밀도함수로 수렴한다는 사실이 알려져 있다. 또한 이러한 관계를 이용하여 N이 충분히 크고 n이 상대적으로 작을 때, 초기하분포의 밀도함수 값을 이항분포의 밀도함수 값으로 근사적으로 계산할 수 있다.

정리 5.5 초기하분포의 이항분포로의 수렴

모집단 크기가 N, 시행 횟수가 n, 속성 모집단 크기가 k인 초기하 분포에서 $N \to \infty$, $\frac{n}{N} \to 0$, $\frac{k}{N} \to p$이면 다음이 성립한다.

$$h(x\,;N,n,k) = \frac{{}_kC_x \cdot {}_{N-k}C_{n-x}}{{}_NC_n} \to {}_nC_x\, p^x (1-p)^{n-x} = b(x\,;n,p)$$

예제 5.7

어떤 도시에서 5,000개의 가구가 전화기를 소유하고 있으며 이 중 4,000가구는 기계식 전화기를 나머지 1,000가구는 전자식 전화기를 사용한다. 전화를 소유하고 있는 5000가구 중에서 10가구를 비복원추출 했을 경우 3가구가 전자식 전화기를 소유하고 있을 확률을 구하라.

추출된 10가구 중 전자식 전화기를 소유한 가구 수를 X라고 하면 확률변수 X는 $N=5{,}000$, $k=1{,}000$, $n=10$인 초기하분포를 따른다. N이 충분히 크고 n이 N에 비하여 매우 작으므로 $X=3$일 확률을 성공확률이 $\frac{k}{N}=0.2$인 이항분포를 사용하여 근사적으로 구할 수 있다. 따라서

$$\begin{aligned} P(X=3) &= h(3\,;5{,}000,\ 10,\ 1{,}000) \approx b(3\,;10,\ 0.2) \\ &= \sum_{x=0}^{3} b(x\,;10,\ 0.2) - \sum_{x=0}^{2} b(x\,;10,\ 0.2) \\ &= 0.8791 - 0.6778 = 0.2013 \end{aligned}$$

〈정리 5.5〉에 의하면, 모집단이 무한모집단인 경우 즉 N이 충분히 큰 경우, 초기하분포와 이항분포는 근사적으로 동일하다. 따라서 두 분포의 기댓값과 분산 역시 근사적으로 동일하다. 하지만 **〈정리 5.3〉**과 **〈정리 5.4〉**에 의하면, 모집단이 유한모집단인 경우 즉 N이 충분히 크지 않은 경우, 성공확률 $p=\frac{k}{N}$에 대하여 두 분포의 기댓값은 $\frac{k}{N}=np$로 동일하지만 분산은 서로 다르다. 이러한 의미에서 두 분산의 비율 $d=\frac{N-n}{N-1}$를 **유한모집단에서의 분산의 수정계수**(coefficient of correction for finite population)라고 한다.

5.1.4 포아송분포

'어느 전화 교환대에서 단위 시간당 걸려오는 전화의 수' 또는 '어느 옷감에서 단위 면적당 발견되는 결점의 수'와 같이 단위 시간이나 단위 면적당 발생하는 사건의 수는 특정한 분포를 이루며, 특히 프랑스의 수학자 포아송(S. Poisson, 1781~1840)이 제안한 포아송분포를 따르는 경우가 많다. 포아송분포는 분포의 기댓값에 의해 결정되며 다음과 같이 정의된다.

포아송분포 : Poisson Distribution

확률변수 X가 다음과 같은 이산형 밀도함수를 가질 때, X의 분포를 '기댓값이 m인 **포아송분포**'라고 한다.

$$f(x)=\begin{cases} \frac{e^{-m}m^x}{x!}, & x=0, 1, 2, \cdots \\ 0 & \text{이외의 값} \end{cases}$$

** 위 밀도함수의 정의에서 기댓값 m은 '단위 시간 혹은 단위 면적당 발생하는 사건의 수의 기댓값' 즉 X의 기댓값이고 $e=2.71828$은 상수이다.

** 포아송분포는 하나의 모수 m에 의하여 결정되고 따라서 간단하게 $X \sim Poi(m)$이라고 표현하기도 한다.

** 포아송분포의 밀도함수를 $p(x\,;m)$으로 표기하기도 하며 다양한 누적확률이 <부표-3>에 수록되어 있다.

예제 5.8

시골의 한 지역에서 1년 동안 발생하는 눈사태의 수는 기댓값이 4인 포아송분포를 따른다고 한다. 이 지역에서 1년 동안 눈사태가 6회 발생할 확률을 구하라.

기댓값이 4인 포아송분포의 밀도함수를 이용하면

$$p(X=6\,;4)=\frac{e^{-4}4^6}{6!}=0.1042$$

참고로 〈부표-3〉를 이용하여 다음과 같이 계산할 수도 있다.

$$p(X=6\,;4)=\sum_{x=0}^{6}p(x\,;4)-\sum_{x=0}^{5}p(x\,;4)=0.8893-0.7851=0.1042$$

예제 5.9

어느 편의점을 찾아오는 손님의 수는 1시간 동안 평균 5명이라고 한다. 이 편의점을 찾아오는 손님의 수가 2시간 동안 15명 미만일 확률을 포아송분포를 사용하여 구하라.

1시간 동안 찾아오는 손님의 수가 평균 5명이므로 2시간 동안 찾아오는 손님의 수는 평균 10명이다. 따라서 X를 2시간 동안 찾아오는 손님의 수라고 정의하면 X는 기댓값이 10인 포아송분포를 따른다. 따라서 〈부표-3〉을 사용하

면 구하고자 하는 확률은 다음과 같다.

$$P(X<15)=P(X\leqq 14)=0.9165$$

[예제 5.9] 에서 확인할 수 있듯이, 포아송분포는 시간이나 면적의 단위변화에 주의해서 사용해야 한다.

정리 5.6 포아송 분포를 따르는 확률변수의 기댓값과 분산

확률변수 X가 평균이 m인 포아송분포를 따를 때 X의 기댓값과 분산은 각각 다음과 같다.

$$E(X)=m \qquad Var(X)=m$$

〈정리 5.5〉에서 초기하분포가 이항분포로 수렴하는 경우를 알아보았다. 이와 비슷하게 시행횟수 n이 충분히 크고 성공확률 p가 충분히 작은 이항분포가 포아송분포로 수렴한다는 사실이 알려져 있다.

정리 5.7 이항분포의 포아송분포로의 수렴

시행횟수가 n 성공확률이 p인 이항분포에서 $n\to\infty$, $np\to m$이면 다음이 성립한다.

$$b(x\,;n,p)={}_nC_xp^x(1-p)^{n-x}\to\frac{e^{-m}m^x}{x!}=p(x\,;m)$$

예제 5.10

어느 도시에서는 주민 1,000명당 1명이 간염환자라고 한다. 이 도시에서 8,000명의 주민을 조사했을 때, 간염환자가 7명 미만 발견될 확률을 구하라.

주민 8,000명 중 간염환자 수를 X라 하면, X는 $n=8{,}000$, $p=\frac{1}{1000}=0.001$인 이항분포를 따른다. 따라서

$$P(X<7)=\sum_{x=0}^{6} b(x\,;8{,}000,\ 0.001)$$
$$=\sum_{x=0}^{6} {}_{8{,}000}C_x(0.001)^x(0.999)^{8{,}000-x}$$

이다. 위 확률은 정확한 값이지만 계산은 상당히 복잡한 편이다. 따라서 p가 충분히 작고 n이 충분히 크다는 사실을 활용하여 **〈정리 5.7〉**을 적용하면 다음과 같이 근사적으로 계산할 수 있다. $m=np=8$이므로 **〈부표-3〉**에서

$$P(X<7)\approx\sum_{x=0}^{6} p(x\,;8)=0.3134$$

5.2 연속형 확률분포

이 절에서는 유용하게 사용되는 몇 가지 연속형 확률분포를 소개하고, 각 확률분포의 확률밀도함수, 기댓값, 분산 등 확률분포를 결정하는 특성에 대하여 알아본다.

5.2.1 연속형 균등분포

이산형 확률변수 X가 유한개의 연속된 정수값을 가지고 각각의 값을 가질 확률이 모두 같을 때 X의 확률분포를 이산형 균등분포라고 소개하였다. 이와 비슷하게

확률변수 X가 연속인 구간 $[a, b]$에서 값을 가지고 이 구간에서 확률밀도 함수의 함수값이 같을 때 X의 분포를 **연속형 균등분포** 혹은 간단히 **균등분포**라고 한다.

연속형 균등분포 : Continuous Uniform Distribution

확률변수 X의 확률밀도함수가 다음과 같을 때, X의 분포를 '구간 $[a, b]$에서의 **연속형 균등분포**'라고 한다.

$$f(x)=\begin{cases} \dfrac{1}{b-a}, & a \leqq x \leqq b \\ 0 & \text{이외의 값} \end{cases}$$

** 연속형 균등분포는 모수 a와 b에 의하여 결정되고 따라서 간단히 $X \sim U[a, b]$라고 표현하기도 한다.

** X가 균등분포인 경우 X가 특정 구간에 속할 확률은 구간의 길이의 비율이 된다.

즉 임의의 $[c, d] \subset [a, b]$에 대하여

$$P(c < X < d) = \frac{(c-d)}{(b-a)}$$

이다.

확률변수 X의 분포가 구간 $[a, b]$에서의 연속형 균등분포일 때 X와 X^2의 기댓값은 다음과 같다.

$$E(X) = \int_a^b x f(x) dx = \int_a^b \frac{x}{(b-a)} dx = \frac{(b+a)}{2}$$

$$E(X^2) = \int_a^b x^2 f(x) dx = \int_a^b \frac{x^2}{(b-a)} dx = \frac{(b^2+ba+a^2)}{3}$$

또한 분산은

$$\text{Var}(X) = E(X^2) - E(X)^2 = \frac{b^2+ba+a^2}{3} - \frac{(b+a)^2}{4} = \frac{(b-a)^2}{12}$$

이므로 다음 정리를 얻을 수 있다.

정리 5.8 연속형 균등분포를 따르는 확률변수의 기댓값과 분산

연속형 확률변수 X의 분포가 구간 $[a, b]$에서의 연속형 균등분포일 때, X의 기댓값과 분산은 다음과 같다.

$$E(X)=\frac{a+b}{2} \qquad Var(X)=\frac{(b-a)^2}{12}$$

예제 5.11

어떤 버스 정류장에는 버스가 한 대 출발하면 1) 다음 버스가 반드시 20분 이내에 도착하며, 2) 다음 버스가 20분 사이의 특정 시각에 도착할 가능성은 항상 동일하다고 한다. 어떤 사람이 이 정류장에 도착하자마자 버스가 출발하여 버스를 못 탔다고 하자. 다음 물음에 답하라.

(1) 이 사람이 버스를 5분 이하로 기다릴 확률은 얼마인가?

(2) 이 사람이 버스를 10분 이상 기다릴 확률을 구하라.

(3) 이 사람이 버스를 탈 때까지 기다릴 시간의 기댓값과 분산을 구하라.

확률변수 X를 버스가 도착할 때까지 기다릴 시간이라고 하면 X는 구간 $[a, b]=[0, 20]$에서 연속형 균등분포를 따르고 밀도함수는

$$f(x)=\frac{1}{20}, \qquad 0 \leqq x \leqq 20$$

이다. 따라서 구하고자 하는 값은 다음과 같다.

(1) $P(X \leqq 5)=\int_0^5 f(x)dx=\int_0^5 \frac{1}{20}dx=\frac{1}{4}$

(2) $P(X \geqq 10)=\int_{10}^{20} f(x)dx=\int_{10}^{20} \frac{1}{20}dx=\frac{1}{2}$

(3) $E(X)=\frac{b+a}{2}=\frac{20}{2}=10$

$\mathrm{Var}(X)=\frac{(b-a)^2}{12}=\frac{(20)^2}{12}=33.33$

5.2.2 지수분포

일정 시간동안 발생하는 사건의 횟수가 포아송분포를 따른다면, 한 사건이 발생하고 다음 사건이 발생하기 까지 걸리는 시간은 지수분포를 따른다는 사실이 알려져 있다. 지수분포는 제품의 수명(life time) 혹은 가게에서의 대기시간(waiting time)과 같이 다양한 상황에 적용 가능한 연속형 확률분포이다.

지수분포 : Exponential Distribution

확률변수 X가 다음과 같은 확률밀도함수를 가질 때, X의 분포를 기댓값이 λ인 **지수분포**라고 한다.

$$f(x)=\begin{cases}\frac{1}{\lambda}e^{-\frac{x}{\lambda}}, & 0\leqq x\leqq\infty, \\ 0 & \text{이외의 값}\end{cases}$$

** 지수분포는 하나의 모수 λ에 의하여 결정되므로 간단하게 $X\sim\text{Exp}(\lambda)$로 표현하기도 한다.

예제 5.12

어느 가정에서 구입한 한 냉장고의 수명은 기댓값이 10인 지수분포를 따른다고 한다. 이 냉장고가 20년 이상 고장이 없을 확률은 얼마인가? 그리고 5년 이내에 고장이 날 확률은 또한 얼마인가?

확률변수 X를 냉장고가 처음으로 고장 날 때까지의 시간이라고 하면, X는 기댓값이 $\lambda=10$인 지수분포를 따른다. 따라서 확률밀도함수는

$$f(x)=\frac{1}{10}e^{-\frac{1}{10}x} \qquad (\text{단, } x>0)$$

이다. 따라서 구하고자 하는 확률은 다음과 같다.

$$P(X \geqq 20) = \int_{20}^{\infty} f(x)dx = \int_{20}^{\infty} \frac{1}{10} e^{-\frac{1}{10}x} dx = \left[-e^{-\frac{1}{10}x} \right]_{x=20}^{x=\infty} = e^{-2} \fallingdotseq 0.135$$

$$P(X \leqq 5) = \int_{0}^{5} f(x)dx = \int_{0}^{5} \frac{1}{10} e^{-\frac{1}{10}x} dx = \left[-e^{-\frac{1}{10}x} \right]_{x=0}^{x=5} = 1 - e^{-\frac{1}{2}} \fallingdotseq 0.393$$

정리 5.9 지수분포를 따르는 확률변수의 기댓값과 분산

확률변수 X가 기댓값 λ를 갖는 지수분포를 따를 때 기댓값과 분산은 다음과 같다.

$$E(X) = \lambda \qquad Var(X) = \lambda^2$$

예제 5.13

어느 병원에서 환자가 진료를 받을 때까지 대기하는 시간은 기댓값이 30분이며 대기하는 시간은 지수분포를 따른다고 한다. 다음 값을 구하여라.

(1) 어떤 환자가 병원에 도착해서 40분 이상 대기할 확률

(2) 대기시간의 기댓값과 분산

이 환자가 기다리는 시간을 X라 하면 X의 기댓값은 30분이므로 X는 $\lambda = 30$인 지수분포를 따른다. 따라서 확률밀도함수는 다음과 같다.

$$f(x) = \frac{1}{30} e^{-\frac{1}{30}x}, \qquad x > 0$$

그러므로

$$P(X > 40) = \int_{40}^{\infty} \frac{1}{30} e^{-\frac{1}{30}x} dx = e^{-\frac{4}{3}}$$

$$E(X) = \lambda = 30$$

$$Var(X) = \lambda^2 = 900$$

5.2.3 정규분포

정규분포는 연속형 확률분포 중 가장 많이 사용되는 분포이며, 18세기 프랑스의 수학자 드 므아브르(De Moivre)가 처음 발견하였다. 그러나 정규분포를 이론적으로 연구한 사람은 19세기 독일의 수학자 가우스(K. Gauss)이며 이러한 업적을 기념하는 의미에서 **가우스분포**(Gaussian distribution)라고도 한다. 정규분포는 특히 천문학이나 물리학에서 관측값의 오차를 연구하는 데 많이 사용되었으며 이러한 의미에서 **오차분포**(error distribution)로 불리기도 하였다.

정규분포 : Normal Distribution

확률변수 X가 다음과 같은 확률밀도함수를 가질 때, X의 분포를 평균이 μ, 분산이 σ^2인 **정규분포**라고 한다.

$$f(x) = \frac{1}{\sqrt{2\pi\sigma^2}} e^{-\frac{1}{2}\left(\frac{x-\mu}{\sigma}\right)^2}, \ -\infty < x < \infty$$

** 정규분포는 두 개의 모수 μ와 σ^2에 의하여 결정되므로 간단히 $X \sim N(\mu, \sigma^2)$라고 표현하기도 한다.

** 정규분포의 두 모수는 각각 $E(X) = \mu$이고 $Var(X) = \sigma^2$이다.

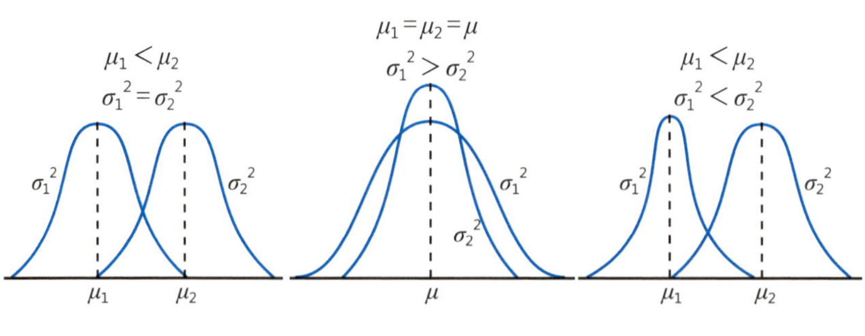

그림 5-3 여러 형태의 정규분포 확률밀도함수

정규분포의 밀도함수는 평균 μ를 중심으로 좌우대칭인 종 모양이며 좌우의 형태는 분산 σ^2에 의하여 결정된다. **〈그림 5-3〉**은 평균은 다르나 분산이 같은 경우, 평균은 같으나 분산이 다른 경우, 그리고 평균과 분산이 모두 다른 경우의 밀도함수를 비교하고 있다.

정규분포를 따르는 확률변수 X에 대하여 확률 $P(a \leqq X \leqq b)$를 구하려면 **〈그림 5-4〉**에서 보는 바와 같이 구간 $[a, b]$에서 밀도함수 f의 아래 부분의 면적을 계산해야 한다. 그러나 f의 형태가 μ와 σ^2에 따라 다르고 구간 $[a, b]$가 변하면 면적도 변하므로 적분하는 것이 쉽지 않다. 하지만 정규분포를 따르는 확률변수의 특성을 이해하면 확률을 쉽게 구할 수 있다.

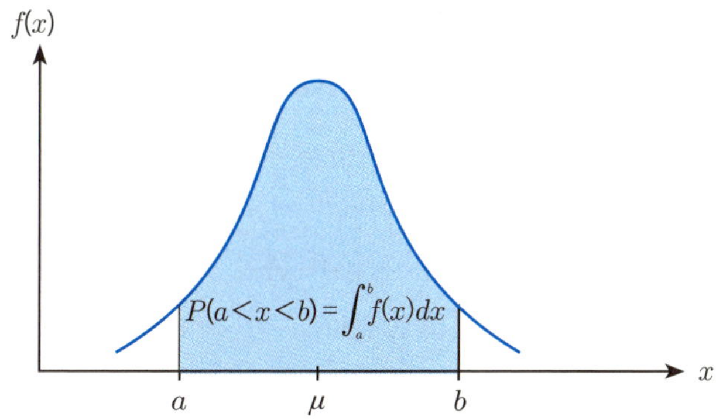

그림 5-4 정규분포에서 확률 $P(a \leqq X \leqq b)$

정리 5.10 정규분포를 따르는 확률변수의 성질

정규분포를 따르는 확률변수는 다음과 같은 성질을 만족한다.

1. $X \sim N(\mu, \sigma^2)$이면 임의의 상수 a, b에 대하여

   $aX + b \sim N(a\mu + b, a^2\sigma^2)$

2. $X \sim N(\mu_X, \sigma^2_X)$이고 $Y \sim N(\mu_Y, \sigma^2_Y)$이고 X와 Y가 독립이면 임의의 상수 a, b, c에 대하여

   $aX + bY + c \sim N(a\mu_X + b\mu_Y + c, a^2\sigma^2_X + b^2\sigma^2_Y)$

3. $X_i \sim N(\mu_i, \sigma^2_i)$, $i = 1, 2, \cdots, n$이고 X_i가 독립이면 임의의 상수 $a_1, a_2, \cdots, a_n$에 대하여

$$a_1X_1 + a_2X_2 + \cdots + a_nX_n \sim (a_1\mu_1 + a_2\mu_2 + \cdots + a_n\mu_n,\ a_1^2\sigma_1^2 + a_2^2\sigma_2^2 + \cdots + a_n^2\sigma_n^2)$$

확률변수 X가 평균 μ, 분산 σ^2을 갖는 정규분포를 따를 때 X에서 기댓값 μ를 빼고 표준편차 σ로 나누어서 다음과 같이 변환하여 보자.

$$Z = \frac{X - \mu}{\sigma}$$

그러면 변환된 확률변수 Z의 평균과 분산은 각각 다음과 같다.

$$E(Z) = E\left(\frac{X-\mu}{\sigma}\right) = \frac{1}{\sigma}E(X-\mu) = \frac{1}{\sigma}(\mu-\mu) = 0$$

$$Var(Z) = Var\left(\frac{X-\mu}{\sigma}\right) = \frac{1}{\sigma^2}Var(X-\mu) = \frac{1}{\sigma^2}Var(X) = 1$$

따라서 **〈정리 5.10〉**에 의하여 Z는 평균 0, 분산 1을 갖는 특별한 정규분포를 따르고 이 정규분포를 표준정규분포라고 한다.

표준정규분포와 표준화 : Standard Normal Distribution & Standardization

1. 평균이 0, 분산이 1인 정규분포를 **표준정규분포**라고 한다.
2. $X \sim N(\mu, \sigma^2)$이면 $Z = \dfrac{X - E(X)}{\sqrt{Var(X)}} = \dfrac{X-\mu}{\sigma} \sim N(0, 1)$이다.

** 위와 같이 X에서 X의 기댓값을 빼고 X의 표준편차로 나누어서 Z로 변환하는 과정을 'X를 표준화 한다'라고 하고 Z를 **표준화된 확률변수**라고 한다.

** <부표-4>에는 표준정규분포의 누적확률이 수록되어 있다.

정규분포를 따르는 확률변수 X와 X를 표준화한 확률변수 $Z = \dfrac{X-\mu}{\sigma}$의 변환관계는 **〈그림 5-5〉**와 같다.

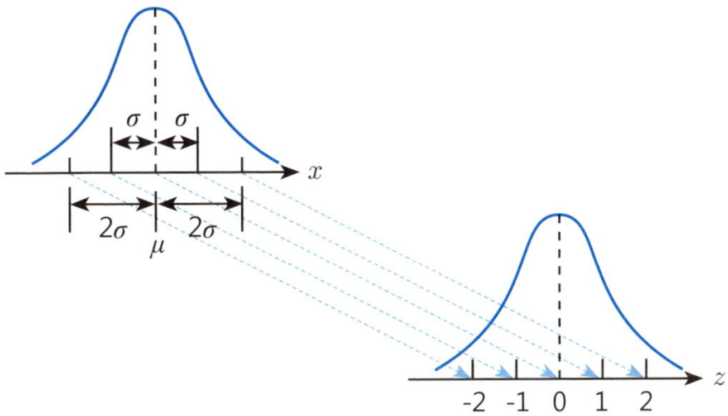

그림 5-5 $X \sim N(\mu,\ \sigma^2)$과 $Z = \dfrac{X-\mu}{\sigma} \sim N(0,\ 1)$의 변환관계

표준정규분포를 따르는 확률변수 Z의 확률밀도함수는 평균 0을 중심으로 좌우 대칭이므로 $P(Z \geqq 0) = P(Z \leq 0) = 0.5$이다.

〈부표-4〉에는 Z의 소수점 이하 두 자리 값에 해당하는 확률을 수록하고 있다. 부표의 첫 열과 첫 행은 각각 Z의 소수점 이하 첫째 자리 수와 둘째 자리 수에 해당한다. 예를 들어 $P(0 < Z < 1.64)$의 확률을 찾으려면, 부표의 첫 열에서 1.6이 적힌 행과 첫 행에서 0.04가 적힌 열을 찾은 후 이 두 행과 열이 교차하는 곳의 수 0.4495를 찾으면 된다. 따라서 $P(0 < Z < 1.64) = 0.4495$가 된다. 참고로 $P[Z > z] = \alpha$가 되는 z를 Z_α로 표기하는데, 예를 들어 $P[Z > 1.96] = 0.025$이므로 $Z_{0.025} = 1.96$이 된다. 또한 $P[Z > 1.645] = 0.05$이므로 $Z_{0.05} = 1.645$이다.

예제 5.14

확률변수 Z가 표준정규분포를 따를 때 다음 확률을 구하라.

(1) $P(0 < Z < 0.42)$　　(2) $P(-2 < Z < 0.35)$

(3) $P(Z > 0.52)$　　(4) $P(Z < -0.28)$

(5) $P(1.2 < Z < 2.54)$　　(6) $P(-2.3 < Z < -1.55)$

(1) **〈부표-4〉**에서 $Z = 0.42$에 해당하는 값을 찾으면 0.1628이므로

$$P(0 < Z < 0.42) = 0.1628$$

(2) $P(-2 < Z < 0.35) = P(-2 < Z < 0) + P(0 < Z < 0.35)$이고, Z의 분포는 0을 중심으로 좌우대칭이므로

$$P(-2 < Z < 0) = P(0 < Z < 2)$$

가 된다(그림 참고).

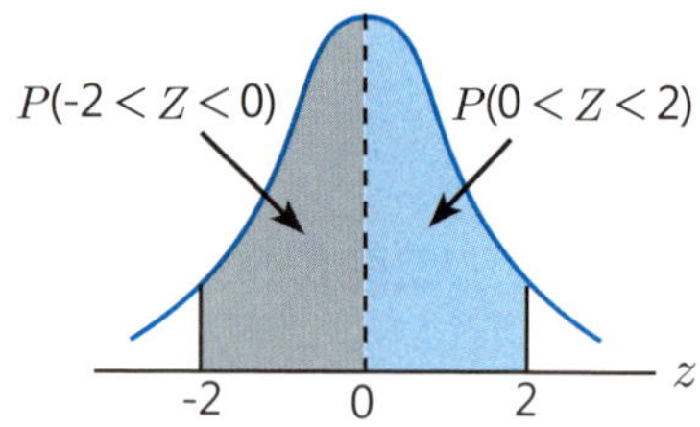

따라서 **〈부표-4〉**를 참고하면,

$$P(0 < Z < 2) = 0.4772,$$
$$P(0 < Z < 0.35) = 0.1368$$

이므로

$$P(-2 < Z < 0.35) = 0.4772 + 0.1368 = 0.614$$

(3) $P(Z > 0.52) = P(Z > 0) - P(0 < Z < 0.52)$이고, $P(0 < Z < 0.52)$를 부표에서 찾으면 0.1985이므로

$$P(Z > 0.52)$$
$$= 0.5 - 0.1985$$
$$= 0.3015$$

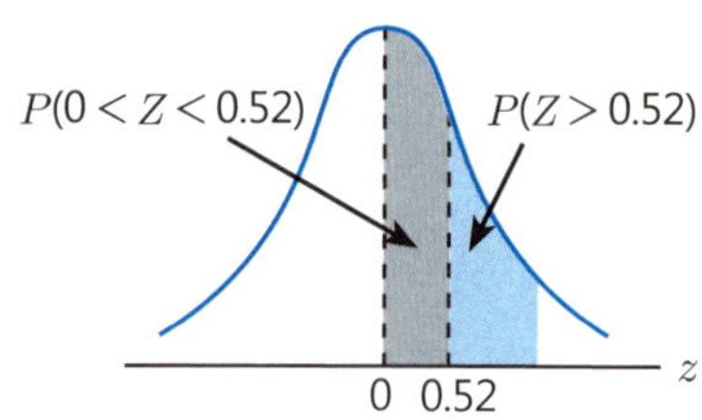

(4) Z의 분포는 평균 0을 중심으로 좌우대칭이므로

$$P(Z < -0.28) = P(Z > 0.28)$$
$$= P(Z > 0) - P(0 < Z < 0.28)$$
$$= 0.5 - 0.1103$$
$$= 0.3897$$

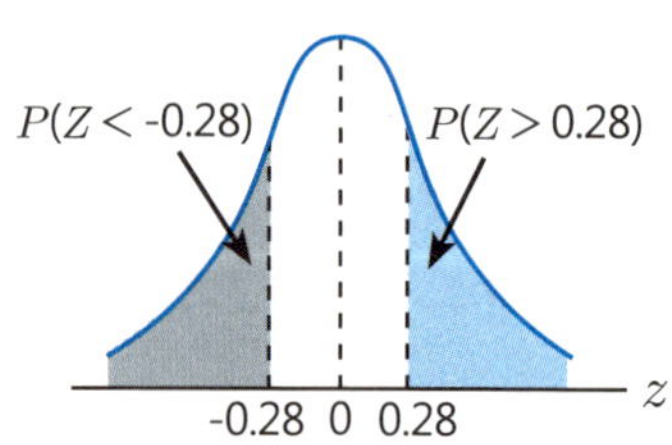

(5) $P(1.2 < Z < 2.54)$

$$= P(0 < Z < 2.54) - P(0 < Z < 1.2)$$

$$=0.4945-0.3849$$
$$=0.1096$$

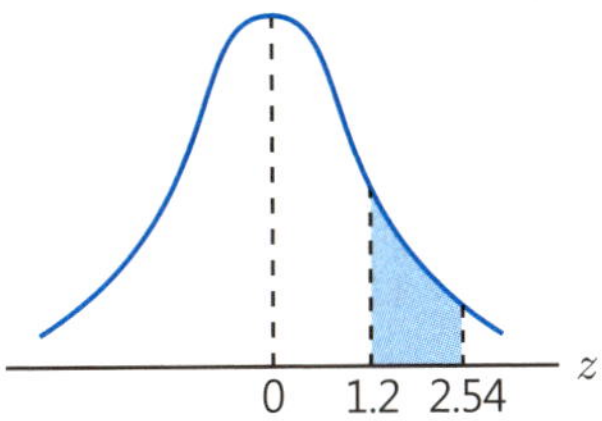

(6) $P(-2.3 < Z < -1.55) = P(-2.3 < Z < 0) - P(-1.55 < Z < 0)$이고, 또한 Z의 좌우대칭성을 이용하면

$$P(-2.3 < Z < 0) = P(0 < Z < 2.3)$$
$$= 0.4893$$
$$P(-1.55 < Z < 0) = P(0 < Z < 1.55)$$
$$= 0.4394$$

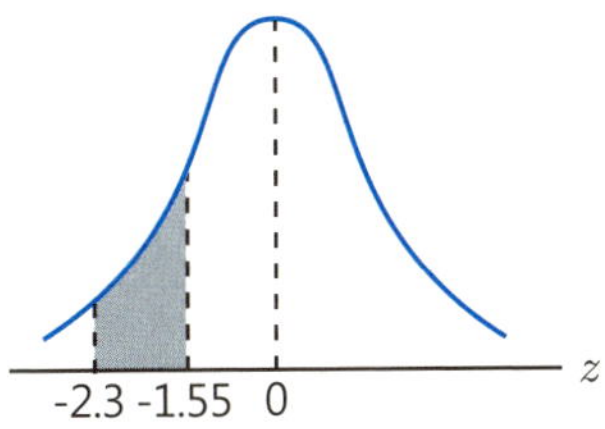

이므로

$$P(-2.3 < Z < -1.55) = 0.4893 - 0.4394 = 0.0499$$

표준정규분포를 이용하면 다음과 같이 일반적인 정규분포의 확률도 쉽게 구할 수가 있다. 예를 들어 $X \sim N(\mu, \sigma^2)$이면

$$P(X<a) = P\left(\frac{X-\mu}{\sigma} < \frac{a-\mu}{\sigma}\right) = P\left(Z < \frac{a-\mu}{\sigma}\right)$$
$$P(a<X<b) = P\left(\frac{a-\mu}{\sigma} < \frac{X-\mu}{\sigma} < \frac{b-\mu}{\sigma}\right) = P\left(\frac{a-\mu}{\sigma} < Z < \frac{b-\mu}{\sigma}\right)$$
$$P(X>b) = P\left(\frac{X-\mu}{\sigma} > \frac{b-\mu}{\sigma}\right) = P\left(Z > \frac{b-\mu}{\sigma}\right)$$

임을 쉽게 확인할 수 있다.

예제 5.15

$X \sim N(50, 81)$일 때 다음의 확률을 구하라.

(1) $P(45 < X < 62)$

(2) $P(X > 30)$

(3) $P(X < 45)$

$\mu = 50$, $\sigma = \sqrt{81} = 9$이므로 확률변수 X를 표준화하여 확률을 구하면

(1) $P(45 < X < 62)$

$$= P\left(\frac{45-50}{9} < \frac{X-50}{9} < \frac{62-50}{9}\right)$$

$$= P(-0.56 < Z < 1.33)$$

$$= P(0 < Z < 0.56) + P(0 < Z < 1.33)$$

$$= 0.2123 + 0.4082$$

$$= 0.6205$$

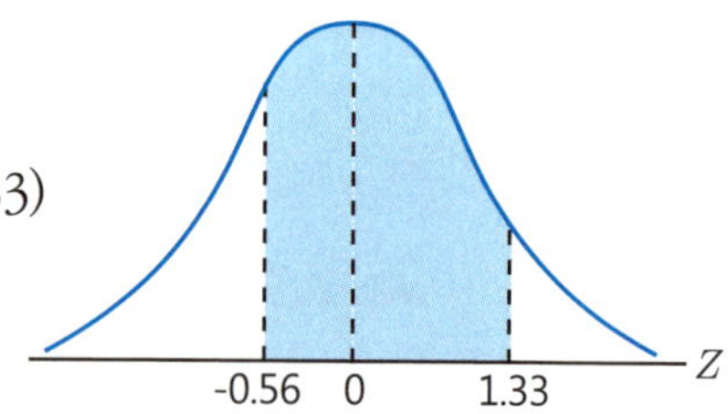

(2) $P(X > 30) = P\left(\frac{X-50}{9} < \frac{30-50}{9}\right)$

$$= P(Z > -2.22)$$

$$= P(-2.22 < Z < 0) + P(Z > 0)$$

$$= P(0 < Z < 2.22) + P(Z > 0)$$

$$= 0.4868 + 0.5$$

$$= 0.9868$$

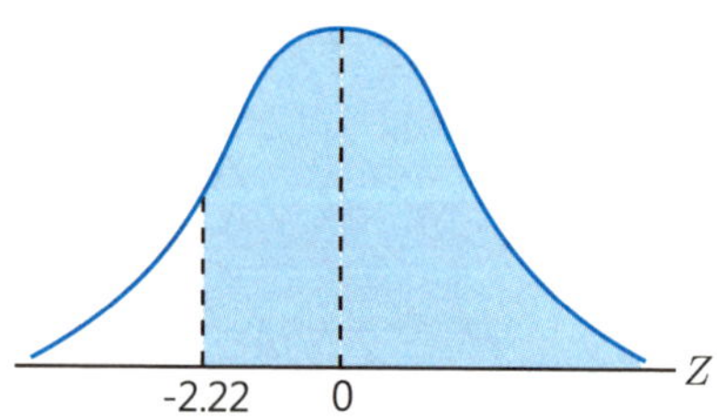

(3) $P(X < 45) = P\left(\frac{X-50}{9} < \frac{45-50}{9}\right)$

$$= P(Z < -0.56) = P(Z > 0.56)$$

$$= P(Z > 0) - P(0 < Z < 0.56)$$

$$= 0.5 - 0.2123$$

$$= 0.2877$$

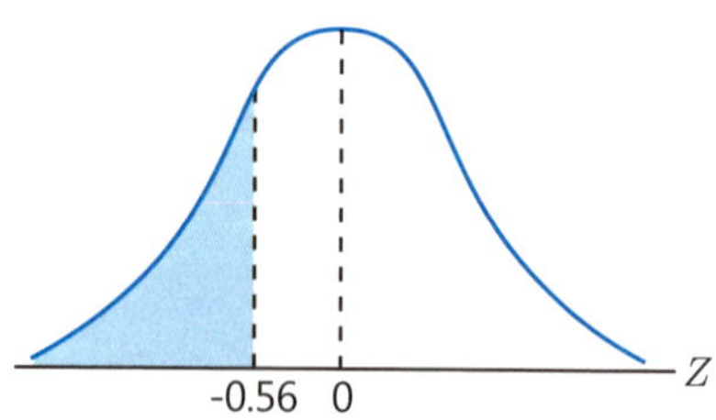

예제 5.16

어느 공장에서 생산되는 제품의 수명(시간)은 평균이 800 분산이 1,500인 정규분포를 따른다고 한다.

(1) 제품의 수명이 778과 834 사이에 있을 확률을 구하라.

(2) 제품의 수명이 하위 5%에 속하면 불량품으로 판단하고 파기하려고 한다. 제품의 수명이 얼마 이하면 파기해야 하는가?

X를 제품의 수명이라고 하면 $X \sim N(800,\ 1{,}500)$이다. 따라서

$$\begin{aligned}(1)\ P(778<X<834) &= P\left(\frac{778-800}{38.73}<\frac{X-800}{38.73}<\frac{834-800}{38.73}\right)\\ &= P(-0.57<Z<0.88)\\ &= P(-0.57<Z<0)+P(0<Z<0.88)\\ &= P(0<Z<0.57)+P(0<Z<0.88)\\ &= 0.2157+0.3106=0.5263\end{aligned}$$

(2) 하위 5%에 해당하는 X값 x_0를 찾기 위하여 먼저 하위 5%에 해당하는 표준정규분포 확률변수 Z의 값 z_0를 찾는다. 정규분포는 좌우 대칭이므로 상위 5%에 해당하는 Z의 값 z_1을 찾으면 $z_0=-z_1$이다.

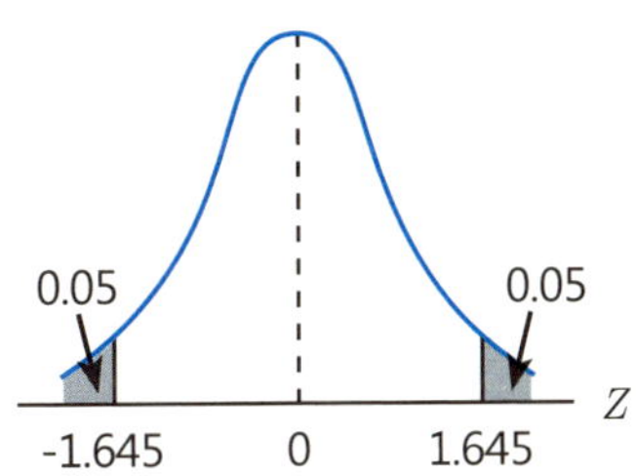

<부표-4>로부터 $P(0<Z<z_1)=0.45$을 만족하는 값은 1.64와 1.65 사이에 있고 따라서 $z_1=1.645=-z_0$이다. 다음으로 표준화된 Z와 X의 관계를 적용하면

$$x_0=\sigma z_0+\mu=38.73\times(-1.645)+800=736.29$$

이므로 따라서 수명이 736.29시간 이하인 제품은 불량품이다.

예제 5.17

어느 학급의 통계학 성적(점수)은 평균 74, 표준편차 7인 정규분포를 따른다고 한다. 이 학급에서 상위 12%에 속하는 학생들은 A학점을, 그리고 하위 10%에 속하는 학생들은 F학점을 받는다고 할 때, 몇 점 이상이면 A학점을 받고 몇 점 이하면 F학점을 받겠는가?

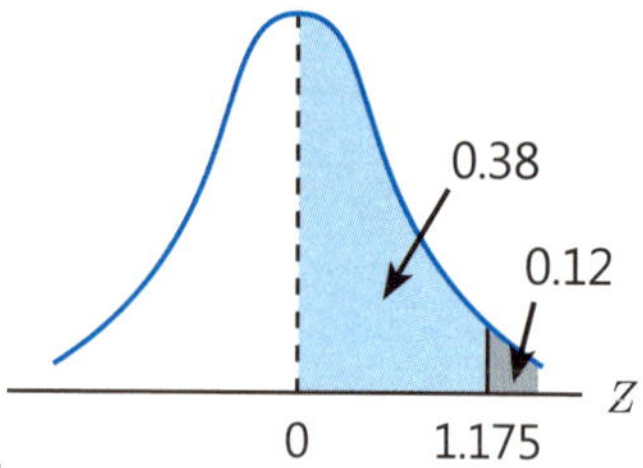

X를 통계학 점수를 나타내는 확률변수라 하자. 〈부표-4〉로부터 $P(0 < Z < 1.175) = 0.38$이므로 상위 12%에 해당하는 표준정규분포 확률변수 Z의 값은 $z = 1.175$이다. 따라서 Z를 원래의 확률변수로 환원하면 $x = \sigma z + \mu = 7 \times 1.175 + 74 = 82.23$을 얻는다. 같은 방법으로 $P[Z > 1.28] = 0.1$이므로 상위 10%에 해당하는 Z값은 $z = 1.28$이다. 따라서 하위 10%에 해당하는 Z값은 $z = -1.28$이고 X의 값으로 환원하면 $x = \sigma z + \mu = 7 \times (-1.28) + 74 = 65.04$이다. 따라서 82.23점 이상인 학생은 A학점을, 65.04점 이하인 학생은 F학점을 받게 된다.

R을 비롯한 대부분의 통계학 관련 컴퓨터 프로그램은 이러한 표준화 과정을 거쳐 다양한 정규분포로부터 원하는 확률을 계산해 준다.

정규분포를 활용하면 이항분포의 확률도 근사적으로 계산할 수 있다. 다음 **〈정리 5.11〉**은 이항분포가 정규분포로 수렴함을 보여주는 정리이며 다음 장에서 자세히 소개하겠지만 이러한 성질은 이항분포뿐만 아니라 다른 분포에 대해서도 성립한다.

정리 5.11 이항분포의 정규분포로의 수렴

확률변수 X가 시행횟수가 n이고 성공확률이 p인 이항분포를 따른다고 하자. n이 충분히 크면 X의 표준화 확률변수 Z는 근사적으로 표준정규분포를 따른다.

$$Z=\frac{X-E(X)}{\sqrt{Var(X)}}=\frac{X-np}{\sqrt{np(1-p)}}\sim N(0,\ 1)$$

** 위 결과를 적용하면 다음과 같이 확률을 근사적으로 계산할 수 있다.

$$P(a \leqq X \leqq b) \fallingdotseq P\left(\frac{a-np}{\sqrt{np(1-p)}} \leqq Z \leqq \frac{b-np}{\sqrt{np(1-p)}}\right)$$

예제 5.18

$X\sim B(15,\ 0.4)$일 때 $P(7 \leqq X \leqq 9)$의 값을 구하라.

먼저 이항분포를 이용하여 확률을 정확히 구하면

$$\begin{aligned} P(7 \leqq X \leqq 9) &= \sum_{x=7}^{9} b(x\ ;15,\ 0.4) \\ &= \sum_{x=0}^{9} b(x\ ;15,\ 0.4) - \sum_{x=0}^{6} b(x\ ;15,\ 0.4) \\ &= 0.9662-0.6098=0.3564 \end{aligned}$$

이다. 다음으로 표준정규분포를 이용하여 근사적으로 구하면 $np=15\times 0.4=6$, $\sqrt{np(1-p)}=\sqrt{3.6}=1.9$이므로

$$\begin{aligned} P[7 \leqq X \leqq 9] &\approx P\left[\frac{7-6}{1.9} \leqq \frac{X-6}{1.9} \leqq \frac{9-6}{1.9}\right] \\ &= P[0.53 \leqq Z \leqq 1.58] \\ &= P[0<Z<1.58]-P[0<Z<0.53] \\ &= 0.4429-0.2019=0.241 \end{aligned}$$

위 **[예제 5.18]**에서 근사적으로 구한 확률은 0.241은 정확한 확률 0.3564과 어느 정도 차이가 있음을 알 수 있다. 이렇게 오차가 큰 이유는 $n=15$가 충분히 크지

않기 때문이기도 하지만 위 **〈정리 5.11〉**의 근사 방법이 정밀하지 않기 때문이기도 하다. 이항분포의 밀도함수 $b(x\,;15,\,0.4)$를 그래프로 나타내면 **〈그림 5-6〉**의 히스토그램과 같고 이 히스토그램을 부드러운 곡선으로 연결한 것이 근사적인 정규분포의 밀도함수이다.

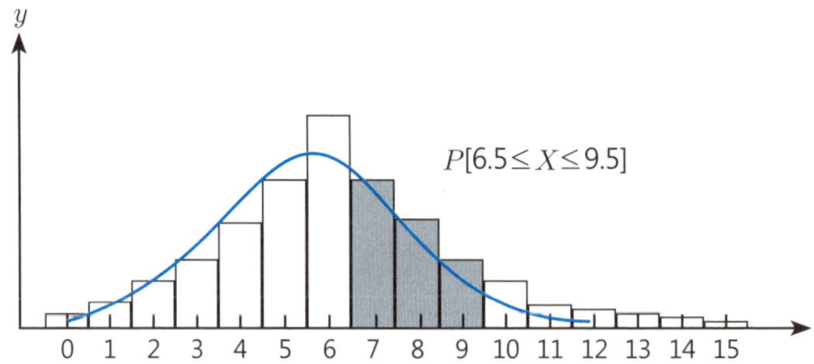

그림 5-6 $X \sim B(15,\ 0.4)$확률의 정규분포 근사

따라서 확률 $P[7 \leqq X \leqq 9]$의 근삿값을 직접 사용하는 것보다 검은 부분의 확률 $P[6.5 \leqq X \leqq 9.5]$의 근삿값을 사용하는 것이 더 정확하다. 이와 같이 7과 9에서 각각 0.5를 빼고 더하여 수정하는 것을 **연속성 수정**(continuity correction)이라고 한다.

정리 5.12 연속성 수정을 이용한 이항분포 확률근사

확률변수 X가 시행횟수가 n이고 성공확률이 p인 이항분포를 따르면

$$P[a \leqq X \leqq b] \approx P\left[\frac{a-0.5-np}{\sqrt{np(1-p)}} < Z < \frac{b+0.5-np}{\sqrt{np(1-p)}}\right]$$

$$P[X=b] \approx P\left[\frac{b-0.5-np}{\sqrt{np(1-p)}} < Z < \frac{b+0.5-np}{\sqrt{np(1-p)}}\right]$$

** 일반적으로 $n > \frac{5}{p}$이고 $n > \frac{5}{(1-p)}$이면 연속성 수정을 통해 얻은 확률의 근삿값이 비교적 정확하다고 알려져 있다.

예제 5.19

[예제 5.18] 에서 $X \sim B(15,\ 0.4)$일 때 연속성 수정을 사용하여 확률 $P[7 \leqq X \leqq 9]$와 $P[X=4]$의 근삿값을 구하라.

[예제 5.18] 에서 연속성 수정을 적용하지 않은 경우의 근삿값은 0.241임을 알 수 있다. 이제 연속성 수정을 적용하면

$$
\begin{aligned}
P[7 \leqq X \leqq 9] &\approx P\left[\frac{7-0.5-6}{1.9} < Z < \frac{9+0.5-6}{1.9}\right] \\
&= P[0.26 < Z < 1.84] \\
&= P[0 < Z < 1.84] - P[0 < Z < 0.26] \\
&= 0.4671 - 0.1026 = 0.3645
\end{aligned}
$$

이고 따라서 연속성 수정을 사용한 경우 0.3564에 더 가까운 것을 알 수 있다. 마찬가지로

$$
\begin{aligned}
P[X=4] &\approx P\left[\frac{4-0.5-6}{1.9} < Z < \frac{4+0.5-6}{1.9}\right] \\
&= P[-1.32 < Z < -0.79] \\
&= P[-1.32 < Z < 0] - P[-0.79 < Z < 0] \\
&= 0.4066 - 0.2852 = 0.1214
\end{aligned}
$$

이고 $P(X=4)$를 이항분포를 이용하여 정확히 구하면

$$
b(x\,;15,\ 0.4) = \sum_{x=0}^{4} b(x\,;15,\ 0.4) - \sum_{x=0}^{3} b(x\,;15,\ 0.4) = 0.1268
$$

이 된다. 참고로 $n=15 > \dfrac{5}{p} = \dfrac{5}{0.4} = 12.5$이고, 또한 $n=15 > \dfrac{5}{(1-p)} = 8.3$임을 알 수 있다.

▶ 이항분포 확률 계산 [예제 5.3]

(1) 어떤 전염병에 감염되어 회복될 수 있는 확률이 0.4이다. 15명이 감염되었을 경우 5명이 회복될 확률

$$X \sim B(n, p) \quad X \sim B(15, 0.4)$$

$$P(X=x) = \binom{n}{x} p^x (1-p)^{n-x},\ x = 0,\ 1,\ \cdots,\ n$$

명령어 - 이항분포

```
dbinom(5,15,0.4)
```

결과물

```
## [1] 0.1859378
```

(2) 적어도 10명이 회복될 확률

$$P(X=10) + P(X=11) + P(X=12) + P(X=13) + P(X=14) + P(X=15)$$

명령어 - 이항분포

```
sum(dbinom(10:15,15,0.4))
```

결과물

```
## [1] 0.0338333
```

▶ Poisson 분포의 확률계산 [예제 5.9]

X가 평균이 10인 포아송 분포를 따를 때 $P(X \leqq 14)$를 구하여 보자.

$$f(x) = \frac{e^{-\lambda}\lambda^{x}}{x!} \qquad E(X) = \lambda$$

$$\begin{aligned} &P(X=0)+P(X=1)+P(X=2)+P(X=3)+P(X=4)+P(X=5)+P(X=6)\\ &\quad +P(X=7)+P(X=8)+P(X=9)+P(X=10)+P(X=11)\\ &\quad +P(X=12)+P(X=13)+P(X=14) \end{aligned}$$

명령어 - 포아송 분포

```
ppois(14,10,lower.tail = TRUE)
```

결과물

```
## [1] 0.9165415
```

▶ 정규분포의 확률 계산 [예제 5.14]

X가 표준정규분포를 따를 때 $P(X < -0.28)$를 계산하자.

명령어 - 정규분포

```
pnorm(-0.28)
```

결과물

```
## [1] 0.3897388
```

▶ 이항분포 확률 계산 [예제 5.3]

(1) 어떤 전염병에 감염되어 회복될 수 있는 확률이 0.4이다. 15명이 감염되었을 경우 5명이 회복될 확률을 구해보자.

절차

◎ 수식 ▶ 함수 삽입 ▶ BINOMDIST

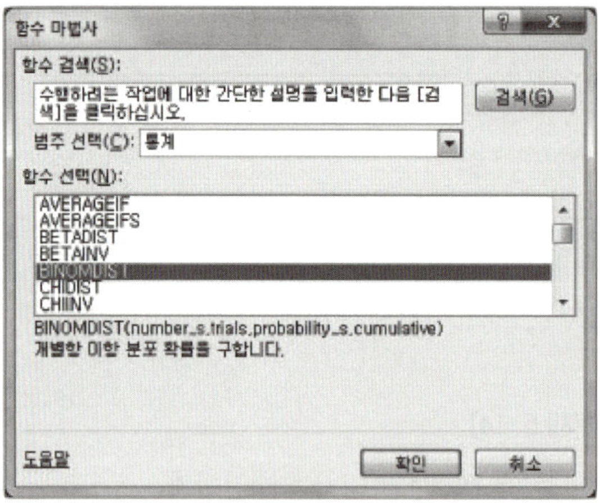

◎ 인수 입력

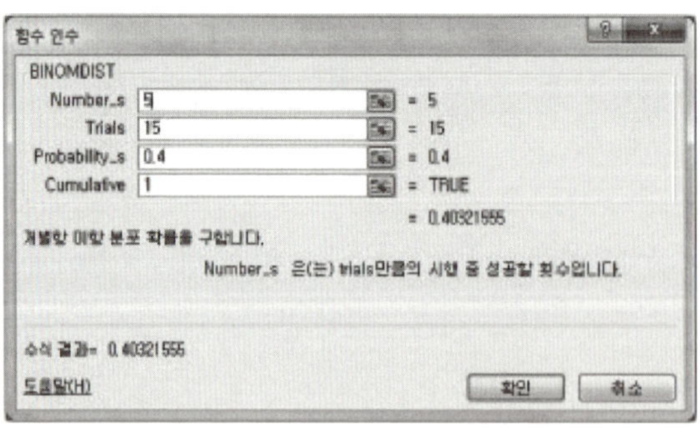

※ cumulative : TRUE(1), FALSE(0)

TRUE : 누적확률 $P(X \leq x)$를 계산

FALSE : 개별확률 $P(X = x)$를 계산

결과물

A2 | =BINOMDIST(5,15,0.4,0)

	A	B	C	D	E
1	P(X=5)				
2	0.1859378				
3					

(2) 적어도 10명이 회복될 확률

$P(X>x)$를 구하기 위해서는 $P(X\leqq x)$의 값을 구한 뒤 $1-P(X\leqq x)$를 계산하여 확률을 구한다.

절차

◎ 수식 ▶ 함수 삽입 ▶ BINOMDIST ▶인수 입력 ▶ $1-P(X\leq 9)$ 계산

결과물

B2 | =1-A2

	A	B	C	D
1	P(X<=9)	1-P(X<=9)		
2	0.9661667	0.033833303		
3				

▶ Poisson 분포의 확률계산 [예제 5.9]

X가 평균이 10인 포아송 분포를 따를 때 $P(X\leqq 14)$를 구하여 보자.

절차

◎ 수식 ▶ 함수 삽입 ▶ POISSON ▶ 인수 입력

결과물

A2 | =POISSON(14,10,1)

	A	B	C	D	E
1	P(X≦14)				
2	0.916542				
3					

▶ 정규분포의 확률 계산 [예제 5.14]

X가 표준정규분포를 따를 때 $P(X<-0.28)$를 계산하자.

절차

◎ 수식 ▶ 함수 삽입 ▶ NORMDIST ▶ 인수 입력

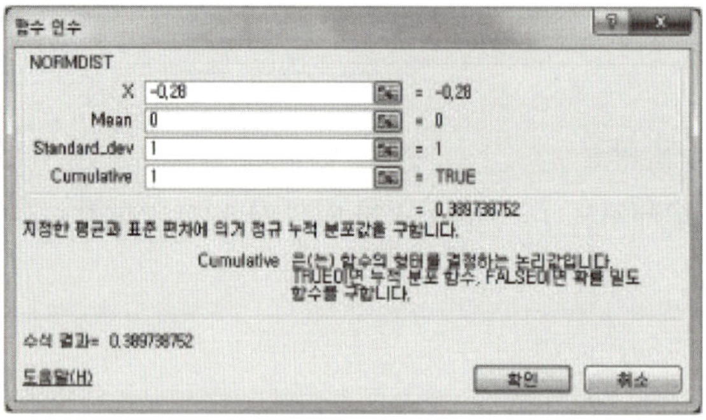

결과물

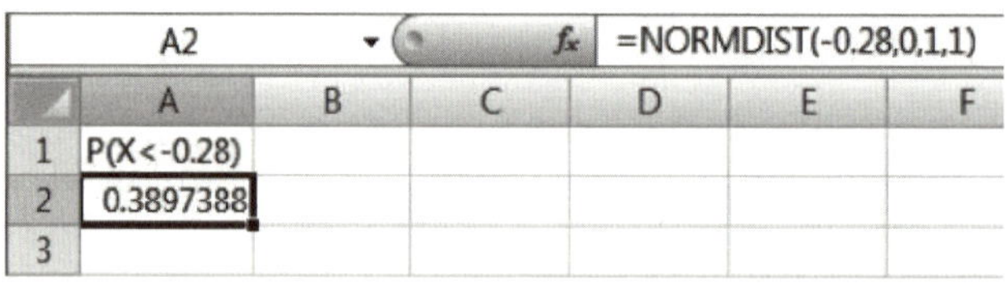

연습문제

1. 1에서 10까지의 자연수 중에서 랜덤하게 하나의 수를 선택하고 이 수를 확률변수 X라고 할 때 다음에 답하라.

(1) X의 밀도함수를 구하라.
(2) $P(X < 4)$를 구하라.
(3) X의 기댓값과 분산을 구하라.

2. 어떤 야구선수가 1회의 타석에서 안타를 때릴 확률은 0.25라고 한다. 이 선수가 5회의 타석에서 때리는 안타의 수를 확률변수 X라 하자.

(1) X의 밀도함수를 구하라.
(2) $P(X \leqq 2)$와 $P(X > 3)$을 구하라.
(3) X의 기댓값과 분산을 구하라.

3. 어떤 의사가 심장병에 걸린 환자를 치료해서 성공할 확률은 0.1이라고 한다. 이 의사가 심장병에 걸린 20명의 환자를 치료할 때

(1) 치료에 성공한 환자의 수가 5명일 확률을 구하라.
(2) 치료에 성공한 환자의 수가 10명 미만일 확률을 구하라.
(3) 치료에 성공한 환자의 수는 평균 몇 명일 것이라고 기대되는가?

4. 어느 도시의 10,000명의 유권자 중 4,000명이 A후보를 지지한다고 한다. 이 도시에서 15명의 유권자를 조사하였을 경우, A후보를 지지하는 사람의 수를 X라 하자.

(1) X의 밀도함수를 구하라.
(2) X의 기댓값과 분산을 구하라.
(3) $P(X = 10)$를 구하라.

5. 어느 산악지방에서 1km^{2}당 발견되는 꿩의 수는 평균 10마리라고 한다. 이 지역의 특정한 곳 1km^{2}을 조사하였을 때 발견되는 꿩의 수가 5마리 이상일 확률을 포아송분포를 이용하여 구하라.

6. 어느 지방에서는 중고등학생 100명당 2명이 비타민제를 복용한다고 한다. 이 지방에서 300명의 학생을 조사하였을 경우

(1) 비타민제를 복용하는 학생의 수가 4명 미만일 확률을 구하라.

(2) 조사한 학생 중 비타민제를 복용하는 학생수의 평균과 분산을 각각 구하라.

7. 어떤 학생이 서류를 작성하는 경우 1페이지 당 오타의 수는 평균 2개이며 포아송분포를 따른다고 한다. 이 학생이 작성한 서류의 1페이지에서

(1) 오타의 수가 4개 이상 발견될 확률은 얼마인가?

(2) 오타가 전혀 없을 확률은 얼마인가?

8. 주민의 0.1%가 암 환자인 어떤 지방에서 8,000명의 주민을 조사하였을 경우 발견된 암 환자의 수를 X라고 할 때

(1) X의 밀도함수를 구하라.

(2) 포아송분포를 이용하여 확률 $P(X<7)$의 근삿값을 구하여라.

9. 어떤 기차는 도착 예정시간에서 20분 후까지 랜덤하게 도착한다고 한다. X를 도착 예정시간에서 실제 도착할 때까지 걸린 시간이라고 할 때

(1) X의 밀도함수를 구하라.

(2) 평균 연착시간은 얼마인가?

(3) 분당 100원의 연착 환불규정을 적용할 경우 평균 환불금액을 구하라.

10. 어떤 바이러스가 상온에서 생존하는 시간은 평균 15인 지수분포를 따른다고 한다. X를 이 바이러스의 상온에서의 생존시간이라 할 때, 다음을 구하라.

(1) X의 밀도함수

(2) $E(X)$, $Var(X)$

(3) $P(X<5)$, $P(2<X\leqq 10)$, $P(X\geqq 8)$

11. 어떤 편의점에서 고객이 계산대에서 대기하는 시간은 평균이 5분인 지수분포를 따른다고 한다.

(1) 한 고객이 10분 이상 기다릴 확률을 구하라.

(2) 한 고객이 3분 미만 기다릴 확률을 구하라.

12. X가 평균 μ, 분산 σ^2을 갖는 정규분포를 따를 때, 다음 확률을 구하라.

(1) $P(\mu-\sigma<X<\mu+\sigma)$

(2) $P(\mu-2\sigma<X<\mu+2\sigma)$

(3) $P(\mu-3\sigma<X<\mu+3\sigma)$

13. 어떤 페인트는 마를 때까지 걸리는 시간(초)이 평균 90, 표준편차 15인 정규분포를 따른다고 한다. 다음 확률을 구하라.

(1) 마르는 시간이 100초 이상 걸릴 확률

(2) 마르는 시간이 120초 이상 걸릴 확률

(3) 마르는 시간이 75초와 100초 사이일 확률

14. X를 어떤 도시에서 다른 도시로 갈 때에 걸리는 시간이라 하자. X가 평균 80, 표준편차 5인 정규분포를 따를 때 다음을 구하라.

(1) $P(X>90)$

(2) $P(75<X<88)$

(3) $P(X<70)$

15. 어떤 회사에서 생산하는 제품의 무게는 평균이 14.5 분산이 4인 정규분포를 따르고 제품의 무게가 20이상이거나 9이하이면 불량품으로 판단하여 파기한다고 한다. 이 공장에서 500개의 제품이 포장된 상자 1개를 검사하였을 때 불량품이 몇 개일 것으로 예상하는가?

16. 어떤 학교의 학생들의 I.Q.점수는 평균 105, 분산 15인 정규분포를 따른다고 한다.

(1) I.Q.점수가 상위 5%에 포함되려면 점수가 몇 점 이상이어야 하는가?
(2) 하위 10%에 포함되려면 점수가 몇 점 이하인가?
(3) 이 학교의 학생수가 5,000명이면 I.Q. 점수가 115점 이상인 학생은 몇 명일 것으로 기대되는가?

17. 통계학 수업을 듣는 어떤 반에서 학생의 성적은 평균이 70 분산이 25인 정규분포를 따른다. 이 반 학생의 10%, 25%, 35%, 20%, 10%가 각각 A, B, C, D, F학점을 받는다고 할 때, 각 학점의 성적구간을 구하라.

18. 1개의 동전을 400회 던졌을 때 출현한 앞면의 횟수를 X라고 하자. 정규분포를 이용하여 다음 확률의 근삿값을 구하라.

(1) $P(185 \leqq X \leqq 210)$ (2) $P(X = 205)$
(3) $P(X < 176$, 혹은 $X > 227)$

19. **[예제 5.15]** 의 확률을 R을 이용하여 계산하라.

Chapter 06
표본분포

6.1 서론

6.2 확률표본과 통계량

6.3 표본평균 $\overline{X}$의 분포와 중심극한정리

6.4 카이제곱, t 그리고 F 분포

극단값의 분포(extreme distribution)

강의 수위는 홍수가 발생하면 극단적으로 높아지게 마련이다. 만약 홍수가 발생한 시기의 강의 수위를 연구하여 그 분포를 정확히 알 수 있다면 백년에 한 번 찾아오는 홍수의 수위도 정확히 예측할 수 있을 것이다. 이렇게 된다면 홍수에 대비하여 강의 제방을 얼마나 높게 쌓아야 할지도 알 수 있을 것이다. 검벨(Emi J. Gumbel)은 이러한 여러 가지 극단값의 분포를 연구하여 극단값의 통계학이라는 책을 집필하였다.

6.1 서론

어떤 모집단 혹은 확률분포의 특성을 나타내는 양적인 측도를 일반적으로 모수라고 한다. 예를 들면 2장에서 소개한 모집단의 모평균, 모비율, 모분산 등이 일종의 모수이며, 5장에서 소개한 확률분포의 평균, 분산 등이 역시 모수이다. 하지만 일반적으로 모수의 값을 정확히 알 수는 없으며 모수의 값을 아는 것 자체가 통계적 자료를 분석하는 하나의 목적인 경우도 많다.

2장에서 논의한 바와 같이, 모수에 대한 정보를 정확히 파악하려면 전수조사를 통해 모집단자료를 수집해야 한다. 하지만 모집단자료의 수집은 시간과 경비를 고려할 때 매우 비현실적인 경우가 많고 모집단자료 대신 표본자료를 사용할 수밖에 없다. 결국 이러한 대체의 과정에서 필연적인 정보손실과 불확실성이 발생하며 이를 합리적으로 다루기 위한 과학적인 방법이 필요하다.

통계학은 모집단자료와 표본자료의 차이에서 발생하는 불확실성을 확률 혹은 확률분포의 개념을 사용하여 과학적으로 연구하며 이러한 분야를 **통계적 추론**(statistical inference)이라고 한다. 통계적 추론은 표본자료를 바탕으로 모수를 추정하는 다양한 방법론을 개발하거나 혹은 모수의 특성과 관련된 주장 또는 가설에 대하여 합리적인 의사결정을 내릴 수 있도록 실용적인 검정의 절차를 제공하는 분야이다.

본 장은 지금까지 배운 확률과 확률분포 이론을 통계적 추론 과정과 연결하는 핵심적인 부분이며, 주로 표본자료로 구성된 다양한 통계량들의 확률분포를 소개한다. 본 장의 결과들을 정확히 이해한다면 현대사회에서 왜 통계학이 중요한 가치를 가지는가에 대하여 좀 더 폭넓게 이해할 수 있을 것이다.

6.2 확률표본과 통계량

6.2.1 확률표본

어떤 모집단에서 하나의 확률변수를 정의하면 이 확률변수는 적당한 확률분포 즉 밀도함수를 가지게 되며, 이러한 확률분포나 밀도함수는 모집단의 특성을 반영하게 된다. 하지만 이 확률변수의 확률분포나 밀도함수는 전수조사를 통해서만 정확하게 얻을 수 있으며, 따라서 표본을 사용하여 확률분포나 밀도함수를 근사적으로 얻는 방법을 고려하게 된다. 이와 같은 논의를 좀 더 명확하게 이해하기 위하여 다음과 같은 예를 생각해 보자.

1) '우리나라 20세 이상 성인 남성' 혹은 '우리나라 20세 이상 성인 남성의 키'를 모집단 S로 정의하고
2) S의 특성을 반영하는 모수 p= '우리나라 20세 이상 성인 남성의 키가 180cm 이상일 확률'과 모수 μ= '우리나라 20세 이상 성인 남성의 키의 평균'에 대하여 통계적 추론을 하고자 한다.
3) 먼저 S위에서 '우리나라 20세 이상 성인 남성의 키'를 값으로 가지는 확률변수 X를 정의하면
5) X는 하나의 밀도함수 f_X를 가지며
6) f_X로부터 $p = P(X \geq 180) = \int_{180}^{\infty} f_X(x)dx$와 $\mu = E(X) = \int_{-\infty}^{\infty} x f_X(x)dx$와 같은 모수의 값 즉 S의 특성 혹은 정보를 얻을 수 있다.
7) 하지만 모집단 자료가 없는 경우 f_X를 정확히 알 수는 없고
8) 모집단의 일부, 즉 현실적으로 조사 가능한 '우리나라 20세 이상 성인 남성 n명의 키의 표본' $X_1, X_2, \cdots X_n$을 얻어
9) 표본 $X_1, X_2, \cdots X_n$이 가진 정보를 바탕으로 f_X를 근사적으로 추정하고 이로부터 모수 p와 μ에 대한 통계적 추론을 실시하게 된다.

위 예에서 기술한 과정에서 가장 중요한 것이 바로 표본 X_1, X_2, ⋯ X_n을 얻는 과정이다. 특히 모집단의 특성을 최대한 정확하게 반영하는 표본을 얻어야 하며 반드시 중요한 두 가지 성질 즉 '동질성'과 '독립성'을 만족해야 한다. 좀 더 구체적으로 표현하면, 첫째 '확률변수 X와 표본 X_1, X_2, ⋯ X_n의 확률분포는 동일'해야 하며, 둘째, '표본 X_1, X_2, ⋯ X_n은 서로 독립'이어야 한다는 것이다.

만약 확률변수 X와 첫 번째 표본 X_1의 분포가 동질하지 않고 모집단 S의 정보를 서로 다르게 반영한다면 이러한 표본으로부터 모집단의 특성을 정확하게 추론할 수는 없을 것이다. 예를 들어, '우리나라 20세 이상 성인 남성의 키가 180cm 이상일 확률' $P(X>180)$와 '우리나라 20세 이상 성인 남성 중 첫 번째 표본에서 조사한 키가 180cm 이상일 확률' $P(X_1>180)$은 서로 같아야 하고 이러한 성질은 다른 표본에 대해서도 동일하게 성립해야 한다. 마찬가지로 표본 X_1, X_2, ⋯ X_n이 동질성을 만족한다고 해도 독립성을 만족하지 않는다면 정확한 추론은 역시 불가능하다. 예를 들어 조사의 편의를 위해서 특정한 혈연관계를 가지는 집안에서만 의도적으로 표본을 얻는다면 이러한 자료로부터 얻은 특성이 모집단 S의 특성과 일치할 수는 없을 것이다.

이러한 논의를 바탕으로 다음과 같이 확률표본을 정의한다.

확률표본 : Random Sample

모집단 S에서 정의된 확률변수 X와 S에서 정의된 새로운 확률변수 $X_1, X_2, \cdots, X_n$이 다음 두 성질을 만족하면 $X_1, X_2, \cdots, X_n$을 모집단 S에서 추출한 크기가 n인 X의 **확률표본**이라고 한다.

1) $X_1, X_2, \cdots, X_n$의 분포는 X와 같고 서로 동일하다.

2) $X_1, X_2, \cdots, X_n$은 서로 독립이다.

** $X_1, X_2, \cdots, X_n$은 확률변수 즉 S에서 정의된 함수이다.

** X의 밀도함수가 f_X이면 $X_1, X_2, \cdots, X_n$의 밀도함수도 f_X이다.

** 조사를 통해 얻은 $X_1, X_2, \cdots, X_n$의 값을 확률표본의 값이라고 하며 소문자를 사

용하여 $x_1, x_2, \cdots, x_n$이라고 표현한다.

** 비복원 추출한 표본은 서로 독립이 아니므로 확률표본이 아니다.

6.2.2 통계량

5장에서 소개한 확률분포들은 특별한 성질을 갖는다. 예를 들어 베르누이 분포의 경우 성공확률 p를 알면 밀도함수 전체를 정확하게 알 수 있고 이를 활용하여 분포의 기댓값과 분산을 계산할 수 있다. 마찬가지로 정규분포의 경우에도 기댓값 μ와 분산 σ^2을 알면 그 밀도함수를 정확하게 알 수 있고 이를 통해 분포의 모든 특성을 알 수 있다. 이와 같이 확률분포를 결정해 주는 모수를 분포모수 혹은 간단히 모수라고 하며, 5장에서 소개한 대부분의 실용적인 확률분포들은 몇 개의 모수를 알면 그 밀도함수를 정확하게 정의할 수 있다. 일반적으로 어떤 확률변수 X의 밀도함수 f가 모수 θ에 의하여 결정된다면 $f(x;\theta)$와 같이 표현하며 5장의 이항분포의 밀도함수 $b(x;n, p)$와 포아송분포의 밀도함수 $p(x;m)$가 대표적인 예이다.

통계적 추론의 주 목적은 확률표본을 사용하여 분포모수를 추정하거나 분포모수와 관련된 가설을 검정하기 위한 과학적인 의사결정 방법을 찾는 것이다. 앞으로 자세히 살펴보겠지만 모수에 대한 통계적 추론은 확률표본 혹은 확률표본의 함수와 밀접한 관계가 있으며 이를 통계량이라고 한다. 통계량은 확률표본의 함수이므로 하나의 확률변수이고 따라서 확률분포를 가진다.

통계량과 표본분포 : Statistic and Sampling Distribution of Random Sample

모집단 S에서 정의된 크기가 n인 확률표본 $X_1, X_2, \cdots, X_n$의 함수 $g(X_1, X_2, \cdots, X_n)$가 다음 두 가지 성질을 만족하면 이를 **통계량**이라고 한다. 또한 통계량의 분포를 **표본분포**라고 한다.

1) $g(X_1, X_2, \cdots, X_n)$은 확률변수이고 실수 값을 가진다.

2) $g(X_1, X_2, \cdots, X_n)$은 어떠한 미지의 분포모수도 포함하지 않는다.

** 통계량의 표본분포는 확률표본을 추출한 대상모집단의 분포, 표본의 크기 그리고 표본을 추출하는 방법 등에 의존적이다.

예제 6.1

두 개의 미지의 분포모수 μ와 σ를 가지는 분포로부터 얻은 크기가 $n=3$인 확률표본 X_1, X_2, X_3에 대하여 $G_1 = X_1 + X_2$, $G_2 = \frac{X_1 + X_2 + X_3}{3}$, $G_3 = \min(X_1, X_2, X_3)$, $G_4 = {X_1}^2 + X_3 - 2$ 등은 모두 통계량이다. 그러나 $T_1 = X_1 - X_2 + \mu$, $T_2 = \max(X_1, X_2, X_3, \sigma^2)$ 등은 통계량이 아니다. 하지만 만약 $\mu=3$이 알려져 있다면 T_1은 통계량이다.

어떤 모집단 S에서 정의된 확률표본으로부터 정의할 수 있는 통계량은 무한히 많다. 하지만 일반적으로 모집단 S의 분포모수와 밀접한 관련이 있는 형태로 정의한다. 특히 표본평균과 표본분산은 가장 대표적인 통계량이며 모평균과 모분산에 대한 통계적 추론과정에서 자주 사용된다.

확률표본의 표본평균과 표본분산 : Sample Mean and Variance of Random Sample

모집단 S에서 정의된 크기가 n인 확률표본 $X_1, X_2, \cdots, X_n$의 함수 $\overline{X}$와 S^2을 각각 **표본평균**과 **표본분산**이라고 하며 다음과 같이 정의한다.

$$\overline{X} = \frac{\sum_{i=1}^{n} X_i}{n}, \quad S^2 = \frac{\sum_{i=1}^{n} (X_i - \overline{X})^2}{n-1}$$

** 확률표본 $X_1, X_2, \cdots, X_n$의 관측값을 $x_1, x_2, \cdots, x_n$이라고 하면, 표본평균과 표본분산의 관측값을 각각 소문자를 사용하여 $\bar{x}$와 s^2으로 표기한다.

$$\bar{x}=\frac{\sum_{i=1}^{n} x_i}{n}, \qquad s^2=\frac{\sum_{i=1}^{n}(x_i-\bar{x})^2}{n-1}$$

6.3 표본평균 $\overline{X}$의 분포와 중심극한정리

어떤 모집단에서 추출한 확률표본의 표본평균은 이 모집단의 모평균에 대한 통계적 추론에 자주 사용되는 통계량이다. 특히 표본평균의 분포가 가지는 이론적 성질은 모평균을 직접 추정하거나 모평균을 대상으로 의사결정을 하는 과정에서 과학적인 근거를 제공한다. 본 절에서는 이산형 균등분포를 가지는 모집단에서 추출한 표본평균의 분포의 특성을 살피고, 이를 근거로 일반적인 분포를 가지는 모집단에서 표본평균의 분포가 가지는 중요한 이론적인 성질들을 몇 가지 소개하고자 한다.

크기가 $N=4$인 유한모집단 $S=\{1, 2, 3, 4\}$에서 각 표본점의 확률이 모두 $\frac{1}{N}$로 동일하다고 하자. 이 경우 S의 모평균 μ와 모분산 σ^2은 다음과 같다.

$$\mu=\frac{\sum_{i=1}^{N} x_i}{N}=\frac{(1+2+3+4)}{4}=\frac{5}{2}$$

$$\sigma^2=\frac{\sum_{i=1}^{4}(x_i-\mu)^2}{N}=\frac{\left\{\left(1-\frac{5}{2}\right)^2+\left(2-\frac{5}{2}\right)^2+\left(3-\frac{5}{2}\right)^2+\left(4-\frac{5}{2}\right)^2\right\}}{4}=\frac{5}{4}$$

이제 S에서 정의된 확률변수 X가 각 표본점을 표본점 자신으로 변환하는 항등함수라고 하자. 이 경우 X의 분포는 이산형 균등분포이며 X의 확률밀도함수 f는 다음과 같다.

$$f(x) = \begin{cases} \frac{1}{4}, & x = 1, 2, 3, 4 \\ 0, & \text{이외의 값} \end{cases}$$

위 밀도함수 f를 이용하여 X의 기댓값과 분산을 계산하면 다음과 같이 각각 모평균 μ와 모분산 σ^2과 같아진다는 것을 알 수 있다.

$$E(X) = \sum_x x f(x) = \sum_{x=1}^{4} \frac{1}{4}(1+2+3+4) = \frac{5}{2} = \mu$$

$$Var(X) = \sum_x (x-\mu)^2 f(x) = \sum_x x^2 f(x) - \mu^2$$

$$= \sum_{x=1}^{4} \frac{x^2}{4} - \left(\frac{5}{2}\right)^2 = \frac{1}{4}(1^2+2^2+3^2+4^2) - \left(\frac{5}{2}\right)^2 = \frac{5}{4} = \sigma^2$$

참고로 어떤 확률변수 X가 모집단 위에서 표본점을 표본점 자신으로 변환하는 항등함수이면 항상 $E(X) = \mu$이고 $Var(X) = \sigma^2$이다.

이제 X_1, X_2를 위 모집단 S로부터 '복원추출'로 얻은 크기가 $n=2$인 표본이라고 하자. 이 경우, **<표 6-1>**과 **<표 6-2>**에서 확인할 수 있듯이 X_1, X_2는 X와 동일한 확률분포를 가지며 서로 독립이다. 따라서 X_1, X_2는 S에서 추출한 크기가 $n=2$인 X의 확률표본이다.

표 6-1 확률변수 X, 표본 X_1, X_2의 확률분포

x, x_1, x_2	1	2	3	4
$f_X(x)$	$\frac{1}{4}$	$\frac{1}{4}$	$\frac{1}{4}$	$\frac{1}{4}$
$f_{X_1}(x_1)$	$\frac{1}{4}$	$\frac{1}{4}$	$\frac{1}{4}$	$\frac{1}{4}$
$f_{X_2}(x_2)$	$\frac{1}{4}$	$\frac{1}{4}$	$\frac{1}{4}$	$\frac{1}{4}$

표 6-2 표본 X_1, X_2의 결합확률분포

$f(x_1, x_2)$		x_1				
		1	2	3	4	합
x_2	1	$\frac{1}{16}$	$\frac{1}{16}$	$\frac{1}{16}$	$\frac{1}{16}$	$\frac{1}{4}$
	2	$\frac{1}{16}$	$\frac{1}{16}$	$\frac{1}{16}$	$\frac{1}{16}$	$\frac{1}{4}$
	3	$\frac{1}{16}$	$\frac{1}{16}$	$\frac{1}{16}$	$\frac{1}{16}$	$\frac{1}{4}$
	4	$\frac{1}{16}$	$\frac{1}{16}$	$\frac{1}{16}$	$\frac{1}{16}$	$\frac{1}{4}$
합		$\frac{1}{4}$	$\frac{1}{4}$	$\frac{1}{4}$	$\frac{1}{4}$	1

이제 확률표본 X_1, X_2의 표본평균 $\overline{X} = \frac{(X_1 + X_2)}{2}$의 확률분포를 구해보자. **〈표 6-2〉**의 결합분포를 활용하면 X_1, X_2는 다음과 같이 모두 16가지 경우의 값을 가진다.

(1, 1), (1, 2), (1, 3), (1, 4), (2, 1), (2, 2), (2, 3), (2, 4),
(3, 1), (3, 2), (3, 3), (3, 4), (4, 1), (4, 2), (4, 3), (4, 4)

따라서 각 경우에 대응하는 $\overline{X}$의 값과 이에 대응되는 확률을 계산하여 확률분포를 구하면 **〈표 6-3〉**과 **〈그림 6-2〉**와 같다.

표 6-3 표본평균 $\overline{X} = \frac{(X_1 + X_2)}{2}$의 확률분포

$\overline{x}$	$\frac{2}{2}$	$\frac{3}{2}$	$\frac{4}{2}$	$\frac{5}{2}$	$\frac{6}{2}$	$\frac{7}{2}$	$\frac{8}{2}$	합계
$f_X(\overline{x})$	$\frac{1}{16}$	$\frac{2}{16}$	$\frac{3}{16}$	$\frac{4}{16}$	$\frac{3}{16}$	$\frac{2}{16}$	$\frac{1}{16}$	1

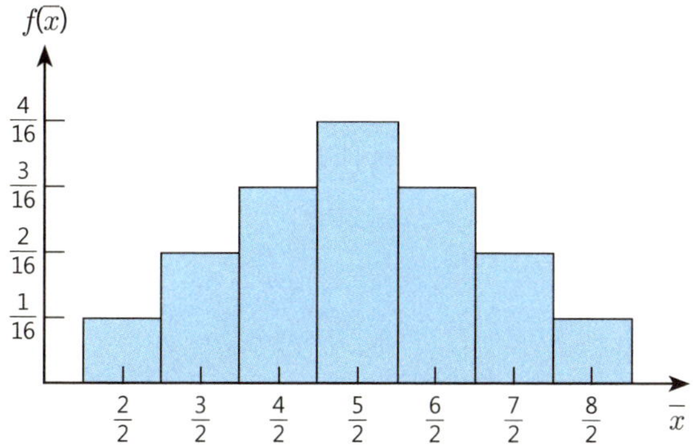

그림 6-2 표본평균 $\overline{X}=\frac{(X_1+X_2)}{2}$의 확률히스토그램

<표 6-3>으로부터 표본평균 $\overline{X}$의 분포의 특성을 살펴보도록 하자. 먼저 $\overline{X}$의 확률분포는 $\bar{x}=\frac{5}{2}$를 기준으로 좌우대칭임을 확인할 수 있다. 또한 $\overline{X}$의 밀도함수 $f_{\overline{X}}$를 사용하여 $\overline{X}$의 기댓값과 분산은 구하면 각각 다음과 같다.

$$E(\overline{X})=\sum_x \bar{x} f_{\overline{X}}(\bar{x})=\frac{2}{2}\times\frac{1}{16}+\frac{3}{2}\times\frac{2}{16}+\cdots+\frac{8}{2}\times\frac{1}{16}=\frac{10}{4}=\mu$$

$$\begin{aligned}Var(\overline{X})&=E(\overline{X}^2)-\{E(\overline{X})\}^2=\sum_x \bar{x}^2 f_{\overline{X}}(\bar{x})-\left(\frac{10}{4}\right)^2\\&=\left(\frac{2}{2}\right)^2\times\frac{1}{16}+\left(\frac{3}{2}\right)^2\times\frac{2}{16}+\cdots+\left(\frac{8}{2}\right)^2\times\frac{1}{16}-\left(\frac{10}{4}\right)^2\\&=\frac{20}{32}=\frac{20/16}{2}=\frac{\sigma^2}{n}\end{aligned}$$

위와 같이 표본평균 $\overline{X}$의 기댓값 $E(\overline{X})$는 모평균 μ와 같고 분산 $Var(\overline{X})$은 모분산 σ^2을 표본의 크기 $n=2$로 나눈 것과 같다. 따라서 표본평균 $\overline{X}$의 평균 $E(\overline{X})$는 표본크기 n에는 의존하지 않으나, 분산 $Var(\overline{X})$는 표본크기 n이 커짐에 따라 작아진다.

확률표본의 정의와 기댓값과 분산의 성질을 사용하면 다음과 같이 표본평균의 기댓값과 분산을 일반적으로 계산할 수 있다.

$$
\begin{aligned}
E(\overline{X}) &= E\left\{\frac{1}{n}(X_1 + X_2 + \cdots + X_n)\right\} \\
&= \frac{1}{n}\{E(X_1) + E(X_2) + \cdots + E(X_n)\} \\
&= \frac{1}{n}(\mu + \mu + \cdots + \mu) \\
&= \mu
\end{aligned}
$$

$$
\begin{aligned}
Var(\overline{X}) &= Var\left\{\frac{1}{n}(X_1 + X_2 + \cdots + X_n)\right\} \\
&= \frac{1}{n^2}\, Var(X_1 + X_2 + \cdots + X_n) \\
&= \frac{1}{n^2}\{Var(X_1) + Var(X_2) + \cdots + Var(X_n)\} \\
&= \frac{1}{n^2}(\sigma^2 + \sigma^2 + \cdots + \sigma^2) \\
&= \frac{\sigma^2}{n}
\end{aligned}
$$

따라서 다음 **〈정리 6.1〉**을 얻게 된다.

정리 6.1

모평균이 μ, 모분산이 σ^2인 모집단 S로부터 얻은 크기 n인 확률표본에 의해 정의되는 표본평균 $\overline{X}$의 기댓값과 분산은 각각 다음과 같다.

$$E(\overline{X}) = \mu, \qquad Var(\overline{X}) = \frac{\sigma^2}{n}$$

위 **〈정리 6.1〉**에서 확인할 수 있는 간단한 사실은 표본의 크기 n이 커지면 표본평균의 분산 $\frac{\sigma^2}{n}$이 0으로 수렴한다는 점이다. 따라서 표본평균은 표본의 크기가 커질수록 기댓값 μ로 수렴하게 되고 이를 **대수의 법칙**(Law of large numbers)이라고 한다. 또한 표본평균 $\overline{X}$의 분포는 기댓값 μ를 중심으로 좌우대칭이며, 표본의 크기

n이 커지면 기댓값이 μ, 분산이 $\dfrac{\sigma^2}{n}$인 정규분포로 수렴한다는 사실이 알려져 있으며 이를 **중심극한정리**(Central limit theorem)이라고 한다.

정리 6.2 대수의 법칙과 중심극한정리
: Law of Large Numbers & Central Limit Theorem

모평균이 μ, 모분산이 σ^2인 모집단으로부터 얻은 크기가 n인 확률표본의 표본평균 $\overline{X}$는 다음과 같은 성질을 만족한다.

1. **(대수의 법칙)** 표본의 크기 n이 커지면 $\overline{X}$는 모평균 μ로 (확률)수렴하고 이를 간단히

$$\overline{X} \to^{p} \mu$$

로 표기한다.

2. **(중심극한정리)** 표본의 크기 n이 커지면 $\overline{X}$의 분포는 평균이 μ이고 분산이 $\dfrac{\sigma^2}{n}$인 정규분포로 (분포)수렴하고 이를 간단히

$$\overline{X} \to^{d} N\left(\mu, \frac{\sigma^2}{n}\right)$$

로 표기한다.

** 위 결과를 적용하면 확률변수 $Z = \dfrac{\overline{X} - \mu}{\frac{\sigma}{\sqrt{n}}}$는 표본의 크기 n이 커지면 각각 $Z \to^{p} 0$이고 $Z \to^{d} N(0, 1)$이다.

** 확률수렴과 분포수렴은 이 교재의 수준을 넘어가는 내용이므로 자세히 기술하지 않는다. 다만 표본의 크기가 충분히 크면 $\overline{X}$의 값은 μ와 가깝고 $\overline{X}$의 분포는 정규분포에 가깝다는 사실을 기억하기 바란다.

** $n \geq 30$이면 모집단의 분포와 관계없이 위 두 결과가 어느 정도 정확한 것으로 알려져 있다.

위 대수의 법칙과 중심극한정리는 표본의 크기가 충분히 큰 경우에만 성립하는 결과이다. 또한 표본평균 $\overline{X}$의 값이 모평균 μ에 얼마나 가까운가 혹은 $\overline{X}$의 분포가

정규분포에 얼마나 가까운가 하는 근사의 정도는 모집단의 분포와 표본크기에 따라 조금씩 다르다. 그러나 일반적으로 $n \geq 30$이면 모집단의 분포와 관계없이 근사 정도는 어느 정도 만족할 만한 것으로 알려져 있다.

한편 모집단의 분포가 정규분포이면, 표본의 크기 n에 상관없이 표본평균 $\overline{X}$의 분포는 정확히 정규분포이다.

정리 6.3

평균이 μ, 분산이 σ^2인 정규분포로부터 얻은 크기가 n인 확률표본의 표본평균 $\overline{X}$의 분포는 평균이 μ이고 분산은 $\frac{\sigma^2}{n}$인 정규분포이다. 따라서 확률변수 $Z=\frac{\overline{X}-\mu}{\frac{\sigma}{\sqrt{n}}}$의 분포는 표준정규분포 $N(0, 1)$이다.

예제 6.2

어떤 공장에서 생산되는 전구들의 수명(시간)은 평균이 800이고 표준편차가 40임이 알려져 있다. 이 공장에서 64개의 전구의 수명을 조사하였을 때 수명의 평균이 791 미만일 확률의 근삿값을 구하라.

모집단의 분포의 형태는 알려져 있지 않다. 하지만 표본의 크기가 $n \geq 30$이므로, 중심극한정리를 이용하면 $\overline{X}$의 분포가 근사적으로 $N\left(800, \frac{40^2}{64}\right)$임을 알 수 있다. 따라서 **〈부표-4〉**를 활용하면

$$\begin{aligned} P(\overline{X}<791) &\approx P\left(Z<\frac{791-800}{5}\right) \\ &= P\left(Z<-\frac{9}{5}\right) \\ &= P(Z<-1.80) \\ &= 0.0359 \end{aligned}$$

지금까지 복원추출로부터 얻은 표본평균의 분포를 살펴보았다. 그러나 실제로 대부분의 표본추출은 유한모집단에서 비복원추출 방법으로 이루어지고 있으며, 바로 앞 절에서도 언급하였듯이 이러한 표본은 확률표본이 아니다. 따라서 이러한 표본으로부터 얻은 표본평균의 기댓값과 분산은 **〈정리 6.1〉**의 내용과 다르다. 자세한 논의는 교재의 수준을 넘어가므로 그 결과만 아래 정리에 소개한다. 중요한 점은 비복원추출로 얻은 표본이라고 하더라도 모집단의 크기 N과 표본의 크기 n이 충분히 크고 $\frac{n}{N}$이 매우 작으면 **〈정리 6.3〉**의 대수의 법칙과 중심극한 정리는 여전히 성립한다는 점이다.

정리 6.4

모평균이 μ, 모분산이 σ^2인 크기가 N인 유한모집단으로부터 비복원추출로 얻은 크기가 n인 표본의 표본평균 $\overline{X}$의 기댓값과 분산은 각각 다음과 같다.

$$E(\overline{X}) = \mu, \qquad Var(\overline{X}) = \frac{N-n}{N-1}\frac{\sigma^2}{n}$$

또한 유한모집단의 크기 N과 표본의 크기 n이 커지고 $\frac{n}{N}$이 작아지면, $\overline{X} \xrightarrow{p} \mu$이고 $\overline{X} \xrightarrow{d} N\left(\mu, \frac{\sigma^2}{n}\right)$이다.

** $n \geq 30$이고 $\frac{n}{N} \leq 0.05$이면 위 두 결과가 어느 정도 정확한 것으로 알려져 있다.

마지막으로 **〈정리 6.3〉**의 특수한 경우를 소개한다. 모집단 S가 '성공'과 '실패'의 두 가지 속성을 가지고 '성공'의 비율이 p라고 하자. S위에서 정의된 확률변수 Y가 '성공'이면 1, '실패'이면 0의 값을 갖는 확률변수라고 하면 Y의 확률분포는 성공확률이 p인 베르누이 분포이다. 이제 S로부터 얻은 크기가 n인 확률표본 $Y_1, Y_2, \cdots, Y_n$의 합 $X = Y_1 + Y_2 + \cdots + Y_n$는 시행횟수가 n이고 성공확률이 p인 이항분포 $B(n, p)$를 따른다. 따라서 $E(Y_1) = p$, $Var(Y_1) = p(1-p)$이므로 중심극한정리를 적용하면 표본평균 $\bar{Y}=\frac{\sum_{i=1}^{n} Y_i}{n}=\frac{X}{n}$의 분포는 표본의 크기 n이 커짐에 따라 기댓값이 p이고 분산이 $\frac{p(1-p)}{n}$인 정규분포로 수렴하게 된다. 여기서 표본평균 $\bar{Y}=\frac{X}{n}$는 표본에서의 성공의 출현비율을 나타내며 보통 $\bar{Y}$ 대신 $\hat{P}$으로 표기하고 **표본비율**(sample proportion)이라 부른다.

정리 6.5

'성공'과 '실패'의 두 가지 속성을 가지고, '성공'의 비율이 p인 모집단 S에서 얻은 크기가 n인 베르누이 확률표본 $Y_1, Y_2, \cdots, Y_n$의 표본비율 $\hat{P}=\frac{\sum_{i=1}^{n} Y_i}{n}$는 다음 두 가지 성질을 만족한다.

1. **(대수의 법칙)** 표본의 크기 n이 커지면 $\hat{P} \xrightarrow{p} p$이다.
2. **(중심극한정리)** 표본의 크기 n이 커지면 $\hat{P} \xrightarrow{d} N\left(p, \frac{p(1-p)}{n}\right)$이다.

** 위 결과를 적용하면, 확률변수 $Z=\frac{\hat{P}-p}{\sqrt{\frac{p(1-p)}{n}}}$는 표본의 크기 n이 커지면 각각 $Z \xrightarrow{p} 0$이고 $Z \xrightarrow{d} N(0, 1)$이다.

** $np \geqq 5$이고 $n(1-p) \geqq 5$이면 위 두 결과가 어느 정도 정확한 것으로 알려져 있다.

6.4 χ^2(카이제곱), t 그리고 F분포

표본평균 $\overline{X}$와 함께 가장 많이 사용되는 통계량이 표본분산 S^2이다. 특히 정규분포를 따르는 모집단(정규모집단)에서 추출한 크기 n인 확률표본으로부터 얻은 $\overline{X}$와 S^2은 χ^2(카이제곱)분포 , t분포 그리고 F분포 등과 밀접한 관계를 가진다. 이 절에서는 이러한 분포들을 정의하고 그 성질에 대하여 간단히 알아본다.

6.4.1 χ^2(카이제곱)분포

χ^2분포는 하나의 모수 v를 가지고 이를 χ^2분포의 자유도라고 한다.

자유도가 v인 χ^2분포 : Chi-square Distribution with Degrees of Freedom v

확률변수 X의 확률밀도함수가 다음과 같을 때 X의 분포를 자유도가 v인 **χ^2분포**라고 하고 간단히 $X \sim \chi^2(v)$라고 표기한다.

$$f(x) = \begin{cases} \dfrac{1}{\Gamma\left(\frac{v}{2}\right)}\left(\dfrac{1}{2}\right)^{\frac{v}{2}} x^{\frac{v}{2}-1} e^{-\frac{x}{2}}, & x > 0 \\ 0, & \text{이외의 값} \end{cases}$$

** χ^2분포는 하나의 모수 v로 결정된다. 모수 v는 양의 정수이며 이를 χ^2분포의 자유도라고 한다.

** $X \sim \chi^2(v)$이면 $E(X) = v$이고 $Var(X) = 2v$이다.

** Γ는 감마함수이며 이 책에서는 자세히 다루지 않는다.

** 책의 뒷 부분 <부표-5>에 χ^2분포의 분포표가 주어져 있다.

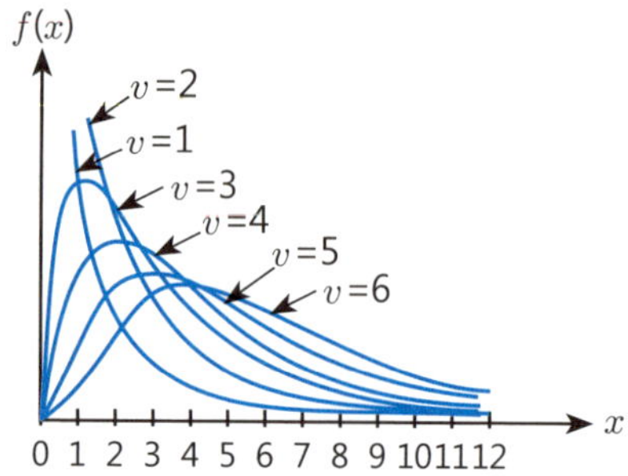

그림 6-3 자유도 v의 변화에 따른 χ^2분포의 밀도함수

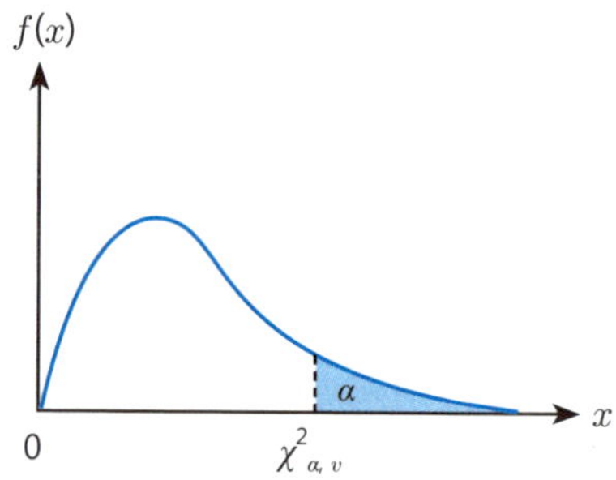

그림 6-4 자유도가 v인 χ^2분포의 오른쪽 α분위수 $\chi^2_{\alpha,\ v}$

〈그림 6-3〉에는 자유도 v가 $v=1, 2, 3, 4, 5, 6$인 경우에 분포의 밀도함수가 도시되어 있다. χ^2의 밀도함수는 자유도 v의 크기에 따라 모양이 다르며 자유도 v가 커짐에 따라 곡선이 좌우대칭인 형태로 변하는 것을 확인할 수 있다. **〈그림 6-4〉**에는 χ^2분포의 오른쪽 꼬리확률이 도시되어 있다. 확률변수 X가 자유도가 v인 χ^2분포를 따를 때, 오른쪽 꼬리확률이 α가 되는, 즉 $P(X \geqq x)=\alpha$를 만족시키는 x를 χ^2분포의 오른쪽 α분위수라고 하고 일반적으로 $x=\chi^2_{\alpha,\ v}$로 표기한다. 교재의 뒷부분 **〈부표-5〉**에는 다양한 α값과 자유도 v값에 대하여 $\chi^2_{\alpha,\ v}$의 값이 주어져 있다.

예제 6.3

확률변수 X가 $\chi^2(7)$을 따를 때 $P(X \geqq 14.067)$를 **〈부표-5〉**를 이용해 구해보자. 자유도가 $v=7$이고 오른쪽 꼬리확률이 $\alpha=0.05$이므로 이에 대응하는 값은 $\chi^2_{0.05,\ 7}=14.067$이다. 따라서 $P(X \geqq 14.067)=0.05$이다.

예제 6.4

확률변수 X의 분포가 $\chi^2(5)$일 때, $P(X \geq x) = 0.975$가 되는 x의 값을 구해보자. 자유도가 $v=5$이고 오른쪽 꼬리확률이 $\alpha = 0.975$이므로 **<부표-5>**를 이용하면 $\chi^2_{0.975,\,5} = 0.831$이다.

한편 자유도 v가 $v > 30$인 경우에는 χ^2분포의 분포표가 주어져 있지 않다. 그러나 중심극한정리를 적용하면 자유도 v가 커짐에 따라 확률변수 $Z = \frac{X - v}{\sqrt{2v}}$의 분포가 표준정규분포에 접근한다는 사실을 확인할 수 있다. 따라서 자유도 v가 $v > 30$인 경우에는 **<부표-4>**의 표준정규분의 분포표를 사용하여 다양한 확률을 계산할 수 있다.

예제 6.5

확률변수 X가 $\chi^2(50)$을 따를 때, $P(X < 68.0)$의 근삿값을 구하라.

자유도 $v=50$이 30보다 크므로 확률변수 $Z = \frac{X - v}{\sqrt{2v}} = \frac{X - 50}{\sqrt{100}}$의 분포를 근사적으로 $N(0,\ 1)$로 취급할 수 있다는 사실을 이용한다.

$$
\begin{aligned}
P(X < 68.0) &\approx P\left(Z < \frac{68.0 - 50}{\sqrt{100}}\right) \\
&= P(Z < 1.80) \\
&= 0.9641 \qquad \text{〈부표-4〉}
\end{aligned}
$$

카이제곱분포는 몇 개의 중요한 특성들을 가지고 있으며, 다음 정리들에 간단하게 소개되어 있다. 이 정리들의 증명은 이 교재의 수준을 벗어나므로 생략하기로 한다.

정리 6.6

확률변수 X의 분포가 표준정규분포 $N(0, 1)$이면 확률변수 X^2의 분포는 $\chi^2(1)$이다.

〈정리 6.6〉으로부터 우리는 다음과 같은 사실을 알 수 있다. 즉 $X \sim N(\mu, \sigma^2)$일 때에 $Z = \dfrac{X-\mu}{\sigma} \sim N(0, 1)$이며, 따라서 $Z^2 = \left(\dfrac{X-\mu}{\sigma}\right)^2 \sim \chi^2(1)$이다.

정리 6.7

서로 독립인 k개의 확률변수들 $X_1, X_2, \cdots, X_k$의 분포가 각각 $\chi^2(v_1), \chi^2(v_2), \cdots, \chi^2(v_k)$이면, 확률변수 $Y = X_1 + X_2 + \cdots + X_k$의 분포는 $\chi^2(v_1 + v_2 + \cdots + v_k)$이다.

위 **〈정리 6.6〉**과 **〈정리 6.7〉**을 이용하면 다음의 **〈정리 6.8〉**을 증명할 수 있다.

정리 6.8

k개의 독립인 확률변수들 $X_1, X_2, \cdots, X_k$의 분포가 모두 $N(0, 1)$이면 확률변수 $Y = {X_1}^2 + {X_2}^2 + \cdots + {X_k}^2$의 분포는 $\chi^2(k)$이다.

모분산이 σ^2인 정규모집단에서 정의된 표본분산 S^2을 **〈정리 6.9〉**와 같이 변환하면 χ^2분포에 따르게 된다.

정리 6.9

평균이 μ이고 분산이 σ^2인 정규분포에서 얻은 크기가 n인 확률표본의 표본평균과 표본분산을 각각 $\overline{X}$와 S^2이라고 하면 다음이 성립된다.

① $\overline{X}$와 S^2은 서로 독립이다.

② 확률변수 $\chi^2 = \frac{(n-1)S^2}{\sigma^2}$은 자유도가 $v = n-1$인 χ^2분포를 따른다.

즉 $\chi^2 = \frac{(n-1)S^2}{\sigma^2} \sim \chi^2(n-1)$이다.

6.4.2 t분포

모집단의 분포가 정규분포이고 모분산 σ^2이 알려져 있는 경우, 모평균 μ에 대한 통계적 추론은 일반적으로 표준화 확률변수 $Z = \frac{\overline{X}-\mu}{\frac{\sigma}{\sqrt{n}}}$의 분포 즉 표준정규분포를 사용한다. 하지만 σ^2이 알려져 있지 않은 경우, Z의 분포를 사용할 수 없고 따라서 모표준편차 σ를 표본표준편차 S로 대체한 확률변수 $T = \frac{\overline{X}-\mu}{\frac{S}{\sqrt{n}}}$의 분포를 사용하게 되며 이 분포를 t분포라고 한다. t분포는 1908년에 영국인 W. S. Gosset에 의하여 처음 소개되었다. Gosset은 당시 Student라는 익명으로 t분포를 소개하였고 따라서 t 분포를 Student－t분포라고 부르기도 한다.

자유도가 v인 t분포 : t Distribution with Degrees of Freedom v

확률변수 X의 밀도함수가 다음과 같은 경우, X의 분포를 자유도가 v인 ***t*분포**라고 하고 간단히 $X \sim t(v)$라고 표기한다.

$$f(x) = \frac{\Gamma\left(\frac{v+1}{2}\right)}{\Gamma\left(\frac{v}{2}\right)} \frac{1}{\sqrt{v\pi}} \left(1 + \frac{x^2}{v}\right)^{-\frac{v+1}{2}}, \qquad -\infty < x < \infty$$

** t분포는 하나의 모수 v로 결정된다. 모수 v는 양의 정수이며 이를 t분포의 자유도라고 한다.

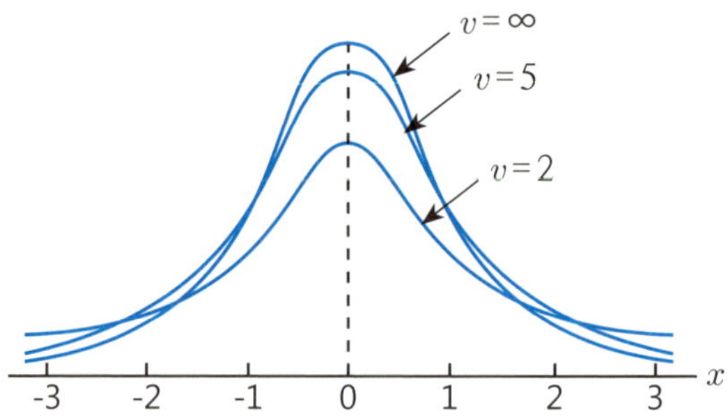

그림 6-5 자유도 v의 변화에 따른 t분포의 밀도함수

χ^2분포와 마찬가지로 t분포의 밀도함수도 자유도 v의 크기에 따라 모양이 다르다. **〈그림 6-5〉**에는 자유도 v가 $v=2$, 5, 그리고 ∞인 각 경우 t분포의 밀도함수가 도시되어 있다. t분포의 밀도함수는 표준정규분포의 밀도함수와 마찬가지로 $x=0$을 기준으로 좌우대칭이다. 일반적으로 t분포의 밀도함수는 표준정규분포의 밀도함수에 비하여 좀 더 완만하고 두터운 꼬리를 갖고 있다. 하지만 t분포는 자유도 v가 충분히 크면 표준정규분포와 거의 비슷하고 이러한 사실이 **〈정리 6.10〉**에 소개되어 있다.

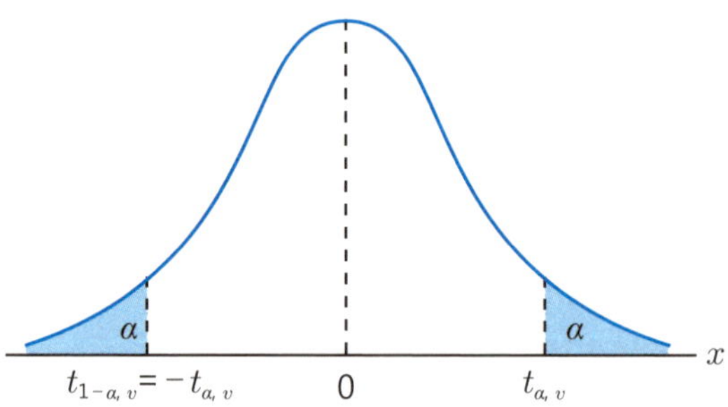

그림 6-6 자유도가 v인 t분포의 오른쪽 α분위수 $t_{\alpha, v}$

자유도가 v인 t분포의 오른쪽 꼬리확률이 교재 마지막 **〈부표-6〉**에 수록되어 있다. 일반적으로 확률변수 X의 분포가 $t(v)$일 때, $P(X \geq x)=\alpha$를 만족하는 x를 t분포의 오른쪽 α분위수라고 하며 $x=t_{\alpha, v}$로 표기한다. 이러한 관계는 **〈그림 6-6〉**에서

밀도함수의 오른쪽 꼬리 부분에 도시되어 있다. 한편 t분포의 밀도함수가 좌우 대칭임을 이용하면, $P(X \leqq x) = 1 - \alpha$를 만족하는 x를 쉽게 계산할 수 있고, 이를 t분포의 왼쪽 α분위수라고 하며 $x = t_{1-\alpha, v}$라고 표현한다. **〈그림 6-6〉**에서 밀도함수의 왼쪽 꼬리 부분에서 보는 바와 같이 $t_{1-\alpha, v} = -t_{\alpha, v}$이다.

예제 6.6

〈부표-6〉을 활용하면 자유도가 $v = 20$이고 $\alpha = 0.025$이면 $t_{\alpha, v} = t_{0.025, 20} = 2.086$임을 알 수 있다. 이는 확률변수 X의 분포가 $t(20)$인 경우 $P(X \geqq 2.086) = 0.025$임을 의미한다.

예제 6.7

확률변수 X의 분포가 $t(14)$일 때, $P(X \geqq x) = 0.95$가 되는 x값, 즉 오른쪽 0.95분위수 $x = t_{0.95, 14}$를 구해보자. $t_{0.95, 14}$의 값은 **〈부표-6〉**에 수록되어 있지 않다. 하지만 $t_{1-\alpha, v} = -t_{\alpha, v}$임을 이용하면 $t_{0.95, 14} = -t_{0.05, 14}$이고 따라서 **〈부표-6〉**를 활용하면 $t_{0.95, 14} = -t_{0.05, 14} = -1.761$이다.

정리 6.10

t분포는 자유도 v가 커짐에 따라 표준정규분포 $N(0, 1)$로 수렴한다.

자유도 v가 30 이상인 경우에는 **〈부표-6〉**을 활용할 수 없다. 그러나 위 **〈정리 6.10〉**에 의하여 표준정규분의 분포표 **〈부표-4〉**를 활용할 수 있다. 일반적으로 자유도 v가 $v \geqq 30$이면 **〈정리 6.10〉**의 근사가 어느 정도 만족할 만한 것으로 알려져 있다.

예제 6.8

확률변수 X의 분포가 $t(50)$인 경우, $P(X \geq x) = 0.025$가 되는 값, 즉 $x = t_{0.025,\ 50}$을 구해보자. 이 $t_{0.025,\ 50}$값은 〈부표-6〉에 수록되어 있지 않다. 그러나 자유도가 $v = 50 \geqq 30$이므로 **〈정리 6.10〉**을 적용할 수 있고 따라서 〈부표-4〉를 활용하면 $t_{0.025,\ 50} \approx z_{0.025} = 1.96$이다.

다음 **〈정리 6.11〉**은 t분포를 정의하는 방법 중의 하나이며, **〈정리 6.3〉**과 **〈정리 6.9〉**를 함께 이용하면 **〈정리 6.12〉**를 증명할 수 있다. 특히 **〈정리 6.12〉**는 모분산 σ^2이 알려져 있지 않은 경우, 모평균 μ의 추론 과정에서 사용되는 통계량 $T = \dfrac{\overline{X} - \mu}{\frac{S}{\sqrt{n}}}$의 분포가 t분포임을 보여준다.

정리 6.11

확률변수 Z와 U가 서로 독립이고 각각의 분포가 $N(0,\ 1)$과 $\chi^2(v)$인 경우, 확률변수 $T = \dfrac{Z}{\sqrt{\frac{U}{v}}}$의 분포는 자유도가 v인 t분포이다. 즉 $T = \dfrac{Z}{\sqrt{\frac{U}{v}}} \sim t(v)$이다.

정리 6.12

평균이 μ이고 분산이 σ^2인 정규분포에서 얻은 크기가 n인 확률표본의 표본평균과 표본분산을 각각 $\overline{X}$와 S^2이라고 하면 확률변수 $T = \dfrac{\overline{X} - \mu}{\frac{S}{\sqrt{n}}}$의 분포는 자유도가 $n-1$인 t분포를 따른다. 즉 $T = \dfrac{\overline{X} - \mu}{\frac{S}{\sqrt{n}}} \sim t(n-1)$이다.

| 증명 |

〈정리 6.3〉과 **〈정리 6.9〉**에 의해 $\overline{X}$와 S^2은 서로 독립이고 각각의 분포는 다음과 같다.

$$Z = \frac{\overline{X} - \mu}{\frac{\sigma}{\sqrt{n}}} \sim N(0,\ 1)\ , \qquad U = \frac{(n-1)S^2}{\sigma^2} \sim \chi^2(n-1)$$

Z와 U는 각각 $\overline{X}$와 S^2만의 함수이므로 역시 서로 독립이고, 따라서 **〈정리 6.11〉**에 의해서 다음이 성립된다.

$$T = \frac{Z}{\sqrt{\frac{U}{v}}} = \frac{\frac{\overline{X} - \mu}{\frac{\sigma}{\sqrt{n}}}}{\sqrt{\frac{(n-1)S^2}{\sigma^2} / (n-1)}} = \frac{\overline{X} - \mu}{\frac{S}{\sqrt{n}}} \sim t(n-1)$$

6.4.3 F분포

정규분포를 따르는 모집단의 모평균 μ와 모분산 σ^2에 대한 통계적 추론에서 각각 t분포와 χ^2분포를 사용한다는 것을 언급하였다. 이번 항에서 소개할 분포는 F분포이며 F분포는 독립인 두 정규모집단의 모분산의 비(ratio)에 대한 통계적 추론이나 분산분석 등에서 활용된다. F분포를 처음 발표한 사람은 영국의 유명한 통계학자 R. A. Fisher이며 미국의 통계학자 G. W. Snedecor가 이를 추모하기 위하여 F분포라고 명명하였다.

자유도가 v_1과 v_2인 F 분포 : F Distribution with Degrees of Freedom v_1 and v_2

확률변수 X의 밀도함수가 다음과 같을 때 X의 분포를 자유도가 v_1과 v_2인 ***F*분포**라고 하며 간단히 $X \sim F(v_1,\ v_2)$라고 표기한다.

$$f(x) = \begin{cases} \dfrac{\Gamma\left(\dfrac{v_1+v_2}{2}\right)}{\Gamma\left(\dfrac{v_1}{2}\right)\Gamma\left(\dfrac{v_2}{2}\right)} \left(\dfrac{v_1}{v_2}\right)^{\frac{v_1}{2}} x^{\frac{v_1}{2}-1} \left(1+\dfrac{v_1}{v_2}x\right)^{-\frac{1}{2}(v_1+v_2)}, & x > 0 \\ 0, & \text{이외의 값} \end{cases}$$

** F분포는 두 개의 모수 v_1과 v_2로 결정되며 이를 F분포의 자유도라고 한다. 단, v_1과 v_2는 양의 정수이다.

F분포의 밀도함수도 χ^2분포나 t분포와 마찬가지로 자유도 v_1과 v_2의 크기에 따라 모양이 다르다. **〈그림 6-7〉**에는 자유도의 변화에 따른 F분포의 밀도함수가 도시되어 있다.

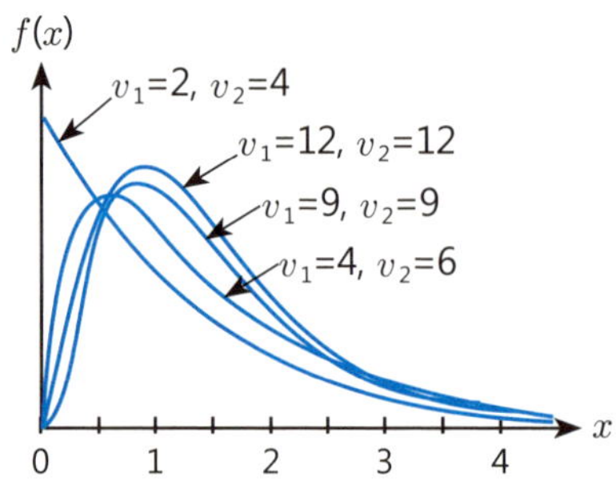

그림 6-7 자유도 v_1과 v_2의 변화에 따른 F분포의 밀도함수

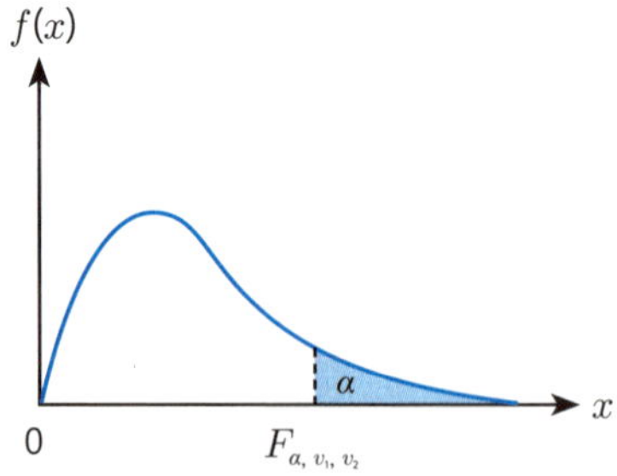

그림 6-8 자유도가 v_1과 v_2인 F분포의 오른쪽 α분위수 F_{α, v_1, v_2}

일반적으로 확률변수 X의 분포가 $F(v_1, v_2)$일 때, 오른쪽 꼬리확률이 α가 되는, 즉 $P(X \geqq x) = \alpha$를 만족시키는 x를 F분포의 오른쪽 α분위수라고 하며 $x = F_{\alpha, v_1, v_2}$로 표기한다. 이 관계가 그림 **〈그림 6-8〉**에 도시되어 있다. **〈부표-7〉**에는 다양한 자유도에 대하여 F분포의 꼬리확률이 수록되어 있다.

예제 6.9

〈부표-7〉에 의하면, 자유도가 $v_1 = 9$, $v_2 = 4$이고 $\alpha = 0.01$일 때 $F_{0.01, 9, 4} = 14.66$이다. 이는 확률변수 X의 분포가 $F(9, 4)$일 때 $P(X \geqq 14.66) = 0.01$임을 의미한다.

예제 6.10

확률변수 X가 $F(7, 8)$을 따를 때 $P(X \geqq x) = 0.05$가 되는 x값을 구하면, $x = F_{0.05, 7, 8}$이며 **〈부표-7〉**에 의해 $F_{0.05, 7, 8} = 3.50$이다.

한편 오른쪽 꼬리확률이 $\alpha = 0.95$, 0.99인 경우의 오른쪽 α분위수 즉, $F_{0.95, v_1, v_2}$와 $F_{0.99, v_1, v_2}$는 **〈부표-7〉**를 활용하여 구할 수 없다. 그러나 다음의 **〈정리 6.13〉**을 활용하면 $F_{0.95, v_1, v_2}$와 $F_{0.99, v_1, v_2}$의 값을 결정할 수 있다.

정리 6.13

확률변수 X의 분포가 $F(v_1, v_2)$이면 확률변수 $Y = \dfrac{1}{X}$의 분포는 $F(v_2, v_1)$이다.

** $F_{\alpha, v_1, v_2} = \dfrac{1}{F_{1-\alpha, v_2, v_1}}$이다.

예제 6.11

확률변수 X의 분포가 $F(3,\ 5)$인 경우, $P(X \geq x)=0.95$를 만족하는 x는 $x=F_{0.95,\ 3,\ 5}$이다. **〈정리 6.13〉**을 활용하면 $F_{0.95,\ 3,\ 5}=\dfrac{1}{F_{0.05,\ 5,\ 3}}$이고 **〈부표-7〉**에 의해 $F_{0.05,\ 5,\ 3}=9.01$이므로 $F_{0.95,\ 3,\ 5}=\dfrac{1}{F_{0.05,\ 5,\ 3}}=\dfrac{1}{9.01}\fallingdotseq 0.11$이 된다.

마지막으로 서로 독립인 두 정규모집단의 모분산의 비에 대한 통계적 추론에서 활용되는 F분포를 **〈정리 6.15〉**에 소개한다. 이 정리는 **〈정리 6.9〉** 다음의 **〈정리 6.14〉**를 이용하여 증명할 수 있다.

정리 6.14

독립인 두 확률변수 U와 V가 각각 $\chi^2(v_1)$와 $\chi^2(v_2)$를 따르면, 확률변수 $F=\dfrac{\frac{U}{v_1}}{\frac{V}{v_2}}$의 분포는 자유도가 v_1과 v_2인 F분포를 따른다. 즉 $F=\dfrac{\frac{U}{v_1}}{\frac{V}{v_2}}\sim F(v_1,\ v_2)$이다.

위 **〈정리 6.14〉**의 F의 정의에서 분자에 있는 v_1은 F분포의 앞에 나타나는 자유도이고, 분모에 있는 v_2는 F분포의 뒤에 나타나는 자유도임에 유의해야 한다.

정리 6.15

독립인 두 정규모집단의 분산이 각각 $\sigma_1{}^2$과 $\sigma_2{}^2$이라고 하자. 이 두 정규모집단으로부터 얻은 크기가 n_1과 n_2인 확률표본의 표본분산을 각각 $S_1{}^2$과 $S_2{}^2$이라고 하면, 확률변수 $F=\dfrac{\sigma_2{}^2 S_1{}^2}{\sigma_1{}^2 S_2{}^2}$의 분포는 자유도가 n_1-1과 n_2-1인 F분포를 따른다. 즉 $F=\dfrac{\sigma_2{}^2 S_1{}^2}{\sigma_1{}^2 S_2{}^2}\sim F(n_1-1,\ n_2-1)$이다.

| 증명 |

〈정리 6.9〉에 의해 확률변수 U와 V의 분포는 각각 다음과 같다.

$$U=\frac{(n_1-1)S_1^{\,2}}{\sigma_1^{\,2}}\sim\chi^2(n_1-1),\qquad V=\frac{(n_2-1)S_2^{\,2}}{\sigma_2^{\,2}}\sim\chi^2(n_2-1)$$

또한 $S_1^{\,2}$과 $S_2^{\,2}$이 독립이므로 U와 V도 독립이다. 따라서 위 **〈정리 6.14〉**에 의해 다음 확률변수 F의 분포는 다음과 같다.

$$F=\frac{\dfrac{U}{v_1}}{\dfrac{V}{v_2}}=\frac{\dfrac{(n_1-1)S_1^{\,2}}{\sigma_1^{\,2}}/(n_1-1)}{\dfrac{(n_2-1)S_2^{\,2}}{\sigma_2^{\,2}}/(n_2-1)}=\frac{\dfrac{S_1^{\,2}}{\sigma_1^{\,2}}}{\dfrac{S_2^{\,2}}{\sigma_2^{\,2}}}=\frac{\sigma_2^{\,2}S_1^{\,2}}{\sigma_1^{\,2}S_2^{\,2}}\sim F(n_1-1,\,n_2-1)$$

위 **〈정리 6.15〉**에서 $\sigma_1^{\,2}=\sigma_2^{\,2}$이라면, $F=\dfrac{S_1^{\,2}}{S_2^{\,2}}\sim F(n_1-1,\;n_2-1)$이 되며, 따라서 F 분포를 **분산비분포**(variance-ratio distribution)라고도 한다.

▶ 카이제곱분포의 확률계산 [예제 6.5]

X가 자유도가 50인 카이제곱분포를 따를 때 $P(X<68.0)$을 구하기로 한다.

명령어 - 카이제곱분포

```
pchisq(68, df=50, lower.tail = TRUE)
```

결과물

```
## [1] 0.9540396
```

=> 본문에서 구한 근삿값 0.9641과 차이가 있음을 알 수 있다

▶ t 분포와 표준정규분포의 비교 [예제 6.8]

자유도가 50인 t분포와 표준정규분포에서 $P(X<x)$값이 0.900, 0.925, 0.950, 0.975, 0.990이 되는 x값을 비교하기로 한다. 즉 $t_{0.1,\,50}$, $t_{0.075,\,50}$, $t_{0.05,\,50}$, $t_{0.025,\,50}$, $t_{0.01,\,50}$과 각각에 해당하는 표준정규분포 값을 구하기로 한다.

명령어 - t분포에서 t-value 확인

```
qt(0.90,50); qt(0.925,50); qt(0.95,50); qt(0.975,50);
qt(0.99,50)
```

결과물

```
## [1] 1.298714
## [1] 1.461994
## [1] 1.675905
## [1] 2.008559
## [1] 2.403272
```

명령어 - 정규분포에서 누적 확률 p일 때 x값

```
qnorm(0.90); qnorm(0.925); qnorm(0.95); qnorm(0.975);
qnorm(0.99)
```

결과물

```
## [1] 1.281552
## [1] 1.439531
## [1] 1.644854
## [1] 1.959964
## [1] 2.326348
```

=> t분포와 표준정규분포의 유사성을 발견할 수 있다.

▶ F분포의 확률계산[예제 6.11]

명령어 - F분포

```
qf(0.95,5,3)
```

결과물

```
## [1] 9.013455
```

명령어 - F분포의 역누적확률

```
1/qf(0.95,5,3)
```

결과물

```
## [1] 0.1109452
```

명령어 - F분포

```
qf(0.05,3,5)
```

결과물

```
## [1] 0.1109452
```

=〉 1/9.0135=0.1109이므로 1/F(0.95, 3, 5)=F(0.05, 5, 3)를 확인할 수 있다.

Excel

엑셀에서는 여러 분포들의 누적확률과 역누적확률을 계산하는 함수를 제공한다. 여기서는 카이제곱분포, t분포, F분포와 정규분포에 해당하는 경우를 살펴본다. 엑셀의 누적확률과 역누적확률 함수를 사용할 때 주의할 점은 각 함수에서 Probability 값이 의미하는 바가 다르다는 점이다. 따라서 각각의 경우에 대하여 도움말을 참조하여 사용하도록 한다.

▶ 카이제곱분포의 확률계산 [예제 6.5]

X가 자유도가 50인 카이제곱분포를 따를 때 $P(X<68.0)$를 구해보자.

절차

◎ 수식 ▶ 함수 삽입 ▶ CHIDIST ▶ 인수 입력

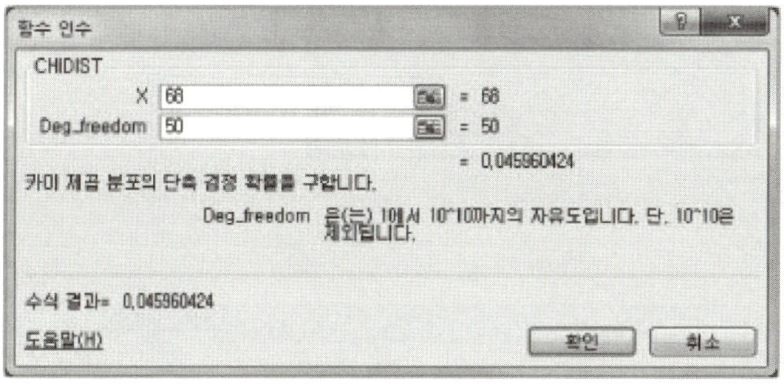

결과물

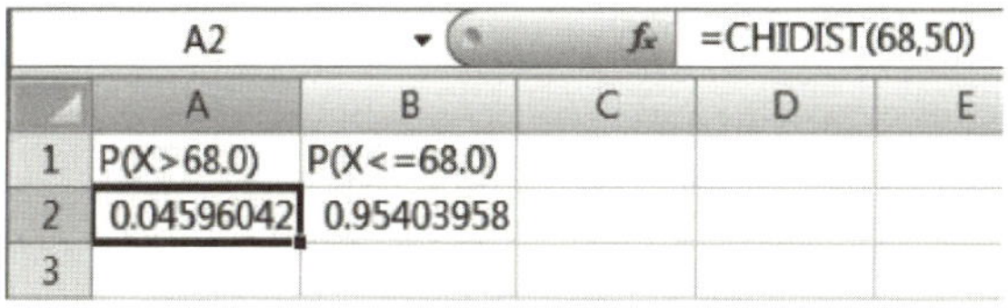

※ 엑셀의 CHIDIST 함수는 주어진 값보다 큰 오른쪽 꼬리 확률을 계산한다. 따라서 누적확률은 1−CHIDIST(x, d.f.)로 구한다.

▶ t-분포와 표준정규분포의 비교 [예제 6.8]

자유도가 50인 t분포와 표준정규분포에서 $P(X<x)$값이 0.900, 0.925, 0.950, 0.975, 0.990이 되는 x값을 비교하기로 한다. 즉, $\alpha=0.1$, 0.075, 0.05, 0.025, 0.01에 대한 $t_{\alpha,\ 50}$의 값과 각각에 해당하는 표준정규분포 값을 구해본다.

① t분포

절차

◎ A열에 0.900, 0.925, 0.950, 0.975, 0.990을 입력한다.

◎ 수식 ▶ 함수 삽입 ▶ TINV

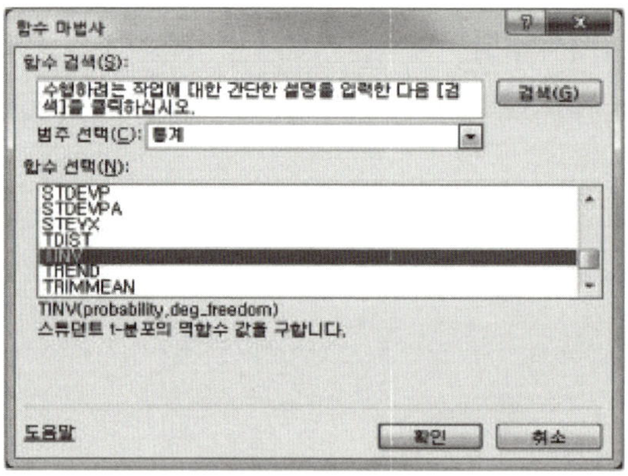

◎ 인수 입력

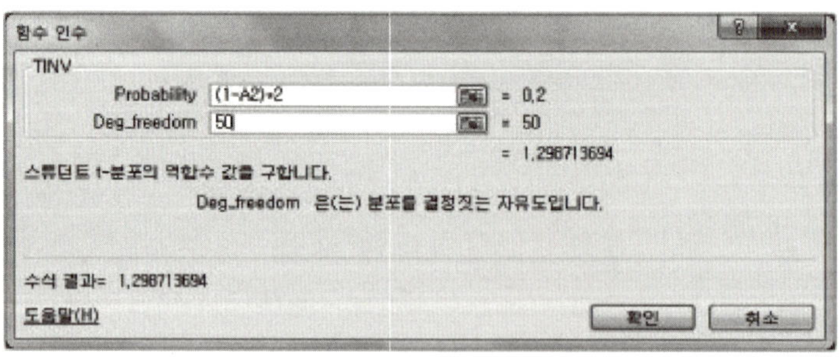

※ 엑셀의 TINV 함수의 Probability 인수는 양측 꼬리부분 확률을 의미한다. 따라서 $t_{\alpha}(df)$는 Probability $=2\alpha$를 이용하여 구한다.

② 정규분포에서 z_α를 구하기로 하자.

절차 ———

◎ 수식 ▶ 함수 삽입 ▶ NORMINV ▶인수 입력

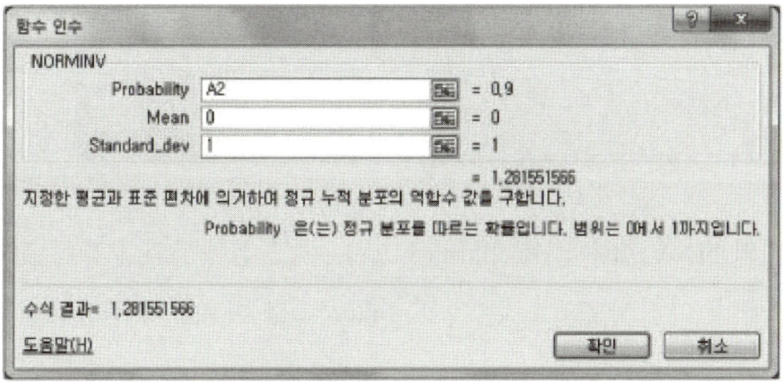

※ 엑셀의 NORMINV 함수의 Probability 인수는 그 점까지의 누적확률을 의미한다. 따라서 z_α는 Probability = $1 - \alpha$를 이용하여 구한다.

결과물 ———

	A	B	C
1	P(X<x)	t(50)	Z
2	0.900	1.298714	1.281552
3	0.925	1.461994	1.439531
4	0.950	1.675905	1.644854
5	0.975	2.008559	1.959964
6	0.990	2.403272	2.326348

▶ F분포의 확률계산 [예제 6.11]

① $F_{0.05,\,5,\,3}$ 구하기

절차 ———

◎ 수식 ▶ 함수 삽입 ▶ FINV ▶ 인수 입력

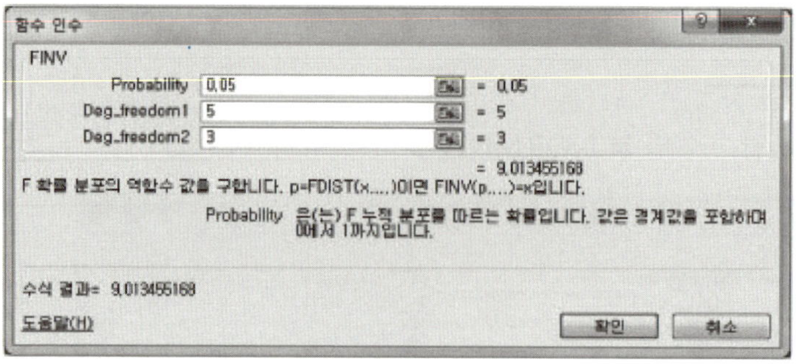

※ 엑셀의 FINV 함수의 Probability 인수는 그 점에서의 오른쪽 꼬리 확률을 의미한다. 따라서 $F_{\alpha,\, df_1,\, df_2}$는 Probability $=\alpha$를 이용하여 구한다.

결과물

B2 =FINV(0.05,5,3)

	A	B	C	D	E
1	P(X<=x)	x			
2	0.95	9.013455			
3					

② $F_{0.95,\, 3,\, 5}$ 구하기

명령어

◎ 인수 입력

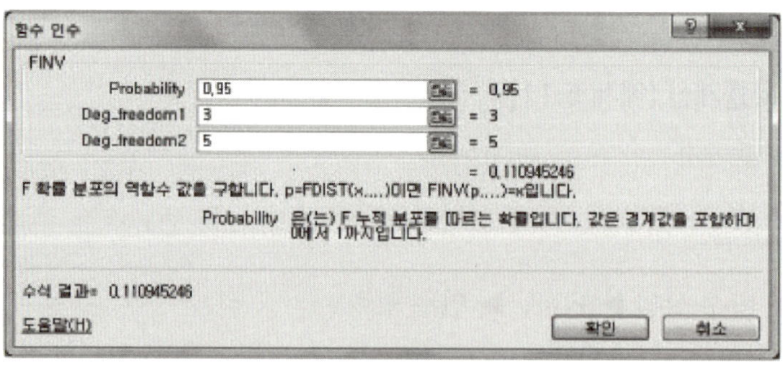

결과물

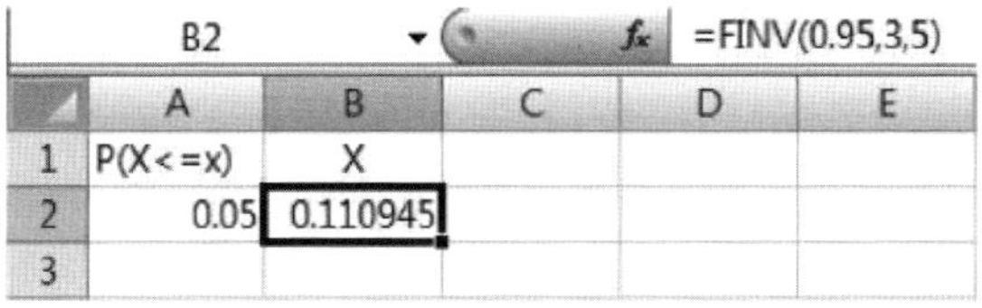

$\frac{1}{9.0135} = 0.1109$이므로 $\frac{1}{F_{0.95,\,3,\,5}} = F_{0.05,\,5,\,3}$를 확인할 수 있다.

연습문제

1. 관측값들이 1, 2, 3 그리고 4로 구성된 크기가 $N=4$인 유한모집단을 고려하자. 확률변수 X는 이 모집단의 관측값을 나타낸다고 할 때, X의 분포는 다음과 같은 이산형 밀도함수를 따른다고 가정하자.

$$f(x)=\begin{cases} \frac{1}{4}, & x=1,\ 2,\ 3,\ 4 \\ 0, & \text{이외의 값} \end{cases}$$

위 모집단으로부터 복원추출(sampling with replacement)의 방법으로 크기가 $n=3$인 모든 가능한 표본들을 추출한다고 하자.

(1) 위 모집단의 모평균 μ와 모분산 σ^2을 각각 구하라.

(2) 표본공간 S를 설정하라.

(3) 확률변수 $X_i(i=1,\ 2,\ 3)$는 i번째로 추출되는 관측값을 나타낸다고 할 때 X_1, X_2, X_3는 크기가 $n=3$인 확률표본이다. 그 이유를 서술하라.

(4) 크기가 $n=3$인 확률표본 X_1, X_2, X_3에 의해 정의되는 표본평균을 $\overline{X}$라고 할 때, $\overline{X}$의 확률분포와 확률히스토그램을 각각 작성하라.

(5) 표본평균 $\overline{X}$의 평균 $E(\overline{X})$와 분산 $Var(\overline{X})$을 각각 구하고, $E(\overline{X})=\mu$이고 $Var(\overline{X})=\frac{\sigma^2}{n}$이 됨을 확인하라.

(6) 표본크기가 $n=4$일 경우에 위 문제들 (2)~(5)를 각각 해결하라.

2. 위 연습문제 1에서 크기가 n인 확률표본에 의해 정의되는 표본평균 $\overline{X}$의 분포는 표본크기 n이 커짐에 따라 어떤 분포에 접근하는가? 이를 무슨 정리라고 하는가?

3. 연습문제 1에서 크기가 $n=100$인 확률표본에 의해 정의되는 표본평균 $\overline{X}$가 2.3과 2.8 사이에 있을 확률, 즉 $P(2.3<\overline{X}<2.8)$의 근삿값을 구하라.

4. 관측값들이 1, 1, 1, 3, 4, 5, 6, 6, 6, 7로 구성된 크기가 $N=10$인 유한모집단을 고려하자. 확률변수 X는 이 모집단의 관측값들을 나타낸다고 할 때, X의 확률분포는 다음과 같다.

x	1	3	4	5	6	7
$P(X=x)$	0.3	0.1	0.1	0.1	0.3	0.1

위 모집단으로부터 복원추출(sampling with replacement)의 방법으로 크기가 $n=2$인 모든 가능한 표본들을 추출한다고 하자.

(1) 위 모집단의 모평균 μ와 모분산 σ^2을 각각 구하라.

(2) 위 모집단으로부터 정의되는 크기가 $n=2$인 확률표본의 표본평균을 $\overline{X}$라 할 때, $\overline{X}$의 확률분포표와 확률히스토그램을 각각 작성하라.

(3) 표본평균 $\overline{X}$의 평균 $E(\overline{X})$와 분산 $Var(\overline{X})$를 각각 구하고, $E(\overline{X})=\mu$이고 $Var(\overline{X})=\dfrac{\sigma^2}{n}$이 됨을 확인하라.

(4) 표본크기가 $n=3$일 경우에 위 문제들 (2)와 (3)을 각각 해결하라.

(5) 위 모집단으로부터 정의되는 크기가 n인 확률표본의 표본평균 $\overline{X}$의 분포는 표본크기 n이 커짐에 따라 어떤 분포에 접근하는가? 이를 무슨 정리라고 하는가?

5. 어떤 공장에서 생산되는 전구들의 수명시간의 분포는 $\mu=800$(시간)이고 표준편차는 $\sigma=40$(시간)인 정규분포를 따른다고 알려져 있다. 이 모집단으로부터 정의되는 크기가 $n=64$(개)인 확률표본의 표본평균 수명시간 $\overline{X}$가 791시간 이상이 될 확률, 즉 $P(\overline{X}\geq 791)$의 값을 결정하라.

6. 어떤 지역에 유권자들이 30,000명이 있는데 사실은 이들 중 15,000명이 A당을 지지하고 있다. 이 지역 유권자들 중에서 100명을 랜덤하게 추출하여 A당에 대한 지지여부를 조사하였을 때 표본지지율 $\hat{P}$과 모지지율 p의

차이의 절대값이 0.02보다 클 확률의 근삿값을 구하라.

7. 평균이 μ이고 분산은 σ^2인 정규모집단으로부터 크기가 n인 확률표본의 표본평균과 표본분산을 각각 $\overline{X}$와 S^2이라고 한다면, 다음 각 확률변수의 분포는 어떤 분포를 따르는가?

(1) $\overline{X}$ (2) $\dfrac{\overline{X}-\mu}{\frac{\sigma}{\sqrt{n}}}$ (3) $\left(\dfrac{\overline{X}-\mu}{\frac{\sigma}{\sqrt{n}}}\right)^2$

(4) $\dfrac{(n-1)S^2}{\sigma^2}$ (5) $\dfrac{\overline{X}-\mu}{\frac{S}{\sqrt{n}}}$

8. 확률변수 χ^2의 분포가 $\chi^2(18)$를 따를 때,

(1) $\chi^2_{0.01,\,18}$과 $\chi^2_{0.95,\,18}$의 값들을 각각 결정하라.
(2) $P(8.231 < \chi^2 < 28.869)$의 값을 결정하라.
(3) $P(\chi^2 > x) = 0.025$가 되는 x를 통상적 표기로 표시하고 그 값을 결정하라.
또 $P(\chi^2 < x) = 0.025$일 경우는 어떠한가?

9. 각각의 분포가 표준정규분포 $N(0,\ 1)$을 따르며 독립인 15개의 확률변수들을 각각 제곱한 다음에 다 더하면, 이는 또 다른 확률변수가 된다. 이때 이 확률변수의 분포는 어떤 분포를 따르는가?

10. 분산이 $\sigma^2 = 6$인 정규모집단으로부터 크기가 $n = 25$인 확률표본의 표본분산을 S^2이라고 할 때,

(1) 표본분산 S^2이 9.1보다 클 확률, 즉 $P(S^2 > 9.1)$의 값을 결정하라.
(2) 표본분산 S^2이 3.462와 10.745 사이에 있을 확률, 즉 $P(3.462 < S^2 < 10.745)$의 값을 결정하라.

11. 확률변수 T의 분포가 $t(15)$를 따를 때,

(1) $t_{0.025,\,15}$와 $t_{0.99,\,15}$의 값들을 각각 결정하라.

(2) $P(-1.753 < T < 2.602)$의 값을 결정하라.

(3) $P(T > x) = 0.05$가 되는 x를 통상적 표기로 표시하고 그 값을 결정하라. 또 $P(T < x) = 0.05$일 경우는 어떠한가?

12. 확률변수 T의 분포가 $t(40)$를 따를 때,

(1) $t_{0.025,\,40}$과 $t_{0.99,\,40}$의 근삿값들을 각각 결정하라.

(2) $P(-x < T < x) = 0.95$가 되는 x의 값을 각각 결정하라.

13. 확률변수 F의 분포가 $F(7,\ 15)$를 따를 때,

(1) $F_{0.05,\,7,\,15}$와 $F_{0.95,\,7,\,15}$의 값들을 각각 결정하라.

(2) $P(F > x) = 0.01$이 되는 x를 통상적 표기로 표시하고 그 값을 결정하라. 또 $P(F < x) = 0.01$일 경우에는 어떠한가?

14. 분산이 각각 $\sigma_1^2 = 10$과 $\sigma_2^2 = 15$인 두 정규모집단들로부터 각각 크기가 $n_1 = 9$와 $n_2 = 13$인 독립적 두 확률표본들의 각 표본분산을 S_1^2과 S_2^2라고 할 때, $P\left(\dfrac{S_1^2}{S_2^2} > 3\right)$의 값을 결정하라.

15. R을 이용해서 본 6장의 연습문제 11을 해결하라.

16. R을 이용해서 본 6장의 연습문제 13을 해결하라.

Chapter 07

추정

7.1 서론

7.2 점추정

7.3 구간추정

좋은 통계량(Statistic)이란?

교사가 학생의 지적 수준(모수)을 알기 위해 시험을 몇 번 치르기로 하였다(표본). 그 결과 평균(통계량)을 계산한다. 통계량으로 어떤 것을 사용하는 것이 나을까? 중위수(median)를 사용하는 것이 좋을까, 절사평균이 좋을까? 통계량 그 자체가 확률 변수이므로 어떤 한 값이 어느 정도 정확한 수준으로 학생의 지식을 나타낸다고 이야기할 수 없다. 또한 하나의 표본에 대해 정확성을 언급하는 것도 무의미하므로 피셔(R. A. Fisher)는 좋은 통계량의 기준이 되는 몇 가지 조건들을(일치성, 불편성, 유효성) 제시했다.

7.1 서론

6장의 서론에서도 언급하였듯이 모집단의 특성을 나타내는 양적인 측도들인 모평균 μ, 모분산 σ^2, 모비율 p 등의 값들은 일반적으로 알려져 있지 않다. 이때 전수조사가 불가능하거나 비실용적인 경우에 우리는 대상모집단으로부터 표본을 추출하고 표본자료를 근거로 모수들에 대해 통계적 추론을 하게 된다. 이러한 통계적 추론은 모수들에 대한 **추정**(estimation)과 **가설검정**(test of hypothesis)의 두 분야로 나뉘는데, 본 장에서는 추정을 다루고 다음 8장에서는 가설검정을 다루기로 한다.

본 장에서 다루는 추정에는 **점추정**(point estimation)과 **구간추정**(interval estimation)이 있다. 점추정은 표본자료를 이용하여 모수의 참값이라고 추정되는 하나의 값을 결정하는 것을 말하며, 구간추정은 모수의 참값이 포함되어 있으리라고 추정되는 구간을 결정하는 것을 말한다. 다음 각 예제에서 (1)은 점추정 문제이고 (2)는 구간추정 문제이다.

예제 7.1

어떤 회사는 전구들을 밀봉하는 새로운 방법을 개발하였다. 이 새로운 밀봉방법으로 생산된 전구들 중에서 100개를 랜덤하게 추출하여 이들 각 전구의 수명시간을 조사한 결과로 새로운 밀봉방법에 의해 생산된 전구들의 모평균 수명시간 μ를 추정하고자 한다.

(1) 모평균 μ의 참값이라고 추정되는 하나의 값을 어떻게 결정할 수 있는가?

(2) 모평균 μ의 참값이 포함되어 있으리라고 추정되는 구간을 어떻게 결정할 수 있는가?

예제 7.2

어떤 공장에서 생산되는 통조림들의 무게의 분산 σ^2이 작으면 작을수록 제품의 무게 관리가 잘 되고 있다고 볼 수 있다. 이 공장에서는 생산된 통조림들 중에서 50개를 랜덤하게 추출하여 무게를 조사한 결과로 모분산 σ^2을 추정하고자 한다.

(1) 모분산 σ^2의 참값이라고 추정되는 하나의 값을 어떻게 결정할 수 있는가?

(2) 모분산 σ^2의 참값이 포함되어 있으리라고 추정되는 구간을 어떻게 결정할 수 있는가?

예제 7.3

서울시에서는 서울의 경제활동인구 중에서 500명을 랜덤하게 추출하여 이들의 실업여부를 조사한 결과로 서울의 실업률 p를 추정하고자 한다.

(1) 모수 p의 참값이라고 추정되는 하나의 값을 어떻게 결정할 수 있는가?

(2) 모수 p의 참값이 포함되어 있으리라고 추정되는 구간을 어떻게 결정할 수 있는가?

7.2 점추정

7.2.1 추정량과 추정값

어떤 모집단의 특성을 나타내는 모평균 μ, 모분산 σ^2, 모비율 p 등의 값들은 일반적으로 알려져 있지 않다. 여기서 이 모집단의 대상모수를 통상 θ라고 표기하며, 이 θ의 값은 하나의 실수이다.

이때 대상모집단을 전수조사함으로써 모수 θ의 값을 파악할 수도 있으나, 앞에서도 지적하였듯이 전수조사가 불가능하거나 비실용적인 경우가 대부분이다. 따라서 대상모집단으로부터 추출한 표본자료를 이용하여 모수 θ의 값을 추정하게 된다.

본 장의 서론에서도 밝혔듯이 점추정이란 표본자료를 이용하여 모수 θ의 참값이라고 추정되는 하나의 값을 결정하는 것이다. 그러나 일반적으로 대상모집단으로부터 추출된 표본자료는 표본크기인 n개의 값들로 구성되어 있는 바, 이 n개의 값들을 합리적이고 일정한 규칙에 의해 하나의 값으로 나타내야만 한다. 이때 이용되는 합리적이고 일정한 규칙이 6장에서 언급한 통계량이다. 따라서 점추정이란 추출된 특정 표본값에 의해 통계량의 값을 계산한 후, 이 통계량의 값을 모수 θ의 값으로 추정하는 것을 말한다. 이를 부연설명하면 다음과 같다.

모수 θ로 특성지어지는 모집단으로부터 정의되는 n개의 확률변수들 X_1, X_2, $\cdots$, X_n의 실수치함수인 통계량을 일반적으로 $T=t(X_1, X_2, \cdots, X_n)$로 표기한다. 이 확률변수들 X_1, X_2, $\cdots$, X_n의 특정 표본값 x_1, x_2, $\cdots$, x_n이 얻어지면, 이를 통계량 $T=t(X_1, X_2, \cdots, X_n)$에 대입해서 하나의 값 $t=t(x_1, x_2, \cdots, x_n)$를 계산하고 이 값을 모수 θ의 값으로 추정하는 것이 점추정이다. 여기서 모수 θ의 값을 추정하기 위해 사용되는 통계량 $T=t(X_1, X_2, \cdots, X_n)$를 모수 θ의 점추정량 혹은 추정량이라고 부르며, 흔히 모수 θ의 추정량을 $\hat{\Theta}=\hat{\phi}(X_1, X_2, \cdots, X_n)$으로 표기한다. 한편 추출된 특정 표본값 x_1, x_2, $\cdots$, x_n에 의해 계산되는 추정량 $\hat{\Theta}=\hat{\phi}(X_1, X_2, \cdots, X_n)$의 값을 통상 $\hat{\theta}=\hat{\phi}(x_1, x_2, \cdots, x_n)$으로 표기하며 이를 모수 θ의 추정값이라고 부른다.

추정량과 추정값 : Estimator and Estimate

모수 θ의 **추정량** $\hat{\Theta}$이란 모수 θ의 값을 추정하기 위해 이용되는 통계량을 말하며, 추출된 특정 표본값에 의해 계산된 추정량 $\hat{\Theta}$의 값을 **추정값**이라고 부르며 통상 $\hat{\theta}$으로 표기한다.

확률변수인 추정량 $\hat{\Theta}$은 실수치함수이고 추정값 $\hat{\theta}$은 특정 표본값 x_1, x_2, $\cdots$, x_n에 의해 계산된 이 함수의 값임에 유의하기 바란다. 동일한 모집단으로부터 표본추출을 달리함에 따라 추출되는 특정 표본값 x_1, x_2, $\cdots$, x_n은 변하게 되며, 따라서 이에 상응되는 추정값들도 달라진다.

예제 7.4

모평균 μ의 값을 추정하기 위하여 모집단으로부터 크기가 $n=3$인 확률분포 X_1, X_2, X_3를 사용하고자 한다. 두 추정량 $\hat{\Theta}_1=\frac{X_1+X_2+X_3}{3}$, $\hat{\Theta}_2=\frac{2X_1+3X_2+5X_3}{10}$에 대하여 확률표본 X_1, X_2, X_3의 특정 표본값 x_1=1, x_2=2, x_3=3을 사용하면, 이 특정 표본값에 의한 모평균 μ의 추정값들 $\hat{\theta}_1$과 $\hat{\theta}_2$은 각각 다음과 같다.

$$\hat{\theta}_1=\frac{1+2+3}{3}=2, \qquad \hat{\theta}_2=\frac{2\cdot 1+3\cdot 2+5\cdot 3}{10}=2.3$$

위 **[예제 7.4]**에서 유추할 수 있듯이 어떤 모수 θ를 추정하기 위해 사용할 수 있는 추정량들의 종류는 다양하다.

6장에서 언급하였듯이 추정량 $\hat{\Theta}$도 확률변수가 되며, 따라서 추정량 $\hat{\Theta}$은 일정한 확률분포를 갖는다. 이때 $\hat{\Theta}$의 평균과 분산을 각각 $E(\hat{\Theta})$과 $Var(\hat{\Theta})$으로 표기한다. 한편 추정량 $\hat{\Theta}$의 표준편차는 $\sqrt{Var(\hat{\Theta})}$가 되며 이를 추정량 $\hat{\Theta}$의 **표준오차**(standard error)라고 부른다.

예제 7.5

크기가 n인 확률표본 X_1, X_2, $\cdots$, X_n의 표본평균을 $\overline{X}$라고 하면, 이 모집단의 모평균 μ의 추정량으로 $\overline{X}$를 이용할 수 있다. 여기서 대상모집단의 분포가 평균이 μ이고 분산은 σ^2인 정규분포를 따른다면, 6장의 **〈정리 6.3〉**에 의해 모평균 μ의 추정량인 표본평균 $\overline{X}$의 분포는 평균과 분산이 각각 $E(\overline{X})=\mu$와 $Var(\overline{X})=\frac{\sigma^2}{n}$인 정규분포를 따른다. 한편 $\overline{X}$의 표준오차는 $\sqrt{Var(\overline{X})}=\frac{\sigma}{\sqrt{n}}$가 된다.

7.2.2 추정량의 바람직한 성질

모수 θ에 대한 구체적 형태의 추정량 $\hat{\Theta}$을 결정하는 방법들로는 적률법(method of moment), 최우법(method of maximum likelihood), 최소제곱법(method of least squares), 베이즈법(Bayesian method) 등이 있다. 그러나 대부분의 방법들은 이 책의 수준을 벗어나므로 이들 방법들에 대한 설명은 생략하기로 하고 여기서는 추정량의 바람직한 성질들을 파악한다.

모수 θ에 대한 좋은 추정량을 찾는 것은 표적판의 흑점을 향하여 총을 발사하는 것에 비유될 수 있다. 여기서 사수의 능력은 항상 일정하다고 가정하자. 이때 표적판의 흑점은 모수 θ의 참값을 나타내고, 이용한 총의 성능은 구체적 형태의 추정량 $\hat{\Theta}$을 나타내며 각각의 발사결과는 추정값 $\hat{\theta}$을 나타낸다고 할 수 있다. 만일 총을 단지 한 번만 발사하여 흑점을 정확히 맞추었다고 해서 누구도 그 총의 성능이 좋다고 단정하지는 않을 것이다. 왜냐하면 한번의 적중은 우연일 수도 있기 때문이다. 그러나 그 총을 수없이 발사하여 그 결과가 모두 흑점 가까이에 맞추어졌다면, 그 총의 성능은 좋다고 말할 것이다.

위 비유에서와 마찬가지로 어떤 구체적 형태의 추정량 $\hat{\Theta}$의 우열은 하나의 특정 추정값으로만 판단할 수는 없다. 이 추정량을 이용하여 얻게 되는 추정값들이 모수 θ의 참값 주위에 얼마나 집중분포되어 있는가에 따라 추정량의 좋고 나쁨을 결정할 수가 있는 것이다. 즉, 모수 θ에 대한 추정량의 값들의 산포의 크기에 따라 추정량 $\hat{\Theta}$의 우열을 결정할 수 있다. 모수 θ에 대한 어떤 구체적 형태의 추정량 $\hat{\Theta}$의 산포의 측도로 흔히 $E[(\hat{\Theta}-\theta)^2]$이 이용되며, 이를 모수 θ에 대한 추정량 $\hat{\Theta}$의 **평균제곱오차**라고 한다.

평균제곱오차 : Mean-Squared Error

모수 θ에 대한 추정량을 $\hat{\Theta}=\hat{\phi}(X_1, X_2, \cdots, X_n)$이라고 하자. 이때 $E[(\hat{\Theta}-\theta)^2]$을 추정량 $\hat{\Theta}$의 **평균제곱오차**라고 하며, 이를 통상 MSE($\hat{\Theta}$)으로 표기한다.

위에서 정의한 평균제곱오차의 개념은 어떤 확률변수 X의 평균을 μ라고 할 때, 이 확률변수 X의 분산 $Var(X)=E[(X-\mu)^2]$의 개념과 비슷하다. 다시 말하면 확률변수 X의 분산 $Var(X)$는 평균 μ에 대한 확률변수 X의 값들의 산포도를 나타내는 것과 마찬가지로 추정량 $\hat{\Theta}$의 평균제곱오차 $MSE(\hat{\Theta})$는 모수 θ에 대한 추정량 $\hat{\Theta}$의 값들의 산포도를 나타낸다. 모수 θ에 대한 추정량 $\hat{\Theta}$의 평균제곱오차 $MSE(\hat{\Theta})$의 크기가 작으면 작을수록 추정량 $\hat{\Theta}$의 값들이 모수 θ의 참값에 가까이 집중분포되어 있음을 뜻하며, 이는 모수 θ의 참값에 가까운 추정값들을 얻을 가능성이 커짐을 의미한다.

모수 θ에 대한 추정량 $\hat{\Theta}=\phi(X_1, X_2, \cdots, X_n)$의 구체적 형태들은 상당히 많을 수가 있다는 것을 앞에서 지적하였다. 많은 구체적 형태의 추정량들 중에서 어떤 추정량이 바람직한가의 기준으로 각 추정량의 평균제곱오차의 크기를 비교해서 결정한다면, 모수 θ의 참값은 알려져 있지 않기 때문에 모수 θ의 모든 값들에 대해 균일하게 평균제곱오차의 크기가 제일 작은 추정량을 가장 좋은 추정량으로 정의할 수 있다. 그러나 특수한 경우를 제외하고는 평균제곱오차의 크기가 제일 작은 추정량은 존재하지 않는 것으로 알려져 있으며, 또한 구체적 형태의 추정량들은 상당히 많을 수 있기 때문에 각 추정량의 평균제곱오차를 계산하여 그 값이 제일 작은 추정량을 찾는 일은 거의 불가능하다. 따라서 추정량의 분포의 특성들인 평균과 분산을 고려하여 추정량이 갖추었으면 하는 바람직한 성질들을 파악해서 좋은 추정량을 찾게 되는 것이다. 이러한 성질들로는 불편성, 유효성, 충분성, 일치성 등이 있는데, 먼저 불편성에 대해 언급하도록 하자.

불편성 : Unbiasedness

모수 θ에 대한 추정량 $\hat{\Theta}$의 평균이 $E(\hat{\Theta})=\theta$이면, 추정량 $\hat{\Theta}$을 모수 θ의 **불편추정량**이라고 한다. 반면에 $E(\hat{\Theta}) \neq \theta$이면, 모수 θ의 **편의추정량**이라고 하며 $E(\hat{\Theta})-\theta$를 추정량 $\hat{\Theta}$의 **편의**(bias)라고 한다.

예제 7.6

[예제 7.4] 에서 추정량 $\hat{\Theta}_1$과 $\hat{\Theta}_2$이 각각 모평균 μ의 불편추정량임을 보여라. 즉 $E(\hat{\Theta}_1)=\mu$이고 $E(\hat{\Theta}_2)=\mu$가 됨을 보여라.

모평균 μ의 추정량들 $\hat{\Theta}_1$과 $\hat{\Theta}_2$은 각각 다음과 같다.

$$\hat{\Theta}_1=\frac{X_1+X_2+X_3}{3}, \qquad \hat{\Theta}_2=\frac{2X_1+3X_2+5X_3}{10}$$

따라서 4장에서 설명한 평균의 성질에 의해 다음과 같게 된다.

$$\begin{aligned} E(\hat{\Theta}_1) &= E\left[\frac{X_1+X_2+X_3}{3}\right] \\ &= \frac{1}{3}E(X_1+X_2+X_3) \\ &= \frac{1}{3}[E(X_1)+E(X_2)+E(X_3)] \\ &= \frac{1}{3}\times 3\mu=\mu \end{aligned}$$

($\because$) X_1, X_2, X_3은 확률표본이므로 $E(X_1)=E(X_2)=E(X_3)=\mu$

$$\begin{aligned} E(\hat{\Theta}_2) &= E\left[\frac{2X_1+3X_2+5X_3}{10}\right] \\ &= \frac{1}{10}E(2X_1+3X_2+5X_3) \\ &= \frac{1}{10}[2E(X_1)+3E(X_2)+5E(X_3)] \\ &= \frac{1}{10}(2\mu+3\mu+5\mu) \\ &= \frac{1}{10}\times 10\mu=\mu \end{aligned}$$

($\because$) X_1, X_2, X_3은 확률표본이므로 $E(X_1)=E(X_2)=E(X_3)=\mu$

[예제 7.6] 에서 유추할 수 있듯이 모수 θ에 대한 구체적 형태의 불편추정량들이 많을 수가 있음에 유의하기 바란다.

예제 7.7

평균이 μ이고 분산 σ^2인 유한인 임의의 모집단으로부터 크기가 n인 확률표본 X_1, X_2, $\cdots$, X_n에 의해 정의되는 표본평균과 표본분산을 각각 $\overline{X}$와 S^2이라고 하자. 이때 $\overline{X}$와 S^2은 각각 모평균 μ와 모분산 σ^2의 불편추정량, 즉 $E(\overline{X})=\mu$이고 $E(S^2)=\sigma^2$이 됨이 알려져 있다.

예제 7.8

[예제 7.7] 에서 통계량 $V^2=\dfrac{\sum_{i=1}^{n}(X_i-\overline{X})^2}{n}$은 모분산 σ^2의 불편추정량이 아니다. 즉, $E(V^2)=\dfrac{n-1}{n}\sigma^2\neq\sigma^2$이며, 따라서 V^2은 모분산 σ^2의 편의추정량(biased estimator)임이 알려져 있다.

[예제 7.7] 과 **[예제 7.8]** 에서 알 수 있듯이 $S^2=\dfrac{\sum_{i=1}^{n}(X_i-\overline{X})^2}{n-1}$은 모분산 σ^2의 불편추정량이 되나, $V^2=\dfrac{\sum_{i=1}^{n}(X_i-\overline{X})^2}{n}$은 모분산 σ^2의 편의추정량이다. 앞에서 표본분산을 정의할 때 $\sum_{i=1}^{n}(X_i-\overline{X})^2$을 표본크기 n으로 나누지 않고 $n-1$로 나눈 이유가 바로 여기에 있다.

예제 7.9

[예제 7.7] 에서 표본표준편차 S는 모표준편차 σ의 불편추정량이 아님이, 즉 $E(S)\neq\sigma$임이 알려져 있다.

예제 7.10

모비율이 p인 이항모집단으로부터 크기가 n인 확률표본 Y_1, Y_2, $\cdots$, Y_n에 의해 정의되는 표본비율 $\hat{P}=\dfrac{\sum_{i=1}^{n}Y_i}{n}$는 모비율 p의 불편추정량, 즉 $E(\hat{P})=p$가 됨이 알려져 있다.

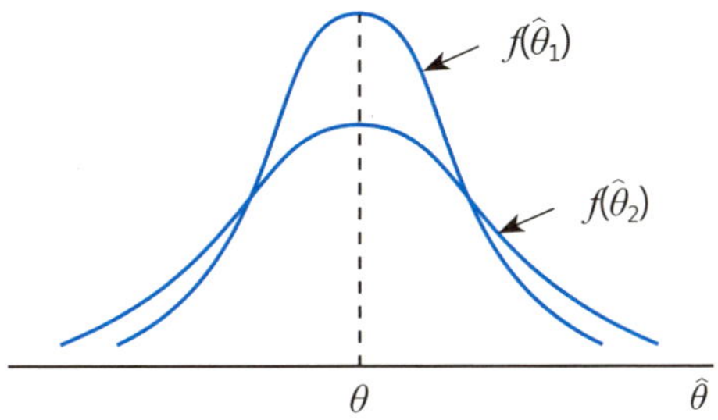

그림 7-1 두 불편추정량 $\hat{\Theta}_1$과 $\hat{\Theta}_2$의 분포모양

불편성은 추정량 $\hat{\Theta}$의 값들이 평균적으로 모수 θ의 참값과 같아짐을 뜻하는 것으로 추정량이 갖추었으면 하는 성질로서는 바람직하다. 그러나 불편성은 추정량 $\hat{\Theta}$의 분포에 대한 산포도를 나타내지는 못하기 때문에 불편성만으로는 위안이 되지 않는다. **〈그림 7-1〉**은 모수 θ에 대한 두 불편추정량들 $\hat{\Theta}_1$과 $\hat{\Theta}_2$의 각 분포모양을 나타내고 있다. 이 그림에 나타나 있듯이 추정량 $\hat{\Theta}_1$의 분포는 추정량 $\hat{\Theta}_2$의 분포보다 모수 θ에 더욱 집중되어 있으므로 $Var(\hat{\Theta}_1) < Var(\hat{\Theta}_2)$가 되며, 추정량 $\hat{\Theta}_1$을 이용할 경우에 모수 θ에 가까운 추정값들을 얻게 될 가능성이 더 커짐을 알 수 있다. 따라서 모수 θ에 대한 구체적 형태의 모든 불편추정량들 중에서 분산이 제일 작은 불편추정량을 이용하는 것이 바람직하며, 이러한 불편추정량을 최소분산불편추정량 혹은 유효추정량이라고 한다. 대상모집단의 분포형태와 모수종류에 따라 유효추정량을 찾는 방법은 있으나 이에 대한 내용은 이 책의 수준을 벗어나므로 생략하기로 한다.

유효성 : Efficiency

모수 θ에 대한 모든 불편추정량들 중에서 분산이 제일 작은 불편추정량을 모수 θ의 **유효추정량** 혹은 **최소분산불편추정량**이라고 한다.

한편 2개의 불편추정량들만의 분산들을 비교하는 경우가 때때로 있는데 이때 분산이 작은 불편추정량을 **상대적으로 유효한 추정량**(relatively efficient estimator)이라고 부른다.

예제 7.11

평균이 μ이고 분산은 σ^2인 정규모집단으로부터 크기가 n인 확률표본 $X_1, X_2, \cdots, X_n$의 표본평균과 표본분산을 각각 $\overline{X}$와 S^2이라고 하자. 이때 $\overline{X}$와 S^2은 각각 모평균 μ와 모분산 σ^2의 유효추정량임이 알려져 있다.

예제 7.12

[예제 7.4] 에서 모평균 μ의 추정량 $\hat{\Theta}_1$이 추정량 $\hat{\Theta}_2$에 비하여 상대적으로 유효한 추정량임이 알려져 있다.

추정량의 또 다른 바람직한 성질은 충분성이다. 이를 간단히 정의하면 다음과 같다.

충분성 : Sufficiency

표본에 포함되어 있는 모수 θ에 관한 모든 정보를 직접 이용하는 추정량 $\hat{\Theta}$을 모수 θ의 **충분추정량**이라고 부른다.

표본의 각 관측값은 모수 θ에 대해 어떤 정보를 제공하고 있다. 따라서 위 정의에 의하면 어떤 추정량이 충분추정량이 되기 위해서는 이 추정량은 표본관측값들 $x_1, x_2, \cdots, x_n$에 포함되어 있는 θ에 대한 정보를 누락없이 모두 직접 이용해야 한다.

예제 7.13

어떤 모집단의 모평균 μ에 대한 추정량으로 표본평균 $\overline{X}$와 표본중위수(sample median) M을 고려하자. 이때 표본평균 $\overline{X}$는 표본관측값들 $x_1, x_2, \cdots, x_n$ 전체를 직접 이용하므로 위 정의에 의해 모평균 μ의 충분추정량이 된다. 그러나 표본관측값들 전체를 직접 이용하지 않고 관측값들의 순위만을 이용하는 표본중위수 M은 모평균 μ의 충분추정량이 아니다.

지금까지 추정량의 바람직한 성질들로 불편성, 유효성, 그리고 충분성을 살펴보았다. 이들은 모두 표본크기 n이 유한으로 일정하게 고정되어 있을 때의 성질들이다. 한편 표본크기 n이 무한으로 커짐에 따라 추정량의 바람직한 성질들이 있다. 여기서는 이 성질들 중 하나인 일치성만을 언급하고자 한다.

일치성 : Consistency

모수 θ의 추정량 $\hat{\Theta}$이 다음을 만족시킨다면, 이 추정량 $\hat{\Theta}$을 모수 θ의 **일치추정량**이라고 부른다.

임의의 양수 ε에 대하여 $\lim_{n\to\infty} P(|\hat{\Theta}-\theta| \leqq \varepsilon) = 1$

일치성은 표본크기 n이 무한일 때 추정량 $\hat{\Theta}$의 값이 모수 θ와 같아짐을 말하며, 추정량의 바람직한 성질이다.

예제 7.14

[예제 7.7]에서 표본평균 $\overline{X}$는 모평균 μ의 일치추정량이고, **[예제 7.10]**에서 표본비율 $\hat{P}$은 모비율 p의 일치추정량임이 알려져 있다.

예제 7.15

[예제 7.7]에서 표본분산 S^2과 표본표준편차 S는 각각 모분산 σ^2과 모표준편차 σ의 일치추정량임이 알려져 있다.

끝으로 모수의 종류에 따라 일반적으로 이용되는 추정량들을 정리하면 다음 **〈표 7-1〉**과 같다.

표 7-1 모수의 종류에 따라 일반적으로 이용되는 추정량

모수		추정량	
모평균	μ	표본평균	$\overline{X}$
모분산	σ^2	표본분산	S^2
모표준편차	σ	표본표준편차	S
모비율	p	표본비율	$\hat{P}$

7.3 구간추정

앞 절에서는 모수 θ의 참값을 어떤 추정량 $\hat{\Theta}$의 특정 단일값 $\hat{\theta}$으로 추정하는 점추정에 대해 살펴보았다. 그러나 점추정에서 추정값 $\hat{\theta}$이 모수 θ의 참값과 정확하게 일치하는 경우는 거의 없고 크고 작은 오차를 수반하게 된다. 예를 들면 모평균 μ에 대한 추정량으로 표본평균 $\overline{X}$를 이용하는데 특정 표본값 $x_1, x_2, \cdots, x_n$에 의해 계산되는 $\overline{X}$의 값 $\overline{x}$가 μ의 참값과 일치하는 경우는 거의 없다. 이러한 오차를 $\hat{\theta}-\theta$로 표기하며 이를 특정 표본값 $x_1, x_2, \cdots, x_n$에 대해 추정량 $\hat{\Theta}$의 **표본오차**(sampling error)라고 부른다.

여기서 모수 θ의 참값은 알려져 있지 않기 때문에 점추정은 표본오차의 크기에 관해 어떠한 정보도 제공하지 못한다. 따라서 모수 θ의 참값이 포함되어 있으리라

고 추정되는 구간을 설정하는 것이 바람직한 경우가 있다. 이러한 추정을 **구간추정**(interval estimation) 또는 **신뢰구간추정**이라고 한다. 앞으로 구체적으로 살펴보겠지만 이렇게 설정된 신뢰구간은 표본오차에 관한 정보를 어느 정도 제공하고 있다.

우선 신뢰구간추정을 공부하는 데 필요한 용어들을 정의하도록 하자.

신뢰구간 : Confidence Interval

모수가 θ인 모집단으로부터 얻은 크기가 n인 확률표본을 $X_1, X_2, \cdots, X_n$이라고 하자. 그리고 주어진 α값$(0<\alpha<1)$에 대해 $\hat{\Theta}_L=\hat{\phi}_L(X_1, X_2, \cdots, X_n)$과 $\hat{\Theta}_U=\hat{\phi}_U(X_1, X_2, \cdots, X_n)$는 $P(\hat{\Theta}_L<\theta<\hat{\Theta}_U)=1-\alpha$를 만족하고 $\hat{\Theta}_L<\hat{\Theta}_U$인 두 통계량들이라고 하자. 이때

① 구간 $(\hat{\Theta}_L, \hat{\Theta}_U)$을 모수 θ에 대한 $(1-\alpha)100\%$ **신뢰구간**이라고 하며,
② $1-\alpha$를 **신뢰계수**(confidence coefficient)라고 하고,
③ $\hat{\Theta}_L$과 $\hat{\Theta}_U$을 각각 **신뢰하한**(lower confidence limit)과 **신뢰상한**(upper confidence limit)이라고 하며 이들을 통틀어 **신뢰한계**(confidence limits)라고 하고,
④ $\hat{\Theta}_U$과 $\hat{\Theta}_L$의 차 $\hat{\Theta}_U-\hat{\Theta}_L$을 모수 θ에 대한 $(1-\alpha)100\%$ **신뢰구간의 길이**(length)라고 한다.
⑤ 확률표본 $X_1, X_2, \cdots, X_n$의 특정 관측값 $x_1, x_2, \cdots, x_n$에 의해 계산된 신뢰구간 $(\hat{\Theta}_L, \hat{\Theta}_U)$의 값 $(\hat{\theta}_L, \hat{\theta}_U)$도 또한 모수 θ에 대한 $(1-\alpha)100\%$ 신뢰구간이라고 부른다.

표본추출이 달라짐에 따라 확률표본 $X_1, X_2, \cdots, X_n$의 특정 관측값 $x_1, x_2, \cdots, x_n$은 달라지고, 따라서 모수 θ에 대한 $(1-\alpha)100\%$ 신뢰구간 $(\hat{\Theta}_L, \hat{\Theta}_U)$의 값 $(\hat{\theta}_L, \hat{\theta}_U)$도 달라지게 됨에 유의해야 한다.

신뢰계수 $1-\alpha$는 특정 표본값이 추출되어 이 표본값에 상응되는 신뢰구간값이 계산되기 전에 모수 θ의 참값이 구간 $(\hat{\Theta}_L, \hat{\Theta}_U)$에 포함되리라는 것을 $(1-\alpha)100\%$의 확신을 가지고 신뢰할 수 있는 수준을 말한다. 다시 말하면 대상모집단으로부터

크기가 n인 특정표본을 독립적으로 계속 추출하여 각 특정표본에 의해 신뢰구간값 $(\hat{\theta}_L, \hat{\theta}_U)$이 계산된다면, 이 구간들 중에 모수 θ의 참값을 포함하는 구간들의 비율, 즉 상대도수(relative frequency)가 $(1-\alpha)100\%$에 접근하는 것을 의미한다. 이에 대해서는 다음 절에서 다시 구체적으로 살펴볼 것이다. 한편 신뢰계수 $1-\alpha$의 주어진 값에 대해 길이 $\hat{\Theta}_U - \hat{\Theta}_L$이 가장 짧은 신뢰구간 $(\hat{\Theta}_L, \hat{\Theta}_U)$을 결정하는 것이 좋다. 왜냐하면 신뢰구간의 길이가 짧으면 짧을수록 모수 θ의 참값의 위치에 대한 정보가 더 정확하기 때문이다. 그러나 길이가 가장 짧은 신뢰구간을 설정하는 것이 어려운 경우가 대부분이다.

점추정에서와 마찬가지로 구간추정에서도 기본적으로 고려되어야 할 두 가지 문제들이 있다. 그 하나는 추출된 특정 표본값 $x_1, x_2, \cdots, x_n$에 의해 구간값 $(\hat{\theta}_L, \hat{\theta}_U)$을 주는 구체적 형태의 신뢰구간 $(\hat{\Theta}_L, \hat{\Theta}_U)$을 얻는 방법들을 고안하는 문제이다. 또 다른 하나는 구체적 형태의 신뢰구간들이 많을 수가 있는데 이들 중에서 바람직한 신뢰구간을 선택할 수 있는 기준들을 결정하는 문제이다. 그러나 이러한 문제들을 논하는 것은 이 책의 수준을 벗어나므로 생략한다. 다만 여기서는 구체적 형태의 신뢰구간을 얻을 수 있는 방법들 중 하나인 Pivotal-quantity 방법을 활용해서 모수 θ의 종류에 따라 일반적으로 이용되는 구체적 형태의 신뢰구간을 설정하고자 한다. 이러한 신뢰구간의 설정을 위해서는 6장에서 살펴본 결과들이 활용된다.

7.3.1 모평균 μ에 대한 신뢰구간

모평균 μ에 대한 신뢰구간은 6장에서 공부한 표본평균 $\overline{X}$의 분포를 활용하면 설정될 수 있다. 여기서는 모분산 σ^2이 알려져 있는 정규모집단, 모분산 σ^2이 알려져 있지 않은 정규모집단, 그리고 모분산 σ^2이 유한인 임의의 모집단을 대상으로 할 경우로 나누어 모평균 μ에 대한 $(1-\alpha)100\%$ 신뢰구간을 각각 설정하도록 한다.

먼저 모분산 σ^2이 알려져 있는 정규모집단의 모평균 μ에 대한 $(1-\alpha)100\%$ 신뢰구간을 설정하도록 하자. 이를 위해서는 6장의 **〈정리 6.3〉**에 의해 표본평균 $\overline{X}$의 분포는 $N\left(\mu, \dfrac{\sigma^2}{n}\right)$를 따르며, 따라서 확률변수 $Z = \dfrac{\overline{X}-\mu}{\frac{\sigma}{\sqrt{n}}}$의 분포는 $N(0, 1)$를 따른다는

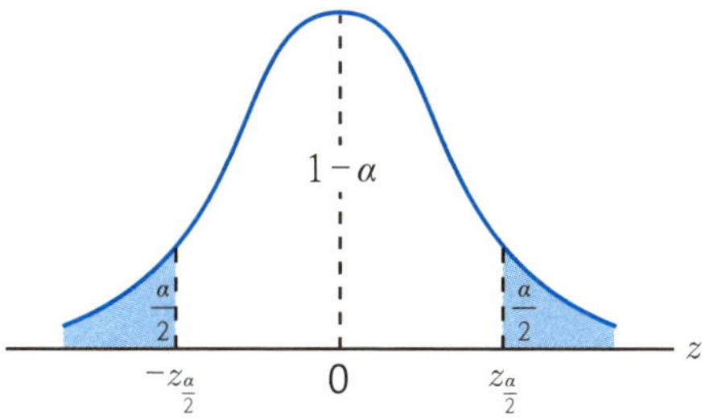

그림 7-2 표준정규분포 : $Z \sim N(0,\ 1)$

것을 활용한다.

신뢰계수 $1-\alpha$의 값이 주어졌을 때, 확률변수 $Z=\dfrac{\overline{X}-\mu}{\frac{\sigma}{\sqrt{n}}}$의 분포는 $N(0,\ 1)$를 따르므로 다음 식 **(7.1)**을 만족시키는 $z_{\frac{\alpha}{2}}$값이 존재한다([그림 7-2] 참조).

$$P\left(-z_{\frac{\alpha}{2}}<\frac{\overline{X}-\mu}{\frac{\sigma}{\sqrt{n}}}<z_{\frac{\alpha}{2}}\right)=1-\alpha \tag{7.1}$$

위 식 **(7.1)**의 괄호 안에 있는 부등식을 μ에 대하여 정리하면 다음 식 **(7.2)**를 얻게 되며,

$$P\left(\overline{X}-z_{\frac{\alpha}{2}}\frac{\sigma}{\sqrt{n}}<\mu<\overline{X}+z_{\frac{\alpha}{2}}\frac{\sigma}{\sqrt{n}}\right)=1-\alpha \tag{7.2}$$

따라서 앞 신뢰구간의 정의에서 언급한 신뢰하한 $\hat{\Theta}_L$과 신뢰상한 $\hat{\Theta}_U$은 각각 다음과 같게 된다.

$$\hat{\Theta}_L=\overline{X}-z_{\frac{\alpha}{2}}\frac{\sigma}{\sqrt{n}}, \quad \hat{\Theta}_U=\overline{X}+z_{\frac{\alpha}{2}}\frac{\sigma}{\sqrt{n}}$$

위 내용을 요약하면 다음 **〈정리 7.1〉**을 얻게 된다.

정리 7.1 **모평균 μ에 대한 $(1-\alpha)$100% 신뢰구간**

- 모분산 σ^2이 알려져 있는 정규모집단 대상 -

모분산 σ^2이 알려져 있는 정규모집단으로부터 크기가 n인 확률표본의 표본평균을 $\overline{X}$라고 하면, 모평균 μ에 대한 $(1-\alpha)$100% 신뢰구간은 다음과 같다.

$$\left(\overline{X}-z_{\frac{\alpha}{2}}\frac{\sigma}{\sqrt{n}},\ \overline{X}+z_{\frac{\alpha}{2}}\frac{\sigma}{\sqrt{n}}\right)$$

여기서 주어진 신뢰계수 $1-\alpha$값에 대해 $z_{\frac{\alpha}{2}}$는 확률변수 Z의 분포가 $N(0, 1)$를 따를 때 $P(Z>z_{\frac{\alpha}{2}})=\frac{\alpha}{2}$를 만족시키는 값이다([그림 7-2] 참조).

위 신뢰구간을 간략하게 $\overline{X}\pm z_{\frac{\alpha}{2}}\frac{\sigma}{\sqrt{n}}$로 표기하기도 하며, 이 신뢰구간은 모분산 σ^2이 알려져 있는 정규모집단의 모평균 μ에 대한 다른 어떠한 $(1-\alpha)$100% 신뢰구간들보다도 길이가 가장 짧은 것으로 알려져 있다. 신뢰계수 $1-\alpha$의 값들로는 흔히 $1-\alpha=0.99$, 0.95, 0.90등이 많이 사용되며, 이에 상응되는 $z_{\frac{\alpha}{2}}$값은 이 책 끝부분에 있는 **〈부표-4〉**에 의해 각각 $z_{0.005}=2.58$, $z_{0.025}=1.96$, $z_{0.05}=1.645$ 등이 된다.

예제 7.16

분산이 $\sigma^2=225$인 정규모집단으로부터 크기가 $n=25$인 표본을 랜덤하게 추출하여 다음과 같은 자료를 얻었다. 모평균 μ에 대한 95% 신뢰구간을 구하라.

55, 47, 85, 71, 76, 53, 71, 38, 67, 73, 69, 49, 73, 70,
55, 52, 87, 70, 81, 63, 78, 52, 33, 89, 51

대상모집단은 모분산이 $\sigma^2=225$로 알려져 있는 정규모집단이므로 **〈정리 7.1〉**의 공식 $\left(\overline{X}-z_{\frac{\alpha}{2}}\frac{\sigma}{\sqrt{n}},\ \overline{X}+z_{\frac{\alpha}{2}}\frac{\sigma}{\sqrt{n}}\right)$를 이용한다. 주어진 자료는 다음과 같다.

$$\sigma^2=225=15^2, \quad n=25, \quad \bar{x}=64.32, \quad \alpha=0.05$$

그리고 〈**부표-4**〉에 의해 $z_{\frac{\alpha}{2}} = z_{0.025} = 1.96$이다. 따라서 신뢰구간은 다음과 같다.

$$\left(\overline{X} - z_{\frac{\alpha}{2}}\frac{\sigma}{\sqrt{n}},\ \overline{X} + z_{\frac{\alpha}{2}}\frac{\sigma}{\sqrt{n}}\right) = \left(64.32 - 1.96\frac{15}{\sqrt{25}},\ 64.32 + 1.96\frac{15}{\sqrt{25}}\right)$$
$$= (58.44,\ 70.20)$$

식 **(7.2)**의 의미를 알아보도록 하자. 이를 위하여 이 식을 도출하기 위해 사용된 식 **(7.1)**을 변형하면 다음 식 **(7.3)**과 같게 된다.

$$P\left(\mu - z_{\frac{\alpha}{2}}\frac{\sigma}{\sqrt{n}} < \overline{X} < \mu + z_{\frac{\alpha}{2}}\frac{\sigma}{\sqrt{n}}\right) = 1 - \alpha \qquad (7.3)$$

한편 위 식 **(7.3)**에서 표본평균 $\overline{X}$의 분포는 $N\left(\mu, \frac{\sigma^2}{n}\right)$를 따른다는 것을 알고 있으며, 이것을 도시하면 아래 **〈그림 7-3〉**과 같다.

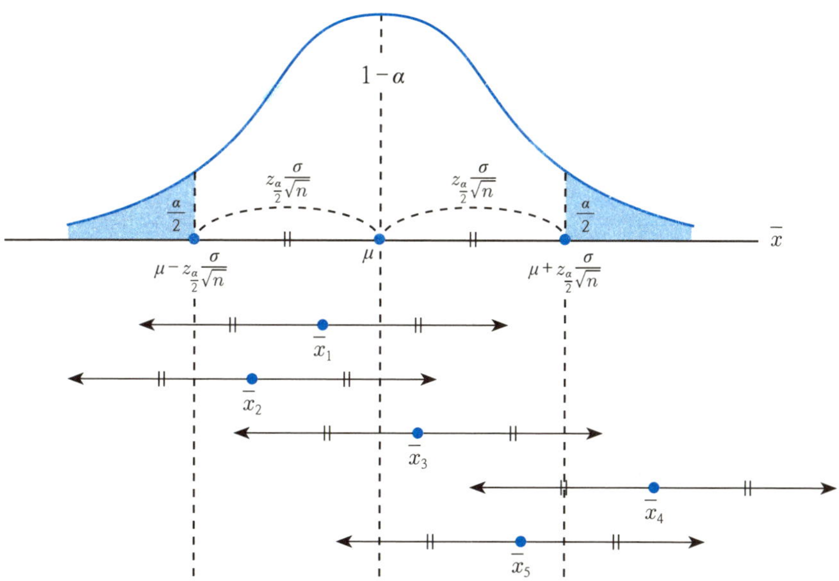

그림 7-3 신뢰구간의 의미

지금 대상모집단으로부터 크기가 n인 특정표본 $x_1, x_2, \cdots, x_n$을 독립적으로 계속 추출하여 각 표본에 상응되는 표본평균의 값을 각각 $\bar{x}_1, \bar{x}_2, \cdots$ 라고 하자. 이때 각 특정표본에 의해 계산된 모평균 μ에 대한 $(1-\alpha)100\%$ 신뢰구간은 각각 $\bar{x}_1 + z_{\frac{\alpha}{2}}\frac{\sigma}{\sqrt{n}}$, $\bar{x}_2 + z_{\frac{\alpha}{2}}\frac{\sigma}{\sqrt{n}}$, …가 되며 이의 일부가 **〈그림 7-3〉**에 나타나 있다.

그림에서 볼 수 있듯이 $\bar{x}_4$를 제외한 $\bar{x}_1, \bar{x}_2, \bar{x}_3$, 그리고 $\bar{x}_5$와 같이 구간 $\left(\mu - z_{\frac{\alpha}{2}}\frac{\sigma}{\sqrt{n}}, \mu + z_{\frac{\alpha}{2}}\frac{\sigma}{\sqrt{n}}\right)$에 있는 표본평균의 값들에 의해 계산된 신뢰구간들은 모평균 μ의 참값을 포함하고 있다. 반면에 $\bar{x}_4$와 같이 구간 $\left(\mu - z_{\frac{\alpha}{2}}\frac{\sigma}{\sqrt{n}}, \mu + z_{\frac{\alpha}{2}}\frac{\sigma}{\sqrt{n}}\right)$ 밖에 있는 표본평균의 값들에 의해 계산된 신뢰구간들은 모평균 μ의 참값을 포함하지 않는다. 한편 식 **(7.3)**에서 알 수 있듯이 표본평균 $\overline{X}$가 구간 $\left(\mu - z_{\frac{\alpha}{2}}\frac{\sigma}{\sqrt{n}}, \mu + z_{\frac{\alpha}{2}}\frac{\sigma}{\sqrt{n}}\right)$에 있을 확률은 $1-\alpha$이다. 따라서 식 **(7.2)**의 의미는 대상모집단으로부터 크기가 n인 특정표본을 독립적으로 계속 추출하여 각 표본에 상응되는 신뢰구간들을 계산하면, 이 신뢰구간들 중에서 모평균 μ의 참값을 포함하는 구간들의 비율은 $(1-\alpha)100\%$에 접근하게 됨을 뜻한다.

추출된 특정표본에 의해 계산된 모평균 μ에 대한 하나의 95% 특정 신뢰구간이 **[예제 7. 16]** 에서와 같이 (58.44, 70.20)이라고 할 때, 모평균 μ의 참값이 이 구간에 속할 확률이 0.95, 즉 $P(58.44 < \mu < 70.20) = 0.95$라고 하는 것은 옳지 않은 표현이다. 왜냐하면 μ의 참값은 알려져 있지 않으나 일정한 상수이므로 특정표본에 상응되는 신뢰구간이 계산되면, μ의 참값이 구간 (58.44, 70.20) 안에 포함될 확률은 1이 아니면 0이기 때문이다. 우리가 말할 수 있는 것은 다음과 같다. 즉 모평균 μ에 대한 $(1-\alpha)100\%$ 신뢰구간인 $\left(\bar{x} - z_{\frac{\alpha}{2}}\frac{\sigma}{\sqrt{n}}, \bar{x} + z_{\frac{\alpha}{2}}\frac{\sigma}{\sqrt{n}}\right)$는 확률구간으로 크기가 n인 특정표본을 독립적으로 계속 추출하여 각 표본에 상응되는 신뢰구간들이 계산된다면, 계산된 신뢰구간들 중 $(1-\alpha)100\%$만이 모평균 μ의 참값을 포함하게 된다. 따라서 추출된 하나의 특정표본에 의해 계산된 위의 95% 신뢰구간인 (58.44, 70.20)은 95%의 확신을 가지고 모평균 μ의 참값을 포함하는 신뢰구간들 중에 하나로 간주될 수 있다는 것뿐이다. 여기서 식 **(7.2)**의 $1-\alpha$를 신뢰수준을 나타내는 신뢰계수라고 불리는 이유를 알 수 있다.

본 절 앞부분에서 언급하였듯이 구간추정은 점추정과는 달리 모수 θ에 대한 추정량 $\hat{\Theta}$의 표본오차 $\hat{\Theta}-\theta$에 대한 정보를 제공한다. 이를 살펴보기 위해 식 **(7.1)**을 변형하면 다음 식을 얻게 되고,

$$P\left(-z_{\frac{\alpha}{2}}\frac{\sigma}{\sqrt{n}}<\overline{X}-\mu<z_{\frac{\alpha}{2}}\frac{\sigma}{\sqrt{n}}\right)=1-\alpha$$

위 식은 다음 식과 같다.

$$P\left(|\overline{X}-\mu|<z_{\frac{\alpha}{2}}\frac{\sigma}{\sqrt{n}}\right)=1-\alpha$$

바로 위 식은 모평균 μ에 대한 추정량 $\overline{X}$의 표본오차의 절대값인 $|\overline{X}-\mu|$가 $z_{\frac{\alpha}{2}}\frac{\sigma}{\sqrt{n}}$보다 작은 확률이 $(1-\alpha)100\%$임을 의미하며, 이 $z_{\frac{\alpha}{2}}\frac{\sigma}{\sqrt{n}}$를 모평균 μ에 대한 추정량 $\overline{X}$의 $(1-\alpha)100\%$ 오차한계라고 부른다. 이 오차한계 $z_{\frac{\alpha}{2}}\frac{\sigma}{\sqrt{n}}$는 모평균 μ에 대한 $(1-\alpha)100\%$ 신뢰구간 $\left(\overline{X}-z_{\frac{\alpha}{2}}\frac{\sigma}{\sqrt{n}}, \overline{X}+z_{\frac{\alpha}{2}}\frac{\sigma}{\sqrt{n}}\right)$의 길이 $\left(\overline{X}+z_{\frac{\alpha}{2}}\frac{\sigma}{\sqrt{n}}\right)-\left(\overline{X}-z_{\frac{\alpha}{2}}\frac{\sigma}{\sqrt{n}}\right)=2z_{\frac{\alpha}{2}}\frac{\sigma}{\sqrt{n}}$의 반에 해당된다. 여기서 표본크기 n이 커짐에 따라 오차한계 $z_{\frac{\alpha}{2}}\frac{\sigma}{\sqrt{n}}$는 작아지며, 따라서 신뢰구간 $\left(\overline{X}-z_{\frac{\alpha}{2}}\frac{\sigma}{\sqrt{n}}, \overline{X}+z_{\frac{\alpha}{2}}\frac{\sigma}{\sqrt{n}}\right)$는 모평균 μ의 참값의 위치에 대해 더욱 정확한 정보를 제공하게 된다. 한편 모평균 μ에 대한 추정량 $\overline{X}$의 $(1-\alpha)100\%$ 오차한계 $z_{\frac{\alpha}{2}}\frac{\sigma}{\sqrt{n}}$를 ε이하로 한다면, 이에 상응되는 표본크기 n은 다음과 같이 결정된다.

$$z_{\frac{\alpha}{2}}\frac{\sigma}{\sqrt{n}}\leqq\varepsilon \qquad \therefore n\geqq\frac{(z_{\frac{\alpha}{2}})^2\sigma^2}{\varepsilon^2}$$

예제 7.17

[예제 7.16]에서 모평균 μ에 대한 추정량 $\overline{X}$의 95% 오차한계는 $z_{\frac{\alpha}{2}}\frac{\sigma}{\sqrt{n}}=1.96\frac{15}{\sqrt{25}}=5.88$이다.

예제 7.18

[예제 7.16] 에서 신뢰수준이 $1-\alpha=0.95$일 때 오차한계를 3 이하가 되도록 하고자 한다. 표본크기 n을 얼마로 하면 좋은가?

주어진 자료는 다음과 같다.

$\alpha=0.05, \qquad \sigma=15, \qquad \varepsilon=3$

그리고 **<부표-4>**에 의해 $z_{\frac{\alpha}{2}}=z_{0.025}=1.96$이다. 따라서 위 식에 의해 다음과 같다.

$$n \geqq \frac{(z_{\frac{\alpha}{2}})^2\sigma^2}{\varepsilon^2}=\frac{(1.96)^2(15)^2}{3^2}=96.04$$

∴ 표본크기 n은 97 이상으로 하여야 한다.

위에서 모분산 σ^2이 알려져 있는 정규모집단의 모평균 μ에 대한 $(1-\alpha)100\%$ 신뢰구간에 대해 살펴보았다. 그러나 **<정리 7.1>**에 제시된 신뢰구간 $\left(\overline{X}-z_{\frac{\alpha}{2}}\frac{\sigma}{\sqrt{n}}, \overline{X}+z_{\frac{\alpha}{2}}\frac{\sigma}{\sqrt{n}}\right)$를 모분산 σ^2이 알려져 있지 않은 정규모집단의 모평균 μ에 대한 $(1-\alpha)100\%$ 신뢰구간으로 이용하기에는 문제가 있다. 왜냐하면 이 신뢰구간의 신뢰한계에는 알려져 있지 않은 모수 σ가 포함되어 있기 때문이다.

지금부터 모분산 σ^2이 알려져 있지 않은 정규모집단의 모평균 μ에 대한 $(1-\alpha)100\%$ 신뢰구간을 설정하도록 하자. 이를 위해서는 6장의 **<정리 6.12>**에 의해 확률변수 $T=\frac{\overline{X}-\mu}{\frac{S}{\sqrt{n}}}$의 분포는 $t(n-1)$를 따른다는 것을 활용한다.

신뢰계수 $1-\alpha$의 값이 주어졌을 때, 확률변수 $T=\frac{\overline{X}-\mu}{\frac{S}{\sqrt{n}}}$의 분포는 $t(n-1)$를 따르므로 다음 식을 만족시키는 $t_{\frac{\alpha}{2},\, n-1}$값이 존재한다([그림 7-4] 참조).

$$P\left(t_{\frac{\alpha}{2},\, n-1}<\frac{\overline{X}-\mu}{\frac{S}{\sqrt{n}}}<t_{\frac{\alpha}{2},\, n-1}\right)=1-\alpha$$

위 식의 괄호 안의 부등식을 정리하면 다음 식을 얻게 되며,

$$P\left(\overline{X}-t_{\frac{\alpha}{2},\,n-1}\frac{S}{\sqrt{n}}<\mu<\overline{X}+t_{\frac{\alpha}{2},\,n-1}\frac{S}{\sqrt{n}}\right)=1-\alpha$$

따라서 앞 신뢰구간의 정의에서 언급한 신뢰하한 $\hat{\Theta}_L$과 신뢰상한 $\hat{\Theta}_U$은 각각 다음과 같게 된다.

$$\hat{\Theta}_L=\overline{X}-t_{\frac{\alpha}{2},\,n-1}\frac{S}{\sqrt{n}}, \qquad \hat{\Theta}_U=\overline{X}+t_{\frac{\alpha}{2},\,n-1}\frac{S}{\sqrt{n}}$$

위 내용을 요약하면 **〈정리 7.2〉**를 얻게 된다.

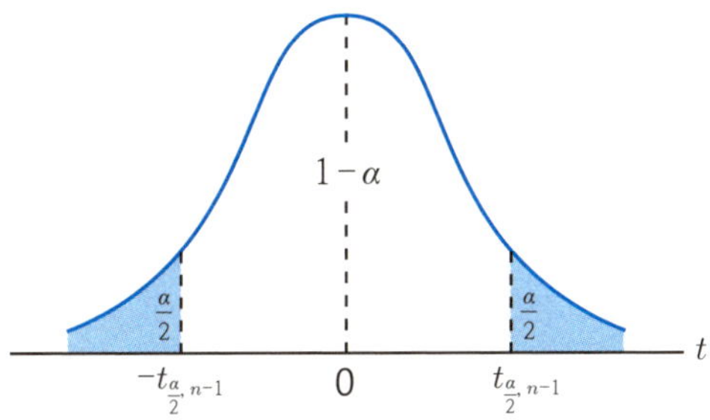

그림 7-4 분포 : $T\sim t(n-1)$

정리 7.2 모평균 μ에 대한 $(1-\alpha)100\%$ 신뢰구간

- 모분산 σ^2이 알려져 있지 않은 정규모집단 대상 -

모분산 σ^2이 알려져 있지 않은 정규모집단으로부터 얻은 크기가 n인 확률표본의 표본평균과 표본분산을 각각 $\overline{X}$와 S^2이라고 하면, 모평균 μ에 대한 $(1-\alpha)100\%$ 신뢰구간은 다음과 같다.

$$\left(\overline{X}-t_{\frac{\alpha}{2}\,n-1}\frac{S}{\sqrt{n}},\ \overline{X}+t_{\frac{\alpha}{2}\,n-1}\frac{S}{\sqrt{n}}\right)$$

여기서 주어진 신뢰계수 $1-\alpha$값에 대해 $t_{\frac{\alpha}{2}\,n-1}$은 확률변수 T의 분포가 $t(n-1)$를 따를 때 $P(T>t_{\frac{\alpha}{2}\,n-1})=\frac{\alpha}{2}$를 만족시키는 값이다([그림 7-4] 참조).

위 신뢰구간을 간략하게 $\overline{X} \pm t_{\frac{\alpha}{2}, n-1} \frac{S}{\sqrt{n}}$로 표기하기도 한다.

예제 7.19

전구를 생산하는 어떤 제조업체에서는 전구를 밀봉하는 새로운 방법을 개발하였다. 이 업체는 새로운 밀봉방법에 의해 생산된 전구들의 평균수명시간 μ를 추정하기 위해 생산된 전구들 중에서 9개를 랜덤하게 추출하여 수명시간을 측정한 결과로 다음을 얻었다.

5,000, 5,100, 5,400, 5,200, 5,400, 5,000, 5,300, 5,200, 5,200

새로운 밀봉방법에 의해 생산된 전구들의 수명시간의 분포는 정규분포를 따른다고 가정하고 모평균수명시간 μ에 대한 90% 신뢰구간을 구하라.

대상모집단은 모분산 σ^2이 알려져 있지 않은 정규모집단이므로 **〈정리 7.2〉**의 공식 $\left(\overline{X} - t_{\frac{\alpha}{2}, n-1} \frac{S}{\sqrt{n}},\ \overline{X} + t_{\frac{\alpha}{2}, n-1} \frac{S}{\sqrt{n}}\right)$를 이용한다.

먼저 x_i는 추출된 표본에서 i번째 전구의 수명시간을 나타낸다고 할 때, 이 특정표본의 표본평균 $\overline{x}$와 표분분산 s^2을 구하면 각각 다음과 같다.

$$\overline{x} = \frac{\sum_{i=1}^{9} x_i}{n} = \frac{5{,}000 + 5{,}100 + \cdots + 5{,}200}{9} = 5{,}200$$

$$s^2 = \frac{\sum_{i=1}^{9} (x_i - \overline{x})^2}{n-1} = 22{,}500 \qquad \therefore s = \sqrt{22{,}500} = 150$$

그리고 표본크기가 $n=9$이고 신뢰계수는 $1-\alpha = 0.9$이므로 **〈부표-6〉**에 의해 $t_{\frac{\alpha}{2}, n-1} = t_{0.05, 8} = 1.86$이다. 따라서 위 특정표본에 의한 모평균수명시간 μ에 대한 90% 신뢰구간은 다음과 같다.

$$\left(\overline{x} - t_{\frac{\alpha}{2}, n-1} \frac{s}{\sqrt{n}},\ \overline{x} + t_{\frac{\alpha}{2}, n-1} \frac{s}{\sqrt{n}}\right) = \left(5{,}200 - 1.86 \frac{150}{\sqrt{9}},\ 5{,}200 + 1.86 \frac{150}{\sqrt{9}}\right)$$
$$= (5{,}107,\ 5{,}293)$$

한편 6장의 **〈정리 6.12〉**의 아래 부분에서 언급하였듯이 표본크기 n이 커짐에 따라 위 확률변수 $T=\dfrac{\overline{X}-\mu}{\dfrac{S}{\sqrt{n}}}$의 분포는 $N(0,\ 1)$에 접근하게 된다. 실질적으로 표본크기가 통상 $n \geqq 30$일 경우에 이 확률변수 T의 분포는 $N(0,\ 1)$를 따른다고 해도 무난한 것으로 알려져 있다. 따라서 표본크기가 $n \geqq 30$일 경우, **〈정리 7.2〉**에 제시된 신뢰구간에서 $t_{\frac{\alpha}{2},\ n-1}$을 $z_{\frac{\alpha}{2}}$로 대체한 구간 $\left(\overline{X}-z_{\frac{\alpha}{2}}\dfrac{S}{\sqrt{n}},\ \overline{X}+z_{\frac{\alpha}{2}}\dfrac{S}{\sqrt{n}}\right)$을 모분산 σ^2이 알려져 있지 않은 정규모집단의 모평균 μ에 대한 하나의 $(1-\alpha)100\%$ 근사신뢰구간(approximate confidence interval)으로도 흔히 이용하고 있다.

예제 7.20

화학섬유를 생산하는 어떤 기업에서는 새로운 방법에 의해 생산되는 화학섬유의 평균강도를 추정하고자 한다. 이를 위하여 새로운 방법에 의해 생산된 화학섬유들 중에서 36가닥을 랜덤하게 추출하여 조사한 결과로 이들의 표본평균강도와 표본분산이 각각 $\overline{x}=2.3$과 $s^2=0.00571$이 됨을 알았다. 여기서 강도는 섬유 한 가닥이 끊어지기 전에 견딜 수 있는 무게를 말하며 kg으로 측정하였다. 새로운 방법에 의해 생산된 화학섬유 가닥들의 강도는 정규분포를 따른다고 가정하고 모평균강도 μ에 대한 95% 근사신뢰구간을 구하라.

대상모집단은 모분산 σ^2이 알려져 있지 않은 정규모집단이고 표본크기가 $n \geqq 30$ 이므로 공식 $\left(\overline{X}-z_{\frac{\alpha}{2}}\dfrac{S}{\sqrt{n}},\ \overline{X}+z_{\frac{\alpha}{2}}\dfrac{S}{\sqrt{n}}\right)$를 이용한다.

주어진 자료는 다음과 같다.

$$n=36,\qquad \overline{x}=2.3,\qquad s^2=0.00571,\qquad \alpha=0.05$$

그리고 **〈부표-4〉**에 의해 $z_{\frac{\alpha}{2}}=z_{0.025}=1.96$이다. 따라서 근사신뢰구간은 다음과 같이 구해진다.

$$\left(\overline{x}-z_{\frac{\alpha}{2}}\frac{s}{\sqrt{n}},\ \overline{x}+z_{\frac{\alpha}{2}}\frac{s}{\sqrt{n}}\right)=\left(2.3-1.96\frac{\sqrt{0.00571}}{\sqrt{36}},\ 2.3+1.96\frac{\sqrt{0.00571}}{\sqrt{36}}\right)$$

$$\fallingdotseq(2.275,\ 2.325)$$

지금까지는 대상모집단이 정규모집단이었다. 이제부터는 모평균이 μ이고 모분산 σ^2은 유한인 임의의 모집단을 대상으로 하나 표본크기 n이 충분히 큰 경우를 살펴보도록 하자. 이 경우에는 6장의 중심극한정리인 **〈정리 6.2〉**를 활용하면, 표본크기가 충분히 클 때 임의의 모집단의 모평균 μ에 대한 $(1-\alpha)100\%$ 근사신뢰구간을 설정할 수 있다.

중심극한정리인 **〈정리 6.2〉**에 의하면 모평균이 μ이고 모분산 σ^2은 유한인 임의의 모집단으로부터 크기가 n인 확률표본에 의해 정의되는 표본평균 $\overline{X}$의 분포는 표본크기 n이 커짐에 따라 $N\left(\mu, \dfrac{\sigma^2}{n}\right)$에 접근하며, 따라서 확률변수 $Z=\dfrac{\overline{X}-\mu}{\frac{\sigma}{\sqrt{n}}}$의 분포는 $N(0, 1)$에 접근한다. 따라서 표본크기가 $n \geqq 30$이면 모분산 σ^2이 알려져 있는 경우에 임의의 모집단의 모평균 μ에 대한 하나의 $(1-\alpha)100\%$ 근사신뢰구간으로 **〈정리 7.1〉**에 제시된 신뢰구간 $\left(\overline{X}-z_{\frac{\alpha}{2}}\dfrac{\sigma}{\sqrt{n}},\ \overline{X}+z_{\frac{\alpha}{2}}\dfrac{\sigma}{\sqrt{n}}\right)$를 흔히 이용한다. 이때 모분산 σ^2이 알려져 있지 않은 경우에는 모표준편차 σ를 표본표준편차 S로 대체한 구간 $\left(\overline{X}-z_{\frac{\alpha}{2}}\dfrac{S}{\sqrt{n}},\ \overline{X}+z_{\frac{\alpha}{2}}\dfrac{S}{\sqrt{n}}\right)$를 이용해도 무난한 것으로 알려져 있다. 여기서 대상모집단의 분포형태에 관해 특별한 가정이 필요 없게 됨에 유의하기 바란다.

한편 6장의 **〈정리 6.4〉**의 바로 위에서도 언급하였듯이 실제로 대부분의 표본추출은 임의의 유한모집단으로부터 비복원추출 방법에 의해 행해지고 있으며, 이 방법에 의해 정의되는 확률변수 $X_1, X_2, \cdots, X_n$은 크기가 n인 확률표본이 아니다. 따라서 이 경우에는 표본크기 n이 커짐에 따라 확률변수 $Z=\dfrac{\overline{X}-\mu}{\frac{\sigma}{\sqrt{n}}}$의 분포가 $N(0, 1)$에 접근한다는 중심극한정리를 적용하기에는 문제점이 있다. 그러나 모평균이 μ이고 모분산 σ^2은 유한이며 크기 N이 충분히 큰 임의의 유한모집단으로부터 비복원추출 방법에 의해 추출된 표본을 이용하여 모평균 μ에 대한 $(1-\alpha)100\%$ 근사신뢰구간의 설정은 6장의 **〈정리 6.4〉**에 근거를 두면 해결된다. 이 경우 통상 $n \geqq 30$이고 $\dfrac{n}{N} \leqq 0.05$이면, 모분산 σ^2이 알려져 있는 경우에는 $\left(\overline{X}-z_{\frac{\alpha}{2}}\dfrac{\sigma}{\sqrt{n}},\ \overline{X}+z_{\frac{\alpha}{2}}\dfrac{\sigma}{\sqrt{n}}\right)$를 이용하며, 모분산 σ^2이 알려져 있지 않은 경우에는 $\left(\overline{X}-z_{\frac{\alpha}{2}}\dfrac{S}{\sqrt{n}},\ \overline{X}+z_{\frac{\alpha}{2}}\dfrac{S}{\sqrt{n}}\right)$를 이용한다.

예제 7.21

한국 전체 대학생들의 평균신장 μ를 추정하고자 한다. 한국 전체 대학생들로 구성된 모집단으로부터 비복원추출 방법으로 100명을 랜덤하게 추출하여 조사한 결과로 이들의 표본평균신장이 $\bar{x} = 168.5$(cm)가 됨을 알았다. 이 모집단의 모표준편차는 $\sigma = 10$(cm)임이 알려져 있다고 가정하고, 모평균신장 μ에 대한 95% 근사신뢰구간을 구하라.

대상모집단은 모분산이 $\sigma^2 = 100$인 임의의 유한모집단이고, 특정표본을 비복원추출 방법으로 추출하였으나 표본크기가 $n \geqq 30$이며 모집단크기 N이 충분히 크므로 공식 $\left(\overline{X} - z_{\frac{\alpha}{2}} \frac{\sigma}{\sqrt{n}},\ \overline{X} + z_{\frac{\alpha}{2}} \frac{\sigma}{\sqrt{n}}\right)$를 이용한다. 주어진 자료는 다음과 같다.

$$n = 100, \quad \bar{x} = 168.5, \quad \sigma = 10, \quad \alpha = 0.05$$

그리고 **<부표-4>**에 의해 $z_{\frac{\alpha}{2}} = z_{0.025} = 1.96$이다. 따라서 근사신뢰구간은 다음과 같이 구해진다.

$$\left(\bar{x} - z_{\frac{\alpha}{2}} \frac{\sigma}{\sqrt{n}},\ \bar{x} + z_{\frac{\alpha}{2}} \frac{\sigma}{\sqrt{n}}\right) = \left(168.5 - 1.96 \frac{10}{\sqrt{100}},\ 168.5 + 1.96 \frac{10}{\sqrt{100}}\right)$$
$$= (166.54,\ 170.46)$$

7.3.2 모분산 σ^2에 대한 신뢰구간

정규모집단의 모분산 σ^2에 대한 $(1-\alpha)100\%$ 신뢰구간을 설정하도록 하자. 이를 위해서는 6장의 **<정리 6.9>**에 의해 확률변수 $\chi^2 = \frac{(n-1)S^2}{\sigma^2}$의 분포는 $\chi^2(n-1)$를 따른다는 것을 활용한다.

신뢰계수 $1-\alpha$의 값이 주어졌을 때, 다음 식을 만족시키는 $\chi^2_{1-\frac{\alpha}{2}, n-1}$과 $\chi^2_{\frac{\alpha}{2}, n-1}$의 값들이 존재한다([그림 7-5] 참조).

$$P\left(\chi^2_{1-\frac{\alpha}{2},n-1} < \frac{(n-1)S^2}{\sigma^2} < \chi^2_{\frac{\alpha}{2},n-1}\right) = 1-\alpha$$

위 식의 괄호 안에 있는 부등식을 σ^2에 대하여 정리하면 다음 식을 얻게 되며,

$$P\left(\frac{(n-1)S^2}{\chi^2_{\frac{\alpha}{2},n-1}} < \sigma^2 < \frac{(n-1)S^2}{\chi^2_{1-\frac{\alpha}{2},n-1}}\right) = 1-\alpha$$

따라서 앞 신뢰구간의 정의에서 언급한 신뢰하한 $\hat{\Theta}_L$과 신뢰상한 $\hat{\Theta}_U$은 각각 다음과 같게 된다.

$$\hat{\Theta}_L = \frac{(n-1)S^2}{\chi^2_{\frac{\alpha}{2},n-1}}, \qquad \hat{\Theta}_U = \frac{(n-1)S^2}{\chi^2_{1-\frac{\alpha}{2},n-1}}$$

앞의 내용을 요약하면 다음 **〈정리 7.3〉**을 얻게 된다.

정리 7.3 모분산 σ^2에 대한 $(1-\alpha)100\%$ 신뢰구간

- 정규모집단 대상 -

평균이 μ이고 분산은 σ^2인 정규모집단으로부터 얻은 크기가 n인 확률표본의 표본분산을 S^2이라고 하면, 모분산 σ^2에 대한 하나의 $(1-\alpha)100\%$ 신뢰구간은 다음과 같다.

$$\left(\frac{(n-1)S^2}{\chi^2_{\frac{\alpha}{2},n-1}} < \sigma^2 < \frac{(n-1)S^2}{\chi^2_{1-\frac{\alpha}{2},n-1}}\right)$$

여기서 주어진 신뢰계수 $1-\alpha$값에 대해 $\chi^2_{\frac{\alpha}{2},n-1}$과 $\chi^2_{1-\frac{\alpha}{2},n-1}$은 확률변수 χ^2의 분포가 $\chi^2(n-1)$를 따를 때 $P(\chi^2 > \chi^2_{\frac{\alpha}{2},n-1}) = P(\chi^2 < \chi^2_{1-\frac{\alpha}{2},n-1}) = \frac{\alpha}{2}$를 만족시키는 값이다.([그림 7-5] 참조)

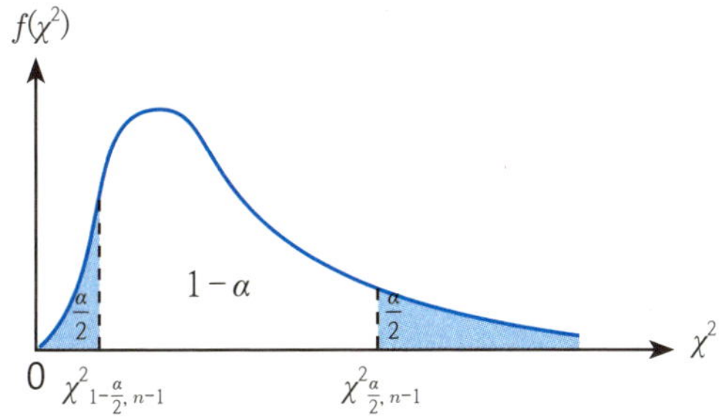

그림 7-5 χ^2분포 : $\chi^2 \sim \chi^2(n-1)$

한편 정규모집단의 모표준편차 σ에 대한 $(1-\alpha)100\%$ 신뢰구간은 **〈정리 7.3〉**에 제시된 모분산 σ^2에 대한 $(1-\alpha)100\%$ 신뢰구간의 양의 제곱근을 취하여 이용한다. 즉 정규모집단의 모표준편차 σ에 대한 하나의 $(1-\alpha)100\%$ 신뢰구간은 $\left(\sqrt{\frac{(n-1)S^2}{\chi^2_{\frac{\alpha}{2},n-1}}}, \sqrt{\frac{(n-1)S^2}{\chi^2_{1-\frac{\alpha}{2},n-1}}}\right)$이다.

예제 7.22

통계청에서는 어떤 회사가 생산하고 있는 나사들의 지름의 분산을 추정하고자 한다. 이를 위해 이 회사의 나사제품들 중에서 20개를 랜덤하게 추출하여 조사한 결과로 이들 지름의 표본분산이 $s^2=5$임을 알았다. 이 회사 나사제품들의 지름의 분포는 정규분포를 따른다고 가정하고 모분산 σ^2에 대한 95% 신뢰구간을 구하라.

대상모집단이 정규모집단이므로 **〈정리 7.3〉**의 $\left(\frac{(n-1)S^2}{\chi^2_{\frac{\alpha}{2},n-1}}, \frac{(n-1)S^2}{\chi^2_{1-\frac{\alpha}{2},n-1}}\right)$를 이용한다. 주어진 자료는 다음과 같다.

$$n=20, \quad s^2=5, \quad \alpha=0.05$$

그리고 **〈부표-5〉**에 의해 $\chi^2_{\frac{\alpha}{2},n-1}=\chi^2_{0.025,19}=32.852$이고, $\chi^2_{1-\frac{\alpha}{2},n-1}=\chi^2_{0.975,19}=8.907$

이다. 따라서 신뢰구간은 다음과 같다.

$$\left(\frac{(n-1)S^2}{\chi^2_{\frac{\alpha}{2},n-1}},\ \frac{(n-1)S^2}{\chi^2_{1-\frac{\alpha}{2},n-1}}\right)=\left(\frac{19\times5}{32.852},\ \frac{19\times5}{8.907}\right)\fallingdotseq(2.892,\ 10.666)$$

한편 모표준편차 σ에 대한 95% 신뢰구간은 $(\sqrt{2.892},\ \sqrt{10.666})$이다.

7.3.3 두 모평균들의 차 $\mu_1-\mu_2$에 대한 신뢰구간

두 모평균들의 차 $\mu_1-\mu_2$에 대한 신뢰구간을 설정하기 위해서 독립인 두 확률표본들(two independent random samples)을 이용하는 경우와 짝지어진 표본(paired sample)을 이용하는 경우로 크게 나누어 살펴보도록 하자.

(1) 독립인 두 확률표본들 이용

두 모집단들을 대상으로 첫 번째 모집단으로부터 크기가 n_1인 확률표본을 얻고, 이와는 독립적으로 두 번째 모집단으로부터 크기가 n_2인 확률표본을 얻으면, 두 확률표본들은 독립이다. 그리고 독립인 두 확률표본들의 각 확률표본에 의해 정의되는 두 통계량들도 독립이 된다.

본 항에서는 먼저 두 대상모집단들의 각 분포가 $N(\mu_1, \sigma_1^2)$과 $N(\mu_1, \sigma_2^2)$을 따를 때, 첫째, 두 모분산들 σ_1^2과 σ_2^2이 알려져 있는 경우, 둘째, 알려져 있지 않으나 같은, 즉 $\sigma_1^2=\sigma_2^2=\sigma^2$인 경우, 셋째 알려져 있지 않고 다른, 즉 $\sigma_1^2\neq\sigma_2^2$인 경우로 나누어 독립인 두 확률표본들을 이용해서 두 모평균들의 차 $\mu_1-\mu_2$에 대한 $(1-\alpha)100\%$ 신뢰구간을 설정하도록 한다. 뒤이어 두 대상모집단들의 각 분포가 정규분포가 아니고 분산이 유한인 임의의 분포를 따를 때, 독립인 두 확률표본들을 이용해서 두 모평균들의 차 $\mu_1-\mu_2$에 대한 $(1-\alpha)100\%$ 신뢰구간을 설정하도록 한다.

먼저 모분산이 각각 σ_1^2과 σ_2^2이고 알려져 있는 두 정규모집단의 모평균들의 차 $\mu_1-\mu_2$에 대한 $(1-\alpha)100\%$ 신뢰구간을 설정하도록 하자. 이 신뢰구간의 설정을 위해서 결과만 요약하면 다음 **〈정리 7.4〉**를 얻게 된다.

정리 7.4 두 모평균들의 차 $\mu_1 - \mu_2$에 대한 $(1-\alpha)100\%$ 신뢰구간

각 분포가 $N(\mu_1, \sigma_1^2)$과 $N(\mu_2, \sigma_2^2)$을 따르고 모분산들 σ_1^2과 σ_2^2이 알려져 있는 두 정규모집단들로부터 크기가 각각 n_1과 n_2이고 독립인 두 확률표본들의 각 표본평균을 $\overline{X}$와 $\overline{Y}$라고 하면, 확률변수 $Z = \dfrac{(\overline{X}-\overline{Y})-(\mu_1-\mu_2)}{\sqrt{\dfrac{\sigma_1^2}{n_1}+\dfrac{\sigma_2^2}{n_2}}}$의 분포는 $N(0, 1)$를 따른다. 그리고 이를 활용하면, 두 모평균들의 차 $\mu_1 - \mu_2$에 대한 하나의 $(1-\alpha)100\%$ 신뢰구간은 다음과 같게 된다.

$$\left((\overline{X}-\overline{Y}) - z_{\frac{\alpha}{2}}\sqrt{\frac{\sigma_1^2}{n_1}+\frac{\sigma_2^2}{n_2}},\ (\overline{X}-\overline{Y}) + z_{\frac{\alpha}{2}}\sqrt{\frac{\sigma_1^2}{n_1}+\frac{\sigma_2^2}{n_2}}\right)$$

여기서 주어진 신뢰계수 $1-\alpha$값에 대해 $z_{\frac{\alpha}{2}}$는 확률변수 Z의 분포가 $N(0, 1)$를 따를 때 $P(Z > z_{\frac{\alpha}{2}}) = \dfrac{\alpha}{2}$를 만족시키는 값이다([그림 7-2] 참조).

위 신뢰구간을 간략하게 $(\overline{X}-\overline{Y}) \pm z_{\frac{\alpha}{2}}\sqrt{\dfrac{\sigma_1^2}{n_1}+\dfrac{\sigma_2^2}{n_2}}$로 표기하기도 한다.

예제 7.23

두 기업들에서 각각 A상표 전구들과 B상표 전구들을 생산하고 있다. 생산된 A상표 전구들과 B상표 전구들 중에서 독립적으로 각각 40개와 50개를 랜덤하게 추출하여 조사한 결과, 각 표본평균 수명시간이 $\overline{x} = 418$(시간)과 $\overline{y} = 402$(시간)임을 알았다. 두 상표 전구의 수명시간들은 각각 정규분포를 따르며 모표준편차가 $\sigma_1 = 26$(시간)과 $\sigma_2 = 22$(시간)임이 알려져 있다고 가정하고, 두 상표 전구의 모평균 수명시간들의 차 $\mu_1 - \mu_2$에 대한 95% 신뢰구간을 구하라.

각 모분산이 $\sigma_1^2=26^2$과 $\sigma_2^2=22^2$으로 알려져 있는 두 정규모집단들 $N(\mu_1, 26^2)$과 $N(\mu_2, 22^2)$을 대상으로 독립적으로 두 특정 확률표본들이 추출되었으므로 위 **〈정리 7.4〉**의 공식 $(\overline{X}-\overline{Y}) \pm z_{\frac{\alpha}{2}}\sqrt{\frac{\sigma_1^2}{n_1}+\frac{\sigma_2^2}{n_2}}$를 이용한다. 주어진 자료는 다음과 같다.

$$\begin{cases} n_1=40 \\ \overline{x}=418 \\ \sigma_1^2=26^2 \end{cases}, \quad \begin{cases} n_2=50 \\ \overline{y}=402 \\ \sigma_2^2=22^2 \end{cases}, \quad \alpha=0.05$$

그리고 **〈부표-4〉**에 의해 $z_{\frac{\alpha}{2}}=z_{0.025}=1.96$이다. 따라서 신뢰구간은 다음과 같이 구해진다.

$$\left((\overline{x}-\overline{y})-z_{\frac{\alpha}{2}}\sqrt{\frac{\sigma_1^2}{n_1}+\frac{\sigma_2^2}{n_2}},\ (\overline{x}-\overline{y})+z_{\frac{\alpha}{2}}\sqrt{\frac{\sigma_1^2}{n_1}+\frac{\sigma_2^2}{n_2}}\right)$$

$$=\left((418\text{-}402)\text{-}1.96\sqrt{\frac{26^2}{40}+\frac{22^2}{50}},\ (418\text{-}402)+1.96\sqrt{\frac{26^2}{40}+\frac{22^2}{50}}\right)$$

$$\fallingdotseq(5.895,\ 26.105)$$

〈정리 7.4〉에 제시된 신뢰구간은 모분산들 σ_1^2과 σ_2^2이 알려져 있지 않은 경우에는 사용할 수 없다. 왜냐하면 제시된 신뢰구간의 신뢰한계에는 알려져 있지 않은 모수들 σ_1^2과 σ_2^2이 포함되어 있기 때문이다.

지금부터 모분산들 σ_1^2과 σ_2^2이 알려져 있지 않은 두 정규모집단의 모평균들의 차 $\mu_1-\mu_2$에 대한 $(1-\alpha)100\%$ 신뢰구간을 설정하도록 하자. 두 모분산들이 같은, 즉 $\sigma_1^2=\sigma_2^2=\sigma^2$인 경우를 우선 살펴보도록 하자. 이 경우 두 모평균들의 차 $\mu_1-\mu_2$에 대한 $(1-\alpha)100\%$ 신뢰구간의 설정을 위해서 결과만 요약하면 **〈정리 7.5〉**를 얻게 된다.

정리 7.5 두 모평균들의 차 $\mu_1 - \mu_2$에 대한 $(1-\alpha)100\%$ 신뢰구간

- 모분산들 σ_1^2과 σ_2^2은 알려져 있지 않으나 $\sigma_1^2 = \sigma_2^2 = \sigma^2$인 두 정규모집단들 대상 -

각 분포가 $N(\mu_1, \sigma_1^2)$과 $N(\mu_2, \sigma_2^2)$을 따르고 모분산들 σ_1^2과 σ_2^2은 알려져 있지 않으나 같은, 즉 $\sigma_1^2 = \sigma_2^2 = \sigma^2$인 두 정규모집단들로부터 크기가 각각 n_1과 n_2이고 독립인 두 확률표본들의 각 표본평균을 $\overline{X}$와 $\overline{Y}$라 하고, 그리고 각 표본분산을 S_1^2과 S_2^2이라고 한다면, 확률변수 $T = \dfrac{(\overline{X}-\overline{Y})-(\mu_1-\mu_2)}{\sqrt{S_p^2\left(\dfrac{1}{n_1}+\dfrac{1}{n_2}\right)}}$의 분포는 자유도가 n_1+n_2-2인 t 분포를 따른다. 이를 활용하면, 두 모평균들의 차 $\mu_1-\mu_2$에 대한 하나의 $(1-\alpha)100\%$ 신뢰구간은 다음과 같게 된다.

$$\left((\overline{X}-\overline{Y}) - t_{\frac{\alpha}{2}, n_1+n_2-2}\sqrt{S_p^2\left(\frac{1}{n_1}+\frac{1}{n_2}\right)},\ (\overline{X}-\overline{Y}) + t_{\frac{\alpha}{2}, n_1+n_2-2}\sqrt{S_p^2\left(\frac{1}{n_1}+\frac{1}{n_2}\right)}\right)$$

여기서 $S_p^2 = \dfrac{(n_1-1)S_1^2+(n_2-1)S_2^2}{n_1+n_2-2}$이며 이를 합동표본분산이라고 부르고, 주어진 신뢰계수 $1-\alpha$값에 대해 $t_{\frac{\alpha}{2}, n_1+n_2-2}$는 확률변수 T의 분포가 $t(n_1+n_2-2)$를 따를 때 $P(T > t_{\frac{\alpha}{2}, n_1+n_2-2}) = \dfrac{\alpha}{2}$를 만족시키는 값이다([그림 7-4] 참조).

위 신뢰구간을 $(\overline{X}-\overline{Y}) \pm t_{\frac{\alpha}{2}, n_1+n_2-2}\sqrt{S_p^2\left(\dfrac{1}{n_1}+\dfrac{1}{n_2}\right)}$라고도 표기한다.

예제 7.24

보건복지부에서는 A상표 담배와 B상표 담배의 니코틴함유량의 차이를 추정하고자 한다. 이를 위해 보건복지부는 A상표 담배와 B상표 담배 중에서 독립적으로 각각 10개피와 8개피를 랜덤하게 추출하여 이들의 니코틴 함유량을 측정단위 mg으로 조사하여 다음과 같은 결과를 얻었다.

A상표 : 3.5, 2.8, 2.6, 3.2, 2.3, 3.9, 2.7, 3.6, 3.1, 3.3

B상표 : 1.5, 1.9, 3.2, 3.3, 3.4, 3.1, 2.5, 2.7

	A상표	B상표
표본크기	10개피	8개피
표본평균	3.1mg	2.7mg
표본표준편차	0.5mg	0.7mg

두 대상모집단의 모분산들은 같으나 알려져 있지 않은 정규모집단들이라고 가정하고, 두 모집단의 모평균의 차 $\mu_1 - \mu_2$에 대한 95% 신뢰구간을 구하라.

모분산들은 같으나 알려져 있지 않은 두 정규모집단들 $N(\mu_1, \sigma^2)$과 $N(\mu_2, \sigma^2)$을 대상으로 독립적으로 두 특정 확률표본들이 추출되었으므로 **〈정리 7.5〉**의 공식인 $(\overline{X} - \overline{Y}) \pm t_{\frac{\alpha}{2}, n_1+n_2-2}\sqrt{S_p^2\left(\frac{1}{n_1}+\frac{1}{n_2}\right)}$를 이용한다. 주어진 자료는 다음과 같다.

$$\begin{cases} n_1 = 10 \\ \overline{x} = 3.1 \\ s_1 = 0.5 \end{cases}, \qquad \begin{cases} n_2 = 8 \\ \overline{y} = 2.7 \\ s_2 = 0.7 \end{cases}, \qquad \alpha = 0.05$$

그리고 〈부표-6〉에 의해

$t_{\frac{\alpha}{2}, n_1+n_2-2} = t_{0.025,\ 16} = 2.120$이고, $s_p^{\ 2} = \dfrac{(n_1-1)s_1^{\ 2} + (n_2-1)s_2^{\ 2}}{n_1+n_2-2} = \dfrac{9\times 0.5^2 + 7\times 0.7^2}{16}$
$= 0.355$이다. 따라서 신뢰구간은 다음과 같이 구해진다.

$$\left((\overline{x}-\overline{y}) - t_{\frac{\alpha}{2}, n_1+n_2-2}\sqrt{s_p^{\ 2}\left(\frac{1}{n_1}+\frac{1}{n_2}\right)},\ (\overline{x}-\overline{y}) + t_{\frac{\alpha}{2}, n_1+n_2-2}\sqrt{s_p^{\ 2}\left(\frac{1}{n_1}+\frac{1}{n_2}\right)}\right)$$

$$=\left((3.1\text{-}2.7)\text{-}2.120\sqrt{0.355\left(\frac{1}{10}+\frac{1}{8}\right)},\ (3.1\text{-}2.7)\text{+}2.120\sqrt{0.355\left(\frac{1}{10}+\frac{1}{8}\right)}\right)$$

$$\fallingdotseq(-0.199,\ 0.999)$$

위에서는 알려져 있지 않은 두 모분산들 σ_1^2과 σ_2^2이 같다는, 즉 $\sigma_1^2=\sigma_2^2=\sigma^2$이라는 가정하에서 두 정규모집단의 모평균들의 차 $\mu_1-\mu_2$에 대한 하나의 $(1-\alpha)100\%$ 신뢰구간을 설정하였고 그 신뢰구간이 **〈정리 7.5〉**에 제시되어 있다. 그러나 이 신뢰구간은 알려져 있지 않은 두 모분산들 σ_1^2과 σ_2^2이 같지 않을 경우에는 이용될 수 없다. 이 경우 두 정규모집단의 모평균들의 차 $\mu_1-\mu_2$에 대한 $(1-\alpha)100\%$ 신뢰구간을 설정하기 위해서 결과만 요약하면 다음 **〈정리 7.6〉**을 얻게 된다.

정리 7.6 두 모평균들의 차 $\mu_1-\mu_2$에 대한 $(1-\alpha)100\%$ 근사신뢰구간

- 모분산들 σ_1^2과 σ_2^2이 알려져 있지 않고 $\sigma_1^2\neq\sigma_2^2$인 두 정규모집단들 대상 -

모분산들 σ_1^2과 σ_2^2이 알려져 있지 않고 $\sigma_1^2\neq\sigma_2^2$인 두 정규모집단들 $N(\mu_1, \sigma_1^2)$과 $N(\mu_2, \sigma_2^2)$으로부터 각각 크기가 n_1과 n_2이고 독립인 두 확률표본들의 각 표본평균을 $\overline{X}$와 $\overline{Y}$라고 하고, 각 표본분산을 S_1^2과 S_2^2이라고 한다면, 확률변수 $T=\dfrac{(\overline{X}-\overline{Y})-(\mu_1-\mu_2)}{\sqrt{\dfrac{S_1^2}{n_1}+\dfrac{S_2^2}{n_2}}}$의 분포는 근사적으로 $t(v)$를 따른다. 그리고 이를 활용하면, 두 모평균들의 차 $\mu_1-\mu_2$에 대한 하나의 $(1-\alpha)100\%$ 근사신뢰구간은 다음과 같게 된다.

$$\left((\overline{X}-\overline{Y})-t_{\frac{\alpha}{2},v}\sqrt{\frac{S_1^2}{n_1}+\frac{S_2^2}{n_2}},\ (\overline{X}-\overline{Y})+t_{\frac{\alpha}{2},v}\sqrt{\frac{S_1^2}{n_1}+\frac{S_2^2}{n_2}}\right)$$

위 정리에서 자유도 v는 $v=\dfrac{\left(\dfrac{S_1^2}{n_1}+\dfrac{S_2^2}{n_2}\right)^2}{\dfrac{S_1^4}{\{n_1^2(n_1-1)\}}+\dfrac{S_2^4}{\{n_2^2(n_2-1)\}}}$으로 주어진다. 만약 이 식에 의해 계산된 값이 정수가 아닌 경우에는 계산된 값과 가장 가까운 정수를 취하는 것이 일반적이며, 위 신뢰구간을 간략하게 $(\overline{X}-\overline{Y})\pm t_{\frac{\alpha}{2},v}\sqrt{\dfrac{S_1^2}{n_1}+\dfrac{S_2^2}{n_2}}$로 표기하기도 한다.

예제 7.25

[예제 7.24]의 자료를 사용하되 알려져 있지 않은 두 모분산들은 같지 않다고 가정하고 두 모평균들의 차 $\mu_1 - \mu_2$에 대한 95% 근사신뢰구간을 구하라.

알려져 있지 않은 두 모분산들이 다른 두 정규모집단들 $N(\mu_1, \sigma_1^2)$과 $N(\mu_2, \sigma_2^2)$을 대상으로 독립적으로 두 특정 확률표본들이 추출되었으므로 **<정리 7.6>**의 공식 $(\overline{X}-\overline{Y}) \pm t_{\frac{\alpha}{2}, v}\sqrt{\frac{S_1^2}{n_1}+\frac{S_2^2}{n_2}}$를 이용한다. 주어진 자료는 다음과 같다.

$$\begin{cases} n_1 = 10 \\ \overline{x} = 3.1 \\ s_1 = 0.5 \end{cases}, \quad \begin{cases} n_2 = 8 \\ \overline{y} = 2.7 \\ s_2 = 0.7 \end{cases}, \quad \alpha = 0.05$$

먼저 자유도 v를 결정하면 다음과 같다.

$$v = \frac{\left(\frac{s_1^2}{n_1}+\frac{s_2^2}{n_2}\right)^2}{\frac{s_1^4}{\{n_1^2(n_1-1)\}}+\frac{s_2^4}{\{n_2^2(n_2-1)\}}}$$

$$= \frac{\left(\frac{(0.5)^2}{10}+\frac{(0.7)^2}{8}\right)^2}{\frac{(0.5)^4}{\{10^2(10-1)\}}+\frac{(0.7)^4}{\{8^2(8-1)\}}}$$

$$= 12.29 \fallingdotseq 12$$

그리고 **<부표-6>**에 의해 $t_{\frac{\alpha}{2}, v} = t_{0.025, 12} = 2.179$이다. 따라서 근사신뢰구간은 다음과 같다.

$$\left((\overline{x}-\overline{y}) - t_{\frac{\alpha}{2}, v}\sqrt{\frac{s_1^2}{n_1}+\frac{s_2^2}{n_2}},\ (\overline{x}-\overline{y}) + t_{\frac{\alpha}{2}, v}\sqrt{\frac{s_1^2}{n_1}+\frac{s_2^2}{n_2}}\right)$$

$$= \left((3.1-2.7)-2.179\sqrt{\frac{0.5^2}{10}+\frac{0.7^2}{8}},\ (3.1-2.7)+2.179\sqrt{\frac{0.5^2}{10}+\frac{0.7^2}{8}}\right)$$

$$\fallingdotseq (-0.240,\ 1.040)$$

지금까지는 두 정규모집단들을 대상으로 하였다. 이제부터는 각각 모평균이 μ_1과 μ_2이고 모분산 σ_1^2과 σ_2^2은 유한인 두 임의의 모집단들을 대상으로 하나, 각 표본크기 n_1과 n_2가 충분히 큰 경우에 독립인 두 확률표본들을 이용해서 두 모평균들의 차 $\mu_1-\mu_2$에 대한 $(1-\alpha)100\%$ 근사신뢰구간을 설정하도록 하자. 이를 위해서 결과만 요약하면 다음과 같다. 즉, 표본크기가 통상 $n_1 \geqq 30$이고 $n_2 \geqq 30$이면, 모분산들 σ_1^2과 σ_2^2이 알려져 있는 경우에는 임의의 두 모집단의 모평균들의 차 $\mu_1-\mu_2$에 대한 하나의 $(1-\alpha)100\%$ 근사신뢰구간으로 **〈정리 7.4〉**에 제시된 신뢰구간 $(\overline{X}-\overline{Y}) \pm z_{\frac{\alpha}{2}}\sqrt{\frac{\sigma_1^2}{n_1}+\frac{\sigma_2^2}{n_2}}$를 흔히 이용한다. 한편 모분산들 σ_1^2과 σ_2^2이 알려져 있지 않은 경우에는 σ_1^2과 σ_2^2을 각각 표본분산 S_1^2과 S_2^2으로 대체한 구간 $(\overline{X}-\overline{Y}) \pm z_{\frac{\alpha}{2}}\sqrt{\frac{S_1^2}{n_1}+\frac{S_2^2}{n_2}}$를 이용해도 무난한 것으로 알려져 있다. 여기서 표본크기가 큰 경우에는 대상모집단의 분포형태에 관해 특별한 가정이 필요 없게 됨에 유의하기 바란다.

예제 7.26

[예제 7.23]의 자료를 사용하되 두 상표 전구의 각 수명시간은 정규분포를 따르지 않는다고 가정하고, 두 모평균들의 차 $\mu_1-\mu_2$에 대한 95% 근사신뢰구간을 구하라.

모분산이 각각 $\sigma_1^2=26^2$과 $\sigma_1^2=22^2$인 임의의 두 모집단들을 대상으로 크기가 각각 $n_1 \geqq 30$이고 $n_2 \geqq 30$인 두 특정 확률표본들이 독립적으로 추출되었으므로 공식 $(\overline{X}-\overline{Y}) \pm z_{\frac{\alpha}{2}}\sqrt{\frac{\sigma_1^2}{n_1}+\frac{\sigma_2^2}{n_2}}$를 이용한다.

이하 나머지는 **[예제 7.23]**의 풀이와 같다.

---

(2) 짝지어진 표본 이용

위에서는 두 모집단들을 대상으로 첫 번째 모집단으로부터 크기가 n_1인 확률표본을 얻고, 이와는 독립적으로 두 번째 모집단으로부터 크기가 n_2인 확률표본을 얻음으로써, 독립인 두 확률표본들을 이용해서 두 대상모집단의 모평균들의 차 $\mu_1-\mu_2$에 대한 $(1-\alpha)100\%$ 신뢰구간을 설정하였다. 여기서 '독립'이라는 의미는 한 모집단에서 추출한 확률표본의 특정 관측값이 또 다른 모집단으로부터 추출한 확률표본의 특정 관측값에 하등의 영향을 미치지 않는다는 뜻이다. 그러나 때때로 어떤 한 집단으로부터 랜덤하게 추출한 n개의 개체들을 대상으로 관심이 있는 바를 서로 다른 두 시점에서 각각 측정하여 얻은 크기가 n인 짝지어진 특정 표본관측값을 이용하여 신뢰구간을 설정하는 경우가 있다. 예를 들어 설명하도록 하자.

40대 전체 주부로 구성된 집단을 대상으로 어떤 식이요법이 이들에게 효과가 어떠한지를 추정하고자 한다. 이를 위해 이 집단으로부터 n명을 랜덤하게 추출하여 이들에게 식이요법을 적용하기 전의 체중을 측정한 다음에, 동일한 n명에게 식이요법을 적용한 후에 체중을 측정하여 얻은 크기가 n인 짝지어진 특정 표본관측값을 이용하여 식이요법이 적용되기 전과 적용된 후의 40대 전체 주부의 평균체중들의 차이가 어떠한지를 추정하고자 한다.

이때 얻은 크기가 n인 짝지어진 표본관측값은 추출된 동일한 n명을 대상으로 측정되었기 때문에 식이요법 적용 전에 측정된 i번째 주부의 체중은 식이요법 적용 후에 측정된 i번째 주부의 체중에 영향을 주는 것이 일반적이다. 즉 일반적으로 식이요법 적용 전에 측정된 체중은 식이요법 적용 후에 측정된 체중과 양의 상관관계가 있을 것이다. 따라서 여기에서 얻은 크기가 n인 짝지어진 표본관측값은 독립적으로 얻은 두 확률표본들의 관측값들이라고 할 수 없으므로 이 표본값들을 이용하여 식이요법 적용 '전과 후'에 40대 전체 주부의 평균체중들의 차이에 대한 신뢰구간을 설정하기 위하여 앞의 (1)항의 방법을 이용하기에는 문제가 발생한다.

랜덤하게 추출된 i번째($i=1, 2, \cdots, n$) 주부에게 식이요법이 적용되기 전에 측정된 체중을 나타내는 확률변수를 X_i라 하고, 식이요법이 적용된 후에 측정된 체중을 나타내는 확률변수를 Y_i라고 하자. 또한 이때 두 확률변수들 X_i와 Y_i가 정의될 수 있는 가상의 두 모집단의 모평균들을 각각 μ_1과 μ_2라고 하자. 문제는 이 경우에 있어 두 모평균들의 차 $\mu_1-\mu_2$에 대한 $(1-\alpha)100\%$ 신뢰구간을 설정하는 것이다.

여기서 (X_i, Y_i)는 i번째 주부에게 식이요법이 적용되기 전과 적용된 후의 관측값을 나타내는 짝지어진 확률변수로 (X_1, Y_1), (X_2, Y_2), $\cdots$, (X_n, Y_n)는 크기가 n인 짝지어진 표본(paired sample)이라고 불리며, 각 쌍들은 독립이나 i번째 쌍내의 X_i와

Y_i는 일반적으로 독립이 아니다. 추출된 i번째 주부의 체중변화는 X_i와 Y_i의 차이가 될 것이며 이를 $D_i = X_i - Y_i$로 나타내도록 하자. 이때 $D_1, D_2, \cdots, D_n$은 모평균이 $\mu_D = E(X_i - Y_i) = \mu_1 - \mu_2$이고 모분산은 ${\sigma_D}^2$인 모집단으로부터 정의된 크기가 n인 확률표본으로 간주될 수 있다.

따라서 짝지어진 표본을 이용한 두 모평균들의 차 $\mu_1 - \mu_2$에 대한 $(1-\alpha)100\%$ 신뢰구간의 설정은 모평균이 $\mu_D = \mu_1 - \mu_2$이고 모분산이 ${\sigma_D}^2$인 모집단으로부터 크기가 n인 확률표본 $D_1, D_2, \cdots, D_n$을 이용해서 이 모집단의 모평균 $\mu_D = \mu_1 - \mu_2$에 대한 $(1-\alpha)100\%$ 신뢰구간의 설정과 같다. 따라서 모분산 ${\sigma_D}^2$이 알려져 있는 정규모집단일 경우, 모분산 ${\sigma_D}^2$이 알려져 있지 않은 정규모집단일 경우, 그리고 임의의 모집단일 경우로 나누어 살펴볼 수가 있다. 그러나 모분산 ${\sigma_D}^2$이 알려져 있지 않은 경우가 일반적이다.

지금부터 대상모집단은 모분산 ${\sigma_D}^2$이 알려져 있지 않은 정규모집단일 경우에 이 모집단의 모평균 $\mu_D = \mu_1 - \mu_2$에 대한 $(1-\alpha)100\%$ 신뢰구간을 설정하도록 하자. 먼저 이 모집단으로부터 크기가 n인 확률표본 $D_1, D_2, \cdots, D_n$에 의하여 정의되는 표본평균과 표본분산을 각각 $\overline{D} = \dfrac{\sum_{i=1}^{n} D_i}{n}$과 ${S_D}^2 = \dfrac{\sum_{i=1}^{n} (D_i - \overline{D})^2}{n-1}$ 이라고 하면, 6장의 **〈정리 6.12〉**에 의해 확률변수 $T = \dfrac{\overline{D} - \mu_D}{\frac{S_D}{\sqrt{n}}}$의 분포는 $t(n-1)$을 따른다. 따라서 다음 **〈정리 7.7〉**을 얻게 된다.

정리 7.7 짝지어진 표본을 이용한 모평균 $\mu_D = \mu_1 - \mu_2$에 대한 $(1-\alpha)100\%$ 신뢰구간

- 모분산 ${\sigma_D}^2$이 알려져 있지 않은 정규모집단 대상 -

모분산 ${\sigma_D}^2$이 알려져 있지 않은 정규모집단으로부터 크기가 n인 확률표본 $D_1, D_2, \cdots, D_n$에 의해 정의되는 표본평균과 표본분산을 각각 $\overline{D}$와 ${S_D}^2$이라고 하면, 모평균 $\mu_D = \mu_1 - \mu_2$에 대한 하나의 $(1-\alpha)100\%$ 신뢰구간은 다음과 같다.

$$\left(\overline{D} - t_{\frac{\alpha}{2}, n-1}\frac{S_D}{\sqrt{n}},\ \overline{D} + t_{\frac{\alpha}{2}, n-1}\frac{S_D}{\sqrt{n}}\right)$$

여기서 수어진 신뢰계수 $1-\alpha$값에 대해 $t_{\frac{\alpha}{2}, n-1}$는 확률변수 T의 분포가 $t(n-1)$를 따를 때 $P(T > t_{\frac{\alpha}{2}, n-1}) = \frac{\alpha}{2}$를 만족시키는 값이다([그림 7-4] 참조).

위 신뢰구간을 간략하게 $\overline{D} \pm t_{\frac{\alpha}{2}, n-1}\frac{S_D}{\sqrt{n}}$로 표기하기도 한다. 한편 실질적으로 표본크기 n이 통상 $n \geqq 30$일 때에는 대상모집단의 분포가 정규분포를 따른다는 가정이 없어도 확률변수 $T = \frac{\overline{D} - \mu_D}{\frac{S_D}{\sqrt{n}}}$의 분포를 근사적으로 $N(0, 1)$로 취급해도 무난한 것으로 알려져 있다. 따라서 표본크기가 $n \geqq 30$이면, 대상모집단이 정규분포를 따르지 않더라도 이 모집단의 모평균 $\mu_D = \mu_1 - \mu_2$에 대한 하나의 $(1-\alpha)100\%$ 근사신뢰구간으로 $\left(\overline{D} - z_{\frac{\alpha}{2}}\frac{S_D}{\sqrt{n}},\ \overline{D} + z_{\frac{\alpha}{2}}\frac{S_D}{\sqrt{n}}\right)$를 흔히 이용한다.

예제 7.27

어느 대기업에서는 직업훈련이 근로자들의 능률향상에 효과가 있는지를 추정하고자 한다. 이를 위해 이 기업에서는 전체 근로자들 중에서 10명을 랜덤하게 추출하여 이들에게 직업훈련을 실시하기 전과 실시한 후의 각 작업능률을 점수로 측정하였더니 다음 표와 같았다.

근로자	1	2	3	4	5	6	7	8	9	10
실시전(x_i)	76	60	85	58	91	75	82	64	79	88
실시후(y_i)	81	52	87	70	86	77	90	63	85	83

직업훈련을 실시하기 전과 실시한 후에 이 기업 전체 근로자들의 평균작업능률의 차 $\mu_1 - \mu_2$에 대한 95% 신뢰구간을 구하라. 직업훈련을 실시하기 전과 실시한 후의 작업능률 점수차의 분포는 정규분포를 따른다고 가정하라.

짝지어진 표본을 이용하여 모분산 $\sigma_D{}^2$이 알려져 있지 않은 정규모집단의 모평균 $\mu_D=\mu_1-\mu_2$에 대한 $(1-\alpha)100\%$ 신뢰구간의 설정문제이므로 **〈정리 7.7〉**의 신뢰구간 $\overline{D}\pm t_{\frac{\alpha}{2},\, n-1}\dfrac{S_D}{\sqrt{n}}$를 이용한다.

위 주어진 결과표로부터 각 근로자의 점수 차 $d_i=x_i-y_i(i=1,\ 2,\ \cdots,\ 10)$는 다음과 같다.

$$-5,\ 8,\ -2,\ -12,\ 5,\ -2,\ -8,\ 1,\ -6,\ 5$$

한편 $\overline{d}$와 $s_D{}^2$을 구하면 각각 다음과 같다.

$$\overline{d}=\frac{\sum_{i=1}^{n}d_i}{n}=\frac{(-5)+8+(-2)+\cdots+(-6)+5}{10}=-1.6$$

$$s_D{}^2=\frac{\sum_{i=1}^{n}(d_i-\overline{d})^2}{n-1}\fallingdotseq 40.7$$

그리고 $\alpha=0.05$이고 $n=10$이므로 **〈부표-6〉**에 의해 $t_{\frac{\alpha}{2},\, n-1}=t_{0.025,\, 9}=2.262$이다. 따라서 $\mu_D=\mu_1-\mu_2$에 대한 95% 신뢰구간은 다음과 같다.

$$\left(\overline{d}-t_{\frac{\alpha}{2},\, n-1}\frac{s_D}{\sqrt{n}},\ \overline{d}+t_{\frac{\alpha}{2},\, n-1}\frac{s_D}{\sqrt{n}}\right)$$

$$=-1.6-2.262\frac{\sqrt{40.7}}{\sqrt{10}},\ -1.6+2.262\frac{\sqrt{40.7}}{\sqrt{10}}$$

$$\fallingdotseq(-6.16,\ 2.96)$$

7.3.4 두 모분산들의 비 $\dfrac{\sigma_1{}^2}{\sigma_2{}^2}$에 대한 신뢰구간

분산이 각각 $\sigma_1{}^2$과 $\sigma_2{}^2$인 두 정규모집단의 모분산들의 비 $\dfrac{\sigma_1{}^2}{\sigma_2{}^2}$에 대한 $(1-\alpha)100\%$ 신뢰구간을 설정하도록 하자. 이를 위해서는 6장의 **〈정리 6.15〉**에 의해 확률변수 $F=\dfrac{\sigma_2{}^2S_1{}^2}{\sigma_1{}^2S_2{}^2}$의 분포가 $F(n_1-1,\ n_2-1)$를 따른다는 것을 활용한다.

신뢰계수 $1-\alpha$의 값이 주어졌을 때, 확률변수 $F=\dfrac{\sigma_2^{\ 2}S_1^{\ 2}}{\sigma_1^{\ 2}S_2^{\ 2}}$의 분포는 $F(n_1-1, n_2-1)$를 따르므로 다음 식을 만족시키는 $F_{1-\frac{\alpha}{2}, n_1-1, n_2-1}$과 $F_{\frac{\alpha}{2}, n_1-1, n_2-1}$의 값들이 각각 존재한다([그림 7-6] 참조).

$$P\left(F_{1-\frac{\alpha}{2}, n_1-1, n_2-1} < \frac{\sigma_2^{\ 2}S_1^{\ 2}}{\sigma_1^{\ 2}S_2^{\ 2}} < F_{\frac{\alpha}{2}, n_1-1, n_2-1}\right) = 1-\alpha$$

위 식의 괄호 안의 부등식에서 각 항의 역수를 취한 다음, 각 항에 $\dfrac{S_1^{\ 2}}{S_2^{\ 2}}$를 곱하면 다음 식을 얻게 된다.

$$P\left(\frac{S_1^{\ 2}}{S_2^{\ 2}}\frac{1}{F_{\frac{\alpha}{2}, n_1-1, n_2-1}} < \frac{\sigma_1^{\ 2}}{\sigma_2^{\ 2}} < \frac{S_1^{\ 2}}{S_2^{\ 2}}\frac{1}{F_{1-\frac{\alpha}{2}, n_1-1, n_2-1}}\right) = 1-\alpha$$

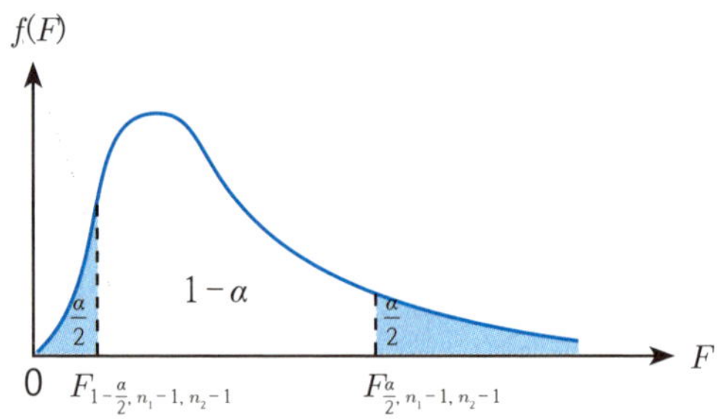

그림 7-6 F분포 : $\boldsymbol{F} \sim F(n_1-1,\ n_2-1)$

위 식의 괄호 안의 부등식에서 끝 항 $\dfrac{1}{F_{1-\frac{\alpha}{2}, n_1-1, n_2-1}}$의 값은 F분포의 분포표인 **〈부표-7〉**에 의해 직접 구할 수 없다. 그러나 6장의 **〈정리 6.13〉**으로부터 $F_{1-\frac{\alpha}{2}, n_1-1, n_2-1} = \dfrac{1}{F_{\frac{\alpha}{2}, n_2-1, n_1-1}}$의 관계가 유도되므로 위 식은 다음 식과 같이 되며,

$$P\left(\frac{S_1^{\ 2}}{S_2^{\ 2}}\frac{1}{F_{\frac{\alpha}{2}, n_1-1, n_2-1}} < \frac{\sigma_1^{\ 2}}{\sigma_2^{\ 2}} < \frac{S_1^{\ 2}}{S_2^{\ 2}}F_{\frac{\alpha}{2}, n_2-1, n_1-1}\right) = 1-\alpha$$

따라서 앞 신뢰구간의 정의에서 언급한 신뢰하한 $\hat{\Theta}_L$과 신뢰상한 $\hat{\Theta}_U$은 각각 다음

과 같게 된다.

$$\hat{\Theta}_L = \frac{S_1^{\,2}}{S_2^{\,2}} \frac{1}{F_{\frac{\alpha}{2}, n_1-1, n_2-1}}, \quad \hat{\Theta}_U = \frac{S_1^{\,2}}{S_2^{\,2}} F_{\frac{\alpha}{2}, n_2-1, n_1-1}$$

위 내용을 요약하면 다음 **〈정리 7.8〉**을 얻게 된다.

정리 7.8 두 모분산들의 비 $\frac{\sigma_1^{\,2}}{\sigma_2^{\,2}}$에 대한 $(1-\alpha)100\%$ 신뢰구간

- 두 정규모집단들 대상 -

각 분산이 $\sigma_1^{\,2}$과 $\sigma_2^{\,2}$인 두 정규모집단들로부터 각각 크기가 n_1과 n_2이고 독립인 두 확률표본들의 각 표본분산을 $S_1^{\,2}$과 $S_2^{\,2}$이라고 하면, 두 모분산들의 비 $\frac{\sigma_1^{\,2}}{\sigma_2^{\,2}}$에 대한 하나의 $(1-\alpha)100\%$ 신뢰구간은 다음과 같다.

$$\left(\frac{S_1^{\,2}}{S_2^{\,2}} \frac{1}{F_{\frac{\alpha}{2}, n_1-1, n_2-1}}, \frac{S_1^{\,2}}{S_2^{\,2}} F_{\frac{\alpha}{2}, n_2-1, n_1-1}\right)$$

여기서 주어진 신뢰계수 $1-\alpha$값에 대해 $F_{\frac{\alpha}{2}, n_1-1, n_2-1}$는 확률변수 F의 분포가 $F(n_1-1, n_2-1)$를 따를 때 $P(\boldsymbol{F} > F_{\frac{\alpha}{2}, n_1-1, n_2-1}) = \frac{\alpha}{2}$를 만족시키는 값이다([그림 7-6] 참조).

예제 7.28

보건복지부에서는 A상표와 B상표 담배의 니코틴함유량에 대한 산포도들을 비교하고자 한다. 이를 위해 보건복지부에서는 A상표 담배와 B상표 담배 중에서 독립적으로 각각 10개피와 8개피를 랜덤하게 추출하여 이들의 니코틴함유량의 각 표본분산을 조사하였더니 $s_1^{\,2}=0.25$이고, $s_2^{\,2}=0.49$임을 알았다. 두 대상모집단은 정규모집단들이라고 가정하고 두 모집단의 모분산들의 비 $\frac{\sigma_1^{\,2}}{\sigma_2^{\,2}}$에 대한 98% 신뢰구간을 구하라.

두 정규모집단들을 대상으로 두 특정 확률표본들이 독립적으로 추출되었으므로 **〈정리 7.8〉**의 공식 $\left(\frac{S_1^{\ 2}}{S_2^{\ 2}}\frac{1}{F_{\frac{\alpha}{2}, n_1-1, n_2-1}}, \frac{S_1^{\ 2}}{S_2^{\ 2}}F_{\frac{\alpha}{2}, n_2-1, n_1-1}\right)$를 이용한다.

주어진 자료는 다음과 같다.

$$\begin{cases} n_1 = 10 \\ s_1^{\ 2} = 0.25 \end{cases}, \qquad \begin{cases} n_2 = 8 \\ s_2^{\ 2} = 0.49 \end{cases}, \qquad \alpha = 0.02$$

그리고 **〈부표-7〉**에 의해 $F_{\frac{\alpha}{2}, n_1-1, n_2-1} = F_{0.01, 9, 7} = 6.72$이고 $F_{\frac{\alpha}{2}, n_2-1, n_1-1} = F_{0.01, 7, 9} = 5.61$이다. 따라서 신뢰구간은 다음과 같다.

$$\left(\frac{S_1^{\ 2}}{S_2^{\ 2}}\frac{1}{F_{\frac{\alpha}{2}, n_1-1, n_2-1}}, \frac{S_1^{\ 2}}{S_2^{\ 2}}F_{\frac{\alpha}{2}, n_2-1, n_1-1}\right) = \left(\frac{0.25}{0.49}\frac{1}{6.72}, \frac{0.25}{0.49}5.61\right)$$
$$\fallingdotseq (0.076, 2.862)$$

7.3.5 모비율 p에 대한 신뢰구간

대상모집단의 관측결과들이 두 속성, '성공'과 '실패'로 분류되는 이항모집단의 '성공'의 **모비율 p**에 대한 $(1-\alpha)100\%$ 신뢰구간을 설정하도록 하자. 예를 들어 어떤 제품의 모불량률 p, 특정 후보에 대한 선거인들의 모지지율 p, 환자들에 적용된 새로운 치료방법의 모치유율 p 등에 대한 신뢰구간을 생각할 수 있다.

모비율이 p인 이항모집단으로부터 크기가 n인 확률표본 중에서 '성공'의 출현수를 나타내는 확률변수를 X라고 한다면 $\hat{P} = \frac{X}{n}$를 **표본비율**이라고 한다. 이때 6장의 **〈정리 6.5〉**에 의해 신뢰계수 $1-\alpha$의 값이 주어졌을 때, 표본크기 n이 커짐에 따라 확률변수 $Z = \frac{\hat{P}-p}{\sqrt{\frac{p(1-p)}{n}}}$의 분포는 $N(0, 1)$에 접근하므로 근사적으로 다음 식을 만족시키는 $z_{\frac{\alpha}{2}}$값이 존재한다([그림 7-2] 참조).

$$P\left(-z_{\frac{\alpha}{2}} < \frac{\hat{P}-p}{\sqrt{\frac{p(1-p)}{n}}} < z_{\frac{\alpha}{2}}\right) \approx 1-\alpha$$

위 식의 괄호 안에 있는 부등식을 p에 대하여 정리하면 다음 식을 얻게 된다.

$$P\left(\hat{P} - z_{\frac{\alpha}{2}}\sqrt{\frac{p(1-p)}{n}} < p < \hat{P} + z_{\frac{\alpha}{2}}\sqrt{\frac{p(1-p)}{n}}\right) \approx 1-\alpha$$

위 식은 신뢰하한과 신뢰상한에 모비율 p를 포함하므로 모비율 p에 대한 $(1-\alpha)100\%$ 신뢰구간이 아니다. 그러나 표본크기 n이 충분히 모비율 p를 이의 추정량인 표본비율 $\hat{P}$으로 대체해도 무난한 것으로 알려져 있다. 따라서 표본크기 n이 충분히 큰 경우에 위 식을 다음 식과 같이 나타낼 수 있다.

$$P\left(\hat{P} - z_{\frac{\alpha}{2}}\frac{\sqrt{\hat{P}(1-\hat{P})}}{n} < p < \hat{P} + z_{\frac{\alpha}{2}}\frac{\sqrt{\hat{P}(1-\hat{P})}}{n}\right) \approx 1-\alpha$$

이상의 내용을 요약하면 다음 **〈정리 7.9〉**를 얻게 된다.

정리 7.9 모비율 p에 대한 $(1-\alpha)100\%$ 근사신뢰구간

- 표본크기 n이 충분히 큰 경우 -

모비율이 p인 이항모집단으로부터 크기가 n인 확률표본의 표본비율을 $\hat{P}$이라고 하면, 표본크기 n이 충분히 큰 경우 모비율 p에 대한 하나의 $(1-\alpha)100\%$ 근사신뢰구간은 다음과 같다.

$$\left(\hat{P} - z_{\frac{\alpha}{2}}\sqrt{\frac{\hat{P}(1-\hat{P})}{n}},\ \hat{P} + z_{\frac{\alpha}{2}}\sqrt{\frac{\hat{P}(1-\hat{P})}{n}}\right)$$

여기서 주어진 신뢰계수 $1-\alpha$값에 대해 $z_{\frac{\alpha}{2}}$는 확률변수 Z가 $N(0,\ 1)$를 따를 때 $P(Z > z_{\frac{\alpha}{2}}) = \frac{\alpha}{2}$를 만족시키는 값이다([그림 7-2] 참조).

위 근사신뢰구간을 간략하게 $\hat{P} \pm z_{\frac{\alpha}{2}}\sqrt{\frac{\hat{P}(1-\hat{P})}{n}}$로 표기하기도 한다. 한편 위 근사신뢰구간은 이항분포를 정규분포로 근사시킬 때와 마찬가지로 $n\hat{P} \geqq 5$이고 $n(1-\hat{P}) \geqq 5$인 경우에 적용되는 것이 바람직한 것으로 알려져 있다. 더욱이 대상이 되는 이항모집단의 크기 N이 표본크기 n에 비하여 상당히 클 때에는 비복원추출의 경우에도 위 결과의 적용은 무난한 것으로 알려져 있다.

예제 7.29

어떤 공장의 제품들로부터 크기가 $n=500$인 표본을 랜덤하게 추출해서 조사한 결과로 160개의 불량품을 얻었다. 이 공장 제품들의 불량품비율 p에 대한 95% 근사신뢰구간을 구하라.

주어진 자료로부터 표본비율은 $\hat{p}=\frac{160}{500}=0.32$이며, $n\hat{p}=160>5$이고 $n(1-\hat{p})=340>5$이므로 **〈정리 7.9〉**의 공식 $\left(\hat{P}-z_{\frac{\alpha}{2}}\sqrt{\frac{\hat{P}(1-\hat{P})}{n}},\ \hat{P}+z_{\frac{\alpha}{2}}\sqrt{\frac{\hat{P}(1-\hat{P})}{n}}\right)$을 이용한다.

그리고 $\alpha=0.05$이므로 **〈부표-4〉**에 의해 $z_{\frac{\alpha}{2}}=z_{0.025}=1.96$이다. 따라서 근사신뢰구간은 다음과 같다.

$$
\begin{aligned}
&P\left(\hat{p}-z_{\frac{\alpha}{2}}\sqrt{\frac{\hat{p}(1-\hat{p})}{n}},\ \hat{p}+z_{\frac{\alpha}{2}}\sqrt{\frac{\hat{p}(1-\hat{p})}{n}}\right)\\
&\quad=(0.32-1.96\sqrt{\frac{(0.32)(0.68)}{500}},\ 0.32+1.96\sqrt{\frac{(0.32)(0.68)}{500}})\\
&\quad\fallingdotseq(0.279,\ 0.361)
\end{aligned}
$$

7.3.6 두 모비율들의 차 $p_1 - p_2$에 대한 신뢰구간

각 모비율이 p_1과 p_2인 두 이항모집단의 모비율들의 차 $p_1 - p_2$에 대한 $(1-\alpha)100\%$ 신뢰구간을 설정하도록 하자. 예를 들어 서울과 지방 대학 졸업생들의 모취업률들의 차 $p_1 - p_2$, 두 제조과정에서 생산된 제품의 모합격률들의 차 $p_1 - p_2$ 등에 대한 신뢰구간들을 생각할 수 있다. 이를 위해서 결과만 요약하면 다음 **〈정리 7.10〉**을 얻게 된다.

정리 7.10 두 모비율들의 차 $p_1 - p_2$에 대한 $(1-\alpha)100\%$ 근사신뢰구간

각 모비율이 p_1과 p_2인 두 이항모집단들로부터 크기가 각각 n_1과 n_2이고 독립인 두 확률표본들의 각 표본비율을 $\hat{P}_1$과 $\hat{P}_2$이라고 하면, 표본크기 n_1과 n_2가 모두 충분히 큰 경우 두 모비율들의 차 $p_1 - p_2$에 대한 하나의 $(1-\alpha)100\%$ 근사신뢰구간은 다음과 같다.

$$\left((\hat{P}_1 - \hat{P}_2) - z_{\frac{\alpha}{2}}\sqrt{\frac{\hat{P}_1(1-\hat{P}_1)}{n_1} + \frac{\hat{P}_2(1-\hat{P}_2)}{n_2}},\ (\hat{P}_1 - \hat{P}_2) + z_{\frac{\alpha}{2}}\sqrt{\frac{\hat{P}_1(1-\hat{P}_1)}{n_1} + \frac{\hat{P}_2(1-\hat{P}_2)}{n_2}}\right)$$

여기서 주어진 신뢰계수 $1-\alpha$값에 대해 $z_{\frac{\alpha}{2}}$는 확률변수 Z가 $N(0,\ 1)$를 따를 때 $P(Z > z_{\frac{\alpha}{2}})$를 만족시키는 값이다([그림 7-2] 참조).

위 근사신뢰구간을 간략하게 $(\hat{P}_1 - \hat{P}_2) \pm z_{\frac{\alpha}{2}}\sqrt{\frac{\hat{P}_1(1-\hat{P}_1)}{n_1} + \frac{\hat{P}_2(1-\hat{P}_2)}{n_2}}$로 표기하기도 한다.

예제 7.30

대통령선거운동이 한창 열기를 띠고 있다. A당에서는 도시와 농촌에서의 A당 입후보자에 대한 모지지율들의 차이를 추정하고자 한다. 이를 위해 A당은 도시선거인들 중에서 5,000명을, 이와는 독립적으로 농촌선거인들 중에서는 2,000명을 랜덤하게 추출하여 조사한 결과로 각각 2,400명과 1,200명의 지지자들을 얻었다. 이를 이용하여 A당 입후보자에 대한 도시와 농촌지지율의 차 $p_1 - p_2$에 대한 90% 근사신뢰구간을 구하라.

모비율이 각각 p_1과 p_2인 두 이항모집단들을 대상으로 두 특정 확률표본들이 독립적으로 추출되었고 각 표본크기가 충분히 크므로 **〈정리 7.10〉**의 공식인 $(\hat{P}_1 - \hat{P}_2) \pm z_{\frac{\alpha}{2}}\sqrt{\frac{\hat{P}_1(1-\hat{P}_1)}{n_1}+\frac{\hat{P}_2(1-\hat{P}_2)}{n_2}}$를 이용한다. 주어진 자료는 다음과 같다.

$$\begin{cases} n_1 = 5{,}000 \\ x = 2{,}400 \end{cases}, \quad \begin{cases} n_2 = 2{,}000 \\ y = 1{,}200 \end{cases}, \quad \alpha = 0.1$$

그리고 **〈부표-4〉**에 의해 $z_{\frac{\alpha}{2}} = z_{0.05} = 1.645$이다. 한편 $\hat{p}_1$과 $\hat{p}_2$은 각각 다음과 같다.

$$\hat{p}_1 = \frac{x}{n_1} = \frac{2{,}400}{5{,}000} = 0.48\,, \quad \hat{p}_2 = \frac{y}{n_2} = \frac{1{,}200}{2{,}000} = 0.60$$

따라서 근사신뢰구간은 다음과 같다.

$$\left((\hat{p}_1 - \hat{p}_2) + z_{\frac{\alpha}{2}}\sqrt{\frac{\hat{p}_1(1-\hat{p}_1)}{n_1}+\frac{\hat{p}_2(1-\hat{p}_2)}{n_2}},\right.$$
$$\left.(\hat{p}_1 - \hat{p}_2) - z_{\frac{\alpha}{2}}\sqrt{\frac{\hat{p}_1(1-\hat{p}_1)}{n_1}+\frac{\hat{p}_2(1-\hat{p}_2)}{n_2}}\right)$$
$$=\left((0.48\text{-}0.60)\text{-}1.645\sqrt{\frac{(0.48)(1-0.48)}{5{,}000}+\frac{(0.60)(1-0.60)}{2{,}000}},\right.$$
$$\left.(0.48\text{-}0.60)+1.645\sqrt{\frac{(0.48)(1-0.48)}{5{,}000}+\frac{(0.60)(1-0.60)}{2{,}000}}\right)$$
$$\fallingdotseq (-0.1414,\ -0.0986)$$

▶ 모분산이 알려져 있는 정규모집단의 모평균 μ에 대한 95% 신뢰구간 [예제 7.16]

데이터 생성

```
z1 <- c(55,47,85,71,76,53,71,38,67,73,69,49,73,70,55,52,87,70,
81,63,78,52,33,89,51)
mean(z1)
## [1] 64.32
m <- mean(z1)
n <- 25
s <- 15
error <- qnorm(0.975,0,1)*(s/sqrt(n))
error
## [1] 5.879892
```

명령어

```
m-error; m+error
```

결과물

```
## [1] 58.44011
## [1] 70.19989
```

명령어

```
t.test(z1,NULL,mu=mean(z1),conf.level=0.95)
```

결과물

```
##      One Sample t-test


## data:  z1
```

```
## t = 0, df = 24, p-value = 1
## alternative hypothesis: true mean is not equal to 64.32
## 95 percent confidence interval:
##  58.08293 70.55707
## sample estimates:
## mean of x
##     64.32
```

=> 계산하여 구한 신뢰구간은 (58.44011, 70.19989)인데, t.test의 신뢰구간은 (58.08293, 70.55707)로 차이가 있다.

▶ 모분산이 알려져 있지 않은 정규모집단의 모평균 μ에 대한 95% 신뢰구간

[예제 7.19]

데이터 생성

```
z2 <- c(5000,5100,5400,5200,5400,5000,5300,5200,5200)
mean(z2)
## [1] 5200
m <- mean(z2)
n <- 9
ss <- sum((z2-m)^2)/(n-1)
ss
## [1] 22500
t <- qt(0.95,8)
t
## [1] 1.859548
error <- t*(sqrt(ss)/sqrt(n))
error
## [1] 92.9774
```

명령어

```
m-error; m+error
```

결과물

```
## [1] 5107.023
## [1] 5292.977
```

명령어

```
t.test(z2,NULL,mu=mean(z2),conf.level=0.9)
```

결과물

```
##     One Sample t-test

## data:  z2
## t = 0, df = 8, p-value = 1
## alternative hypothesis: true mean is not equal to 5200
## 90 percent confidence interval:
##  5107.023 5292.977
## sample estimates:
## mean of x
##      5200
```

=> 계산하여 구한 신뢰구간과 t.test의 신뢰구간이 (5107.023, 5292.977)로 같다.

▶ 각 모분산이 알려져 있는 두 정규모집단들의 두 모평균 차에 대한 95% 신뢰구간

[예제 7.23]

데이터 생성

```
mx <- 418
my <- 402
m <- mx-my
m
## [1] 16
nx <- 40
```

```
ny <- 50
sx <- 26
sy <- 22
error <- qnorm(0.975,0,1)*sqrt(((sx^2)/nx)+((sy^2)/ny))
error
## [1] 10.10475
```

명령어

```
m-error; m+error
```

결과물

```
## [1] 5.89525
## [1] 26.10475
```

▶ 알려져 있지 않은 두 모분산들이 같다고 가정하고 두 모평균들의 차에 대한 95% 근사신뢰구간 [예제 7.24]

데이터 생성

```
z3 <- c(3.5,2.8,2.6,3.2,2.3,3.9,2.7,3.6,3.1,3.3)
z4 <- c(1.5,1.9,3.2,3.3,3.4,3.1,2.5,2.7)
m3 <- mean(z3)
m4 <- mean(z4)
m <- m3-m4
m
## [1] 0.4
n3 <- 10
n4 <- 8
s3 <- sd(z3)
s4 <- sd(z4)
t <- qt(0.975,16)
t
## [1] 2.119905
```

```
ss <- (((n3-1)*s3^2)+((n4-1)*s4^2))/(n3+n4-2)
ss
## [1] 0.35125
error <- t*sqrt(ss*((1/n3)+(1/n4)))
error
## [1] 0.5959583
```

명령어

```
m-error; m+error
```

결과물

```
## [1] -0.1959583
## [1] 0.9959583
```

명령어

```
t.test(z3,z4,var.equal=TRUE,conf.level=0.95)
```

결과물

```
##     Two Sample t-test

## data:  z3 and z4
## t = 1.4229, df = 16, p-value = 0.174
## alternative hypothesis: true difference in means is not equal
to 0
## 95 percent confidence interval:
##  -0.1959583  0.9959583
## sample estimates:
## mean of x mean of y
##       3.1       2.7
```

=> 계산하여 구한 신뢰구간과 t.test의 신뢰구간이 (-0.1959583, 0.9959583)로 같다.

▶ 알려져 있지 않은 두 모분산들은 같지 않다고 가정하고 두 모평균들의 차에 대한 95% 근사신뢰구간 [예제 7.25]

데이터 생성

```
z3 <- c(3.5,2.8,2.6,3.2,2.3,3.9,2.7,3.6,3.1,3.3)
z4 <- c(1.5,1.9,3.2,3.3,3.4,3.1,2.5,2.7)
m3 <- mean(z3)
m4 <- mean(z4)
m <- m3-m4
m
## [1] 0.4
n3 <- 10
n4 <- 8
s3 <- sd(z3)
s4 <- sd(z4)
tv <- (((s3^2/n3)+(s4^2/n4))^2)/((s3^4/(n3^2*(n3-1)))+(s4^4/
(n4^2*(n4-1))))
tv
## [1] 12.33233
t <- qt(0.975,12)
t
## [1] 2.178813
error <- t*sqrt((s3^2/n3)+(s4^2/n4))
error
## [1] 0.6361463
```

명령어

```
m-error; m+error
```

결과물

```
## [1] -0.2361463
## [1] 1.036146
```

명령어

```
t.test(z3,z4,var.equal=FALSE,conf.level=0.95)
```

결과물

```
##     Welch Two Sample t-test

## data:  z3 and z4
## t = 1.37, df = 12.332, p-value = 0.1951
## alternative hypothesis: true difference in means is not equal
to 0
## 95 percent confidence interval:
##  -0.2342502  1.0342502
## sample estimates:
## mean of x mean of y
##       3.1       2.7
```

=> 계산하여 구한 신뢰구간은 (−0.2361463, 1.036146)인데, t.test의 신뢰구간은 (−0.2342502, 1.0342502)로 차이가 있다.

▶ 짝지어진 표본을 이용하여 모분산이 알려져 있지 않은 정규모집단의 모평균 차에 대한 $(1-\alpha)100\%$ 신뢰구간 [예제 7.27]

데이터 생성

```
d1 <- c(76,60,85,58,91,75,82,64,79,88)
d2 <- c(81,52,87,70,86,77,90,63,85,83)
d <- d1-d2
d
## [1]  -5   8  -2 -12   5  -2  -8   1  -6   5
mean(d)
## [1] -1.6
n <- 10
ss <- sum((d-mean(d))^2)/(n-1)
ss
```

```
## [1] 40.71111
t <- qt(0.975,9)
t
## [1] 2.262157
error <- t*sqrt(ss)/sqrt(n)
error
## [1] 4.564353
```

명령어

```
mean(d)-error; mean(d)+error
```

결과물

```
## [1] -6.164353
## [1] 2.964353
```

명령어

```
t.test(d1-d2,conf.level=0.95)
```

결과물

```
##     One Sample t-test

## data:  d1 - d2
## t = -0.79298, df = 9, p-value = 0.4482
## alternative hypothesis: true mean is not equal to 0
## 95 percent confidence interval:
##  -6.164353  2.964353
## sample estimates:
## mean of x
##      -1.6
```

=> 계산하여 구한 신뢰구간과 t.test의 신뢰구간이 (−6.164353, 2.964353)로 같다.

▶ 두 대상모집단은 정규모집단들이라고 가정하고 두 모집단의 모분산들의 비에 대한 98% 신뢰구간 [예제 7.28]

데이터 생성

```
n1 <- 10
n2 <- 8
ss1 <- 0.25
ss2 <- 0.49
s <- ss1/ss2
s
## [1] 0.5102041
```

명령어

```
s*(1/qf(0.99,9,7)); s*qf(0.99,7,9)
```

결과물

```
## [1] 0.07593732
## [1] 2.863707
```

▶ 모비율 p에 대한 95% 근사신뢰구간 [예제 7.29]

데이터 생성

```
n <- 500
p <- 160/n
p
## [1] 0.32
error <- qnorm(0.975,0,1)*sqrt(p*(1-p)/n)
error
## [1] 0.04088769
```

명령어

```
p-error; p+error
```

결과물

```
## [1] 0.2791123
## [1] 0.3608877
```

▶ 두 모비율들의 차에 대한 90% 근사신뢰구간 [예제 7.30]

데이터 생성

```
n1 <- 5000
n2 <- 2000
x <- 2400
y <- 1200
p1 <- x/n1
p2 <- y/n2
p <- p1-p2
p
## [1] -0.12
error <- qnorm(0.95,0,1)*sqrt((p1*(1-p1)/n1)+(p2*(1-p2)/n2))
error
## [1] 0.02144122
```

명령어

```
p-error; p+error
```

결과물

```
[1] -0.1414412
[1] -0.09855878
```

▶ 모평균에 대한 신뢰구간 [예제 7.16, 예제 7.19]

① 분산이 알려진 경우 **[예제 7. 16]**

절차

◎ A열에 데이터를 입력한다.

◎ D열에 기술통계량을 구한다. 각 셀의 값은 다음의 결과물을 참조하시오.

- 기술통계량 함수들은 2장을 참조
- $z_{\frac{\alpha}{2}}$ 값(α=0.05) : NORMSINV(1−0.05/2)
- 하한값 : D3−G3*15/SQRT(D7)
- 상한값 : D3+G3*15/SQRT(D7)

※ NORMSINV는 표준정규분포의 역누적확률을 계산한다.

※ SQRT는 제곱근을 구하는 함수이다.

결과물

	A	B	C	D	E	F	G
1	모평균에 대한 신뢰 구간 - 분산이 알려진 경우						
2	55		기술통계량				
3	47		평균	64.3200		z값	1.9600
4	85		표준 편차	15.1099			
5	71		분산	228.3100		신뢰구간	
6	76		합	1,608		하한값	58.4401
7	53		관측수	25		상한값	70.1999
8	71						

95% 신뢰구간값 (58.44, 70.20)이 계산된다. 여기서 표준편차 15.11은 주어진 표본자료의 표준편차이며, 모집단의 표준편차는 σ=15로 가정되어 있다.

② 분산이 알려져 있지 않은 경우 **[예제 7. 19]**

절차

◎ A열에 데이터를 입력한다.

◎ D열에 기술통계량을 구한다. 각 셀의 값은 다음의 결과물을 참조하시오.

- t값 : TINV(0.1, 8)
- 하한값 : D3 – G3*D4/SQRT(D7)
- 상한값 : D3 + G3*D4/SQRT(D7)

※ TINV의 Probability 인수가 그 점에서 양측 꼬리확률이므로 신뢰수준은 1–Probability가 된다.

결과물

	A	B	C	D	E	F	G
1	모평균에 대한 신뢰구간 - 분산이 알려지지 않은 경우						
2	5,000		기술통계량				
3	5,100		평균	5,200		t값	1.8595
4	5,400		표준 편차	150			
5	5,200		분산	22500		신뢰구간	
6	5,400		합	46,800		하한값	5107.0226
7	5,000		관측수	9		상한값	5292.9774
8	5,300						

▶ 모평균들의 차에 대한 신뢰구간 [예제 7.24, 예제 7.25]

① 두 모분산이 같은 경우 **[예제 7.24]**

명령어

◎ A와 B열에 각각 데이터를 입력한다.

◎ E와 G에 각각의 기술통계량을 구한다. 각 셀의 값은 다음의 결과물을 참조하시오.

- 평균차 추정값 : E3–G3
- 합동표본분산 : ((E7–1)*E5+(G7–1)*G5) / (E7+G7–2)
- t값 : TINV(0.05, 16)
- 하한값 : J2 – J4*SQRT(J3*(1/E7 + 1/G7))
- 상한값 : J2 + J4*SQRT(J3*(1/E7 + 1/G7))

결과물

	A	B	C	D	E	F	G	H	I	J
1	두 모집단 평균에 대한 신뢰 구간 - 분산이 같은 경우									
2	A상표	B상표		A상표 기술통계량		B상표 기술통계량			평균차 추정 값	0.4000
3	3.5	1.5		평균	3.1000	평균	2.7000		합동표본분산	0.3512
4	2.8	1.9		표준 편차	0.4989	표준 편차	0.6949		t값	2.1199
5	2.6	3.2		분산	0.2489	분산	0.4829			
6	3.2	3.3		합	31.0000	합	21.6000		신뢰구간	
7	2.3	3.4		관측수	10	관측수	8		하한값	-0.1960
8	3.9	3.1							상한값	0.9960
9	2.7	2.5								

② 두 모분산이 다른 경우 **[예제 7.25]**

앞의 두 모분산이 같은 경우에서 행한 과정과 동일한 명령어를 수행하나 자유도의 값이 달라진다. 각 셀의 값은 다음의 결과물을 참조하시오.

- 자유도 : ((E5/E7+G5/G7)^2)/((E5^2)/(((E7^2)*(E7−1)))+((G5^2)/((G7^2) *(G7−1))))
- t값 : TINV(0.05, ROUND(J2, 0))
- 하한값 : (E3−G3) − J3*SQRT(E5/E7 + G5/G7)
- 상한값 : (E3−G3) + J3*SQRT(E5/E7 + G5/G7)

※ ROUND는 반올림 함수이다. 인수로는 값과 소수점 자리수를 입력한다.

결과물

	A	B	C	D	E	F	G	H	I	J
1	두 모집단 평균에 대한 신뢰 구간 - 분산이 다른 경우									
2	A상표	B상표		A상표 기술통계량		B상표 기초통계량			자유도	12.3323
3	3.5	1.5		평균	3.1000	평균	2.7000		t값	2.1788
4	2.8	1.9		표준 편차	0.4989	표준 편차	0.6949			
5	2.6	3.2		분산	0.2489	분산	0.4829		신뢰구간(A-B)	
6	3.2	3.3		합	31.0000	합	21.6000		하한값	-0.2361
7	2.3	3.4		관측수	10	관측수	8		상한값	1.0361
8	3.9	3.1								

▶ 짝지어진 표본을 이용한 모평균들의 차에 대한 신뢰구간 [예제 7.27]

명령어

◎ A와 B열에 각각 데이터를 입력한다.

◎ C열에 A열과 B열의 차를 구한다.

◎ H열의 기술통계량을 구한다. 각 셀의 값은 다음의 결과물을 참조하시오.

- 하한값 : H3 – K3*H4/SQRT(H7)
- 상한값 : H3 + K3*H4/SQRT(H7)

결과물

	A	B	C	D	E	F	G	H	I	J	K
1	두 모집단 평균에 대한 신뢰 구간 - 쌍체인 경우										
2	근로자	실시전(X)	실시후(Y)		X-Y		기술통계량				
3	1	76	81		-5		평균	-1.6000		t값	2.2622
4	2	60	52		8		표준 편차	6.3805			
5	3	85	87		-2		분산	40.7111		신뢰구간	
6	4	58	70		-12		합	-16.0000		하한값	-6.1644
7	5	91	86		5		관측수	10.0000		상한값	2.9644
8	6	75	77		-2						

▶ 모비율에 대한 신뢰구간 [예제 7.29]

명령어

◎ B열에 데이터을 입력한다. 각 셀의 값은 다음의 결과물을 참조하시오.

- 모비율 추정값 : B3/B2
- 하한값 : B4 – E2*SQRT(B4*(1–B4)/B2)
- 상한값 : B4 + E2*SQRT(B4*(1–B4)/B2)

결과물

	A	B	C	D	E
1	모비율에 대한 신뢰구간				
2	표본크기	500		z값	1.9600
3	불량품	160			
4	모비율 추정값	0.3200		신뢰구간	
5				하한값	0.2791
6				상한값	0.3609
7					

▶ 모비율들의 차에 대한 신뢰구간 [예제 7.30]

명령어

◎ B열과 C열에 데이터를 입력한다.

각 셀의 값은 다음의 결과물을 참조하시오.

- 차의 추정값 : B5-C5
- 하한값 : F2 - F3*SQRT(B5*(1-B5)/B3 + C5*(1-C5)/C3)
- 상한값 : F2 + F3*SQRT(B5*(1-B5)/B3 + C5*(1-C5)/C3)

결과물

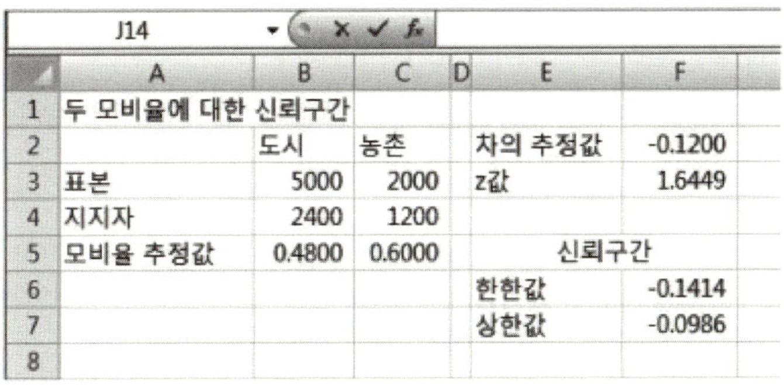

J14

	A	B	C	D	E	F
1	두 모비율에 대한 신뢰구간					
2		도시	농촌		차의 추정값	-0.1200
3	표본	5000	2000		z값	1.6449
4	지지자	2400	1200			
5	모비율 추정값	0.4800	0.6000		신뢰구간	
6					한한값	-0.1414
7					상한값	-0.0986
8						

연습문제

1. 다음 각 서술문장은 추정값과 추정량 중에서 어느 것에 대해 언급한 것인가? 추정값에 대한 서술이라면, 그것은 점추정과 구간추정 중 어느 것에 관한 것인가?

   (1) 교육부는 현재 재학중인 한국 전체 대학생들의 평균체중이 60.0kg이라고 추정하고 있다.
   (2) 통계청은 우리나라 전 가구의 소득분포에 대한 중심위치의 측도로써 표본중위수보다 표본평균을 이용하기를 원한다.
   (3) 통계청은 현재 서울의 모실업률이 3%와 4% 사이가 될 것이라고 추정하고 있다.

2. 평균이 μ이고 분산 σ^2은 유한인 임의의 모집단으로부터 크기가 n인 확률표본 $X_1, X_2, \cdots, X_n$에 의해 정의되는 통계량 $T=\sum_{i=1}^{n} a_i X_i$(a_i는 상수임)가 모평균 μ의 불편추정량이 되도록 $a_i(i=1, 2, \cdots, n)$들에 대한 조건을 결정하라.

3. 본 7장의 **[예제 7.7, 예제 7.8, 예제 7.10]** 그리고 **[예제 7.12]**들이 각각 성립됨을 보여라.

4. 현재 재학 중인 한국 전체 대학생들의 체중의 분포는 평균이 μ이고 표준편차가 $\sigma=5$(kg)인 정규분포를 따른다고 가정하자. 조사자 A는 이 모집단으로부터 $n=100$명의 학생들을 랜덤하게 추출하여 이들의 표본평균체중을 계산하였더니 $\bar{x}=60$(kg)이 됨을 알았다.

   (1) 모평균체중 μ에 대한 95% 신뢰구간을 구하라.
   (2) 위 (1)에서 계산된 μ에 대한 95% 신뢰구간의 의미를 약술하라.
   (3) 모평균체중 μ에 대한 추정량으로 표본평균체중 $\overline{X}$를 이용한다. 위 자

료에 의해 $\overline{X}$에 대한 표준오차와 95% 오차한계를 각각 결정하라. 또한 95% 오차한계를 0.6kg 이하로 하기 위해 필요한 표본크기 n을 결정하라.

(4) 위 자료를 이용하되 한국 전체 대학생들의 체중의 분포는 정규분포를 따르지 않는다고 가정하고, 모평균체중 μ에 대한 95% 근사신뢰구간을 구하라.

5. 어떤 회사에서 생산되는 전구들의 수명시간의 분포는 정규분포를 따른다고 가정하자. 이 전구들 중에서 25개를 랜덤하게 추출하여 이들의 표본평균수명시간과 표본분산을 각각 계산하였더니 $\overline{x}=7{,}800$(시간)과 $s^2=160$(시간)이 됨을 알았다.

(1) 모평균수명시간 μ에 대한 95% 신뢰구간을 구하라.

(2) 모분산 σ^2와 모표준편차 σ에 대한 95% 신뢰구간을 각각 구하라.

6. 본 7장의 **[예제 7.20]** 에서 새로운 방법에 의해 생산되는 화학섬유 가닥들의 강도의 분포가 정규분포를 따르지 않고 분산이 유한인 임의의 분포를 따를 경우 모평균강도 μ에 대한 95% 근사신뢰구간을 구하라.

7. 보건복지부에서는 A상표와 B상표 담배의 모평균 니코틴함유량들의 차이를 추정하고자 한다. 이를 위해 보건복지부는 A상표 담배와 B상표 담배 중에서 독립적으로 각각 100개피와 64개피를 랜덤하게 추출하여 이들의 각 표본평균 니코틴함유량을 계산하였더니 $\overline{x}_A=3.1$(mg)과 $\overline{x}_B=2.7$(mg)가 됨을 알았다.

(1) 각 상표 담배의 니코틴함유량의 분포는 각각 분산이 $\sigma_A{}^2=0.5$(mg)과 $\sigma_B{}^2=$ 0.7(mg)인 정규분포를 따른다고 가정하고, 두 상표 담배의 모평균 니코틴함유량들의 차 $\mu_A-\mu_B$에 대한 95% 신뢰구간을 구하라.

(2) 각 대상모집단의 분산이 각각 $\sigma_A{}^2=0.5$(mg)과 $\sigma_B{}^2=0.7$(mg)인 임의의

모집단일 경우 $\mu_A - \mu_B$에 대한 95% 근사신뢰구간을 구하라.

8. 두 기업에서 각각 A상표 전구와 B상표 전구를 생산하고 있다. A상표 전구와 B상표 전구 중에서 독립적으로 각각 16개와 10개를 랜덤하게 추출하여 이들의 수명시간을 조사하여 다음과 같은 결과를 얻었다.

	A상표	B상표
표본평균수명시간	418시간	402시간
표본표준편차	26시간	22시간

각 대상모집단의 수명시간의 분포는 각각 $N(\mu_A, \sigma_A{}^2)$과 을 따른다고 가정하고, 알려져 있지 않은 모분산들이 $\sigma_A{}^2 = \sigma_B{}^2$일 경우와 $\sigma_A{}^2 \neq \sigma_B{}^2$일 경우에 두 모평균수명시간들의 차 $\mu_A - \mu_B$에 대한 95% (근사)신뢰구간을 각각 구하라. 또한 두 모분산들의 비 $\dfrac{\sigma_A{}^2}{\sigma_B{}^2}$에 대한 98% 신뢰구간을 구하라.

9. 새로운 식이요법을 개발한 어떤 제약회사는 이 식이요법이 효과가 있는지를 추정하고자 한다. 이를 위해 이 제약회사는 A지역의 40대 전체 주부 중에서 7명을 랜덤하게 추출하여 이들의 체중을 조사한 다음, 이들에게 새로 개발된 식이요법을 일정기간 적용한 후에 다시 이들의 체중을 조사하여 다음과 같은 결과를 얻었다.

체중(kg) \ 주부	1	2	3	4	5	6	7
적용 전	58.5	60.3	61.7	69.0	64.0	62.6	56.7
적용 후	60.0	54.9	58.1	62.1	58.5	59.9	54.4

위 결과로 식이요법의 적용 전과 후에 A지역 40대 전체 주부의 모평균체중들의 차 $\mu_1 - \mu_2$에 대한 95% 신뢰구간을 추정하라. A지역 40대 전체 주부들에 대해 식이요법의 적용 전과 후의 체중들의 차이의 분포는 평균이 $\mu_D = \mu_1 - \mu_2$이고 분산은 $\sigma_D{}^2$인 정규분포를 따른다고 가정하라.

10. A당에서는 전체 유권자들의 자기 당에 대한 지지율 p를 추정하고자 한다. 이를 위해 A당은 전체 유권자들 중에서 1,000명을 랜덤하게 추출하여 조사하였더니 이들 중 400명이 A당을 지지함을 알았다.

(1) 모지지율 p에 대한 추정값 $\hat{p}$을 구하라.

(2) 모지지율 p에 대한 95% 근사신뢰구간을 구하라.

11. 통계청에서는 도시와 농촌의 실업률의 차이를 추정하고자 한다. 이를 위해 통계청은 도시의 경제활동인구 중에서 5,000명을, 이와는 독립적으로 농촌의 경제활동인구 중에서는 2,000명을 랜덤하게 추출하여 취업여부를 조사하였더니 각각 200명과 60명이 실업자들로 나타났다. 도시와 농촌의 모실업률들의 차 $p_1 - p_2$에 대한 95% 근사신뢰구간을 구하라.

12. R을 이용해서 본 7장의 연습문제 9를 해결하라.

13. R을 이용해서 본 7장의 연습문제 10을 해결하라.

Chapter 08

가설검정

8.1 서론

8.2 가설검정의 기본원리

8.3 모평균 μ에 대한 검정

8.4 모분산 σ^2에 대한 검정

8.5 두 모평균들의 차 $\mu_1 - \mu_2$에 대한 검정

8.6 두 모분산들의 비 $\frac{\sigma_1^2}{\sigma_2^2}$에 대한 검정

8.7 모비율 p에 대한 검정

8.8 두 모비율들의 차 $p_1 - p_2$에 대한 검정

검정(test)

어떤 여인이 두 가지 다른 배합순서의 차의 맛을 구분할 수 있다고 한다. 즉, 차를 탈 때 먼저 우유를 따르고 차를 붓는 경우와 반대의 경우이다. 이를 알아보려고 실험을 하려 한다. 그녀에게 두 잔의 다른 혼합순서로 만든 차를 주었을 때 정확히 맞추었다면 추측으로 맞힐 확률은 1/2이다. 같은 방식으로 또 한 번 실험하여 그녀가 정확히 또 맞혔다면 그녀가 두 번 다 추측으로 맞힐 확률은 1/4이다. 위 실험을 반복하여 그 확률이 낮다면 우리는 우리의 가설(맛의 차이를 구분하지 못한다.)이 옳지 않다고 결론지을 수 있다. 이는 통계적 가설검정의 기본 아이디어를 설명한다.

8.1 서론

통계적 추론에는 모수 θ에 대한 **추정**(estimation)과 **가설검정**(test of hypothesis)의 분야가 있다. 앞 7장에서 살펴본 추정은 표본자료를 이용하여 모수 θ의 값을 추정하는 것이다. 반면에 본 장에서 공부하게 될 가설검정은 대상모집단의 모수 θ에 대해 특정한 가설을 설정한 다음에 표본자료를 이용하여 이 설정된 가설의 기각여부를 결정하는 것이다. 통계적 가설검정의 예들은 다음과 같다.

예제 8.1

새로운 밀봉방법으로 생산된 전구들의 평균수명시간이 기존의 밀봉방법에 의해 생산된 전구들의 평균수명시간보다 더 길 것인가를 표본자료를 이용하여 결정하는 문제.

예제 8.2

새로운 치료방법이 제공된 환자들의 치유율이 0.9가 되는지를 표본자료를 이용하여 결정하는 문제.

예제 8.3

A상표 타이어들의 평균수명이 적어도 22,000km가 되는지를 표본자료를 이용하여 결정하는 문제.

예제 8.4

A상표 비료가 B상표 비료보다 콩의 평균수확량을 증가시킬 것인가를 표본자료를 이용하여 결정하는 문제.

통계학에서는 위와 같은 문제들을 통계적 가설검정문제 혹은 줄여서 가설검정 문제들이라고 하고, 전통적으로 이 문제들을 해결하기 위해 다음과 같은 절차를 따르며 이를 **검정절차**(test procedure)라고 한다. 먼저 주어진 가설검정문제에 적절한 통계적 가설을 설정한 다음에, 설정된 통계적 가설의 기각여부를 결정하기 위해서 합리적이고 구체적 기준인 검정을 설정하고, 표본자료를 이용하여 이 통계적 가설의 기각여부를 결정한다. 검정절차에서 설정된 통계적 가설의 진위(眞僞)는 전수조사를 행하지 않는 한 알 수가 없다. 그러나 앞에서도 밝혔듯이 대부분의 경우 전수조사를 행하는 것은 불가능하거나 비실용적이다. 따라서 설정된 통계적 가설의 기각여부의 결정은 대상모집단으로부터 추출한 표본자료를 이용하게 되며, 이때 내려진 결정은 표본자료를 이용하였기 때문에 항상 불확실성을 내포하고 있다.

8.2 가설검정의 기본원리

본 절에서는 검정절차에서 핵심인 가설의 설정과 검정의 설정에 대한 기본원리를 살펴보고자 한다.

8.2.1 가설의 설정

서론에서 언급하였듯이 가설검정문제를 해결하기 위해서는 우선 주어진 문제에 적절한 통계적 가설을 설정해야 한다. 통계적 가설을 정의하면 다음과 같다.

통계적 가설 : Statistical Hypothesis

통계적 가설이란 대상모집단에서 정의되는 하나 이상의 확률변수의 분포에 대한 주장(assertion)이나 추측(conjecture)을 말한다. 대상모집단의 분포를 완전히 규정하는 통계적 가설을 **단순통계적가설**(simple statistical hypothesis)이라고 하고,

그렇지 않은 통계적 가설을 **복합통계적가설**(composite statistical hypothesis)이라고 부른다.

위 정의에 따르면 단순통계적가설은 대상모집단의 분포형태뿐만 아니라 그 분포에 포함되어 있는 모수들에 각각 특정값을 유일하게 지정해 주어야 한다. 대부분의 가설검정문제는 대상모집단의 분포형태는 알려져 있다고 가정하고 이 분포에 포함되어 있는 모수들에만 관한 것이나 때때로 분포형태 자체에 관련된 것도 있다.

여기서는 전자, 즉 대상모집단의 분포형태는 알려져 있다고 가정하고 이 분포의 모수들에만 관련된 가설검정문제만을 취급하기로 한다.

예제 8.5

확률변수 X가 새로운 밀봉방법에 의해 생산된 전구들의 수명시간을 나타내고, X의 분포는 $N(\mu,\ 100)$이라고 가정하자. 즉 대상모집단의 분포형태는 정규분포이며, 모분산은 $\sigma^2=100$임이 알려져 있으나 모평균수명시간 μ값은 알려져 있지 않다. 이때 모수 μ에 대해 다음과 같이 설정된 통계적 가설 $\mu=1{,}000$ 혹은 $\mu=1{,}100$ 등은 각각 모수 μ에 특정값이 유일하게 지정되었기 때문에 단순통계적가설들이다. 반면에 다음과 같은 통계적 가설 $\mu>1{,}000$는 모수 μ에 특정값이 유일하게 지정되지 않았기 때문에 복합통계적가설이다. 또한 다음과 같은 통계적 가설 $\mu<1{,}000$ 혹은 $\mu\neq1{,}000$ 등도 복합통계적가설이다.

대부분의 가설검정문제에 있어서는 실질적으로 두 종류의 통계적 가설들이 설정된다. 하나는 실제로 검정대상이 되는 가설로 **귀무가설**(null hypothesis)이라 불리고 이를 통상 H_0로 표기하며, 또 다른 하나는 통상 H_1로 표기되는 **대립가설**(alternative hypothesis)이다. 이 경우 흔히 귀무가설 H_0가 대립가설 H_1에 대해 검정된다고 말한다. 일반적으로 검정자는 자기가 참이라고 주장하는 바의 반대상태를 귀무가설로 설정하고 이 가설이 기각되어지기를 희망하며, 반면에 자기가 참이라고 주장하는 바를 대립가설 H_1으로 설정한다.

이러한 두 종류의 가설설정은 어떤 한 가설이 참이면, 다른 가설은 거짓이라는 것을 암시하고 있다. 그리고 검정절차를 통해 귀무가설 H_0가 기각(혹은 채택)되어야 한다면, 이는 대립가설 H_1이 채택(혹은 기각)되어야 한다는 것을 의미한다.

예제 8.6

[예제 8.5] 에서 생산자는 모평균 μ가 1,000시간이라고 하였으나, 조사자 A는 표본조사를 행한 결과로 μ가 980시간이라고 주장한다. 이를 조사자 A의 입장에서 검정하기 위한 가설설정은 다음과 같다.

$$H_0 : \mu = 1{,}000 \quad \text{대} \quad H_1 : \mu = 980$$

[예제 8.6] 에서 설정된 가설은 단순귀무가설 대 단순대립가설인 경우로 이를 한 마디로 단순가설이라고 하며, 이러한 단순가설의 설정은 실제 가설검정문제에서는 매우 드물다. 반면에 조사자 A가 주장을 달리함에 따라 조사자 A의 입장에서 다음과 같은 가설들이 각각 설정될 수도 있다.

$$H_0 : \mu = 1{,}000 \quad \text{대} \quad H_1 : \mu < 1{,}000$$

혹은

$$H_0 : \mu = 1{,}000 \quad \text{대} \quad H_1 : \mu > 1{,}000$$

혹은

$$H_0 : \mu = 1{,}000 \quad \text{대} \quad H_1 : \mu \neq 1{,}000$$

앞에 설정된 세 가지 가설들은 모두 단순귀무가설 대 복합대립가설의 경우로 이를 한 마디로 복합가설이라고 하며, 실제 가설검정문제에서 흔히 설정되는 가설들이다.

8.2.2 검정의 설정

가설검정문제를 해결하기 위해서 가장 먼저 해야 할 일은 적절한 귀무가설 H_0와 대립가설 H_1을 설정하는 것이며, 다음 절차는 검정대상이 되는 귀무가설 H_0 의 기각여부를 결정하기 위한 구체적 기준을 합리적으로 설정하는 것이다. 우선 검정이라는 용어를 정의하도록 하자.

검정 : Test

검정이란 귀무가설 H_0의 기각여부를 결정하는 규칙(rule)을 말한다.

예제 8.7

평균이 μ이고 분산은 $\sigma^2 = 16$인 정규모집단으로부터 크기가 $n = 100$인 확률표본에 의해 정의되는 표본평균을 $\overline{X}$라고 하자. 여기서 모수 μ에 대해 다음과 같은 가설이 설정되었다.

$$H_0 : \mu = 8.0 \quad \text{대} \quad H_1 : \mu = 6.6$$

그리고 이 가설에 대한 검정이 다음과 같다고 하자.

$\overline{X} < 7.2$이면 귀무가설 H_0를 기각하라.

[예제 8.7] 에서는 설정된 가설에 대해 하나의 검정이 제시되어 있을 뿐이고, 이러한 검정이 합리적으로 고안되었는가에 대해서는 전혀 언급을 하지 않고 있음에 유의하기 바란다. **[예제 8.7]** 의 검정에서 H_0의 기각여부를 결정하는 통계량 $\overline{X}$를 검정통계량이라고 부른다. 한편 $\overline{X} < 7.2$를 만족시키는 검정통계량 값들의 범위를 귀무가설 H_0의 기각역이라고 하며, 반면에 $\overline{X} \geq 7.2$를 만족시키는 범위를 H_0의 채택역이라고 한다.

[예제 8.7]의 가설을 검정할 때, 검정자는 대상모집단으로부터 추출된 특정 표본자료를 이용하여 검정통계량의 값을 계산한 다음에, 설정된 검정에 의해 귀무가설 H_0의 기각여부를 결정하게 된다. 따라서 이러한 절차는 대상모집단으로부터 추출되는 표본에 따라 검정통계량이 취할 수 있는 가능한 값들을 두 영역, 즙 귀무가설 H_0의 기각역과 채택역으로 분할시킨다.

검정통계량 : Test Statistic

검정통계량이란 각 표본결과에 따라 귀무가설 H_0의 기각여부를 결정하는 통계량을 말한다.

귀무가설 H_0의 기각역 : Rejection Region for H_0

귀무가설 H_0의 **기각역**이란 H_0를 기각시키는 검정통계량의 범위를 말한다.

한편 위에서 언급한 검정절차의 결과는 두 종류의 오류를 발생시킨다. 예를 들어, **[예제 8.7]**에서 사실은 귀무가설 $H_0 : \mu = 8.0$이 참(이는 대립가설 $H_1 : \mu = 6.6$이 거짓임을 의미)인데 추출된 특정 표본자료에 의해 계산된 검정통계량 $\overline{X}$의 값이 7.2 미만이면, 검정자는 참인 귀무가설 $H_0 : \mu = 8.0$을 기각하는 결정을 내리게 된다. 따라서 이러한 결정은 오류를 범하는 것이며 이 오류를 제1종오류라고 부른다. 반면에 사실은 대립가설 $H_1 : \mu = 6.6$이 참(이는 귀무가설 $H_0 : \mu = 8.0$이 거짓임을 의미)인데 추출된 특정 표본자료에 의해 계산된 검정통계량 $\overline{X}$의 값이 7.2 이상이면, 검정자는 거짓인 귀무가설 $H_0 : \mu = 8.0$을 채택하는 결정을 내리게 된다. 따라서 이러한 결정은 또 다른 오류를 범하는 것이며 이 오류를 제2종오류라고 부른다.

제1종오류와 제2종오류 : Type I Error and Type II Error

귀무가설 H_0이 참일 때 귀무가설 H_0를 기각하는 것을 **제1종오류**라고 부르며, 이 오류를 범하는 확률을 $P(H_0 \text{ 기각} \mid H_0 \text{ 참})$로 표기한다. 반면에 귀무가설 H_0가 거짓일

때, 즉 대립가설 H_1이 참일 때 귀무가설 H_0를 채택하는 것을 **제2종오류**라고 부르며, 이 오류를 범하는 확률을 $P(H_0$ 채택 | H_1 참)로 표기한다.

여기서 검정결과에 따라 발생하는 두 가지 오류들을 정리하면 다음 **〈표 8-1〉**과 같다.

표 8-1 검정결과

검정결과 \ 실제현상	H_0 참	H_1 참
H_0 채택(즉 H_1 기각)	옳은 결정	제2종오류
H_0 기각(즉 H_1 채택)	제1종오류	옳은 결정

예제 8.8

[예제 8.7]에 관련해서 대상이 되는 정규모집단으로부터 크기가 $n=100$인 확률표본에 의해 설정되는 표본공간 S를 검정통계량 $\overline{X}$의 값으로 나타내면 다음과 같다.

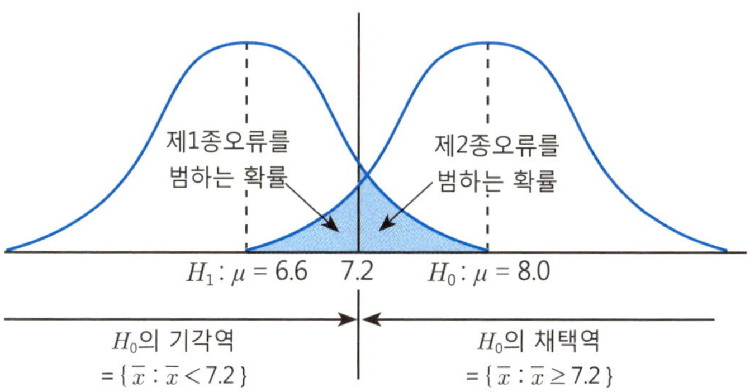

그림 8-1 귀무가설의 기각역과 채택역

$$S = \{\bar{x} : -\infty < \bar{x} < \infty\}$$
$$= \{\bar{x} : \bar{x} < 7.2\} \cup \{\bar{x} : \bar{x} \geqq 7.2\}$$
$$= \{H_0\text{의 기각역}\} \cup \{H_0\text{의 채택역}\}$$

그리고 6장의 **〈정리 6.3〉**에 의해 위 검정통계량 $\overline{X}$의 분포는 $N\left(\mu, \frac{16}{100}\right)$를 따르며, 따라서 귀무가설 $H_0 : \mu = 8.0$과 대립가설 $H_1 : \mu = 6.6$이 각각 참일 때 $\overline{X}$의 분포, H_0의 기각역과 채택역, 그리고 제1종오류와 제2종오류를 범하는 확률들을 각각 표시하면 위 **〈그림 8-1〉**과 같다.
여기서 제1종오류와 제2종오류를 범하는 확률들을 각각 계산하면 다음과 같다.

$$\begin{aligned}\text{제1종오류를 범하는 확률} &= P(H_0\text{기각} \mid H_0\text{참 즉 } \mu=8.0)\\ &= P(\overline{X} < 7.2 \mid \overline{X} \sim N(8.0,\ 16/100))\\ &= P\left(\frac{\overline{X}-8.0}{\sqrt{16/100}} < \frac{7.2-8.0}{\sqrt{16/100}}\right)\\ &= P(Z < -2.00) = 0.0228 \qquad \text{〈부표-4〉}\end{aligned}$$

$$\begin{aligned}\text{제2종오류를 범하는 확률} &= P(H_0\text{채택} \mid H_1\text{참 즉 } \mu=6.6)\\ &= P(\overline{X} \geqq 7.2 \mid \overline{X} \sim N(6.6,\ 16/100))\\ &= P\left(\frac{\overline{X}-6.6}{\sqrt{16/100}} \geqq \frac{7.2-6.6}{\sqrt{16/100}}\right)\\ &= P(Z \geqq 1.50) = 0.0668 \qquad \text{〈부표-4〉}\end{aligned}$$

이제부터 설정된 가설검정의 합리성에 대하여 살펴보도록 하자. 좋은 검정이란 제1종오류와 제2종오류를 범하는 확률들이 동시에 작은 검정인 것은 당연하다. 그러나 일반적으로 하나의 오류를 범하는 확률이 작아지면 다른 오류를 범하는 확률은 커진다.

예제 8.9

[예제 8.8]에서 귀무가설 H_0의 기각역을 $\overline{X}<7.7$이라고 했을 경우에 제1종오류와 제2종오류를 범하는 확률들을 각각 구하면 다음과 같다.

$$\begin{aligned}\text{제1종오류를 범하는 확률} &= P(H_0\text{기각} \mid H_0\text{참 즉 } \mu=8.0)\\ &= P(\overline{X}<7.7 \mid \overline{X} \sim N(8.0,\ 16/100))\end{aligned}$$

$$= P\left(\frac{\overline{X}-8.0}{\sqrt{16/100}} < \frac{7.7-8.0}{\sqrt{16/100}}\right)$$

$$= P(Z < -0.75) = 0.2266 \qquad \text{〈부표-4〉}$$

$$\text{제2종오류를 범하는 확률} = P(H_0\text{채택} \mid H_1\text{참 즉 } \mu = 6.6)$$

$$= P(\overline{X} \geqq 7.7 \mid \overline{X} \sim N(6.6,\ 16/100))$$

$$= P\left(\frac{\overline{X}-6.6}{\sqrt{16/100}} \geqq \frac{7.7-6.6}{\sqrt{16/100}}\right)$$

$$= P(Z \geqq 2.75) = 0.0030 \qquad \text{〈부표-4〉}$$

한편 H_0의 기각역을 $\overline{X}<7.0$이라고 했을 경우에 위와 마찬가지로 계산하면, 제1종오류를 범하는 확률과 제2종오류를 범하는 확률은 각각 0.0062와 0.1587이다. 위 결과들을 정리하면 **〈표 8-2〉**와 같다.

표 8-2 기각역변화에 따른 두 종류 오류의 확률

기각역 \ 확률	제1종오류	제2종오류
$\overline{X}<7.0$	0.0062	0.1587
$\overline{X}<7.2$	0.0228	0.0668
$\overline{X}<7.7$	0.2266	0.0030

반면에 두 종류의 오류를 범하는 확률들을 동시에 작게 할 수 있는 유일한 방법은 **[예제 8.10]**에서 보는 바와 같이 표본크기 n을 증가시키는 경우이다.

예제 8.10

[예제 8.8]에 관련해서 표본크기를 $n=200$으로 했을 경우에 제1종오류와 제2종오류를 범하는 확률들을 계산하면 각각 약 0.0023과 0.0170이다. 따라서 위 결과들을 정리하면 **〈표 8-3〉**과 같다.

표 8-2 표본크기 n의 변화에 따른 두 종류 오류의 확률(기각역이 $\overline{X} < 7.2$일 경우)

표본크기 \ 확률	제1종오류	제2종오류
$n=100$	0.0228	0.0668
$n=200$	0.0023	0.0170

[예제 8.9]에서 보는 바와 같이 표본크기 n이 고정되어 있는 경우, 두 종류의 오류를 범하는 확률들을 동시에 작게 하는 검정을 찾는 것은 불가능하다. 따라서 우리는 제1종오류를 범하는 확률이 어떤 주어진 상수 $\alpha(0<\alpha<1)$ 이하인 검정들만을 고려하여 이들 중에서 제2종오류를 범하는 확률을 가장 작게 하는 검정을 찾게 된다. 이때 주어진 상수 α를 유의수준이라고 한다.

유의수준 : Significance Level

유의수준이란 제1종오류를 범하는 최대확률을 말하며 이를 통상 α로 표기한다.

유의수준이 α인 검정이란 제1종오류를 범하는 최대확률이 α인 검정을 말한다. 통상적으로 유의수준 α의 크기로는 $\alpha=0.01$, 0.05, 0.1 등의 값들이 사용되나, 유의수준의 크기를 결정하는 기준은 상대적이다. 즉 표본크기 n이 고정되어 있는 한 제1종오류를 범하는 확률을 작게 하면 전형적으로 제2종오류를 범하는 확률이 커지므로, 각 오류에 의한 손실을 감안하여 유의수준 α의 크기를 정하는 것이 원칙이다. 흔히 사용되는 유의수준으로는 $\alpha=0.05$이며, 제1종오류에 의한 손실이 크면 $\alpha=0.01$을 사용한다. 그러나 제1종오류에 의한 손실이 심각하지 않거나 제2종오류에 의한 손실이 클 때에는 $\alpha=0.1$을 이용한다. 물론 가설검정문제에 따라 다른 크기의 유의수준을 사용하기도 한다.

어떤 주어진 검정에 대해 모수 θ의 실제값이 $\theta=\theta_1$일 때 귀무가설 H_0를 기각하는 확률, 즉 $P(H_0\text{ 기각} \mid \theta=\theta_1)$을 $\theta=\theta_1$에서의 검정력이라고 한다. 더욱이 검정력은 모수 θ의 실제값들에 의존하는데 이러한 관계를 나타내는 함수를 검정력함수라고 하며, $\theta=\theta_1$에서 검정력함수의 값이 $\theta=\theta_1$에서의 검정력이다.

검정력함수 : Power Function of Test

검정력함수란 귀무가설 H_0를 기각하는 확률을 나타내는 모수 θ의 함수 $\Pi(\theta)=P(H_0\text{기각} \mid \theta)$를 말한다.

따라서 귀무가설 H_0하에 있는 θ값들에 대해서 검정력함수는 제1종오류를 범하는 확률들을 준다. 그리고 대립가설 H_1하에 있는 값들에 대해서 검정력함수는 제2종오류를 범하지 않는 확률(=1−제2종오류를 범하는 확률)들을 준다.

예제 8.11

[예제 8.7]에서 미지인 모수 μ에 대한 가설이 $H_0: \mu=8.0$ 대 $H_1: \mu<8.0$으로 설정되었다. 이 설정된 가설에 대해 '$\overline{X}<7.2$이면 귀무가설 H_0을 기각하라.'라는 검정은 유의수준이 $\alpha=0.05$인 검정인가를 확인하고, 대립가설 $H_1: \mu<8.0$하에 있는 값들인 $\mu=6.6, 6.8, 7.0, 7.2, 7.4, 7.6, 7.8$ 각각에서 검정력을 결정하라.

[예제 8.8]에서 계산되었듯이 주어진 검정의 제1종오류를 범하는 확률은 $P(H_0\text{기각} \mid H_0\text{참 즉 } \mu=8.0)=0.0228$로 유의수준 $\alpha=0.05$보다 작다. 따라서 위 검정은 유의수준이 $\alpha=0.05$인 검정이다.
그리고 대립가설 $H_1: \mu<8.0$에 있는 모수 μ의 값들 $\mu=6.6, 6.8, 7.0, 7.2, 7.4, 7.6, 7.8$ 각각에서 위 검정의 검정력계산을 위한 검정력함수 $\Pi(\mu)$는 다음과 같다.

$$\begin{aligned}\Pi(\mu) &= P(H_0\text{ 기각} \mid \mu)\\ &= P(\overline{X}<7.2 \mid \overline{X}\sim N(\mu,\ 16/100))\end{aligned}$$

$$= P\left(Z < \frac{7.2-\mu}{\sqrt{16/100}}\right)$$

따라서 대립가설 H_1하에 있는 모수 μ의 값들 $\mu = 6.6, 6.8, 7.0, 7.2, 7.4, 7.6, 7.8$ 각각에서 구한 검정력은 **〈부표-4〉**에 의해 다음과 같다.

μ	6.6	6.8	7.0	7.2	7.4	7.6	7.8
$\Pi(\mu)$	0.9332	0.8413	0.6915	0.5000	0.3085	0.1587	0.0668

[예제 8.11]에 관련된 검정력함수 $\Pi(\mu)$를 매끄러운 곡선으로 나타내면 **〈그림 8-2〉**와 같은 검정력함수곡선을 얻게 된다.

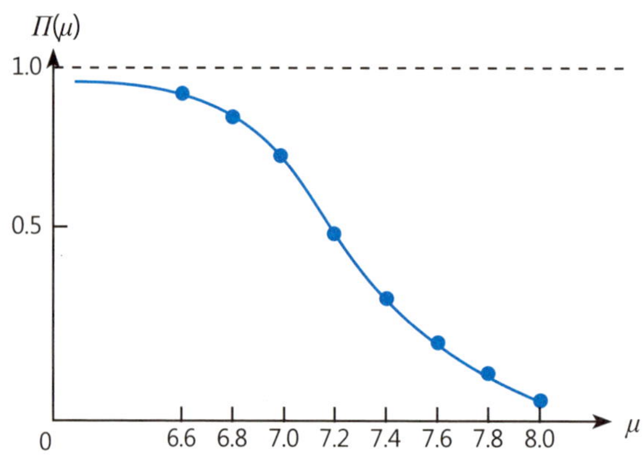

그림 8-2 **[예제 8.11]**의 검정력함수곡선

앞에서도 언급하였지만 모수 θ에 대한 가설검정문제에서 가설설정은 단순귀무가설 $H_0: \theta = \theta_0$(여기서 θ_0는 주어진 특정값) 대 복합대립가설 $H_1: \theta < \theta_0$(혹은 $H_1: \theta > \theta_0$, 혹은 $H_1: \theta \neq \theta_0$)인 경우가 일반적이다. 한편 표본크기 n은 고정되어 있으며 이 경우 앞에서도 지적하였듯이 두 종류의 오류를 범하는 확률들을 동시에 작게 하는 검정을 찾는 것은 불가능하다. 따라서 유의수준 α의 값이 주어지고, 유의수준이 α인 검정들 중에서 복합대립가설 H_1하에 있는 모수 θ의 모든 값들에 대해 균일하게 검정력, 즉 제2종오류를 범하지 않는 확률(=1−제2종오류를 범하는 확률)들을 최대화시키는, 다시 말하면 제2종오류를 범하는 확률들을 최소화시키는 검정을 찾게 된다. 이러한 검정을 크기가 α인 균일최강력검정(uniformly most powerful test of size α)이라고 하며, 이 검정에 의해 결정된 귀무가설 H_0의 기각역을 크기가 α인 균일최강력기각역이라고 한다.

불행히도 단순귀무가설 H_0 대 복합대립가설 H_1 등 복합가설에 대해 균일최강력검정이 존재하는 경우는 드물다. 그러나 복합가설에 대한 검정을 설정하기 위한 일반적이고 합리적인 방법으로 일반화우도비원리(generalized likelihood-ratio principle)라는 것이 있다. 이 원리를 이용하면 검정통계량이 결정되고, 결정된 검정통계량의 분포형태를 알면 주어진 유의수준 α값에 대해 귀무가설 H_0의 기각역을 구체적으로 정할 수 있다. 이 원리에 의해 설정된 검정을 일반화우도비검정(generalized likelihood-ratio test, GLRT)이라고 부른다. 그러나 이 검정이 반드시 균일최강력검정이 되는 것은 아니다. 이들에 대한 구체적인 설명은 이 책의 수준을 벗어나므로 생략하기로 한다.

이제 가설검정문제에 대한 검정절차의 개요를 정리하면 다음 네 단계와 같으며 주어진 검정문제를 통상 이 절차에 따라 해결하는 것이 좋다.

(1) **가설설정** : 먼저 주어진 가설검정문제에 적절한 귀무가설 H_0와 대립가설 H_1을 설정하고,

(2) **기각역설정** : 주어진 유의수준 α값에 대해 위 (1)에서 설정된 가설에 합리적이고 구체적인 형태의 검정, 즉 검정통계량과 귀무가설 H_0의 기각역을 구체적으로 결정하며,

(3) **계산** : 주어진 표본자료를 이용하여 위 (2)에서 결정된 검정통계량의 값을 계산한 다음에,

(4) **의사결정** : 귀무가설 H_0의 기각여부에 대한 의사결정을 한다.

끝으로 설정된 귀무가설 H_0가 어떤 검정에 의해 기각되었다고 해서 귀무가설 H_0가 거짓이라는 것이 증명되었다고 말할 수 없고, 반대로 설정된 귀무가설 H_0가 채택되었다고 해서 그 귀무가설 H_0가 참이라는 것이 증명되었다고 말할 수 없다는 것에 유의해야 한다. 왜냐하면 일반적으로 검정은 제1종오류와 제2종오류를 범하는 확률들을 동시에 0이 되도록 설정될 수가 없기 때문이다. 다시 말하면 검정설정에 있어 두 가지 오류들을 동시에 완전히 제거하는 것은 불가능하기 때문이다.

다음 절들에서는 모수종류와 가설설정에 따라 일반적으로 이용되는 일반화우도비검정들을 살펴보고자 한다.

8.3 모평균 μ에 대한 검정

모평균 μ에 대한 검정을 설정하기 위해서 대상모집단을 모분산 σ^2이 알려져 있는 정규모집단, 모분산 σ^2이 알려져 있지 않은 정규모집단, 그리고 모분산 σ^2이 유한인 임의의 모집단인 경우로 나누어 살펴보도록 하자.

먼저 모분산 σ^2이 알려져 있는 정규모집단의 모평균 μ에 대해 다음과 같이 설정된 가설을 고려하자.

$$H_0 : \mu = \mu_0 \quad \text{대} \quad H_1 : \mu < \mu_0$$

여기서 μ_0는 주어진 상수이다.

설정된 가설이 위와 같을 때, 표본평균 $\overline{X}$의 값이 작으면 작을수록 대립가설 $H_1 : \mu < \mu_0$가 사실임이 시사되는 정도가 강하다는 것은 당연하다. 이를 바탕으로 다음과 같은 형태의 검정을 생각할 수 있다.

$$\overline{X} < c \text{이면 귀무가설 } H_0\text{를 기각하라.}$$

위 검정에서 c는 상수이며, 유의수준 α를 고려하여 결정한다.

유의수준 α의 값이 주어졌을 때, 위 검정의 c값을 결정하기 위해서는 **〈정리 6.3〉**에 의해 위 검정통계량 $\overline{X}$의 분포가 귀무가설 $H_0 : \mu = \mu_0$하에서 $N\left(\mu_0, \frac{\sigma^2}{n}\right)$를 따른다는 것을 활용한다. 여기서 귀무가설이 단순이고 검정통계량 $\overline{X}$의 분포가 연속형이기 때문에, 주어진 유의수준 α값이 제1종오류를 범하는 확률과 같게 되므로 다음 식이 성립된다.

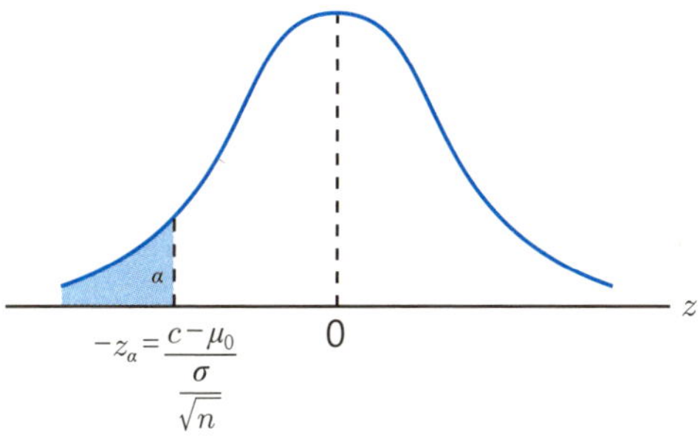

그림 8-3 유의수준

$$
\begin{aligned}
\alpha &= P(H_0\text{기각} \mid H_0 \text{ 참 즉 } \mu = \mu_0) \\
&= P\left(\overline{X} < c \mid \overline{X} \sim N\left(\mu_0, \frac{\sigma^2}{n}\right)\right) \\
&= P\left(Z < \frac{c-\mu_0}{\frac{\sigma}{\sqrt{n}}}\right)
\end{aligned}
$$

이때 **〈그림 8-3〉**에서 알 수 있듯이 c값은 다음 식에 의해 결정된다.

$$\frac{c-\mu_0}{\frac{\sigma}{\sqrt{n}}} = -z_\alpha$$

$$\therefore\ c = \mu_0 - z_\alpha \frac{\sigma}{\sqrt{n}}$$

따라서 위에 설정된 가설에 대해 유의수준이 α인 검정은 다음과 같다.

$$\overline{X} < \mu_0 - z_\alpha \frac{\sigma}{\sqrt{n}} \text{ 이면 } H_0\text{를 기각하라.}$$

즉

$$\frac{\overline{X}-\mu_0}{\frac{\sigma}{\sqrt{n}}} < -z_\alpha \text{이면 } H_0\text{를 기각하라.}$$

위 검정에서 $\frac{\overline{X}-\mu_0}{\frac{\sigma}{\sqrt{n}}}$는 검정통계량이며, 앞에 설정된 가설에서 귀무가설 H_0 : $\mu = \mu_0$에 대해 유의수준이 α인 기각역 R은 다음과 같이 통상 표기된다.

$$\text{기각역 } R: \frac{\overline{X}-\mu_0}{\frac{\sigma}{\sqrt{n}}} < -z_\alpha$$

위 기각역 R은 설정된 가설이 $H_0 : \mu \geqq \mu_0$ 대 $H_1 : \mu < \mu_0$인 경우와 $H_0 : \mu = \mu_0$ 대 $H_1 : \mu = \mu_1$(여기서 μ_0와 μ_1은 주어진 상수들이고 $\mu_0 > \mu_1$임)인 경우에도 적용된다. 그리고 위 기각역 R은 해당 검정통계량의 분포곡선의 좌측꼬리에 해당되므로 이러한 기각역을 주는 검정을 **좌측검정**이라고 한다.

한편 설정된 가설이 $H_0 : \mu = \mu_0$ 대 $H_1 : \mu > \mu_0$일 때에는 귀무가설 $H_0 : \mu = \mu_0$에 대해 유의수준이 α인 기각역 R은 위와 유사한 과정을 거쳐서 다음과 같이 결정된다.

$$\text{기각역 } R: \frac{\overline{X}-\mu_0}{\frac{\sigma}{\sqrt{n}}} > z_\alpha$$

위 기각역 R은 설정된 가설이 $H_0 : \mu \leqq \mu_0$ 대 $H_1 : \mu > \mu_0$인 경우와 $H_0 : \mu = \mu_0$ 대 $H_1 : \mu = \mu_1$(여기서 μ_0와 μ_1은 주어진 상수들이며 $\mu_0 < \mu_1$임)인 경우에도 적용된다. 그리고 위 기각역 R은 해당 검정통계량의 분포곡선의 우측꼬리에 해당되므로 이러한 기각역을 주는 검정을 **우측검정**이라고 한다.

반면에 설정된 가설이 $H_0 : \mu = \mu_0$ 대 $H_1 : \mu \neq \mu_1$일 때에는 귀무가설 $H_0 : \mu = \mu_0$에 대해 유의수준이 α인 기각역 R은 표본평균 $\overline{X}$의 값이 μ_0로부터 멀리 떨어져 있으면 있을수록 $H_1 : \mu \neq \mu_0$가 사실임이 시사되는 정도가 강하다는 것에 근거를 두고, 앞에서와 유사한 과정을 거쳐서 다음과 같이 결정된다.

$$\text{기각역 } R : \frac{\overline{X}-\mu_0}{\frac{\sigma}{\sqrt{n}}} < -z_{\frac{\alpha}{2}} \text{ 혹은 } \frac{\overline{X}-\mu_0}{\frac{\sigma}{\sqrt{n}}} > z_{\frac{\alpha}{2}}$$

즉

$$\text{기각역 } R : \left| \frac{\overline{X}-\mu_0}{\frac{\sigma}{\sqrt{n}}} \right| > z_{\frac{\alpha}{2}}$$

위 기각역 R은 해당 검정통계량의 분포곡선의 양측꼬리에 해당되므로 이러한 기각역을 주는 검정을 **양측검정**(two-tailed test)이라고 한다.

위의 내용을 요약하면 다음 **〈정리 8.1〉**과 같다.

정리 8.1 모평균 μ에 대한 검정

- 모분산 σ^2이 알려져 있는 정규모집단 대상 -

대상모집단은 평균이 μ이고 분산 σ^2은 알려져 있는 정규모집단이다. 이 모집단으로부터 크기가 n인 확률표본의 표본평균을 $\overline{X}$라고 한다면, 아래 설정된 각 가설에 대해 검정통계량 Z는 다음과 같다.

$$Z = \frac{\overline{X}-\mu_0}{\frac{\sigma}{\sqrt{n}}}$$

여기서 μ_0는 주어진 상수이며, 귀무가설 $H_0 : \mu = \mu_0$하에서 위 검정통계량 Z의 분포는 **〈정리 6.3〉**에 의해 $N(0, 1)$을 따른다.

귀무가설		대립가설	귀무가설의 기각역 R
① $H_0 : \mu = \mu_0$(혹은 $\mu \geq \mu_0$)	대	$H_1 : \mu < \mu_0$	$Z < -z_\alpha$
② $H_0 : \mu = \mu_0$(혹은 $\mu \leq \mu_0$)	대	$H_1 : \mu > \mu_0$	$Z > z_\alpha$
③ $H_0 : \mu = \mu_0$	대	$H_1 : \mu \neq \mu_0$	$\lvert Z \rvert > z_{\frac{\alpha}{2}}$

여기서 주어진 유의수준 α값에 대해 z_α는 검정통계량 Z의 분포가 $N(0, 1)$를 따를 때 $P(Z > z_\alpha) = \alpha$를 만족시키는 값이다([그림 7-2] 참조).

〈정리 8.1〉의 ①에서와 같은 기각역을 주는 검정을 좌측검정 그리고 ②에 대해서는 우측검정이라고 하며, 이 두 검정들을 **단측검정**(one-tailed test)들이라고 한다. 이 검정들은 ①과 ②에 설정된 각 가설에 대해 크기가 α인 균일최강력검정임이 알려져 있다. 한편 ③에서와 같은 기각역을 주는 검정을 **양측검정**(two-tailed test)이라고 한다. 여기서 흔히 사용되는 유의수준 α의 값들로는 $\alpha=0.01$, 0.05, 0.1 등이며 이에 상응하는 z_α와 $z_{\frac{\alpha}{2}}$의 값들은 **〈부표-4〉**에 의해 각각 $z_{0.005}=2.575$, $z_{0.025}=1.96$, $z_{0.01}=2.33$, $z_{0.05}=1.645$ 등이다.

예제 8.12

7장의 **[예제 7.16]**과 관련해서 대상 정규모집단의 모평균은 $\mu=70$이라고 알려져 왔으나, 조사자 A는 추출된 표본자료의 결과로 모평균 μ가 70보다 작다고 주장한다. 이 주장을 조사자 A의 입장에서 유의수준 $\alpha=0.05$로 검정하라.

주어진 가설검정문제의 검정절차는 앞 절에서 언급한 바와 같이 다음 네 단계로 구분하는 것이 좋다.

(1) 가설설정 : $H_0 : \mu=70$

$H_1 : \mu<70$

(2) 기각역설정 : 대상모집단은 모분산 σ^2이 알려져 있는 정규모집단이다. 따라서 위 (1)에서 설정된 가설에 적절한 검정은 **〈정리 8.1〉**에 의해 좌측검정이며, 귀무가설 H_0의 기각역 R은 다음과 같다.

$$\text{기각역 } R :\ Z<-z_\alpha,\quad Z=\frac{\overline{X}-\mu_0}{\frac{\sigma}{\sqrt{n}}}$$

(3) 계산 : 주어진 자료는 다음과 같다.

$$\sigma=15,\ \mu_0=70,\ n=25,\ \overline{x}=64.32,\ \alpha=0.05$$

그리고 **〈부표-4〉**에 의해 $z_\alpha=z_{0.05}=1.645$이다. 한편 검정통계량의 값 z는

다음과 같다.

$$z=\frac{\bar{x}-\mu_0}{\frac{\sigma}{\sqrt{n}}}=\frac{64.32-70}{\frac{15}{\sqrt{25}}}\fallingdotseq -1.893$$

(4) 의사결정 : $z=-1.893<-1.645=-z_{0.05}$이므로 유의수준 $\alpha=0.05$에서 귀무가설 $H_0: \mu=70$은 기각되어야 한다. 따라서 $\mu<70$라는 조사자 A의 주장을 채택할 수 있다.

R을 포함하여 대부분의 컴퓨터 패키지들은 가설검정을 위해서 p-값을 제공하고 있는데, 유의확률이라고도 불리는 p-값을 정의하면 다음과 같다.

유의확률 혹은 p-값 : Significance Probability or p-value

유의확률(p-값)이란 귀무가설 H_0를 기각하는 최소의 유의수준을 말한다.

일반적으로 가설검정문제에 있어서는 유의수준 α값을 미리 정해 놓고, 이에 해당되는 기각역을 구한 후에 귀무가설 H_0의 기각여부를 결정한다. 그러나 p-값이 계산된다면 이 p-값과 주어진 유의수준 α값을 직접 비교하여 귀무가설 H_0의 기각여부를 결정할 수 있다. 즉, 위 p-값의 정의에 의해 p-값이 유의수준 α의 주어진 값보다 작으면 귀무가설 H_0를 기각하게 되고, α값보다 크면 H_0를 기각할 수 없는 것이다. 따라서 p-값을 이용하면 유의수준 α의 주어진 여러 값들에 대해 매번 기각역을 구하지 않고도 귀무가설 H_0의 기각여부를 결정할 수가 있다. 예를 들어 계산된 p-값이 $p=0.03$이라면, 주어진 유의수준이 $\alpha=0.01$일 경우에는 귀무가설 H_0를 기각할 수 없으나 $\alpha=0.05$일 경우에는 H_0를 기각할 수 있는 것이다.

〈정리 8.1〉의 가설검정에서 표본자료에 의해 계산된 검정통계량 Z의 값을 z라고 한다면 p-값은 다음 식에 의해 계산된다.

$$p\text{-값} = \begin{cases} P(Z < z) & \text{(좌측검정일 경우)} \\ P(Z > z) & \text{(우측검정일 경우)} \\ P(|Z| > z) & \text{(양측검정일 경우)} \end{cases}$$

[예제 8. 12] 에서의 p-값은 다음과 같이 $p = 0.03$이 되며,

$$\begin{aligned} p &= P(Z < -1.893) \\ &\fallingdotseq 0.03 \qquad \text{〈부표-4〉} \end{aligned}$$

따라서 주어진 유의수준이 $\alpha = 0.05$에 대해서는 $p = 0.03 < 0.05 = \alpha$이므로 설정된 귀무가설 $H_0 : \mu = 70$은 기각되어야 하며, $\alpha = 0.01$에 대해서는 $p = 0.03 < 0.01 = \alpha$이므로 귀무가설 $H_0 : \mu = 70$은 기각될 수가 없는 것이다.

지금부터 모분산 σ^2이 알려져 있지 않은 정규모집단의 모평균 μ에 대해 설정된 가설들의 검정을 다루기로 하자. 이 경우에는 **〈정리 8. 1〉**에서 언급한 검정을 그대로 이용할 수 없다. 왜냐하면 이 검정의 검정통계량 Z에는 값을 모르는 모수 σ가 포함되어 있기 때문이다. 그러나 일반화우도비원리의 결과에 의하면, σ^2이 알려져 있지 않은 경우 모평균 μ에 대해 앞에서 설정된 각 가설에 대한 검정통계량 T는 다음과 같게 된다.

$$T = \frac{\overline{X} - \mu_0}{\frac{S}{\sqrt{n}}}$$

여기서 μ_0는 귀무가설 $H_0 : \mu = \mu_0$에서 주어진 상수이며, S는 대상 정규모집단으로부터 크기가 n인 확률표본에 의해 정의되는 표본표준편차를 나타낸다.

위 검정통계량 T는 앞에서 언급한 모분산 σ^2이 알려져 있는 경우의 검정통계량 Z에 있는 σ 대신에 S를 사용하고 있다. 그리고 6장의 **〈정리 6. 12〉**에 의해 귀무가설 $H_0 : \mu = \mu_0$하에서 위 검정통계량 T의 분포는 $t(n-1)$을 따른다는 것을 활용하면, 유의수준 α의 값이 주어졌을 때 설정된 각 가설에서 귀무가설 $H_0 : \mu = \mu_0$에 대해 유의수준이 α인 기각역 R을 구체적으로 결정할 수 있다. 이를 요약하면 다음 **〈정리 8. 2〉**를 얻게 된다.

정리 8.2 모평균 μ에 대한 검정

- 모분산 σ^2이 알려져 있지 않은 정규모집단 대상 -

대상모집단은 평균이 μ이고 분산 σ^2은 알려져 있지 않은 정규모집단이다. 이 모집단으로부터 크기가 n인 확률표본의 표본평균과 표본분산을 각각 $\overline{X}$와 S^2이라고 한다면, 아래에 설정된 각 가설에 대해 검정통계량 T는 다음과 같다.

$$T = \frac{\overline{X} - \mu_0}{\frac{S}{\sqrt{n}}}$$

여기서 μ_0는 주어진 상수이며, 귀무가설 $H_0 : \mu = \mu_0$하에서 위 검정통계량 T의 분포는 **〈정리 6. 12〉**에 의해 $t(n-1)$을 따른다.

귀무가설		대립가설	귀무가설의 기각역 R
① $H_0 : \mu = \mu_0$(혹은 $\mu \geq \mu_0$)	대	$H_1 : \mu < \mu_0$	$T < -t_{\alpha,\, n-1}$
② $H_0 : \mu = \mu_0$(혹은 $\mu \leq \mu_0$)	대	$H_1 : \mu > \mu_0$	$T > t_{\alpha,\, n-1}$
③ $H_0 : \mu = \mu_0$	대	$H_1 : \mu \neq \mu_0$	$\lvert T \rvert > t_{\frac{\alpha}{2},\, n-1}$

여기서 주어진 유의수준 α값에 대해 $t_{\alpha,\, n-1}$은 검정통계량 T의 분포가 $t(n-1)$를 따를 때 $P(T > t_{\alpha,\, n-1}) = \alpha$를 만족시키는 값이다([그림 7-4] 참조).

한편 6장의 **〈정리 6. 12〉**의 아래 부분에서 언급하였듯이 표본크기 n이 커짐에 따라 위 검정통계량 T의 분포는 귀무가설 $H_0 : \mu = \mu_0$하에서 $N(0, 1)$에 접근하게 된다. 실질적으로 표본크기가 통상 $n \geq 30$일 경우에는 이 검정통계량 T의 분포를 $N(0, 1)$로 취급해도 무난한 것으로 알려져 있다. 따라서 표본크기가 $n \geq 30$일 경우에는 **〈정리 8. 2〉**에 설정된 각 가설에 대해 유의수준이 α인 기각역 R에 있어서 $t_{\alpha,\, n-1}$과 $t_{\frac{\alpha}{2},\, n-1}$를 각각 z_α와 $z_{\frac{\alpha}{2}}$로 대체한 기각역 $T < -z_\alpha$, $T > z_\alpha$, 그리고 $\lvert T \rvert < z_{\frac{\alpha}{2}}$를 각각 근사적으로 이용할 수 있다.

예제 8.13

새로운 밀봉방법에 의해 생산된 전구들의 수명시간의 분포는 정규분포를 따른다고 가정하자. 이 모집단으로부터 전구 9개를 랜덤하게 추출하여 7장의 **[예제 7.19]**에 제시된 자료를 얻었고, 거기서 이들의 표본평균수명시간과 표본표준편차를 각각 계산하였더니 $\bar{x}=5{,}200$(시간)과 $s=150$(시간)이 되었다. 이 결과로 생산자측은 전구들의 모평균수명시간 μ가 5,150시간보다 길다고 주장한다. 이를 생산자 측의 입장에서 유의수준 $\alpha=0.05$로 검정하라.

---

(1) 가설설정 : $H_0 : \mu \leqq 5{,}150$

$H_1 : \mu > 5{,}150$

(2) 기각역설정 : 대상모집단은 모분산 σ^2이 알려져 있지 않은 정규모집단이다. 따라서 위 (1)에서 설정된 가설에 적절한 검정은 **〈정리 8.2〉**에 의해 우측검정이며, 귀무가설의 기각역 R은 다음과 같다.

$$\text{기각역 } R : T > t_{\alpha,\, n-1}, \quad T = \frac{\overline{X}-\mu_0}{\frac{S}{\sqrt{n}}}$$

(3) 계산 : 주어진 자료는 다음과 같다.

$$n=9,\ \bar{x}=5{,}200,\ s=150,\ \mu_0=5{,}150,\ \alpha=0.05$$

그리고 **〈부표-6〉**에 의해 $t_{\alpha,\, n-1}=t_{0.05,\, 8}=1.860$이다. 한편 검정통계량의 값 t는 다음과 같다.

$$t=\frac{\bar{x}-\mu_0}{\frac{s}{\sqrt{n}}}=\frac{5{,}200-5{,}150}{\frac{150}{\sqrt{9}}}=1.0$$

(4) 의사결정 : $t=1.0<1.860=t_{0.05,\, 8}$이므로 유의수준 $\alpha=0.05$에서 귀무가설 $H_0 : \mu \leqq 5{,}150$은 기각될 수 없다. 따라서 전구들의 모평균수명시간 μ가 5,150시간보다 길다는 생산자 측의 주장은 채택될 수 없다.

지금까지는 정규모집단을 대상으로 모평균 μ에 대한 검정들을 살펴보았다. 이제부터 표본크기 n이 큰 경우, 실제응용에 있어서는 대표본, 즉 통상 $n \geq 30$인 경우에 유한인 모분산 σ^2을 갖는 임의의 모집단의 모평균 μ에 대해 설정된 가설들의 검정을 살펴보도록 하자. 이 경우 모분산 σ^2이 알려져 있으면 **〈정리 8.1〉**에 설정된 각 가설에 대해 유의수준이 α인 기각역 R을 중심극한정리에 근거를 두고 근사적으로 이용할 수 있다. 그리고 모분산 σ^2이 알려져 있지 않으면 **〈정리 8.1〉**의 검정통계량에서 σ를 S로 대체한 기각역 R을 근사적으로 이용할 수가 있다. 이를 요약하면 다음 **〈정리 8.3〉**을 얻게 된다.

정리 8.3 모평균 μ에 대한 검정

- 임의의 모집단을 대상으로 하나 표본크기 n이 큰 경우 -

대상모집단은 평균이 μ이고 유한인 분산 σ^2을 갖는 임의의 모집단이다. 이 모집단으로부터 표본크기 n이 통상 $n \geq 30$인 확률표본의 표본평균과 표본분산을 각각 $\overline{X}$와 S^2이라고 한다면, 아래 설정된 각 가설에 대해 검정통계량 Z는 다음과 같다.

① 분산 σ^2이 알려져 있을 때, $Z = \dfrac{\overline{X} - \mu_0}{\frac{\sigma}{\sqrt{n}}}$

② 분산 σ^2이 알려져 있지 않을 때, $Z = \dfrac{\overline{X} - \mu_0}{\frac{S}{\sqrt{n}}}$

여기서 μ_0는 주어진 상수이며, 귀무가설 $H_0 : \mu = \mu_0$하에서 위 검정통계량 Z의 분포는 근사적으로 $N(0, 1)$을 따른다.

귀무가설		대립가설	귀무가설의 근사기각역 R
① $H_0 : \mu = \mu_0$(혹은 $\mu \geq \mu_0$)	대	$H_1 : \mu < \mu_0$	$Z < -z_\alpha$
② $H_0 : \mu = \mu_0$(혹은 $\mu \leq \mu_0$)	대	$H_1 : \mu > \mu_0$	$Z > z_\alpha$
③ $H_0 : \mu = \mu_0$	대	$H_1 : \mu \neq \mu_0$	$\lvert Z \rvert > z_{\frac{\alpha}{2}}$

여기서 주어진 유의수준 α값에 대해 z_α는 검정통계량 Z의 분포가 $N(0, 1)$을 따를 때 $P(Z > z_\alpha) = \alpha$를 만족시키는 값이다([그림 7-2] 참조).

여기서 표본크기 n이 큰 경우에는 대상모집단의 분포형태에 대해 특별한 가정이 필요 없게 됨을 유의해야 한다.

한편 6장의 **〈정리 6.4〉**의 바로 위에서도 언급하였듯이 대부분의 표본추출은 임의의 유한모집단을 대상으로 실질적으로 비복원추출 방법에 의해 행해지고 있으며, 이 추출방법에 의해 정의되는 확률변수들 $X_1, X_2, \cdots, X_n$은 크기가 n인 확률표본이 아니다. 따라서 이 경우 표본크기 n이 커짐에 따라 위 검정통계량 Z의 분포가 $N(0, 1)$에 접근한다는 중심극한정리를 적용하기에는 문제점이 있다. 그러나 평균이 μ이고 분산 σ^2은 유한이며 N이 충분히 큰 임의의 유한모집단으로부터 비복원추출 방법에 의해 추출된 표본을 이용하여 모평균 μ에 대한 가설검정을 할 때에는, 6장의 **〈정리 6.4〉**에 근거를 두어 $n \geqq 30$이고 $\dfrac{n}{N} \leqq 0.05$이면 **〈정리 8.3〉**에 설정된 각 가설에 해 귀무가설의 근사기각역 R을 그대로 이용할 수 있다.

예제 8.14

소비자협회는 A회사에서 생산한 타이어들 중에서 100개를 랜덤하게 추출하여 조사하였더니 이들의 표본평균수명과 표본표준편차가 각각 $\overline{x} = 21,431$(마일)과 $s = 1,295$(마일)이 됨을 알았다. 이 결과로 소비자협회 측의 입장에서 모평균수명거리 μ가 22,000마일보다 짧은지를 유의수준 $\alpha = 0.05$로 검정하라.

(1) 가설설정 : $H_0 : \mu \geqq 22,000$

$H_1 : \mu < 22,000$

(2) 기각역설정 : 대상모집단은 모분산 σ^2이 알려져 있지 않은 임의의 대모집단이고 표본크기가 $n \geqq 30$이다. 따라서 위 (1)에서 설정된 가설에 적절한

검정은 **〈정리 8.3〉**에 의해 좌측검정이며, 귀무가설의 근사기각역 R은 다음과 같다.

$$\text{기각역 } R : Z < -z_{\alpha}, \quad Z = \frac{\overline{X} - \mu_0}{\frac{S}{\sqrt{n}}}$$

(3) 계산 : 주어진 자료는 다음과 같다.

$$n = 100,\ \overline{x} = 21{,}431,\ s = 1{,}295,\ \mu_0 = 22{,}000,\ \alpha = 0.05$$

그리고 **〈부표-4〉**에 의해 $z_{\alpha} = z_{0.05} = 1.645$이다. 한편 검정통계량의 값 z는 다음과 같다.

$$z = \frac{\overline{x} - \mu_0}{\frac{s}{\sqrt{n}}} = \frac{21{,}431 - 22{,}000}{\frac{1{,}295}{\sqrt{100}}} \fallingdotseq -4.394$$

(4) 의사결정 : $z = -4.394 < -1.645 = -z_{0.05}$이므로 유의수준 $\alpha = 0.05$에서 귀무가설 $H_0 : \mu \geqq 22{,}000$는 기각되어져야 한다. 따라서 타이어들의 모평균 수명거리 μ는 22,000마일보다 짧다는 주장을 채택할 수 있다.

8.4 모분산 σ^2에 대한 검정

정규모집단의 모분산 σ^2에 대한 검정을 다루도록 하자. 이 경우 일반적으로 귀무가설 $H_0 : \sigma^2 = \sigma_0^{\ 2}$(여기서 σ^2은 주어진 상수임)가 대립가설들 $H_1 : \sigma^2 < \sigma_0^{\ 2}$, $H_1 : \sigma^2 > \sigma_0^{\ 2}$, 그리고 $H_1 : \sigma^2 \neq \sigma_0^{\ 2}$ 중 하나에 대해 검정된다.

대상 정규모집단으로부터 크기가 n인 확률표본의 표본분산을 S^2이라고 할 때, 일반화우도비원리의 결과에 의하면 위에 설정된 각 가설에 대한 검정통계량 χ^2은 다음과 같게 된다.

$$\chi^2 = \frac{(n-1)S^2}{{\sigma_0}^2}$$

그리고 귀무가설 $H_0 : \sigma^2 = {\sigma_0}^2$하에서 위 검정통계량 χ^2의 분포는 **〈정리 6.9〉**에 의해 $\chi^2(n-1)$을 따른다는 것을 활용하면, 유의수준이 α인 기각역 R을 구체적으로 결정할 수 있다. 이를 요약하면 **〈정리 8.4〉**를 얻게 된다.

정리 8.4 모분산 σ^2에 대한 검정(정규모집단 대상)

대상이 되는 모집단은 평균이 μ이고 분산은 σ^2인 정규모집단이다. 이 모집단으로부터 크기가 n인 확률표본의 표본분산을 S^2이라고 한다면, 아래 설정한 각 가설에 대해 검정통계량 χ^2은 다음과 같다.

$$\chi^2 = \frac{(n-1)S^2}{{\sigma_0}^2}$$

여기서 ${\sigma_0}^2$은 주어진 상수이며, 귀무가설 $H_0 : \sigma^2 = {\sigma_0}^2$하에서 위 검정통계량 χ^2의 분포는 **〈정리 6.9〉**에 의해 $\chi^2(n-1)$을 따른다.

귀무가설		대립가설	귀무가설의 기각역 R
① $H_0 : \sigma^2 = {\sigma_0}^2$(혹은 $\sigma^2 \geqq {\sigma_0}^2$)	대	$H_1 : \sigma^2 < {\sigma_0}^2$	$\chi^2 < \chi^2_{1-\alpha,\, n-1}$
② $H_0 : \sigma^2 = {\sigma_0}^2$(혹은 $\sigma^2 \leqq {\sigma_0}^2$)	대	$H_1 : \sigma^2 > {\sigma_0}^2$	$\chi^2 > \chi^2_{\alpha,\, n-1}$
③ $H_0 : \sigma^2 = {\sigma_0}^2$	대	$H_1 : \sigma^2 \neq {\sigma_0}^2$	$\chi^2 < \chi^2_{1-\frac{\alpha}{2},\, n-1}$ 혹은 $\chi^2 > \chi^2_{\frac{\alpha}{2},\, n-1}$

여기서 주어진 유의수준 α값에 대해 $\chi^2_{\alpha,\, n-1}$은 검정통계량 χ^2의 분포가 $\chi^2(n-1)$을 따를 때 $P(\chi^2 > \chi^2_{\alpha,\, n-1}) = \alpha$를 만족시키는 값이다([그림 7-5] 참조).

예제 8.15

어떤 회사에서 생산되는 통조림들의 무게의 분산 σ^2이 작으면 작을수록 무게의 정도(precision)가 높다는, 즉 무게관리가 잘 되고 있음을 나타낸다고 볼 수 있다. 이 회사에서는 생산된 통조림들 가운데 28통을 랜덤하게 추출하여 이들 무게의 표본표준편차를 계산하였더니 $s=5$(g)임을 알았다. 이 결과로 이 회사는 통조림들의 무게의 모표준편차 σ가 6g 미만이라고 주장한다. 통조림들의 무게의 분포는 정규분포를 따른다고 가정하고 이 주장을 회사측의 입장에서 유의수준 $\alpha=0.05$로 검정하라.

---

(1) 가설설정 : $H_0 : \sigma^2 \geqq 36$

$H_1 : \sigma^2 < 36$

(2) 기각역설정 : 대상모집단은 정규모집단이다. 따라서 위 (1)에서 설정된 가설에 적절한 검정은 **〈정리 8.4〉**에 의해 좌측검정이며, 귀무가설의 기각역 R은 다음과 같다.

$$\text{기각역 } R : \chi^2 < \chi^2_{1-\alpha,\, n-1}, \quad \chi^2 = \frac{(n-1)S^2}{\sigma_0^{\,2}}$$

(3) 계산 : 주어진 자료는 다음과 같다.

$$n=28,\ s^2=25,\ \sigma_0^{\,2}=36,\ \alpha=0.05$$

그리고 **〈부표-5〉**에 의해 $\chi^2_{1-\alpha,\, n-1}=\chi^2_{0.95,\, 27}=16.151$이다. 한편 검정통계량의 값 χ^2는 다음과 같다.

$$\chi^2=\frac{(n-1)S^2}{\sigma_0^{\,2}}=\frac{27\times 25}{36}=18.75$$

(4) 의사결정 : $\chi^2=18.75>16.151=\chi^2_{0.95,\, 27}$이므로 유의수준 $\alpha=0.05$에서 귀무가설 $H_0 : \sigma^2 \geqq 36$는 기각되어질 수 없다. 따라서 통조림 무게의 모표준편차 σ가 6g 미만이라는 생산자측의 주장을 채택할 수 없다.

8.5 두 모평균들의 차 $\mu_1-\mu_2$에 대한 검정

두 모평균들의 차 $\mu_1-\mu_2$에 대한 신뢰구간을 설정할 때와 같이 본 절에서도 독립인 두 확률표본들을 이용하는 경우와 짝지어진 표본을 이용하는 경우로 크게 나누어 두 모평균들의 차 $\mu_1-\mu_2$에 대한 검정을 살펴보도록 하자.

8.5.1 독립인 두 확률표본들 이용

두 모집단들을 대상으로 첫 번째 모집단으로부터 크기가 n_1인 확률표본을 얻고, 이와는 독립적으로 두 번째 모집단으로부터 크기가 n_2인 확률표본을 얻으면, 이때 얻은 두 확률표본들은 독립이다. 본 항에서는 독립인 두 확률표본들을 이용하여 먼저 두 대상모집단들의 각 분포가 $N(\mu_1, \sigma_1^2)$과 $N(\mu_2, \sigma_2^2)$을 따를 때, 두 모분산들 σ_1^2과 σ_2^2이 첫째 알려져 있는 경우와, 둘째 알려져 있지 않으나 같은, 즉 $\sigma_1^2=\sigma_2^2=\sigma^2$인 경우와, 셋째 알려져 있지 않고 $\sigma_1^2\neq\sigma_2^2$인 경우로 나누고, 그리고 뒤이어 두 대상모집단들의 각 분포가 정규분포가 아니고 분산이 유한인 임의의 분포를 따르나 표본크기 n_1과 n_2가 충분히 클 때, 두 모평균들의 차 $\mu_1-\mu_2$에 대한 검정을 설정하도록 한다.

먼저 두 대상모집단들의 각 분포가 $N(\mu_1, \sigma_1^2)$과 $N(\mu_2, \sigma_2^2)$을 따르며 두 모분산들 σ_1^2와 σ_2^2이 알려져 있는 경우에, 독립인 두 확률표본들을 이용하여 두 모평균들의 차 $\mu_1-\mu_2$에 대해 설정된 가설들의 검정을 다루기로 하자. 이 경우 일반적으로 귀무가설 $H_0 : \mu_1-\mu_2=\delta_0$(여기서 δ_0은 주어진 상수임)가 대립가설들 $H_1 : \mu_1-\mu_2<\delta_0$, $H_1 : \mu_1-\mu_2>\delta_0$, 그리고 $H_1 : \mu_1-\mu_2\neq\delta_0$ 중 하나에 대해 검정된다.

각 분포가 $N(\mu_1, \sigma_1^2)$과 $N(\mu_2, \sigma_2^2)$을 따르는 두 정규모집단들로부터 얻은 각각의 크기가 n_1과 n_2이고 독립인 두 확률표본들의 각 표본평균을 $\overline{X}$와 $\overline{Y}$라고 하자. 이때 일반화우도비원리의 결과에 의하면 위에 설정된 두 모평균들의 차 $\mu_1-\mu_2$에 대한 각 가설의 검정은 두 표본평균들의 차 $\overline{X}-\overline{Y}$에 근거를 두게 되고, 검정통계량 Z는 다음과 같게 된다.

$$Z=\frac{(\overline{X}-\overline{Y})-\delta_0}{\sqrt{\frac{\sigma_1^2}{n_1}+\frac{\sigma_2^2}{n_2}}}$$

그리고 귀무가설 $H_0: \mu_1-\mu_2=\delta_0$하에서 위 검정통계량 Z의 분포는 $N(0, 1)$을 따르게 되는데 이를 활용하면, 유의수준 α의 값이 주어졌을 때 설정된 각 가설에 있어 귀무가설 $H_0: \mu_1-\mu_2=\delta_0$에 대해 유의수준이 α인 기각역 R은 구체적으로 결정된다. 이를 요약하면 다음 **〈정리 8.5〉**를 얻게 된다.

정리 8.5 두 모평균들의 차 $\mu_1-\mu_2$에 대한 검정

- 모분산들 σ_1^2과 σ_2^2이 알려져 있는 두 정규모집단들 대상 -

대상이 되는 두 모집단들의 각 분포는 $N(\mu_1, \sigma_1^2)$과 $N(\mu_2, \sigma_2^2)$을 따르고, 두 모분산들 σ_1^2과 σ_2^2은 알려져 있다. 이 두 정규모집단들로부터 각각 크기가 n_1과 n_2이고 독립인 두 확률표본들의 각 표본평균을 $\overline{X}$와 $\overline{Y}$라고 하면, 아래 설정된 각 가설에 대해 검정통계량 Z는 다음과 같다.

$$Z=\frac{(\overline{X}-\overline{Y})-\delta_0}{\sqrt{\frac{\sigma_1^2}{n_1}+\frac{\sigma_2^2}{n_2}}}$$

여기서 δ_0는 귀무가설에서 주어진 상수이며, 귀무가설 $H_0: \mu_1-\mu_2=\delta_0$하에서 위 검정통계량 Z의 분포는 $N(0, 1)$을 따른다.

귀무가설		대립가설	귀무가설의 기각역 R
① $H_0: \mu_1-\mu_2=\delta_0$(혹은 $\mu_1-\mu_2 \geqq \delta_0$)	대	$H_1: \mu_1-\mu_2<\delta_0$	$Z<-z_\alpha$
② $H_0: \mu_1-\mu_2=\delta_0$(혹은 $\mu_1-\mu_2 \leqq \delta_0$)	대	$H_1: \mu_1-\mu_2>\delta_0$	$Z>z_\alpha$
③ $H_0: \mu_1-\mu_2=\delta_0$	대	$H_1: \mu_1-\mu_2 \neq \delta_0$	$\lvert Z \rvert > z_{\frac{\alpha}{2}}$

여기서 주어진 유의수준 α값에 대해 z_α는 검정통계량 Z의 분포가 $N(0, 1)$를 따를 때 $P(Z>z_\alpha)=\alpha$를 만족시키는 값이다([그림 7-2] 참조).

예제 8.16

두 기업들에서 각각 A상표 나사와 B상표 나사를 생산하고 있다. 어떤 조사자 갑이 생산된 A상표 나사와 B상표 나사 중에서 독립적으로 각각 100개씩을 랜덤하게 추출하여 조사하였더니 각 표본평균지름이 $\bar{x}=0.41$(cm)와 $\bar{y}=0.45$(cm)임을 알았다. 이 결과로 조사자 갑은 생산된 두 상표 나사의 모평균지름들에 차이가 있다고 주장한다. 이 주장을 조사자 갑의 입장에서 유의수준 $\alpha=0.05$로 검정하라. 여기서 생산된 두 상표 나사의 지름의 각 분포는 $N(\mu_1, \sigma_1^2)$과 $N(\mu_2, \sigma_2^2)$을 따르며 $\sigma_1^2=0.01^2$와 $\sigma_2^2=0.02^2$임이 알려져 있다고 가정하라.

(1) 가설설정 : $H_0 : \mu_1-\mu_2=0$

$H_1 : \mu_1-\mu_2 \neq 0$

(2) 기각역설정 : 각 모분산이 $\sigma_1^2=0.01^2$과 $\sigma_2^2=0.02^2$으로 알려져 있는 정규모집단들로부터 두 특정 확률표본들이 독립적으로 추출되었다. 따라서 위 (1)에서 설정된 가설에 적절한 검정은 **〈정리 8.5〉**에 의해 양측검정이며, 귀무가설의 기각역 R은 다음과 같다.

$$\text{기각역 } R : |Z| > z_{\frac{\alpha}{2}}, \quad Z=\frac{(\overline{X}-\overline{Y})-\delta_0}{\sqrt{\frac{\sigma_1^2}{n_1}+\frac{\sigma_2^2}{n_2}}}$$

(3) 계산 : 주어진 자료는 다음과 같다.

$$\begin{cases} n_1=100 \\ \bar{x}=0.41 \\ \sigma_1^2=0.01^2 \end{cases}, \quad \begin{cases} n_2=100 \\ \bar{y}=0.45 \\ \sigma_2^2=0.02^2 \end{cases}, \quad \delta_0=0, \quad \alpha=0.05$$

그리고 **〈부표-4〉**에 의해 $z_{\frac{\alpha}{2}}=z_{0.025}=1.96$이다. 한편 검정통계량의 값 z는 다음과 같다.

$$z=\frac{(\bar{x}-\bar{y})-\delta_0}{\sqrt{\frac{\sigma_1^2}{n_1}+\frac{\sigma_2^2}{n_2}}}=\frac{(0.41-0.45)-0}{\sqrt{\frac{0.01^2}{100}+\frac{0.02^2}{100}}} \fallingdotseq -17.89$$

(4) 의사결정 : $|z| = 17.89 > 1.96 = z_{0.025}$이므로 유의수준 $\alpha = 0.05$에서 귀무가설 $H_0 : \mu_1 - \mu_2 = 0$는 기각되어져야 한다. 따라서 생산된 두 상표 나사의 모평균지름들에 차이가 있다는 주장을 채택할 수 있다.

한편 두 대상모집단들의 각 분포가 $N(\mu_1, {\sigma_1}^2)$과 $N(\mu_2, {\sigma_2}^2)$을 따르나 모분산 ${\sigma_1}^2$과 ${\sigma_2}^2$이 알려져 있지 않은 경우에는 두 모평균들의 차 $\mu_1 - \mu_2$에 대해 설정된 각 가설에서 **〈정리 8.5〉**에 제시된 검정이 그대로 이용될 수 없다. 왜냐하면 이 검정의 검정통계량 Z에는 알려져 있지 않은 모분산들 ${\sigma_1}^2$과 ${\sigma_2}^2$이 포함되어 있기 때문이다.

대상이 되는 두 정규모집단들의 알려져 있지 않은 모분산들이 같은 경우, 즉 ${\sigma_1}^2 = {\sigma_2}^2 = \sigma^2$인 경우에 정규모집단들로부터 각각 크기가 n_1과 n_2이고 독립인 두 확률표본들의 각 표본평균을 $\overline{X}$와 $\overline{Y}$라고 하고, 각 표본분산을 ${S_1}^2$과 ${S_2}^2$이라고 하자. 이때 일반화우도비원리의 결과에 의하면 두 모평균들의 차 $\mu_1 - \mu_2$에 대해 앞에서 설정된 각 가설의 검정통계량 T는 다음과 같게 된다.

$$T = \frac{(\overline{X} - \overline{Y}) - \delta_0}{\sqrt{{S_p}^2\left(\frac{1}{n_1} + \frac{1}{n_2}\right)}}$$

여기서 ${S_p}^2$은 다음과 같으며, 합동표분분산(pooled sample variance)이라고 불린다.

$${S_p}^2 = \frac{(n_1 - 1){S_1}^2 + (n_2 - 1){S_2}^2}{n_1 + n_2 - 2}$$

그리고 귀무가설 $H_0 : \mu_1 - \mu_2 = \delta_0$하에서 위 검정통계량 T의 분포는 $t(n_1 + n_2 - 2)$를 따르게 되는데 이를 활용하면, 유의수준 α값이 주어졌을 때에 앞에서 설정된 각 가설에서 귀무가설 $H_0 : \mu_1 - \mu_2 = \delta_0$에 대해 유의수준이 α인 기각역 R은 구체적으로 결정된다. 이를 요약하면 **〈정리 8.6〉**을 얻게 된다.

정리 8.6 두 모평균들의 차 $\mu_1 - \mu_2$에 대한 검정

- 모분산들 σ_1^2과 σ_2^2은 알려져 있지 않으나 $\sigma_1^2 = \sigma_2^2 = \sigma^2$인 두 정규모집단들 대상 -

두 대상모집단들의 각 분포는 $N(\mu_1, \sigma_1^2)$과 $N(\mu_2, \sigma_2^2)$을 따르며 모분산들 σ_1^2과 σ_2^2은 알려져 있지 않으나 $\sigma_1^2 = \sigma_2^2 = \sigma^2$이다. 이 두 정규모집단들로부터 각각 크기가 n_1과 n_2이고, 독립인 두 확률표본들의 각 표본평균을 $\overline{X}$와 $\overline{Y}$라고 하고 각 표본분산을 S_1^2과 S_2^2이라고 하면, 아래 설정된 각 가설에 대해 검정통계량 T는 다음과 같다.

$$T = \frac{(\overline{X} - \overline{Y}) - \delta_0}{\sqrt{S_p^2\left(\frac{1}{n_1} + \frac{1}{n_2}\right)}}$$

여기서 δ_0는 주어진 상수이고, $S_p^2 = \dfrac{(n_1 - 1)S_1^2 + (n_2 - 1)S_2^2}{n_1 + n_2 - 2}$이며, 이는 합동표본분산이라고 불린다. 한편 귀무가설 $H_0 : \mu_1 - \mu_2 = \delta_0$하에서 위 검정통계량 T의 분포는 $t(n_1 + n_2 - 2)$를 따른다.

귀무가설		대립가설	귀무가설의 기각역 R
① $H_0 : \mu_1 - \mu_2 = \delta_0$(혹은 $\mu_1 - \mu_2 \geqq \delta_0$)	대	$H_1 : \mu_1 - \mu_2 < \delta_0$	$T < -t_{\alpha,\, n_1+n_2-2}$
② $H_0 : \mu_1 - \mu_2 = \delta_0$(혹은 $\mu_1 - \mu_2 \leqq \delta_0$)	대	$H_1 : \mu_1 - \mu_2 > \delta_0$	$T > t_{\alpha,\, n_1+n_2-2}$
③ $H_0 : \mu_1 - \mu_2 = \delta_0$	대	$H_1 : \mu_1 - \mu_2 \neq \delta_0$	$\lvert T \rvert > t_{\frac{\alpha}{2},\, n_1+n_2-2}$

여기서 주어진 유의수준 α값에 대해 $t_{\alpha,\, n_1+n_2-2}$는 검정통계량 T의 분포가 $t(n_1 + n_2 - 2)$를 따를 때 $P(T > t_{\alpha,\, n_1+n_2-2})$를 만족시키는 값이다([그림 7-4] 참조).

예제 8.17

교육부는 서울지역 고등학생들과 지방 고등학생들의 수학실력에 차이가 있는지를 검정하고자 한다. 이를 위해 교육부에서는 서울지역 고등학생들과 지방 고등학생들 중에서 독립적으로 각각 12명과 10명을 랜덤하게 추출하여 똑같은 수학시험을 실시하였고, 결과가 다음과 같았다.

서울 : 82, 81, 80, 89, 86, 83, 80, 74, 86, 86, 86, 83,

지방 : 76, 81, 91, 82, 76, 80, 77, 87, 77, 83

	서울	지방
표본크기	12명	10명
표본평균	83점	81점
표본표준편차	4점	5점

위 결과로 두 지역 고등학생의 모평균수학점수들에 차이가 있는지를 유의수준 $\alpha=0.05$로 검정하라. 여기서 두 지역 고등학생 수학점수들의 각 분포는 $N(\mu_1, \sigma_1^2)$과 $N(\mu_2, \sigma_2^2)$을 따르며 $\sigma_1^2=\sigma_2^2$이라고 가정하라.

---

(1) 가설설정 : $H_0 : \mu_1 - \mu_2 = 0$

$H_1 : \mu_1 - \mu_2 \neq 0$

(2) 기각역설정 : 알려져 있지 않으나 같은 모분산들을 갖는 두 정규모집단들로부터 두 특정 확률표본들이 독립적으로 추출되었다. 따라서 위 (1)에서 설정된 가설에 적절한 검정은 **〈정리 8.6〉**에 의해 양측검정이며, 귀무가설의 기각역 R은 다음과 같다.

$$\text{기각역 } R : |T| > t_{\frac{\alpha}{2},\, n_1+n_2-2}\ , \quad T = \frac{(\overline{X}-\overline{Y})-\delta_0}{\sqrt{S_p^2\left(\frac{1}{n_1}+\frac{1}{n_2}\right)}},$$

$$S_p^2 = \frac{(n_1-1)S_1^2+(n_2-1)S_2^2}{n_1+n_2-2}$$

(3) 계산 : 주어진 자료는 다음과 같다.

$$\begin{cases} n_1 = 12 \\ \overline{x} = 83 \\ s_1 = 4 \end{cases}, \quad \begin{cases} n_2 = 10 \\ \overline{y} = 81 \\ s_2 = 5 \end{cases}, \quad \delta_0 = 0\ , \quad \alpha = 0.05$$

그리고 **〈부표-6〉**에 의해 $t_{\frac{\alpha}{2},\, n_1+n_2-2} = t_{0.025,\, 20} = 2.086$이다. 한편 검정통계량의 값 t는 다음과 같다.

$$s_p^{\,2} = \frac{(n_1-1)s_1^{\,2} + (n_2-1)s_2^{\,2}}{n_1+n_2-2} = \frac{(11)(16)+(9)(25)}{20} = 20.05$$

$$\therefore t = \frac{(\overline{x}-\overline{y})-\delta_0}{\sqrt{s_p^{\,2}\left(\frac{1}{n_1}+\frac{1}{n_2}\right)}} = \frac{(83-81)-0}{\sqrt{20.05\left(\frac{1}{12}+\frac{1}{10}\right)}} \fallingdotseq 1.043$$

(4) 의사결정 : $|t| = 1.043 < 2.086 = t_{0.025,\, 20}$이므로 유의수준 $\alpha = 0.05$에서 귀무가설 $H_0 : \mu_1 - \mu_2 = 0$는 기각되어질 수 없다. 따라서 두 지역 고등학생의 모평균 수학점수들에 차이가 없다는 결론을 내릴 수 있다.

앞에서 두 정규모집단들을 대상으로 모분산들 $\sigma_1^{\,2}$과 $\sigma_2^{\,2}$은 알려져 있지 않으나 $\sigma_1^{\,2} = \sigma_2^{\,2} = \sigma^2$인 경우에 독립인 두 확률표본들을 이용하여 두 모평균들의 차 $\mu_1 - \mu_2$에 대해 설정된 각 가설의 검정을 다루었다. 그러나 다른 사정은 다 같더라도 알려져 있지 않은 두 모분산들이 같지 않은, 즉 $\sigma_1^{\,2} \fallingdotseq \sigma_2^{\,2}$인 경우에는 **〈정리 8.6〉**에 제시된 검정을 그대로 사용할 수 없고 Smith- Satterthwaite 검정방법을 이용하게 된다. 이 경우의 검정통계량 T는 다음과 같다.

$$T = \frac{(\overline{X}-\overline{Y})-\delta_0}{\sqrt{\frac{S_1^{\,2}}{n_1}+\frac{S_2^{\,2}}{n_2}}}$$

그리고 귀무가설 $H_0 : \mu_1 - \mu_2 = \delta_0$하에서 위 검정통계량 T의 분포는 근사적으로 $t(v)$를 따르게 되는데 이를 활용하면, 유의수준 α값이 주어졌을 때 설정된 각 가설에서 귀무가설 $H_0 : \mu_1 - \mu_2 = \delta_0$에 대해 유의수준이 α인 기각역 R은 구체적으로 결정된다. 여기서 자유도 v은 다음 식에 의해 결정된다.

$$v = \frac{\left(\frac{S_1^{\ 2}}{n_1} + \frac{S_2^{\ 2}}{n_2}\right)^2}{\frac{S_1^{\ 4}}{\{n_1^{\ 2}(n_1 - 1)\}} + \frac{S_2^{\ 4}}{\{n_2^{\ 2}(n_2 - 1)\}}}$$

위를 요약하면 **〈정리 8.7〉**을 얻게 된다.

정리 8.7 두 모평균들의 차 $\mu_1 - \mu_2$에 대한 검정

- 모분산들 $\sigma_1^{\ 2}$과 $\sigma_2^{\ 2}$은 알려져 있지 않고 $\sigma_1^{\ 2} \neq \sigma_2^{\ 2}$인 두 정규모집단들 대상 -

두 대상모집단들의 각 분포는 $N(\mu_1, \sigma_1^{\ 2})$과 $N(\mu_2, \sigma_2^{\ 2})$을 따르며, 모분산들 $\sigma_1^{\ 2}$과 $\sigma_2^{\ 2}$은 알려져 있지 않고 $\sigma_1^{\ 2} \neq \sigma_2^{\ 2}$이다. 이 두 정규모집단들로부터 각각 크기가 n_1과 n_2이고 독립인 두 확률표본들의 각 표본평균을 $\overline{X}$와 $\overline{Y}$라고 하고 각 표본분산을 $S_1^{\ 2}$과 $S_2^{\ 2}$이라고 하면, 아래 설정된 각 가설에 대해 검정통계량 T는 다음과 같다.

$$T = \frac{(\overline{X} - \overline{Y}) - \delta_0}{\sqrt{\frac{S_1^{\ 2}}{n_1} + \frac{S_2^{\ 2}}{n_2}}}$$

여기서 δ_0는 주어진 상수이며, 귀무가설 $H_0 : \mu_1 - \mu_2 = \delta_0$하에서 위 검정통계량 T의 분포는 근사적으로 $t(v)$을 따른다. 이때 자유도 v는 다음 식에 의해 결정된다.

$$v = \frac{\left(\frac{S_1^{\ 2}}{n_1} + \frac{S_2^{\ 2}}{n_2}\right)^2}{\frac{S_1^{\ 4}}{\{n_1^{\ 2}(n_1 - 1)\}} + \frac{S_2^{\ 4}}{\{n_2^{\ 2}(n_2 - 1)\}}}$$

귀무가설		대립가설	귀무가설의 기각역 R
① $H_0 : \mu_1 - \mu_2 = \delta_0$(혹은 $\mu_1 - \mu_2 \geqq \delta_0$)	대	$H_1 : \mu_1 - \mu_2 < \delta_0$	$T < t_{\alpha, v}$
② $H_0 : \mu_1 - \mu_2 = \delta_0$(혹은 $\mu_1 - \mu_2 \leqq \delta_0$)	대	$H_1 : \mu_1 - \mu_2 > \delta_0$	$T > t_{\alpha, v}$
③ $H_0 : \mu_1 - \mu_2 = \delta_0$	대	$H_1 : \mu_1 - \mu_2 \neq \delta_0$	$\lvert T \rvert > t_{\frac{\alpha}{2}, v}$

여기서 주어진 유의수준 α값에 대해 $t_{\alpha, v}$는 검정통계량 T의 분포가 $t(v)$를 따를 때 $P(T > t_{\alpha, v})$를 만족시키는 값이다([그림 7-4] 참조).

실제 응용에서 위 검정통계량 T의 분포의 자유도 v는 위 v의 결정식에 의해 계산된 값과 가장 가까운 정수를 취하는 것이 일반적이다.

예제 8.18

[예제 8.17]에서 알려져 있지 않은 두 모분산들이 $\sigma_1^2 \neq \sigma_2^2$이라는 것 이외의 다른 사정은 다 같다. 두 지역 고등학생의 모평균수학점수들에 차이가 있는지를 유의수준 $\alpha = 0.05$로 검정하라.

---

(1) 가설설정 : $H_0 : \mu_1 - \mu_2 = 0$

$H_1 : \mu_1 - \mu_2 \neq 0$

(2) 기각역설정 : 모분산들이 알려져 있지 않고 $\sigma_1^2 \neq \sigma_2^2$인 두 정규모집단들로부터 두 특정 확률표본들이 독립적으로 추출되었다. 따라서 위 (1)에서 설정된 가설에 적절한 검정은 **〈정리 8.7〉**에 의해 양측검정이며, 귀무가설의 근사기각역 R은 다음과 같다.

$$\text{기각역 } R : |T| > t_{\frac{\alpha}{2}, v}, \quad T = \frac{(\overline{X} - \overline{Y}) - \delta_0}{\sqrt{\dfrac{S_1^2}{n_1} + \dfrac{S_2^2}{n_2}}}$$

$$v = \frac{\left(\dfrac{S_1^2}{n_1} + \dfrac{S_2^2}{n_2}\right)^2}{\dfrac{S_1^4}{\{n_1^2(n_1 - 1)\}} + \dfrac{S_2^4}{\{n_2^2(n_2 - 1)\}}}$$

(3) 계산 : 주어진 자료는 다음과 같다.

$$\begin{cases} n_1 = 12 \\ \overline{x} = 83 \\ s_1 = 4 \end{cases}, \quad \begin{cases} n_2 = 10 \\ \overline{y} = 81 \\ s_2 = 5 \end{cases}, \quad \delta_0 = 0, \quad \alpha = 0.05$$

그리고 자유도 v는 다음과 같고,

$$v=\frac{\left(\frac{s_1^{\ 2}}{n_1}+\frac{s_2^{\ 2}}{n_2}\right)^2}{\frac{s_1^{\ 4}}{\{n_1^{\ 2}(n_1-1)\}}+\frac{s_2^{\ 4}}{\{n_2^{\ 2}(n_2-1)\}}}=\frac{\left(\frac{4^2}{12}+\frac{5^2}{10}\right)^2}{\frac{4^4}{\{12^2(12-1)\}}+\frac{5^4}{\{10^2(10-1)\}}}\fallingdotseq 17$$

〈부표-6〉에 의해 $t_{\frac{\alpha}{2},\ v}=t_{0.025,\ 17}=2.110$이다. 한편 검정통계량의 값 t는 다음과 같다.

$$t=\frac{(\overline{x}-\overline{y})-\delta_0}{\sqrt{\frac{s_1^{\ 2}}{n_1}+\frac{s_2^{\ 2}}{n_2}}}=\frac{(83-81)-0}{\sqrt{\frac{4^2}{12}+\frac{5^2}{10}}}\fallingdotseq 1.022$$

(4) 의사결정 : $|t|=1.022<2.110=t_{0.025,\ 17}$이므로 유의수준 $\alpha=0.05$에서 귀무가설 $H_0 : \mu_1-\mu_2=0$는 기각되어질 수 없다. 따라서 두 지역 고등학생의 모평균 수학점수들에 차이가 없다고 할 수 있다.

지금까지는 두 정규모집단들을 대상으로 하였다. 이제 유한인 모분산 $\sigma_1^{\ 2}$과 $\sigma_2^{\ 2}$을 각각 갖는 임의의 두 모집단을 대상으로 각 표본크기 n_1과 n_2가 크고(실제 응용에 있어서는 통상 $n_1 \geq 30$과 $n_2 \geq 30$임) 독립인 두 확률표본들을 이용하여 두 모평균들의 차 $\mu_1-\mu_2$에 대해 설정된 가설들의 검정을 언급하도록 하자.

이 경우 모분산들 $\sigma_1^{\ 2}$과 $\sigma_2^{\ 2}$이 알려져 있으면 앞 **〈정리 8.5〉**에 설정된 각 가설에 대해 유의수준이 α인 기각역 R을 근사적으로 이용할 수 있다. 더욱이 모분산들 $\sigma_1^{\ 2}$과 $\sigma_2^{\ 2}$이 알려져 있지 않은 때에는 앞 **〈정리 8.5〉**의 검정통계량에서 모분산들 $\sigma_1^{\ 2}$과 $\sigma_2^{\ 2}$을 표본분산들 $S_1^{\ 2}$과 $S_2^{\ 2}$으로 각각 대체한 기각역 R을 근사적으로 이용해도 무난한 것으로 알려져 있다. 여기서 표본크기가 큰 경우에는 대상모집단의 분포형태에 대해 특별한 가정이 필요없게 됨에 유의하기 바란다.

예제 8.19

통계청은 A회사와 B회사에서 생산되고 있는 나사들의 평균지름에 차이가 있는지를 알고자 한다. 이를 위해서 통계청은 A회사 제품과 B회사 제품 중에서 독립적으로 각각 100개씩의 나사들을 랜덤하게 추출하여 조사하였더니 결과가 다음과 같았다.

	A회사	B회사
표본크기	100개	100개
표본평균지름	0.41cm	0.45cm
표본표준오차	0.01cm	0.02cm

위 결과로 이들 제품의 모평균지름들에 차이가 있는지를 유의수준 $\alpha=0.05$로 검정하라. A회사와 B회사 제품들의 각 모평균지름을 μ_1과 μ_2라고 하자.

---

(1) 가설설정 : $H_0 : \mu_1-\mu_2=0$

$H_1 : \mu_1-\mu_2 \neq 0$

(2) 기각역설정 : 모분산들 ${\sigma_1}^2$과 ${\sigma_2}^2$이 알려져 있지 않은 임의의 두 모집단을 대상으로 각각 크기가 $n_1 \geqq 30$과 $n_2 \geqq 30$인 두 특정 확률표본들이 독립적으로 추출되었다. 따라서 위 (1)에서 설정된 가설에 알맞은 검정은 양측검정이며, 귀무가설의 근사기각역 R은 다음과 같다.

$$\text{기각역 } R : |Z| > z_{\frac{\alpha}{2}}, \quad Z=\frac{(\overline{X}-\overline{Y})-\delta_0}{\sqrt{\frac{{S_1}^2}{n_1}+\frac{{S_2}^2}{n_2}}}$$

(3) 계산 : 주어진 자료는 다음과 같다.

$$\begin{cases} n_1=100 \\ \overline{x}=0.41 \\ s_1=0.01 \end{cases}, \quad \begin{cases} n_2=100 \\ \overline{y}=0.45 \\ s_2=0.02 \end{cases}, \quad \delta_0=0, \quad \alpha=0.05$$

그리고 〈부표-4〉에 의해 $z_{\frac{\alpha}{2}}=z_{0.025}=1.96$이다. 한편 검정통계량의 값 z는 다음과 같다.

$$z = \frac{(\overline{x} - \overline{y}) - \delta_0}{\sqrt{\frac{s_1{}^2}{n_1} + \frac{s_2{}^2}{n_2}}} = \frac{(0.41 - 0.45) - 0}{\sqrt{\frac{0.01^2}{100} + \frac{0.02^2}{100}}} \fallingdotseq -17.89$$

(4) 의사결정 : $|z| = 17.89 > 1.96 = z_{0.025}$이므로 유의수준 $\alpha = 0.05$에서 귀무가설 $H_0 : \mu_1 - \mu_2 = 0$는 기각되어야 한다. 따라서 두 회사 제품의 모평균지름들에 차이가 있다고 할 수 있다.

8.5.2 짝지어진 표본 이용

위에서는 두 모집단들을 대상으로 첫 번째 모집단으로부터 크기가 n_1인 확률표본을 얻고, 이와는 독립적으로 두 번째 모집단으로부터 크기가 n_2인 확률표본을 얻음으로써, 독립인 두 확률표본들을 이용해서 두 대상모집단의 모평균들의 차 $\mu_1 - \mu_2$에 대해 설정된 각 가설의 검정을 살펴보았다.

그러나 7장에서 짝지어진 표본을 이용해서 두 모평균들의 차에 대한 신뢰구간을 설정할 때와 같이, 때때로 어떤 한 집단으로부터 랜덤하게 추출한 n개의 개체들을 대상으로 관심이 있는 바를 서로 다른 두 시점에서 각각 측정하여 얻은 크기가 n인 짝지어진 특정 표본값을 근거로 각 시점에서 생각할 수 있는 두 모집단의 모평균들의 차 $\mu_1 - \mu_2$에 대해 설정된 가설의 검정을 고려해야 할 경우가 있다. 이때 얻은 특정 표본값은 랜덤하게 추출된 동일한 n개의 각 개체를 대상으로 측정되었기 때문에 i번째 개체에 대해 어떤 한 시점에서 얻은 관측값이 동일 개체에 대해 다른 시점에서 얻은 관측값에 영향을 주는 것이 일반적이다. 따라서 이렇게 얻은 특정 표본값은 독립인 두 확률표본들의 특정 관측값들이라고 할 수 없으므로, 이를 이용하여 어떤 한 시점에서 생각할 수 있는 모집단의 모평균 μ_1과 다른 시점에서 생각할 수 있는 모집단의 모평균 μ_2의 차 $\mu_1 - \mu_2$에 대한 검정을 설정하기 위해 앞 항에서 언급한 방법을 그대로 적용하기에는 문제점이 있다.

랜덤하게 추출된 i번째($i = 1, 2, \cdots, n$) 개체에 대해 어떤 한 시점에서 얻은 관측값을 나타내는 확률변수를 X_i라 하고, 동일한 개체에 대해 다른 시점에서 얻은 관측값을 나타내는 확률변수를 Y_i라 하자. 이때 확률변수 X_i와 Y_i가 정의될 수 있는 모집단의 모평균들을 각각 μ_1과 μ_2라고 하면, 문제는 이 경우에 있어 두 모평균들의 차 $\mu_1 - \mu_2$에 대해 설정된 각 가설의 검정을 살펴보는 것이다. 여기서 (X_i, Y_i)는 i번째 개체에 대해 서로 다른 두 시점에서 얻은 관측값을 나타내는 짝지어진 확률변수로 $(X_1, Y_1), (X_2, Y_2), \cdots, (X_n, Y_n)$는 크기가 n인 **짝지어진 표본**이라고 불리며, 각 쌍들은 독립이나 i번째 쌍내의 X_i와 Y_i는 일반적으로 독립이 아니다. 한편 X_i와 Y_i의 차이를 $D_i = X_i - Y_i$로 나타내면, $D_i(i=1, 2, \cdots, n)$들은 모평균이 $\mu_D = E(X_i - Y_i) = \mu_1 - \mu_2$이고 모분산은 $\sigma_D{}^2$인 모집단으로부터 정의된 크기가 n인 확률표본으로 간주될 수 있다.

따라서 짝지어진 표본을 이용해서 두 모평균들의 차 $\mu_1 - \mu_2$에 대해 설정된 각 가설의 검정설정은 모평균이 $\mu_D = \mu_1 - \mu_2$이고 모분산이 $\sigma_D{}^2$인 하나의 모집단으로부터 크기가 n인 확률표본 $D_1, D_2, \cdots, D_n$을 이용해서 이 모집단의 모평균 $\mu_D = \mu_1 - \mu_2$에 대해 설정된 각 가설의 검정설정과 같다. 이는 본 장 **8.3**에서 살펴본 바 있는 하나의 모평균 μ에 대해 설정된 각 가설의 검정설정과 마찬가지로, 대상이 되는 모집단을 모분산 $\sigma_D{}^2$이 알려져 있는 정규모집단, $\sigma_D{}^2$이 알려져 있지 않은 정규모집단, 그리고 $\sigma_D{}^2$이 유한인 임의의 모집단인 경우로 나누어 살펴볼 수가 있다. 그러나 모분산 $\sigma_D{}^2$이 알려져 있지 않은 경우가 일반적이며, 이 경우 모평균 $\mu_D = \mu_1 - \mu_2$에 대해 설정된 각 가설의 검정은 **〈정리 8.2〉**와 유사한 결과인 **〈정리 8.8〉**을 얻게 된다.

정리 8.8 짝지어진 표본을 이용한 모평균 $\mu_D = \mu_1 - \mu_2$에 대한 검정

- 모분산 $\sigma_D{}^2$이 알려져 있지 않은 정규모집단 대상 -

모분산 $\sigma_D{}^2$이 알려져 있지 않은 정규모집단으로부터 크기가 n인 확률표본 $D_1, D_2, \cdots, D_n$에 의해 정의되는 표본평균과 표본분산을 각각 $\overline{D}$와 $S_D{}^2$이라고 하면, 아래 설정된 각 가설에 대해 검정통계량 T는 다음과 같다.

$$T = \frac{\overline{D} - \delta_0}{\frac{S_D}{\sqrt{n}}}$$

여기서 δ_0는 주어진 상수이며, 귀무가설 $H_0 : \mu_D = \mu_1 - \mu_2 = \delta_0$하에서 위 검정통계량 T의 분포는 **〈정리 6.12〉**에 의해 $t(n-1)$를 따른다.

귀무가설		대립가설	귀무가설의 기각역 R
① $H_0 : \mu_1 - \mu_2 = \delta_0$(혹은 $\mu_1 - \mu_2 \geqq \delta_0$)	대	$H_1 : \mu_1 - \mu_2 < \delta_0$	$T < -t_{\alpha, n-1}$
② $H_0 : \mu_1 - \mu_2 = \delta_0$(혹은 $\mu_1 - \mu_2 \leqq \delta_0$)	대	$H_1 : \mu_1 - \mu_2 > \delta_0$	$T > t_{\alpha, n-1}$
③ $H_0 : \mu_1 - \mu_2 = \delta_0$	대	$H_1 : \mu_1 - \mu_2 \neq \delta_0$	$\lvert T \rvert > t_{\frac{\alpha}{2}, n-1}$

여기서 주어진 유의수준 α값에 대해 $t_{\alpha, n-1}$은 검정통계량 T의 분포가 $t(n-1)$를 따를 때 $P(T > t_{\alpha, n-1}) = \alpha$를 만족시키는 값이다([그림 7-4] 참조).

한편 표본크기 n이 통상 $n \geqq 30$일 때에는 대상모집단의 분포가 정규분포를 따른다는 가정이 없어도 위 검정통계량 T의 분포를 귀무가설의 $H_0 : \mu_D = \mu_1 - \mu_2 = \delta_0$하에서 근사적으로 $N(0, 1)$로 취급해도 무난한 것으로 알려져 있다. 따라서 표본크기가 $n \geqq 30$일 때에는 대상모집단의 분포가 정규분포를 따르지 않더라도, **〈정리 8.8〉**에 설정된 각 가설에 대해 유의수준이 α인 귀무가설의 기각역 R에서 $t_{\alpha, n-1}$과 $t_{\frac{\alpha}{2}, n-1}$을 각각 z_α와 $z_{\frac{\alpha}{2}}$로 대체한 기각역 $T < -z_\alpha$, $T > z_\alpha$, 그리고 $\lvert T \rvert > z_{\frac{\alpha}{2}}$을 근사적으로 이용할 수가 있다.

예제 8.20

7장의 **[예제 7.27]**에 주어진 자료를 이용해서 직업훈련을 실시하기 전과 실시한 후에 이 기업 근로자의 모평균작업능률들에 차이가 있는지를 유의수준 $\alpha = 0.05$로 검정하라.

(1) 가설설정 : $H_0 : \mu_1 - \mu_2 = 0$

$H_1 : \mu_1 - \mu_2 \neq 0$

(2) 기각역설정 : 짝지어진 표본을 이용해서 모분산 $\sigma_D{}^2$이 알려져 있지 않은 정규모집단의 모평균 $\mu_D = \mu_1 - \mu_2$에 대한 가설검정문제이다. 따라서 위 (1)에서 설정된 가설에 적절한 검정은 **〈정리 8.8〉**에 의해 양측검정이며, 귀무가설의 기각역 R은 다음과 같다.

$$\text{기각역 } R : |T| > t_{\frac{\alpha}{2},\, n-1}\ ,\ \ T = \frac{\overline{D} - \delta_0}{\frac{S_D}{\sqrt{n}}}$$

(3) 계산 : 주어진 자료 및 **[예제 7.27]**에서 계산된 일부 필요한 자료는 다음과 같다.

$$n = 10, \qquad \overline{d} = -1.6, \qquad s_D{}^2 = 40.7, \qquad \delta_0 = 0\ , \qquad \alpha = 0.05$$

그리고 〈**부표-6**〉에 의해 $t_{\frac{\alpha}{2},\, n-1} = t_{0.025,\, 9} = 2.262$이다. 한편 검정통계량의 값 t는 다음과 같다.

$$t = \frac{\overline{d} - \delta_0}{\frac{s_D}{\sqrt{n}}} = \frac{-1.6 - 0}{\frac{\sqrt{40.7}}{\sqrt{10}}} \fallingdotseq -0.793$$

(4) 의사결정 : $|t| = 0.793 < 2.262 = t_{0.025,\, 9}$이므로 유의수준 $\alpha = 0.05$에서 귀무가설 $H_0 : \mu_1 - \mu_2 = 0$는 기각될 수 없다. 따라서 직업훈련을 실시하기 전과 실시한 후의 이 기업 근로자의 모평균 작업능률들에 차이가 없다고 할 수 있다.

8.6 두 모분산들의 비 $\frac{\sigma_1^2}{\sigma_2^2}$에 대한 검정

때때로 모집단의 산포(dispersion)를 나타내는 측도인 분산을 서로 비교하는 것이 필요할 경우가 있다. 예를 들어 두 제조업체들에서 생산되는 제품들이 평균규격에서 벗어나는 정도를 비교하는 등의 품질관리 측면에서 두 정규모집단의 분산들을 비교하게 된다. 또한 **〈정리 8.6〉**에서 모분산들 σ_1^2과 σ_2^2이 알려져 있지 않은 경우, 두 정규모집단의 모평균들의 차 $\mu_1 - \mu_2$에 대한 검정을 실시하기 전에 $\sigma_1^2 = \sigma_2^2$라는 가정이 합리적인가를 검정할 필요가 있다. 따라서 두 대상모집단들의 각 분포가 $N(\mu_1, \sigma_1^2)$과 $N(\mu_2, \sigma_2^2)$을 따를 때, 두 모분산들의 비 $\frac{\sigma_1^2}{\sigma_2^2}$에 대한 가설의 검정을 다루기로 하자. 이때 일반적으로 귀무가설 $H_0 : \frac{\sigma_1^2}{\sigma_2^2} = 1$(즉 $\sigma_1^2 = \sigma_2^2$)이 대립가설들 $H_0 : \frac{\sigma_1^2}{\sigma_2^2} < 1$, $H_0 : \frac{\sigma_1^2}{\sigma_2^2} > 1$, 그리고 $H_0 : \frac{\sigma_1^2}{\sigma_2^2} \neq 1$ 중 하나에 대해 검정된다.

대상이 되는 두 정규모집단들 $N(\mu_1, \sigma_1^2)$과 $N(\mu_2, \sigma_2^2)$으로부터 각각 크기가 n_1과 n_2이고 독립인 두 확률표본들의 각 표본평균을 $\overline{X}$와 $\overline{Y}$라고 하고 각 표본분산을 S_1^2과 S_2^2이라고 하자. 이때 일반화우도비원리의 결과에 의하면 위에서 설정된 각 가설을 검정하기 위한 검정통계량 $\boldsymbol{F}$는 다음과 같게 된다.

$$\boldsymbol{F} = \frac{S_1^2}{S_2^2}$$

그리고 귀무가설 $H_0 : \frac{\sigma_1^2}{\sigma_2^2} = 1$하에서 위 검정통계량 $\boldsymbol{F}$의 분포는 **〈정리 6.15〉**에 의해 $F(n_1 - 1, n_2 - 1)$을 따른다는 것을 활용하면, 유의수준 α의 값이 주어졌을 때 위에 설정된 각 가설에서 귀무가설 $H_0 : \frac{\sigma_1^2}{\sigma_2^2} = 1$에 대해 유의수준이 α인 기각역 R은 구체적으로 결정된다. 이를 요약하면 **〈정리 8.9〉**를 얻게 된다.

정리 8.9 두 모분산들의 비 $\frac{\sigma_1^2}{\sigma_2^2}$에 대한 검정

- 두 정규모집단들 대상 -

각 분산이 σ_1^2과 σ_2^2인 두 정규모집단들로부터 크기가 각각 n_1과 n_2이고 독립인 두 확률표본들의 각 표본평균을 $\overline{X}$와 $\overline{Y}$라고 하고 각 표본분산을 S_1^2과 S_2^2이라고 하면, 아래 설정된 각 가설에 대해 검정통계량 F는 다음과 같다.

$$\boldsymbol{F} = \frac{S_1^2}{S_2^2}$$

이때 귀무가설 $H_0 : \frac{\sigma_1^2}{\sigma_2^2} = 1$하에서 위 검정통계량 F의 분포는 **〈정리 6.15〉**에 의해 $F(n_1 - 1, n_2 - 1)$을 따른다.

귀무가설		대립가설	귀무가설의 기각역 R
① $H_0 : \frac{\sigma_1^2}{\sigma_2^2} = 1$(혹은 $\frac{\sigma_1^2}{\sigma_2^2} \geq 1$)	대	$H_1 : \frac{\sigma_1^2}{\sigma_2^2} < 1$	$\boldsymbol{F} < F_{1-\alpha,\, n_1-1,\, n_2-1}$
② $H_0 : \frac{\sigma_1^2}{\sigma_2^2} = 1$(혹은 $\frac{\sigma_1^2}{\sigma_2^2} \leq 1$)	대	$H_1 : \frac{\sigma_1^2}{\sigma_2^2} > 1$	$\boldsymbol{F} > F_{\alpha,\, n_1-1,\, n_2-1}$
③ $H_0 : \frac{\sigma_1^2}{\sigma_2^2} = 1$	대	$H_1 : \frac{\sigma_1^2}{\sigma_2^2} \neq 1$	$\boldsymbol{F} < F_{1-\frac{\alpha}{2},\, n_1-1,\, n_2-1}$ 또는 $\boldsymbol{F} > F_{\frac{\alpha}{2},\, n_1-1,\, n_2-1}$

여기서 주어진 유의수준 α값에 대해 $F_{\alpha,\, n_1-1,\, n_2-1}$은 검정통계량 $\boldsymbol{F}$의 분포가 $F(n_1 - 1,\ n_2 - 1)$을 따를 때, $P(\boldsymbol{F} > F_{\alpha,\, n_1-1,\, n_2-1}) = \alpha$를 만족시키는 값이다([그림 7-6] 참조).

위 **〈정리 8.9〉**의 가설 ①과 ③의 기각역에서 $F_{1-\alpha,\, n_1-1,\, n_2-1}$과 $F_{1-\frac{\alpha}{2},\, n_1-1,\, n_2-1}$의 값들은 〈부표-7〉을 이용하여 직접 얻을 수 없고, 다음 관계들을 각각 이용해서 결정하게 된다.

$$F_{1-\alpha,\, n_1-1,\, n_2-1} = \frac{1}{F_{\alpha,\, n_2-1,\, n_1-1}}, \qquad F_{1-\frac{\alpha}{2},\, n_1-1,\, n_2-1} = \frac{1}{F_{\frac{\alpha}{2},\, n_2-1,\, n_1-1}}$$

위 식들은 6장의 **〈정리 6.14〉**에 의해 확률변수 $\boldsymbol{F}$의 분포가 $F(v_1, v_2)$를 따를 때, 확률변수 $\frac{1}{\boldsymbol{F}}$의 분포는 $F(v_2, v_1)$를 따른다는 것을 이용해서 유도된 것이다.

예제 8.21

A상표와 B상표 철강제품들의 장력강도(tensile strength)의 모분산을 비교하기 위해 소비자보호협회에서 실험을 실시한 결과가 다음과 같았다.

	A상표	B상표
표본크기	13개	16개
표본분산	19.2	3.5

측정단위는 cm^2당 1,000kg이고, 위 결과는 각 분산이 σ_1^2과 σ_2^2인 두 정규모집단들로부터 독립적으로 추출한 두 특정 확률표본들의 관측값들에 의한 것으로 가정하라. 위 결과로 두 종류 철강제품들의 장력강도의 모분산들에 차이가 있는지를 유의수준 $\alpha=0.02$로 검정하라.

---

(1) 가설설정 : $H_0 : \sigma_1^2 = \sigma_2^2$

$H_1 : \sigma_1^2 \neq \sigma_2^2$

(2) 기각역설정 : 두 정규모집단들로부터 두 특정 확률표본들이 독립적으로 추출되었다. 따라서 위 (1)에서 설정된 가설에 적절한 검정은 **〈정리 8.9〉**에 의해 양측검정이며, 귀무가설의 기각역 R은 다음과 같다.

$$\text{기각역 } R : \boldsymbol{F} < F_{1-\frac{\alpha}{2},\, n_1-1,\, n_2-1} \text{ 또는 } \boldsymbol{F} > F_{\frac{\alpha}{2},\, n_1-1,\, n_2-1}, \quad \boldsymbol{F} = \frac{S_1^2}{S_2^2}$$

(3) 계산 : 주어진 자료는 다음과 같다.

$$\begin{cases} n_1 = 13 \\ s_1^2 = 19.2 \end{cases}, \quad \begin{cases} n_2 = 16 \\ s_2^2 = 3.5 \end{cases}, \quad \alpha = 0.02$$

그리고 〈부표-6〉에 의해 다음 값들이 각각 결정된다.

$$F_{1-\frac{\alpha}{2}, n_1-1, n_2-1} = F_{0.99, 12, 15} = \frac{1}{F_{0.01, 15, 12}} = \frac{1}{4.01} \fallingdotseq 0.249$$

$$F_{\frac{\alpha}{2}, n_1-1, n_2-1} = F_{0.01, 12, 15} = 3.67$$

한편 검정통계량의 값 F는 다음과 같다.

$$F = \frac{s_1^{\ 2}}{s_2^{\ 2}} = \frac{19.2}{3.5} \fallingdotseq 5.49$$

(4) 의사결정 : $F=5.49>3.67=F_{0.99, 12, 15}$이므로 유의수준 $\alpha=0.02$에서 귀무가설 $H_0 : \sigma_1^{\ 2}=\sigma_2^{\ 2}$는 기각되어야 한다. 따라서 두 종류 철강제품들의 장력강도의 모분산들에 차이가 있다고 할 수 있다.

8.7 모비율 p에 대한 검정

대상모집단의 관측결과들이 두 속성, 말하자면 '성공'과 '실패'로 분류되는 이항모집단의 '성공'의 모비율 p에 대한 검정을 다루도록 하자. 예를 들면 어떤 회사 제품의 모불량률 p, 특정 후보자에 대한 선거인들의 모지지율 p, 특정 환자들에 대한 새로운 치료방법의 모치유율 p 등에 대한 검정을 생각할 수 있다. 이 경우 귀무가설 $H_0 : p=p_0$(여기서 p_0는 $0 \leqq p_0 \leqq 1$를 만족시키는 상수임)가 대립가설들 $H_1 : p<p_0$, $H_1 : p>p_0$, 그리고 $H_1 : p \neq p_0$ 중 하나에 대해 검정된다.

성공의 모비율이 p인 이항모집단으로부터 크기가 n인 확률표본 중 성공의 출현수를 나타내는 확률변수를 X라고 하면 $\hat{P}=\frac{X}{n}$는 표본비율이라고 불린다. 이때 표본크기 n이 충분히 클 경우에 실제 응용에 있어서는 $np_0 \geqq 5$이고 $n(1-p_0) \geqq 5$일 때, 일반화우도비원리의 결과와 6장의 **〈정리 6.5〉**에 의하면 설정된 각 가설에 대해 검정통계량 Z는 다음과 같게 되고, 귀무가설 $H_0 : p=p_0$하에서 이 검정통계량 Z의 분포는 $N(0, 1)$에 접근하게 된다.

$$Z = \frac{\hat{P} - p_0}{\sqrt{\frac{p_0(1-p_0)}{n}}}$$

따라서 위에 설정된 각 가설에서 귀무가설 $H_0 : p = p_0$에 대해 유의수준이 α인 근사기각역 R을 요약하면 다음 **〈정리 8.10〉**과 같게 된다.

정리 8.10 모비율 p에 대한 검정

- 표본크기 n이 충분히 큰 경우 -

모비율이 p인 이항모집단으로부터 크기가 n인 확률표본에 의해 정의되는 표본비율을 $\hat{P}$라고 하면, 표본크기 n이 충분히 큰 경우, 아래 설정된 각 가설에 대해 검정통계량 Z는 다음과 같다.

$$Z = \frac{\hat{P} - p_0}{\sqrt{\frac{p_0(1-p_0)}{n}}}$$

여기서 $p_0(0 \leq p_0 \leq 1)$는 주어진 상수이며, 귀무가설 $H_0 : p = p_0$하에서 위 검정통계량 Z의 분포는 **〈정리 6.5〉**에 의해 $N(0, 1)$에 접근한다.

귀무가설		대립가설	귀무가설의 근사기각역 R
① $H_0 : p = p_0$(혹은 $p \geq p_0$)	대	$H_1 : p < p_0$	$Z < -z_\alpha$
② $H_0 : p = p_0$(혹은 $p \leq p_0$)	대	$H_1 : p > p_0$	$Z > z_\alpha$
③ $H_0 : p = p_0$	대	$H_1 : p \neq p_0$	$\lvert Z \rvert > z_{\frac{\alpha}{2}}$

여기서 주어진 유의수준 α값에 대해 z_α는 검정통계량 Z의 분포가 $N(0, 1)$을 따를 때 $P(Z > z_\alpha) = \alpha$를 만족시키는 값이다([그림 7-2] 참조).

〈정리 8.10〉을 실제 응용문제에 적용시키는 경우, 위 근사기각역 R은 $np_0 \geq 5$이고 $n(1-p_0) \geq 5$일 때 만족할만한 것으로 알려져 있다.

예제 8.22

신경불안치료를 위한 기존의 약은 60%의 효력이 있는 것으로 알려져 있다. 어떤 제약회사에서는 새로운 약을 개발하여 신경불안으로 고생하는 사람들 중에서 100명을 랜덤하게 추출한 다음, 이들에게 이 약을 투여하였더니 70명이 치료되었다. 이 결과로 새로운 약이 기존의 약보다 치료효과가 우수하다고 할 수 있는지를 제약회사의 입장에서 유의수준 $\alpha=0.05$로 검정하라.

---

(1) 가설설정 : $H_0 : p=0.6$

$H_1 : p>0.6$

(2) 기각역설정 : $np_0=100\times0.6=60>5$이고 $n(1-p_0)=100\times0.4=40>5$다. 따라서 위 (1)에서 설정된 가설에 적절한 검정은 **〈정리 8.10〉**에 의해 우측검정이며, 귀무가설의 기각역 R은 다음과 같다.

$$\text{기각역 } R : Z>z_\alpha,\ Z=\frac{\hat{P}-p_0}{\sqrt{\frac{p_0(1-p_0)}{n}}}$$

(3) 계산 : 주어진 자료는 다음과 같다.

$$n=100,\quad x=70,\quad p_0=0.6,\quad \alpha=0.05$$

그리고 **〈부표-4〉**에 의해 $z_\alpha=z_{0.05}=1.645$이다. 한편 검정통계량의 값 z는 다음과 같다.

$$\hat{p}=\frac{x}{n}=\frac{70}{100}=0.7$$

$$\therefore z=\frac{\hat{p}-p_0}{\sqrt{\frac{p_0(1-p_0)}{n}}}=\frac{0.7-0.6}{\sqrt{\frac{(0.6)(1-0.6)}{100}}}\fallingdotseq2.041$$

(4) 의사결정 : $z=2.041>1.645=z_{0.05}$이므로 유의수준 $\alpha=0.05$에서 귀무가설 $H_0 : p=0.6$은 기각되어야 한다. 따라서 새로운 약이 기존의 약보다 치료효과가 우수하다고 할 수 있다.

8.8 두 모비율들의 차 $p_1 - p_2$에 대한 검정

때때로 두 이항모집단의 모비율들 p_1과 p_2가 같은가를 검정해야 할 경우가 있다. 예를 들어 서울과 지방 대학 졸업생들의 모취업률들이 같은가, 두 제조과정에서 생산된 제품들의 모합격률들이 같은가 등에 대한 검정을 생각할 수 있다. 이 경우 귀무가설 $H_0 : p_1 = p_2$가 대립가설들 $H_1 : p_1 < p_2$, $H_1 : p_1 > p_2$, 그리고 $H_1 : p_1 \neq p_2$ 중 하나에 대해 검정되어진다.

성공의 모비율이 p_1인 이항모집단으로부터 크기가 n_1인 확률표본 중에서 성공의 출현수를 나타내는 확률변수를 X라고 하고, 이와는 독립적으로 성공의 모비율이 p_2인 이항모집단으로부터 크기가 n_2인 확률표본 중에서 성공의 출현수를 나타내는 확률변수를 Y라고 하자. 따라서 표본비율들은 각각 $\hat{P}_1 = \dfrac{X}{n_1}$와 $\hat{P}_2 = \dfrac{Y}{n_2}$가 되며, 두 확률표본들이 독립이므로 $\hat{P}_1$과 $\hat{P}_2$도 독립이다. 이때 표본크기 n_1과 n_2가 충분히 크면, 위에 설정된 각 가설에 대해 검정통계량 Z는 다음과 같게 되고, 귀무가설 $H_0 : p_1 = p_2$하에서 이 검정통계량 Z의 분포는 $N(0, 1)$에 접근하게 된다.

$$Z = \frac{\hat{P}_1 - \hat{P}_2}{\sqrt{\hat{P}(1-\hat{P})\left(\dfrac{1}{n_1} + \dfrac{1}{n_2}\right)}}$$

여기서 귀무가설 $H_0 : p_1 = p_2$는 두 이항모집단들이 공통 모비율 p를 갖는다는 것을 뜻하고, 위 검정통계량 Z에서 분모에 있는 $\hat{P}$은 공통모비율 $p(=p_1 = p_2)$의 합동추정량으로 다음과 같다.

$$\hat{P} = \frac{X+Y}{n_1+n_2} = \frac{n_1 \hat{P}_1 + n_2 \hat{P}_2}{n_1 + n_2}$$

따라서 위에 설정된 각 가설에서 귀무가설 $H_0 : p_1 = p_2$에 대해 유의수준이 α인 근사기각역 R을 요약하면 다음 **〈정리 8.11〉**과 같게 된다.

정리 8.11 두 모비율들의 차 p_1-p_2에 대한 검정

- 표본크기 n_1과 n_2가 충분히 큰 경우 -

모비율이 p_1인 이항모집단으로부터 크기가 n_1인 확률표본에 의해 정의되는 표본비율을 $\hat{P}_1$라고 하고, 이와는 독립적으로 모비율이 p_2인 이항모집단으로부터 크기가 n_2인 확률표본에 의해 정의되는 표본비율을 $\hat{P}_2$라고 하자. 이때 표본크기 n_1과 n_2가 충분히 큰 경우, 아래 설정된 각 가설에 대해 검정통계량 Z는 다음과 같다.

$$Z=\frac{\hat{P}_1-\hat{P}_2}{\sqrt{\hat{P}(1-\hat{P})\left(\frac{1}{n_1}+\frac{1}{n_2}\right)}}$$

여기서 분모의 $\hat{P}$은 $\hat{P}=\frac{n_1\hat{P}_1+n_2\hat{P}_2}{n_1+n_2}$이며, 이를 공통모비율 $p(=p_1=p_2)$의 합동추정량이라 부른다. 한편 귀무가설 $H_0: p_1=p_2$하에서 위 검정통계량 Z의 분포는 $N(0, 1)$에 접근한다.

귀무가설		대립가설	귀무가설의 근사기각역 R
① $H_0: p_1=p_2$ (혹은 $p_1 \geq p_2$)	대	$H_1: p_1<p_2$	$Z<-z_\alpha$
② $H_0: p_1=p_2$ (혹은 $p_1 \leq p_2$)	대	$H_1: p_1>p_2$	$Z>z_\alpha$
③ $H_0: p_1=p_2$	대	$H_1: p_1 \neq p_2$	$\lvert Z\rvert>z_{\frac{\alpha}{2}}$

여기서 주어진 유의수준 α값에 대해 z_α는 검정통계량 Z의 분포가 $N(0, 1)$을 따를 때 $P(Z>z_\alpha)=\alpha$를 만족시키는 값이다([그림 7-2] 참조).

예제 8.23

대통령 선거운동이 한창 열기를 더해 가고 있다. A당에서는 도시와 농촌에서의 A당 입후보자에 대한 모지지율들이 다른가를 검정하고자 한다. 따라서 A당에서는 도시유권자들과 농촌유권자들 중에서 독립적으로 각각 400명씩을 랜덤하게 추출하여 조사하였더니 220명과 196명이 A당 입후보자를 지지하는 것으로 나타났다. 이 결과로 A당 입후보자에 대한 도시의 모지지율 p_1과 농촌의 모지지율 p_2가 다른가를 유의수준 $\alpha=0.05$로 검정하라.

---

(1) 가설설정 : $H_0 : p_1 = p_2$

$H_1 : p_1 \neq p_2$

(2) 기각역설정 : 표본크기가 충분히 크므로 위 (1)에 설정된 가설에 적절한 검정은 **〈정리 8.11〉**에 의해 양측검정이며, 귀무가설의 근사기각역 R은 다음과 같다.

$$\text{기각역 } R : |Z| > z_{\frac{\alpha}{2}}, \quad Z = \frac{\hat{P}_1 - \hat{P}_2}{\sqrt{\hat{P}(1-\hat{P})\left(\frac{1}{n_1}+\frac{1}{n_2}\right)}}$$

(3) 계산 : 주어진 자료는 다음과 같다.

$$\begin{cases} n_1 = 400 \\ x = 220 \end{cases}, \quad \begin{cases} n_2 = 400 \\ y = 196 \end{cases}, \quad \alpha = 0.05$$

그리고 **〈부표-4〉**에 의해 $z_{\frac{\alpha}{2}} = z_{0.025} = 1.96$이다. 한편 검정통계량의 값 z는 다음과 같다.

$$\hat{p}_1 = \frac{x}{n_1} = \frac{220}{400} = 0.55, \quad \hat{p}_2 = \frac{y}{n_2} = \frac{196}{400} = 0.49$$

$$\therefore \hat{p} = \frac{n_1\hat{p}_1 + n_2\hat{p}_2}{n_1 + n_2} = \frac{x+y}{n_1+n_2} = \frac{220+196}{400+400} = 0.52$$

$$\therefore z = \frac{\hat{p}_1 - \hat{p}_2}{\sqrt{\hat{p}(1-\hat{p})\left(\frac{1}{n_1}+\frac{1}{n_2}\right)}} = \frac{0.55-0.49}{\sqrt{(0.52)(1-0.52)\left(\frac{1}{400}+\frac{1}{400}\right)}} \fallingdotseq 1.70$$

(4) 의사결정 : $|z|=1.70 < 1.96 = z_{0.025}$이므로 유의수준 $\alpha=0.05$에서 귀무가설 $H_0 : p_1 = p_2$를 기각할 수 없다. 따라서 A당 입후보자에 대한 도시와 농촌에서의 모지지율들은 같다고 할 수 있다.

▶ 모평균 μ에 대한 검정(분산이 알려진 경우)[예제 8.12]

- 가설설정 : $H_0 : \mu = 70$, $H_1 : \mu < 70$ (좌측검정)
- 의사결정 : $z = -1.893333 < -1.644854 = -z_{0.05}$이므로 유의수준 $\alpha = 0.05$에서 귀무가설을 기각한다.

데이터 생성

```
Z <- (64.32-70)/(15/sqrt(25))
Z
## [1] -1.893333
z <- qnorm(0.95,0,1)
-z
## [1] -1.644854
```

▶ 모평균 μ에 대한 검정(분산이 알려져 있지 않은 경우)[예제 8.13]

- 가설설정 : $H_0 : \mu \leq 5{,}150$, $H_1 : \mu > 5{,}150$ (우측검정)
- 의사결정 : $t = 1 < 1.859548 = t_{0.05,\,8}$이므로 유의수준 $\alpha = 0.05$에서 귀무가설을 기각하지 않는다.

데이터 생성

```
T <- (5200-5150)/(150/sqrt(9))
T
## [1] 1
t <- qt(0.95,8)
t
## [1] 1.859548
```

▶ 두 모평균들의 차에 대한 검정(두 모분산이 같은 경우)[예제 8.17]

- 가설설정 : $H_0 : \mu_1 - \mu_2 = 0$, $H_1 : \mu_1 - \mu_2 \neq 0$ (양측검정)
- 의사결정 : $|t| = 1.043163 < 2.085963 = t_{0.025,\,20}$이므로 유의수준 $\alpha = 0.05$에서 귀무가설을 기각하지 않는다.

데이터 생성

```
n1 <- 12
n2 <- 10
s1 <- 4
s2 <- 5
x <- 83
y <- 81
sq2 <- (((n1-1)*s1^2)+((n2-1)*s2^2))/(n1+n2-2)
sq2
## [1] 20.05
T <- ((x-y)-0)/sqrt(sq2*((1/n1)+(1/n2)))
T
## [1] 1.043163
t <- qt(0.975,20)
t
## [1] 2.085963
```

▶ 두 모평균들의 차에 대한 검정(두 모분산이 다른 경우)[예제 8.18]

- 가설설정 : $H_0 : \mu_1 - \mu_2 = 0$, $H_1 : \mu_1 - \mu_2 \neq 0$ (양측검정)
- 의사결정 : $|t| = -\ 1.021508 < -\ 2.109816 = t_{0.025,\,17}$이므로 유의수준 $\alpha =$ 0.05에서 귀무가설을 기각하지 않는다.

데이터 생성

```
n1 <- 12
n2 <- 10
s1 <- 4
```

```
s2 <- 5
x <- 83
y <- 81
v <- ((s1^2/n1)+(s2^2/n2))^2/((s1^4/(n1^2*(n1-1)))+(s2^4/
(n2^2*(n2-1))))
v
## [1] 17.16519
T <- ((x-y)-0)/sqrt((s1^2/n1)+(s2^2/n2))
T
## [1] 1.021508
t <- qt(0.975,17)
t
## [1] 2.109816
```

▶ 모비율 p에 대한 검정[예제 8.22]

- 가설설정 : $H_0 : p = 0.6,\ \ H_1 : p > 0.6$ (우측검정)
- 의사결정 : $z = 2.041241 > 1.644854 = z_{0.05}$이므로 유의수준 $\alpha = 0.05$에서 귀무가설을 기각한다.

데이터 생성

```
n <- 100
x <- 70
p <- x/n
p
## [1] 0.7
p0 <- 0.6
Z <- (p-p0)/sqrt(p0*(1-p0)/n)
Z
## [1] 2.041241
z <- qnorm(0.95,0,1)
z
## [1] 1.644854
```

▶ 두 모비율들의 차에 대한 검정[예제 8.23]

- 가설설정 : $H_0 : p_1 = p_2$, $H_1 : p_1 \neq p_2$ (양측검정)
- 의사결정 : $|z| = 1.698416 < 1.959964 = z_{0.025}$이므로 유의수준 $\alpha = 0.05$에서 귀무가설을 기각하지 않는다.

데이터 생성

```
n1 <- 400
n2 <- 400
x <- 220
y <- 196
p1 <- x/n1
p1
## [1] 0.55
p2 <- y/n2
p2
## [1] 0.49
p <- ((n1*p1)+(n2*p2))/(n1+n2)
p
## [1] 0.52
Z <- (p1-p2)/sqrt(p*(1-p)*((1/n1)+(1/n2)))
Z
## [1] 1.698416
z <- qnorm(0.975,0,1)
z
## [1] 1.959964
```

Excel

▶ 모평균에 대한 검정 [예제 8.12, 예제 8.13]

모평균에 대한 검정을 위한 엑셀 실습은 7장에서 신뢰구간을 구하기 위하여 사용하였던 것과 동일하다.

① 분산이 알려진 경우 **[예제 8.12]**

절차

◎ A 열에 데이터를 입력한다.

◎ [도구] ▶ [데이터 분석] ▶ [기술 통계법]을 선택한다.

◎ 인수 입력

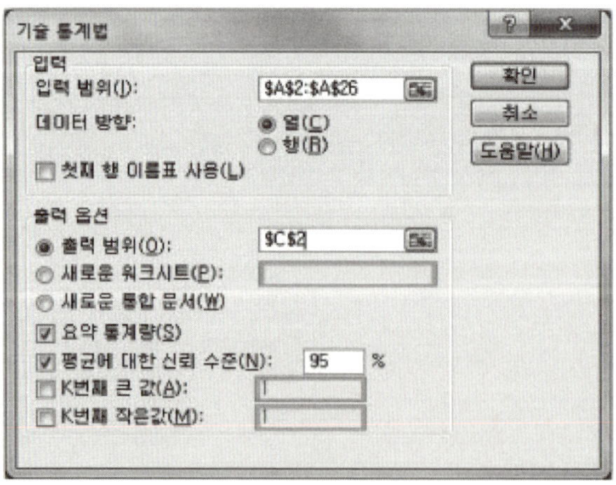

◎ 검정통계량과 p-value를 구한다.

• 검정통계량 : (D4−70)/(15/SQRT(D16))

• p−value : NORMSDIST(G4)

※ NORMSDIST는 표준정규분포의 주어진 값까지의 누적확률을 구하는 함수이다.

결과물

	A	B	C	D	E	F	G
1	모평균에 대한 검정 - 분산이 알려진 경우						
2	55		Column1				
3	47						
4	85		평균	64.3200		검정 통계량	-1.8933
5	71		표준 오차	3.0220		p-value	0.0292
6	76		중앙값	69			
7	53		최빈값	55			
8	71		표준 편차	15.1099			
9	38		분산	228			
10	67		첨도	-0.6798			
11	73		왜도	-0.2651			
12	69		범위	56			
13	49		최소값	33			
14	73		최대값	89			
15	70		합	1608			
16	55		관측수	25			
17	52		신뢰 수준(95.0%)	6.2371			
18	87						

검정통계량(Z)는 −1.89이고 이것의 p−값은 0.029이다. 유의수준을 0.05라고 했을 때 p−값이 유의수준보다 작으므로 모평균이 70이라는 귀무가설이 기각된다.

② 분산이 알려져 있지 않은 경우 **[예제 8. 13]**

절차

◎ A열에 데이터를 입력한다.

◎ 기술통계량을 구하는 것은 위와 동일하다.

◎ 검정통계량과 p−value를 구한다.

• 검정통계량 : (D4−5150)/(D8/SQRT(D16))

• p-value : TDIST(G4,8,1)

※ TDIST는 t분포함수의 꼬리 확률을 구하는 함수이고 X의 값, 자유도, 양측, 단측 확률을 정하는 인수를 사용한다. 1이면 단측, 2이면 양측이다.

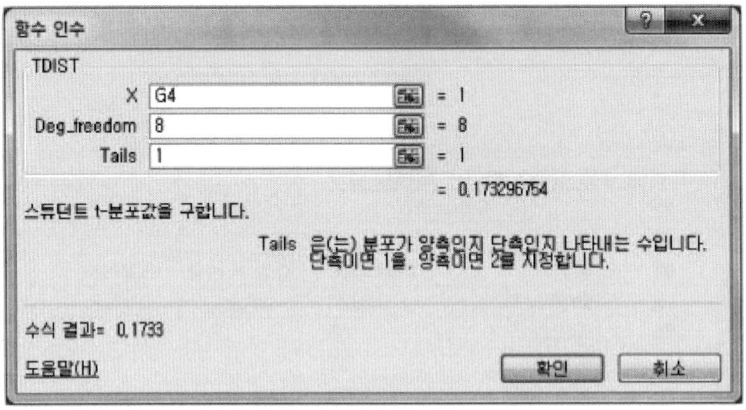

결과물

	A	B	C	D	E	F	G
1	모평균에 대한 검정 - 분산이 알려지지 않은 경우						
2	5,000		Column1				
3	5,100						
4	5,400		평균	5200		검정 통계량	1
5	5,200		표준 오차	50		p-value	0.1733
6	5,400		중앙값	5200			
7	5,000		최빈값	5200			
8	5,300		표준 편차	150			
9	5,200		분산	22500			
10	5,200		첨도	-1.0794			
11			왜도	0			
12			범위	400			
13			최소값	5000			
14			최대값	5400			
15			합	46800			
16			관측수	9			
17			신뢰 수준(90.0%)	92.9774			
18							

p-값이 0.17이므로 이것보다 작은 유의수준, 예를 들면 $\alpha=0.05$에서는 귀무가설이 기각될 수 없다.

▶ 모평균들의 차에 대한 검정 [예제 8.17, 예제 8.18]

① 두 모분산이 같은 경우 **[예제 8. 17]**

절차

◎ A와 B열에 데이터를 입력한다.

◎ [도구] ▶ [데이터 분석] ▶ [t-검정: 등분산 가정 두 집단] ▶ 인수 입력

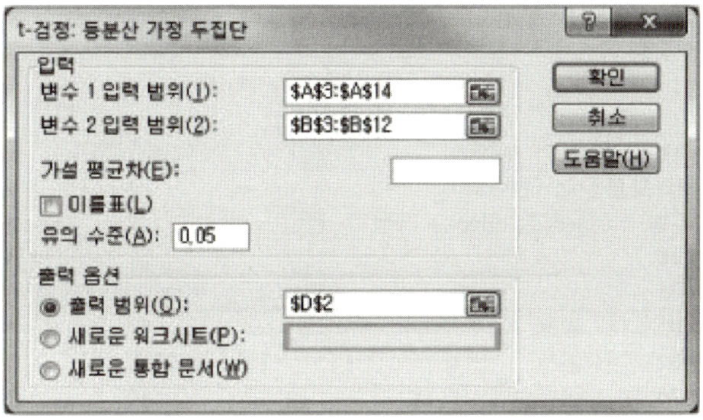

결과물

	A	B	C	D	E	F
1	모평균 검정 - 두 모분산이 같은 경우					
2	도시	지방		t-검정: 등분산 가정 두 집단		
3	82	76				
4	81	81			변수 1	변수 2
5	80	91		평균	83	81
6	89	82		분산	16	24.8889
7	86	76		관측수	12	10
8	83	80		공동(Pooled) 분산	20	
9	80	77		가설 평균차	0	
10	74	87		자유도	20	
11	86	77		t 통계량	1.0445	
12	86	83		P(T<=t) 단측 검정	0.1544	
13	86			t 기각치 단측 검정	1.7247	
14	83			P(T<=t) 양측 검정	0.3087	
15				t 기각치 양측 검정	2.0860	
16						

p-값이 0.31로서 $\alpha=0.05$에서 귀무가설을 기각할 수 없다.

② 두 모분산이 다른 경우 **[예제 8. 18]**

절차

앞서의 두 모분산이 같은 경우에서 행한 과정과 비슷하나 데이터 분석 대화창에서 **[t-검정: 이분산 가정 두 집단]**를 선택한다.

◎ **[도구] ▶ [데이터 분석] ▶ [t-검정: 이분산 가정 두 집단] ▶** 인수 입력(대화상자 그림 생략)

결과물

	A	B	C	D	E	F
1	모평균 검정 - 두 모분산이 다른 경우					
2	도시	지방		t-검정: 이분산 가정 두 집단		
3	82	76				
4	81	81			변수 1	변수 2
5	80	91		평균	83	81
6	89	82		분산	16	24.8889
7	86	76		관측수	12	10
8	83	80		가설 평균차	0	
9	80	77		자유도	17	
10	74	87		t 통계량	1.0230	
11	86	77		P(T<=t) 단측 검정	0.1603	
12	86	83		t 기각치 단측 검정	1.7396	
13	86			P(T<=t) 양측 검정	0.3206	
14	83			t 기각치 양측 검정	2.1098	
15						

p-값이 0.32로 큰 값이므로 두 집단의 모평균에 차이가 없다는 귀무가설은 대체로 채택된다.

▶ 짝지어진 표본을 이용한 모평균의 차에 대한 추정[예제 8.20]

절차

앞서의 두 모분산이 같은 경우에서 행한 과정과 비슷하나 데이터 분석 대화창에서 **[t-검정: 쌍체비교]**를 선택한다.

◎ **[도구] ▶ [데이터 분석] ▶ [t-검정: 쌍체비교] ▶** 인수 입력(대화상자 그림 생략)

결과물

	A	B	C	D	E	F	G
1	모평균 검정 - 쌍체검정						
2	근로자	실시전(x)	실시후(y)		t-검정: 쌍체 비교		
3	1	76	81				
4	2	60	52			변수 1	변수 2
5	3	85	87		평균	75.8000	77.4000
6	4	58	70		분산	135.5111	148.2667
7	5	91	86		관측수	10	10
8	6	75	77		피어슨 상관 계수	0.8574	
9	7	82	90		가설 평균차	0	
10	8	64	63		자유도	9	
11	9	79	85		t 통계량	-0.7930	
12	10	88	83		P(T<=t) 단측 검정	0.2241	
13					t 기각치 단측 검정	1.8331	
14					P(T<=t) 양측 검정	0.4482	
15					t 기각치 양측 검정	2.2622	
16							

▶ 모비율에 대한 검정[예제 8.22]

절차

◎ 7장에서 모비율의 신뢰구간을 구하는 방법과 유사하다. 각 셀의 값은 다음의 결과물을 참조하시오.

- 검정통계량 : (B4−0.6)/SQRT(0.6*(1−0.6)/B2)
- p−value : 1−NORMSDIST(E3)

※ 우측검정이므로 유의확률을 1−NORMSDIST(E3)로 계산한다.

결과물

	A	B	C	D	E
1	모비율검정				
2	표본	100		z값	1.6449
3	치료	70		검정 통계량	2.0412
4	모비율 추정값	0.7		p-value	0.0206
5					

▶ 모비율들의 차에 대한 검정 [예제 8.23]

절차

◎ 모비율 추정값을 구한다. 각 셀의 값은 다음의 결과물을 참조하시오.

- 합동 추정값 : (B3*B5+C3*C5)/(B3+C3)
- 검정 통계량 : (B5−C5) / SQRT(F3*(1−F3)*(1/B3+1/C3))
- p-value : (1−NORMSDIST(F4))*2

결과물

	A	B	C	D	E	F
1	모비율 차 검정					
2		도시	농촌		z값	1.9600
3	표본	400	400		합동 추정값	0.52
4	모지지율	220	196		검정 통계량	1.6984
5	모비율 추정값	0.55	0.49		p-value	0.0894
6						

p-값이 0.089로서 $\alpha=0.05$ 등 이보다 작은 α값에 대해 귀무가설을 채택하게 된다.

연습문제

1. 다음의 각 주장을 검정하기 위한 귀무가설 H_0와 대립가설 H_1을 설정하고, 귀무가설에 대한 기각역의 적절한 위치를 각각 결정하라.

(1) 어느 지역의 2월 한 달 동안의 평균 강설량 μ는 21.8cm가 아니다.
(2) 내년도에 새로 생산되는 승용차의 계약율 p는 70%보다 크다.
(3) 앞으로 다가올 선거에서 현 의원을 찬성할 전 유권자들의 비율 p는 0.58 미만이다.

2. 평균이 μ이고 분산은 $\sigma^2=225$인 정규모집단을 고려하자. 을은 이 정규모집단으로부터 크기가 $n=9$인 확률표본을 추출하여 이 확률표본의 표본평균 $\overline{X}$가 $191<\overline{X}<209$를 만족시킨다면 $\mu=200$이라는 갑의 주장을 채택하고자 한다. 그리고 이 범위가 만족되지 않는다면, 을은 $\mu\neq 200$인 것으로 결론을 내리고자 한다.

(1) 을의 주장을 검정하기 위한 귀무가설 H_0와 대립가설 H_1을 설정하라.
(2) 제1종오류를 범하는 확률을 구하라.
(3) 대립가설 H_1하에서의 값들인 $\mu=190$, 194, 198, 202, 206, 210에서 각각 제2종오류를 범하는 확률과 검정력을 구하고 검정력함수곡선을 그려라.

3. 평균이 μ이고 분산은 $\sigma^2=4$인 정규모집단의 모평균 μ에 대해 설정된 가설은 '$H_0 : \mu=10.0$ 대 $H_1 : \mu=9.0$'과 같다. 어떤 검정자는 이 설정된 가설을 검정하기 위해서 대상 정규모집단으로부터 크기가 $n=100$인 확률표본의 표본평균 $\overline{X}$를 검정통계량으로 이용하고자 한다. 이때 귀무가설 $H_0 : \mu=10.0$의 '기각역 $R : \overline{X}<c$'가 유의수준이 $\alpha=0.05$인 검정이 되도록 c값을 결정하라.

4. 새로운 밀봉방법에 의해 생산된 전구들의 수명시간의 분포는 표준편차가 $\sigma=90$(시간)인 정규분포를 따른다고 하자. 어떤 조사자 A가 이 모집단으로부터 전구 9개를 랜덤하게 추출하여 이들의 표본평균시간을 계산하였더니 $\bar{x}=2{,}530$(시간)이 되었다. 이 결과로 조사자 A는 생산된 전구들의 모평균수명시간 μ가 2,500시간보다 길다고 주장한다. 이 주장을 유의수준 $\alpha=0.05$로 검정하라.

5. 어떤 공장에서 생산되는 과자봉지들의 내용물 무게의 분포는 정규분포를 따른다고 가정하자. 생산자측은 내용물의 모평균무게와 모표준편차가 각각 $\mu=8.0$(kg)과 $\sigma=0.4$(kg)이라고 한다. 한편 소비자측이 25봉지의 표본을 랜덤하게 추출하여 이들의 표본평균무게와 표본표준편차를 각각 계산하였더니 $\bar{x}=8.112$(kg)과 $s=0.5$(kg)가 됨을 알았다.

(1) 위 표본조사 결과로 소비자측에서는 모평균무게가 $\mu=8.0$(kg)이 아니라고 주장한다. 이 주장을 유의수준 $\alpha=0.05$로 검정하라.
(2) 또한 위 표본조사의 결과로 소비자측에서는 모분산이 $\sigma^2=0.16(\text{kg}^2)$보다 크다고 주장한다. 이 주장을 유의수준 $\alpha=0.05$로 검정하라.

6. A회사에서 생산되는 타이어들의 수명거리의 표준편차가 $\sigma=1{,}295$(km)임이 알려져 있다. 소비자협회에서는 이 모집단으로부터 100개의 타이어들을 랜덤하게 추출하여 조사하였더니 이들의 표본평균수명거리가 $\bar{x}=21{,}431$(km)임을 알았다. 이 결과로 소비자협회에서는 A회사 타이어들의 모평균수명거리 μ가 22,000km보다 짧다고 주장한다. 이 주장을 유의수준 $\alpha=0.05$로 검정하라.

7. 보건복지부에서는 A상표와 B상표 담배의 평균니코틴함유량들의 차이를 비교하고자 한다. 이를 위해 보건복지부는 A상표 담배와 B상표 담배 중에서 독립적으로 각각 100개피와 64개피를 랜덤하게 추출하여 조사하였

더니 각 상표의 표본평균니코틴함유량이 $\bar{x}_A = 3.1$(mg)과 $\bar{x}_B = 2.7$(mg)이 됨을 알았다. 이 결과로 보건복지부는 두 대상모집단의 모평균니코틴함유량들의 차 $\mu_A - \mu_B$가 0.2mg보다 크다고 주장한다. 두 대상모집단의 분포들에 대한 다음 각 가정에 따라 보건복지부의 주장을 유의수준 $\alpha = 0.05$로 검정하라.

(1) 분산이 각각 $\sigma_A^2 = 0.5(\text{mg}^2)$과 $\sigma_B^2 = 0.7(\text{mg}^2)$인 정규모집단들일 경우

(2) 분산이 각각 $\sigma_A^2 = 0.5(\text{mg}^2)$과 $\sigma_B^2 = 0.7(\text{mg}^2)$인 임의의 모집단들일 경우

8. 두 기업에서 각각 A상표 나사와 B상표 나사를 생산하고 있다. 어떤 조사자 갑이 A상표 나사들 중에서 16개를 랜덤하게 추출하고, 이와는 독립적으로 B상표 나사들 중에서는 10개를 랜덤하게 추출한 다음에 이들의 지름을 조사하여 다음과 같은 결과를 얻었다.

	A상표	B상표
표본평균지름	0.41cm	0.45cm
표본표준편차	0.01cm	0.02cm

두 대상모집단의 나사들의 지름의 분포는 각각 $N(\mu_A, \sigma_A^2)$과 $N(\mu_B, \sigma_B^2)$을 따른다고 가정하고, 위 표본조사결과를 이용하여 조사자 갑의 다음 각 주장을 유의수준 $\alpha = 0.02$로 검정하라.

(1) 조사자 갑은 두 상표 나사의 모평균지름들 μ_A와 μ_B가 같지 않다고 주장한다. 이때 두 정규모집단의 알려져 있지 않은 모분산들 σ_A^2과 σ_B^2은 같다고 가정하라.

(2) 조사자 갑은 두 상표 나사의 모분산들 σ_A^2과 σ_B^2가 같지 않다고 주장한다.

(3) 조사자 갑은 두 상표 나사의 모평균지름들 μ_A와 μ_B가 같지 않다고 주장한다. 이때 두 정규모집단의 알려져 있지 않은 모분산들 σ_A^2과 σ_B^2은 같지 않다고 가정하라.

9. 7장의 연습문제 9에 주어진 자료를 이용해서 '새로운 식이요법을 적용하기 전과 후에 A지역 전체 주부의 모평균체중들에 차이가 있다'라는 주장을 유의수준 $\alpha=0.05$로 검정하라.

10. 7장의 연습문제 10에 주어진 자료를 이용해서 A당에 대한 모지지율 p가 0.45보다 작다는 주장을 유의수준 $\alpha=0.05$로 검정하라.

11. 7장의 연습문제 11에 주어진 자료를 이용해서 도시의 모실업률 p_1과 농촌의 모실업률 p_2가 같지 않다는 주장을 유의수준 $\alpha=0.05$로 검정하라.

12. R을 이용해서 본 8장의 연습문제 9를 해결하라.

Chapter 09
분산분석

9.1 서론

9.2 일원배치법

9.3 반복이 없는 이원배치법

9.4 반복이 있는 이원배치법

분산분석(analysis of variance)

현대통계학의 아버지로 불리는 피셔(R. A. Fisher)는 실험 방법에 대한 획기적인 아이디어를 내놓는다. 그가 있었던 로담스테드 농업 실험 연구소는 밀을 재배하는 넓은 경작지 전체를 대상으로 매해 한 종류의 비료를 준 다음 효과를 측정하였지만 이런 비효율적인 실험은 피셔의 아이디어에 의해 효율적인 방법으로 바뀌게 된다. 밀의 산출량이 기후, 비료의 종류, 토양의 비옥도 등에 의해 변하므로 효율적인 실험이 어려웠으나, 한 구획 내의 땅에서 고랑별로 상이하게 비료를 준다고 할 때, 어떤 주어진 형태를 따르지 않고 무작위로 한다면 토양의 비옥도에 의한 효과는 평균적으로 없어져 버린다. 피셔는 이를 분산분석(analysis of variance)이라고 명하였다.

9.1 서론

거의 모든 분야에서 어떤 특정한 과정 또는 시스템을 이해하려고 연구자들이 실험을 하게 되는 경우가 많다. 예를 들어 어느 화학공정에서 반응온도와 촉매의 양이 합성수율에 미치는 영향을 분석해보고자 한다. 이 화학공정은 **〈그림 9-1〉**과 같이 하나의 시스템으로 볼 수 있다.

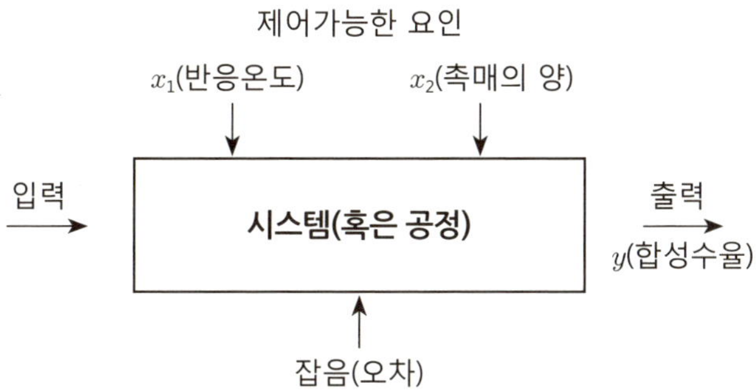

그림 9-1 시스템의 모형

제어 가능한 요인이란 반응온도, 촉매의 양과 같이 **제어**(control)가 용이하고 재현성이 있으며, 기술적 의미를 갖는 요인을 말한다. **잡음**(noise)이란 출력에 영향을 주고 있는 요인이지만 그 요인의 상태를 파악할 수 없는 경우나, 또는 측정오차와 같이 이유를 파악하기 어렵지만 산포에 영향을 주는 것을 뜻한다.

어떤 시스템이 주어진 경우, 계획된 실험이란 제어 가능한 요인을 연구자가 조절하였을 때에 출력이 어떻게 변화하는지를 관찰하고 조사하여 시스템을 보다 잘 이해하려는 시도로 볼 수 있다.

이와 같이 반응온도와 촉매의 양이 합성수율에 미치는 영향을 분석하기 위해서는 정보 또는 통계자료가 필요하게 된다. 통계자료는 조사자의 역할에 따라서 **조사자료**(survey data)와 **실험자료**(experimental data)로 분류된다. 조사자료는 어떤 현상이나 시스템에 대한 정보를 얻는 데 관찰이나 면접을 통하여 수집되고 기록된 자료를 말한다. **조사**(survey)는 어떤 현상을 있는 그대로 파악하는 것이 목적이고, 환경조건을 관리하는 일이 비교적 드물다고 할 수 있다. 이에 반하여 실험자료는 계획적으로 설계되고 관리된 실험을 통하여 얻을 수 있는 자료를 말한다.

실험을 실시한 후에 자료의 형태로 얻어지는 값을 **특성값**(characteristic value) 혹은 **반응변수의 값**이라 하며, 이 특성값에 영향을 주는 원인 중에서 실험에 취급된 원인을 **요인**(factor) 또는 인자라고 한다. 실험을 하기 위한 요인의 실험조건을 요인의 **수준**(level)이라고 하고, 요인의 동일한 수준에서 실험이 되풀이되는 것을 **실험의 반복**(replication)이라고 말한다. 요인의 수준을 **처리**(treatment)라고도 하는데 특성값에 영향을 주는 요인의 수가 하나만 고려되는 일원배치법에서는 요인의 수준들이 바로 처리가 되나 특성값에 영향을 주는 요인의 수가 두 개인 이원배치법에서는 두 개의 요인의 수준조합이 처리가 된다. 이러한 형태의 자료를 분석할 때에 흔히 쓰이는 방법이 **분산분석**(analysis of variance : ANOVA)이다. 분산분석은 특성값의 산포 또는 변동을 제곱합(sum of squares)으로 나타내고, 이 제곱합을 실험과 관련된 요인별로 분해하여 오차에 의한 영향보다 큰 영향을 주는 요인이 무엇인가를 찾아내고자 하는 분석방법이다.

9.2 일원배치법

어떤 특성값에 대한 하나의 요인의 영향을 조사하고자 하는 일원배치법에 대하여 먼저 살펴보기로 한다. **일원배치법**에서는 요인의 각 수준이 처리가 되며, 각 수준에서의 반복수는 일정하지 않아도 된다. 실험의 측정은 랜덤하게 선택된 순서에 의해서 실행하므로 일원배치법을 **완전확률화법**(completley randomized design)이라고도 한다.

요인수준(처리)의 수를 k개로 하며, i번째 수준(처리)으로부터 n_i개의 관측값을 얻을 때, i번째 수준의 j번째 관측값을 Y_{ij}라고 표시하면 일원배치법의 자료배열은 **〈표 9-1〉**과 같이 나타낼 수 있다.

표 9-1 일원배치법의 자료배열

	처리 1	처리 2	$\cdots$	처리 k	
관측값	Y_{11} Y_{12} . . . Y_{1n_1}	Y_{21} Y_{22} . . . Y_{2n_2}	$\cdots$ $\cdots$ $\cdots$ $\cdots$ $\cdots$ $\cdots$	Y_{k1} Y_{k2} . . . Y_{kn_k}	
관측값의수	n_1	n_2	$\cdots$	n_k	$N=\sum_{i=1}^{k} n_i$
평균	$\overline{Y}_1$	$\overline{Y}_2$	$\cdots$	$\overline{Y}_k$	총평균 $\overline{Y}$
제곱합	$\sum_{j=1}^{n_1}(Y_{1j}-\overline{Y}_1)^2$	$\sum_{j=1}^{n_2}(Y_{2j}-\overline{Y}_2)^2$	$\cdots$	$\sum_{j=1}^{n_k}(Y_{kj}-\overline{Y}_k)^2$	

k개의 처리들간에 효과의 차이가 있는지를 분석하기 위하여 위 자료를 통계적으로 검정하기 위해서는 처리에 대한 모집단 모형이 필요하다. 이제 각각의 처리에 해당하는 k개의 모집단이 서로 독립적이고, 평균이 μ_i, 공통분산 σ^2을 갖는 정규분포를 한다고 가정하고 다음과 같은 가설을 검정하는 문제를 생각해 보자.

H_0 : $\mu_1 = \mu_2 = \cdots = \mu_k$

H_1 : 모든 μ_i가 같지는 않다.

위의 모집단의 가정에 의하여 Y_{ij}는 다음과 같이 표시될 수 있다.

$$Y_{ij} = \mu_i + \varepsilon_{ij}$$

여기서 ε_{ij}는 실험의 오차에 해당되는 확률변수로서 평균 0, 분산 σ^2인 정규분포 $N(0, \sigma^2)$를 따른다. 이때 실험 전체의 모평균을 μ라고 하면,

$$\mu = \frac{\sum_{i=1}^{k}\mu_i}{k}$$

로 정의된다. i번째 처리의 모평균 μ_i는 실험 전체의 모평균 μ와 i번째 처리에서

의 효과인 α_i의 합으로 나타낼 수 있으므로 $\mu_i = \mu + \alpha_i$로 대체하면 일원배치법의 자료의 구조식은 다음과 같다.

일원배치법의 자료의 구조식

$$Y_{ij} = \mu + \alpha_i + \varepsilon_{ij} \quad i = 1, 2, \cdots, k$$
$$j = 1, 2, \cdots, n_i$$

여기서 μ : 총평균

α_i : i 번째 처리효과, $\sum_{i=1}^{k} \alpha_i = 0$

ε_{ij} : 서로 독립인 $N(0, \sigma^2)$를 따르는 오차

k개의 모평균에 차이가 있는가를 검정하는 것은 k개의 처리효과에 차이가 있는가를 검정하는 것과 같으므로 가설은 다음과 같이 표시될 수도 있다.

H_0 : $\alpha_1 = \alpha_2 = \cdots = \alpha_k = 0$

H_1 : 적어도 한 α_i는 0이 아니다.

위의 가설은 자료의 총변동을 급간변동과 급내변동으로 분해하여 요인이 특성값에 유의(significant)한 영향을 미치는가를 검정하는 방법인 분산분석표의 작성을 통하여 검정할 수 있다. 분산분석은 다음과 같은 절차에 의하여 분석하게 된다.

순서 1 변동의 분해

변동을 정의하려면 어느 점으로부터의 산포인가를 나타내는 자료의 중심과 각 자료가 중심으로부터 얼마나 떨어져 있는가 하는 거리의 개념이 필요하다. 따라서 관측값 Y_{ij}의 총평균 $\overline{Y}$로부터의 거리인 **총편차**는 같은 처리조건에서 반복실험하였을 때 생기는 잔차와 처리효과의 크기로 다음과 같이 분해할 수 있다.

$$(Y_{ij} - \overline{Y}) = (Y_{ij} - \overline{Y}_i) + (\overline{Y}_i - \overline{Y})$$

(총편차) = (잔차) + (처리효과)

위의 식을 제곱하여 각 처리수준에서 관측값 모두에 대하여 더하면 다음과 같다.

$$\sum_{i=1}^{k}\sum_{j=1}^{n_i}(Y_{ij}-\overline{Y})^2=\sum_{i=1}^{k}\sum_{j=1}^{n_i}(Y_{ij}-\overline{Y}_i)^2+\sum_{i=1}^{k}\sum_{j=1}^{n_i}(\overline{Y}_i-\overline{Y})^2$$

이때 총제곱합(또는 총변동)은 잔차제곱합(처리내에서의 변동인 급내변동)과 처리제곱합(처리간의 변동인 급간변동)으로 분해되었다고 하고 다음과 같이 표시한다.

총제곱합 : $SST=\sum_{i=1}^{k}\sum_{j=1}^{n_i}(Y_{ij}-\overline{Y})^2$

처리제곱합 : $SS_T=\sum_{i=1}^{k}\sum_{j=1}^{n_i}(\overline{Y}_i-\overline{Y})^2$

잔차제곱합 : $SS_E=\sum_{i=1}^{k}\sum_{j=1}^{n_i}(Y_{ij}-\overline{Y}_i)^2$

순서 2 자유도의 계산

각 제곱합의 자유도는 제곱을 한 서로 다른 편차의 개수에서 선형제약조건의 수를 뺀 것으로 볼 수 있으므로 **〈표 9-2〉**에 의하여 구할 수 있다.

이때 총제곱합의 자유도는 처리제곱합의 자유도와 잔차제곱합의 자유도의 합으로 분해됨을 알 수 있다.

표 9-2 각 제곱합의 자유도

제곱합	편차의 개수	선형제약조건	자유도
총제곱합	$N=\sum_{i=1}^{k}n_i$	$\sum_{i=1}^{k}\sum_{j=1}^{n_i}(Y_{ij}-\overline{Y})=0$	$N-1$
처리제곱합	k	$\sum_{i=1}^{k}(\overline{Y}_i-\overline{Y})=0$	$k-1$
잔차제곱합	$N=\sum_{i=1}^{k}n_i$	$\sum_{j=1}^{n_i}(Y_{ij}-\overline{Y}_i)=0$ $i=1, 2, \cdots, k$	$N-k$

순서 3 분산분석표의 작성

처리와 잔차에 대한 제곱평균(mean square : MS)은 SS_T와 SS_E를 각각의 자유도로 나누어서 다음과 같다.

$$\text{처리의 제곱평균} : MS_T = \frac{SS_T}{(k-1)}$$

$$\text{잔차의 제곱평균} : MS_E = \frac{SS_E}{(N-k)}$$

이때 잔차의 제곱평균 MS_E는 σ^2의 불편추정량이 되며 귀무가설 $H_0 : \alpha_1 = \alpha_2 = \cdots = \alpha_k = 0$하에서는 처리의 제곱평균 MS_T도 σ^2의 불편추정량이 된다. 그러나 대립가설하에서는 MS_T의 기댓값이 σ^2보다 크게 되어 다음과 같은 F비(F-ratio)

$$F\text{비} : F_0 = \frac{MS_T}{MS_E}$$

의 값이 커지면 귀무가설을 기각하게 된다. 귀무가설 $H_0 : \alpha_1 = \alpha_2 = \cdots = \alpha_k = 0$하에서는 F비 값은 자유도$(k-1,\ N-k)$인 F분포를 한다는 것이 알려져 있다. 따라서 F비의 값인 F_0가 <부표-7>에서 구한 유의수준 α에서의 F분포값인 $F_{\alpha,\ k-1,\ N-k}$보다 크면 귀무가설을 기각할 수 있게 된다. 이와 같은 결과를 정리, 요약하면 다음과 같은 **분산분석표**를 작성할 수 있게 된다.

표 9-3 일원배치법의 분산분석표

요인	제곱합	자유도	제곱평균	F비
처리	SS_T	$k-1$	MS_T	$\frac{MS_T}{MS_E}$
잔차	SS_E	$N-k$	MS_E	
계	SST	$N-1$		

위의 분산분석표에서 F_0의 값이 $F_{\alpha,\ k-1,\ N-k}$보다 크게 되어 귀무가설을 기각할 때에 요인이 특성값에 유의한 영향을 미친다고 말할 수 있으며, 요인의 수준(처리)들간에 차이가 있다고 통계적으로 결론을 내릴 수 있게 된다.

예제 9.1

반복수가 일정한 경우의 일원배치법의 분석

시중에서 판매되는 5종류의 진통제 A, B, C, D, E의 효과에 차이가 있는지를 알아보기 위하여 25명의 환자를 임의로 5개의 집단으로 나누어 각각 다른 종류의 진통제를 5명이 복용한 후 진통효과가 나타날 때까지 걸리는 시간을 기록하여 **〈표 9-4〉**와 같은 자료를 얻었다. 이와 같은 요인의 수준들간에 관측값이 5개로 모두 같은 경우 반복수가 일정한 경우가 된다. 여기서 진통제의 종류에 따라 진통효과에 유의한 차이가 있는지 분산분석표를 작성하여 유의수준 $\alpha = 0.05$에서 검정하여 보면 다음과 같다.

표 9-4 진통효과가 나타날 때까지 걸리는 시간

진통제의 종류	A	B	C	D	E
관측값	5	9	3	2	7
	4	7	5	3	6
	8	8	2	4	9
	6	6	3	1	4
	3	9	7	4	7

(1) 가설의 설정

$H_0 : \mu_1 = \mu_2 = \mu_3 = \mu_4 = \mu_5$

H_1 : 모든 μ_i가 같지는 않다.

혹은 가설을 각 수준에서 효과의 차이가 있는지를 검정하는 형태로 나타내면 다음과 같이 표기할 수도 있다.

$H_0 : \alpha_1 = \alpha_2 = \alpha_3 = \alpha_4 = \alpha_5 = 0$

H_1 : α_i들이 모두 0은 아니다.

(2) 제곱합의 분해

$k=5,\ n_1=n_2=n_3=n_4=n_5=5,\ N=25$

$\overline{Y}_1=5.2,\ \overline{Y}_2=7.8,\ \overline{Y}_3=4,\ \overline{Y}_4=2.8,\ \overline{Y}_5=6.6,\ \overline{Y}=5.28$

$$SST=\sum_{i=1}^{5}\sum_{j=1}^{5}(Y_{ij}-\overline{Y})^2$$

$$=(5-5.28)^2+(4-5.28)^2+\cdots+(4-5.28)^2+(7-5.28)^2=137.04$$

$$SS_T=5\sum_{i=1}^{5}(\overline{Y}_i-\overline{Y})^2=5\{(5-5.28)^2+\cdots+(6.6-5.28)^2\}=79.44$$

$$SS_E=\sum_{i=1}^{5}\sum_{j=1}^{5}(Y_{ij}-\overline{Y}_i)^2=(5-5.2)^2+\cdots+(7-6.6)^2=57.60$$

처리의 자유도 $=k-1=5-1=4$

잔차의 자유도 $=N-k=25-5=20$

전체의 자유도 $=N-1=25-1=24$

(3) 분산분석표의 작성

요인	제곱합	자유도	제곱평균	F비
처리	79.44	4	19.86	6.90
잔차	57.60	20	2.88	
계	137.04	24		

(4) 분산분석표에서 F비값이 유의수준 $\alpha=0.05$에서의 F분포값인 $F_{0.05,\ 4,\ 20}=2.87$보다 크므로 귀무가설을 기각한다. 따라서 진통제의 효과에는 종류에 따라 유의한 차이가 있다고 결론을 내릴 수 있다.

예제 9.2

반복수가 다른 경우의 일원배치법의 분석

판매실적이 비슷한 15명의 판매원을 임의로 3개의 집단으로 나누어 A, B, C 세 가지 방법을 적용하여 재교육시킨 후, 한 달간의 판매실적을 조사하여 다음 자료를 얻었다. 이 자료로부터 세 가지 교육방법에 따른 판매실적에 차이가 있는지 분산분석표를 작성하여 유의수준 $\alpha = 0.05$에서 검정하여 보아라.

표 9-5 판매실적

(단위 : 100만 원)

교육방법	A방법	B방법	C방법
관측값	4	5	8
	7	1	6
	6	3	8
	6	5	9
		3	5
		4	

(1) 가설의 설정

$H_0 : \mu_1 = \mu_2 = \mu_3$

H_1 : 모든 μ_i가 같지는 않다.

(2) 제곱합의 분해

$k = 3,\ n_1 = 4,\ n_2 = 6,\ n_3 = 5,\ N = 15$

$\overline{Y}_1 = 5.75,\ \overline{Y}_2 = 3.5,\ \overline{Y}_3 = 7.2,\ \overline{Y} = 5.33$

$$SST = \sum_{i=1}^{3} \sum_{j=1}^{n_i} (Y_{ij} - \overline{Y})^2 = (4 - 5.33)^2 + \cdots + (5 - 5.33)^2 = 65.333$$

$$SS_T = \sum_{i=1}^{3} n_i (\overline{Y}_i - \overline{Y})^2$$

$$= 4(5.75 - 5.33)^2 + 6(3.5 - 5.33)^2 + 5(7.2 - 5.33)^2\} = 38.283$$

$$SS_E = \sum_{i=1}^{3} \sum_{j=1}^{n_i} (Y_{ij} - \overline{Y}_i)^2 = (4 - 5.75)^2 + \cdots + (5 - 7.2)^2 = 27.050$$

처리의 자유도 $= k - 1 = 3 - 1 = 2$

잔차의 자유도 $= N - k = 15 - 3 = 12$

전체의 자유도 $= N - 1 = 15 - 1 = 14$

(3) 분산분석표의 작성

요인	제곱합	자유도	제곱평균	F비
처리	38.283	2	19.142	8.49
잔차	27.050	12	2.254	
계	65.333	14		

(4) 분산분석표에서 F비값이 유의수준 $\alpha=0.05$에서의 F분포값인 $F_{0.05,\ 2,\ 12}=3.89$값보다 크므로 귀무가설을 기각한다. 따라서 판매실적은 교육방법에 따라 유의한 차이가 있다고 결론을 내릴 수 있다.

9.3 반복이 없는 이원배치법

어떤 특성값에 영향을 주는 요인의 수가 2개인 경우를 살펴보기로 하자. 첫 번째 요인을 A, 두 번째 요인을 B라 하고, 요인 A의 수준을 l개, 요인 B의 수준을 m개라 하면 처리의 수는 두 요인의 조합인 lm개가 된다. 그리고 lm개의 수준조합당 단 1회씩만 실험을 행하여 관측값을 얻을 경우를 반복이 없는 **이원배치법**이라고 한다. 실험을 할 때에는 lm회의 실험을 랜덤하게 선택된 순서로 행하여야 하며, 반복이 없는 이원배치법의 자료배열은 **〈표 9-6〉**과 같다.

표 9-6 반복이 없는 이원배치법의 자료배열

요인 A \ 요인 B	B_1	B_2		B_m	평균
A_1	Y_{11}	Y_{12}	$\cdots$	Y_{1m}	$\overline{Y}_{1.}$
A_1	Y_{21}	Y_{22}	$\cdots$	Y_{2m}	$\overline{Y}_{2.}$
$\vdots$	$\vdots$	$\vdots$		$\vdots$	$\vdots$
A_l	Y_{l1}	Y_{l2}	$\cdots$	Y_{lm}	$\overline{Y}_{l.}$
평균	$\overline{Y}_{.1}$	$\overline{Y}_{.2}$	$\cdots$	$\overline{Y}_{.m}$	$\overline{Y}_{..}$(총평균)

위의 자료배열에서 각 평균들은 다음과 같이 정의된다.

$$\text{요인 } A\text{의 각 수준에서 평균} : \bar{Y}_{i.} = \frac{1}{m}\sum_{j=1}^{m} Y_{ij} \quad i=1, 2, \cdots, l$$

$$\text{요인 } B\text{의 각 수준에서 평균} : \bar{Y}_{.j} = \frac{1}{l}\sum_{i=1}^{l} Y_{ij} \quad j=1, 2, \cdots, m$$

$$\text{총평균} : \bar{Y}_{..} = \frac{1}{lm}\sum_{i=1}^{l}\sum_{j=1}^{m} Y_{ij}$$

요인 A의 수준이 i이고 요인 B의 수준이 j인 처리에서의 관측값 Y_{ij}는 요인 A와 요인 B의 영향을 받게 되며, 자료의 구조식은 다음과 같이 표현될 수 있다.

반복이 없는 이원배치법의 자료의 구조식

$$Y_{ij} = \mu + \alpha_i + \beta_j + \varepsilon_{ij} \quad i=1, 2, \cdots, l$$
$$j=1, 2, \cdots, m$$

여기서 μ : 총평균

α_i : 요인 A의 i번째 수준 효과, $\sum_{i=1}^{l} \alpha_i = 0$

β_j : 요인 B의 j번째 수준 효과, $\sum_{j=1}^{m} \beta_j = 0$

ε_{ij} : 서로 독립인 $N(0, \sigma^2)$를 따르는 오차

이때 우리는 요인 A와 요인 B가 특성값에 영향을 주는가 하는 문제에 관심을 갖게 되고, 이를 가설로 표현하면 다음과 같다.

(1) 요인 A에 대한 가설

$H_0 : \alpha_1 = \alpha_2 = \cdots = \alpha_l = 0$

H_1 : 적어도 한 α_i는 0이 아니다.

(2) 요인 B에 대한 가설

$H_0: \beta_1 = \beta_2 = \cdots = \beta_m = 0$

H_1: 적어도 한 β_j는 0이 아니다.

위의 가설은 자료의 총변동을 요인 A에 의한 변동, 요인 B에 의한 변동, 잔차에 의한 변동으로 분해하여 분산분석표를 다음과 같은 순서에 의하여 작성해 봄으로써 검정할 수 있다.

순서 1 변동의 분해

총제곱합(SST)을 요인 A 제곱합(SS_A), 요인 B 제곱합(SS_B), 잔차제곱합(SS_E)의 합으로 분해한다. 즉,

$$SST = SS_A + SS_B + SS_E$$

여기서, $SST = \sum_{i=1}^{l}\sum_{j=1}^{m}(Y_{ij} - \overline{Y}_{..})^2$

$$SS_A = m\sum_{i=1}^{l}(\overline{Y}_{i.} - \overline{Y}_{..})^2$$

$$SS_B = l\sum_{j=1}^{m}(\overline{Y}_{.j} - \overline{Y}_{..})^2$$

$$SS_E = \sum_{i=1}^{l}\sum_{j=1}^{m}(Y_{ij} - \overline{Y}_{i.} - \overline{Y}_{.j} + \overline{Y}_{..})^2 \text{ 혹은 } SS_E = SST - SS_A - SS_B$$

순서 2 자유도의 계산

각 제곱합의 자유도는 제곱을 한 서로 다른 편차의 개수에서 선형제약조건의 수를 뺀 것이므로 SST, SS_A, SS_B, SS_E의 자유도는 각각 $lm-1$, $l-1$, $m-1$, $(l-1)(m-1)$로 주어진다. 이때 전체의 자유도인 SST의 자유도가 SS_A, SS_B, SS_E의 자유도의 합으로 분해됨을 알 수 있다.

순서 3 분산분석표의 작성

제곱평균 MS_A, MS_B, MS_E는 SS_A, SS_B, SS_E를 각각의 자유도로 나누어 준 값이다. 그리고 요인 A에 대한 귀무가설 $H_0: \alpha_1 = \alpha_2 = \cdots = \alpha_l = 0$하에서는 $F_0 = \dfrac{MS_A}{MS_E}$가 자유도 $(l-1, (l-1)(m-1))$인 F분포를 따르므로 요인 A에 대한 귀무가설의 기

각역은 $F_0 > F_{\alpha,\ (l-1),\ (l-1)(m-1)}$로 주어진다. 마찬가지로 요인 B에 대한 귀무가설 H_0 : $\beta_1 = \beta_2 = \cdots = \beta_m = 0$하에서는 $F_0 = \dfrac{MS_B}{MS_E}$가 자유도 $(m-1,\ (l-1)(m-1))$인 F분포를 따르므로 요인 B에 대한 귀무가설의 기각역은 $F_0 > F_{\alpha,\ (m-1),\ (l-1)(m-1)}$로 주어진다. 이상의 결과를 요약하면 **<표 9-7>**과 같은 분산분석표를 작성할 수 있다.

분산분석표에서 $\dfrac{MS_A}{MS_E}$의 값이 $F_{\alpha,\ (l-1),\ (l-1)(m-1)}$값보다 크게 되면 요인 A가 특성값에 유의한 영향을 준다고 말하고, $\dfrac{MS_B}{MS_E}$의 값이 $F_{\alpha,\ (m-1),\ (l-1)(m-1)}$값보다 크면 요인 B가 특성값에 유의한 영향을 준다고 말한다.

표 9-7 반복이 없는 이원배치법의 분산분석표

요인	제곱합	자유도	제곱평균	F비
요인 A	SS_A	$l-1$	MS_A	$\dfrac{MS_A}{MS_E}$
요인 B	SS_B	$m-1$	MS_B	$\dfrac{MS_B}{MS_E}$
잔차	SS_E	$(l-1)(m-1)$	MS_E	
계	SST	$lm-1$		

예제 9.3

4종류의 비료와 3종류의 품종이 밀의 수확량에 미치는 영향을 조사하고자 반복이 없는 이원배치법에 의해 다음 자료를 얻었다. 분산분석표를 작성하고 비료의 종류에 따라 수확량이 다른지, 품종에 따라 수확량이 차이가 나는지를 유의수준 $\alpha = 0.05$에서 검정하여라.

표 9-8 단위면적당 밀의 수확량

(단위 : kg)

비료의 종류 \ 품종	B_1	B_2	B_3	평균
A_1	64	72	74	$\overline{Y}_{1.}=70$
A_2	55	57	47	$\overline{Y}_{2.}=53$
A_3	59	66	58	$\overline{Y}_{3.}=61$
A_4	58	57	53	$\overline{Y}_{4.}=56$
평균	$\overline{Y}_{.1}=59$	$\overline{Y}_{.2}=63$	$\overline{Y}_{.3}=58$	총평균 $\overline{Y}_{..}=60$

(1) 가설의 설정

① $H_0 : \alpha_1=\alpha_2=\alpha_3=\alpha_4=0$

H_1 : 적어도 한 α_i는 0이 아니다.

② $H_0 : \beta_1=\beta_2=\beta_3=0$

H_1 : 적어도 한 β_j는 0이 아니다.

(2) 제곱합의 분해

$l=4,\ m=3$

$$SST=\sum_{i=1}^{4}\sum_{j=1}^{3}(Y_{ij}-\overline{Y}_{..})^2=(64-60)^2+\cdots+(53-60)^2=662$$

$$SS_A=3\sum_{i=1}^{4}(\overline{Y}_{i.}-\overline{Y}_{..})^2=3\{(70-60)^2+\cdots+(56-60)^2\}=498$$

$$SS_B=4\sum_{j=1}^{3}(\overline{Y}_{.j}-\overline{Y}_{..})^2=4\{(59-60)^2+\cdots+(58-60)^2\}=56$$

$$SS_E=SST-SS_A-SS_B=108$$

A의 자유도$=l-1=3$

B의 자유도$=m-1=2$

잔차의 자유도$=(l-1)(m-1)=6$

전체의 자유도$=lm-1=11$

(3) 분산분석표의 작성

요인	제곱합	자유도	제곱평균	F비
(비료)	498	3	166	9.22
(품종)	56	2	28	1.56
잔 차	108	6	18	
계	662	11		

(4) F분포표에서 $F_{0.05,\,3,\,6}=4.76$, $F_{0.05,\,2,\,6}=5.14$이므로 요인 A에 대한 귀무가설 $H_0: \alpha_1=\alpha_2=\alpha_3=\alpha_4=0$는 유의수준 $\alpha=0.05$에서 기각되나 요인 B에 대한 귀무가설 $H_0: \beta_1=\beta_2=\beta_3=0$은 기각하지 못한다. 즉, 비료의 종류에 따라 유의한 차이가 있음을 알 수 있으나 품종에 따라서는 수확량에 차이가 있다는 결론을 내릴 수 없다.

9.4 반복이 있는 이원배치법

이원배치법의 실험에서 요인의 수준을 조합한 조건마다 2회 이상 반복실험을 행하여 관측값을 얻는 경우를 반복이 있는 이원배치법이라고 한다. 요인 A, B의 수준수가 각각 l, m이고 요인수준의 각 조합마다 반복수가 r인 실험에서 전체 실험의 횟수는 $l \times m \times r$회가 되며, $l \times m \times r$회의 전체 실험이 랜덤하게 선택된 순서에 의해 실시되어야 한다. 반복이 없는 이원배치법에 비하여 반복이 있는 이원배치법의 장점은 요인수준의 조합에서 생기는 효과를 분리하여 구할 수 있다는 것이다. 요인들의 특정한 수준조합에서 일어나는 효과를 **교호작용**(interaction)이라 하며, 요인 A의 효과가 요인 B의 수준변화에 따라 변화하는 경우에 요인 A, B간에는 교호작용이 있다고 말한다. 예를 들어, 플라스틱 제품강도에 영향을 주는 요인 A가 촉매의 종류이고 요인 B가 반응온도일 때, 온도 B_1에서는 촉매 A_2가 더 높은 제품강도를 주나 온도 B_2에서는 촉매 A_1이 더 높은 제품강도를 주는 경우가 있다. 이때 우리는 요인 A, B간에 교호작용이 있다고 말한다. 각 수준의 조합마다 r회씩 반복실험을 하여 관측값을 얻은 반복이 있는 이원배치법의 자료의 배열은 **<표 9-9>**와 같이 주어진다.

<표 9-9>의 자료배열에서 평균의 기호는 다음과 같이 정의된다.

요인 A의 수준 i, 요인 B의 수준 j에서의 평균 : $\overline{Y}_{ij.}=\frac{1}{r}\sum_{k=1}^{r}Y_{ijk}$

요인 A의 수준 i에서의 평균 : $\overline{Y}_{i..}=\frac{1}{mr}\sum_{j=1}^{m}\sum_{k=1}^{r}Y_{ijk}$

요인 B의 수준 j에서의 평균 : $\overline{Y}_{.j.}=\frac{1}{lr}\sum_{i=1}^{l}\sum_{k=1}^{r}Y_{ijk}$

총평균 : $\overline{Y}_{...}=\frac{1}{lmr}\sum_{i=1}^{l}\sum_{j=1}^{m}\sum_{k=1}^{r}Y_{ijk}$

요인 A의 i번째 수준과 요인 B의 j번째 수준에서의 k번째 관측값 Y_{ijk}는 요인 A, B와 두 요인 사이의 교호작용에 영향을 받으므로 다음과 같이 표현될 수 있다.

표 9-9 반복이 있는 이원배치법의 자료배열

요인 A \ 요인 B	B_1	B_2		B_m	평균
A_1	Y_{111}	Y_{121}	$\cdots$	Y_{1m1}	$\overline{Y}_{1..}$
	Y_{112}	Y_{122}	$\cdots$	Y_{1m2}	
	$\vdots$	$\vdots$		$\vdots$	
	Y_{11r}	Y_{12r}	$\cdots$	Y_{1mr}	
	$\overline{Y}_{11.}$	$\overline{Y}_{12.}$	$\cdots$	$\overline{Y}_{1m.}$	
A_2	Y_{211}	Y_{221}	$\cdots$	Y_{2m1}	$\overline{Y}_{2..}$
	Y_{212}	Y_{222}	$\cdots$	Y_{2m2}	
	$\vdots$	$\vdots$		$\vdots$	
	Y_{21r}	Y_{22r}	$\cdots$	Y_{2mr}	
	$\overline{Y}_{21.}$	$\overline{Y}_{22.}$	$\cdots$	$\overline{Y}_{2m.}$	
$\vdots$	$\vdots$	$\vdots$	$\vdots$	$\vdots$	$\vdots$
A_l	Y_{l11}	Y_{l21}	$\cdots$	Y_{lm1}	$\overline{Y}_{l..}$
	Y_{l12}	Y_{l22}	$\cdots$	Y_{lm2}	
	$\vdots$	$\vdots$		$\vdots$	
	Y_{l1r}	Y_{l2r}	$\cdots$	Y_{lmr}	
	$\overline{Y}_{l1.}$	$\overline{Y}_{l2.}$	$\cdots$	$\overline{Y}_{lm.}$	
평균	$\overline{Y}_{.1.}$	$\overline{Y}_{.2.}$	$\cdots$	$\overline{Y}_{.m.}$	$\overline{Y}_{...}$(총평균)

반복이 있는 이원배치법의 자료의 구조식

$$Y_{ijk}=\mu+\alpha_i+\beta_j+(\alpha\beta)_{ij}+\varepsilon_{ijk} \quad i=1, 2, \cdots, l$$

$$j=1, 2, \cdots, m$$

$$k=1, 2, \cdots, r$$

여기서, μ : 총평균

α_i : 요인 A의 i번째 수준 효과, $\sum_{i=1}^{l}\alpha_i=0$

β_j : 요인 B의 j번째 수준 효과, $\sum_{j=1}^{m}\beta_j=0$

$(\alpha\beta)_{ij}$: 요인 A, B의 교호작용 효과, $\sum_{i=1}^{l}\sum_{j=1}^{m}(\alpha\beta)_{ij}=0$

ε_{ijk} : 서로 독립인 $N(0, \sigma^2)$을 따르는 오차

반복이 있는 이원배치법에서는 요인 A, B가 특성값에 영향을 주는가 뿐만 아니라 요인 A, B간에 교호작용이 존재하는가에도 관심을 갖게 된다. 교호작용에 대한 가설은 다음과 같다.

H_0 : 모든 $(\alpha\beta)_{ij}=0$

H_1 : $(\alpha\beta)_{ij}$ 중 적어도 하나는 0이 아니다.

요인 A, B에 대한 가설과 교호작용에 대한 가설 역시 다음과 같은 순서에 의하여 분산분석표를 작성해 봄으로써 검정할 수 있다.

순서 1 변동의 분해

총제곱합(SST)를 요인 A의 제곱합(SS_A), 요인 B의 제곱합(SS_B), 교호작용의 제곱합($SS_{A\times B}$), 잔차 제곱합(SS_E)의 합으로 분해한다. 즉,

$$SST=SS_A+SS_B+SS_{A\times B}+SS_E$$

여기서, $SST=\sum_{i=1}^{l}\sum_{j=1}^{m}\sum_{k=1}^{r}(Y_{ijk}-\overline{Y}_{...})^2$

$$SS_A = mr\sum_{i=1}^{l}(\bar{Y}_{i..} - \bar{Y}_{...})^2$$

$$SS_B = lr\sum_{j=1}^{m}(\bar{Y}_{.j.} - \bar{Y}_{...})^2$$

$$SS_{A\times B} = r\sum_{i=1}^{l}\sum_{j=1}^{m}(\bar{Y}_{ij.} - \bar{Y}_{i..} - \bar{Y}_{.j.} + \bar{Y}_{...})^2$$

$$SS_E = \sum_{i=1}^{l}\sum_{j=1}^{m}\sum_{k=1}^{r}(Y_{ijk} - \bar{Y}_{ij.})^2$$

혹은 $SS_E = SST - SS_A - SS_B - SS_{A\times B}$

순서 2 자유도의 계산

각 제곱합의 자유도는 제곱을 한 서로 다른 편차의 개수에서 선형제약조건의 수를 뺀 것이므로 SST, SS_A, SS_B, $SS_{A\times B}$, SS_E의 자유도는 각각 $lmr-1$, $l-1$, $m-1$, $(l-1)(m-1)$, $lm(r-1)$이다. 이때 총변동의 자유도 $lmr-1$은 SS_A, SS_B, $SS_{A\times B}$, SS_E의 자유도의 합으로 분해됨을 알 수 있다.

순서 3 분산분석표의 작성

제곱평균 MS_A, MS_B, $MS_{A\times B}$, MS_E는 SS_A, SS_B, $SS_{A\times B}$, SS_E를 각각의 자유도로 나눈 값이다. 교호작용에 대한 검정은 귀무가설 H_0 : 모든 $(\alpha\beta)_{ij}=0$하에서 $F_0 = \frac{MS_{A\times B}}{MS_E}$는 자유도 $((l-1)(m-1), lm(r-1))$인 F분포를 따르므로 귀무가설에 대한 기각역이 $F_0 > F_{\alpha, (l-1)(m-1), lm(r-1)}$로 주어진다. 이상의 결과를 요약하면 **<표 9-10>**과 같은 분산분석표를 작성할 수 있다.

<표 9-10>의 분산분석표에서 $\frac{MS_A}{MS_E}$가 $F_{\alpha, (l-1), lm(r-1)}$보다 크면 요인 A가 특성값에 유의한 영향을 준다고 하고, $\frac{MS_B}{MS_E}$가 $F_{\alpha, (m-1), lm(r-1)}$보다 크면 요인 B가 특성값에 유의한 영향을 준다고 말하며, $\frac{MS_{A\times B}}{MS_E}$가 $F_{\alpha, (l-1)(m-1), lm(r-1)}$보다 크면 두 요인 A, B 사이에 교호작용이 존재한다고 말한다.

표 9-10 반복이 있는 이원배치법의 분산분석표

요인	제곱합	자유도	제곱평균	F비
요인 A	SS_A	$l-1$	MS_A	$\frac{MS_A}{MS_E}$
요인 B	SS_B	$m-1$	MS_B	$\frac{MS_B}{MS_E}$
교호작용	$SS_{A\times B}$	$(l-1)(m-1)$	$MS_{A\times B}$	$\frac{MS_{A\times B}}{MS_E}$
잔차	SS_E	$lm(r-1)$	MS_E	
계	SST	$lmr-1$		

예제 9.4

4종류의 비료와 3종류의 품종이 밀의 수확량에 미치는 영향을 조사하고자 각 수준의 조합마다 3회씩 반복하여 반복이 있는 이원배치법에 의해 다음 자료를 얻었다. 분산분석표를 작성하고, 각 요인과 교호작용의 영향을 분석하여라.

표 9-11 단위면적당 수확량

(단위 : kg)

비료 \ 품종	B_1	B_2	B_3	평균
A_1	64, 66, 70	72, 81, 64	74, 51, 65	$\overline{Y}_{1..}=67.4$
A_2	65, 63, 58	57, 43, 52	47, 58, 67	$\overline{Y}_{2..}=56.7$
A_3	59, 68, 65	66, 71, 59	58, 39, 42	$\overline{Y}_{3..}=58.6$
A_4	58, 41, 46	57, 61, 53	53, 59, 38	$\overline{Y}_{4..}=51.8$
평균	$\overline{Y}_{.1.}=60.3$	$\overline{Y}_{.2.}=61.3$	$\overline{Y}_{.3.}=54.3$	총평균 $\overline{Y}_{...}=58.6$

(1) 가설의 설정

① $H_0 : \alpha_1=\alpha_2=\alpha_3=\alpha_4=0$

H_1 : 적어도 한 α_i는 0이 아니다.

② $H_0 : \beta_1=\beta_2=\beta_3=0$

H_1 : 적어도 한 β_j는 0이 아니다.

③ H_0 : 모든 $(\alpha\beta)_{ij}=0$

H_1 : 적어도 한 $(\alpha\beta)_{ij}$는 0이 아니다.

(2) 변동의 분해

$l=4,\ m=3,\ r=3$, 전체 관측값의 수 $N=36$

$$SST=\sum_{i=1}^{4}\sum_{j=1}^{3}\sum_{k=1}^{3}(Y_{ijk}-\overline{Y}_{...})^2=(64-58.6)^2+\cdots+(38-58.6)^2=3779$$

$$SS_A=9\sum_{i=1}^{4}(\overline{Y}_{i..}-\overline{Y}_{...})^2=9\{(67.4-58.6)^2+\cdots+(51.8-58.6)^2\}=1157$$

$$SS_B=12\sum_{j=1}^{3}(\overline{Y}_{.j.}-\overline{Y}_{...})^2=12\{(60.3-58.6)^2+\cdots+(54.3-58.6)^2\}=350$$

$$SS_{A\times B}=r\sum_{i=1}^{4}\sum_{j=1}^{3}(\overline{Y}_{ij.}-\overline{Y}_{i..}-\overline{Y}_{.j.}+\overline{Y}_{...})^2=771$$

$$SS_E=SST-SS_A-SS_B-SS_{A\times B}=1501$$

(3) 분산분석표의 작성

A의 자유도 $=l-1=3$

B의 자유도 $=m-1=2$

교호작용$(A\times B)$의 자유도 $=(l-1)(m-1)=6$

잔차의 자유도 $=lm(r-1)=24$

전체의 자유도 $=lmr-1=35$

(4) 가설의 검정

요인	제곱합	자유도	제곱평균	F비
A(비료)	1157	3	385.667	6.17
B(품종)	350	2	175.000	2.80
교호작용	771	6	128.500	2.05
잔차	1501	24	62.542	
계	3779	35		

① $F_{0.05,\ 3,\ 24}=3.01$이므로 요인 A(비료)에 대한 귀무가설을 기각한다. 즉, 비료의 종류에 따라 수확량에 유의한 차이가 있다.

② $F_{0.05,\,2,\,24}=3.40$이므로 요인 B에 대한 귀무가설을 기각하지 못한다. 즉, 품종에 따라 수확량에 차이가 있다는 결론을 내릴 수 없다.

③ $F_{0.05,\,6,\,24}=2.51$이므로 교호작용에 대한 귀무가설을 기각하지 못한다. 즉, 비료의 종류와 품종 사이에 교호작용이 있다는 결론을 내릴 수 없다.

▶ 반복수가 다른 일원배치법 【예제 9.2】

반응변수와 요인변수 값을 각 하나의 열로 합쳐서 데이터를 생성한다.

데이터 생성

```
method_A <- c(4, 7, 6, 6)
method_B <- c(5, 1, 3, 5, 3, 4)
method_C <- c(8, 6, 8, 9, 5)
amount <- c(method_A, method_B, method_C)
method <- c(rep("A", length(method_A)),
            rep("B", length(method_B)),
            rep("C", length(method_C)))
df <- data.frame(amount, method)
df
##    amount method
## 1       4      A
## 2       7      A
## 3       6      A
## 4       6      A
## 5       5      B
## 6       1      B
## 7       3      B
## 8       5      B
## 9       3      B
## 10      4      B
## 11      8      C
## 12      6      C
## 13      8      C
## 14      9      C
## 15      5      C
```

명령어 - 일원 분산 분석

```
anova_fit <- aov(amount ~ method, data = df)
```

결과물

```
summary(anova_fit)
##             Df Sum Sq Mean Sq F value  Pr(>F)
## method       2  38.28  19.142   8.492 0.00504 **
## Residuals   12  27.05   2.254
## ---
## Signif. codes:  0 '***' 0.001 '**' 0.01 '*' 0.05 '.' 0.1 ' ' 1
```

[예제 9.2] 에서와 동일한 분산분석표가 구해진다.

▶ 반복이 있는 이원배치법[예제 9.4]

각 데이터에 따라 요인 A(비료)값과 요인 B(품종)값을 각각 입력해서 데이터를 생성한다.

데이터 생성

```
yield <- c(64, 66, 70, 72, 81, 64, 74, 51, 65,
           65, 63, 58, 57, 43, 52, 47, 58, 67,
           59, 68, 65, 66, 71, 59, 58, 39, 42,
           58, 41, 46, 57, 61, 53, 53, 59, 38)
factor_A <- factor(c(rep(1, 9), rep(2, 9), rep(3, 9), rep(4, 9)))
factor_B <- factor(c(1, 1, 1, 2, 2, 2, 3, 3, 3,
                     1, 1, 1, 2, 2, 2, 3, 3, 3,
                     1, 1, 1, 2, 2, 2, 3, 3, 3,
                     1, 1, 1, 2, 2, 2, 3, 3, 3))
df <- data.frame(yield, factor_A, factor_B)
df
##    yield factor_A factor_B
## 1     64        1        1
```

```
## 2     66     1     1
## 3     70     1     1
## 4     72     1     2
## 5     81     1     2
## 6     64     1     2
## 7     74     1     3
## 8     51     1     3
## 9     65     1     3
## 10    65     2     1
## 11    63     2     1
## 12    58     2     1
## 13    57     2     2
## 14    43     2     2
## 15    52     2     2
## 16    47     2     3
## 17    58     2     3
## 18    67     2     3
## 19    59     3     1
## 20    68     3     1
## 21    65     3     1
## 22    66     3     2
## 23    71     3     2
## 24    59     3     2
## 25    58     3     3
## 26    39     3     3
## 27    42     3     3
## 28    58     4     1
## 29    41     4     1
## 30    46     4     1
## 31    57     4     2
## 32    61     4     2
## 33    53     4     2
## 34    53     4     3
## 35    59     4     3
```

```
## 36    38        4        3
```

명령어 - 이원 분산 분석

```
anova_fit <- aov(yield ~ factor_A * factor_B, data = df)
```

결과물

```
summary(anova_fit)
##                   Df Sum Sq Mean Sq F value  Pr(>F)
## factor_A           3  1156.6   385.5   6.163 0.00294 **
## factor_B           2   349.4   174.7   2.793 0.08121 .
## factor_A:factor_B  6   771.3   128.5   2.055 0.09712 .
## Residuals         24  1501.3    62.6
## ---
## Signif. codes:  0 '***' 0.001 '**' 0.01 '*' 0.05 '.' 0.1 ' ' 1
```

각 요인의 유의성에 대한 검정은 해당되는 p-값에 의해 비료(A)의 요인만이 유의성이 있다는 본문의 결론을 확인할 수 있다.

▶ 반복수가 다른 일원배치법 [예제 9.2]

◎ 다음과 같이 워크시트에 자료를 입력한다.

	A	B	C	D
1	반복수가 다른 일원배치법			
2	교육방법	A방법	B방법	C방법
3	관측값	4	5	8
4		7	1	6
5		6	3	8
6		6	5	9
7			3	5
8			4	
9				

절차

◎ 데이터 ▶ 데이터 분석 ▶ 분산 분석 : 일원 배치법

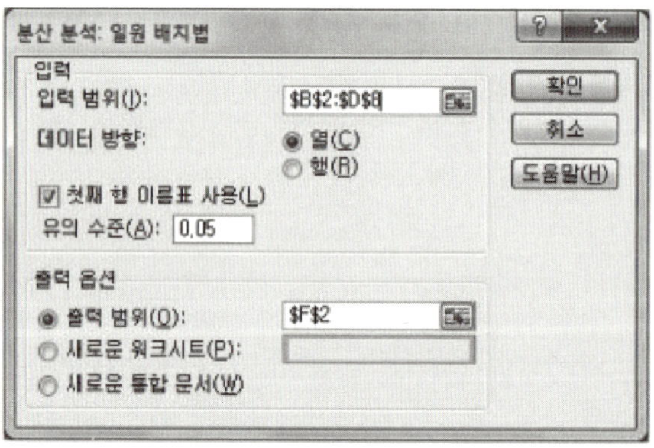

※ 데이터 방향 : 입력 범위의 데이터가 행으로 정렬되었는지 또는 열로 정렬되었는지 지정하려면 행 또는 열을 클릭한다.

결과물

	F	G	H	I	J	K	L
1							
2	분산 분석: 일원 배치법						
3							
4	요약표						
5	인자의 수준	관측수	합	평균	분산		
6	A방법	4	23	5.75	1.583333		
7	B방법	6	21	3.5	2.3		
8	C방법	5	36	7.2	2.7		
9							
10							
11	분산 분석						
12	변동의 요인	제곱합	자유도	제곱 평균	F 비	P-값	F 기각치
13	처리	38.28333	2	19.14167	8.491682	0.005037	3.885294
14	잔차	27.05	12	2.254167			
15							
16	계	65.33333	14				
17							

[예제 9. 2] 에서와 동일한 분산분석표를 얻을 수 있다.

▶ 반복이 있는 이원배치법 [예제 9.4]

◎ 다음과 같이 워크시트에 자료를 입력한다.

	A	B	C	D
1	반복이 있는 이원배치법			
2		B1	B2	B3
3		64	72	74
4	A1	66	81	51
5		70	64	65
6		65	57	47
7	A2	63	43	58
8		58	52	67
9		59	66	58
10	A3	68	71	39
11		65	59	42
12		58	57	53
13	A4	41	61	59
14		46	53	38
15				

절차 ───────

◎ 데이터 ▶ 데이터 분석 ▶ 분산 분석 : 반복이 있는 이원 배치법

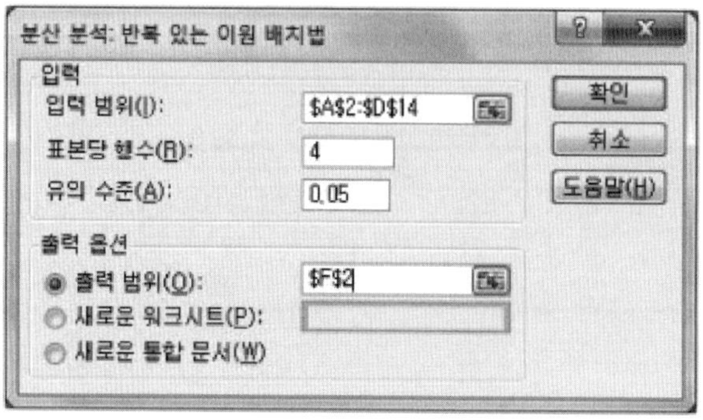

※ 표본당 행수 : 각 표본의 반복수를 입력한다. 엑셀에서는 각 표본의 반복수가 같은 경우만 지원한다.

결과물 ───────

결과물은 요약표와 분산 분석표를 얻을 수 있다.

◎ 요약표

	F	G	H	I	J
1					
2	분산 분석: 반복 있는 이원 배치법				
3					
4	요약표	B1	B2	B3	계
5	A1				
6	관측수	3	3	3	9
7	합	200	217	190	607
8	평균	66.666667	72.33333	63.33333	67.44444
9	분산	9.3333333	72.33333	134.3333	69.52778
10					
11	A2				
12	관측수	3	3	3	9
13	합	186	152	172	510
14	평균	62	50.66667	57.33333	56.66667
15	분산	13	50.33333	100.3333	65.25
16					

◎ 분산 분석표

	F	G	H	I	J	K	L
36	분산 분석						
37	변동의 요인	제곱합	자유도	제곱 평균	F 비	P-값	F 기각치
38	인자 A(행)	1156.5556	3	385.5185	6.1628	0.0029	3.0088
39	인자 B(열)	349.3889	2	174.6944	2.7926	0.0812	3.4028
40	교호작용	771.2778	6	128.5463	2.0549	0.0971	2.5082
41	잔차	1501.3333	24	62.5556			
42							
43	계	3778.5556	35				
44							

연습문제

1. 다음 표는 일원배치법의 분산분석표에서 자유도의 값을 표시한 것이다. 반복수가 일정하다고 하면 수준 및 반복수는 얼마인가?

요인	자유도
처리	
잔차	42
	47

2. 다음은 반복수가 같은 일원배치법의 분산분석표이다. 분산분석표의 빈칸을 채워보아라.

요인	제곱합	자유도	제곱평균	F 비
처리	190	②	③	⑤
잔차	①	12	④	
계	668	14		

3. 어느 반응공정에서 촉매의 첨가량에 따라 수율(%)이 영향을 받는지를 알아보기 위하여 다음과 같은 일원배치법에 의한 자료를 얻었다. 첨가량에 따라 수율이 다른지 유의수준 $\alpha = 0.05$에서 분석하여라.

첨가량	A_1(1.0%)	A_2(1.5%)	A_3(2.0%)	A_4(2.5%)
수율	84.3	87.3	89.5	92.0
	83.9	86.8	89.8	93.1
	84.2	87.2	90.1	92.8

4. 3개의 처리가 있는 일원배치법에서 반복을 일정하게 하여 오른쪽의 관측값을 얻었다. 분산분석표를 작성하고, 처리효과에 차이가 있는지 가설을 세우고 유의수준 $\alpha = 0.05$에서 검정하여라.

A_1	A_2	A_3
48	47	49
49	49	51
50	48	50
49	48	50

5. 많은 판매원을 고용하고 있는 어느 회사에서 급여방법에 따라 판매실적에 차이가 있는지를 알아보기 위하여 서로 다른 급여방법을 적용하고 있는 세 집단의 판매원들 중에서 랜덤하게 판매원을 뽑은 후 지난 달의 판매실적을 조사하여 다음 자료를 얻었다. 급여방법에 따라 판매실적에 차이가 있는지 유의수준 $\alpha=0.05$에서 검정하여라.

(단위 : 10만 원)

급여방법	A_1	A_2	A_3
판매실적	42	43	44
	45	45	49
	44	51	47
	43	48	50
	44	47	
		49	

6. 4종류의 공정방법에 따라 생성된 플라스틱 제품의 강도를 측정하여 다음 자료를 얻었다. 공정방법에 따라 제품강도에 차이가 있는지 유의수준 $\alpha=0.05$에서 검정하여라.

공정방법	A_1	A_2	A_3	A_4
제품의 강도	49	46	49	57
	55	37	55	56
	49	50	42	58
	58			
	61			

7. 어떤 반복이 없는 이원배치법의 실험에서 다음의 자료를 얻었다. 분산분석표를 작성하고, 유의수준 $\alpha=0.05$에서 요인 A, B의 영향을 조사하여라.

요인 A / 요인 B	A_1	A_2	A_3	A_4
B_1	10.9	12.4	13.9	10.8
B_2	10.8	12.8	13.1	10.5
B_3	11.0	12.6	14.1	10.4

8. 어떤 반복이 없는 이원배치법의 실험에서 다음의 자료를 얻었다. 요인 A, B에 대한 가설을 세우고 요인 A, B가 특성값에 유의한 영향을 미치는지 유의수준 $\alpha = 0.05$에서 검정하여 보아라.

요인 B \ 요인 A	A_1	A_2	A_3	A_4
B_1	78	62	71	77
B_2	57	49	62	60
B_3	69	78	72	83
B_4	71	66	59	67

9. 요인 A, B의 수준에서 반복이 2회 있는 이원배치실험을 하였다. 요인 A의 자유도가 4이고 교호작용의 자유도가 12이면 잔차의 자유도는 얼마인가?

10. 어떤 합금의 공정온도의 3수준과 주조시간의 3수준에서 2회씩 관측하여 다음과 같은 반복이 있는 이원배치법의 자료를 얻었다. 분산분석표를 작성하고 각 요인과 교호작용의 효과에 대하여 유의수준 $\alpha = 0.05$에서 조사하여라.

주조시간 \ 온도	A_1	A_2	A_3
B_1	61.0 60.2	64.1 63.2	65.2 66.1
B_2	63.3 62.7	66.2 65.4	66.6 67.2
B_3	61.3 61.9	63.2 64.2	66.0 66.4

11. 2회 반복이 있는 이원배치법에 의해 다음의 자료를 얻었다. 분산분석표를 작성하고 각 요인과 교호작용의 효과에 대하여 유의수준 $\alpha = 0.05$에서 조사하여라.

요인 A \ 요인 B	B_1	B_2	B_3
A_1	10, 13	14, 16	18, 23
A_2	13, 16	19, 27	14, 18
A_3	9, 14	11, 17	14, 17

12. 본 장의 연습문제 6을 R을 이용하여 분석하라.

13. 본 장의 연습문제 10을 R을 이용하여 분석하라.

Chapter 10

상관과 회귀분석

10.1 서론

10.2 상관분석

10.3 단순회귀분석

10.4 중회귀분석

평균으로 회귀하는 아버지와 아들의 키

골턴(Sir Francis Galton)은 지문을 발견한 사람으로 유명하다. 그의 또 다른 업적 중의 하나는 천재성의 유전에 관한 문제이다. 그러나 이에 대한 좋은 척도가 당시에는 없어서 신장 같이 쉽게 측정할 수 있는 유전에 대해 먼저 연구하게 되었다. 그는 런던의 생물통계학 연구소에서 가족들의 키, 몸무게 등의 자료를 수집한 결과 아버지의 키가 평균보다 많이 크면 아버지의 키보다 아들의 키는 작은 경향이 있고, 아버지의 키가 평균보다 많이 작은 경우 아버지보다 아들의 키는 큰 경향이 있음을 알아냈다. 그는 이 현상을 평균으로의 회귀(regression to the mean)라고 칭하였다. 본 장에서 배우는 회귀분석이라는 용어도 이에 기인한다.

10.1 서론

자연이나 사회현상의 규명에 있어서 관련된 변수들간의 상호관련성에 관심을 갖게 되는 경우가 흔히 있다. 예를 들어 가계소득과 저축, 흡연량과 폐암발생률, 제품을 제조할 때의 공정온도와 제품강도 사이의 관계가 관심의 대상이 되는 경우이다. 이런 경우, 자료를 통하여 변수들간의 관련성 여부와 그 관계를 찾아낼 수 있다면 한 변수의 변화로부터 다른 변수의 변화를 예측하는 데 도움을 줄 수 있을 것이다.

상관분석(correlation analysis)은 두 변수 사이에 선형관계가 있고 없음을 분석하는 것이다. 상관분석에서는 두 변수 사이의 관계가 있고 없음에 대한 추론이 그 주요목적이며, 변수들 사이에 구체적으로 어떠한 함수관계가 있는가를 파악하고자 하는 것은 아니다. 그러나 한 변수의 값으로부터 다른 변수의 값을 예측하고자 하는 경우가 흔히 있다. 예를 들어 가계소득으로부터 저축을 예측한다든지, 공정온도로부터 제품강도를 예측하고자 하는 경우이다. 이러한 경우, 어떤 수학적 모형을 가정하고 자료로부터 이 모형을 추정하여 예측 또는 통계적 추론을 하는 통계적 분석방법이 **회귀분석**(regression analysis)이다.

공정온도로부터 제품강도를 예측하고자 하는 경우, 제품강도는 다른 변수의 영향을 받는 변수로서 **종속변수**(dependent variable) 또는 **반응변수**(response variable)라고 하고, 이와는 달리 공정온도는 제품강도에 영향을 주는 변수로서 **독립변수**(independent variable) 또는 **설명변수**(explanatory variable)라고 한다. 상관분석에서는 종속변수, 독립변수 모두가 확률변수인데 반하여 회귀분석에서는 독립변수는 확률변수가 아니라 주어진 값이며, 확률변수인 종속변수를 독립변수의 함수로서 설명하려는 것이 목적이다. 이와 같이 두 변수 사이의 관계를 알아볼 때에 가장 먼저 할 일은 서로 대응하는 자료를 좌표평면 위에 점들로 나타내는 **산점도**(scatter diagram)를 그려보는 것이며, 다음과 같은 점에 착안하여 살펴보아야 한다.

① 점들의 산재된 모양으로부터 두 변수 사이에 관계가 있는지 살펴본다.

② 직선관계인지 곡선관계인지를 살펴본다. 상관분석은 선형관계의 있고 없음에

대하여 조사하는 것이기 때문에 곡선관계인 경우에는 의미가 별로 없게 된다.

③ 이상한 자료가 있는지 살펴본다. **이상점**(outlier)은 자료를 수집할 때에 다른 모집단의 표본이 혼입되었거나 측정이나 계산의 잘못, 자료기입의 착오 등이 원인이라 생각된다. 이상점이 발견되면 원인을 규명하여 수정해 주도록 한다.

④ 점들이 몇 개의 집단으로 층별되어지는지 살펴본다. 이 경우 몇 개의 모집단으로부터 자료가 섞여 있는 경우이므로 해석에 유의하여야 한다.

〈그림 10-1〉은 여러 가지 형태의 산점도에 대한 모습을 보여주고 있다.

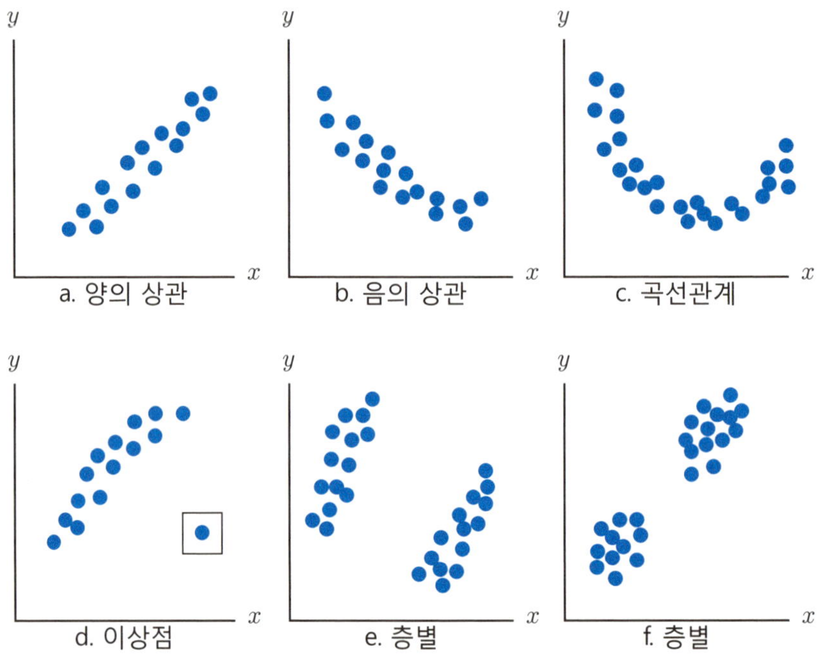

그림 10-1 산점도

10.2 상관분석

두 확률변수 사이의 선형관계를 자료를 이용하여 연구하는 분석방법을 상관분석이라 하며, 두 확률변수 X와 Y간의 선형관계의 강도를 나타내는 측도인 **상관계수**는 다음과 같이 정의된다.

모상관계수 : Population Correlation Coefficient

$$\rho = \frac{Cov(X, Y)}{\sqrt{Var(X)Var(Y)}}$$

상관계수가 ρ인 이변량분포로부터 n개의 자료를 추출하여 얻은 관측값을 (x_1, y_1), (x_2, y_2), $\cdots$, (x_n, y_n)이라 할 때, ρ의 점추정값으로는 $Cov(X, Y)$와 $Var(X)$, $Var(Y)$를 각각 추정하여 얻어지는 다음과 같은 표본상관계수를 이용한다.

$$r = \frac{\sum_{i=1}^{n}(x_i - \bar{x})(y_i - \bar{y})}{\sqrt{\sum_{i=1}^{n}(x_i - \bar{x})^2}\sqrt{\sum_{i=1}^{n}(y_i - \bar{y})^2}}$$

표본상관계수 r의 범위는 $-1 \leqq r \leqq 1$이며, r이 1에 가까울수록 양의 상관관계가 강함을 시사하고 r이 -1에 가까울수록 음의 상관관계가 강함을 시사한다. 따라서 표본상관계수 r이 1에 가까우면 X와 Y 사이에는 양의 방향으로 직선관계가 강하게 존재한다는 것을 의미하며, -1에 가까우면 음의 방향으로 직선관계의 정도가 심하다는 것을 나타내게 된다. 그러나 주의하여야 할 점은 상관계수가 두 확률변수 간의 선형관계(직선관계)에 대한 측도이지 곡선관계 또는 기타 다른 관계를 나타내는 측도는 아니라는 점이다. 결국 $r=0$이라는 것은 선형관계가 없다는 것을 시사하는 것이지 아무런 관계도 없다는 뜻은 아니다.

한편 두 변수 사이에 선형관계가 있다고 해서 반드시 인과관계가 있다는 뜻은 아니다. 예를 들어 교사들의 봉급과 맥주소비량 사이에 1에 가까운 상관계수 값이 나왔을 때, 교사의 봉급이 오르면 맥주를 많이 소비한다는 뜻은 아닐 것이다. 어쩌면 전반적인 생활수준의 향상으로 봉급도 오르고 맥주소비량도 증가했을지도 모른다.

표본상관계수 r값의 크고 작음은 모상관계수의 값에도 영향을 받지만 표본추출에 따른 확률에도 영향을 받게 된다. 따라서 모상관계수 ρ에 대한 검정에서는 표본상관계수 r값과 적절한 한계값을 비교하여 판정하게 된다. X와 Y사이의 모상관계수가 0인지를 검정하는 다음의 귀무가설과 대립가설을 검정하는 문제를 생각해 보자.

$$\begin{cases} H_0 : \rho = 0 \\ H_1 : \rho \neq 0 \end{cases}$$

만약 두 확률변수 X, Y가 이변량 정규분포(bivariate normal distribution)를 따르고 귀무가설 $\rho = 0$이 사실이면 표본상관계수 r을 다음과 같이 변환하여 얻은 t_0는

$$t_0 = \sqrt{n-2} \cdot \frac{r}{\sqrt{1-r^2}}$$

자유도 $(n-2)$인 t분포를 한다는 것이 알려져 있다. 따라서 유의수준 α에서 만약

$$|t_0| > t_{\frac{\alpha}{2}, n-2}$$

이면 귀무가설을 기각함으로써 검정할 수 있다.

예제 10.1

다음 자료는 임의로 추출한 11가족에서 성인 남매의 키를 측정한 자료이다. 과연 남매간의 신장이 서로 관련이 있는지를 알아보기 위하여 표본상관계수를 구하여 보고, 이 자료가 이변량 정규모집단으로부터 추출된 자료라고 할 때에 남매간의 신장의 모상관계수가 0인지를 유의수준 $\alpha = 0.05$에서 검정하여라.

표 10-1 남매간의 키에 관한 자료

남자의 키 x	71	68	66	67	70	71	70	73	72	65	66
여자의 키 y	69	64	65	63	65	62	65	64	66	59	62

(1) 남자의 키와 여자의 키 사이에 관계가 있는지를 대략 알아보기 위하여 〈**표 10-1**〉의 자료를 산점도로 나타내면 다음과 같다.

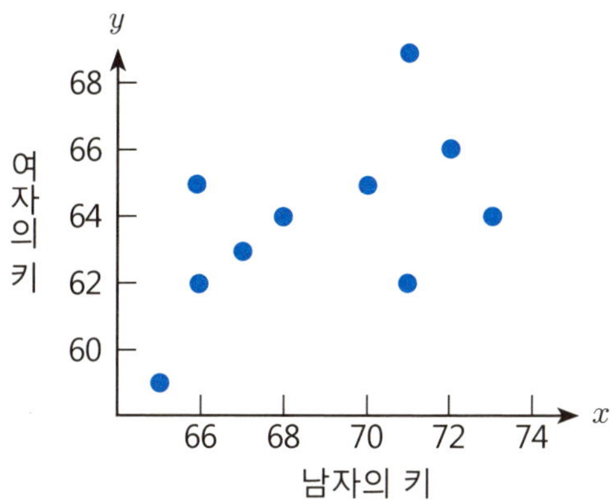

(2) 표본상관계수의 계산

$$n = 11,\ \bar{x} = 69,\ \bar{y} = 64,\ \sum_{i=1}^{n} x_i = 759,\ \sum_{i=1}^{n} y_i = 704$$

$$\sum_{i=1}^{n}(x_i - \bar{x})^2 = \sum_{i=1}^{n} x_i^2 - \frac{\left(\sum_{i=1}^{n} x_i\right)^2}{n} = 52445 - \frac{(759)^2}{11} = 74$$

$$\sum_{i=1}^{n}(y_i - \bar{y})^2 = \sum_{i=1}^{n} y_i^2 - \frac{\left(\sum_{i=1}^{n} y_i\right)^2}{n} = 45122 - \frac{(704)^2}{11} = 66$$

$$\sum_{i=1}^{n}(x_i - \bar{x})(y_i - \bar{y}) = \sum_{i=1}^{n} x_i y_i - \frac{\left(\sum_{i=1}^{n} x_i\right)\left(\sum_{i=1}^{n} y_i\right)}{n} = 48615 - \frac{(759)(704)}{11} = 39$$

따라서 표본상관계수는

$$r = \frac{39}{\sqrt{74 \times 66}} = 0.558$$

이 된다. 표본상관계수 $r=0.558$이라는 것은 11쌍의 남매의 신장으로부터 추정해 본 결과 남매간의 신장 사이에는 선형관계의 정도가 약 0.558 정도라는 것을 의미하며, 상관계수의 부호가 양이라는 것은 남자의 키가 크면 여자의 키도 클 것이라는 것을 시사하고 있다.

(3) 모상관계수의 검정

표본상관계수를 바탕으로 모상관계수가 0인지 아닌지를 검정하기 위하여 다음의 가설을 설정한다.

$$H_0: \rho = 0, \quad H_1: \rho \neq 0$$

검정통계량 t_0을 계산하면

$$t_0=\sqrt{n-2}\cdot\frac{r}{\sqrt{1-r^2}}=3\cdot\frac{0.558}{\sqrt{1-0.311}}=2.017$$

이 된다. 그리고 위의 가설은 양측검정이므로 유의수준 $\alpha=0.05$를 사용하는 경우, 자유도 $n-2=9$의 t분포로부터 $t_{0.025,\,9}$를 찾으면 2.262가 된다. 따라서 $t_0=2.017<2.262$이므로 귀무가설을 기각하지 못한다. 즉, 남매간의 키 사이에는 선형관계가 있다고 결론내릴 수 없다. 즉, 표본상관계수 $r=0.558$이라고 하여 남매간의 키 사이에 선형관계가 있다고 결론을 내릴 수는 없다.

10.3 단순회귀분석

10.3.1 단순회귀식의 추정

종속변수에 영향을 주는 독립변수의 수가 1개이고 두 변수 사이의 관계가 직선인 **단순회귀**에 대해 살펴보기로 하자. 예를 들어 A대학 신입생의 수학 입학성적(x)

과 1학년 때의 통계학 성적(y)에 관하여 **〈표 10-2〉**의 자료를 얻었다.

표 10-2 수학 성적과 통계학 성적에 관한 자료

수학성적(x)	65	50	55	65	55	70	65	70	55	70	50	55
통계학 성적(y)	85	74	76	90	85	87	94	98	81	91	76	74

이때 우리는 '두 변수 x, y 사이에는 어떠한 관계가 있는가?'하는 질문을 하게 된다. 대략의 관계를 알아보기 위하여 산점도를 그려보면 **〈그림 10-2〉**와 같이 주어진다.

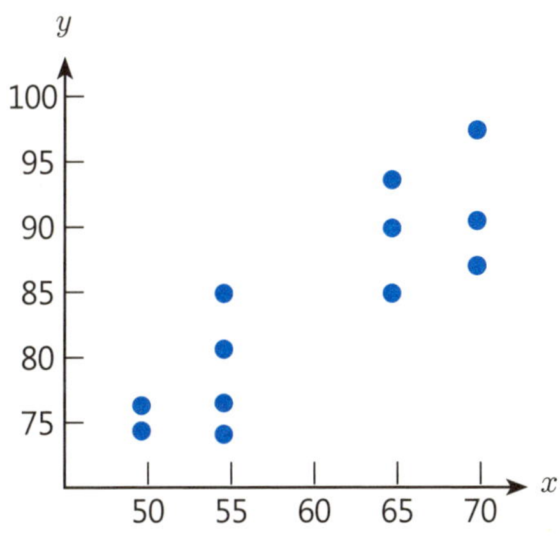

그림 10-2 수학과 통계학 성적의 산점도

산점도를 살펴보면 통계학 성적(y)이라는 종속변수 값은 독립변수인 수학성적(x)과 직선관계가 있는 것처럼 보인다. 그러나 x값에 대하여 y의 값이 직선관계에 의해서만 결정되어지지는 않으므로 종속변수 값은 독립변수와의 관계에서 결정되는 부분과 미지의 오차와의 합으로 되어 있다고 생각할 수 있다. 그러므로 단순회귀에서는 두 변수 (x, y)에 대한 n개의 관측값, (x_i, y_i), $i=1, 2, \cdots, n$에 대하여 다음과 같은 모형을 가정한다.

단순회귀모형 : Simple Regression Model

$y_i = \beta_0 + \beta_1 x_i + \varepsilon_i, \quad i = 1, 2, \cdots, n$

여기서 ε_i는 오차항으로 독립적으로 $N(0, \sigma^2)$를 따르며 $\beta_0, \beta_1, \sigma^2$는 추정해야 할 모수이다.

자료를 통하여 추정해야 될 모회귀계수인 β_0와 β_1의 추정값은 최소제곱법(method of least squares)에 의하여 구한다. 이 방법은 오차의 제곱합

$$D = \sum_{i=1}^{n} (y_i - \beta_0 - \beta_1 x_i)^2$$

을 최소로 하는 β_0와 β_1을 구하는 방법이다. 이를 구하기 위하여 D를 β_0, β_1에 대하여 각각 편미분하면 다음의 결과를 얻는다.

$$\frac{\partial D}{\partial \beta_0} = -2\sum_{i=1}^{n} (y_i - \beta_0 - \beta_1 x_i)$$
$$\frac{\partial D}{\partial \beta_1} = -2\sum_{i=1}^{n} (y_i - \beta_0 - \beta_1 x_i) x_i$$

위의 편미분 값을 0으로 하는 β_0, β_1의 추정량을 $\hat{\beta}_0$, $\hat{\beta}_1$으로 놓고 위 식을 정리하면

$$n\hat{\beta}_0 + \hat{\beta}_1 \sum x_i = \sum y_i$$
$$\hat{\beta}_0 \sum x_i + \hat{\beta}_1 \sum x_i^2 = \sum x_i y_i$$

을 얻는다. 이런 연립방정식을 **정규방정식**(normal equation)이라 하며, 이 식을 풀면 다음과 같은 β_0와 β_1에 대한 최소제곱추정값을 구할 수 있다.

$$\hat{\beta}_1 = \frac{\sum_{i=1}^{n} (x_i - \overline{x})(y_i - \overline{y})}{\sum_{i=1}^{n} (x_i - \overline{x})^2}$$
$$\hat{\beta}_0 = \overline{y} - \hat{\beta}_1 \overline{x}$$

이때, 모집단의 회귀직선(population regression line)을 $\mu_{y|x}=\beta_0+\beta_1 x$로 표시하면

$$\hat{y}=\hat{\beta}_0+\hat{\beta}_1 x$$

은 모집단의 회귀직선에 대한 추정식이며, 이를 **추정된 회귀직선**(estimated regression line) 또는 **최소제곱 회귀직선**이라고 한다.

예제 10.2

〈표 10-2〉에 있는 자료에 대하여 β_0와 β_1의 최소제곱추정값을 구하고, 산점도에 추정된 회귀직선을 그려 보아라.

---

(1) 주어진 자료로부터 다음을 계산한다.

$$n=12,\ \bar{x}=60.417,\ \bar{y}=84.250$$

$$\sum_{i=1}^{n}(x_i-\bar{x})^2=\sum_{i=1}^{n}x_i^{\,2}-\frac{\left(\sum_{i=1}^{n}x_i\right)^2}{n}=44475-\frac{(725)^2}{11}=672.917$$

$$\sum_{i=1}^{n}(x_i-\bar{x})(y_i-\bar{y})=\sum_{i=1}^{n}x_i\,y_i-\frac{\left(\sum_{i=1}^{n}x_i\right)\left(\sum_{i=1}^{n}y_i\right)}{n}$$

$$=61685-\frac{(725)(1011)}{12}=603.75$$

(2) 최소제곱추정값의 계산

$$\hat{\beta}_1=\frac{\sum_{i=1}^{n}(x_i-\bar{x})(y_i-\bar{y})}{\sum_{i=1}^{n}(x_i-\bar{x})^2}=\frac{603.75}{672.917}=0.897$$

$$\hat{\beta}_0=\bar{y}-\hat{\beta}_1\bar{x}=84.250-(0.897)(60.417)=30.056$$

(3) 산점도와 추정된 회귀직선

$$\hat{y}=\hat{\beta}_0+\hat{\beta}_1 x=30.056+0.897x$$

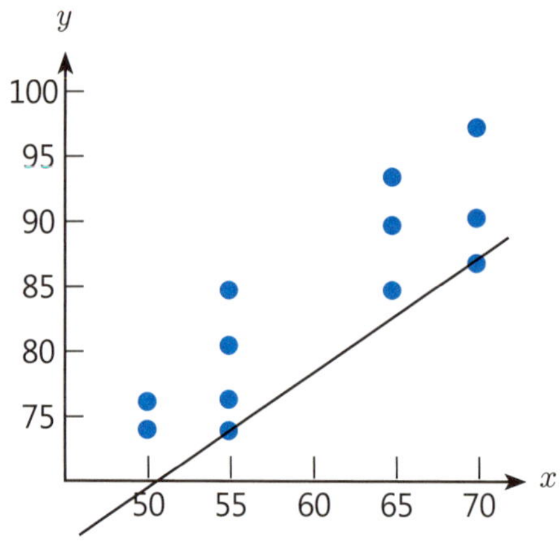

그림 10-3 〈표 10-2〉의 자료에 대해 추정된 회귀직선

10.3.2 단순회귀의 분산분석

회귀직선은 최소제곱법에 의해 기계적으로 추정할 수 있지만 이 추정된 회귀직선이 x와 y간의 함수관계를 어느 정도 잘 기술하고 있는가는 알 수가 없다. 추정된 회귀직선은 의미가 있는 경우에 한하여 쓰이는 것이므로, 그 판단을 위하여 사용되는 것이 분산분석표의 작성과 그에 따른 F검정이다. 분산분석은 자료의 총변동을 회귀직선에 의해 설명되는 변동과 회귀직선에 의해 설명되지 않는 변동으로 분해하여 추정된 회귀직선이 유의(significant)한가, 즉 회귀분석이 의미가 있는지를 검정해 보는 방법이며, 분산분석표는 다음과 같은 순서에 의해 작성할 수 있다.

순서 1 제곱합의 분해

관측값 y_i와 y_i들의 평균 $\bar{y}$와의 차이를 총편차라 하며 이는 **〈그림 10-4〉**와 같이 회귀직선에 의해 설명되지 않는 편차와 설명되는 편차의 합으로 분해할 수 있다.

$$y_i - \bar{y} = (y_i - \hat{y}_i) + (\hat{y}_i - \bar{y})$$

여기서 $\hat{y}_i = \hat{\beta}_0 + \hat{\beta}_1 x$이다.

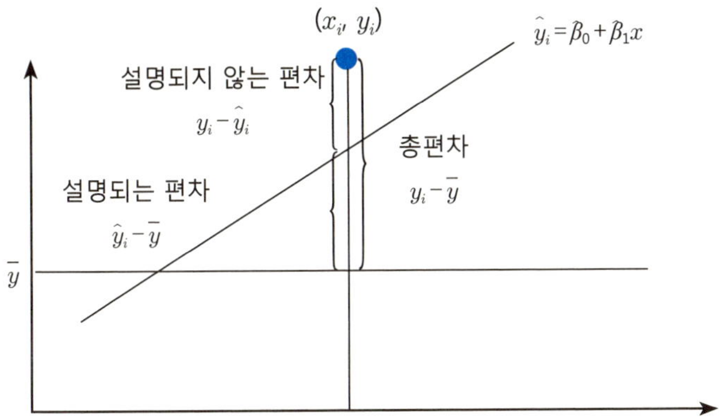

그림 10-4 총편차의 분해

정규방정식의 결과를 이용하면 $\sum (y_i - \hat{y}_i)(\hat{y}_i - \bar{y}) = 0$ 이므로 위 식의 양변을 제곱하여 합하면

$$\sum_{i=1}^{n}(y_i - \bar{y})^2 = \sum_{i=1}^{n}(y_i - \hat{y}_i)^2 + \sum_{i=1}^{n}(\hat{y}_i - \bar{y})^2$$

이 된다. 이때 총제곱합(SST)은 회귀직선에 의해 설명되지 않는 잔차제곱합(SSE)과 회귀직선에 의해 설명되는 회귀제곱합(SSR)으로 분해되었다고 하고, 다음과 같은 식으로 표현될 수 있다.

$$SST = \sum_{i=1}^{n}(y_i - \bar{y})^2 = \sum_{i=1}^{n} y_i^2 - n(\bar{y})^2$$

$$SSR = \sum_{i=1}^{n}(\hat{y}_i - \bar{y})^2 = \sum_{i=1}^{n}(\hat{\beta}_0 + \hat{\beta}_1 x_i - \bar{y})^2$$

$$= \hat{\beta}_1^{\,2} \sum_{i=1}^{n}(x_i - \bar{x})^2 = \frac{\left\{\sum_{i=1}^{n}(x_i - \bar{x})(y_i - \bar{y})\right\}^2}{\sum_{i=1}^{n}(x_i - \bar{x})^2}$$

$$SSE = SST - SSR$$

순서 2 자유도의 계산

총제곱합의 자유도는 다음과 같이 회귀제곱합의 자유도와 잔차제곱합의 자유도의 합으로 분해된다.

총제곱합의 자유도 $= n-1$

회귀제곱합의 자유도 $= 1$

잔차제곱합의 자유도 $= n-2$

순서 3 분산분석표의 작성

회귀와 잔차에 대한 제곱평균은 SSR과 SSE를 각각의 자유도로 나누어 구한다.

회귀제곱평균 : $MSR = \frac{SSR}{1}$

잔차제곱평균 : $MSE = \frac{SSE}{(n-2)}$

여기서 회귀직선이 의미가 있는지를 검정하는 방법을 생각해 보자. x와 y 사이에서 직선관계가 존재하면 직선의 기울기인 β_1이 0이 아닐 것이고, 직선관계가 없으면 β_1은 0이 될 것이다. 따라서 다음의 가설을 검정하는 것이 직선회귀관계가 있는지를 검정하는 것이 된다.

$H_0 : \beta_1 = 0$

$H_1 : \beta_1 \neq 0$

귀무가설 $H_0 : \beta_1 = 0$하에서는 $F_0 = \frac{MSR}{MSE}$가 자유도 $(1, n-2)$인 분포를 따르는 것이 알려져 있다. 따라서 기각역은 $F_0 > F_{\alpha, 1, n-2}$로 주어진다. 이상의 결과를 요약하면 다음과 같은 분산분석표를 작성할 수 있다.

표 10-3 단순회귀의 분산분석표

요인	제곱합	자유도	제곱평균	F비
회귀	SSR	1	MSR	$\frac{MSR}{MSE}$
잔차	SSE	$n-2$	MSE	
계	SST	$n-1$		

위의 분산분석표에서 F비 값이 $F_{\alpha, 1, n-2}$값보다 큰 값이 나오게 되면 귀무가설 H_0 : $\beta_1 = 0$이 기각되므로 추정된 회귀직선이 유의하다고 할 수 있다. 추정된 회귀직선을 사용하는 것이 의미가 있는가를 판단하는 데에는 위에서 언급한 F비 값뿐만 아니라 다음과 같은 것들도 이용될 수 있다.

(1) 잔차제곱평균(MSE)값

y의 값들이 회귀선 주위에 모두 가깝다면 y의 분산인 σ^2의 추정값은 작을 것이고, 이와 반대로 회귀선으로부터 멀리 떨어져 있는 y의 값들이 많으면 σ^2의 추정값들이 커질 것이다. MSE는 σ^2의 불편추정량임이 알려져 있으므로 MSE값이 작으면 추정된 회귀직선이 자료를 잘 설명하고 있다고 볼 수 있다.

(2) 결정계수(coefficient of determination)

회귀선에 의해 종속변수가 설명되어지는 정도를 나타낸 것으로 다음과 같이 정의한다.

$$R^2 = \frac{SSR}{SST} = 1 - \frac{SSE}{SST}$$

결정계수 R^2의 범위는 $0 \leqq R^2 \leqq 1$이고 R^2의 값이 0에 가까우면 추정된 회귀직선이 자료를 잘 설명하지 못한다는 것을 의미하고, 1에 가까울수록 회귀직선이 자료를 잘 설명하는 것이 된다. R^2은 총제곱합에서 회귀직선에 의하여 설명되는 제곱합이 기여하는 비율이므로 기여율이라고도 한다.

예제 10.3

〈표 10-2〉에 있는 자료에 대하여 분산분석표를 작성하여 추정된 회귀직선이 의미가 있는지를 검토하고, 결정계수도 구하여 보아라.

---

(1) 자료로부터 다음 값을 계산한다.

$$\sum_{i=1}^{n}(x_i-\overline{x})^2=672.917$$

$$\sum_{i=1}^{n}(y_i-\overline{y})^2=728.25$$

$$\sum_{i=1}^{n}(x_i-\overline{x})(y_i-\overline{y})=603.75$$

(2) 분산분석표의 작성

$$SST=\sum_{i=1}^{n}(y_i-\overline{y})^2=728.25$$

$$SSR=\frac{\left\{\sum_{i=1}^{n}(x_i-\overline{x})(y_i-\overline{y})\right\}^2}{\sum_{i=1}^{n}(x_i-\overline{x})^2}=\frac{(603.75)^2}{672.917}=541.69$$

$$SSE=SST-SSR=186.56$$

회귀의 자유도 = 1

잔차의 자유도 = $n-2$

전체의 자유도 = $n-1$

요인	제곱합	자유도	제곱평균	F비
회귀 잔차	541.69 186.56	1 10	541.69 18.656	$\frac{541.69}{18.656}=29.036$
계	728.25	11		

(3) 가설의 검정

$H_0: \beta_1=0$

$H_1: \beta_1\neq 0$

$F_0=29.036>F_{0.05,\,1,\,10}=4.96$

따라서 귀무가설을 기각한다. 그러므로 추정된 회귀직선은 유의하다고 할 수 있다.

(4) 결정계수의 계산

$$R^2 = \frac{SSR}{SST} = \frac{541.69}{728.25} = 0.74$$

회귀직선에 의해 총제곱합 중의 약 74%가 설명되어진다고 할 수 있다. 그리고 결정계수가 0.74라는 의미는 종속변수(통계학 성적)의 변동 중 약 74% 정도는 독립변수(수학 점수)에 의하여 설명이 가능하다는 것을 의미한다.

10.3.3 단순회귀의 통계적 추론

모회귀계수 β_0, β_1과 모회귀직선 $\mu_{y|x} = \beta_0 + \beta_1 x$에 대한 통계적 추론을 하기 위해서는 통계량인 $\hat{\beta}_0$, $\hat{\beta}_1$, $\hat{y}$의 분포를 알아야 한다. 이들 통계량의 분포를 알아야 모수에 대한 신뢰구간과 가설검정을 할 수 있다. 최소제곱추정량 $\hat{\beta}_0$, $\hat{\beta}_1$은 β_0, β_1에 대한 불편추정량이고 MSE는 σ^2에 대한 불편추정량임이 알려져 있다. 이들 추정량에 대한 분산의 추정량과 추론을 하기 위하여 필요한 분포에 관하여는 **〈표 10-4〉**와 같이 정리될 수 있으며, 이에 대한 유도는 생략하기로 한다.

표 10-4 추정량의 분산의 추정과 분포

모수	추정량	분산의 추정량	분포
β_0	$\hat{\beta}_0$	$\hat{Var}(\hat{\beta}_0) = \left\{\frac{1}{n} + \frac{\bar{x}^2}{\sum(x_i - \bar{x})^2}\right\} MSE$	$\frac{\hat{\beta}_0 - \beta_0}{\sqrt{\hat{Var}(\hat{\beta}_0)}} \sim t(n-2)$
β_1	$\hat{\beta}_1$	$\hat{Var}(\hat{\beta}_1) = \frac{MSE}{\sum(x_i - \bar{x})^2}$	$\frac{\hat{\beta}_1 - \beta_1}{\sqrt{\hat{Var}(\hat{\beta}_1)}} \sim t(n-2)$
$\mu_{y\|x} = \beta_0 + \beta_1 x$	$\hat{y} = \hat{\beta}_0 + \hat{\beta}_1 x$	$\hat{Var}(\hat{y}) = \left\{\frac{1}{n} + \frac{(x - \bar{x})^2}{\sum(x_i - \bar{x})^2}\right\} MSE$	$\frac{\hat{y} - \mu_{y\|x}}{\sqrt{\hat{Var}(\hat{y})}} \sim t(n-2)$

〈표 10-4〉에 있는 결과를 이용하면 각각의 모수들에 대하여 신뢰구간을 구할 수 있다. 예를 들어 β_1에 대한 $100(1-\alpha)\%$ 신뢰구간은 다음과 같이 구할 수 있다.

$$P\left\{-t_{\frac{\alpha}{2},n-2} \leq \frac{\hat{\beta}_1-\beta_1}{\sqrt{\hat{Var}(\hat{\beta}_1)}} \leq t_{\frac{\alpha}{2},n-2}\right\} = 1-\alpha$$

가 성립되므로 이를 β_1에 대하여 정리하면 β_1의 $100(1-\alpha)\%$ 신뢰구간은 다음과 같이 구해질 수 있다.

$$\hat{\beta}_1 \pm t_{\frac{\alpha}{2},n-2}\sqrt{\frac{MSE}{\sum(x_i-\overline{x})^2}}$$

같은 방법으로 구하여 보면 β_0에 대한 $100(1-\alpha)\%$ 신뢰구간은

$$\hat{\beta}_0 \pm t_{\frac{\alpha}{2},n-2}\sqrt{\left\{\frac{1}{n}+\frac{\overline{x}^2}{\sum(x_i-\overline{x})^2}\right\}MSE}$$

이고, $\mu_{y|x}=\beta_0+\beta_1 x$에 대한 $100(1-\alpha)\%$ 신뢰구간은 다음과 같다.

$$(\hat{\beta}_0+\hat{\beta}_1 x) \pm t_{\frac{\alpha}{2},n-2}\sqrt{\left\{\frac{1}{n}+\frac{(x-\overline{x})^2}{\sum(x_i-\overline{x})^2}\right\}MSE}$$

이들 모수에 대한 가설검정도 **〈표 10-4〉**의 결과를 이용하여 행할 수 있다. 예를 들어 C_1은 어떤 주어진 상수이고 $H_0: \beta_1=C_1$, $H_1: \beta_1 \neq C_1$을 검정하고 싶다고 하자. 이때 검정통계량은

$$T=\frac{\hat{\beta}_1-C_1}{\sqrt{\hat{Var}(\hat{\beta}_1)}}=\frac{\hat{\beta}_1-C_1}{\sqrt{\frac{MSE}{\sum(x_i-\overline{x})^2}}}$$

이고 귀무가설 $H_0: \beta_1=C_1$이 사실일 때, T의 분포는 자유도 $n-2$인 t분포를 한다. 따라서 가설에 대한 검정은 만약

$$|T| \geq t_{\frac{\alpha}{2},n-2}$$

이면 H_0를 기각하고, 아니면 H_0를 기각하지 못하는 것이다. 이와 같은 방법을 다른

모수에도 적용하면 다음과 같이 정리된다.

(1) β_1에 대한 검정

$$\text{검정통계량 } T = \frac{\hat{\beta}_1 - C_1}{\sqrt{\dfrac{MSE}{\sum(x_i - \overline{x})^2}}}$$

귀무가설	대립가설	기각역
$H_0: \beta_1 \leqq C_1$	$H_1: \beta_1 > C_1$	$T \geqq t_{\alpha,\, n-2}$
$H_0: \beta_1 \geqq C_1$	$H_1: \beta_1 < C_1$	$T \leqq -t_{\alpha,\, n-2}$
$H_0: \beta_1 = C_1$	$H_1: \beta_1 \neq C_1$	$\lvert T \rvert \geqq t_{\frac{\alpha}{2},\, n-2}$

(2) β_0에 대한 검정

$$\text{검정통계량 } T = \frac{\hat{\beta}_0 - C_0}{\sqrt{\left\{\dfrac{1}{n} + \dfrac{\overline{x}^2}{\sum(x_i - \overline{x})^2}\right\} MSE}}$$

귀무가설	대립가설	기각역
$H_0: \beta_0 \leqq C_0$	$H_1: \beta_0 > C_0$	$T \geqq t_{\alpha,\, n-2}$
$H_0: \beta_0 \geqq C_0$	$H_1: \beta_0 < C_0$	$T \leqq -t_{\alpha,\, n-2}$
$H_0: \beta_0 = C_0$	$H_1: \beta_0 \neq C_0$	$\lvert T \rvert \geqq t_{\frac{\alpha}{2},\, n-2}$

(3) $\mu_{y|x} = \beta_0 + \beta_1 x$에 대한 검정

$$\text{검정통계량 } T = \frac{\hat{\beta}_0 + \hat{\beta}_1 x - \mu_0}{\sqrt{\left\{\dfrac{1}{n} + \dfrac{(x - \overline{x})^2}{\sum(x_i - \overline{x})^2}\right\} MSE}}$$

귀무가설	대립가설	기각역
$H_0: \mu_{y\vert x} \leqq \mu_0$	$H_1: \mu_{y\vert x} > \mu_0$	$T \geqq t_{\alpha,\, n-2}$
$H_0: \mu_{y\vert x} \geqq \mu_0$	$H_1: \mu_{y\vert x} < \mu_0$	$T \leqq -t_{\alpha,\, n-2}$
$H_0: \mu_{y\vert x} = \mu_0$	$H_1: \mu_{y\vert x} \neq \mu_0$	$\lvert T \rvert \geqq t_{\frac{\alpha}{2},\, n-2}$

예제 10.4

〈표 10-2〉에 있는 자료에 대하여 다음의 통계적 추론을 하여라.

(1) β_0에 대한 95% 신뢰구간을 구하고, $H_1: \beta_0 \neq 35$라는 가설을 유의수준 $\alpha = 0.05$에서 검정하여라.

(2) β_1에 대한 95% 신뢰구간을 구하고, $H_1: \beta_1 > 0$이라는 가설을 유의수준 $\alpha = 0.01$에서 검정하여라.

(3) $x = 60$일 때 $\mu_{y|60}$의 95% 신뢰구간을 구하라.

---

(1) ① β_0에 관한 95% 신뢰구간

$$\hat{\beta}_0 \pm t_{\frac{\alpha}{2}, n-2} \sqrt{\left\{\frac{1}{n} + \frac{\overline{x}^2}{\sum(x_i - \overline{x})^2}\right\} MSE}$$

$$= 30.05 \pm 2.228 \sqrt{\left\{\frac{1}{12} + \frac{(60.417)^2}{672.917}\right\} 18.656}$$

따라서 β_0에 대한 95% 신뢰구간은 다음과 같다.

$$30.056 \pm 22.546 = (7.51,\ 52.602)$$

② β_0에 대한 가설검정

$$H_0: \beta_0 = 35, \qquad H_0: \beta_0 \neq 35$$

$$T = \frac{30.056 - 35}{\sqrt{\left\{\frac{1}{12} + \frac{(60.417)^2}{672.917}\right\} 18.656}} = -0.489$$

$$|T| < t_{0.025,\ 10} = 2.228$$

따라서 귀무가설을 기각하지 못한다.

(2) ① β_1에 대한 95% 신뢰구간

$$\hat{\beta}_1 \pm t_{\frac{\alpha}{2}, n-2} \sqrt{\frac{MSE}{\sum(x_i - \overline{x})^2}}$$

$$=0.897 \pm 2.228\sqrt{\frac{18.656}{672.917}}$$

따라서 β_1에 대한 95% 신뢰구간은 다음과 같다.

$$0.897 \pm 0.37 = (0.527,\ 1.267)$$

② β_1에 대한 가설검정

$$H_0 : \beta_1 \leqq 0, \qquad H_1 : \beta_1 > 0$$

$$T = \frac{0.897-0}{\sqrt{\frac{18.656}{672.917}}} = 5.396 > t_{0.01,\ 10} = 2.764$$

따라서 귀무가설을 기각할 수 있다.

(3) $x=60$에서의 모회귀직선에 대한 신뢰구간

$$x = 60, \qquad \hat{y} = 30.056 + 0.897 \times 60 = 83.837$$

$$\hat{y} \pm t_{\frac{\alpha}{2},\ n-2}\sqrt{\left\{\frac{1}{n} + \frac{(x-\overline{x})^2}{\sum(x_i - \overline{x})^2}\right\}MSE}$$

$$= 83.837 \pm 2.228\sqrt{\left\{\frac{1}{12} + \frac{(60-60.417)^2}{672.917}\right\}18.656}$$

따라서 95% 신뢰구간은 다음과 같다.

$$83.837 \pm 2.809 = (81.028,\ 86.646)$$

여기서 $x=60$일 때 $\hat{y}=83.837$이라는 것은 $x=60$일 때에 y의 평균값에 대한 추정값이 83.837이라는 의미이며, $x=60$일 때 y의 평균값에 대한 95% 신뢰구간이 (81.028, 86.646)이라는 것을 의미한다.

10.3.4 모형의 검토

지금까지 독립변수와 종속변수 사이에는 직선관계가 있고 오차는 서로 독립적으로 $N(0, \sigma^2)$을 따른다는 모형에 대한 가정을 하고 그 가정 아래 통계적 분석을 하였다. 만약 주어진 자료가 회귀모형의 가정들을 만족하지 못할 때에는 분석결과를 신뢰하기 어렵다. 그러므로 그 가정들이 옳은가에 대한 검토가 필요하게 된다.

독립변수와 종속변수 사이에는 직선관계가 있다는 가정, 즉 모집단의 회귀직선이 $\mu_{y|x}=\beta_0+\beta_1 x$라는 가정하에서 분석을 해왔는데 흔히 자료의 산점도를 그려보면 직선과 다른 형태를 갖는 경우가 많다. 이 경우 간단한 변수변환(variable transformation)을 통하여 변형시킴으로써 이미 다루어진 직선회귀의 방법을 사용하여 분석할 수 있다. 예를 들면 $\mu_{y|x}=\beta_0+\beta_1\sqrt{x}$라면 변수변환 $x'=\sqrt{x}$를 하여 $\mu_{y|x}=\beta_0+\beta_1 x'$과 같이 직선회귀관계로 변환시킬 수 있다. 이와 같이 변수변환방법을 사용하여 단순회귀분석을 적용할 수 있는 몇 가지 예를 열거하면 다음과 같다.

표 10-5 변수변환방법

x와 y간의 관계(오차항 생략)	변수변환	단순회귀관계
$y=\beta_0+\dfrac{\beta_1}{x}$	$x'=\dfrac{1}{x}$	$y=\beta_0+\beta_1 x'$
$y=\beta_0+\beta_1\log x$	$x'=\log x$	$y=\beta_0+\beta_1 x'$
$y=\beta_0 x^{\beta_1}$	$y'=\log y$, $x'=\log x$	$y'=\beta_0'+\beta_1 x'$, 단, $\beta_0'=\log\beta_0$
$y=(\beta_0+\beta_1 x)^2$	$y'=\sqrt{y}$	$y'=\beta_0+\beta_1 x$

오차에 대한 여러 가지 가정이 옳은지를 검토할 때에 많이 사용되는 것이 잔차(residual : $e_i=y_i-\hat{y}_i$)의 검토이다. 잔차의 합은 0이므로 0을 중심으로 직선을 여러 등급으로 나누고 각 등급에 속하는 잔차의 수를 세어 **〈그림 10-5〉**와 같은 점도표(dot diagram)를 그려보면 잔차들의 전반적인 추세를 살펴볼 수 있다.

〈그림 10-5〉는 점 A를 제외하고는 모양이 대략 정규분포의 형태를 가지므로 오차가 정규분포를 따른다는 가정이 성립되는 것처럼 보인다. 점 A와 같이 자료에서

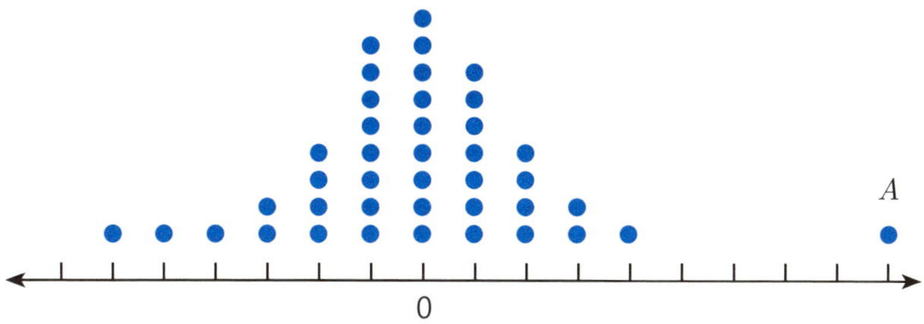

그림 10-5 잔차의 점도표

동떨어져 있는 이상점은 비록 이상점의 개수가 적더라도 분석에 커다란 영향을 미칠 수 있으므로 가능하다면 이상점이 발생된 원인에 관하여 규명해 보아야 한다.

다음으로 잔차를 추정값 $\hat{y}_i$에 대하여 **<그림 10-6>**과 같이 도표를 그려보면 오차의 분산이 일정하다는 등분산성이나 변수간에 직선관계가 있다는 가정의 타당성을 검토해 볼 수 있다.

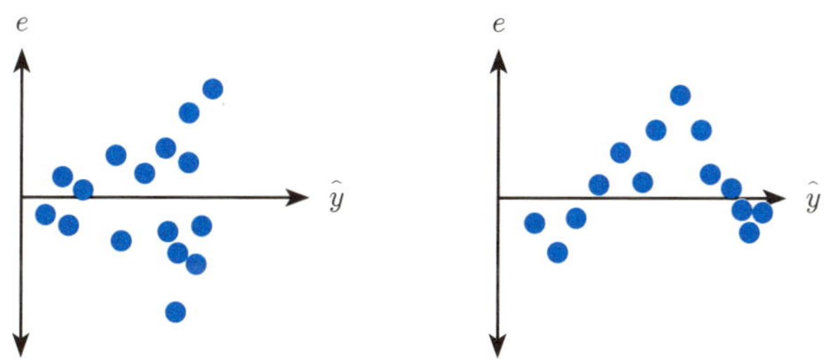

a. 등분산성에 문제가 있는 경우　　b. 직선식이 적합하지 않은 경우

그림 10-6 $\hat{y}$에 따른 잔차의 도표

회귀분석을 할 때에는 위에서 열거한 것 이외에도 다음과 같은 점에 유의하여 사용해야 한다.

① 예측을 위하여 회귀선을 사용할 때, 실험영역에서 멀리 떨어진 점에서의 예측은 신뢰하기 어렵다.

② 예전의 자료에 근거를 둔 회귀직선이 반드시 새 자료에도 맞는다고 보기 어렵

다. 예를 들어 1980년대의 자동차 중고가격과 사용기간과의 관계가 2010년대 에도 그대로 맞는다고는 보기 어렵다.

③ 회귀직선을 표본이 추출된 모집단과 다른 모집단에서 예측하는 데에 사용하면 안 된다. 예를 들어 미국에서의 어떤 변수들간의 관계가 한국에서는 잘 맞지 않을 수 있다.

④ 회귀분석은 변수들간의 관계를 설명하는 것이지 어떤 변수가 다른 변수들에 원인을 제공하는 인과관계를 설명하는 것이 아님에 유의하여야 한다.

10.4 중회귀분석

지금까지 독립변수가 하나인 단순회귀에 대하여 다루었다. 그러나 종속변수를 설명하는 데 있어 하나의 독립변수로는 충분하지 않은 경우가 대부분이며, 설명력 있는 여러 개의 독립변수를 잘 선택하여 이들의 함수로써 회귀모형을 만들어야 할 때가 많다. 예를 들어 주가를 설명하는 변수에는 기업의 순이익 이외에도 내부유보, 부채비율, 매출액 등의 많은 변수가 있다. 이처럼 종속변수의 변화를 설명하기 위하여 2개 이상의 독립변수가 사용될 때, 이 회귀모형을 **중회귀모형**이라 하며 다음과 같이 주어진다.

중회귀모형 : Multiple Regression Model

$$y_i=\beta_0+\beta_1 x_{1i}+\beta_2 x_{2i}+\cdots+\beta_k x_{ki}+\varepsilon_i, \quad i=1, 2, \cdots, n$$

여기서, y_i는 종속변수의 관측값

$x_{1i}, x_{2i}, \cdots, x_{ki}$는 독립변수들의 i번째 관측값

$\beta_0, \beta_1, \beta_2, \cdots, \beta_k$는 회귀계수

ε_i는 독립적으로 $N(0, \sigma^2)$을 따르는 오차항

중회귀모형의 회귀계수들은 단순회귀 때와 유사하게 해석된다. 즉, β_0는 회귀선의 절편에 해당되며, β_k는 다른 독립변수가 일정할 때에 x_k가 한 단위 증가함에 따른 y의 변화량을 나타낸다.

자료로부터 회귀식을 추정하는 방법은 단순회귀와 마찬가지로 최소제곱법을 이용한다. 간단한 경우로 2개의 독립변수가 있는 중회귀모형에서 최소제곱법에 의하여 $\beta_0, \beta_1, \beta_2$를 추정하는 방법에 대하여 생각해 보자.

오차의 제곱합은

$$D=\sum_{i=1}^{n}\varepsilon_i^{\,2}=\sum_{i=1}^{n}(y_i-\beta_0-\beta_1x_{1i}-\beta_2x_{2i})^2$$

로 주어지므로, D를 $\beta_0, \beta_1, \beta_2$에 대하여 각각 편미분하여 0으로 놓고 정규방정식을 만들면 다음과 같다. 이 식을 만족시키는 $\beta_0, \beta_1, \beta_2$의 추정량을 $\hat{\beta}_0, \hat{\beta}_1, \hat{\beta}_2$로 각각 놓은 것이다.

$$n\beta_0+\hat{\beta}_1\sum x_{1i}+\hat{\beta}_2\sum x_{2i}=\sum y_i$$
$$\hat{\beta}_0\sum x_{1i}+\hat{\beta}_1\sum x_{1i}^{\,2}+\hat{\beta}_2\sum x_{1i}x_{2i}=\sum x_{1i}y_i$$
$$\hat{\beta}_0\sum x_{2i}+\hat{\beta}_1\sum x_{1i}x_{2i}+\hat{\beta}_2\sum x_{2i}^{\,2}=\sum x_{2i}y_i$$

위 정규방정식을 풀면 $\hat{\beta}_0, \hat{\beta}_1, \hat{\beta}_2$을 구할 수 있다. 만약 독립변수의 수가 3개 이상으로 늘어나는 경우에는 계산이 매우 복잡하므로 중회귀분석에서는 컴퓨터를 이용하는 것이 보편화되어 있다.

예제 10.5

다음 자료는 **〈표 10-2〉**에 있는 자료에 수업에 빠진 횟수도 같이 고려한 것이다. 2개의 독립변수인 수학 성적(x_1), 수업에 빠진 횟수(x_2)와 종속변수인 통계학 성적간에 중회귀식을 가정하고 최소제곱법에 의해 추정하여라.

수학 성적(x_1)	65	50	55	65	55	70	65	70	55	70	50	55
결석횟수(x_2)	3	7	5	1	3	3	1	2	4	2	3	4
통계학 성적(y)	85	74	76	90	85	87	94	98	81	91	76	74

(1) 자료로부터 다음을 계산한다.

$$\sum x_{1i}=725 \qquad \sum x_{2i}=38 \qquad \sum x_{1i}x_{2i}=2195$$
$$\sum x_{1i}^{\ 2}=44475 \qquad \sum x_{2i}^{\ 2}=152 \qquad \sum y_i=1011$$
$$\sum x_{1i}y_i=61685 \qquad \sum x_{2i}y_i=3079$$

(2) 정규방정식을 세운다.

$$12\hat{\beta}_0+725\hat{\beta}_1+38\hat{\beta}_2=1011$$
$$725\hat{\beta}_0+44475\hat{\beta}_1+2195\hat{\beta}_2=61685$$
$$38\hat{\beta}_0+2195\hat{\beta}_1+152\hat{\beta}_2=3079$$

(3) 위의 정규방정식을 풀면

$$\hat{\beta}_0=53.683,\ \hat{\beta}_1=0.607,\ \hat{\beta}_2=-1.935$$

이고, 추정된 회귀직선은

$$y_i=53.683+0.607x_1-1.935x_2$$

로 주어지고, $\hat{\beta}_2$의 부호가 음수인 것은 결석횟수가 많으면 성적이 나빠진다는 것을 의미한다.

단순회귀 때와 마찬가지로 최소제곱법에 의해 적합된 회귀선이 유의한가를 판단하기 위해서는 자료의 총변동을 회귀직선에 의해 설명되는 변동과 설명되지 않는 변동으로 분해하여 분산분석표를 다음과 같은 순서에 의해 작성한다.

순서 1 제곱합의 분해

총제곱합 SST는 잔차제곱합 SSE와 회귀제곱합 SSR의 합으로 분해되고 $SST=\sum_{i=1}^{n}(y_i-\overline{y})^2$, $SSE=\sum_{i=1}^{n}(y_i-\hat{y}_i)^2$, $SSR=\sum_{i=1}^{n}(\hat{y}_i-\overline{y}_i)^2$으로 주어진다. 여기서 $\hat{y}_i=\hat{\beta}_0+\hat{\beta}_1x_{1i}+\hat{\beta}_2x_{2i}+\cdots+\hat{\beta}_kx_{ki}$이다.

순서 2 자유도의 계산

k를 독립변수의 수라 할 때 SST, SSE, SSR의 자유도는 각각 $n-1$, $n-k-1$, k로 알려져 있다.

순서 3 분산분석표의 작성

회귀와 잔차에 대한 제곱평균은 SSR과 SSE를 각각의 자유도로 나누어 구한다.

$$\text{회귀제곱평균} : MSR = \frac{SSR}{k}$$

$$\text{잔차제곱평균} : MSE = \frac{SSE}{(n-k-1)}$$

중회귀모형에서 독립변수 $x_1, x_2, \cdots, x_k$에 대한 항이 의미가 있는가에 대한 가설은

$H_0 : \beta_1 = \beta_2 = \cdots = \beta_k = 0$

H_1 : 모든 β_i가 0은 아니다.

로 세울 수 있고, 귀무가설하에서 $F_0 = \dfrac{MSR}{MSE}$가 자유도 $(k, n-k-1)$인 분포를 따르는 것이 알려져 있으므로 기각역은 $F_0 \geqq F_{\alpha, k, n-k-1}$로 주어진다. 이때 귀무가설을 기각하게 되면 추정된 회귀직선이 유의하다고 하며, 이상의 결과를 요약하면 다음과 같은 분산분석표를 작성할 수 있다.

표 10-6 중회귀의 분산분석표

요인	제곱합	자유도	제곱평균	F비
회귀	SSR	k	MSR	$\dfrac{MSR}{MSE}$
잔차	SSE	$n-k-1$	MSE	
계	SST	$n-1$		

또한 단순회귀에서와 같이 $E(MSE)=\sigma^2$이며, 회귀선에 의해 종속변수가 설명되어지는 정도를 나타내는

$$R^2 = \frac{SSR}{SST} = 1 - \frac{SSE}{SST}$$

을 결정계수라 하며, 단순회귀의 결정계수와 같은 성질을 갖고 있다.

예제 10.6

[예제 10.5] 에 있는 자료에 대하여 분산분석표를 작성하고, 결정계수 R^2을 구하라.

(1) 변동의 계산

$$\hat{y}_i = 53.683 + 0.607x_{1i} - 1.935x_{2i}, \quad i = 1, 2, \cdots, 12$$

y_i	85	74	76	90	85	87	94	98	81	91	76	74
$\hat{y}_i$	87.33	70.49	77.39	91.20	81.26	90.37	91.20	92.30	79.33	92.30	78.23	79.33
e_i	-2.33	3.51	-1.39	-1.20	3.74	-3.37	2.80	5.70	1.67	-1.30	-2.23	-5.33

$$SST = \sum_{i=1}^{n}(y_i - \bar{y})^2 = 728.25$$

$$SSE = \sum_{i=1}^{n}(y_i - \hat{y}_i)^2 = \sum_{i=1}^{n}e_i^{\,2} = 124.66$$

$$SSR = SST - SSE = 603.59$$

(2) 분산분석표의 작성

요인	제곱합	자유도	제곱평균	F비
회귀	603.59	2	301.795	21.789
잔차	124.66	9	13.851	
계	728.25	11		

(3) 추정된 회귀직선이 유의한가에 관한 검정

$$H_0 : \beta_1 = \beta_2 = 0$$

$$F_0 = 21.789 > F_{0.05,\,2,\,9} = 4.26$$

귀무가설을 기각한다. 그러므로 추정된 회귀직선은 유의함을 알 수 있으며, 추정된 회귀선은 의미가 있다고 결론을 내릴 수 있다.

(4) 결정계수의 계산

$$R^2 = \frac{SSR}{SST} = \frac{603.59}{728.25} = 0.83$$

따라서 y의 변동량 중에서 x_1과 x_2 2개의 설명변수에 의해 약 83%가 설명되어진다. 여기에서 주목할 점은 **[예제 10.3]**에서의 결정계수값이 0.74인데 반하여 수업에 빠진 횟수(x_2)가 회귀모형에 추가됨으로써 결정계수의 값이 0.83으로 증가되었다는 것이다.

▶ 상관분석 [예제 10.1]

남자의 키를 male, 여자의 키를 female 변수명으로 데이터를 생성한다.

데이터 생성

```
male <- c(71, 68, 66, 67, 70, 71, 70, 73, 72, 65, 66)
female <- c(69, 64, 65, 63, 65, 62, 65, 64, 66, 59, 62)
```

명령어 - 상관 계수

```
cor(male, female, method = "pearson")
```

결과물

```
## [1] 0.5580547
```

명령어 - 상관 분석

```
cor.test(male, female)
```

결과물

```
##  Pearson's product-moment correlation
##
## data:  male and female
## t = 2.0175, df = 9, p-value = 0.07442
## alternative hypothesis: true correlation is not equal to 0
## 95 percent confidence interval:
##  -0.06286527  0.86751705
## sample estimates:
##       cor
## 0.5580547
```

남자의 키와 여자의 키 사이의 표본상관계수는 0.558이다. 모집단 사이의 상관계수가 0이라는 귀무가설에 대한 p-값은 0.074이어서 이것보다 작은 유의수준에서는 귀무가설을 기각하지 못하게 된다.

▶ 회귀분석 [예제 10.5]

수학 성적을 math, 결석 횟수를 absent, 통계학 성적을 stat 변수명으로 데이터를 생성한다.

데이터 생성

```
math <- c(65, 50, 55, 65, 55, 70, 65, 70, 55, 70, 50, 55)
absent <- c(3, 7, 5, 1, 3, 3, 1, 2, 4, 2, 3, 4)
stat <- c(85, 74, 76, 90, 85, 87, 94, 98, 81, 91, 76, 74)
df <- data.frame(stat, math, absent)
df
##    stat math absent
## 1    85   65      3
## 2    74   50      7
## 3    76   55      5
## 4    90   65      1
## 5    85   55      3
## 6    87   70      3
## 7    94   65      1
## 8    98   70      2
## 9    81   55      4
## 10   91   70      2
## 11   76   50      3
## 12   74   55      4
```

명령어 - 회귀 분석

```
lm_fit <- lm(stat ~ math + absent, data = df)
```

결과물

```
summary(lm_fit)
##
## Call:
## lm(formula = stat ~ math + absent, data = df)
##
## Residuals:
##    Min     1Q Median     3Q    Max
## -5.348 -2.274 -1.276  2.954  5.673
##
## Coefficients:
##             Estimate Std. Error t value Pr(>|t|)
## (Intercept)  53.6832    14.1808   3.786  0.00431 **
## math          0.6073     0.1984   3.062  0.01353 *
## absent       -1.9346     0.9144  -2.116  0.06348 .
## ---
## Signif. codes:  0 '***' 0.001 '**' 0.01 '*' 0.05 '.' 0.1 '
' 1
##
## Residual standard error: 3.721 on 9 degrees of freedom
## Multiple R-squared:  0.8289, Adjusted R-squared:  0.7909
## F-statistic:  21.8 on 2 and 9 DF,  p-value: 0.0003544
```

결과물을 설명하면 다음과 같다. Coefficients의 Estimate의 세로값을 확인하면 회귀직선이 $y=53.7+0.607x_1-1.93x_2$로 추정된다. Coefficients의 math와 absent의 가로값을 확인하면 각 독립변수에 대한 통계량이 나타난다. 예를 들면 x_1의 회귀계수(β_1)에 대한 추정치(Coef)는 0.6073이며 이 추정치의 표준편차(StDev)는 0.198이다. 또 $\beta_1=0$이라는 귀무가설에 대한 T 검정통계량은 3.062이며 이것의 p-값은 0.014이다. 따라서 유의수준 $\alpha=0.05$에서는 귀무가설을 기각하게 된다. $s=3.721$은 σ에 대한 추정치이다. 즉 s^2은 잔차제곱평균(MSE)과 같다. 결정계수(R-Sq)값은 0.829(82.9%)이며 R-Sq(adj)79.1%는 본문에서 설명이 생략된 수정결정계수값이다.

모형의 적합도를 알아보기 위한 잔차도를 다음과 같이 그릴 수 있다.

명령어 - 잔차도 그리기

```
par(mfrow=c(2,2))
plot(lm_fit)
```

결과물(좌측 상단)

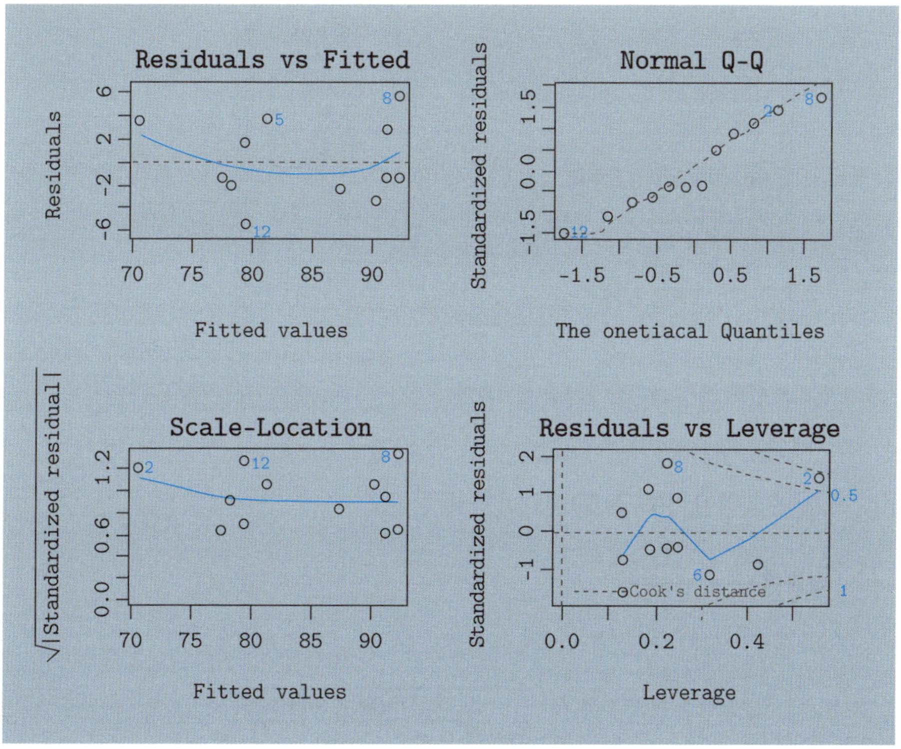

▶ 상관분석 [예제 10.1]

절차

◎ 워크시트에 데이터를 입력한다.

◎ 데이터 ▶ 데이터 분석 ▶ 상관분석

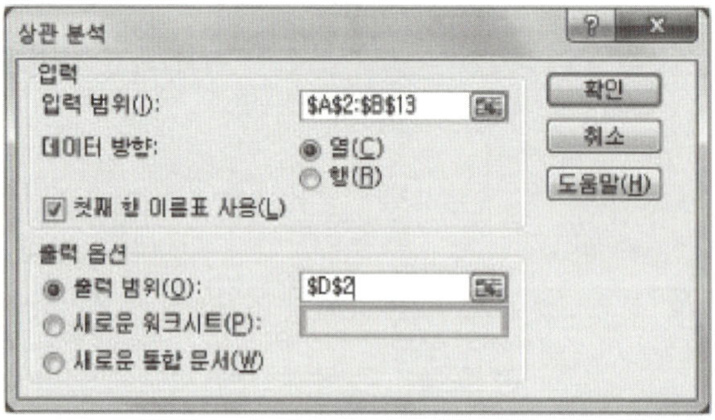

◎ 검정통계량과 유의확률을 구한다.(각 셀의 값은 결과물을 참조)

- 검정통계량 : 3 * E4/SQRT(1−E4^2)
- 유의확률(양측검정) : TDIST(E7, 9, 2)

결과물

	A	B	C	D	E	F
1	상관분석					
2	남자의 키	여자의 키			남자의 키	여자의 키
3	71	69		남자의 키	1	
4	68	64		여자의 키	0.5581	1
5	66	65				
6	67	63		t값	2.2622	
7	70	65		검정통계량	2.0175	
8	71	62		p-value	0.0744	
9	70	65				

▶ 회귀분석[예제 10.5]

절차 ———

◎ 수학성적, 결석횟수, 통계학성적 자료를 워크시트에 입력한다.

	A	B	C
1	회귀분석		
2	수학성적(x1)	결석횟수(x2)	통계학성적(y)
3	65	3	85
4	50	7	74
5	55	5	76
6	65	1	90
7	55	3	85
8	70	3	87
9	65	1	94
10	70	2	98
11	55	4	81
12	70	2	91
13	50	3	76
14	55	4	74
15			

◎ 데이터 ▶ 데이터 분석 ▶ 상관분석

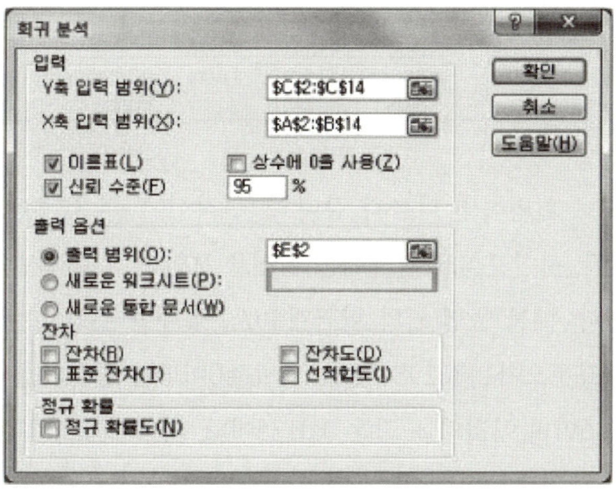

※ 입력 선택사항

ⅰ. 상수에 0을 사용 : 회귀선이 원점을 지나도록 지정한다.

ⅱ. 잔차 : 잔차 출력 테이블에 잔차를 나타낸다.

iii. 표준 잔차 : 잔차 출력 테이블에 표준 잔차를 나타낸다.

iv. 잔차도 : 각 독립변수 대 잔차에 대한 산점도를 만든다.

v. 선적합도 : 예측값 대 관측값에 대한 산점도를 만든다.

vi. 정규 확률도 : 잔차의 정규 확률도를 만든다.

결과물

	E	F	G	H	I	J
1						
2	요약 출력					
3						
4	회귀분석 통계량					
5	다중 상관계수	0.9104				
6	결정계수	0.8289				
7	조정된 결정계수	0.7909				
8	표준 오차	3.7207				
9	관측수	12				
10						
11	분산 분석					
12		자유도	제곱합	제곱 평균	F 비	유의한 F
13	회귀	2	603.6584	301.8292	21.8029	0.000354354
14	잔차	9	124.5916	13.8435		
15	계	11	728.2500			
16						
17		계수	표준 오차	t 통계량	P-값	하위 95%
18	Y 절편	53.6832	14.1808	3.7856	0.0043	21.6040
19	수학성적(x1)	0.6073	0.1984	3.0618	0.0135	0.1586
20	결석횟수(x2)	-1.9346	0.9144	-2.1157	0.0635	-4.0030

결과물을 순서대로 설명하면 다음과 같다. 회귀직선이 $y=53.7+0.607x_1-1.93x_2$로 추정된다. 분산분석표 다음에는 절편을 포함한 각 독립변수에 대한 통계량이 나타난다. 예를 들면 x_1의 회귀계수(β_1)에 대한 추정치는 0.6073이며, 이 추정치의 표준오차는 0.1984이다. 또 $\beta_1=0$이라는 귀무가설에 대한 T 검정통계량은 3.06이며 이것의 p-값은 0.0135이다. 따라서 유의수준 $\alpha=0.05$에서는 귀무가설을 기각하게 된다. 회귀분석 통계량 중 표준오차=3.7207은 σ에 대한 추정치이다. 결정계수값은 0.829이며, 조정된 결정계수=0.791은 본문에서 설명이 생략된 수정결정계수값이다. 분산분석표는 본문의 것과 동일하다.

모형의 적합도를 알아보기 위한 잔차도를 다음과 같이 그릴 수 있다.

절차 ————

◎ 회귀분석 대화상자에서 잔차를 선택한다.

◎ 잔차 출력 부분에 데이터를 선택한다.

◎ 삽입 ▶ 차트 ▶ 분산형 ▶ 표식만 있는 분산형

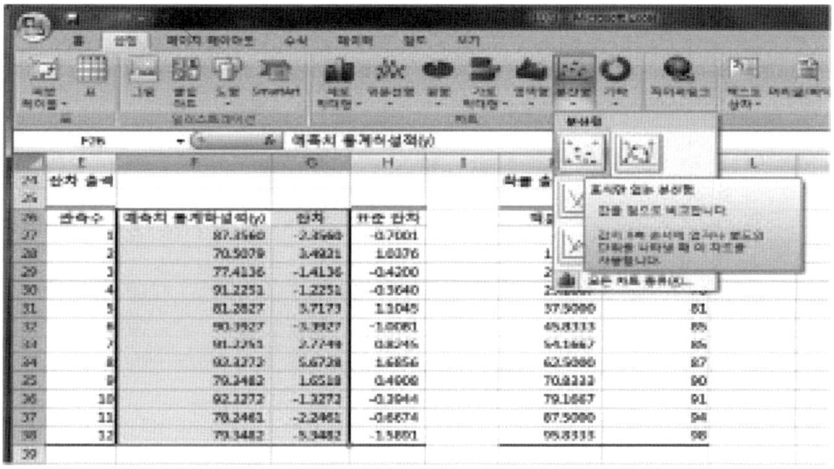

◎ 축 서식을 이용하여 차트 범위 등을 결정한다.

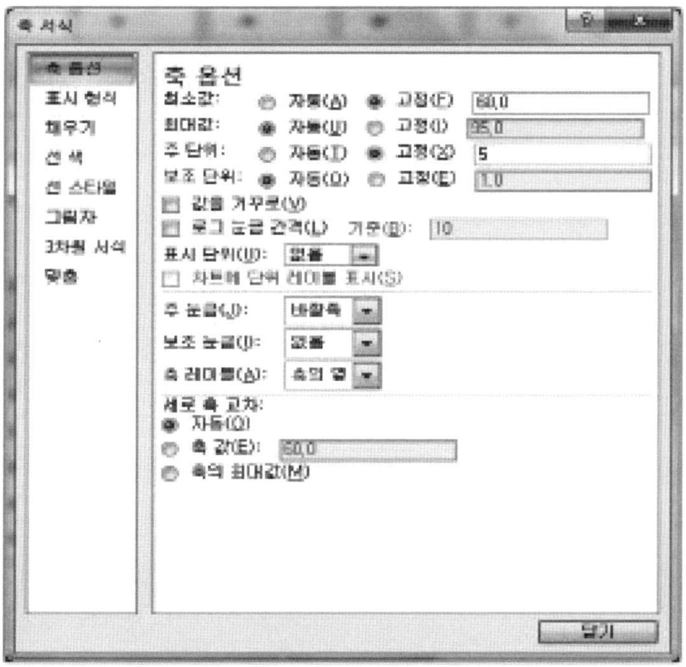

결과물

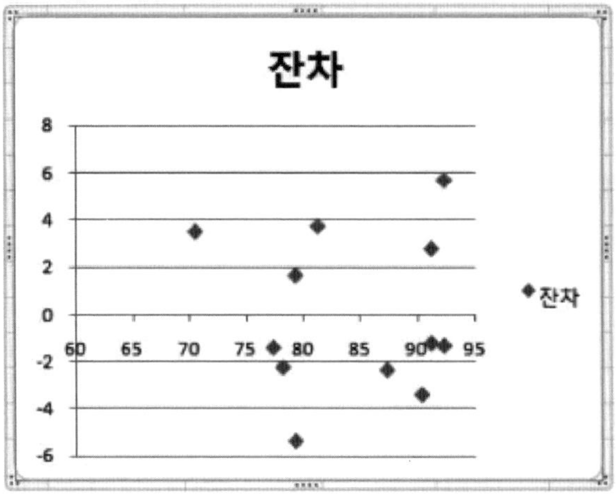

연습문제

1. 다음 자료는 임의로 추출된 6명의 학생의 수학과 영어 성적이다. 산점도를 그리고 상관계수를 구하여 보라.

수학 성적	70	92	80	74	65	83
영어 성적	74	84	63	87	78	90

2. 다음의 자료가 이변량 정규분포로부터의 자료라 할 때, 가설 $H_0 : \rho=0$, $H_1 : \rho\neq 0$를 유의수준 0.01에서 검정하여라.

x	4	5	9	14	18	22	24
y	16	22	11	16	7	8	17

3. 회귀모형이 $y_i=\beta x_i+\varepsilon_i$, $i=1, 2, \cdots, n$으로 주어졌을 때, 즉 회귀선이 원점을 지날 때에 β의 최소제곱추정량이 $\hat{\beta}=\dfrac{\sum x_i y_i}{\sum x_i^2}$으로 됨을 보여라.

4. 단순회귀모형 $y_i=\beta_0+\beta_1 x_i+\varepsilon_i$, $i=1, 2, \cdots, n$에서 $e_i=y_i-\hat{y}_i$의 다음 성질들을 증명하여라.

(1) $\sum_i e_i=0$　　(2) $\sum_i x_i e_i=0$　　(3) $\sum_i \hat{y}_i e_i=0$

5. 다음과 같은 자료가 있다.

x	4	5	9	14	18	22	24
y	16	22	11	16	7	8	17

(1) 산점도를 그려라.

(2) 직선을 적합시킬 때 최소제곱법에 의하여 $\hat{\beta}_0$, $\hat{\beta}_1$을 구하라.

(3) 추정된 회귀직선을 산점도 위에 그려라.

6. 어떤 화학반응에서 생성되는 반응량(y)이 첨가제의 양(x)에 따라 어떻게 변화하는지를 실험하여 다음 자료를 얻었다.

첨가제의 양(x)	1	1	2	3	4	4	5	6	6	7
반응량(y)	2.1	2.5	3.1	3.0	3.8	3.2	4.3	3.9	4.4	4.8

(1) 산점도를 그리고 단순선형회귀모형을 적용하여 추정된 회귀직선을 구하라.

(2) 분산분석표를 작성하고 추정된 회귀직선이 유의한지 검토해 보아라.

(3) 오차항의 분산 σ^2을 추정하여라.

(4) 모회귀계수 β_0, β_1의 95% 신뢰구간을 구하라.

(5) 첨가제의 양이 $x = 3.5$일 때, 평균반응량의 95% 신뢰구간을 구하라.

(6) 절편 β_0에 대하여 다음 가설을 유의수준 0.05에서 검정하라.

$$H_0 : \beta_0 \leqq 1.5\ , \qquad H_1 : \beta_0 > 1.5$$

7. 식당 지배인이 좌석의 예약수와 실제로 찾아온 손님의 관계를 알아보기 위하여 27일 동안 자료를 모았다. 이때 x를 하루의 예약수, y를 실제로 온 손님의 수로 하여 다음과 같은 결과를 얻었다.

$$\bar{x} = 40, \quad \bar{y} = 33, \qquad \sum(x_i - \bar{x})^2 = 4000$$

$$\sum(y_i - \bar{y})^2 = 3250 \qquad \sum(x_i - \bar{x})(y_i - \bar{y}) = 3170$$

(1) 단순회귀모형을 적용하여 추정된 회귀직선을 구하라.

(2) 분산분석표를 작성하고, 추정된 회귀직선이 유의한지 검토해 보아라.

(3) 기울기 β_1의 95% 신뢰구간을 구하라.

(4) 만약 식당의 수용능력이 50석이라면 지배인의 입장에서 몇 명까지 예약을 받는 것이 좋다고 생각하는가?

8. 은행나무의 키(종속변수)와 지상에서 1.5m 지점에서의 나무의 반지름(독립변수)을 측정하여 다음 자료를 얻었다.

반지름(x)	0.9	1.2	2.9	3.1	3.3	3.9	4.3	6.2	9	12.6	16.1	25.8
키(y)	6.0	8.7	10.6	12.0	15.0	12.5	13.5	19.2	23.4	28.0	34.0	29.2

(1) 산점도를 그려라.

(2) 위 자료를 $x_i' = \log x_i$, $y_i' = \log y_i$로 변환하고 변환된 자료를 이용하여 산점도를 그려라.

(3) 변환된 자료를 이용하여 회귀직선을 추정하여라.

9. 시험을 준비하는 시간과 시험성적과의 관계를 분석하기 위하여 8명의 학생을 뽑아 그들이 공부한 시간과 시험성적을 조사한 결과가 다음과 같았다.

공부한 시간(x)	4	7	5	8	6	4	2	9
시험성적(y)	55	85	63	92	73	58	43	87

(1) 추정된 회귀직선을 산점도 위에 그려라.

(2) 잔차 e_i를 구하라.

(3) 잔차 e_i를 $\hat{y}_i$에 대하여 그려라.

(4) 선형회귀모형이 타당한지 검토하여 보아라.

10. 냉장고의 온도(x_1) 및 저장밀도(x_2)가 전기사용량(y)과 어떤 관계가 있는지를 알아보기 위하여 10일간의 자료를 조사하였다. 중회귀분석한 결과 $\hat{y} = 100.24 - 2.732x_1 + 0.367x_2$였다.

(1) 저장밀도가 일정할 때, 냉장고의 온도가 10도 떨어지면 평균 전기사용량은 어떻게 변화할까?

(2) $\sum(y_i - \bar{y})^2 = 12161$이고, 결정계수 $R^2 = 0.913$일 때의 분산분석표를 만들어 보아라.

11. 2개의 독립변수 x_1, x_2와 종속변수 y간에 중회귀식을 가정하여 다음 분산분석표를 얻었다. 빈 칸을 채워 분산분석표를 완성하고 결정계수 값을 구하라.

요인	제곱합	자유도	제곱평균	F비
회귀	602	②	④	⑥
잔차	①	8	⑤	
계	728	③		

12. 본 장의 연습문제 1을 R을 이용하여 분석하라.

13. 본 장의 연습문제 8을 R을 이용하여 분석하라.

Chapter 11
범주형 자료의 분석

11.1 서론
11.2 다항분포
11.3 적합도의 검정
11.4 동일성의 검정
11.5 독립성의 검정

무엇이 독약인가?

많은 사람들이 코카인, 헤로인 등을 투여하다 죽는 원인은 대체로 마약사용자들이 다른 마약사용자들의 죽음을 보지 못하였기 때문이다. 그들은 주변에 생존하는 마약사용자들을 보면서 자신도 살아날 수 있다는 것을 확인한다. 그러나 파라셀수스(Paracelsus)의 말, "독약은 따로 존재하는 것이 아니다. 사용량에 따라 어떠한 것도 독약이 될 수 있다."를 인용하면 명백히 틀린 결론이다. 개개인의 사망여부는 개인의 차이에 따라 다르기 때문에 우리는 확률을 고려하여야 한다. 이 문제는 블리스(Chester Bliss)에 의해 프로빗분석(probit analysis)으로 일반화 되었다.

11.1 서론

지금까지 다루어 온 통계적 분석 방법들은 양적으로 관측된 자료를 분석하는 데 적합하였다. 그러나 경우에 따라서는 조사하려는 자료가 질적 또는 어떤 속성에 따라 분류시켜 각 범주(category)에 속하는 도수(frequency)로 주어질 수 있다. 그리고 양적인 자료에 대해서도 범주형으로 나타낼 필요가 있는 경우가 있다.

예를 들면, 선거에서 유권자들의 각 정당후보자들에 대한 지지도를 출신지역, 연령, 성별 등으로 분류하거나 교육수준과 이혼률의 관계를 알아보기 위해 교육수준을 중학교, 고등학교, 대학교로 분류하거나, 병원에서 환자의 치료를 위한 처방의 종류, 치료결과의 상태, 환자의 연령, 성별 등으로 환자를 분류하거나, 사람들의 소득수준과 교육수준의 관계를 알아보기 위해 소득수준을 상, 중, 하로 교육수준을 중학교, 고등학교, 대학교로 분류하는 것 등을 들 수 있다.

본 장에서는 위의 예에서와 같이 자료가 범주형으로 주어질 경우에 적합한 통계적 분석방법에 관해 알아보고자 한다.

11.2 다항분포

먼저 본 절에서는 범주형 자료의 통계적 분석에서 기초가 되는 확률분포로서 다항분포를 소개하고, 그의 성질과 검정에 관해 살펴보기로 한다.

11.2.1 다항분포의 정의

확률실험에서 1회의 시행결과 나올 수 있는 사건이 두 가지만(예로써, 성공 또는 실패) 있는 실험을 **베르누이 시행**(Bernoulli trial)이라 부르고, 이러한 베르누이 시행을 여러 번 독립적으로 반복 수행하였을 때에 성공의 횟수가 이항분포가 된다는 것을 5장에서 다루었다.

한편, 1회의 시행결과로 나올 수 있는 사건이 $k(\geq 3)$가 되는 확률실험을 **다항시행**(multinomial trial)이라 부른다. 이제 이러한 다항시행을 여러 번 독립적으로 반복수행하였을 때, 각 사건들이 나타나는 횟수에 대한 확률분포에 대해서 생각해 보기로 한다.

다항분포 : Multinomial Distribution

한 번의 다항시행에서 i번째 사건이 일어날 확률을 $p_i(i=1, 2, \cdots, k)$라 하고, 이러한 다항시행을 n번 독립적으로 반복수행하였을 때에 i번째 사건이 일어난 횟수를 $N_i(i=1, 2, \cdots, k)$라고 하면 이들 $N_1, N_2, \cdots, N_k$들의 결합밀도함수는

$$P(N_1=n_1, N_2=n_2, \cdots, N_k=n_k)=\frac{n!}{n_1!n_2!\cdots n_k!}p_1^{n_1}p_2^{n_2}\cdots p_k^{n_k}$$

단, $p_1+p_2+\cdots+p_k=1, n_1+n_2+\cdots+n_k=n$

로 주어진다. 이때 $(N_1, N_2, \cdots, N_k)$는 시행횟수가 n이고 속성확률들(cell probatilities)이 $(p_1, p_2, \cdots, p_k)$인 **다항분포**(multinomial distribution)를 따른다고 하며, 기호로서 흔히 다음과 같이 나타낸다.

$$(N_1, N_2, \cdots, N_k)\sim m(n, p_1, p_2, \cdots, p_k)$$

위의 다항분포에서 N_i의 주변확률분포에 대해 살펴보자. 만약 1회의 다항시행에서 i번째 사건이 일어나면 '성공'이라고 하고 그 이외의 사건이 일어나면 '실패'라고 한다면 이것은 1회의 시행에서 성공의 확률이 p_i인 베르누이 시행이라 볼 수 있다.

따라서 이 시행을 n번 독립적으로 반복수행하였을 때에 i번째 사건이 일어난 성공의 횟수는 N_i이고, N_i의 분포는 이항분포 $B(n, p_i)$가 됨을 알 수 있다. 즉 $(N_1, N_2, \cdots, N_k)$가 다항분포 $m(n, p_1, p_2, \cdots, p_k)$를 따를 때, N_i의 주변확률분포는 이항분포 $B(n, p_i)$가 된다. 따라서 N_i의 평균과 분산은 다음과 같다.

$$E(N_i)=np_i,\ \ Var(N_i)=np_i(1-p_i)$$

한편 N_i와 N_j의 주변결합확률분포(marginal joint probability distribution)는 삼항분포(trinomial distribution)가 되고, (N_i, N_j)의 주변결합밀도함수는 다음과 같이 주어진다.

$$P(N_i = n_i,\ N_j = n_j) = \frac{n!}{n_i!\,n_j!\,(n - n_i - n_j)!}\ p_i^{n_i}\,p_j^{n_j}(1 - p_i - p_j)^{n - n_i - n_j}$$

그리고 N_i와 N_j의 공분산은 다음과 같다.

$$Cov(N_i,\ N_j) = -np_ip_j(i \neq j)$$

다항시행과 다항분포에 관한 이상의 성질을 요약하면 다음과 같다.

다항시행과 다항분포

① 1회의 다항시행에서 일어날 수 있는 사건은 k개의 서로 배반인 사건들, 예컨대 $A_1, A_2, \cdots, A_k$이다.

② 1회의 다항시행에서 i번째 사건 A_i가 일어날 확률을 $p_i = P(A_i)$라 하고, 이 다항시행을 n번 독립적으로 반복시행하였을 때에 사건 A_i가 일어날 횟수를 N_i라 하면 $(N_1, N_2, \cdots, N_k)$는 다항분포를 따르고,

$$P(N_1 = n_1, N_2 = n_2, \cdots, N_k = n_k) = \frac{n!}{n_1!n_2!\cdots n_k!}\ p_1^{n_1}p_2^{n_2}\cdots p_k^{n_k}$$

단, $p_1 + p_2 + \cdots + p_k = 1,\ n_1 + n_2 + \cdots + n_k = n$

가 성립된다.

③ $(N_1, N_2, \cdots, N_k)$가 다항분포 $m(n, p_1, p_2, \cdots, p_k)$일 때에 $E(N_i) = np_i$, $Var(N_i) = np_i(1 - p_i)$, $Cov(N_i, N_j) = -np_ip_j(i \neq j)$가 성립한다.

예제 11.1

소 떼를 사육하고 있는 어느 농부가 과거의 경험으로부터 한 번의 교배에서 어미소 1마리가 1마리의 송아지를 낳게 될 확률이 0.8이고 2마리의 송아지를 낳게 될 확률

은 0.05이며 송아지를 낳지 않게 될 확률은 0.15임을 알고 있다고 한다. 만약 이 농부가 소 떼 중에서 3마리의 어미소를 임의로 선택하여 교배시켰을 때, 이들 3마리의 어미소로부터 3마리의 송아지를 얻게 될 확률은 얼마인가?

이들 3마리의 어미소가 소 떼 중에서 임의로 선택됐으므로 위의 문제는 1회의 시행에서 나올 수 있는 경우가 3가지인 다항시행을 3번 독립적으로 반복수행한 것으로 간주할 수 있다. 이제 A_1, A_2, A_3을 1마리의 어미소가 1번의 교배에서 각각 0, 1, 2마리의 송아지를 낳게 될 사건이라 두면 각 사건의 확률은 다음과 같다.

$$p_1 = P(A_1) = 0.15,\ p_2 = P(A_2) = 0.8,\ p_3 = P(A_3) = 0.05$$

다음으로 $N_i(i=1,\ 2,\ 3)$를 위의 다항시행을 3번 독립적으로 반복수행하였을 때에 사건 $A_i(i=1,\ 2,\ 3)$가 일어난 횟수라고 하면, $(N_1,\ N_2,\ N_3)$는 다항분포를 따르고 그 결합밀도함수는 다음과 같이 주어진다.

$$P(N_1 = n_1,\ N_2 = n_2,\ N_3 = n_3) = \frac{3!}{n_1!n_2!n_3!}(0.15)^{n_1}(0.8)^{n_2}(0.05)^{n_3}$$

이제 이들 3마리의 어미소로부터 3마리의 송아지를 얻게 될 가능한 사건들을 생각해 보면 다음과 같다.

A : 1마리의 어미소가 0마리의 송아지를 낳는다 : $n_1 = 1$
1마리의 어미소가 1마리의 송아지를 낳는다 : $n_2 = 1$
1마리의 어미소가 2마리의 송아지를 낳는다 : $n_3 = 1$
B : 3마리의 어미소가 각각 1마리씩의 송아지를 낳는다
: $n_1 = 0,\ n_2 = 3,\ n_3 = 0$

따라서 3마리의 어미소로부터 3마리의 송아지를 얻게 될 확률은 위의 사건 A와 B가 일어날 확률의 합과 같다. 즉, 구하는 확률은 다음과 같다.

$$P(A)+P(B)=P(N_1=1,\ N_2=1,\ N_3=1)+P(N_1=0,\ N_2=3,\ N_3=0)$$
$$=\frac{3!}{1!\,1!\,1!}(0.15)(0.8)(0.05)+\frac{3!}{0!\,3!\,0!}(0.15)^0(0.8)^3(0.05)^0$$
$$=0.0360+0.5120=0.5480$$

11.2.2 다항분포의 검정

다항분포의 검정에서 주된 관심은 각 범주에 속하는 속성확률에 관한 검정, 즉 이들 속성확률이 어떤 특정한 값과 같은지의 여부를 표본자료를 통해서 검정하고자 하는 것이다.

이제 k개의 범주를 갖는 다항분포에서 i번째 범주의 속성확률을 p_i라고 할 때 p_i에 관한 귀무가설과 대립가설이 다음과 같이 주어졌다고 하자.

H_0 : $p_i=p_{i0},\ \ i=1,\ 2,\ \cdots,\ k$

H_1 : 적어도 하나의 i에 대해서 $p_i \neq p_{i0}$이다.

위의 귀무가설을 검정하기 위해 직관적으로 타당한 방법은 다음과 같다.

1회의 시행에서 k개의 범주를 갖고 속성확률이 $p_i(i=1,\ 2,\ \cdots,\ k)$인 다항시행을 n번 독립적으로 반복수행한 후에 i번째 범주에 속하는 관측도수(observed frequency) $n_i(i=1,\ 2,\ \cdots,\ k)$와 귀무가설 H_0 : $p_i=p_{i0}(i=1,\ 2,\ \cdots,\ k)$ 하에서 N_i의 기댓값, 즉 기대도수(expected frequency) $E(N_i)=np_{i0}$를 비교하는 것이다. 이때 관측도수와 기대도수들 사이에 별 차이가 없다면 귀무가설은 옳은 것으로 간주한다.

위에서와 같은 근거를 바탕으로 1900년에 영국의 통계학자 칼 피어슨(Karl Pearson)은 다항분포의 속성확률에 관한 검정으로 다음과 같은 결과를 제시하였다.

정리 11.1 다항분포의 검정

$(N_1, N_2, \cdots, N_k)$가 다항분포 $m(n, p_1, p_2, \cdots, p_k)$를 따르고 속성확률 p_i에 관한 귀무가설과 대립가설이

$H_0: p_i = p_{i0},\ i = 1, 2, \cdots, k$

$H_1:$ 적어도 하나의 i에 대해서 $p_i \neq p_{i0}$

으로 주어져 있다고 하자. 이때 통계량

$$\chi^2 = \sum_{i=1}^{k} \frac{(N_i - np_{i0})^2}{np_{i0}}$$

의 분포는 시행횟수 n이 클 경우에 H_0하에서 근사적으로 자유도가 $k-1$인 카이제곱분포를 따른다.

위의 정리에서 검정통계량 χ^2의 자유도가 $k-1$이 되는 이유는 k개의 속성확률 $p_i(i=1, 2, \cdots, k)$에 대해서 $p_1+p_2+\cdots+p_k=1$이 성립하므로 p_i의 값으로 $k-1$개는 자유롭게 주어지나 나머지 1개는 이들 $k-1$개의 값으로부터 자동적으로 정해지기 때문이다. 그리고 χ^2의 값은 귀무가설이 옳은 경우에는 작아지고 대립가설이 옳은 경우에는 커지는 경향이 있으므로 통계량 χ^2의 분포에 근거한 검정의 기각역은 다음과 같이 주어진다.

$\chi^2 \geq \chi^2_{\alpha,\, k-1}$이면 유의수준 α에서 H_0를 기각한다.

여기서 $\chi^2_{\alpha,\, k-1}$은 자유도가 $k-1$인 카이제곱분포의 상위 $100 \cdot \alpha$백분위수로 부록의 〈부표-5〉에 나와 있다.

주의사항 위의 검정통계량 χ^2을 바탕으로 다항분포의 속성확률에 관한 검정을 실시할 경우에 각 범주에 속하는 기대도수 e_i의 값이 너무 작으면 검정의 정도(precision)가 떨어지는 경향이 있으므로 일반적으로 e_i의 값이 5 이상 되는 것이 바

람직하다. 만약 e_i의 값이 5 미만인 경우가 나오면 시행횟수 n을 크게 하거나 인접한 범주들을 묶어서 하나의 범주로 만들어 e_i의 값이 5 이상 되게 한 후에 카이제곱 검정을 적용하는 것이 좋다. 다항분포의 검정에 관한 이상의 사실을 요약하면 다음과 같다.

다항분포의 검정

모집단의 분포 : $(N_1, N_2, \cdots, N_k) \sim m(n, p_1, p_2, \cdots, p_k)$

귀무가설 $H_0 : p_i = p_{i0} (i = 1, 2, \cdots, k)$

대립가설 H_1 : 적어도 하나의 i에 대해서 $p_i \neq p_{i0}$이다.

검정통계량 : $\chi^2 = \sum_{i=1}^{k} \frac{(o_i - e_i)^2}{e_i}$

여기서 $o_i = n_i$, i번째 범주의 관측도수

$e_i = np_{i0}$, H_0하에서 i번째 범주의 기대도수

기각역 : 유의수준 α에서

$C : \chi^2 \geq \chi^2_{\alpha, k-1}$

예제 11.2

어느 대기업에서는 종업원들의 봉급인상에 관한 기준으로 각 종업원들의 상급자에 의해 1년간 평가되는 점수를 기준으로 하는 새로운 봉급인상기준을 다음과 같이 정하였다.

상급자에 의한 평가점수	봉급인상내역
80점 이상	공로인상
50~80점	표준인상
50점 미만	동결

이 기업이 위와 같은 봉급인상기준을 마련하게 된 이유는 과거의 경험에 비추어 볼 때, 전체 종업원 중에서 25%는 그들의 상급자로부터 80점 이상의 평가점수를 받았

고, 65%는 50~80점의 평가점수를 받았으며, 10%는 50점 미만의 점수를 받았다는 것에 근거를 두고 있다. 이 기업의 전체 종업원 중에서 600명의 종업원을 임의로 선택하여 위의 새 봉급기준을 1년간 시범적으로 적용한 후에 다음과 같은 실제 조사결과가 나왔다고 한다.

봉급동결	표준인상	공로인상	합계
42	365	193	600

위의 자료로부터 이 기업이 새로 마련한 종업원들의 봉급인상에 대한 비율은 종래에 얻어진 각 평가점수에 대한 종업원들의 비율과 같다고 볼 수 있는지 $\alpha = 0.01$에서 검정하여라.

이 기업이 새로 마련한 봉급인상기준에 따른 종업원들의 비율을 다음과 같이 설정한다.

p_1 = 새 기준에 의해 봉급이 동결된 종업원의 비율
p_2 = 새 기준에 의해 봉급이 표준인상된 종업원의 비율
p_3 = 새 기준에 의해 봉급이 공로인상된 종업원의 비율

그러면 위의 문제에서 귀무가설과 대립가설은 다음과 같이 주어진다.

$H_0 : p_1 = 0.10,\ p_2 = 0.65,\ p_3 = 0.25$
$H_1 : p_1,\ p_2,\ p_3$ 중에서 적어도 하나는 H_0에서 주어진 값과 같지 않다.

위의 귀무가설을 검정하기 위한 통계량 χ^2의 값은 다음과 같다.

$$\chi^2 = \sum_{i=1}^{n} \frac{(o_i - e_i)^2}{e_i}$$

여기서 $o_1 = 42,\ o_2 = 365,\ o_3 = 193$이고,

$$e_1 = np_{10} = 600 \times 0.10 = 60$$

$$e_2 = np_{20} = 600 \times 0.65 = 390$$

$$e_3 = np_{30} = 600 \times 0.25 = 150$$

이다. 따라서 다음과 같은 값을 얻는다.

$$\chi^2 = \frac{(42-60)^2}{60} + \frac{(365-390)^2}{390} + \frac{(193-150)^2}{150} = 19.33$$

χ^2의 분포는 근사적으로 자유도가 $3-1=2$인 카이제곱분포를 따르고 부록의 〈부표-5〉로부터 $\chi^2 = 19.33 > \chi^2_{0.01,\ 2} = 9.21$이므로 유의수준 $\alpha = 0.01$에서 귀무가설은 기각된다. 즉 이 회사가 새로 마련한 기준에 따른 종업원들의 봉급인상비율은 종래에 평가된 점수에 따른 종업원의 봉급인상비율과 같다고 볼 수 없다.

11.3 적합도의 검정

통계적 추론을 할 때에 흔히 모집단의 분포가 정규분포, 이항분포 등과 같이 어떤 특정한 확률분포를 따른다고 가정하는 경우가 많다. 이와 같은 경우 모집단의 분포에 대한 가정이 옳은지를 실제로 관측된 자료를 바탕으로 검정해 볼 필요가 있다. 이처럼 모집단의 분포가 어떤 특정한 확률분포를 따른다는 귀무가설에 대한 검정을 **적합도의 검정**(goodness of fit test)이라 부른다.

적합도 검정의 내용은 n개의 표본자료를 k개의 범주로 분류하여 각 범주에 속하는 관측도수 $n_i(i=1,\ 2,\ \cdots,\ k)$와 귀무가설 하에서 주어진 확률분포에 대해 각 범주에 속하는 기대도수 $e_i(i=1,\ 2,\ \cdots,\ k)$들 간에 어느 정도 차이가 있는지를 비교하는 것이다. 즉 디항분포에서 속성확률에 관한 검정의 문제로 바꾸어 생각하는 것이다.

적합도의 검정에 있어서 귀무가설하에서 모집단의 확률분포에 대한 가정을 두 가지 경우로 나누어 살펴보기로 하자.

11.3.1 귀무가설 하에서 모집단분포의 모수가 알려져 있는 경우

귀무가설 하에서 모집단의 분포가 어떤 특정한 형태의 확률분포를 따르면서 모수가 알려져 있는 경우, 모집단의 분포에 대한 귀무가설과 대립가설은 다음과 같이 주어진다.

H_0 : $X \sim f(x\ ;\ \boldsymbol{\theta_0})$이다.

H_1 : $X \sim f(x\ ;\ \boldsymbol{\theta_0})$가 아니다.

여기서 $f(x\ ;\ \boldsymbol{\theta_0})$는 모수 $\boldsymbol{\theta}$를 포함하는 모집단의 확률밀도함수이고

$\boldsymbol{\theta_0}$는 H_0하에서 $\boldsymbol{\theta}$의 고정된 값이다.

그리고 $\boldsymbol{\theta} = (\theta_1, \theta_2, \cdots, \theta_p)$는 p개($p \geq 1$)의 모수들의 벡터이다.

위의 검정문제에서와 같이 H_0하에서 모수 θ의 값이 알려져 있는 경우에는 앞 절에서 다루었던 다항분포의 검정에 관한 문제로 바꾸어 생각할 수 있다. 즉 $(N_1, N_2, \cdots, N_k)$가 다항분포 $m(n, p_1, p_2, \cdots, p_k)$를 따를 경우에 귀무가설과 대립가설을

$H_0{}'$: $p_i = p_{i0}\ (i = 1, 2, \cdots, k)$

$H_1{}'$: 적어도 하나의 i에 대해서 $p_i \neq p_{i0}$ 이다.

라 하면 위의 적합도 검정에서 귀무가설 H_0, 대립가설 H_1은 다항분포의 검정에서 귀무가설 $H_0{}'$, 대립가설 $H_1{}'$와 동치인 검정이 된다. 따라서 n개의 표본자료를 k개의 범주 $A_1, A_2, \cdots, A_k$로 분류하면 i번째 범주에 속하는 관측도수는 $o_i(=n_i)$고 H_0하에서 i번째 범주에 속하는 기대도수는 $e_i = np_{i0}$, $p_{i0} = P(X \in A_i)$가 되어서 귀무가설 $H_0{}'$(또는 H_0)를 검정하기 위한 통계량은

$$\chi^2 = \sum_{i=1}^{k} \frac{(o_i - e_i)^2}{e_i}$$

$$= \sum_{i=1}^{k} \frac{(n_i - np_{i0})^2}{np_{i0}}\ ,\quad n_1 + n_2 + \cdots + n_k = n$$

이 된다. 여기서 χ^2의 분포는 다항분포의 속성확률에 관한 검정통계량의 분포로부터 표본의 크기 n이 클 때, 근사적으로 자유도가 $k-1$인 카이제곱분포를 따른다.

이상의 내용을 요약하면 다음과 같다.

적합도 검정 : H_0하에서 모수가 알려져 있는 경우

귀무가설 H_0 : $X \sim f(x\,;\boldsymbol{\theta}_0)$이다. 여기서 $\boldsymbol{\theta}=(\theta_{10}, \theta_{20}, \cdots, \theta_{p0})$는 고정된 값

대립가설 H_1 : $X \sim f(x\,;\boldsymbol{\theta}_0)$가 아니다.

n개의 표본자료를 k의 범주로 나눈다.

검정통계량 : $\chi^2 = \sum_{i=1}^{k} \frac{(o_i - e_i)^2}{e_i}$

여기서 $o_i = i$번째 범주에 속하는 관측도수

$e_i = i$번째 범주에 속하는 기대도수

기각역 : 유의수준 α에서

$C : \chi^2 \geq \chi^2_{\alpha, k-1}$

예제 11.3

어떤 도로의 교차로 지점에서 하루 동안 발생하는 자동차 사고횟수를 40일 동안 조사하여 다음과 같은 결과를 얻었다.

하루 동안 일어난 자동차 사고횟수	0	1	2	3	4	5	6	7 이상	합계
발생일수	1	3	7	6	10	7	6	0	40

위의 자료로부터 자동차 사고횟수의 분포는 하루에 평균 3번의 사고가 발생하는 포아송(Poisson)분포를 따른다고 볼 수 있는가? 유의수준 $\alpha = 0.1$에서 검정하여라.

주어진 문제에 대해서 귀무가설과 대립가설은 다음과 같이 설정된다.

H_0 : $X \sim P(3)$, 즉 평균이 3인 포아송분포이다.

H_1 : $X \sim P(3)$가 아니다.

여기서 확률변수 X는 하루 동안에 발생하는 자동차의 사고횟수를 나타낸다.

따라서 H_0하에서 X의 확률밀도함수는 다음과 같다.

$$f(x\,;\,\theta=3)=\frac{e^{-3}\cdot 3^x}{x!},\ x=0,\ 1,\ 2,\ \cdots$$

이제 $n=40$일을 위의 표에서 주어진 것처럼 하루 동안에 일어난 자동차 사고횟수에 따라 8개의 범주로 나누어서 각 범주에 속하는 관측도수(실제 발생일수)와 H_0하에서 각 범주에 속하는 속성확률의 값을 계산하고, 이를 바탕으로 H_0하에서 각 범주에 속하는 기대도수(기대 발생일수)를 계산한 결과는 다음의 **〈표 11-1〉**과 같다.

표 11-1 H_0하에서 기대도수 e_i의 값

X	0	1	2	3	4	5	6	7 이상	합계
o_i	1	3	7	6	10	7	6	0	40
p_{i0}	0.050	0.149	0.224	0.224	0.168	0.101	0.050	0.034	1.0
e_i	2.00	5.96	8.96	8.96	6.72	4.04	2.00	1.36	40.0
	7.96					7.40			

위의 **〈표 11-1〉**에서 속성확률 p_{i0}와 e_i의 값은 다음과 같이 계산되었다.

$$p_{10}=P(X=0)=e^{-3}=0.050$$
$$p_{20}=P(X=1)=3e^{-3}=0.419$$
$$p_{30}=P(X=2)=\frac{e^{-3}\cdot 3^2}{2!}=0.224$$

나머지 p_{i0}의 값도 마찬가지로 얻어진다. 따라서

$$e_1=np_{10}=40\times 0.050=2.00$$
$$e_2=np_{20}=40\times 0.149=5.96$$

$$e_3 = np_{30} = 40 \times 0.224 = 8.96$$

등과 같이 계산된다.

한편 위의 **〈표 11-1〉**에서 각각 1, 6, 7, 8번째의 범주, 즉 $X=0, 5, 6, 7$ 이상의 범주에 속하는 기대도수의 값이 5 미만이므로 χ^2-검정통계량의 정도(precision)를 높이기 위해서 인접한 범주들을 묶어서 취급하는 것이 좋다. 따라서 $X=0$의 범주는 $X=1$의 범주와 합치고 $X=5, 6, 7$ 이상의 범주들을 함께 묶어서 1개의 범주로 취급한다. 이렇게 하면 범주의 수는 $k=5$로 조정되고 통계량 χ^2의 값은 다음과 같다.

$$\begin{aligned}\chi^2 &= \sum_{i=1}^{5} \frac{(o_i - e_i)^2}{e_i} \\ &= \frac{(4-7.96)^2}{7.96} + \frac{(7-8.96)^2}{8.96} + \frac{(6-8.96)^2}{8.96} + \frac{(10-6.72)^2}{6.72} + \frac{(13-7.40)^2}{7.40} \\ &= 9.22\end{aligned}$$

따라서 부록의 **〈부표-5〉**로부터 $\chi^2 = 9.22 > 7.78 = \chi^2_{0.1,\ 4}$이므로 유의수준 $\alpha = 0.1$에서 H_0를 기각한다. 즉 주어진 자료로부터 자동차 사고횟수의 분포는 하루 평균 3번꼴로 발생하는 포아송분포를 따른다고 볼 수 없다는 결론을 얻는다.

11.3.2 귀무가설하에서 모집단분포의 모수가 알려져 있지 않은 경우

앞의 절에서는 적합도의 검정문제에서 모집단의 확률분포에 대해서 모수가 알려져 있는 경우를 다루었다. 본 절에서는 모집단 확률분포의 모수가 알려져 있지 않은 경우에 대해서 적합도의 검정을 실시하는 문제를 생각해 보자.

귀무가설하에서 모집단의 분포가 어떤 특정한 형태의 확률분포를 따르지만 p개의 모수, 예컨대 $\theta_1, \theta_2, \cdots, \theta_p$를 포함하고 있다고 가정하자. 이 경우에 모집단의 분포에 대한 귀무가설과 대립가설은 다음과 같이 주어진다.

H_0 : $X \sim f(x\ ;\ \boldsymbol{\theta})$이다.

H_1 : $X \sim f(x\ ;\ \boldsymbol{\theta})$가 아니다.

여기서 $f(x\ ;\ \boldsymbol{\theta})$는 모수 θ를 포함하는 모집단의 확률밀도함수이고 $\boldsymbol{\theta}=(\theta_1, \theta_2, \cdots, \theta_p)$는 $p(p \geqq 1)$개의 알려져 있지 않은 모수들의 벡터이다.

위에서와 같이 H_0하에서 모집단의 확률분포에 알려져 있지 않은 모수가 포함되어 있을 경우에는 앞 절에서와 같이 다항분포의 검정에 관한 χ^2통계량을 곧바로 적용시킬 수 없다. 그 이유는 n개의 표본자료를 k개의 범주 $A_1, A_2, \cdots, A_k$로 나누었을 때에 i번째 범주에 속하는 기대도수는 $e_i = np_{i0}$이고, 여기서 $p_{i0} = P(X \in A_i)$는 $\boldsymbol{\theta} = (\theta_1, \theta_2, \cdots, \theta_p)$의 함수이므로 $e_i = np_{i0}(\theta_1, \theta_2, \cdots, \theta_p)$가 되어서 e_i는 알려져 있지 않은 모수 $\boldsymbol{\theta} = (\theta_1, \theta_2, \cdots, \theta_p)$의 함수가 되기 때문이다. 따라서 앞 절의 χ^2통계량을 적용하기 위해서는 $\boldsymbol{\theta} = (\theta_1, \theta_2, \cdots, \theta_p)$의 추정치를 찾아서 $\hat{p}_{i0} = p_{i0}(\hat{\theta}_1, \hat{\theta}_2, \cdots, \hat{\theta}_p)$를 구하고, 이를 이용하여 기대도수의 추정값 $\hat{e}_i = n\hat{p}_{i0}$를 구해야 한다. 여기서 $\theta = (\theta_1, \theta_2, \cdots, \theta_p)$의 추정치로는 흔히 최우추정치를 사용한다.

기대도수의 추정값 $\hat{e}_i = n\hat{p}_{i0}(= np_{i0}(\hat{\theta}_1, \hat{\theta}_2, \cdots, \hat{\theta}_p))$가 구해지면 귀무가설을 검정하기 위한 통계량은

$$\chi^2 = \sum_{i=1}^{k} \frac{(o_i - \hat{e}_i)^2}{\hat{e}_i} = \sum_{i=1}^{k} \frac{(n_i - n\hat{p}_{i0})^2}{n\hat{p}_{i0}}$$

이 되고, χ^2의 분포는 표본의 크기 n이 클 때에 근사적으로 자유도 $k-1-p$인 카이제곱분포를 따른다. 여기서 자유도가 $k-1-p$인 이유는 p개의 알려져 있지 않은 모수를 추정하기 위해 데이터(data)가 사용되었기 때문이다. 즉, 원래의 자유도 $k-1$에서 p개(추정하기 위한 모수의 개수)만큼 줄어들었기 때문이다.

이상의 내용을 요약하면 다음과 같다.

적합도 검정 : H_0하에서 모수가 알려져 있지 않은 경우

귀무가설 $H_0 : X \sim f(x\,;\boldsymbol{\theta})$이다. 여기서 $\boldsymbol{\theta}=(\theta_1, \theta_2, \cdots, \theta_p)$는 알려져 있지 않은 값

대립가설 $H_1 : X \sim f(x\,;\boldsymbol{\theta})$가 아니다.

n개의 표본자료를 k의 범주로 나눈다.

검정통계량 : $\chi^2 = \sum_{i=1}^{k} \frac{(o_i - \hat{e}_i)^2}{\hat{e}_i}$

여기서 $o_i = i$번째 범주에 속하는 관측도수

$\hat{e}_i = n\hat{p}_{i0}$, i번째 범주에 속하는 기대도수의 추정값

기각역 : 유의수준 α에서

$C : \chi^2 \geq \chi^2_{\alpha,\, k-1-p}$

예제 11.4

[예제 11.3]에서 주어진 경우를 다시 고려하자. 만약 이 경우에 자동차 사고횟수의 분포는 하루 평균 θ(알려져 있지 않은 모수)번 꼴로 발생하는 포아송분포를 따른다고 볼 수 있는지 유의수준 $\alpha=0.1$에서 검정하여라.

귀무가설과 대립가설은 다음과 같이 주어진다.

$H_0 : X \sim P(\theta)$, 즉 평균이 θ인 포아송분포이다.

$H_1 : X \sim P(\theta)$가 아니다.

따라서 H_0하에서 X(하루에 일어나는 자동차의 사고횟수)의 확률밀도함수는 다음과 같다.

$$f(x\,;\theta) = \frac{e^{-\theta} \cdot \theta^x}{x!},\ x=0,\ 1,\ 2,\ 3,\ \cdots$$

[예제 11.3]의 풀이에서와 같이 $n=40$일을 5개의 범주로 나누어서 각 범주에 속하는 기대도수 e_i를 계산하면

$$e_1 = np_{10} = 40 \cdot P(x=0,\ 1) = 40 \cdot e^{-\theta}(1+\theta)$$

$$e_2 = np_{20} = 40 \cdot P(x=2) = 40 \cdot \frac{e^{-\theta} \cdot \theta^2}{2!}$$

$$e_3 = np_{30} = 40 \cdot P(x=3) = 40 \cdot \frac{e^{-\theta} \cdot \theta^3}{3!}$$

등과 같이 얻어진다.

위에서 보는 바와 같이 기대도수 e_i들은 알려져 있지 않은 모수 θ의 함수이므로 e_i의 추정값을 구하기 위해 θ의 최우추정치, 즉 $\hat{\theta} = \bar{x}$를 대입하여 $\hat{p}_{i0} = p_{i0}(\hat{\theta})$를 계산하고, 이를 이용하여 $\hat{e}_i = n\hat{p}_{i0}$를 구한다.

주어진 데이터로부터 $\hat{\theta} = \bar{x}$를 계산하면 다음과 같다.

$$\bar{x} = \frac{1}{40}(0 \times 1 + 1 \times 3 + \cdots + 6 \times 6) = 3.65$$

따라서 $\hat{\theta} = 3.65$를 대입하여 $\hat{p}_{i0}$와 $\hat{e}_i$를 구하면 **〈표 11-2〉**를 얻는다.

표 11-2 H_0하에서 기대도수 e_i의 추정값

X	{0, 1}	2	3	4	5 이상	합계
o_i	4	7	6	10	13	40
$\hat{p}_{i0}$	0.121	0.173	0.211	0.192	0.303	1.00
$\hat{e}_i$	4.84	6.92	8.44	7.68	12.12	40.0

따라서 검정통계량 χ^2의 값은 다음과 같다.

$$\chi^2 = \sum_{i=1}^{5} \frac{(o_i - \hat{e}_i)^2}{\hat{e}_i}$$

$$= \frac{(4-4.84)^2}{4.84} + \frac{(7-6.92)^2}{6.92} + \frac{(6-8.44)^2}{8.44} + \frac{(10-7.68)^2}{7.68} + \frac{(13-12.12)^2}{12.12}$$

$$= 1.62$$

귀무가설하에서 통계량 χ^2의 분포는 근사적으로 자유도가 $k-1-p=$

$5-1-1=3$인 카이제곱분포를 따르므로 부록의 **〈부표-5〉**로부터 $\chi^2=1.62 < 6.25=\chi^2_{0.1,\,3}$이므로 유의수준 $\alpha=0.1$에서 H_0를 기각하지 못한다. 즉, 주어진 자료로부터 자동차 사고횟수의 분포는 포아송분포를 따른다고 볼 수 있다는 결론을 얻는다.

[예제 11.4]와 앞 절의 **[예제 11.3]**에서 검정의 결과가 서로 다르게 나온 사실을 유의해 볼 필요가 있다. **[예제 11.3]**에서는 하에서 모집단의 분포에 대해 엄격히 제한된, 즉 $\theta=3$인 포아송분포라는 가정에 비해서 **[예제 11.4]**에서는 훨씬 완화된, 즉 알려져 있지 않은 모수 θ를 갖는 포아송분포를 따른다는 가정을 하고 있다.

예제 11.5

어떤 고등학교 3학년 학생들의 기말고사 수학 점수가 정규분포를 따르는지 알아보기 위해 50명을 임의로 추출하여 그들의 수학 점수를 크기순으로 배열한 결과 **〈표 11-3〉**의 자료를 얻었다.

표 11-3 50명 학생의 크기순으로 배열한 수학 기말점수

23	23	24	27	29	31	32	33	33	35
36	37	40	42	43	43	44	45	48	48
54	54	56	57	57	58	58	58	58	59
61	61	62	63	64	65	66	68	68	70
73	73	74	75	77	81	87	89	93	97

위의 자료를 바탕으로 이 학교 3학년 학생들의 수학 기말점수가 정규분포를 이룬다고 볼 수 있는가? $\alpha=0.05$에서 검정하여라.

위의 문제에 대하여 귀무가설과 대립가설은 다음과 같다.

H_0 : $X \sim N(\mu, \sigma^2)$이다.

H_1 : $X \sim N(\mu, \sigma^2)$가 아니다.

여기서 X는 이 학교 3학년 학생들의 수학 기말점수를 나타내고, H_0하에서 X의 분포는 알려져 있지 않은 모평균 μ와 σ^2을 포함하는 정규분포이다. $n=50$개의 표본자료를 적당히 4개의 범주(점수구간)로 나누어서 각 범주에 속하는 관측도수를 계산하면 아래와 같다.

점수구간	20~40	40~60	60~80	80~100	합계
관측도수	12	18	15	5	50

그리고 주어진 자료로부터 μ와 σ^2의 추정치로 표본평균 $\bar{x}$와 표본표준편차 s를 구하면 다음과 같다.

$$\hat{\mu}=\bar{x}=55.2, \quad \hat{\sigma}=s=18.7$$

한편 정규분포는 실수 전체의 범위에서 연속인 확률분포이므로 위의 범주(점수구간)에 '20 미만'과 '100 이상'의 범주를 각각 추가하여 H_0하에서 $\hat{p}_{i0}=p_{i0}(\hat{\mu}, \hat{\sigma}^2)$를 계산하면 **<표 11-4>**와 같이 나온다. 여기서 $\Phi(z_i)$는 표준정규분포에서 $P(Z \leq z_i)$의 확률을 의미한다.

표 11-4 H_0하에서 속성확률 p_{i0}의 추정값 계산

구간	20 미만	20~40	40~60	60~80	80~100	100 이상
구간의 상한값 x_i	20	40	60	80	100	∞
$\frac{x_i-\bar{x}}{s}=z_i$	-1.88	-0.813	0.256	1.33	2.40	∞
$\Phi(z_i)$	0.03	0.21	0.60	0.91	0.99	1
$\hat{p}_{i0}$	0.03	0.18	0.39	0.31	0.08	0.01

참고로 위의 **〈표 11-4〉**에서 $\hat{p}_{i0}$의 값은

$$\hat{p}_{10} = \Phi(z_1) = 0.03$$
$$\hat{p}_{20} = \Phi(z_2) - \Phi(z_1) = 0.21 - 0.03 = 0.18$$
$$\hat{p}_{30} = \Phi(z_3) - \Phi(z_2) = 0.60 - 0.21 = 0.39$$

등과 같이 얻어진다.

〈표 11-4〉로부터 H_0하에서 각 구간에 속하는 기대도수의 추정값 $\hat{e}_i = 50\hat{p}_{i0}$를 구하고 그에 대응하는 관측도수와 함께 나타내면 다음의 **〈표 11-5〉**를 얻는다.

표 11-5 관측도수 o_i와 H_0하에서 기대도수 e_i의 추정값

구간	20 미만	20~40	40~60	60~80	80~100	100 이상
o_i	0	12	18	15	5	0
e_i	1.5	9.0	19.5	15.5	4	0.5
	10.5				4.5	

그런데 위의 **〈표 11-5〉**에서 보는 바와 같이 기대도수의 추정값 $\hat{e}_i$가 작은 구간이 있으므로 이들을 인접한 구간끼리 합쳐서 검정통계량 χ^2의 값을 계산하면 다음과 같다.

$$\chi^2 = \sum_{i=1}^{4} \frac{(o_i - \hat{e}_i)^2}{\hat{e}_i}$$
$$= \frac{(12-10.5)^2}{10.5} + \frac{(18-19.5)^2}{19.5} + \frac{(15-15.5)^2}{15.5} + \frac{(5-4.5)^2}{4.5}$$
$$= 0.395$$

귀무가설하에서 χ^2의 분포는 근사적으로 자유도가 $k-1-p=4-1-2=1$인 카이제곱분포를 따르므로 부록의 **〈부표-5〉**로부터 $\chi^2 = 0.395 < 3.841 = \chi^2_{0.05,\,1}$이므로 유의수준 $\alpha = 0.05$에서 H_0를 기각할 수 없다. 즉 주어진 자료로부터 이 학교 3학년 학생들의 수학점수가 정규분포를 따른다고 보는 것이 타당하다.

11.4 동일성의 검정

본 절에서는 2개 이상의 모집단으로부터 추출한 각 표본들이 범주형으로 주어졌을 때, 이들 모집단의 분포가 서로 동일한가를 검정하는 **동일성의 검정**(test of homogeneity) 문제를 생각하기로 한다. 즉 r개의 모집단으로부터 표본의 크기가 각각 $n_1, n_2, \cdots, n_r$인 표본자료를 c개의 범주 $A_1, A_2, \cdots, A_c$로 분류하였을 때, 각 범주에 속하는 속성확률들이 r개의 모집단들에 대해서 서로 같은지를 검정하고자 한다.

r개의 모집단으로부터 추출한 각 표본자료들을 c개의 범주로 분류하였을 때에 각 세분화된 범주에 속하는 관측도수와 속싱확률들을 표로 나타내면 **〈표 11-6〉**, **〈표 11-7〉**과 같다.

〈표 11-6〉과 **〈표 11-7〉**에서 보는 바와 같이 동일성 검정의 문제는 다음과 같이 표현할 수 있다.

표본의 크기가 $n_1, n_2, \cdots, n_r$인 r개의 다항모집단이 각각 c개의 범주를 가지고 있다 하자. 이때 i번째 모집단의 j번째 범주에 속하는 속성확률을 $p_{ij}(i=1, 2, \cdots, r, j=1, 2, \cdots, c)$라고 할 때, 이들 r개의 다항모집단의 분포가 같은가를 검정하고자 한다.

따라서 동일성 검정에서 귀무가설과 대립가설은 다음과 같이 설정된다.

H_0 : 각 범주 $j=1, 2, \cdots, c$에 대해서 $p_{1j}=p_{2j}=\cdots=p_{rj}=p_j$

H_1 : 적어도 하나의 i에 대해서 $p_{ij} \neq p_j$이다.

표 11-6 동일성 검정에서 표본자료의 구조

범주 / 모집단	A_1	A_2	$\cdots$	A_c	표본의 크기
1	n_{11}	n_{12}	$\cdots$	n_{1c}	n_1
2	n_{21}	n_{22}	$\cdots$	n_{2c}	n_2
$\vdots$	$\vdots$	$\vdots$	$\cdots$	$\vdots$	$\vdots$
r	n_{r1}	n_{r2}	$\cdots$	n_{rc}	n_r
	c_1	c_2		c_c	n

표 11-7 동일성 검정에서 속성확률의 구조

모집단 \ 범주	A_1	A_2	$\cdots$	A_c	합계
1	p_{11}	p_{12}	$\cdots$	p_{1c}	1
2	p_{21}	p_{22}	$\cdots$	p_{2c}	1
$\vdots$	$\vdots$	$\vdots$	$\cdots$	$\vdots$	$\vdots$
r	p_{r1}	p_{r2}	$\cdots$	p_{rc}	1

위의 귀무가설을 검정하기 위해서 11장 11.2에서 다루었던 다항분포의 검정방법을 적용한다. 즉 **〈표 11-6〉**에서 주어진 바와 같이 각 세분화된 범주 A_{ij}에 속하는 관측도수 n_{ij}와 H_0하에서 기대도수 e_{ij}를 구하여 비교하는 것이다.

이제 귀무가설 H_0하에서 각 범주에 속하는 기대도수 e_{ij}를 구하는 과정을 살펴보자.

귀무가설 H_0 : $p_{1j}=p_{2j}=\cdots=p_{rj}(j=1, 2, \cdots, c)$하에서 i번째 모집단의 분포는 다항분포 $m(n, p_1, p_2, \cdots, p_c)$를 따른다. 즉,

$$P(N_{i1}=n_{i1}, N_{i2}=n_{i2}, \cdots, N_{ic}=n_{ic}) = \frac{n_i!}{n_{i1}!\cdots n_{ic}!}\, p_1^{n_{i1}} p_2^{n_{i2}} \cdots p_c^{n_{ic}}$$

$$\text{여기서 } p_1+p_2+\cdots+p_c=1$$

$$n_{i1}+n_{i2}+\cdots+n_{ic}=n_i$$

가 된다. 따라서 H_0하에서 i번째 모집단의 j번째 범주에 속하는 기대도수는

$$e_{ij}=n_i p_j$$

가 된다. 그런데 $p_j(j=1, 2, \cdots, c)$는 알려져 있지 않은 속성확률이므로 이를 추정해야 한다. p_j에 대한 추정값으로는 흔히 그의 최우추정값

$$\hat{p}_j=\frac{c_j}{n},\quad j=1, 2, \cdots, c$$

를 사용한다. 즉 $\hat{p}_j$는 전체 표본에 대한 j번째 범주에 속하는 표본의 비율을 뜻한다. 그런데 $p_1+p_2+\cdots+p_c=1$이므로 c개의 p_j중에서 $c-1$개까지만 추정하면 나머지 1개는 이들로부터 자동적으로 결정된다. 이들 p_j의 값으로부터 e_{ij}의 추정값을 구하면 다음과 같다.

$$\hat{e}_{ij} = n_i \hat{p}_j = \frac{n_i c_j}{n}, \quad i = 1, 2, \cdots, r, \quad j = 1, 2, \cdots, c$$

따라서 동일성의 검정통계량은 관측도수 $o_{ij}(=n_{ij})$와 기대도수의 추정값 $\hat{e}_{ij}$의 차이를 측정한 통계량인

$$\chi^2 = \sum_{i=1}^{r} \sum_{j=1}^{c} \frac{(o_{ij} - \hat{e}_{ij})^2}{\hat{e}_{ij}}$$

$$\text{단, } o_{ij} = n_{ij}, \quad \hat{e}_{ij} = \frac{n_i c_j}{n}, \quad i = 1, 2, \cdots, r, \quad j = 1, 2, \cdots, c$$

를 사용한다. 여기서 통계량 χ^2의 분포는 표본의 크기 $n_1, n_1, \cdots, n_r$이 클 때 H_0하에서 근사적으로 자유도가 $(r-1)(c-1)$인 카이제곱분포를 따른다.

참고로 통계량 χ^2의 자유도가 $(r-1)(c-1)$인 이유를 살펴보자. H_0하에서 속성확률 p_{ij}를 추정하기 전에 통계량 χ^2의 자유도는 r개의 모집단들이 서로 독립이므로 $r(c-1)$이 된다. 그런데 H_0하에서 추정된 속성확률 p_j의 개수가 $c-1$개이므로 검정통계량 χ^2의 자유도는 $r(c-1)-(c-1)=(r-1)(c-1)$이 되는 것이다. 이상의 내용을 요약하면 다음과 같다.

동일성의 검정

귀무가설 H_0 : 각 범주 $j = 1, 2, \cdots, c$ 에 대해서 $p_{1j} = p_{2j} = \cdots = p_{rj} = p_j$

대립가설 H_1 : 적어도 하나의 i에 대해서 $p_{ij} \neq p_j$이다.

검정통계량 : $\chi^2 = \sum_{i=1}^{r} \sum_{j=1}^{c} \frac{(o_{ij} - \hat{e}_{ij})^2}{\hat{e}_{ij}}$

여기서 $o_{ij} = n_{ij}$, 즉 i번째 모집단의 j번째 범주에 속하는 관측도수

$\hat{e}_{ij} = \frac{n_i c_j}{n}$, 즉 i번째 모집단의 j번째 범주에 속하는 기대도수의 추정값

기각역 : 유의수준 α에서

$$C : \chi^2 \geq \chi^2_{\alpha, (r-1)(c-1)}$$

예제 11.6

지역에 따라 3명의 후보 갑, 을, 병에 대한 지지율에 차이가 있는지를 알아보기 위해서 A, B, C, D의 네 지역에서 각각 200명의 유권자를 임의추출하여 3명의 후보에 대한 지지도를 조사하였더니 다음과 같은 결과가 나왔다.

지역 \ 후보	갑	을	병	합계
A	21	121	58	200
B	18	133	49	200
C	10	147	43	200
D	18	138	44	200
합계	67	539	194	800

위의 자료를 근거로 지역에 따라 대통령후보에 대한 지지율이 다르다고 볼 수 있는지 유의수준 $\alpha = 0.05$에서 검정하여라.

위의 문제에서 귀무가설과 대립가설은 다음과 같이 주어진다.

H_0 : 지역에 따라 후보에 대한 지지율이 같다.

H_1 : 지역에 따라 후보에 대한 지지율이 다르다.

주어진 자료에 대해서 각 범주에 속하는 관측도수와 기대도수의 값을 각각 적어보면 다음과 같다.

표 11-8 동일성 검정을 위한 자료구조

지역 \ 후보	갑	을	병	합계
A	21(16.75)	121(134.75)	58(48.5)	200
B	18(16.75)	133(134.75)	49(48.5)	200
C	10(16.75)	147(134.75)	43(48.5)	200
D	18(16.75)	138(134.75)	44(48.5)	200
합계	67	539	194	800

* 괄호 속의 숫자는 기대도수의 추정값임

위의 **〈표 11-8〉**에서 기대도수의 추정값 $\hat{e}_{ij}$은

$$\hat{e}_{ij} = \frac{n_i c_j}{n}, \quad i = 1, 2, \cdots, r, \quad j = 1, 2, \cdots, c$$

에 의해서 얻어졌다. 예를 들면

$$\hat{e}_{11} = \frac{200 \times 67}{800} = 16.75, \quad \hat{e}_{12} = \frac{200 \times 539}{800} = 134.75$$

등과 같이 계산된다.

따라서 검정통계량의 값은

$$\begin{aligned}\chi^2 &= \sum_{i=1}^{4} \sum_{j=1}^{3} \frac{(o_{ij} - \hat{e}_{ij})^2}{\hat{e}_{ij}} \\ &= \frac{(21 - 16.75)^2}{16.75} + \frac{(121 - 134.75)^2}{134.75} + \cdots + \frac{(44 - 48.5)^2}{48.5} \\ &= 9.51\end{aligned}$$

이고, 자유도는 $(4-1)(3-1)=6$이 된다.

부록의 〈부표-5〉로부터 $\chi^2 = 9.51 < 13.592 = \chi^2_{0.05,\,6}$이므로 유의수준 $\alpha = 0.05$에서 귀무가설을 기각할 수 없다. 즉 지역에 따라 3명의 후보에 대한 지지율이 다르다고 볼 수 없다는 결론을 얻는다.

11.5 독립성의 검정

본 절에서는 어떤 하나의 조사 대상으로부터 추출한 표본자료들이 두 가지 특성, 예컨대 A와 B에 의해서 분류되었을 때에 이들 두 가지 특성 A와 B 사이에 어떤 연관성이 있는지를 검정하는 문제를 생각해 보자. 이와 같은 검정문제를 **독립성의 검정**(test of independence)이라고 한다.

이제 하나의 모집단으로부터 임의추출한 n개의 표본이 특성 A를 갖는 r개의 행

범주(row category) $A_1, A_2, \cdots, A_r$과 특성 B를 갖는 c개의 열범주(column category) $B_1, B_2, \cdots, B_c$에 의해서 분류되었다고 하자. n개의 표본 중에서 i번째 행범주 A_i와 j번째 열범주 B_j에 동시에 속하는 표본의 개수를 n_{ij}라고 하면 n개의 표본은 아래의 **〈표 11-9〉**와 같이 분류된다. 이와 같이 분류된 표는 분할표(contingency table)라고 부른다.

표 11-9 독립성 검정을 위한 $\boldsymbol{r \times c}$ 분할표

A \ B	B_1	B_2	$\cdots$	B_c	합계
A_1	n_{11}	n_{12}	$\cdots$	n_{1c}	$n_{1.}$
A_2	n_{21}	n_{22}	$\cdots$	n_{2c}	$n_{2.}$
$\vdots$	$\vdots$	$\vdots$	$\cdots$	$\vdots$	$\vdots$
A_r	n_{r1}	n_{r2}	$\cdots$	n_{rc}	$n_{r.}$
합계	$n_{.1}$	$n_{.2}$		$n_{.c}$	n

이때 임의의 한 표본이 **〈표 11-9〉**에서 주어진 각 범주에 속할 속성확률을 다음과 같이 나타내자.

$p_{ij} = P(A_i \cap B_j)$, 한 표본이 i번째 행범주 A_i와 j번째 열범주 B_j에 동시에 속할 확률

$p_{i.} = P(A_i)$, 한 표본이 i번째 행범주 A_i에 속할 확률

$p_{.j} = P(B_j)$, 한 표본이 j번째 열범주 B_j에 속할 확률

이 경우에 **〈표 11-9〉**에 대응하는 속성확률에 관한 분할표가 아래와 같이 주어진다.

표 11-10 속성확률에 관한 $\boldsymbol{r \times c}$ 분할표

A \ B	B_1	B_2	$\cdots$	B_c	합계
A_1	p_{11}	p_{12}	$\cdots$	p_{1c}	$p_{1.}$
A_2	p_{21}	p_{22}	$\cdots$	p_{2c}	$p_{2.}$
$\vdots$	$\vdots$	$\vdots$	$\cdots$	$\vdots$	$\vdots$
A_r	p_{r1}	p_{r2}	$\cdots$	p_{rc}	$p_{r.}$
합계	$p_{.1}$	$p_{.2}$		$p_{.c}$	1

그러면 두 가지 특성 A와 B 사이에 독립성의 검정을 위한 귀무가설과 대립가설은 다음과 같이 설정된다.

H_0 : 모든 $i=1, 2, \cdots, r$과 $j=1, 2, \cdots, c$에 대해서 $p_{ij}=p_{i.}\cdot p_{.j}$

H_1 : 적어도 하나의 i 또는 j에 대해서 $p_{ij}\neq p_{i.}\cdot p_{.j}$이다.

위의 독립성 검정의 방법은 앞 절의 동일성 검정의 경우와 마찬가지로 (i, j)번째 범주 $A_i\cap B_j$에 속하는 관측도수 n_{ij}와 H_0하에서 기대도수 e_{ij}를 구하여 비교하는 것이다.

귀무가설 H_0하에서 각 범주 $A_i\cap B_j$에 속하는 기대도수 e_{ij}를 구해보자. n개의 표본이 **〈표 11-9〉**에서와 같이 분류되었을 때, 각 범주 $A_i\cap B_j(i=1, 2, \cdots, r,\ j=1, 2, \cdots, c)$에 속하는 확률표본 $(N_{11}, \cdots, N_{1c}, N_{21}, \cdots, N_{2c}, \cdots, N_{r1}, \cdots, N_{rc})$은 다항분포 $m(n, p_{11}, \cdots, p_{1c}, p_{21}, \cdots, p_{2c}, \cdots, p_{r1}, \cdots, p_{rc})$를 따르므로 다항분포의 성질로부터 $E(N_{ij})=np_{ij}$를 얻는다.

따라서 귀무가설 H_0 : $p_{ij}=p_{i.}\cdot p_{.j}$, $i=1, 2, \cdots, r$, $j=1, 2, \cdots, c$하에서 기대도수 e_{ij}의 값은 $e_{ij}=E(N_{ij})=np_{i.}\cdot p_{.j}$, $i=1, 2, \cdots, r$, $j=1, 2, \cdots, c$로 주어진다. 그런데 $p_{i.}(i=1, 2, \cdots, r)$과 $p_{.j}(j=1, 2, \cdots, c)$는 알려져 있지 않은 속성확률이므로 이들을 추정해야 한다. 이들에 대한 추정값으로는 흔히 이들의 최우추정값

$$\hat{p}_{i.}=\frac{n_{i.}}{n},\quad i=1, 2, \cdots, r$$

$$\hat{p}_{.j}=\frac{n_{.j}}{n},\quad j=1, 2, \cdots, c$$

$$\text{여기서 } \hat{p}_{1.}+\cdots+\hat{p}_{r.}=1,\ \hat{p}_{.1}+\cdots+\hat{p}_{.c}=1$$

을 각각 사용한다. 즉 $\hat{p}_{i.}$와 $\hat{p}_{.j}$는 n개의 표본 중에서 각각 i번째 범주 A_i와 j번째 범주 B_j에 속하는 표본의 비율을 뜻한다.

이들 $\hat{p}_{i.}$와 $\hat{p}_{.j}$의 값으로부터 e_{ij}의 추정값을 구하면 다음과 같다.

$$\hat{e}_{ij}=n\cdot\frac{n_{i.}}{n}\cdot\frac{n_{.j}}{n}=\frac{n_{i.}\cdot n_{.j}}{n},$$

$$i=1, 2, \cdots, r,\quad j=1, 2, \cdots, c$$

따라서 독립성 검정을 위한 통계량은 앞 절의 동일성 검정의 통계량과 같은 통계량

$$\chi^2=\sum_{i=1}^{r}\sum_{j=1}^{c}\frac{(o_{ij}-\hat{e}_{ij})^2}{\hat{e}_{ij}}$$

여기서 $o_{ij}=n_{ij},\ \hat{e}_{ij}=\dfrac{n_{i.}\cdot n_{.j}}{n},\quad i=1,2,\cdots,r,\quad j=1,2,\cdots,c$

을 사용한다. 검정통계량 χ^2의 분포는 H_0하에서 근사적으로 자유도가 $(r-1)(c-1)$인 카이제곱분포를 따른다. χ^2분포의 자유도가 $(r-1)(c-1)$인 이유를 살펴보자.

n개의 표본 중에서 (i, j)번째 범주 $A_i\cap B_j$에 속하는 표본의 개수는 n_{ij}이고 $\sum_{i=1}^{r}\sum_{j=1}^{c}n_{ij}=n$ 이므로 각 범주 $A_i\cap B_j$에 자유롭게 주어질 수 있는 n_{ij}의 개수는 $rc-1$이 된다. 그런데 H_0하에서 추정되어진 속성확률 $p_{i.}(i=1, 2, \cdots, r)$과 $p_{.j}(j=1, 2, \cdots, c)$의 개수는 $(\hat{p}_{1.}+\cdots+\hat{p}_{r.}=1$과 $\hat{p}_{.1}+\cdots+\hat{p}_{.c}=1$이 성립하므로) 각각 $r-1$개와 $c-1$개가 된다. 따라서 통계량 χ^2의 자유도는 $(rc-1)-(r-1)-(c-1)=(r-1)(c-1)$이 된다.

이상의 내용을 요약하면 다음과 같다.

독립성 검정

귀무가설 H_0 : 모든 $i=1, 2, \cdots, r$과 $j=1, 2, \cdots, c$에 대해서 $p_{ij}=p_{i.}\cdot p_{.j}$

대립가설 H_1 : 적어도 하나의 i 또는 j에 대해서 $p_{ij}\neq p_{i.}\cdot p_{.j}$이다.

검정통계량 : $\chi^2=\sum_{i=1}^{r}\sum_{j=1}^{c}\frac{(o_{ij}-\hat{e}_{ij})^2}{\hat{e}_{ij}}$

여기서 $o_{ij}=n_{ij}$, 즉 (i, j)번째 범주에 속하는 관측도수

$\hat{e}_{ij}=\dfrac{n_{i.}\cdot n_{.j}}{n}$, 즉 (i, j)번째 범주에 속하는 기대도수의 추정값

기각역 : 유의수준 α에서

$C: \chi^2\geq\chi^2_{\alpha,(r-1)(c-1)}$

주의사항 본 절에서 다룬 독립성 검정과 앞 절에서 다룬 동일성 검정은 검정통계량 χ^2의 계산과정과 분포가 서로 똑같다는 것을 보았다. 그러나 분할표의 자료구조에서 차이점이 있다. 즉, 독립성 검정에서는 1개의 모집단으로부터 임의로 추출

한 n개의 표본을 두 가지 특성 A, B에 따라서 각각 r개의 행범주 $A_1, A_2, \cdots, A_r$과 c개의 열범주 $B_1, B_2, \cdots, B_c$로 분류하여 $r \times c$ 분할표를 구성하였다. 따라서 이 경우에는 표본의 크기 n만이 미리 정해진 값이고 그 밖의 각 행범주 A_i와 각 열범주 B_j에 속하는 세부표본의 크기 $n_{i.}(i=1, 2, \cdots, r)$과 $n_{.j}(j=1, 2, \cdots, c)$ 등은 표본의 크기 n은 고정한 채로 표본추출을 달리할 때마다 값이 달라질 수 있는 확률변수를 뜻한다.

반면에 동일성 검정에서는 r개의 모집단으로부터 각각 $n_1, n_2, \cdots, n_r$개의 표본을 추출하여 이들 각 표본을 r개의 행범주 $A_1, A_2, \cdots, A_r$로 분류하였다. 따라서 이 경우에 각 행범주에 속하는 표본의 크기 $n_1, n_2, \cdots, n_r$은 미리 정해진 값이다.

예제 11.7

어느 회사에서는 매년 신입사원들에 대해 연수교육을 실시하고 있다. 이때 이들의 연수성적과 그 후 1년간 근무성적 사이에 어떤 연관성이 있는지를 알아보기 위해서 전체 신입사원 중에서 400명을 임의로 추출하여 다음과 같은 조사결과를 얻었다.

연수성적 \ 근무성적	저조	양호	우수	합계
저조	23	60	29	112
양호	28	79	60	167
우수	9	49	63	121
합계	60	188	152	400

위의 자료를 바탕으로 신입사원의 연수성적이 1년간 근무성적에 영향을 미친다고 볼 수 있는지 유의수준 $\alpha=0.01$에서 검정하여라.

위의 문제의 귀무가설과 대립가설은 다음과 같이 주어진다.

H_0: 연수성적과 근무성적은 서로 연관성이 없다.

H_1: 연수성적과 근무성적은 서로 연관성이 있다.

주어진 자료에 대해서 각 범주에 속하는 관측도수와 기대도수의 값을 각각 적어보면 다음의 표와 같다.

표 11-11 독립성 검정을 위한 3×3 분할표

연수성적 \ 근무성적	저조	양호	우수	합계
저조	23(16.80)	60(52.64)	29(42.56)	112
양호	28(25.05)	79(78.49)	60(63.46)	167
우수	9(18.15)	49(56.87)	63(45.98)	121
합계	60	188	152	400

* 괄호 속의 숫자는 기대도수의 추정값임

표 <11.11>에서 기대도수의 추정값 $\hat{e}_{ij}$은

$$\hat{e}_{ij}=\frac{n_{i.}\cdot n_{.j}}{n},\quad i=1,2,\cdots,r,\quad j=1,2,\cdots,c$$

에 의해서 얻어졌다. 예를 들면

$$\hat{e}_{11}=\frac{112\times 60}{400}=16.80,\quad \hat{e}_{12}=\frac{112\times 188}{400}=52.64$$

등과 같이 계산된다. 따라서 검정통계량의 값은

$$\begin{aligned}\chi^2&=\sum_{i=1}^{3}\sum_{j=1}^{3}\frac{(o_{ij}-\hat{e}_{ij})^2}{\hat{e}_{ij}}\\&=\frac{(23-16.80)^2}{16.80}+\frac{(60-52.64)^2}{52.64}+\cdots+\frac{(63-45.98)^2}{45.98}\\&=20.179\end{aligned}$$

이고, 자유도는 $(3-1)(3-1)=4$가 된다.

부록의 <부표-5>로부터 $\chi^2=20.179>\chi^2_{0.01,\,4}=13.277$이므로 유의수준 $\alpha=0.01$에서 귀무가설을 기각한다. 즉 신입사원들의 연수성적은 그들의 1년간 근무성적에 영향을 미친다고 볼 수 있다.

한편 2×2 분할표의 경우에 독립성 검정을 위한 χ^2의 값은 다음과 같이 간단히 계산될 수 있다. 2×2 분할표의 자료구조가 아래와 같다고 하자.

표 11-12 2×2 분할표의 자료구조

A \ B	B_1	B_2	합계
A_1	n_{11}	n_{12}	$n_{1.}$
A_2	n_{21}	n_{22}	$n_{2.}$
합계	$n_{.1}$	$n_{.2}$	n

이때 검정통계량 χ^2의 값은 다음과 같다.

$$\begin{aligned}\chi^2 &= \sum_{i=1}^{2}\sum_{j=1}^{2}\frac{(o_{ij}-\hat{e}_{ij})^2}{\hat{e}_{ij}}\\ &= \sum_{i=1}^{2}\sum_{j=1}^{2}\frac{\left(n_{ij}-\dfrac{(n_{i.}\,n_{.j})}{n}\right)^2}{\dfrac{(n_{i.}\,n_{.j})}{n}}\\ &= \frac{n(n_{11}n_{22}-n_{12}n_{21})^2}{n_{1.}n_{2.}n_{.1}n_{.2}}\end{aligned}$$

통계량 χ^2의 분포는 n이 클 때 귀무가설 $H_0 : p_{ij}=p_{i.}\,p_{.j}(i=1, 2,\ \ j=1, 2)$하에서 근사적으로 자유도가 $(2-1)(2-1)=1$인 카이제곱분포를 따른다. 그런데 표본의 크기 n이 별로 크지 않거나 각 범주에 속하는 기대도수에 작은 값(5 미만)들이 있을 경우에는 위의 검정통계량 χ^2을 사용할 때에 검정의 정도가 떨어지는 경향이 있다. 이와 같은 경우에는 예이츠(Yates)에 의한 연속성 수정(correction for continuity)을 이용하는 것이 좋다. 즉 통계량 χ^2 대신에 다음의 수정된 통계량을 사용한다.

$$\begin{aligned}\chi_c^{\ 2} &= \sum_{i=1}^{2}\sum_{j=1}^{2}\frac{\left(|\,o_{ij}-\hat{e}_{ij}\,| - \dfrac{1}{2}\right)^2}{\hat{e}_{ij}}\\ &= \frac{n\left(|\,n_{11}n_{22}-n_{12}n_{21}\,| - \dfrac{n}{2}\right)^2}{n_{1.}n_{2.}n_{.1}n_{.2}}\end{aligned}$$

예제 11.8

어떤 의학연구결과에 의하면 여성의 흡연이 기형아 출산의 요인이 된다고 한다. 이 연구결과가 믿을 수 있는 사실인지를 알아보기 위해서 최근에 출산한 여성 중에서 40명을 임의로 추출하여 조사를 하였더니 다음과 같은 결과가 나왔다.

흡연 \ 출산	정상아	기형아	합계
안한다	26	2	28
한다	8	4	12
합계	34	6	40

위의 자료를 근거로 의학연구결과가 옳다고 볼 수 있는지 유의수준 $\alpha=0.05$에서 검정하여라.

위의 문제에서 귀무가설과 대립가설은 다음과 같이 설정된다.

H_0 : 여성의 흡연과 기형아 출산은 서로 연관성이 없다.

H_1 : 여성의 흡연과 기형아 출산은 서로 연관성이 있다.

주어진 자료에서 표본의 크기 $n=40$이 그다지 크지 않고, 관측도수에 작은 값들이 있으므로 예이츠의 연속성 수정에 의한 통계량 χ_c^2를 사용한다.
주어진 자료로부터 χ_c^2의 값을 계산하면

$$\chi_c^2 = \frac{40\left(|26\times4-2\times8|-\frac{40}{2}\right)^2}{28\times12\times34\times6} = 2.6984$$

이고, 자유도는 1이다.
따라서 부록의 <부표-5>로부터 $\chi_c^2=2.6984<3.841=\chi^2_{0.05,\,1}$이므로 유의수준 $\alpha=0.05$에서 귀무가설을 기각할 수 없다. 즉 여성의 흡연이 기형아 출산의 요인이 된다고 하는 의학연구결과가 옳다고 볼 수 없다.
한편 위의 자료에 대해서 검정통계량 χ^2을 적용하여 보면

$$\chi^2 = \frac{40(26\times4-2\times8)}{28\times12\times34\times6} = 4.5191$$

이므로 $\chi^2 = 4.5191 > 3.841 = \chi^2_{0.05,\ 1}$가 되어서 유의수준 $\alpha = 0.05$에서 귀무가설을 기각한다. 즉 여성의 흡연과 기형아 출산은 서로 연관성이 있다는 결론을 얻는다.

위의 검정결과에서 볼 수 있는 바와 같이 수정된 통계량 χ_c^2에 의한 검정은 통계량 χ^2에 의한 검정에 비해 보수적인 경향을 나타낸다.

▶ 동일성 검정 [예제 11.6]

◎ 아래와 같이 데이터를 생성한다.

데이터 생성 - 후보 갑, 을, 병을 X, Y, Z로 대체함

```
dm <- matrix(c(21, 18, 10, 18, 121, 133, 147, 138, 58, 49, 43, 44),
                nrow = 4, ncol = 3)
dimnames(dm) <- list("Region" = c("A", "B", "C", "D"),
                      "Candidate" = c("X", "Y", "Z"))
addmargins(dm)
##         Candidate
## Region  X   Y   Z Sum
##      A  21 121  58 200
##      B  18 133  49 200
##      C  10 147  43 200
##      D  18 138  44 200
##      Sum 67 539 194 800
```

명령어 - 카이-제곱 검정

```
chisq.test(dm)
```

결과물

```
##  Pearson's Chi-squared test
##
## data:  dm
## X-squared = 9.5101, df = 6, p-value = 0.1469
```

p-value가 0.147이므로 유의수준=0.05에서 귀무가설을 기각할 수 없다.

▶ 독립성검정 [예제 11.7]

독립성 검정도 동일성 검정과 같은 명령어를 이용한다.

데이터 생성

```
dm <- matrix(c(23, 28, 9, 60, 79, 49, 29, 60, 63),
               nrow = 3, ncol = 3)
dimnames(dm) <- list("Training" = c("low", "moderate", "excellent"),
               "Working" = c("low", "moderate", "excellent"))
addmargins(dm)
##              Working
## Traing        low moderate excellent Sum
##    low         23       60        29 112
##    moderate   28       79        60 167
##    excellent    9       49        63 121
##    Sum        60      188       152 400
```

명령어

```
chisq.test(dm)
```

결과물

```
##  Pearson's Chi-squared test
##
## data:  dm
## X-squared = 20.179, df = 4, p-value = 0.0004604
```

p-value가 0.00046이므로 유의수준 0.05에서 귀무가설을 기각한다.

▶ 적합도 검정 (연습문제 11.5)

동일성 검정과 같은 명령어에 확률값$\left(\frac{1}{6}\right)$을 추가로 입력하여야 한다.

데이터 생성

```
obs <- c(87, 96, 108, 89, 122, 98)
exp_prob <- rep(1/6, 6)
```

명령어

```
chisq.test(obs, p = exp_prob)
```

결과물

```
##  Chi-squared test for given probabilities
##
## data:  obs
## X-squared = 8.58, df = 5, p-value = 0.127
```

p-값이 0.127이므로 유의수준 0.05에서 주사위들이 균질하다는 귀무가설을 기각하지 않는다.

▶ 동일성 검정【예제 11.6】

절차 ———

◎ 데이터를 워크시트에 입력한다.

◎ 귀무가설에서의 기대 도수를 구한다.

- 예를 들어 H3에 다음의 수식을 입력한다.

  B6 * $E3 / E7

- 같은 방법으로 나머지도 구한다.

	A	B	C	D	E	F	G	H	I	J
1	동일성 검정									
2	관찰도수	갑	을	병	합계		기대도수	갑	을	병
3	A	21	121	58	200		A	16.75	134.75	48.50
4	B	18	133	49	200		B	16.75	134.75	48.50
5	C	10	147	43	200		C	16.75	134.75	48.50
6	D	18	138	44	200		D	16.75	134.75	48.50
7	합계	67	539	194	800					
8										

◎ 수식 ▶ 함수 삽입 ▶ 통계 ▶ CHITEST

- Actual_range에 관측값의 위치를 지정하고, Expected_range에 위에서 구한 기대도수의 위치를 지정한다.

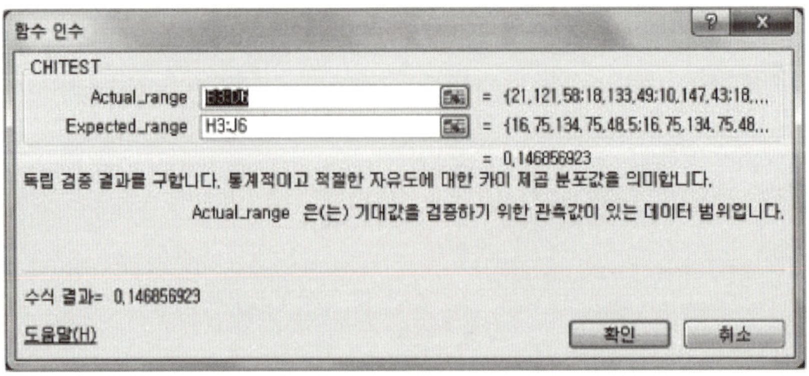

결과물

	A	B	C	D	E	F	G	H	I	J
1	동일성 검정									
2	관찰도수	갑	을	병	합계		기대도수	갑	을	병
3	A	21	121	58	200		A	16.75	134.75	48.50
4	B	18	133	49	200		B	16.75	134.75	48.50
5	C	10	147	43	200		C	16.75	134.75	48.50
6	D	18	138	44	200		D	16.75	134.75	48.50
7	합계	67	539	194	800					
8							p-value	0.1469		
9										

유의확률이 0.147이므로 $\alpha = 0.05$에서 귀무가설을 기각할 수 없다.

▶ 독립성검정 [예제 11.7]

독립성 검정도 동일성 검정과 같은 방법을 이용한다.

[예제 11.6] 참조

▶ 적합도 검정 [연습문제 11.5]

절차

◎ 데이터를 입력하고 귀무가설에서의 기대도수를 구한다.

	A	B	C
1	적합성 검정		
2		관측도수	기대도수
3	1	87	100
4	2	96	100
5	3	108	100
6	4	89	100
7	5	122	100
8	6	98	100
9	합계	600	600
10			

◎ 검정통계량과 유의확률을 구한다.

다음 결과물에서 F3~F8은 검정통계량을 구하기 위한 중간계산값이다. 예를 들어 F3의 값은 엑셀수식 ((B3-C3)^2)/C3으로 계산한다. 이런 방식으로 F8

까지 구한 다음 F9의 검정통계량은 SUM(F3:F8)을 이용하여 계산한다. F10의 유의확률은 CHIDIST(F9,5)로 계산한다.

결과물

	A	B	C	D	E	F
1	적합성 검정					
2		관측도수	기대도수			
3	1	87	100			1.69
4	2	96	100			0.16
5	3	108	100			0.64
6	4	89	100			1.21
7	5	122	100			4.84
8	6	98	100			0.04
9	합계	600	600		검정통계량	8.58
10					p-value	0.1270
11						

연습문제

1. 확률변수 (N_1, N_2, N_3, N_4)가 표본의 크기 $n=10$이고 속성확률이 $p_1=0.1$, $p_2=0.2$, $p_3=0.3$, $p_4=0.4$인 다항분포를 이루고 있다고 한다.

   (1) $P(N_1=1, N_2=2, N_3=3, N_4=4)$를 구하라.
   (2) $P(N_1=1, N_2=2)$를 구하라.
   (3) $P(N_1=1)$를 구하라.
   (4) $P(N_1+N_2=2)$를 구하라.
   (5) $E(N_1+N_2)$, $Var(N_1+N_2)$를 각각 구하라.

2. 어떤 공장에서 생산된 제품을 '양호', '보통', '불량'의 3가지로 분류하였을 때, 임의로 선택한 1개의 제품이 '양호'일 확률은 0.5, '보통'일 확률은 0.4, '불량'일 확률은 0.1이라고 한다. 이제 이들 제품 가운데 20개를 임의로 선택하였다.

   (1) 20개의 제품 중 '양호'인 제품이 10개, '보통'인 제품이 6개가 될 확률을 구하라.
   (2) 20개의 제품이 모두 '양호'일 확률을 구하라.

3. 어느 대학의 경제학원론 과목을 수강한 학생들 중에서 15%는 A학점을, 25%는 B학점을, 35%는 C학점을, 20%는 D학점을, 5%는 F학점을 각각 받았다고 한다. 이들 학생 가운데 10명을 임의로 선택하였을 때

   (1) A, B, C, D, F학점을 받은 학생이 각각 2명일 확률은 얼마인가?
   (2) 10명 중에서 A학점을 받은 학생이 2명, B학점을 받은 학생이 3명일 확률은 얼마인가?
   (3) 10명 중에서 A학점을 받은 학생이 아무도 없을 확률은 얼마인가?

4. 어떤 동전을 50번 던졌더니 앞면이 20번 나왔다고 한다. 이 실험의 결과로부터 이 동전은 균질하다고 볼 수 있는가? 유의수준 $\alpha=0.05$에서 검정하여라.

5. 주사위를 만드는 공장에서 주사위가 균질한가를 알아보기 위해 임의로 600개의 주사위를 추출하여 던진 결과 눈금이 1, 2, 3, 4, 5, 6이 나온 횟수가 각각 87, 96, 108, 89, 122, 98이었다고 한다. 이 실험의 결과로부터 이 공장에서 만든 주사위들은 균질하다고 볼 수 있는가? 유의수준 $\alpha=0.05$에서 검정하여라.

6. 어떤 내과의사가 감기환자의 발생률은 계절적인 추세가 있다고 주장한다. 즉 이 의사는 자신의 환자진료경험에 비추어서 감기환자 중에서 20%는 봄에, 10%는 여름에, 30%는 가을에, 40%는 겨울에 각각 발생한다고 주장한다. 이 의사의 주장이 믿을 수 있는 사실인지를 확인해 보기 위해서 지난해 1년 동안의 감기환자들 중에서 100명을 임의로 선택해서 조사하였더니 다음과 같은 결과가 나왔다.

계절	봄	여름	가을	겨울
감기환자수	24	16	28	32

위의 조사결과를 바탕으로 이 의사의 주장이 옳다고 볼 수 있는지 유의수준 $\alpha=0.1$에서 검정하여라.

7. 위의 문제 6에서 만일 또 다른 의사가 감기환자의 발생률은 계절에 따라 동일하다고 주장한다면 이 주장이 옳은지 유의수준 $\alpha=0.1$에서 검정하여라.

8. 서로 다른 기업에서 만드는 4가지 종류의 타이어 A, B, C, D의 수명을 비교하기 위해서 이들 네 종류의 타이어들 중에서 각각 200개씩을 임의로 추출하여 그들의 수명을 조사하였더니 이들 A, B, C, D의 타이어들

중에서 각각 26개, 23개, 15개, 32개의 타이어들이 2만km 이내에서 고장났다고 한다. 이 실험결과를 근거로 이들 네 종류의 타이어 수명은 서로 같다고 볼 수 있는지 유의수준 $\alpha=0.05$에서 검정하여라.

9. 어떤 제약회사에서 종래에 만든 두통치료제에 대한 사람들의 반응비율은 다음과 같다고 한다.

반응 효과	반응 비율
효과가 매우 있다.	50%
효과가 약간 있다.	30%
효과가 없다.	20%

이 제약회사에서 새로 개발한 두통치료제에 대한 사람들의 반응을 알아보기 위해서 새로 만든 약을 복용한 사람들 중에서 임의로 50명을 추출하여 조사하였더니 다음과 같은 반응 결과가 나왔다.

반응 효과	사람 수
효과가 매우 있다.	28
효과가 약간 있다.	26
효과가 없다.	6

위의 자료를 근거로 새로 개발한 약과 종래의 약 사이에 차이가 있다고 볼 수 있는지 유의수준 $\alpha=0.05$에서 검정하여라.

10. 어떤 대도시에서 200명의 사람들을 임의로 추출하여 그들이 1주일 동안에 구입한 주택복권의 수를 조사하였더니 다음과 같은 결과가 나왔다고 한다.

구입한 복권의 수	0	1	2	3	4	5 이상
사람 수	52	60	55	18	8	7

위의 표에서 5장 이상 주택복권을 구입한 사람들을 조사하였더니 그들 중에서 세 사람이 5장을, 두 사람이 6장, 한 사람이 7장, 또 한 사람이 10장의 주택복권을 구입하였다. 이 자료를 근거로 이 도시에서 사람들이 구입하는 주택복권의 수는 1주일에 평균 1장인 포아송분포를 따른다고 볼 수 있는가? 유의수준 $\alpha = 0.05$에서 검정하여라.

11. 위의 문제 10에서 주어진 자료를 근거로 이 도시에서 사람들이 구입하는 주택복권의 수는 포아송분포를 따른다고 볼 수 있는가? 유의수준 $\alpha = 0.05$에서 검정하여라.

12. 어떤 자동차 회사는 200명의 영업사원을 고용하고 있다. 이들 사원들의 판매실적을 알아보기 위해서 어느 날 이들 사원들이 제각기 2명의 고객과의 상담에서 판매에 성공한 실적을 조사하였더니 다음과 같은 결과가 나왔다고 한다.

성공한 판매건수	0	1	2
영업사원의 수	110	64	26

위의 조사결과를 근거로 이들 영업사원들의 판매실적은 한 번의 고객과의 상담에서 판매에 성공할 확률이 동일하게 p인 이항분포를 따른다고 볼 수 있는가? 유의수준 $\alpha = 0.05$에서 검정하여라.

13. 어떤 도시에서 하루 동안에 발생하는 자동차 사고횟수를 100일 동안 조사하였더니 220번 사고가 일어났으며, 다음과 같은 조사결과가 나왔다고 한다.

사고횟수	0	1	2	3	4	5 이상
발생(일)	16	29	19	13	12	11

위의 자료를 근거로 이 도시에서 발생하는 자동차 사고횟수는 포아송분포를 따른다고 볼 수 있는가? 유의수준 $\alpha=0.05$에서 검정하여라.

14. 어떤 도시의 근로자들의 한 달간 소득의 분포를 알아보기 위해서 200명의 근로자들을 임의로 추출하여 그들의 소득을 조사하였더니 다음과 같은 도수분포표가 얻어졌다.

한 달간 소득	30~50	50~70	70~90	90~110	110~130	130~150	150~170	170~190	합계
관측도수	13	27	41	52	31	24	9	3	200

위의 자료를 근거로 이 도시의 근로자들의 한 달간 소득은 정규분포를 따른다고 볼 수 있는가? 유의수준 $\alpha=0.05$에서 검정하여라.

15. 어떤 백화점에서 사람들의 쇼핑시간을 알아보기 위해 85명의 사람을 임의로 추출해서 그들의 쇼핑시간을 조사하였더니 다음과 같은 자료가 얻어졌다.

쇼핑시간(분)	0~20	20~40	40~60	60~80	80~100	100~120
사람 수	29	27	14	8	5	2

위의 자료를 근거로 사람들의 쇼핑시간은 지수분포를 따른다고 볼 수 있는가? 유의수준 $\alpha=0.05$에서 검정하여라.

16. 사람들의 연령에 따라서 A, B, C 3개의 정당에 대한 선호도가 어떻게 다른지를 알아보기 위해서 30세 미만의 유권자, 30~50세 사이의 유권자, 50세 이상의 유권자들 중에서 각각 100명씩 임의로 추출하여 각 정당에 대한 선호도를 조사한 결과 다음과 같은 표를 얻었다.

유권자의 연령 \ 선호하는 정당	A	B	C	합계
30세 미만	52	31	17	100
30~50세	45	34	21	100
50세 이상	42	39	19	100

유권자의 연령에 따라 각 정당에 대한 선호도가 다르다고 볼 수 있는가? 유의수준 $\alpha=0.01$에서 검정하여라.

17. 어떤 대학에서 성별에 따라 성적분포가 다른지를 알아보기 위해서 남학생과 여학생들 중에서 각각 300명과 200명을 임의로 추출하여 그들의 평균평점(GPA)을 조사하였더니 다음과 같은 결과가 나왔다고 한다.

GPA \ 성별	남학생	여학생
3.5~4.0	12	23
3.0~3.5	31	41
2.5~3.0	54	55
2.0~2.5	72	37
1.5~2.0	63	26
1.0~1.5	42	11
1.0 미만	26	7
합계	300	200

성별에 따라 성적분포가 서로 다르다고 볼 수 있는가? 유의수준 $\alpha=0.05$에서 검정하여라.

18. 사람들의 연령대에 따라 1년 동안의 자동차 사고횟수에 차이가 있는지를 알아보기 위해서 각 연령대별로 100명의 사람을 임의로 추출하여 조사한 결과 다음의 표를 얻었다.

연령 \ 사고횟수	0	1	2	3 이상	합계
19세 이하	52	27	16	5	100
20~29세	61	24	12	3	100
30~39세	72	19	7	2	100
40~49세	83	11	5	1	100
50세 이상	78	15	6	1	100

연령대에 따라 자동차 사고횟수에 차이가 있다고 보는가? 유의수준 $\alpha = 0.05$에서 검정하여라.

19. 어느 회사에서는 신입사원들의 업무수행능력과 그들의 4년간 대학 성적 사이에 어떤 연관성이 있는지를 알아보기 위해서 임의로 200명의 신입 사원들을 추출하여 조사한 결과 다음과 같은 분할표를 얻었다.

업무수행능력 \ 대학성적	A	B	C	D
상	38	31	11	3
중	21	34	14	5
하	6	11	17	9

신입사원들의 업무수행능력과 그들의 대학성적 사이에 연관성이 있다고 볼 수 있는가? 유의수준 $\alpha = 0.05$에서 검정하여라.

20. 성인의 키와 IQ(Intelligence Quotient) 사이에 어떤 연관성이 있는지를 알아보기 위해서 100명의 성인을 임의로 추출하여 조사하였더니 다음과 같은 분할표를 얻었다고 한다.

키 \ IQ	우 수	보 통	저 조
크다	11	12	9
보통이다	10	14	12
작다	13	8	11

성인의 키와 I.Q. 사이에 연관성이 있다고 볼 수 있는지 유의수준 $\alpha = 0.05$에서 검정하여라.

21. 사람의 혈액형을 Rh^+, Rh^-로 분류한 것과 혈액형을 O형, A형, B형, AB형으로 분류한 것 사이에 어떤 연관성이 있는지를 알아보기 위해서 300명의 사람을 임의로 추출하여 조사하였더니 다음과 같은 표가 얻어졌다.

혈액형	O	A	B	AB
Rh^+	82	89	54	19
Rh^-	13	27	7	9

위의 자료를 근기로 2가지 다입의 혈액형 분류 사이에 연관성이 있나고 볼 수 있는가? 유의수준 $\alpha = 0.05$에서 검정하여라.

22. 커피에 대한 선호도와 수면시간 사이에 어떤 연관성이 있는지를 알아보기 위해서 100명의 사람을 조사하였더니 다음과 같은 표를 얻었다.

수면시간 / 커피의 선호여부	7시간 이상	7시간 미만
선호	12	33
비선호	31	24

커피의 선호도와 수면시간 사이에 연관성이 있다고 볼 수 있는가? 유의수준 $\alpha = 0.05$에서 검정하여라.

23. 2×2 분할표에서 검정통계량 χ^2의 값이 다음과 같음을 보여라.

$$\chi^2 = \sum_{i=1}^{2}\sum_{j=1}^{2} \frac{\left(n_{ij} - \frac{n_{i.}\,n_{.j}}{n}\right)^2}{\frac{n_{i.}\,n_{.j}}{n}} = \frac{n(n_{11}n_{22} - n_{12}n_{21})^2}{n_{1.}n_{2.}n_{.1}n_{.2}}$$

24. 본 장의 연습문제 11을 R을 이용하여 답을 구하라.

25. 본 장의 연습문제 16을 R을 이용하여 답을 구하라.

Chapter 12
비모수적 방법

12.1 서론
12.2 일표본위치문제
12.3 이표본위치문제

비모수 통계학(nonparametric statistics)

윌콕슨(F. Wilcoxon)은 화학실험에서 예외적인 값들이 t값이나 분산분석에 많은 영향을 미친다는 것을 알아냈다. 그렇다면 예외적인 값들을 무시하고 나머지 값들로 통계분석을 할 수도 있을 것이다. 그러나 어떤 값이 예외값인가, 얼마나 많은 예외값을 무시할 것인가에 대한 통계적인 근거를 찾을 수 없었다. 이 문제를 해결하기 위해 나온 방법이 어떤 모수도 추정하지 않고 검정을 할 수 있는 비모수 검정(nonparametric test)이다. 지금까지의 통계학은 통계분포를 가정하고 모수를 추정하는 것이었다. 비슷한 시기에 만(Henry B. Mann)과 위트니(D. Ransom Whitney)는 유사한 문제를 연구하였다. 예를 들어, 1940년의 임금분포와 1944년의 임금분포를 비교하는 문제였다. 윌콕슨이 논문을 발표한지 2년 뒤 발표된 그들의 논문은 윌콕슨의 결과와 거의 일치하였다.

12.1 서론

일반적으로 모집단의 분포에서 알려져 있지 않은 모수(모평균, 모분산 등)에 대한 통계적 추론을 할 때, 대개의 경우 모집단의 분포가 어떤 구체적인 확률분포(정규분포, 이항분포 등)를 따른다고 가정하였다. 이와 같이 모집단의 분포가 어떤 특정한 확률분포형태를 가지면서 알려져 있지 않은 모수를 포함하고 있을 경우, 이 모수에 대한 통계적 추론을 **모수적 추론**(parametric inference)이라고 한다. 이 책의 제 7, 8, 9, 10장에서 다룬 내용은 모수적 추론에 근거한 것이다.

그러나 경우에 따라 모집단의 분포에 대해 어떤 특정한 확률분포를 가정하기 어렵거나 또는 표본의 자료가 양적으로 관측되지 않고 서로간의 상대적인 순위(rank)로 주어지는 경우에는 모수적 추론방법을 적용하는 것이 적절하지 않다. 이 같은 경우 **비모수적 추론**(nonparametric inference)을 택하는 것이 바람직하다. 비모수적 추론은 모집단의 분포에 대해 특정한 분포형태를 가정하는 모수적 추론과 달리 모집단의 **위치모수**(location parameter)나 **척도모수**(scale parameter) 등에 대한 통계적 추론을 하는 것을 뜻한다. 예를 들어, 모집단의 위치모수(중위수 등)에 대해 비모수적 추론을 실시할 경우, 모집단의 분포가 '연속이다'또는 '연속이고 대칭이다'의 가정만을 필요로 한다.

비모수적 추론에서 사용되는 검정통계량은 표본의 관측값 자체보다는 관측값의 부호(sign)나 순위를 바탕으로 하므로 귀무가설 하에서 모집단의 분포와 무관하다. 이와 같은 뜻으로 비모수적 추론에서 사용되는 검정통계량은 거의 대부분 모집단에 대해 분포무관(distribution-free)인 통계량들이다.

한편 비모수적 추론에서는 표본의 관측값 대신에 부호나 순위만을 사용하기 때문에 정보의 손실이 많아서 검정의 효율이 많이 떨어질 것으로 예상되지만, 실제로는 효율의 감소가 적은 반면에 상당히 안전한 검정방법으로 알려져 있다. 예를 들어, 모집단의 분포가 정규분포를 따를 경우에는 위치모수(모평균 등)에 대한 검정으로 8장에서 다룬 바와 같이 모수적인 추론방법인 z검정이나 t검정을 적용하는 것이 바람직할 것이다. 만약 정규모집단인 경우 본 장에서 다루게 될 비모수적 추론방법을 사용한다면 검정의 효율은 확실히 떨어질 것으로 예상된다. 실제로 이 경우에 부호통계량을 이용한 비모수적 방법이 표본평균을 이용한 모수적 방법에 대한 **점근상대효율**(asymptotic relative efficiency)은 $\frac{2}{\pi}(\fallingdotseq 0.637)$이고 부호순위 통계량을 이용한 비모수적 방법의 경우에는 점근상대효율이 $\frac{3}{\pi}(\fallingdotseq 0.955)$가 되는 것으로 알려져 있다. 그러나 모집단의 분포형태가 정규분포에 비해 양쪽 끝부분이 두터운 꼬리를 갖고 있거나 정규분포와는 전혀 다른 모양을 나타낼 경우에는 비모수적 방법이 정규분포에 의한 모수적 방법보다 검정의 효율이 훨씬 높게 나타난다. 이와 같은 이유로 현대의 많은 통계학자 및 통계학을 이용하는 연구자들이 모수적 방법에 비해 비모수적 방법을 선호하는 경향이 있다.

일반적으로 모수적 방법에 비해 비모수적 방법의 장단점을 간단히 살펴보면 다음과 같다.

(1) 장점

① 모집단의 분포에 대한 가정이 거의 요구되지 않거나 또는 상당히 완화되어 있으므로 여러 가지 형태의 분포를 갖는 모집단에 포괄적으로 적용된다.

② 실제의 관측값 대신에 관측값의 부호나 순위에만 의존하므로 특히 자료가 명목척도나 서열척도로 주어진 경우에는 상당히 유용한 분석방법이다.

③ 일반적으로 비모수적 검정통계량의 계산과정이 단순하므로 표본의 크기가 크지 않을 경우에는 모수적 방법에 비해 간편하다.

(2) 단점

① 모집단의 분포가 특정한 분포(정규분포, 이항분포 등)를 따르는 것으로 알려진 경우에 해당 분포의 모수적 방법보다 효율이 떨어진다.

② 일반적으로 비모수적 추론에서 사용되는 통계량의 분포는 복잡하며, 표본의 크기가 클 경우에는 분포표 작성이 어렵기 때문에 대표본근사에 의존한다.

③ 일반적으로 비모수적 통계량의 분포는 연속이 아니므로 일반적으로 사용되는 유의수준 α(0.01, 0.05, 0.1 등)에서 정확한 기각역을 구할 수 없다.

비모수적 방법은 초기에는 검정문제에 주로 국한되었으나 추정문제, 분산분석, 회귀분석, 다변량분석 등으로 그 적용방법이 확대되어 가고 있는 추세이다. 본 장에서는 여러 가지 비모수적 방법 중에서 검정문제와 관련한 기본적인 경우에 대해서만 살펴보기로 한다.

12.2 일표본위치문제

본 절에서는 1개의 모집단에서 위치모수에 대한 검정문제를 생각해보기로 한다. 1개의 모집단에서 중심위치를 나타내는 데 흔히 사용되는 측도로는 평균과 중위수를 들 수 있다. 모수적 추론에서 위치문제에 대한 검정으로 주로 사용되는 측도는 평균이다. 반면에 비모수적 추론에서는 경우에 따라 모집단의 분포가 평균을 갖지 않을 수도 있으므로(코쉬(Cauchy)분포) 평균보다는 중위수를 사용한다. 일반적으로 모집단의 분포가 대칭인 경우에는 중위수와 평균은 서로 같아진다. 그러나 모집단의 분포가 비대칭인 경우에는 중심을 나타내는 측도로서 평균보다는 중위수가 더 큰 의미를 갖는다.

12.2.1 부호검정

먼저 일표본위치문제의 검정에 대한 비모수적 방법으로 부호검정에 대해 살펴본다. 모집단의 분포가 연속이고 중위수가 θ라고 가정하자. 이제 중위수 θ에 관한 귀무가설 $H_0 : \theta = \theta_0$에 대해서 다음의 3가지 대립가설을 검정하는 문제를 생각해본다.

① $H_1 : \theta > \theta_0$

② $H_1 : \theta < \theta_0$

③ $H_1 : \theta \neq \theta_0$

위의 가설을 검정하기 위한 부호검정 통계량은 다음과 같이 정의된다.

부호검정 통계량 : sign test statistic

$X_1, X_2, \cdots, X_n$을 연속이고 중위수가 θ인 모집단으로부터 추출한 크기가 n인 확률표본이라고 하자. 이때 중위수 θ에 관한 귀무가설과 대립가설이

$$H_0 : \theta = \theta_0,\ H_1 : \theta > \theta_0 (\text{또는 } H_1 : \theta < \theta_0,\ H_1 : \theta \neq \theta_0)$$

으로 주어져 있을 때, 이들 표본중에서 θ_0보다 큰 표본의 갯수, 예컨대 B를 **부호검정 통계량**(sign test statistic)이라 부른다. 즉, B를 다음과 같이 정의한다.

$$B = \sum_{n=1}^{n} Y_i$$

여기서 $Y_i = \begin{cases} 1,\ X_i > \theta_0 \text{일 때} \\ 0,\ X_i < \theta_0 \text{일 때} \end{cases}$

주의사항

관측값들 중에서 θ_0와 같은 관측값들은 표본자료에서 제외시키고, 따라서 표본의 크기도 그 개수만큼 줄어든다. 그러나 같은 관측값들의 경우에도 이 값이 θ_0와 같지 않으면 계산에 아무런 영향을 주지 않는다.

이제 귀무가설 $H_0 : \theta = \theta_0$하에서 부호통계량 B의 분포를 살펴보자. H_0하에서 $Y_1, Y_2, \cdots, Y_n$은 0 또는 1의 값을 갖고 서로 독립이면서 $P(Y_i = 1) = P(X_i > \theta_0) = \frac{1}{2}$이므로 n개의 베르누이(Bernoulli)시행으로 간주된다. 따라서 이들 시행의 합 B는 이항분포 $B\left(n, \frac{1}{2}\right)$를 따른다.

귀무가설하에서 통계량 B의 분포는 모집단의 분포와는 상관없이 이항분포 $B\left(n, \frac{1}{2}\right)$를 따르므로 부호통계량에 의한 검정은 분포무관인 검정이 된다. 부호통계량 B를 이용하여 앞에서 언급한 3가지 대립가설에 대한 검정의 기각역을 구하면 다음과 같다.

귀무가설	대립가설	기각역
$H_0: \theta=\theta_0$	$H_1: \theta>\theta_0$ $H_1: \theta<\theta_0$ $H_1: \theta\neq\theta_0$	$B\geqq b_\alpha$ $B\leqq b_{1-\alpha}$ $B\geqq b_{\frac{\alpha}{2}}$ 또는 $B\leqq b_{1-\frac{\alpha}{2}}$

여기서 b는 이항분포 $B\left(n, \frac{1}{2}\right)$에서 상위 $100 \cdot \alpha$백분위수, 즉 $P(B\geqq x)=\alpha$를 만족하는 x의 값으로 부록의 <부표-8>에 나와 있다. 또한 귀무가설 $H_0: \theta=\theta_0$하에서 B의 분포는 그의 평균 $E(B)=\frac{n}{2}$에 관해서 대칭이므로

$$b_\alpha-\frac{n}{2}=\frac{n}{2}-b_{1-\alpha}$$

인 관계가 성립한다. 이로부터 $b_{1-\alpha}=n-b_\alpha$가 성립된다.

한편 표본 $X_i(i=1, 2, \cdots, n)$가 θ_0보다 클 확률을 $p=P(X_i>\theta_0)$라 하면 부호통계량 B는 이항분포 $B(n, p)$를 따르고, 중위수 θ에 관한 귀무가설과 대립가설은 이항확률(binomial probability) p에 관한 귀무가설과 대립가설로 나타낼 수 있으며, 다음의 동치관계가 성립한다.

$$H_0: \theta=\theta_0 \qquad\qquad H_0: p=\frac{1}{2}$$

$$① \ H_1: \theta>\theta_0 \quad \Leftrightarrow \quad ① \ H_1: p>\frac{1}{2}$$

$$② \ H_1: \theta<\theta_0 \quad \Leftrightarrow \quad ② \ H_1: p<\frac{1}{2}$$

$$③ \ H_1: \theta\neq\theta_0 \quad \Leftrightarrow \quad ③ \ H_1: p\neq\frac{1}{2}$$

참고사항

위의 부호검정 통계량 B의 분포는 이항분포를 따르므로 연속이 아니다. 따라서 전통적으로 주어진 유의수준 α(0.1, 0.05, 0.01 등)에 대한 정확한 기각역을 구할 수 없다. 이와 같은 경우에는 흔히 주어진 표본자료에 의해 얻어진 검정통계량 B의 값으로 귀무가설을 기각할 수 있는 최소의 유의수준, 즉 유의확률을 주어진 유의수준과 비교하여 귀무가설의 기각여부를 결정한다.

한편 부호검정을 실시하는 경우에는 표본의 크기 n이 클 때($n>25$), 부록의 **〈부표-8〉**에 있는 이항분포표를 이용할 수 없다. 이와 같은 경우에는 표준화된 부호통계량의 정규근사에 의해서 검정의 기각역을 결정할 수 있다.

정리 12.1 부호검정 통계량의 정규근사

귀무가설 $H_0: \theta = \theta_0$하에서 부호통계량 B의 평균과 분산은 다음과 같다.

$$B=\sum_{n=1}^{n} Y_i,\quad E(B)=\frac{n}{2},\quad Var(B)=\frac{n}{4}$$

따라서 표준화된 통계량은

$$Z_B=\frac{B-\frac{n}{2}}{\sqrt{\frac{n}{4}}}$$

이고, n이 클 때에 Z_B의 분포는 H_0하에서 근사적으로 표준정규분포 $N(0,\ 1)$을 따른다.

표본의 크기 n이 클 때, Z_B의 정규근사에 의한 검정의 기각역은 다음과 같다.

귀무가설	대립가설	기각역
$H_0: \theta=\theta_0$ 또는 $p=\frac{1}{2}$	$H_1: \theta>\theta_0$ 또는 $p>\frac{1}{2}$	$Z_B \geqq z_\alpha$
	$H_1: \theta<\theta_0$ 또는 $p<\frac{1}{2}$	$Z_B \leqq -z_\alpha$
	$H_1: \theta \neq \theta_0$ 또는 $p \neq \frac{1}{2}$	$Z_B \geqq Z_{\frac{\alpha}{2}}$ 또는 $Z_B \leqq -Z_{\frac{\alpha}{2}}$

여기서 z_α는 표준정규분포 $N(0,\ 1)$에서 상위 $100 \cdot \alpha$ 백분위수, 즉 $P(Z \geqq x)=\alpha$를 만족하는 x의 값으로 부록의 **〈부표-4〉**에 나와 있다.

부호검정(sign test)에 관한 이상의 결과를 요약하면 다음과 같다.

부호검정 : sign test

자료 : $X_1, X_2, \cdots, X_n$은 분포가 연속이고 중위수가 θ인 모집단으로부터 n개의 표본

귀무가설 : $H_0 : \theta = \theta_0$

검정통계량 : ① 소표본일 때

$$B = \sum_{n=1}^{n} Y_i \text{(= } \theta_0\text{보다 큰 } X_i\text{들의 개수)}$$

$$\text{여기서 } Y_i = \begin{cases} 1, X_i > \theta_0\text{일 때} \\ 0, X_i < \theta_0\text{일 때} \end{cases}$$

② 대표본일 때

$$Z_B = \frac{B - \frac{n}{2}}{\sqrt{\frac{n}{4}}}$$

대립가설	기각역 : 소표본일 때	기각역 : 대표본일 때
$H_1 : \theta > \theta_0$	$C : B \geq b_\alpha$	$Z_B \geq z_\alpha$
$H_1 : \theta < \theta_0$	$C : B \leq n - b_\alpha$	$Z_B \leq -z_\alpha$
$H_1 : \theta \neq \theta_0$	$C : B \geq b_{\frac{\alpha}{2}}$ 또는 $B \leq n - b_{1-\frac{\alpha}{2}}$	$Z_B \geq z_{\frac{\alpha}{2}}$ 또는 $Z_B \leq -z_{\frac{\alpha}{2}}$

예제 12.1

A라는 직업에 종사하는 사람들의 한 달 평균임금은 200만 원을 초과한다는 주장이 있다. 이 주장이 옳은지를 확인하기 위해서 이 직업을 가진 사람들 중에서 임의로 15명을 추출하여 그들의 한 달 평균임금을 조사하였더니 다음과 같은 결과를 얻었다.

2.4, 4.2, 2.6, 0.6, 1.4, 2.0, 2.5, 2.8,
3.6, 0.2, 3.1, 3.8, 2.0, 2.3, 2.2 (단위 : 100만 원)

부호검정을 이용하여 위의 주장이 옳은지를 유의수준 $\alpha = 0.05$에서 검정하여라.

이 직업을 가진 사람들의 한 달 평균임금을 θ라고 하면, 위의 문제에 대해 귀무가설과 대립가설은 각각 다음과 같이 설정된다.

$$H_0 : \theta = 2.0, \quad H_1 : \theta > 2.0$$

주어진 자료에서 $\theta = 2.0$과 같은 관측값이 2개가 있으므로 이들을 표본에서 제외시키면 표본의 크기는 $n = 13$으로 수정된다. 그런데 2.0보다 큰 관측값의 개수가 10이므로 검정통계량의 값은 $B = 10$이 된다. 따라서 유의확률은 부록의 **〈부표-8〉**에서 $P(B$□$10) = 0.0461$이므로 유의수준 $\alpha = 0.05$보다 작아서 귀무가설은 기각된다. 즉, 이 직업에 종사하는 사람들의 한 달 평균임금은 200만 원을 초과한다고 볼 수 있다.

한편 정규근사에 의해 위의 귀무가설의 기각여부를 알아보자. 표본의 크기가 $n = 13$이므로 H_0하에서 검정통계량 B의 평균과 분산은 각각 $\frac{13}{2}$과 $\frac{13}{4}$이다. 따라서 표준화된 통계량 Z_B의 값은 다음과 같다.

$$Z_B = \frac{B - \frac{n}{2}}{\sqrt{\frac{n}{4}}} = \frac{B - \frac{13}{2}}{\sqrt{\frac{13}{2}}} = 1.9415$$

부록의 **〈부표-4〉**로부터 $Z_B = 1.9415 > 1.645 = z_{0.05}$이므로 유의수준 $\alpha = 0.05$에서 H_0를 기각한다.

참고로 위의 예제에서 주어진 자료에 대해 모수적인 검정방법으로 제8장에서 다룬 t-검정을 적용하여 그 결과를 부호검정과 비교하여 보자. 주어진 자료로부터 표본평균과 표본표준편차를 계산하면 다음과 같다.

$$\bar{x} = 2.38, \quad s = 1.0949$$

따라서 t 통계량의 값은

$$t = \frac{\bar{x} - \theta_0}{\frac{s}{\sqrt{n}}} = \frac{2.38 - 2.0}{\frac{1.0949}{\sqrt{15}}} = 1.3442$$

이다. 그런데 부록의 **〈부표-6〉**에서 $t = 1.3442 < 1.761 = t_{0.05,\ 14}$이므로 유의수준 $\alpha = 0.05$에서 H_0를 기각할 수 없다. 따라서 t-검정의 결과는 부호검정의 결과와 다른 결론을 얻는다. 이와 같이 검정의 결과가 다르게 나타난 이유에 대해서 살펴보자.

t-검정을 적용하기 위해서는 모집단의 분포가 정규분포를 따른다는 가정이 필요하다. 그런데 주어진 표본자료를 **〈그림 12-1〉**에서 나타낸 점도표(dot plot)로 살펴보면 관측값이 2.0과 2.8 사이에 비교적 많이 몰려 있는 반면에 2.0에 비해서 아주 큰 값과 아주 작은 값을 가진 자료도 있어서 이로부터 모집단의 분포가 정규분포에 비해서 양쪽 꼬리부분이 두터운 형태를 갖게 될 것으로 예상된다.

따라서 두터운 꼬리부분의 관측값이 표준편차를 크게 하고, 이로 인해 검정통계량 t의 값이 작아지므로 귀무가설을 기각시키기가 힘들게 된다.

이와 같이 모집단의 분포가 정규분포와는 다른 형태의 분포를 하게 될 경우에는 t-검정에 의한 모수적 방법이 부호검정에 의한 비모수적 방법보다 검정의 효율이 떨어질 수 있다.

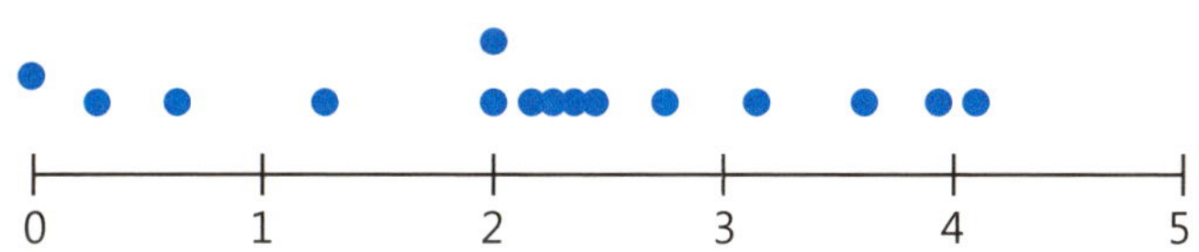

그림 12-1 **[예제 12. 1]**에서 주어진 자료의 점도표

12.2.2 윌콕슨의 부호순위검정

앞 절에서 다룬 부호검정은 관측값의 크기는 무시하고 부호만을 사용하기 때문에 일반적으로 정보의 손실이 상당히 많다고 볼 수 있다. 이에 반해서 본 절에서 다루게 될 윌콕슨의 **부호순위검정**(Wilcoxon signed rank test)은 관측값의 부호뿐만 아니라 관측값의 순위도 고려하여 검정을 실시하는 방법으로서 1945년에 윌콕슨

(Wilcoxon)에 의해 제안되었다.

일반적으로 부호순위검정은 부호검정에 비해 검정의 효율이 높은 반면에 모집단의 분포가 연속이면서 대칭형태라는 추가적인 가정을 필요로 한다.

먼저 부호검정과 부호순위검정의 차이를 예를 들어 살펴보기로 한다. 분포가 연속이고 $\theta=0$에 관해서 대칭인 모집단으로부터 표본의 크기가 $n=5$인 확률표본을 독립적으로 두 번씩 추출하여 얻어진 관측값들을 점도표로 각각 나타내어 **〈그림 12-2〉**의 (a)와 (b)가 얻어졌다고 하자. 이 두 그림으로부터 양수인 관측값의 개수는 다같이 2가 된다. 따라서 귀무가설 $H_0 : \theta = 0$하에서 두 개의 표본자료로부터 구한 부호통계량의 값은 다같이 $B=2$가 되어 부호검정으로는 두 개의 자료 사이에 구별이 되지 않는다. 그러나 **〈그림 12-2〉**의 (a)와 (b)에서 보는 바와 같이 (b)의 자료에 비해 (a)의 자료가 0의 오른쪽으로 더욱 치우쳐져 있음을 알 수 있다. 따라서 (a)의 경우가 (b)의 경우보다 더 큰 양의 차이가 있음을 보여주고 있다.

부호통계량은 관측값이 주어진 값 θ_0보다 크고 작음만을 고려하는 데 비해 부호순위 통계량은 관측값이 θ_0보다 크고 작음뿐만 아니라 θ_0에 비해 얼마나 크고 얼마나 작은지도 함께 고려하는 방안을 제시하여 주는 검정방법이라 하겠다.

그림 12-2 $n=5$, $B=2$인 두 가지 자료의 점도표

윌콕슨 부호순위 검정통계량

$X_1, X_2, \cdots, X_n$을 중위수 θ에 관해 대칭이면서 연속인 분포를 갖는 모집단으로부터 n개의 확률표본이라 하자. 이때 중위수 θ에 관한 귀무가설과 대립가설이 다음과 같이 주어져 있다고 하자.

$$H_0 : \theta = \theta_0,\ H_1 : \theta > \theta_0 (\text{또는 } H_1 : \theta < \theta_0,\ H_1 : \theta \neq \theta_0)$$

주어진 표본자료를 바탕으로 위의 가설을 검정하기 위한 부호순위 통계량은 다음과 같이 정의된다.

$$W^{+} = \sum_{n=1}^{n} \Psi_i R^{+}_i$$

$$\text{여기서 } \Psi_i = \begin{cases} 1, & X_i > \theta_0 \text{일 때} \\ 0, & X_i < \theta_0 \text{일 때} \end{cases}$$

이고, $Z_i = X_i - \theta_0 (i = 1, 2, \cdots, n)$라 할 때에 R_i^{+}는 $\{|Z_1|, |Z_2|, \cdots, |Z_n|\}$에서 $|Z_i|$의 순위를 나타낸다.

주의사항

① n개의 표본 $X_1, X_2, \cdots, X_n$ 중에서 θ_0와 같은 관측값, 즉 $X_i = \theta_0$가 있으면 이 값들은 표본에서 제외시키고 표본의 크기도 그 개수만큼 줄인다.

② 표본 중에서 θ_0와 같지 않으면서 동일한 관측값이 있는 경우에는 R_i^{+}를 계산할 때에 이들 관측값들의 평균순위를 사용한다.

부호순위 통계량 W^{+}를 사용하여 위의 가설에 대한 검정의 기각역을 구하면 다음과 같다.

귀무가설	대립가설	기각역
$H_0 : \theta = \theta_0$	$H_1 : \theta > \theta_0$	$C : W^{+} \geqq w^{+}_{\alpha}$
	$H_1 : \theta < \theta_0$	$C : W^{+} \leqq w^{+}_{1-\alpha}$
	$H_1 : \theta \neq \theta_0$	$C : W^{+} \geqq w^{+}_{\frac{\alpha}{2}}$ 또는 $C : W^{+} \leqq w^{+}_{1-\frac{\alpha}{2}}$

여기서 w^{+}_{α}는 귀무가설 H_0하에서 검정통계량 W^{+} 분포의 상위 $100 \cdot \alpha$ 백분위수, 즉 $P(W^{+} \geqq x) = \alpha$를 만족하는 x의 값으로 부록의 **〈부표-9〉**에 나와 있다. 그리고 H_0 하에서 W^{+}의 분포는 그의 평균 $E(W^{+}) = \dfrac{n(n+1)}{4}$에 관해서 대칭이다. 따라서 다음과 같은 관계가 성립하고,

$$\frac{n(n+1)}{4} - w^{+}_{1-\alpha} = w^{+}_{\alpha} - \frac{n(n+1)}{4}$$

이로부터 다음과 같은 식을 얻는다.

$$w^{+}_{1-\alpha} = \frac{n(n+1)}{2} - w^{+}_{\alpha}$$

한편 부호순위검정을 실시하는 경우에 부록의 **〈부표-9〉**에서 부호순위 통계량의 분포표가 표본의 크기가 $n \leqq 15$까지만 나와 있으므로 표본의 크기가 클 경우에는 표준화된 부호순위 통계량의 정규근사에 의해 검정의 기각역을 결정한다.

정리 12.2 부호순위 검정통계량의 정규근사

귀무가설 $H_0: \theta = \theta_0$하에서 부호순위 통계량 W^+의 평균과 분산은 각각 다음과 같다.

$$E(W^+) = \frac{n(n+1)}{4}, \quad Var(W^+) = \frac{n(n+1)(2n+1)}{24}$$

따라서 W^+의 표준화된 통계량은

$$Z_{W^+} = \frac{W^+ - \frac{n(n+1)}{4}}{\sqrt{\frac{n(n+1)(2n+1)}{24}}}$$

이고, n이 클 때에 Z_{W^+}의 분포는 근사적으로 표준정규분포 $N(0, 1)$을 따른다.

주의사항

n개의 표본 중에서 θ_0와 같지 않으면서 동일한 관측값이 있을 경우에는 대표본 정규근사를 이용할 때, W^+의 분산을 다음과 같이 수정하여 사용한다.

$$Var(W^+) = \frac{1}{24}\{n(n+1)(2n+1) - \frac{1}{2}\sum_{j=1}^{g} t_j(t_j - 1)(t_j + 1)\}$$

단, g = 동점그룹의 수

t_j = j번째 동점그룹에 있는 관측값의 개수

표본의 크기 n이 클 경우에는 Z_{W^+}의 정규근사에 의한 검정의 기각역은 다음과 같다.

귀무가설	대립가설	기각역
$H_0: \theta=\theta_0$	$H_1: \theta>\theta_0$ $H_1: \theta<\theta_0$ $H_1: \theta\neq\theta_0$	$C: Z_{W^+}\geqq z_\alpha$ $C: Z_{W^+}\leqq -z_\alpha$ $C: Z_{W^+}\geqq z_{\frac{\alpha}{2}}$ 또는 $Z_{W^+}\leqq -z_{\frac{\alpha}{2}}$

부호순위검정에 관한 이상의 결과를 요약하면 다음과 같이 정리할 수 있다.

윌콕슨의 부호순위검정

자료 : $X_1, X_2, \cdots, X_n$은 분포가 연속이고 중위수 θ에 관해서 대칭인 모집단으로부터 크기가 n인 표본

귀무가설 : $H_0: \theta=\theta_0$

검정통계량 : ① 소표본일 때

$$W^+=\sum_{n=1}^{n}\Psi_i R_i^+ (=\text{양의 값을 갖는 } |Z_i| \text{의 순위합})$$

여기서 $Z_i=X_i-\theta_0$이다.

② 대표본일 때

$$Z_{W^+}=\frac{W^+-\frac{n(n+1)}{4}}{\sqrt{\frac{n(n+1)(2n+1)}{24}}}$$

예제 12.2

앞의 절에서 다루었던 **[예제 12.1]**을 다시 고려해 보자. **[예제 12.1]**에서 주어진 자료가 중심에서 오른쪽으로 치우쳐진 비대칭인 모양이므로 표본을 다시 추출하여 다음의 자료를 얻었다.

2.3, 4.2, 2.6, 1.3, 1.7, 1.9, 2.5 2.0,
2.7, 3.5, 0.4, 3.1, 3.8, 2.2, 2.4 (단위 : 100만 원)

유의수준 $\alpha = 0.05$에서 부호순위검정을 시행하여라.

[예제 12.1]의 풀이에서와 마찬가지로 귀무가설과 대립가설은 다음과 같이 주어진다.

$$H_0 : \theta = 2.0, \quad H_1 : \theta > 2.0$$

표본에서 $\theta = 2.0$과 같은 관측값이 1개 있으므로 이 값을 표본에서 제외시키고 나머지 표본에 대해 $Z_i = X_i - 2.0$을 계산하면 다음과 같다.

0.3, 2.2, 0.6, -0.7, -0.3, -0.1, 0.5,
0.7, 1.5, -1.6, 1.1, 1.8, 0.2, 0.4

위의 자료를 Z_i의 음과 양의 값으로 분류하여 $|Z_i|$의 크기순으로 배열하여 Ψ_i, R_i^+의 값을 구하면 다음과 같다.

Z_i	$\|Z_i\|$	Ψ_i	R_1^+
−0.1	0.1	0	1
−0.3	0.3	0	3.5
−0.7	0.7	0	8.5
−1.6	1.6	0	12

Z_i	$\|Z_i\|$	Ψ_i	R_1^+
0.2	0.2	1	2
0.3	0.3	1	3.5
0.4	0.4	1	5
0.5	0.5	1	6
0.6	0.6	1	7
0.7	0.7	1	8.5
1.1	1.1	1	10
1.5	1.5	1	11
1.8	1.8	1	13
2.2	2.2	1	14
			$W^+=80$

부록의 **〈부표-9〉**로부터 유의확률을 구하면 $P(W^+ \geqq 80)=0.045$이고, 이 값은 유의수준 $\alpha=0.05$보다 작으므로 H_0은 기각된다. 즉 위의 표본자료를 바탕으로 이 직업을 가진 사람들의 한 달 평균임금은 유의수준 $\alpha=0.05$에서 200만 원을 초과한다고 볼 수 있다.

한편 위의 자료에 대해서 부호검정을 실시하여 보자. 표본에서 2.0인 관측값 1개를 제외하면 표본의 크기는 $n=15-1=14$가 되고 부호통계량의 값은 $B=10$이다. 따라서 부록의 **〈부표-8〉**로부터 유의확률이 $P(B \geqq 10)=0.0898$이 되어 유의수준 $\alpha=0.05$에서 H_0를 기각할 수 없게 된다. 이처럼 부호순위검정의 결과와 다르게 나온 이유를 살펴보자.

위의 예제에서 주어진 자료로 점도표를 작성해 보면 **〈그림 12-3〉**과 같다.

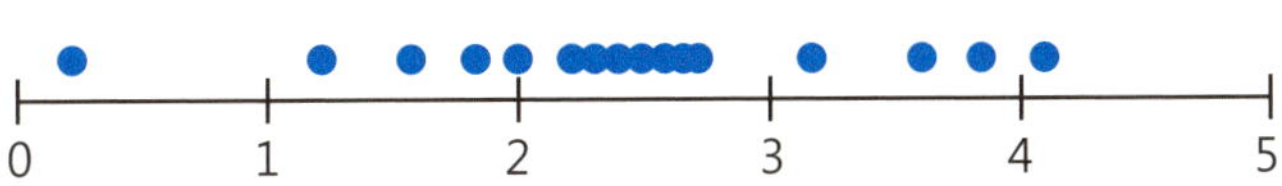

그림 12-3 **[예제 12.2]**에서 주어진 자료의 점도표

〈그림 12-3〉에 있는 점도표를 살펴보면 이 예제에서 주어진 자료가 앞의 **[예제 12.1]**에서 주어진 자료에 비해 대칭형태에 가까운 것을 볼 수 있다. 이것은 모집단의 분포가 대칭에 가까울수록 부호순위검정이 부호검정에 비해 검정력이 더 커진다는 것을 반영한다.

참고로 위의 자료에 대해서 모수적 방법으로 t-검정을 실시해 보자. 주어진 자료로부터 표본평균과 표본표준편차는 다음과 같다.

$$\bar{x} = 2.44, \quad s = 0.9701$$

따라서 t-통계량의 값은

$$t = \frac{\bar{x} - \theta_0}{\frac{s}{\sqrt{n}}} = \frac{2.44 - 2.0}{\frac{0.9701}{\sqrt{15}}} = 1.7566$$

이 되고, 이 값은 $t_{0.05,\,14} = 1.761$보다 작으므로 역시 H_0을 기각할 수 없게 된다. 그 이유를 살펴보면 위의 자료의 경우에도 중심으로부터 멀리 떨어진 자료가 있어서(두터운 양쪽 꼬리를 가진 대칭에 가까운 분포 예상) 표준편차를 크게 하여 이 값이 t값을 작게 한다고 볼 수 있다.

끝으로 대표본 정규근사에 의한 검정을 시행해 보자. 귀무가설하에 W^+의 평균과 분산은 다음과 같다(주어진 자료에서 2.0인 관측값 1개는 제외시킴).

$$E(W^+) = \frac{14(14+1)}{4} = 52.5$$

$$Var(W^+) = \frac{1}{24}\left[14(14+1)(2\times 14+1) - \frac{1}{2}\{2(2-1) + 2(2-1)(2+1)\}\right]$$

$$= 253.5$$

따라서 W^+의 표준화된 통계량의 값은

$$Z_{W^+} = \frac{W^+ - E(W^+)}{\sqrt{Var(W^+)}} = \frac{80 - 52.5}{\sqrt{253.5}} = 1.7272$$

가 되고, $Z_{W^+} = 1.7272 > 1.645 = Z_{0.05}$이므로 H_0를 기각한다.

12.3 이표본위치문제

본 절에서는 2개의 모집단간의 중심위치를 비교하는 문제(이표본위치문제)를 생각해 보자. 이 경우에 각 모집단으로부터 추출한 2개의 표본이 서로 독립인 경우와 두 표본이 짝지어진(matching) 경우를 나누어서 각 경우에 적합한 비모수검정법을 살펴보기로 한다.

12.3.1 순위합 검정

먼저 2개의 모집단이 서로 독립인 경우에 두 모집단간의 중심위치를 비교하기 위한 비모수적 방법을 살펴보자.

연속이고 동일한 형태의 분포를 갖는 2개의 모집단 Ⅰ과 Ⅱ로부터 서로 독립인 표본 $X_1, X_2, \cdots, X_m$과 $Y_1, Y_2, \cdots, Y_n$을 추출하였다고 하자.(편의상 $m \geqq n$이라고 가정한다. 즉 표본의 크기가 큰 쪽을 모집단 I, 작은 쪽을 모집단 II라고 한다.)

이제 Δ=모집단 Ⅱ의 중위수 − 모집단 Ⅰ의 중위수 라고 두면 이표본 위치문제에서 우리가 관심을 갖는 모수는 이동모수(shift parameter) Δ로서 두 모집단간의 비교를 위한 귀무가설은 H_0 : $\Delta = 0$이 되고, 이에 대응하는 대립가설 은 다음의 3가지 경우로 나타낼 수 있다.

① $H_0 : \Delta = 0,\ H_1 : \Delta > 0$
② $H_0 : \Delta = 0,\ H_1 : \Delta < 0$
③ $H_0 : \Delta = 0,\ H_1 : \Delta \neq 0$

위의 귀무가설과 대립가설 하에서 두 모집단의 표본에 대해 살펴보자. 귀무가설 H_0하에서 두 모집단은 중위수가 같고 동일한 분포형태를 갖게 된다. 따라서 두 모집단으로부터 추출한 서로 독립인 두 표본 $X_1, X_2, \cdots, X_m$과 $Y_1, Y_2, \cdots, Y_n$은 H_0하에서 1개의 모집단으로부터 추출한 $N(=m+n)$개의 확률표본으로 간주됨으로 이들

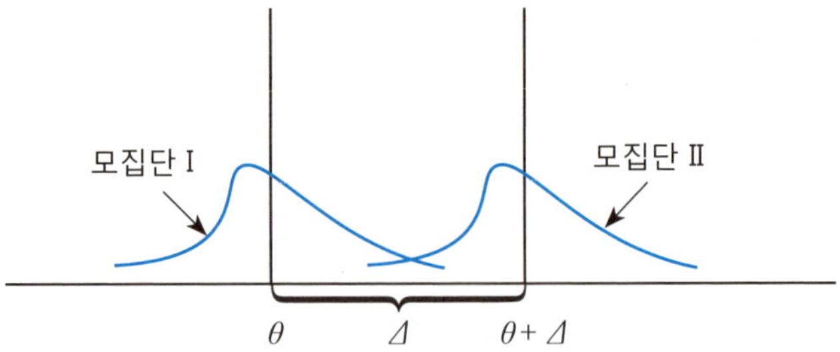

그림 12-4 $H_1 : \Delta > 0$하에서 두 모집단간의 분포형태

N개의 표본값들은 골고루 잘 섞여 있을 것으로 예상된다.

한편 대립가설 $H_1 : \Delta > 0$하에서는 **<그림 12-4>**에서 보는 바와 같이 모집단 II의 분포는 모집단 I의 분포를 Δ만큼 오른쪽으로 평행이동 시킨 것과 같다. 따라서 모집단 II의 표본 $Y_1, Y_2, \cdots, Y_n$은 H_1하에서 모집단 I의 표본 $X_1, X_2, \cdots, X_m$에 비해 오른쪽에(두 표본을 크기 순으로 배열하였을 때) 몰려 있을 것으로 기대된다. 마찬가지의 이유로 대립가설 $H_1 : \Delta < 0$ 하에서 표본 $Y_1, Y_2, \cdots, Y_n$은 표본 $X_1, X_2, \cdots, X_m$에 비해 왼쪽에 몰려 있을 것으로 예상되고, 대립가설 $H_1 : \Delta \neq 0$하에서는 표본 $Y_1, Y_2, \cdots, Y_n$이 표본 $X_1, X_2, \cdots, X_m$에 비해 양쪽 끝부분에 몰려 있을 것으로 기대된다.

이와 같은 근거를 바탕으로 두 모집단간의 중심위치를 비교하기 위한 비모수적 검정법으로 1945년에 윌콕슨(Wilcoxon)이 제안한 순위합 검정(rank sum test)과 1947년에 맨(Mann)과 휘트니(Whitney)가 제시한 ***U* 검정**이 있는데 기본적으로 이들 두 검정은 동일하다고 할 수 있다. 따라서 이들 세 사람의 이름을 붙여서 흔히 **맨-휘트니-윌콕슨 순위합 검정**이라고 부르기도 한다. 그런데 본서에서 예시하고 있는 R에서는 맨과 휘트니의 U 검정만을 제시하고 있으며, U 검정통계량은 다음과 같다.

정리 12.3 맨-휘트니 U 검정통계량

연속이고 동일한 형태의 분포를 갖는 두 개의 독립인 모집단 I과 II로부터 확률표본 $X_1, X_2, \cdots, X_m$과 $Y_1, Y_2, \cdots, Y_n (m \geq n)$을 각각 추출하였다고 하자. 이때 두 모집단간의

중위수의 차 Δ에 대한 귀무가설과 대립가설이

$$H_0: \Delta = 0,\ H_1: \Delta > 0(\text{또는 } \Delta < 0, \Delta \neq 0)$$

으로 주어져 있을 때, 이들 두 모집단의 혼합표본에서 맨-휘트니 U 검정통계량은 다음과 같이 주어진다.

$$U = W - \frac{n(n+1)}{2}$$

여기서 $W = \sum_{j=1}^{n} R_j$이고, R_j는 두 모집단의 혼합표본 $\{X_1, X_2, \cdots, X_m, Y_1, Y_2, \cdots, Y_n\}$에서 Y_j의 순위를 나타낸다.

주의사항

① 위의 정리에서 통계량 W를 윌콕슨 순위합 검정통계량이라 부른다. 그리고 혼합표본에 동점이 있는 경우에는 평균순위를 사용하여 W를 계산한다.

② 원래 맨과 휘트니는 검정통계량 U를 다음과 같이 정의하였다.

$$U = \sum_{i=1}^{m}\sum_{j=1}^{n} \Psi_{ij} \quad \text{여기서 } \Psi_{ij} = \begin{cases} 1, & Y_j > X_i \text{ 일 때} \\ \frac{1}{2}, & Y_j = X_i \text{ 일 때} \\ 1, & Y_j < X_i \text{ 일 때} \end{cases}$$

즉, 통계량 U의 값은 이들 혼합표본에 동점이 없는 경우에 두 표본을 합해서 가장 작은 값부터 크기 순으로 배열하여 표본 Y의 각 값보다 작은 표본 X의 값의 수를 구하고, 이 값을 표본 Y의 모든 관측값에 대하여 합한 값을 나타낸다. 그런데 위의 두 가지 경우의 U값은 혼합표본에 동점이 없는 경우에 서로 같음을 알 수 있다.

검정통계량 U(또는 W)의 값은 $\Delta > 0$의 값이 커짐에 따라 U(또는 W)의 값이 커지는 경향이 있고, $\Delta < 0$의 값이 작아지면 U(또는 W)의 값도 작아지는 경향이 있다. 따라서 통계량 U에 의한 검정의 기각역은 다음과 같이 주어진다.

귀무가설	대립가설	기각역
$H_0 : \Delta = \theta_0$	$H_1 : \Delta > 0$ $H_1 : \Delta < 0$ $H_1 : \Delta \neq 0$	$U \geqq u_\alpha$ $U \leqq u_{1-\alpha}$ $U \geqq u_{\frac{\alpha}{2}}$ 또는 $U \leqq u_{1-\frac{\alpha}{2}}$

여기서 u_α의 값은 U의 분포에서 상위 $100 \cdot \alpha$백분위수를 나타낸다. 즉 $P(U \geqq x) = \alpha$를 만족하는 x의 값으로 부록의 **〈부표-9〉**에 나와 있다.

한편 귀무가설 H_0 : $\Delta = 0$하에서 U의 분포는 그의 평균 $E(U) = \frac{m \cdot n}{2}$에 관해서 대칭인 분포를 한다. 따라서 다음과 같은 관계가 성립한다.

$$u_\alpha - \frac{m \cdot n}{2} = \frac{m \cdot n}{2} - u_{1-\alpha}$$

이로부터 다음과 같은 식을 얻는다.

$$u_{1-\alpha} = m \cdot n - u_\alpha$$

이제 귀무가설 하에서 맨-휘트니 통계량 U의 확률분포가 어떻게 이루어지며, 또한 모집단의 분포와 어떻게 분포무관이 되는지 살펴보기로 한다.

간단한 예로써 두 모집단으로부터 표본의 크기가 $m = 3$과 $n = 2$인 두 개의 표본을 추출하여 그 관측값이 x_1, x_2, x_3와 y_1, y_2가 되었다고 하자. H_0하에서 U의 분포를 구하기 위해서 혼합표본의 관측값 x_1, x_2, x_3, y_1, y_2(x_i들끼리와 y_j들끼리의 순서는 무시하고)를 크기 순으로 나열했을 때에 가능한 경우의 수는 $\frac{5!}{(3!2!)}$가지가 된다.

그런데 H_0하에서 두 모집단의 분포는 일치하므로 이들 10가지의 각 순서 배열이 나타날 확률은 다같이 $\frac{1}{10}$로 주어진다. 이들 각 순서 배열에 대한 U의 값과 확률은 아래의 **〈표 12-1〉**과 같다.

표 12-1 $m=3$, $n=2$일 때 U의 값과 확률

X, Y의 배열	U의 값	확률
$x\ x\ x\ y\ y$	6	$\frac{1}{10}$
$x\ x\ y\ x\ y$	5	$\frac{1}{10}$
$x\ y\ x\ x\ y$	4	$\frac{1}{10}$
$y\ x\ x\ x\ y$	3	$\frac{1}{10}$
$x\ x\ y\ y\ x$	4	$\frac{1}{10}$
$x\ y\ x\ y\ x$	3	$\frac{1}{10}$
$y\ x\ x\ y\ x$	2	$\frac{1}{10}$
$x\ y\ y\ x\ x$	2	$\frac{1}{10}$
$y\ x\ y\ x\ x$	1	$\frac{1}{10}$
$y\ y\ x\ x\ x$	0	$\frac{1}{10}$
		합계 1

표 12-2 H_0하에서 U의 확률분포

U	0	1	2	3	4	5	6	합계
$P(U=u)$	$\frac{1}{10}$	$\frac{1}{10}$	$\frac{2}{10}$	$\frac{2}{10}$	$\frac{2}{10}$	$\frac{1}{10}$	$\frac{1}{10}$	1

〈표 12-1〉로부터 H_0하에서 U의 확률분포는 **〈표 12-2〉**로 주어진다.

위의 결과로부터 U의 분포는 모집단의 분포와는 무관하게 얻어짐을 알 수 있다. 즉 U는 분포무관인 검정통계량이다.

만약 혼합표본에서 $X_i(i=1, 2, \cdots, m)$들의 순위합을 V라 하면

$$U = \frac{m(m+1)}{2} - V$$

이 성립한다. 따라서 맨-휘트니 U 검정통계량은 Y_j들의 순위합 대신에 X_i들의 순위합을 사용해도 동일한 검정을 얻을 수 있다.

한편 H_0하에서 U의 확률분포표는 부록의 **〈부표-10〉**에서 보는 바와 같이 m과 n의 소표본 크기($m \leqq 10$, $n \leqq 10$)에 대해서만 나와 있으므로 m과 n이 클 경우에는 U의 표준화된 통계량을 이용하여 정규근사에 의해 검정의 기각역을 구할 수 있다.

정리 12.4 맨-휘트니 U-검정통계량의 정규근사

귀무가설 $H_0 : \Delta = 0$하에서 U의 평균과 분산은 다음과 같다.

$$E(U) = \frac{m \cdot n}{2}, \quad Var(U) = \frac{mn(N+1)}{12}, \text{ 단 } N = m + n$$

따라서 m과 n이 충분히 클 때에 U의 표준화된 통계량, 즉

$$Z_U = \frac{U - E(U)}{\sqrt{Var(U)}} = \frac{U - \frac{mn}{2}}{\sqrt{\frac{mn(N+1)}{12}}}$$

의 분포는 H_0하에서 근사적으로 표준정규분포 $N(0, 1)$을 따른다.

주의사항

혼합표본에 동일한 관측값이 있는 경우에는 대표본 정규근사를 사용할 때, $Var(U)$를 다음과 같이 수정하여 사용한다.

$$Var(U) = \frac{mn}{12}\left\{N + 1 - \frac{\sum_{i=1}^{g} t_j(t_j^2 - 1)}{N(N-1)}\right\}$$

단, g는 동점그룹의 수이고

$t_j = j$번째 동점그룹에 있는 관측값의 개수

앞의 정리로부터 대표본 정규근사에 의한 검정의 기각역은 다음과 같이 주어진다.

귀무가설	대립가설	기각역
$H_0: \Delta=0$	$H_1: \Delta>0$ $H_1: \Delta<0$ $H_1: \Delta\neq 0$	$Z_U \geqq z_\alpha$ $Z_U \leqq -z_\alpha$ $Z_U \geqq z_{\frac{\alpha}{2}}$ 또는 $Z_U \leqq -z_{\frac{\alpha}{2}}$

맨-휘트니 U 검정에 관한 이상의 결과를 요약하면 다음과 같이 정리할 수 있다.

맨-휘트니 U 검정

자료 : $X_1, X_2, \cdots, X_m$은 연속이고 중위수가 θ인 모집단 I로부터 m개의 표본이며, $Y_1, Y_2, \cdots, Y_n$은 연속이고 중위수가 $\theta+\Delta$인 모집단 II로부터 n개의 표본이다. (여기서 $m \geqq n$이고 모집단 I과 모집단 II의 분포는 동일한 형태를 갖는 것으로 가정함.)

귀무가설 : $H_0: \Delta=0$

검정통계량 : ① 소표본일 때

$$U=W-\frac{n(n+1)}{2}$$

여기서 $W=\sum_{j=1}^{n} R_j$(=혼합표본에서 Y_j들의 순위합)

② 대표본일 때

$$Z_U=\frac{U-\frac{mn}{2}}{\sqrt{\frac{mn(N+1)}{12}}},\quad (N=m+n)$$

대립가설	기각역(소표본)	기각역(대표본)
① $H_1: \Delta>\theta_0$ ② $H_1: \Delta<\theta_0$ ③ $H_1: \Delta\neq\theta_0$	$C: U \geqq u_\alpha$ $C: U \leqq mn-u_\alpha$ $C: U \geqq u_{\frac{\alpha}{2}}$ 또는 $B \leqq mn-u_{1-\frac{\alpha}{2}}$	$C: Z_U \geqq z_\alpha$ $C: Z_U \leqq -z_\alpha$ $C: Z_U \geqq z_{\frac{\alpha}{2}}$ 또는 $Z_U \leqq -z_{\frac{\alpha}{2}}$

예제 12.3

정부의 경제부처관료들의 내년도 물가상승률에 대한 예측이 일반적으로 대학의 경제학 교수들에 의한 예측보다 낮게 평가되는 경향이 있다는 주장이 있다. 이 주장이 타당한지를 확인해 보기 위해서 각각 7명의 경제관료들과 8명의 경제학 교수들을 임의로 추출하여 그들의 내년도 물가상승률에 대한 예측을 조사한 결과, 다음과 같이 나타났다.

(단위 : %)

정부의 경제부처관료	5.2	6.7	4.9	3.4	7.2	6.3	3.7	
대학의 경제학 교수	8.1	10.3	5.6	9.2	4.9	6.5	6.3	7.8

유의수준 $\alpha=0.05$에서 위의 주장이 옳은지를 검정하여라.

주어진 자료에서 $m=7$, $n=8$이고 귀무가설과 대립가설은 다음과 같이 설정된다.

$$H_0 : \Delta=0, \quad H_1 : \Delta<0$$

그리고 윌콕슨 순위합 통계량 W의 계산은 다음과 같이 얻어진다.

경제학 교수	S_i
8.1	13
10.3	15
5.6	6
9.2	14
4.9	3.5
6.5	9
6.3	7.5
7.8	12
합계	$V=80$

경제관료	R_j
5.2	5
6.7	10
4.9	3.5
3.4	1
7.2	11
6.3	7.5
3.7	2
합계	$W=40$

따라서 $U=40-\frac{7\times8}{2}=12$가 된다.

U의 관측값을 바탕으로 유의확률을 구하면 부록의 〈**부표-10**〉으로부터 $P(U\leqq 12)=0.0361$을 얻는다. 이 값은 유의수준 $\alpha=0.05$보다 작으므로 귀무가설은 기각된다. 즉 정부의 경제부처관료들의 내년도 물가상승률에 대한 예측이 대학의 경제학 교수들의 예측보다 낮게 평가되는 경향이 있다고 볼 수 있다.

다음으로 대표본 정규근사에 의해 검정의 기각역을 구해보자. U의 평균은

$$E(U)=\frac{8\times7}{2}=28$$

이고 U의 분산은 혼합표본에 동점이 있으므로 다음과 같이 수정하여 구한다.

$$Var(U)=\frac{8\times7}{12}\left\{15+1-\frac{2(2^2-1)+2(2^2-1)}{15(15-1)}\right\}=74.40$$

따라서 U의 표준화된 통계량의 값은 다음과 같다.

$$Z_U=\frac{12-28}{\sqrt{74.40}}=-1.8550$$

부록의 〈**부표-4**〉로부터 $z_{0.05}=1.645$이므로 $Z_U=-1.8550<-1.645=-z_{0.05}$가 되어 유의수준 $\alpha=0.05$에서 H_0는 기각된다. 즉 대표본 정규근사를 이용한 검정은 소표본에서의 맨-휘트니 U검정과 같은 결론을 얻는다.

참고로 위의 **[예제 12.3]**에 대하여 제8장에서 다루었던 모수적인 검정법인 이표본 t-검정을 시행하여 보자.

주어진 자료로부터 두 모집단의 표본평균과 표본분산은 각각 다음과 같다.

$$\bar{x}=7.3375, \qquad s_x^2=3.3970$$
$$\bar{y}=5.3429, \qquad s_y^2=2.1495$$

그리고 합동표본분산을 구하면 다음과 같다.

$$s_p^{\ 2} = \frac{(8-1)\times 3.3970 + (7-1)\times 2.1495}{15-2} = 2.8212$$

따라서 통계량 t의 값은 다음과 같이 얻어진다.

$$t = \frac{\bar{y}-\bar{x}}{s_p\sqrt{\frac{1}{m}+\frac{1}{n}}} = \frac{5.3429-7.3375}{\sqrt{2.8212\left(\frac{1}{8}+\frac{1}{7}\right)}} = -2.2949$$

부록의 〈부표-6〉으로부터 $t_{0.05}(13)=1.771$이므로 $t=-2.2949<-1.771=-t_{0.05}(13)$가 되어서 유의수준 $\alpha=0.05$에서 H_0을 기각한다. 따라서 맨-휘트니 U검정과 같은 결론을 얻는다.

12.3.2 대응비교

앞의 절에서는 두 모집단으로부터 추출한 2개의 표본이 서로 독립인 경우에 대한 비모수적 검정법을 다루었다. 이와는 달리 두 모집단으로부터의 표본이 쌍으로 관측된 경우에(이러한 두 모집단의 표본을 짝지어진 표본(paired sample) 혹은 대응표본이라 부른다.) 두 모집단간의 위치를 비교하는 문제를 **대응비교**(paired comparison)라 하는데 이와 같은 대응비교가 필요한 경우와 그에 대한 모수적 검정법에 대해서는 8장 8.5에서 다루었다. 본 절에서는 대응비교의 비모수적 검정법에 대해 살펴보기로 한다.

분포가 연속이고 중위수가 θ와 $\theta+\Delta$인 두 모집단으로부터 n개의 쌍으로 추출한 표본(대응표본)을 $(X_1, Y_1), (X_2, Y_2), \cdots, (X_n, Y_n)$이라 하자. 이때 $D_i=Y_i-X_i$라 정의하면 $D_1, D_1, \cdots, D_n$은 분포가 연속이고 중위수가 Δ인 1개의 모집단으로부터 추출한 크기 n인 표본으로 간주할 수 있다. 이 경우에 두 모집단간의 위치를 비교하는 문제는 1개의 모집단에서 그의 중위수 Δ에 대한 검정문제로 바꾸어 생각할 수 있다. 따라서 일표본 위치모수에 대한 검정으로 다루었던 부호검정과 부호순위검정을 대응비교의 비모수적 검정법으로 사용할 수 있다. 다음의 예제를 통해서 구체적인 절차를 살펴보자.

예제 12.4

어떤 제품을 생산하는 공장에서 오전에 만든 제품과 오후에 만든 제품간에 불량률의 차이가 있다는 주장이 있다. 이 주장이 옳은지를 확인하기 위하여 매일 오전과 오후에 만든 제품들 중에서 각각 1,000개씩을 임의로 추출하여 불량품을 조사하는 작업을 열흘 동안 계속하였고, 다음의 조사결과를 얻었다고 한다.

날짜	1	2	3	4	5	6	7	8	9	10
오전	76	64	96	72	65	90	65	80	81	73
오후	77	68	91	72	74	92	70	71	88	85

위의 자료를 근거로 하여 오전과 오후에 만든 제품간에 불량률의 차이가 있다고 볼 수 있는지 유의수준 $\alpha=0.05$에서 검정하여라.

주어진 자료에서 오전과 오후에 나온 불량품의 개수를 각각 X_i와 Y_i라 하면 두 불량품의 개수의 차 $D_i=Y_i-X_i$는 다음과 같다.
위의 문제에서 귀무가설과 대립가설은 다음과 같이 설정된다.

날짜	1	2	3	4	5	6	7	8	9	10
D_i	1	4	-5	0	9	2	5	-9	7	12

$$H_0: \Delta=0, \quad H_1: \Delta \neq 0$$

여기서 H_0는 오전과 오후에 만든 제품간에 불량률의 차이가 없음을 뜻하고, H_1은 불량률의 차이가 있음을 뜻한다.
먼저 부호검정을 실시하여 검정의 기각여부를 살펴보자. 위의 D_i에 관한 자료에서 0인 관측값을 표본에서 제외시키면 표본의 크기는 $n=9$로 수정된다. 9개의 표본 중에서 양의 관측값이 7개가 있으므로 부호통계량의 값은 $B=7$이 된다. 부록의 **〈부표-8〉**로부터 유의확률을 구하면

$$\text{유의확률} = 2\times P(B \geq 7) = 2\times 0.0898 = 0.1796$$

이 되므로 유의수준 $\alpha=0.05$에서 H_0를 기각할 수 없다. 즉 오전과 오후에 만들어진 제품간에 불량률의 차이가 있다고 볼 수 없다.

다음으로 부호순위검정을 실시하여 보자. D_i에 관한 자료에서 0인 값을 표본에서 제외시켜 표본의 크기를 $n=9$로 수정한다. 9개의 관측값에 대해 부호순위 통계량의 값을 계산하면 다음과 같다.

D_i	$\lvert D_i \rvert$	Ψ_i	R_i^+
−5	5	0	4.5
−9	9	0	7.5

D_i	$\lvert D_i \rvert$	Ψ_i	R_i^+
1	1	1	1
2	2	1	2
4	4	1	3
5	5	1	4.5
7	7	1	6
9	9	1	7.5
12	12	1	9
		$W^+=33$	

부록의 〈부표-9〉로부터 유의확률을 구하면

$$\text{유의확률}=2\times P(W^+\geq 33)=2\times 0.125=0.25$$

가 되어 유의수준 $\alpha=0.05$에서 H_0를 기각할 수 없다. 즉 부호검정에서와 같은 결론을 얻는다.

R프로그램을 이용하여 본 챕터의 분석을 하기 위해서는 추가로 패키지(BSDA) 설치가 필요하다.

명령어

```
install.packages("BSDA") # 패키지 설치 필요시 1회만 실행

library(BSDA) # 설치된 패키지를 이용하기 위해서 실행
## Warning: 패키지 'BSDA'는 R 버전 4.2.1에서 작성되었습니다
## 필요한 패키지를 로딩중입니다: lattice
##
## 다음의 패키지를 부착합니다: 'BSDA'
## The following object is masked from 'package:datasets':
##
##     Orange
```

▶ 단일표본 위치문제(부호검정) [예제 12.1]

데이터 생성

```
wage <- c(2.4, 4.2, 2.6, 0.6, 1.4, 2.0, 2.5,
          2.8, 3.6, 0.2, 3.1, 3.8, 2.0, 2.3, 2.2)
```

명령어 - 부호검정(중위수 검정 : 2.0, 대립가설 : 큼)

```
SIGN.test(wage, md = 2.0, alternative="greater")
```

결과물

```
##  One-sample Sign-Test
##
```

```
## data:  wage
## s = 10, p-value = 0.04614
## alternative hypothesis: true median is greater than 2
## 95 percent confidence interval:
##    2 Inf
## sample estimates:
## median of x
##         2.4
##
## Achieved and Interpolated Confidence Intervals:
##
##                   Conf.Level L.E.pt U.E.pt
## Lower Achieved CI     0.9408      2    Inf
## Interpolated CI       0.9500      2    Inf
## Upper Achieved CI     0.9824      2    Inf
```

부호검정의 p-값은 0.0461이고 표본 중위수는 2.4임을 알 수 있다.

▶ Wilcoxon 부호순위검정 [예제 12.2]

데이터에서 검정 중위수 값인 2.0과 동일한 값을 제외하여야 한다.

데이터 생성

```
wage <- c(2.3, 4.2, 2.6, 1.3, 1.7, 1.9, 2.5,
          2.0, 2.7, 3.5, 0.4, 3.1, 3.8, 2.2, 2.4)
wage_del <- wage[-8]
```

명령어 - Wilcoxon 검정(중위수 검정 : 2.0, 대립 가설 : 큼)

```
wilcox.test(wage_del, mu = 2.0, alternative = "greater")
```

결과물

```
##     Wilcoxon signed rank exact test
##
## data:  wage_del
## V = 80, p-value = 0.04529
## alternative hypothesis: true location is greater than 2
```

윌콕슨 통계량 값은 80이며 해당되는 p-값은 0.045이다.

▶ 이표본 위치 문제 [예제 12.3]

정부의 경제부처관료 변수를 govern, 대학의 경제학 교수 변수를 univ로 생성한다. 그리고 두 변수의 값을 합쳐 inflation 변수로 생성하고, 각 변수 값을 "G", "U"으로 대입하여 데이터 프레임을 생성한다.

데이터 생성

```
govern <- c(5.2, 6.7, 4.9, 3.4, 7.2, 6.3, 3.7)
univ <- c(8.1, 10.3, 5.6, 9.2, 4.9, 6.5, 6.3, 7.8)
inflation <- c(govern, univ)
group <- c(rep("G", 7), rep("U", 8))
df <- data.frame(inflation, group)
df
##    inflation group
## 1        5.2     G
## 2        6.7     G
## 3        4.9     G
## 4        3.4     G
## 5        7.2     G
## 6        6.3     G
## 7        3.7     G
## 8        8.1     U
## 9       10.3     U
```

```
## 10         5.6      U
## 11         9.2      U
## 12         4.9      U
## 13         6.5      U
## 14         6.3      U
## 15         7.8      U
```

명령어 - Mann-Whitney 검정

```
wilcox.test(inflation ~ group, alternative = "less", data = df)
```

결과물

```
##  Wilcoxon rank sum test with continuity correction
##
## data:  inflation by group
## W = 12, p-value = 0.03617
## alternative hypothesis: true location shift is less than 0
```

p-값이 0.0362임을 알 수 있다.

▶ 대응비교 [예제 12.4]

오전의 불량품 개수를 am 변수, 오후의 불량품 개수를 pm 변수로 생성한다. D 변수에는 am, pm 두 변수의 차이값으로 생성한다.

데이터 생성

```
am <- c(76, 64, 96, 72, 65, 90, 65, 80, 81, 73)
pm <- c(77, 68, 91, 72, 74, 92, 70, 71, 88, 85)
D <- pm - am
```

명령어 - 부호검정(중위수 검정 : 0, 대립 가설 : 같지 않음)

```
SIGN.test(D, md = 0, alternative="two.sided")
```

결과물

```
##  One-sample Sign-Test
##
## data:  D
## s = 7, p-value = 0.1797
## alternative hypothesis: true median is not equal to 0
## 95 percent confidence interval:
##  -3.377778  8.351111
## sample estimates:
## median of x
##           3
##
## Achieved and Interpolated Confidence Intervals:
##
##                   Conf.Level  L.E.pt U.E.pt
## Lower Achieved CI     0.8906  0.0000 7.0000
## Interpolated CI       0.9500 -3.3778 8.3511
## Upper Achieved CI     0.9785 -5.0000 9.0000
```

p-값이 0.1797이어서 유의수준 $\alpha = 0.05$에서 귀무가설을 기각할 수 없다.

명령어 - Wilcoxon 검정(중위수 검정 : 0.0, 대립 가설 : 같지 않음)

```
wilcox.test(D, mu = 0, alternative = "two.sided")
```

결과물

```
##    Wilcoxon signed rank test with continuity correction


## data:  D
```

```
## V = 33, p-value = 0.2353
## alternative hypothesis: true location is not equal to 0
```

p-값이 본문에서의 값과 다른 이유는 연속성 수정(continuity correction)을 고려한 정규분포에서 p-값을 계산하였기 때문이다.

연습문제

1. 부록의 〈**부표-8**〉을 이용하여 부호통계량에 관한 다음 물음에 답하여라.

(1) $n=15$일 때, $P(B\geqq 5)$, $P(B\leqq 5)$를 각각 구하라.

(2) $n=12$일 때, $P(B\geqq x_1)=P(B\geqq x_2)=0.3872$를 만족하는 x_1와 x_2의 값을 각각 구하라.

2. 부록의 〈**부표-9**〉를 이용하여 윌콕슨의 부호순위 통계량에 관한 다음의 물음에 답하여라.

(1) $n=12$일 때, $P(W^+\geqq 32)$와 $P(W^+\leqq 32)$를 각각 구하라.

(2) $n=10$일 때, $P(W^+\geqq x_1)=P(W^+\leqq x_2)=0.278$을 만족하는 x_1과 x_2의 값을 각각 구하라.

3. 부록의 〈**부표-10**〉을 이용하여 맨-휘트니 U 통계량에 관한 다음의 물음에 답하여라.

(1) $m=9$, $n=8$일 때, $P(U\geqq 32)$와 $P(U\leqq 32)$를 각각 구하라.

(2) $m=8$, $n=6$일 때, $P(U\geqq x_1)=P(U\leqq x_2)=0.286$을 만족하는 x_1과 x_2의 값을 각각 구하라.

4. 대표본 정규근사를 이용하여 다음 물음에 답하여라.

(1) $n=40$일 때 $H_0:\theta=\theta_0$, $H_0:\theta\neq\theta_0$에 대하여 유의수준 $\alpha=0.05$에서 부호통계량에 의한 검정의 기각역을 구하라.

(2) 위의 문제 (1)의 경우에 윌콕슨의 부호순위 통계량에 의한 검정의 기각역을 구하라.

(3) $m=20$, $n=15$일 때 $H_0:\Delta=0$, $H_0:\Delta\neq 0$에 대하여 유의수준 $\alpha=0.05$에서 맨-휘트니 U 통계량에 의한 검정의 기각역을 구하라.

5. 어느 담배 제조업자는 새로 나온 담배의 타르(tar)함량이 17mg이라고 한다. 새로 나온 담배 중에서 24개를 임의로 추출하여 타르함량을 측정한 결과, 다음과 같은 자료가 얻어졌다.

(단위 : mg)

16.9	16.6	17.3	17.5	17.0	17.2	16.1	16.4	17.3	15.9
17.7	18.3	15.6	16.8	17.1	17.2	16.4	18.1	17.4	16.7
16.9	16.0	16.5	17.8						

위의 자료를 근거로 새로 나온 담배의 타르함량이 평균 17mg 미만이라고 볼 수 있는가?

(1) 유의수준 $\alpha=0.05$에서 부호검정을 실시하여라.
(2) 유의수준 $\alpha=0.05$에서 부호순위검정을 실시하여라.

6. 어떤 공업실험에서 가죽과 금속 간의 마찰계수를 18회 측정한 결과, 다음의 결과가 나왔다고 한다.

0.59	0.56	0.49	0.55	0.65	0.55	0.51	0.60	0.56
0.47	0.58	0.61	0.54	0.68	0.56	0.50	0.57	0.53

위의 자료를 근거로 마찰계수가 평균 0.55라고 볼 수 있는가?

(1) 유의수준 $\alpha=0.05$에서 부호검정을 실시하여라.
(2) 유의수준 $\alpha=0.05$에서 부호순위검정을 실시하여라.

7. 다음은 어떤 지역에 거주하는 사람들 중에서 임의로 20명을 추출하여 그들의 한 달간 소득을 조사한 자료이다.

(단위 : 만 원)

110	140	75	150	125	130	95	100	85	160
155	70	110	100	115	105	120	130	145	170

위의 자료를 근거로 이 지역에 거주하는 사람들의 한 달간 평균소득은 100만 원을 초과한다고 볼 수 있는가?

(1) 유의수준 $\alpha=0.05$에서 부호검정을 실시하여라.
(2) 유의수준 $\alpha=0.05$에서 부호순위검정을 실시하여라.

8. 다음은 어떤 병원에서 임의로 추출한 15명의 환자들이 의사로부터 진찰을 받기 위해 기다리고 있는 시간을 측정한 자료이다.

(단위 : 분)

18	24	16	15	27	14	20	12	35	20
11	25	18	17	9					

위의 자료를 근거로 이 병원에서 환자들이 기다리는 시간은 평균 20분 미만이라고 볼 수 있는가?

(1) 유의수준 $\alpha=0.01$에서 부호검정을 실시하여라.
(2) 유의수준 $\alpha=0.01$에서 부호순위검정을 실시하여라.

9. 다음은 어떤 종합병원에 입원한 환자들 가운데 10명을 임의로 추출하여 그들의 일주일 동안의 수면시간을 측정한 자료이다.

(단위 : 시간)

78	94	87	52	37	45	64	72	42	56

위의 자료를 근거로 이 병원에 입원한 환자들의 일주일간의 수면시간이 평균 56시간을 초과한다고 볼 수 있는가?

(1) 유의수준 $\alpha=0.05$에서 부호검정을 실시하여라.
(2) 유의수준 $\alpha=0.05$에서 부호순위검정을 실시하여라.

10. 두 종류의 케이크 A, B에 대한 사람들의 선호도를 알아보기 위해서 10명의 사람을 임의로 추출하여 각자에게 A, B 두 가지의 케이크를 함께 먹어보게 한 결과, 다음과 같은 반응이 나왔다.

다음의 자료를 근거로 A, B 두 가지 케이크에 대한 사람들의 선호도에 차이가 있다고 볼 수 있는가? 유의수준 $\alpha=0.1$에서 부호검정을 실시하여라.

사람	선호하는 케이크	사람	선호하는 케이크
1	A	6	A
2	A	7	B
3	A	8	A
4	A	9	B
5	A	10	A

11. 위의 문제 10에서 주어진 자료를 근거로 사람들이 케이크 A를 더 선호한다고 볼 수 있는가? 유의수준 $\alpha=0.1$에서 검정하여라.

12. 어떤 도시에서 120명의 사람을 임의로 추출하여 의사와 변호사에 대한 신망도를 설문조사하였고, 다음과 같은 결과를 얻었다.

신뢰도	사람 수
의사를 더 신뢰한다.	57
변호사를 더 신뢰한다.	49
잘 모르겠다.	14
합계	120

위의 조사결과를 바탕으로 의사와 변호사에 대한 사람들의 신망도에 차이가 있다고 볼 수 있는가? 유의수준 $\alpha=0.05$에서 부호검정을 실시하여라.

13. 위의 문제 12에서 주어진 조사결과를 바탕으로 사람들이 변호사보다 의사를 더 신망한다고 볼 수 있는가? 유의수준 $\alpha=0.05$에서 검정하여라.

14. 대학의 경제학 교수들 중에서 임의로 60명을 추출하여 내년도 물가상승률이 금년에 비해 얼마나 높은지에 대한 예측을 의뢰한 결과, 다음과 같은 결과가 나왔다.

물가상승률	경제학 교수
10% 이상	28
10% 미만	22
동결	10
	합계 60

위의 조사결과를 바탕으로 내년도 물가상승률이 금년에 비해 10% 이상이라고 볼 수 있는가? 유의수준 $\alpha=0.05$에서 검정하여라.

15. 다음은 12개의 같은 종류의 제조공장에서 종업원들에게 안전사고예방을 위한 교육을 실시한 후에 일주일 동안에 발생한 사고횟수를 조사한 자료이다.

제조공장	실시 전	실시 후	제조공장	실시 전	실시 후
1	3	2	7	5	3
2	4	1	8	3	3
3	6	3	9	2	0
4	3	5	10	4	3
5	4	4	11	4	1
6	5	2	12	5	2

위의 자료를 근거로 종업원들에게 안전사고예방을 위한 교육을 실시하는 것이 사고횟수를 줄이는 데 보다 효과적이라고 볼 수 있는가?

(1) 유의수준 $\alpha=0.05$에서 부호검정을 실시하여라.

(2) 유의수준 $\alpha=0.05$에서 부호순위검정을 실시하여라.

16. 어떤 제약회사에서 새로 개발한 두통약 B가 종래의 두통약 A보다 두통완화의 효과가 더 빠른지를 알아보기 위해서 7명의 두통환자를 임의로 추출하여 이들 각자에게 두 가지 두통약 A, B를 충분한 시차를 두고서 복용하게 한 후 두통이 완화될 때까지의 소요시간을 측정한 결과, 다음과 같은 조사결과가 나왔다.

(단위 : 분)

환자	1	2	3	4	5	6	7
두통약 A	15	20	12	20	17	14	17
두통약 B	7	14	13	11	10	16	11

위의 조사결과를 바탕으로 두통약 B가 두통약 A보다 효과가 빠르다고 볼 수 있는가?

(1) 유의수준 $\alpha = 0.05$에서 부호검정을 실시하여라.

(2) 유의수준 $\alpha = 0.05$에서 부호순위검정을 실시하여라.

17. 같은 시간대에 방영하는 2개의 TV 방송국의 연속극 A와 B에 대한 시청자들의 시청률을 9회에 걸쳐서 조사하였더니 다음과 같은 조사결과가 나왔다고 한다.

(단위 : %)

횟수	1	2	3	4	5	6	7	8	9
연속극 A	14.5	21.4	9.9	12.8	19.2	28.1	14.2	23.6	13.2
연속극 B	12.3	21.9	8.8	11.1	18.1	26.4	11.0	20.1	11.5

두 연속극 A, B의 시청률에 차이가 있다고 볼 수 있는가?

(1) 유의수준 $\alpha = 0.01$에서 부호검정을 실시하여라.

(2) 유의수준 $\alpha = 0.01$에서 부호순위검정을 실시하여라.

18. 위의 문제 17에서 주어진 조사결과를 바탕으로 연속극 A의 시청률이 연속극 B보다 높다고 볼 수 있는가?

(1) 유의수준 $\alpha=0.01$에서 부호검정을 실시하여라.

(2) 유의수준 $\alpha=0.01$에서 부호순위검정을 실시하여라.

19. 어떤 학급에서 15명의 학생을 임의로 추출하여 이들에게 영어와 수학 시험을 동시에 치르게 한 결과, 다음과 같은 점수가 나왔다.

학생	영어 점수	수학 점수
1	22	53
2	37	68
3	36	42
4	38	49
5	42	51
6	58	65
7	58	51
8	60	71
9	62	55
10	65	74
11	66	68
12	56	64
13	66	67
14	67	73
15	62	65

위의 조사결과를 바탕으로 이 학급의 학생들의 영어와 수학 점수 간에 차이가 있다고 볼 수 있는가?

(1) 유의수준 $\alpha=0.01$에서 부호검정을 실시하여라.

(2) 유의수준 $\alpha=0.01$에서 부호순위검정을 실시하여라.

20. 위의 문제 19에서 주어진 조사결과를 바탕으로 이 학급의 학생들의 수학 점수가 영어 점수보다 높다고 볼 수 있는가?

(1) 유의수준 $\alpha=0.01$에서 부호검정을 실시하여라.

(2) 유의수준 $\alpha=0.01$에서 부호순위검정을 실시하여라.

21. 학생 수가 많은 어떤 학과의 학생들을 임의로 A, B 두 반으로 나누어서 같은 과목을 각각 서로 다른 교수로부터 수강하게 한 후에 반에서 7명, 반에서 6명을 임의로 추출하여 공통문제로 시험을 치른 결과, 다음과 같은 점수들이 나왔다.

A반 점수	90	71	83	82	75	91	65
B반 점수	66	78	50	68	80	60	

위의 점수결과를 바탕으로 A, B 두 반의 교수들의 강의효과가 차이가 있다고 볼 수 있는가? 유의수준 $\alpha = 0.05$에서 맨-휘트니 U-검정을 실시하여라.

22. 위의 문제 21에서 주어진 점수결과를 바탕으로 A반 교수의 강의가 B반 교수의 강의보다 더 효과적이라고 볼 수 있는가? 유의수준 $\alpha = 0.05$에서 검정하여라.

23. 어떤 레스토랑의 주인은 최근에 손님들의 불평이 많다는 이유로 지배인 A를 해고하고 새 지배인 B를 고용하였다. 3개월 정도의 기간이 지난 후부터 매주마다 손님들의 불평 횟수를 5주일간에 걸쳐서 조사하여 이전의 지배인 A의 경우와 함께 다음과 같은 결과를 얻었다.

주	1	2	3	4	5
지배인 A	9	12	10	14	15
지배인 B	8	11	7	5	13

지배인 B에 대한 손님들의 불평이 지배인 A의 경우보다 줄어들었다고 볼 수 있는가? 유의수준 $\alpha = 0.05$에서 적절한 비모수검정을 실시하여라.

24. 어떤 스낵제과회사에서는 최근에 젊은 층을 겨냥하여 새로운 스낵과자를 개발하였다. 이를 실험하기 위해서 15~25세 사이의 젊은 층에서 7명, 45~55세 사이의 중년층에서 7명을 각각 임의로 추출하여 이들에게 새 스낵과자를 맛보게 한 후 맛있는 정도 순으로 1에서 5까지 등급을 매기도록 하여(숫자가 클수록 맛있는 정도가 높음을 나타냄) 다음과 같은 조사결과를 얻었다.

젊은층	4	3	4	2	3	5	4
중년층	1	5	4	3	3	4	3

위의 조사결과를 바탕으로 새로 만든 스낵과자는 젊은 층에게 더 선호된다고 볼 수 있는가? 유의수준 $\alpha = 0.01$에서 적절한 비모수검정을 실시하여라.

25. 두 종류의 배터리 A와 B의 수명을 비교하기 위해서 배터리 A와 B를 각각 15개씩 임의로 추출하여 이들 배터리의 수명이 다하는 순서대로 나열하여 다음과 같은 결과를 얻었다.

$A\ B\ B\ B\ A\ B\ A\ A\ B\ B\ B\ B\ A\ B\ A$
$B\ B\ B\ B\ A\ A\ B\ A\ A\ A\ B\ A\ A\ A\ A$

위의 조사결과를 바탕으로 두 종류의 배터리 A, B 사이에 수명의 차이가 있다고 볼 수 있는가? 유의수준 $\alpha = 0.05$에서 적절한 비모수검정을 실시하여라.

26. 위의 문제 25에서 주어진 조사결과를 바탕으로 배터리 A의 수명이 배터리 B의 수명보다 길다고 볼 수 있는가? 유의수준 $\alpha = 0.05$에서 검정하여라.

27. 윌콕슨 순위합 통계량 W와 맨-휘트니 통계량 U의 관계가 다음과 같음을 증명하여라.

$$W = U + \frac{n(n+1)}{2}$$

28. 본 장의 연습문제 5를 R을 이용하여 검정하여라.

29. 본 장의 연습문제 9를 R을 이용하여 검정하여라.

부록

<부표-1> 난수표

<부표-2> 이항분포표(누적값)

<부표-3> 포아송분포표(누적값)

<부표-4> 표준정규분포표

<부표-5> χ^2 분포표

<부표-6> t 분포표

<부표-7> F 분포표

<부표-8> 부호검정표

<부표-9> 부호순위 통계량(W^+) 분포표

<부표-10> Mann-Whitney U 통계량의 분포

<부표-1> 난수표

10 09 73 25 33	76 52 01 35 86	34 67 35 48 76	80 95 90 91 17	39 29 27 49 45
37 54 20 48 05	64 89 47 42 96	24 80 52 40 37	20 63 61 04 02	00 82 29 16 65
08 42 26 89 53	19 64 50 93 03	23 20 90 25 60	15 95 33 47 64	35 08 03 36 06
99 01 90 25 29	09 37 67 07 15	38 31 13 11 65	88 67 67 43 97	04 43 62 76 59
12 80 79 99 70	80 15 73 61 47	64 03 23 66 53	98 95 11 68 77	12 17 17 68 33
66 06 57 47 17	34 07 27 68 50	36 69 73 61 70	65 81 33 98 85	11 19 92 91 70
31 06 01 08 05	45 57 18 24 06	35 30 34 26 14	86 79 90 74 39	23 40 30 97 32
85 26 97 76 02	02 05 16 56 92	68 66 57 48 18	73 05 38 52 47	18 62 38 85 79
63 57 33 21 35	05 32 54 70 48	90 55 35 75 48	28 46 82 87 09	83 49 12 56 24
73 79 64 57 53	03 52 96 47 78	35 80 83 42 82	60 93 52 03 44	35 27 38 84 35
98 52 01 77 67	14 90 56 86 07	22 10 94 05 58	60 97 09 34 33	50 50 07 39 98
11 80 50 54 31	39 80 82 77 32	50 72 56 82 48	29 40 52 42 01	52 77 56 78 51
83 45 29 96 34	06 28 89 80 83	13 74 67 00 78	18 47 54 06 10	68 71 17 78 17
88 68 54 02 00	86 50 75 84 01	36 76 66 79 51	90 36 47 64 93	29 60 91 10 62
99 59 46 72 48	87 51 76 49 69	91 82 60 89 28	93 78 56 13 68	23 47 83 41 13
65 48 11 76 74	17 46 85 09 50	58 04 77 69 74	73 03 95 71 86	40 21 81 65 44
80 12 43 56 35	17 72 70 80 15	45 31 82 23 74	21 11 57 82 53	14 38 55 37 63
74 35 09 98 17	77 40 27 72 14	43 23 60 02 10	45 52 16 42 37	96 28 60 26 55
69 91 62 68 03	66 25 22 91 48	36 93 68 72 03	76 62 11 39 90	94 40 05 64 18
09 89 32 05 05	14 22 56 85 14	46 42 75 67 88	96 29 77 88 22	54 38 21 45 98
91 49 91 45 23	68 47 92 76 86	46 16 28 35 54	94 75 08 99 23	37 08 92 22 48
80 33 69 45 98	26 94 03 68 58	70 29 73 41 35	53 14 03 33 40	42 05 08 23 41
44 10 48 19 49	85 15 74 79 54	32 97 92 65 75	57 60 04 08 81	22 22 20 64 13
12 55 07 37 42	11 10 00 20 40	12 86 07 46 97	96 64 48 94 39	28 70 72 58 15
63 60 64 93 29	16 50 53 44 84	40 21 95 25 63	43 65 17 70 82	07 20 73 17 90
61 19 69 04 46	26 45 74 77 74	51 92 43 37 29	65 39 45 95 93	42 53 26 05 27
15 47 44 52 66	95 27 07 99 53	59 36 78 38 48	82 39 60 01 18	33 21 15 94 66
94 55 72 85 73	67 89 75 43 87	54 62 24 44 31	91 19 04 25 92	92 92 87 59 73
42 48 11 62 13	97 34 40 87 21	16 86 84 87 67	03 07 11 20 29	25 70 14 66 70
23 52 37 83 17	73 20 88 98 37	68 93 59 14 16	26 25 22 96 63	05 52 28 25 62
04 49 35 24 94	75 24 63 38 24	45 86 25 10 25	61 96 27 93 35	65 33 71 24 72
00 54 99 76 54	64 05 18 81 59	96 11 96 38 96	54 69 28 23 91	23 28 72 95 29
35 96 31 53 07	26 89 80 93 54	33 35 13 54 62	77 97 45 00 24	90 10 33 93 33
59 80 80 83 91	45 42 72 68 42	83 60 94 97 00	13 02 12 48 92	78 56 52 01 06
46 05 88 52 36	01 39 09 22 86	77 28 14 40 77	93 91 08 36 47	70 61 74 29 41
32 17 90 05 97	87 37 92 52 41	05 56 70 70 07	86 74 31 71 57	85 39 41 18 38
69 23 46 14 06	20 11 74 52 04	15 95 66 00 00	18 74 39 24 23	97 11 89 63 38
19 56 54 14 30	01 75 87 53 79	40 41 92 15 85	66 67 43 68 06	84 96 28 52 07
45 15 51 49 38	19 47 60 72 46	43 66 79 45 43	59 04 79 00 33	20 82 66 95 41
94 86 43 19 91	36 16 81 08 51	34 88 88 15 53	01 54 03 54 56	05 01 45 11 76
98 08 62 48 26	45 24 02 84 04	44 99 90 88 96	39 09 47 34 07	35 44 13 18 80
33 18 51 62 32	41 94 15 09 49	89 43 54 85 81	88 69 54 19 94	37 54 87 30 43
80 95 10 04 06	96 38 27 07 74	20 15 12 33 87	25 01 62 52 98	94 62 46 11 71
79 75 24 91 40	71 96 12 82 96	69 86 10 25 91	74 85 22 05 39	00 38 75 95 79
18 63 33 25 37	98 14 50 65 71	31 01 02 46 74	05 45 56 14 27	77 93 89 19 36
74 02 94 39 02	77 55 73 22 70	97 79 01 71 19	52 52 75 80 21	80 81 45 17 48
54 17 84 56 11	80 99 33 71 43	50 33 51 29 69	56 12 71 92 55	36 04 09 03 24
11 66 44 98 83	52 07 98 48 27	59 38 17 15 39	09 97 33 34 40	88 46 12 33 56
48 32 47 79 28	31 24 96 47 10	02 29 53 68 70	32 31 75 75 46	15 02 00 99 94
69 07 46 41 38	87 63 79 19 76	35 58 40 44 01	10 51 82 16 15	01 84 87 69 38

<부표-2> 이항분포표(누적값)

$$\sum_{x=0}^{r} b(x : n, p)$$

n, r		p									
		.10	.20	.25	.30	.40	.50	.60	.70	.80	.90
1	0	.9000	.8000	.7500	.7000	.6000	.5000	.4000	.3000	.2000	.1000
	1	1.0000	1.0000	1.0000	1.0000	1.0000	1.0000	1.0000	1.0000	1.0000	1.0000
2	0	.8100	.6400	.5625	.4900	.3600	.2500	.1600	.0900	.0400	.0100
	1	.9900	.9600	.9375	.9100	.8400	.7500	.6400	.5100	.3600	.1900
	2	1.0000	1.0000	1.0000	1.0000	1.0000	1.0000	1.0000	1.0000	1.0000	1.0000
3	0	.7290	.5120	.4219	.3430	.2160	.1250	.0640	.0270	.0080	.0010
	1	.9720	.8960	.8438	.7840	.6480	.5000	.3520	.2160	.1040	.0280
	2	.9990	.9920	.9844	.9730	.9360	.8750	.7840	.6570	.4880	.2710
	3	1.0000	1.0000	1.0000	1.0000	1.0000	1.0000	1.0000	1.0000	1.0000	1.0000
4	0	.6561	.4096	.3164	.2401	.1296	.0625	.0256	.0081	.0016	.0001
	1	.9477	.8192	.7383	.6517	.4752	.3125	.1792	.0837	.0272	.0037
	2	.9963	.9728	.9492	.9163	.8208	.6875	.5248	.3483	.1808	.0523
	3	.9999	.9984	.9961	.9919	.9744	.9375	.8704	.7599	.5904	.3439
	4	1.0000	1.0000	1.0000	1.0000	1.0000	1.0000	1.0000	1.0000	1.0000	1.0000
5	0	.5905	.3277	.2373	.1681	.0778	.0321	.0102	.0024	.0003	.0000
	1	.9185	.7373	.6328	.5282	.3370	.1875	.0870	.0378	.0067	.0005
	2	.9914	.9421	.8965	.8369	.6826	.5000	.3174	.1631	.0579	.0068
	3	.9995	.9933	.9844	.9692	.9130	.8125	.6630	.4718	.2627	.0815
	4	1.0000	.9997	.9990	.9976	.9898	.9688	.9222	.8319	.6723	.4095
	5		1.0000	1.0000	1.0000	1.0000	1.0000	1.0000	1.0000	1.0000	1.0000
6	0	.5314	.2621	.1780	.1176	.0467	.0156	.0041	.0007	.0001	.0000
	1	.8857	.6554	.5339	.4202	.2333	.1094	.0410	.0109	.0016	.0001
	2	.9841	.9011	.8306	.7443	.5443	.3438	.1792	.0705	.0170	.0013
	3	.9987	.9830	.9624	.9295	.8208	.6563	.4557	.2557	.0989	.0158
	4	.9999	.9984	.9954	.9891	.9590	.8906	.7667	.5798	.3447	.1143
	5	1.0000	.9999	.9998	.9993	.9959	.9844	.9533	.8824	.7379	.4686
	6		1.0000	1.0000	1.0000	1.0000	1.0000	1.0000	1.0000	1.0000	1.0000
7	0	.4783	.2097	.1335	.0824	.0280	.0078	.0016	.0002	.0000	
	1	.8503	.5767	.4449	.3294	.1586	.0625	.0188	.0038	.0004	.0000
	2	.9743	.8520	.7564	.6471	.4199	.2266	.0963	.0288	.0047	.0002
	3	.9973	.9667	.9294	.8740	.7102	.5000	.2898	.1260	.0333	.0027
	4	.9998	.9953	.9871	.9712	.9037	.7734	.5801	.3529	.1480	.0257
	5	1.0000	.9996	.9987	.9962	.9812	.9375	.8414	.6706	.4233	.1497
	6		1.0000	.9999	.9998	.9984	.9922	.9720	.9176	.7903	.5217
	7			1.0000	1.0000	1.0000	1.0000	1.0000	1.0000	1.0000	1.0000

<부표-2> 이항분포표(누적값)

$$\sum_{x=0}^{r} b(x : n, p)$$

n, r	p									
	.10	.20	.25	.30	.40	.50	.60	.70	.80	.90
8 0	.4305	.1678	.1001	.0576	.0168	.0039	.0007	.0001	.0000	
1	.8131	.5033	.3671	.2553	.1064	.0352	.0085	.0013	.0001	
2	.9619	.7969	.6785	.5518	.3154	.1445	.0498	.0113	.0012	.0000
3	.9950	.9437	.8862	.8059	.5941	.3633	.1737	.0580	.0104	.0004
4	.9996	.9896	.9727	.9420	.8263	.6367	.4059	.1941	.0563	.0050
5	1.0000	.9988	.9958	.9887	.9502	.8555	.6846	.4482	.2031	.0381
6		.9991	.9996	.9987	.9915	.9648	.8936	.7747	.4967	.1869
7		1.0000	1.0000	.9999	.9993	.9961	.9832	.9242	.8322	.5695
8				1.0000	1.0000	1.0000	1.0000	1.0000	1.0000	1.0000
9 0	.3874	.4342	.0751	.0404	.0101	.0020	.0003	.0000		
1	.7748	.4362	.3003	.1960	.0705	.0195	.0038	.0004	.0000	
2	.9470	.7382	.6007	.4628	.2318	.0898	.0250	.0043	.0003	.0000
3	.9917	.9144	.8343	.7297	.4826	.2539	.0994	.0253	.0031	.0001
4	.9991	.9804	.9511	.9012	.7334	.5000	.2666	.0988	.0196	.0009
5	.9999	.9969	.9900	.9747	.9006	.7461	.5174	.2703	.0856	.0083
6	1.0000	.9997	.9987	.9957	.9750	.9102	.7682	.5372	.2618	.0530
7		1.0000	.9999	.9996	.9962	.9805	.9295	.8040	.5638	.2252
8			1.0000	1.0000	.9997	.9980	.9899	.9596	.8658	.6126
9					1.0000	1.0000	1.0000	1.0000	1.0000	1.0000
10 0	.3487	.1074	.0563	.0282	.0060	.0010	.0001	.0000		
1	.7361	.3758	.2440	.1493	.0464	.0107	.0017	.0001	.0000	
2	.9298	.6778	.5256	.3828	.1673	.0547	.0123	.0016	.0001	
3	.9872	.8791	.7759	.6496	.3823	.1719	.0548	.0106	.0009	.0000
4	.9984	.9672	.9219	.8497	.6331	.3770	.1662	.0474	.0064	.0002
5	.9999	.9936	.9803	.9527	.8338	.6230	.3669	.1503	.0328	.0016
6	1.0000	.9991	.9965	.9864	.9452	.8281	.6177	.3504	.1209	.0128
7		.9999	.9996	.9984	.9877	.9453	.8327	.6172	.3222	.0702
8		1.0000	1.0000	.9999	.9983	.9893	.9536	.8507	.6242	.2639
9				1.0000	.9999	.9990	.9940	.9718	.8926	.6513
10					1.0000	1.0000	1.0000	1.0000	1.0000	1.0000
11 0	.3138	.0859	.0422	.0198	.0036	.0005	.0000			
1	.6974	.3221	.1971	.1130	.0302	.0059	.0007	.0000		
2	.9104	.6174	.4552	.3127	.1189	.0327	.0059	.0006	.0000	
3	.9815	.8369	.7133	.5696	.2963	.1133	.0293	.0043	.0002	
4	.9972	.9496	.8854	.7897	.5328	.2744	.0094	.0216	.0020	.0000

<부표-2> **이항분포표(누적값)**

$$\sum_{x=0}^{r} b(x : n, p)$$

n, r	p									
	.10	.20	.25	.30	.40	.50	.60	.70	.80	.90
11 5	.9997	.9883	.9657	.9218	.7535	.5000	.2465	.0782	.0117	.0003
6	1.0000	.9980	.9924	.9784	.9006	.7256	.4672	.2103	.0504	.0028
7		.9998	.9988	.9957	.9707	.8867	.7037	.4304	.1611	.0185
8		1.0000	.9999	.9994	.9941	.9673	.8811	.6873	.3826	.0896
9			1.0000	1.0000	.9993	.9941	.9698	.8870	.6779	.3026
10					1.0000	.9995	.9964	.9802	.9141	.6862
11						1.0000	1.0000	1.0000	1.0000	1.0000
12 0	.2824	.0687	.0317	.0022	.0002	.0000				
1	.6590	.2749	.1584	.0850	.0196	.0032	.0003	.0000		
2	.8891	.5583	.3907	.2528	.0834	.0193	.0028	.0002	.0000	
3	.9744	.7964	.6488	.4925	.2253	.0730	.0153	.0017	.0001	
4	.9957	.9274	.8424	.7237	.4382	.1938	.0573	.0095	.0006	.0000
5	.9995	.9806	.9456	.8821	.6652	.3872	.1582	.0386	.0039	.0001
6	.9999	.9961	.9857	.9614	.8418	.6128	.3348	.1178	.0194	.0005
7	1.0000	.9994	.9972	.9905	.9427	.8602	.5618	.2763	.0726	.0043
8		.9999	.9996	.9983	.9847	.9270	.7747	.5075	.2054	.0256
9		1.0000	1.0000	.9998	.9972	.9807	.9166	.7472	.4417	.1109
10				1.0000	.9997	.9968	.9804	.9150	.7251	.3410
11					1.0000	.9998	.9978	.9862	.9313	.7178
12						1.0000	1.0000	1.0000	1.0000	1.0000
13 0	.2542	.0550	.0238	.0097	.0013	.0001	.0000			
1	.6213	.2336	.1367	.0637	.0126	.0017	.0001	.0000		
2	.8661	.5017	.3326	.2025	.0579	.0112	.0013	.0001		
3	.9658	.7473	.5843	.4206	.1686	.0461	.0078	.0007	.0000	
4	.9935	.9009	.7940	.6543	.3530	.1334	.0321	.0040	.0002	
5	.9991	.9700	.9198	.8346	.5744	.2905	.0977	.0182	.0012	.0000
6	.9999	.9930	.9757	.9376	.7712	.5000	.2288	.0624	.0070	.0001
7	1.0000	.9980	.9944	.9818	.9023	.7095	.4256	.1654	.0300	.0009
8		.9998	.9990	.9960	.9679	.8666	.6470	.3457	.0991	.0065
9		1.0000	.9999	.9993	.9922	.9539	.8314	.5794	.2527	.0342
10			1.0000	.9999	.9987	.9888	.9421	.7975	.4983	.1339
11				1.0000	.9999	.9983	.9874	.9363	.7664	.3787
12					1.0000	.9999	.9987	.9903	.9450	.7458
13						1.0000	1.0000	1.0000	1.0000	1.0000

<부표-2> 이항분포표(누적값)

$$\sum_{x=0}^{r} b(x : n,\ p)$$

$n,\ r$	p									
	.10	.20	.25	.30	.40	.50	.60	.70	.80	.90
14 0	.2288	.0440	.0178	.0068	.0008	.0001	.0000			
1	.5846	.1976	.1010	.0475	.0081	.0009	.0001			
2	.8416	.4481	.2811	.1608	.0398	.0065	.0006	.0000		
3	.9559	.6982	.5213	.3552	.1243	.0287	.0039	.0002		
4	.9908	.8702	.7415	.5842	.2793	.0898	.0175	.0017	.0000	
5	.9985	.9561	.8883	.7805	.4859	.2120	.0583	.0083	.0004	
6	.9998	.9884	.9617	.9067	.6925	.9353	.1501	.0315	.0024	.0000
7	1.0000	.9976	.9897	.9685	.8499	.6047	.3075	.0933	.0116	.0002
8		.9996	.9978	.9917	.9417	.7880	.5141	.2195	.0439	.0015
9		1.0000	.9997	.9983	.9825	.9102	.7207	.4158	.1298	.0092
10			1.0000	.9998	.9961	.9713	.8757	.6448	.3018	.0441
11				1.0000	.9994	.9935	.9602	.8392	.5519	.1584
12					.9999	.9991	.9991	.9525	.8021	.4154
13					1.0000	.9999	.9992	.9932	.9560	.7712
14						1.0000	1.0000	1.0000	1.0000	1.0000
15 0	.2059	.0352	.0134	.0047	.0005	.0000				
1	.5490	.1671	.0802	.0353	.0052	.0005	.0000			
2	.8159	.3980	.2361	.1268	.0271	.0037	.0003	.0000		
3	.9444	.6482	.4613	.2969	.0905	.0176	.0019	.0001		
4	.9873	.8358	.6865	.5155	.2173	.0592	.0094	.0007	.0000	
5	.9978	.9389	.8516	.7216	.4032	.1509	.0038	.0037	.0001	
6	.9997	.9819	.9343	.8689	.6098	.3036	.0951	.0152	.0008	
7	1.0000	.9958	.9827	.9500	.7869	.5000	.2131	.0500	.0042	.0000
8		.9992	.9958	.9848	.9050	.6964	.3902	.1311	.0181	.0003
9		.9999	.9992	.9963	.9662	.8491	.5968	.2784	.0611	.0023
10		1.0000	.9999	.9993	.9907	.9408	.7827	.4845	.1642	.0127
11			1.0000	.9999	.9981	.9824	.9095	.7031	.3518	.0556
12				1.0000	.9997	.9963	.9729	.8732	.6020	.1841
13					1.0000	.9995	.9948	.9647	.8329	.4510
14						1.0000	.9995	.9953	.9648	.7941
15							1.0000	1.0000	1.0000	1.0000
16 0	.1853	.0281	.0100	.0003	.0000					
1	.5147	.1407	.0635	.0261	.0033	.0003	.0000			
2	.7892	.3518	.1971	.0994	.0183	.0021	0.000			
3	.9316	.5981	.4050	.2459	.0651	.0106	.0009	.0000		
4	.9830	.7982	.6302	.4499	.1666	.0384	.0049	.0003		

<부표-2> 이항분포표(누적값)

$$\sum_{x=0}^{r} b(x : n,\ p)$$

n, r	p									
	.10	.20	.25	.30	.40	.50	.60	.70	.80	.90
16 5	.9967	.9183	.8103	.6598	.3288	.1051	.0191	.0016	.0000	
6	.9995	.9733	.9204	.8247	.5272	.2272	.0583	.0071	.0002	
7	.9999	.9930	.9729	.9256	.7161	.4018	.1423	.0257	.0015	.0000
8	1.0000	.9985	.9925	.9743	.8577	.5982	.2839	.0744	.0070	.0001
9		.9998	.9984	.9929	.9417	.7728	.4728	.1753	.0267	.0005
10		1.0000	.9997	.9984	.9809	.8949	.6712	.3402	.0817	.0033
11			1.0000	.9997	.9951	.9616	.8334	.5501	.2018	.0170
12				1.0000	.9991	.9894	.9349	.7541	.4019	.0684
13					.9999	.9979	.9817	.9006	.6482	.2108
14					1.0000	.9997	.9967	.9739	.8593	.4853
15						1.0000	.9997	.9967	.9719	.8147
16							1.0000	1.0000	1.0000	1.0000
17 0	.1668	.0225	.0075	.0023	.0002	.0000				
1	.4818	.1182	.0501	.0193	.0021	.0001	.0000			
2	.7618	.3096	.1637	.0774	.0123	.0012	.0001			
3	.9174	.5489	.3530	.2019	.0464	.0064	.0005	.0000		
4	.9779	.7582	.5739	.3887	.1260	.0245	.0025	.0001		
5	.9953	.8943	.7653	.5968	.2639	.0717	.0106	.0007	.0000	
6	.9992	.9623	.8929	.7752	.4478	.1662	.0348	.0032	.0001	
7	.9999	.9891	.9598	.8957	.6405	.3145	.0919	.0127	.0005	.0008
8	1.0000	.9974	.9876	.9597	.8011	.5000	.1989	.0403	.0026	.0000
9		.9995	.9969	.9873	.9081	.6855	.3595	.1046	.0109	.0001
10		.9999	.9994	.9968	.9652	.8338	.5522	.2248	.0377	.0008
11		1,0000	.9999	.9993	.9894	.9283	.7361	.4032	.1057	.0047
12			1.0000	.9999	.9975	.9755	.8740	.6113	.2418	.0221
13				1.0000	.9995	.9936	.9536	.7981	.4511	.0826
14					.9999	.9988	.9877	.9226	.6904	.2382
15					1.0000	.9999	.9979	.9807	.8818	.5182
16						1.0000	.9998	.9977	.9775	.8332
17							1.0000	1.0000	1.0000	1.0000
18 0	.1501	.0180	.0056	.0016	.0001	.0000				
1	.4503	.0991	.0395	.0142	.0013	.0001				
2	.7338	.2713	.1353	.0600	.0082	.0007	.0000			
3	.9018	.5010	.3057	.1646	.0328	.0038	.0002			
4	.9718	.7164	.5787	.3327	.0942	.0154	.0013	.0000		
5	.9936	.8671	.7175	.5344	.2088	.0481	.0058	.0003		
6	.9988	.9487	.8610	.7217	.3743	.1189	.0203	.0014	.0000	

<부표-2> 이항분포표(누적값)

$$\sum_{x=0}^{r} b(x : n, p)$$

n, r	p									
	.10	.20	.25	.30	.40	.50	.60	.70	.80	.90
18 7	.9998	.9837	.9431	.8593	.5634	.2403	.0576	.0061	.0002	
8	1.0000	.9957	.9807	.9404	.7368	.4073	.1347	.0210	.0009	
9		.9991	.9946	.9790	.8653	.5927	.2632	.0596	.0043	.0000
10		.9998	.9998	.9939	.9424	.7597	.4366	.1407	.0163	.0002
11		1.0000	.9998	.9986	.9797	.8811	.6257	.2783	.0513	.0012
12			1.0000	.9997	.9942	.9519	.7912	.4656	.1329	.0064
13				1.0000	.9987	.9846	.9058	.6673	.2836	.0282
14					.9998	.9962	.9672	.8354	.4990	.0982
15					1.0000	.9993	.9918	.9400	.7287	.2662
16						.9999	.9987	.9858	.9009	.5497
17						1.0000	.9999	.9984	.9820	.8499
18							1.0000	1.0000	1.0000	1.0000
19 0	.1351	.0144	.0042	.0011	.0001					
1	.4203	.0829	.0131	.0104	.0008	.0000				
2	.7054	.2369	.1113	.0462	.0055	.0004	.0000			
3	.8850	.4551	.2631	.1332	.0230	.0022	.0001			
4	.9648	.6733	.4654	.2822	.0696	.0096	.0006	.0000		
5	.9914	.8369	.6678	.4739	.1629	.0318	.0031	.0001		
6	.9983	.9324	.8251	.6655	.3081	.0835	.0116	.0006		
7	.9997	.9767	.9225	.8180	.4878	.1796	.0352	.0028	.0000	
8	1.0000	.9933	.9713	.9161	.6675	.3238	.0885	.0105	.0003	
9		.9984	.9911	.9674	.8139	.5000	.1861	.0326	.0016	
10		.9997	.9977	.9895	.9115	.6762	.3325	.0836	.0067	.0000
11		.9999	.9995	.9972	.9648	.8204	.5122	.1820	.0233	.0003
12		1.0000	.9999	.9994	.9884	.9165	.6919	.3345	.0676	.0017
13			1.0000	.9999	.9969	.9682	.8371	.5261	.1631	.0086
14				1.0000	.9994	.9904	.9304	.7178	.3267	.0352
15					.9999	.9978	.9770	.8668	.5449	.1150
16					1.0000	.9996	.9945	.9538	.7631	.2946
17						1.0000	.9992	.9896	.9171	.5797
18							.9999	.9989	.9856	.8649
19							1.0000	1.0000	1.0000	1.0000

<부표-2> 이항분포표(누적값)

$$\sum_{x=0}^{r} b(x : n, p)$$

n, r		p									
		.10	.20	.25	.30	.40	.50	.60	.70	.80	.90
20	0	.1216	.0115	.0032	.0008	.0000					
	1	.3917	.0692	.0243	.0076	.0005	.0000				
	2	.6769	.2061	.0913	.0355	.0036	.0002	.0000			
	3	.8670	.4114	.2252	.1071	.0160	.0013	.0001			
	4	.9568	.6296	.4148	.2375	.0510	.0059	.0003			
	5	.9887	.8042	.6172	.4164	.1256	.0207	.0016	.0000		
	6	.9976	.9133	.7858	.6080	.2500	.0577	.0065	.0003		
	7	.9996	.9679	.8982	.7723	.4159	.1316	.0210	.0013	.0000	
	8	.9999	.9900	.9591	.8867	.5956	.2517	.0565	.0051	.0001	
	9	1.0000	.9974	.9861	.9520	.7553	.4119	.1275	.0171	.0006	
	10		.9994	.9961	.9829	.8725	.5881	.2447	.0480	.0026	.0000
	11		.9999	.9991	.9949	.9435	.7483	.4044	.1133	.0100	.0001
	12		1.0000	.9998	.9987	.9790	.8684	.5841	.2277	.0321	.0004
	13			1.0000	.9997	.9935	.9423	.7500	.3920	.0867	.0024
	14				1.0000	.9984	.9793	.8744	.5836	.1958	.0113
	15					.9997	.9941	.9490	.7625	.3704	.0432
	16					1.0000	.9987	.9840	.8929	.5886	.1330
	17						.9998	.9964	.9645	.7939	.3231
	18						1.0000	.9995	.9924	.9308	.6083
	19							1.0000	.9992	.9885	.8784
	20								1.0000	1.0000	1.0000

<부표-3>

포아송분포표(누적값)

$$\sum_{x=0}^{r} p(x\,;m)$$

r	m								
	0.1	0.2	0.3	0.4	0.5	0.6	0.7	0.8	0.9
0	0.9048	0.8187	0.7408	0.6730	0.6065	0.5488	0.44966	0.4493	0.4006
1	0.9953	0.9825	0.9631	0.9384	0.9098	0.8781	0.8442	0.8088	0.7725
2	0.9998	0.9989	0.9964	0.9921	0.9856	0.9767	0.9659	0.9526	0.9371
3	1.0000	0.9999	0.9997	0.9992	0.9982	0.9966	0.9942	0.9909	0.9865
4		1.0000	1.0000	0.9999	0.9998	0.9996	0.9992	0.9986	0.9977
5				1.0000	1.0000	1.0000	0.9999	0.9998	0.9997
6							1.0000	1.0000	1.0000

r	m								
	1.0	1.5	2.0	2.5	3.0	3.5	4.0	4.5	5.0
0	0.3679	0.2231	0.1353	0.0821	0.0498	0.0302	0.0183	0.0111	0.0067
1	0.7358	0.5578	0.4060	0.2873	0.1991	0.1359	0.0916	0.0611	0.0404
2	0.9197	0.8088	0.6767	0.5438	0.4232	0.3208	0.2381	0.1736	0.1247
3	0.9810	0.9344	0.8571	0.7576	0.6472	0.5366	0.4335	0.3423	0.2650
4	0.9963	0.9814	0.9473	0.8912	0.8153	0.7254	0.6288	0.5321	0.4405
5	0.9994	0.9955	0.9834	0.9580	0.9161	0.8576	0.7851	0.7029	0.6160
6	0.9999	0.9991	0.9965	0.9858	0.9665	0.9347	0.8893	0.8311	0.7622
7	1.0000	0.9998	0.9989	0.9958	0.9881	0.9733	0.9486	0.9134	0.8666
8		1.0000	0.9998	0.9989	0.9962	0.9901	0.9786	0.9597	0.9319
9			1.0000	0.9997	0.9989	0.9967	0.9919	0.9829	0.9682
10				0.9999	0.9997	0.9990	0.9972	0.9933	0.9863
11				1.0000	0.9999	0.9997	0.9991	0.9976	0.9945
12					1.0000	0.9999	0.9997	0.9992	0.9980
13						1.0000	0.9999	0.9997	0.9993
14							1.0000	0.9999	0.9998
15								1.0000	0.9999
16									1.0000

<부표-3> 포아송분포표(누적값)

$$\sum_{x=0}^{r} p(x\,;m)$$

r	m 5.5	6.0	6.5	7.0	7.5	8.0	8.5	9.0	9.5
0	0.0041	0.0025	0.0015	0.0009	0.0006	0.0003	0.0002	0.0001	0.0001
1	0.0266	0.0174	0.0113	0.0073	0.0047	0.0030	0.0019	0.0.0012	0.0008
2	0.884	0.0620	0.0430	0.0296	0.0203	0.0138	0.0093	0.0062	0.0042
3	0.2017	0.1512	0.1118	0.0818	0.0591	0.0424	0.0301	0.0212	0.0149
4	0.3575	0.2851	0.2237	0.1730	0.1321	0.0996	0.0744	0.0550	0.0403
5	0.5289	0.4457	0.3690	0.3007	0.2414	0.1912	0.1496	0.1157	0.0885
6	0.6860	0.6063	0.5265	0.4497	0.3782	0.3134	0.2562	0.2068	0.1649
7	0.8095	0.7440	0.6728	0.5987	0.5246	0.4530	0.3856	0.3239	0.2687
8	0.8944	0.8472	0.7916	0.7291	0.6620	0.5925	0.5231	0.4557	0.3918
9	0.9462	0.9161	0.8774	0.8305	0.7764	0.7166	0.6530	0.5874	0.5218
10	0.9747	0.9574	0.9332	0.9015	0.8622	0.8159	0.7634	0.7060	0.6453
11	0.9890	0.9799	0.9661	0.9466	0.9208	0.8881	0.8487	0.8030	0.7520
12	0.9955	0.9912	0.9840	0.9730	0.9573	0.9362	0.9091	0.8758	0.8364
13	0.9983	0.9964	0.9929	0.9872	0.9784	0.9658	0.9486	0.9261	0.8981
14	0.9994	0.9986	0.9970	0.9943	0.9897	0.9827	0.9726	0.9585	0.9400
15	0.9998	0.9995	0.9988	0.9976	0.9954	0.9918	0.9862	0.9780	0.9665
16	0.9999	0.9998	0.9996	0.9990	0.9980	0.9963	0.9934	0.9889	0.9823
17	1.0000	0.9999	0.9998	0.9996	0.9992	0.9984	0.9970	0.9947	0.9911
18		1.0000	0.9999	0.9999	0.9997	0.9994	0.9987	0.9976	0.9957
19			1.0000	1.0000	0.9999	0.9997	0.9995	0.9989	0.9980
20					1.0000	0.9999	0.9998	0.9996	0.9991
21						1.0000	0.9999	0.9998	0.9996
22							1.0000	0.9999	0.9999
23								1.0000	0.9999
24									1.0000

<부표-3> 포아송분포표(누적값)

$$\sum_{x=0}^{r} p(x\,;m)$$

r	m								
	10.0	11.0	12.0	13.0	14.0	15.0	16.0	17.0	18.0
0	0.0000	0.0000	0.0000						
1	0.0005	0.0002	0.0001	0.0000	0.0000				
2	0.0028	0.0012	0.0005	0.0002	0.0001	0.0000	0.0000		
3	0.0103	0.0049	0.0023	0.0010	0.0005	0.0002	0.0001	0.0000	0.0000
4	0.0293	0.0151	0.0076	0.0037	0.0018	0.0009	0.0004	0.0002	0.0001
5	0.0671	0.0375	0.0203	0.0107	0.0055	0.0028	0.0014	0.0007	0.0003
6	0.1301	0.0786	0.0458	0.0259	0.0142	0.0076	0.0040	0.0021	0.0010
7	0.2202	0.1432	0.0895	0.0540	0.0316	0.0180	0.0100	0.0054	0.0029
8	0.3328	0.2320	0.1550	0.0998	0.0621	0.0374	0.0220	0.0126	0.0071
9	0.4579	0.3405	0.2424	0.1658	0.1094	0.0699	0.0433	0.0261	0.0154
10	0.5830	0.4599	0.3472	0.2517	0.1757	0.1185	0.0774	0.0491	0.0304
11	0.6968	0.5793	0.4616	0.3532	0.2600	0.1848	0.1270	0.0847	0.0549
12	0.7916	0.6887	0.5760	0.4631	0.3585	0.2676	0.1931	0.1350	0.0917
13	0.8645	0.7813	0.6815	0.5730	0.4644	0.3632	0.2745	0.2009	0.1426
14	0.9165	0.8540	0.7720	0.6751	0.5704	0.4657	0.3675	0.2808	0.2081
15	0.9513	0.9074	0.8444	0.7636	0.6694	0.5681	0.4667	0.3715	0.2867
16	0.9730	0.9441	0.8987	0.8355	0.7559	0.6641	0.5660	0.4677	0.3750
17	0.9857	0.9678	0.9370	0.8905	0.8272	0.7489	0.6593	0.5640	0.4686
18	0.9928	0.9823	0.9626	0.9302	0.8826	0.8195	0.7423	0.6550	0.5622
19	0.9965	0.9907	0.9787	0.9573	0.9235	0.8752	0.8122	0.7363	0.6509
20	0.9984	0.9953	0.9884	0.9750	0.9521	0.9170	0.8682	0.8055	0.7307
21	0.9993	0.9977	0.9939	0.9859	0.9712	0.9469	0.9108	0.8615	0.7991
22	0.9997	0.9990	0.9970	0.9924	0.9833	0.9673	0.09418	0.9047	0.8551
23	0.9999	0.9995	0.9985	0.9960	0.9907	0.9805	0.9633	0.9367	0.8989
24	1.0000	0.9998	0.9993	0.9980	0.9950	0.9888	0.9777	0.9594	0.9317
25		0.9999	0.9997	0.9990	0.9974	0.9938	0.9869	0.9748	0.9554
26		1.0000	0.9999	0.9995	0.9987	0.9967	0.9925	0.9848	0.9718
27			0.9999	0.9998	0.9994	0.9983	0.9959	0.9912	0.9827
28			1.0000	0.9999	0.9997	0.9991	0.9978	0.9950	0.9897
29				1.0000	0.9999	0.9996	0.9989	0.9973	0.9941
30					0.9999	0.9998	0.9994	0.9986	0.9967
31					1.0000	0.9999	0.9997	0.9993	0.9982
32						1.0000	0.9999	0.9996	0.9990
33							0.9999	0.9998	0.9995
34							1.0000	0.9999	0.9998
35								1.0000	0.9999
36									0.9999
37									1.0000

<부표-4> 표준정규분포표

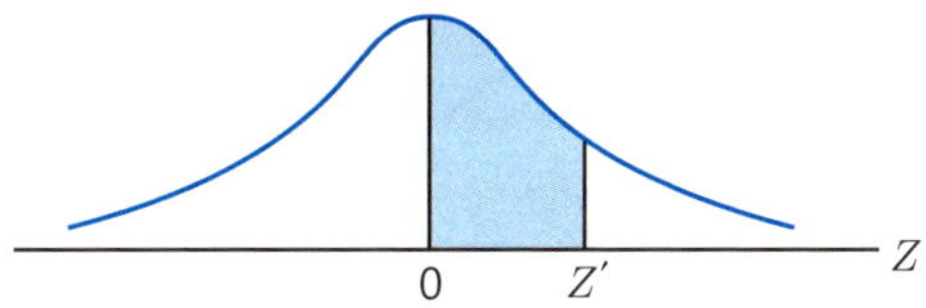

z′	.00	.01	.02	.03	.04	.05	.06	.07	.08	.09
0.0	.0000	.0040	.0080	.0120	.0160	.0199	.0239	.0279	.0319	.0359
0.1	.0398	.0438	.0478	.0517	.0557	.0596	.0636	.0675	.0714	.0753
0.2	0793	.0832	.0871	.0910	.0948	.0987	.1026	.1064	.1103	.1141
0.3	.1179	.1217	.1255	.1293	.1331	.1368	.1406	.1443	.1480	.1517
0.4	.1554	.1591	.1628	.1664	.1700	.1736	.1772	.1808	.1844	.1879
0.5	.1915	.1950	.1985	.2019	.2054	.2088	.2123	.2157	.2190	.2224
0.6	.2257	.2291	.2324	.2357	.2389	.2422	.2454	.2486	.2517	.2549
0.7	.2580	.2611	.2642	.2673	.2704	.2734	.2764	.2786	.2823	.2852
0.8	.2881	.2910	.2939	.2967	.2995	.3023	.3051	.3078	.3106	.3133
0.9	.3159	.3186	.3212	.3238	.3264	.3289	.3315	.3340	.3365	.3389
1.0	.3413	.3438	.3461	.3485	.3504	.3531	.3554	.3577	.3599	.3621
1.1	.3643	.3665	.3686	.3708	.3729	.3749	.3770	.3790	.3810	.3830
1.2	.3849	.3869	.3888	.3907	.3925	.3944	.3962	.3980	.3997	.4015
1.3	.4032	.4049	.4066	.4082	.4099	.4115	.4131	.4147	.4162	.4177
1.4	.4192	.4207	.4222	.4236	.4251	.4265	.4279	.4292	.4306	.4319
1.5	.4332	.4345	.4357	.4370	.4382	.4394	.4406	.4418	.4429	.4441
1.6	.4452	.4463	.4474	.4484	.4495	.4505	.4515	4525	.4535	.4545
1.7	.4554	.4564	.4573	.4582	.4591	.4599	.4608	.4616	.4625	.4633
1.8	.4641	.4649	.4656	.4664	.4671	.4678	.4686	.4693	.4699	.4706
1.9	.4713	.4719	.4726	.4732	.4738	.4744	.4750	.4756	.4761	.4767
2.0	.4772	.4778	4783	.4788	.4793	.4798	.4803	.4808	.4812	.4817
2.1	.4821	.4826	.4830	.4834	.4838	4842	.4846	.4850	.4854	.4857
2.2	.4861	.4864	.4868	.4871	.4875	.4878	.4881	.4884	.4887	.4890
2.3	.4893	.4896	.4898	.4901	.4904	.4906	.4909	.4911	.4913	.4916
2.4	.4918	.4920	.4922	.4925	.4927	.4929	.4931	.4932	.4934	.4936
2.5	.4938	.4940	.4941	.4943	.4945	.4946	.4948	.4949	.4951	.4952
2.6	.4953	.4955	.4956	.4957	.4959	.4960	.4961	.4962	.4963	.4964
2.7	.4965	.4966	.4967	.4968	.4969	.4970	.4971	.4972	.4973	.4974
2.8	.4974	.4975	.4976	.4977	.4977	.4978	.4979	.4979	.4980	.4981
2.9	.4981	.4982	.4982	.4983	.4984	.4984	.4985	.4985	.4986	.4986
3.0	.4987	.4987	.4987	.4988	.4988	.4989	.4989	.4989	.4990	.4990

<부표-5>

χ^2 분포표

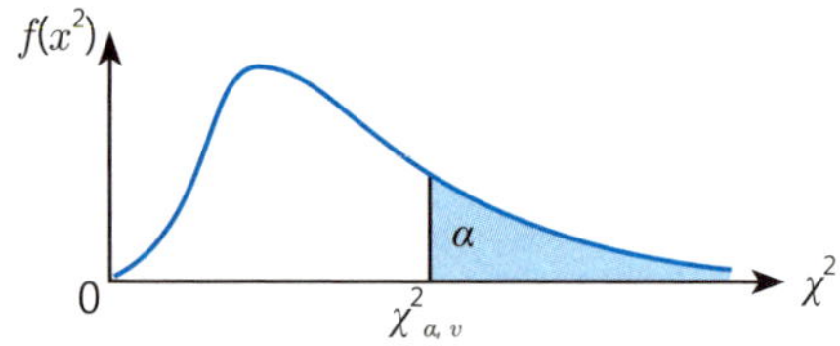

v	α=.995	α=.99	α=.975	α=.95	α=.05	α=.025	α=.01	α=.005	v
1	.0000390	.000157	.000982	.00393	3.841	5.024	6.635	7.879	1
2	.0100	.0201	.0506	.103	5.991	7.378	9.210	10.597	2
3	.0717	.115	.216	.352	7.815	9.348	11.345	12.838	3
4	.207	.297	.484	.711	9.488	11.143	13.277	14.860	4
5	.412	.554	.831	1.145	11.070	12.832	15.086	16.750	5
6	.676	.872	1.237	1.635	13.592	14.449	16.812	18.548	6
7	.989	1.239	1.690	2.167	14.067	16.013	18.475	20.278	7
8	1.344	1.646	2.180	2.733	15.507	17.535	20.090	21.955	8
9	1.735	2.088	2.700	3.325	16.919	19.023	21.666	23.589	9
10	2.156	2.558	3.247	3.940	18.307	20.483	23.209	25.188	10
11	2.603	3.053	3.816	4.575	19.675	21.920	24.725	26.757	11
12	3.074	3.571	4.404	5.226	21.026	23.337	26.217	28.300	12
13	3.565	4.107	5.009	5.892	22.362	24.736	27.688	29.819	13
14	4.075	4.660	5.629	6.571	23.685	26.119	29.141	31.319	14
15	4.601	5.229	6.262	7.261	24.996	27.488	30.578	32.801	15
16	5.142	5.812	6.908	7.962	26.296	28.845	32.000	34.267	16
17	5.697	6.408	7.564	8.672	27.587	30.191	33.409	35.718	17
18	6.265	7.015	8.231	9.390	28.869	31.526	34.805	37.156	18
19	6.844	7.633	8.907	10.117	30.114	32.852	36.191	38.582	19
20	7.434	8.260	9.591	10.851	31.410	34.170	37.566	39.997	20
21	8.034	8.897	10.283	11.591	32.671	35.479	38.932	41.401	21
22	8.643	9.542	10.982	12.338	33.924	36.781	40.289	42.796	22
23	9.260	10.196	11.689	13.091	35.172	38.076	41.638	44.181	23
24	9.886	10.856	12.401	13.848	36.415	39.364	42.980	45.558	24
25	10.520	11.524	13.120	14.611	37.652	40.646	44.314	46.928	25
26	11.160	12.198	13.844	15.379	38.885	41.923	45.642	48.290	26
27	11.808	12.879	14.573	16.151	40.113	43.194	46.963	49.645	27
28	12.461	13.565	15.308	16.928	41.337	44.461	48.278	50.993	28
29	13.121	14.256	16.047	17.708	42.557	45.722	49.588	52.336	29
30	13.787	14.953	16.791	18.493	43.773	46.979	50.892	53.672	30

<부표-6> t 분포표

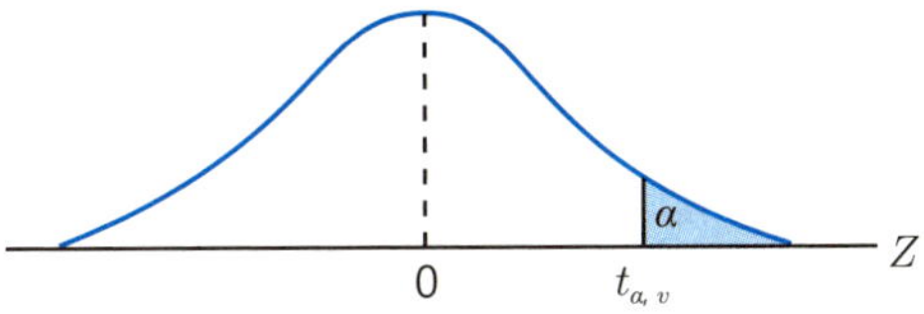

v	α=.10	α=.05	α=.025	α=.01	α=.005	v
1	3.078	6.314	12.706	31.821	63.657	1
2	1.886	2.920	4.303	6.965	9.925	2
3	1.638	2.353	3.182	4.541	5.841	3
4	1.533	2.132	2.776	3.747	4.604	4
5	1.476	2.015	2.571	3.365	4.032	5
6	1.440	1.943	2.447	3.143	3.707	6
7	1.415	1.895	2.365	2.998	3.499	7
8	1.397	1.860	2.306	2.896	3.355	8
9	1.383	1.833	2.262	2.821	3.250	9
10	1.372	1.812	2.228	2.764	3.169	10
11	1.363	1.796	2.201	2.718	3.106	11
12	1.356	1.782	2.179	2.681	3.055	12
13	1.350	1.771	2.160	2.650	3.012	13
14	1.345	1.761	2.145	2.624	2.977	14
15	1.341	1.753	2.131	2.602	2.947	15
16	1.337	1.746	2.120	2.583	2.921	16
17	1.333	1.740	2.110	2.567	2.898	17
18	1.330	1.734	2.101	2.552	2.878	18
19	1.328	1.729	2.093	2.539	2.861	19
20	1.325	1.725	2.086	2.528	2.845	20
21	1.323	1.721	2.080	2.518	2.831	21
22	1.322	1.717	2.074	2.508	2.819	22
23	1.319	1.714	2.069	2.500	2.807	23
24	1.318	1.711	2.064	2.492	2.797	24
25	1.316	1.708	2.060	2.485	2.787	25
26	1.315	1.706	2.056	2.479	2.779	26
27	1.314	1.703	2.052	2.473	2.771	27
28	1.313	1.701	2.048	2.467	2.763	28
29	1.311	1.699	2.045	2.462	2.756	29
inf.	1.282	1.645	1.960	2.326	2.576	inf.

<부표-7>

F 분포표(α=0.1)

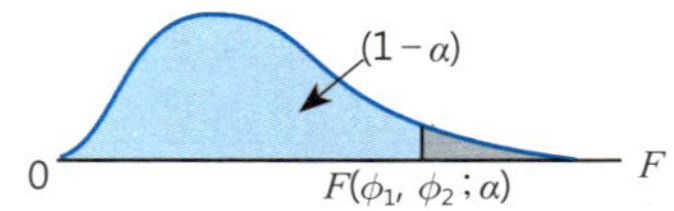

v_2 \ v_1	1	2	3	4	5	6	7	8	9	10	12	15	20	24	30	40	60	120	∞
1	39.83	49.5	53.59	55.83	57.24	58.2	58.91	58.44	58.55	60.19	60.71	61.22	61.74	62	62.25	62.53	62.79	63.06	63.33
2	8.53	9	9.16	9.24	9.29	9.33	9.35	9.37	9.38	9.39	9.41	9.42	9.44	9.45	9.46	9.47	9.47	9.48	9.49
3	5.54	5.46	5.39	5.34	5.31	5.28	5.27	5.25	5.21	5.23	5.22	5.2	5.18	5.18	5.17	5.16	5.15	5.14	5.13
4	4.54	4.32	4.19	4.11	4.01	4.01	3.98	3.95	3.94	9.92	3.9	3.87	3.84	3.83	3.82	3.8	3.79	3.76	3.76
5	4.06	3.78	3.62	3.52	3.45	3.4	3.37	3.24	3.32	3.3	3.27	3.24	3.21	3.19	3.17	3.16	3.14	3.12	3.1
6	3.78	3.46	3.29	3.13	3.11	3.05	3.01	2.98	2.96	2.94	2.9	2.87	2.84	2.82	2.8	2.78	2.76	2.74	2.72
7	3.59	3.26	3.07	2.96	2.88	2.83	2.78	2.75	2.72	2.7	2.67	2.63	2.59	2.58	2.56	2.54	2.51	2.49	2.47
8	3.46	3.11	2.92	2.81	2.73	2.67	2.62	2.59	2.56	2.54	2.5	2.46	2.42	2.4	2.38	2.36	2.34	2.32	2.29
9	3.38	3.01	2.81	2.69	2.61	2.55	2.51	2.47	2.44	2.42	2.38	2.54	2.3	2.28	2.25	2.23	2.21	2.18	2.16
10	3.29	2.92	2.73	2.61	2.52	2.46	2.41	2.38	2.35	2.32	2.28	2.24	2.2	2.18	2.16	2.13	2.11	2.08	2.06
11	3.23	2.86	2.66	2.54	2.45	2.39	2.34	2.3	2.27	2.25	2.21	2.17	2.12	2.1	2.08	2.05	2.03	2	1.97
12	3.18	2.81	2.61	2.48	2.39	2.33	2.28	2.24	2.21	2.19	2.15	2.1	2.06	2.04	2.01	1.99	1.96	1.93	1.9
13	3.14	2.76	2.56	2.43	2.35	2.28	2.23	2.2	2.16	2.14	2.1	2.05	2.01	1.98	1.96	1.93	1.9	1.88	1.85
14	3.1	2.73	2.52	2.39	2.31	2.24	2.19	2.15	2.12	2.1	2.05	2.01	1.96	1.94	1.91	1.89	1.86	1.83	1.8
15	3.07	2.7	2.49	2.36	2.27	2.21	2.16	2.12	2.09	2.06	2.02	1.97	1.92	1.9	1.87	1.85	1.82	1.79	1.76
16	3.05	2.67	2.46	2.33	2.24	2.18	2.13	2.09	2.06	2.03	1.99	1.94	1.89	1.87	1.84	1.81	1.78	1.75	1.72
17	3.03	2.64	2.44	2.31	2.22	2.15	2.1	2.06	2.03	2	1.96	1.91	1.86	1.84	1.81	1.78	1.75	1.72	1.69
18	3.01	2.62	2.42	2.29	2.2	2.13	2.08	2.04	2	1.98	1.93	1.89	1.84	1.81	1.78	1.75	1.72	1.69	1.66
19	2.99	2.61	2.4	2.27	2.18	2.11	2.06	2.02	1.98	1.96	1.91	1.86	1.81	1.79	1.76	1.73	1.7	1.67	1.63
20	2.97	2.59	2.38	2.25	2.16	2.09	2.04	2	1.96	1.94	1.89	1.84	1.79	1.77	1.74	1.71	1.68	1.64	1.61
21	2.96	2.57	2.36	2.23	2.14	2.08	2.02	1.98	1.95	1.92	1.87	1.83	1.78	1.75	1.72	1.69	1.66	1.62	1.69
22	2.95	2.56	2.35	2.22	2.13	2.06	2.01	1.97	1.93	1.9	1.86	1.81	1.76	1.73	1.7	1.67	1.64	1.6	1.57
23	2.94	2.55	2.34	2.21	2.11	2.05	1.99	1.95	1.92	1.89	1.84	1.8	1.74	1.72	1.69	1.66	1.62	1.59	1.55
24	2.93	2.54	2.33	2.19	2.1	2.04	1.98	1.94	1.91	1.88	1.83	1.78	1.73	1.7	1.67	1.64	1.61	1.57	1.53
25	2.92	2.53	2.32	2.18	2.09	2.02	1.97	1.93	1.89	1.87	1.82	1.77	1.72	1.69	1.66	1.63	1.59	1.56	1.62
26	2.91	2.52	2.31	2.17	2.08	2.01	1.96	1.92	1.88	1.86	1.81	1.76	1.71	1.68	1.65	1.61	1.58	1.54	1.5
27	2.9	2.51	2.3	2.17	2.07	2	1.95	1.91	1.87	1.85	1.8	1.75	1.7	1.67	1.6	1.57	1.53	1.49	1.49
28	2.89	2.5	2.29	2.16	2.06	2	1.94	1.9	1.87	1.84	1.79	1.74	1.69	1.66	1.63	1.59	1.56	1.52	1.48
29	2.89	2.5	2.28	2.15	2.06	1.99	1.93	1.89	1.86	1.83	1.78	1.73	1.68	1.65	1.62	1.58	1.55	1.51	1.47
30	2.88	2.49	2.28	2.14	2.05	1.98	1.93	1.88	1.85	1.82	1.77	1.72	1.67	1.64	1.61	1.57	1.54	1.5	1.46
40	2.84	2.44	2.23	2.09	2	1.93	1.87	1.83	1.79	1.76	1.71	1.66	1.61	1.57	1.54	1.51	1.47	1.42	1.38
60	2.79	2.39	2.18	2.04	1.95	1.87	1.82	1.77	1.74	1.71	1.66	1.6	1.54	1.51	1.48	1.44	1.4	1.35	1.29
120	2.7	2.35	2.13	1.99	1.9	1.82	1.77	1.72	1.68	1.65	1.6	1.55	1.48	1.45	1.41	1.37	1.32	1.26	1.19
∞	2.7	2.3	2.08	1.94	1.85	1.77	1.72	1.67	1.63	1.6	1.55	1.49	1.42	1.38	1.34	1.3	1.24	1.17	1

F 분포표(α=0.05)

v_2 \ v_1	1	2	3	4	5	6	7	8	9	10	12	15	20	24	30	40	60	120	∞
1	161.4	199.5	215.7	224.6	230.2	234	236.8	238.9	240.5	241.9	243.9	245.9	248	249.1	250.1	251.1	252.2	253.3	254.3
2	18.51	19.00	19.16	19.25	19.30	19.33	19.35	19.37	19.38	19.4	19.41	19.43	19.45	19.45	19.46	19.47	19.48	19.49	19.51
3	10.13	9.55	9.28	9.12	9.01	8.94	8.89	8.85	8.81	8.79	8.74	8.70	8.66	8.64	8.62	8.59	8.57	8.55	8.53
4	7.71	6.94	6.59	6.59	6.26	6.16	6.09	6.04	6.00	5.96	5.91	5.86	5.80	5.77	5.75	5.72	5.69	5.66	5.63
5	6.61	5.79	5.41	5.10	5.05	4.95	4.88	4.82	4.77	4.74	4.68	4.62	4.56	4.56	4.53	4.50	4.46	4.43	4.40
6	5.99	5.14	4.76	4.53	4.39	4.28	4.21	4.15	4.10	4.06	4.00	3.94	3.87	3.84	3.81	3.77	3.71	3.70	3.67
7	5.59	4.74	4.35	4.12	3.97	3.87	3.79	3.73	3.68	3.64	3.57	3.51	3.44	3.41	3.38	3.34	3.30	3.27	3.23
8	5.32	4.46	4.07	3.84	3.69	3.58	3.50	3.44	3.39	3.35	3.28	3.22	3.15	3.12	3.08	3.04	3.01	2.97	2.93
9	5.12	4.26	3.86	3.63	3.48	3.37	3.29	3.23	3.18	3.14	3.07	3.01	2.94	2.90	2.86	2.83	2.79	2.75	2.71
10	4.96	4.10	3.71	3.48	3.33	3.22	3.14	3.07	3.02	2.98	2.91	2.85	2.77	2.71	2.70	2.66	2.62	2.58	2.54
11	4.84	3.98	3.59	3.36	3.20	3.09	3.01	2.95	2.9	2.85	2.79	2.72	2.63	2.61	2.57	2.53	2.49	2.45	2.40
12	4.75	3.89	3.49	3.26	3.11	3.00	2.91	2.85	2.80	2.75	2.69	2.62	2.54	2.51	2.47	2.42	2.38	2.34	2.30
13	4.67	3.81	3.41	3.18	3.03	2.92	2.83	2.77	2.71	2.67	2.60	2.53	2.46	2.42	2.38	2.34	2.30	12.25	2.21
14	4.60	3.74	3.34	3.11	2.96	2.85	2.76	2.70	2.65	2.60	2.53	2.46	2.39	2.35	2.31	2.27	2.22	2.18	2.13
15	4.54	3.68	3.29	3.06	2.90	2.79	2.71	2.64	2.59	2.54	2.18	2.40	2.33	2.29	2.25	2.20	2.16	2.11	2.07
16	4.49	3.63	3.24	3.01	2.85	2.74	2.66	2.59	2.54	2.49	2.42	2.35	2.28	2.24	2.19	2.15	2.11	2.06	2.01
17	4.45	3.59	3.20	2.96	2.81	2.70	2.61	2.55	2.49	2.45	2.38	2.31	2.23	2.19	2.15	2.10	2.06	2.01	1.96
18	4.41	3.55	3.16	2.93	2.77	2.66	2.58	2.51	2.46	2.41	2.34	2.27	2.19	2.15	2.11	2.06	2.02	1.97	1.92
19	4.38	3.52	3.13	2.90	2.74	2.63	2.54	2.48	2.42	2.38	2.31	2.23	2.15	2.11	2.07	2.03	1.98	1.93	1.88
20	4.35	3.49	3.10	2.87	2.71	2.60	2.51	2.45	2.39	2.35	2.23	2.20	2.12	2.08	2.04	1.99	1.95	1.90	1.84
21	4.32	3.47	3.07	2.84	2.68	2.57	2.49	2.42	2.32	2.25	2.18	2.10	2.05	2.01	1.96	1.92	1.87	1.81	1.81
22	4.30	3.44	3.05	2.82	2.66	2.55	2.46	2.40	2.34	2.30	2.23	2.15	2.07	2.03	1.98	1.94	1.89	1.84	1.78
23	4.28	3.42	3.03	2.80	2.64	2.53	2.44	2.37	2.32	2.27	2.20	2.13	2.05	2.01	1.96	1.91	1.86	1.81	1.76
24	4.25	3.40	3.01	2.78	2.62	2.51	2.42	2.36	2.30	2.25	2.13	2.11	2.03	1.98	1.94	1.89	1.84	1.79	1.73
25	4.24	3.39	2.99	2.76	2.60	2.49	2.40	2.34	2.28	2.24	2.16	2.09	2.01	1.96	1.92	1.87	1.82	1.77	1.71
26	4.23	3.37	2.98	2.74	2.59	2.47	2.39	2.32	2.27	2.22	2.15	2.07	1.99	1.95	1.90	1.85	1.80	1.75	1.69
27	4.21	3.35	2.96	2.73	2.57	2.46	2.37	2.31	2.25	2.20	2.13	2.06	1.97	1.93	1.88	1.84	1.79	1.73	1.67
28	4.20	3.34	2.95	2.71	2.56	2.45	2.36	2.29	2.24	2.19	2.12	2.04	1.96	1.91	1.87	1.82	1.77	1.71	1.65
29	4.18	3.33	2.93	2.70	2.55	2.43	2.35	2.28	2.22	2.18	2.10	2.03	1.94	1.90	1.85	1.81	1.75	1.64	1.70
30	4.17	3.32	2.92	2.69	2.53	2.42	2.33	2.27	2.21	2.16	2.09	2.01	1.93	1.89	1.84	1.79	1.74	1.68	1.62
40	4.08	3.23	2.84	2.61	2.45	2.34	2.25	2.18	2.12	2.08	2.00	1.92	1.84	1.79	1.74	1.69	1.64	1.68	1.51
60	4.00	3.15	2.76	2.53	2.37	2.25	2.17	2.10	2.04	1.99	1.92	1.84	1.75	1.70	1.65	1.59	1.53	1.47	1.39
120	3.92	3.07	2.68	2.45	2.29	2.17	2.09	2.02	1.96	1.91	1.88	1.75	1.68	1.61	1.55	1.50	1.43	1.35	1.25
∞	3.34	3.00	2.60	2.37	2.21	2.10	2.01	1.94	1.88	1.83	1.75	1.67	1.57	1.52	1.46	1.39	1.32	1.22	1.00

<부표-7> F 분포표(α=0.025)

v_2 \ v_1	1	2	3	4	5	6	7	8	9	10	12	15	20	24	30	40	60	120	∞
1	647.8	799.5	864.2	899.6	931.8	937.1	948.2	956.7	963.3	968.6	976.7	984.9	993.1	997.2	1001	1006	1010	1010	1018
2	38.51	39	39.17	39.25	39.3	39.33	39.36	39.37	39.39	39.4	39.41	39.43	39.45	39.46	39.46	29.47	39.45	39.45	39.5
3	17.44	16.04	15.44	15.1	14.88	14.73	14.62	14.54	14.47	14.42	14.34	14.25	14.17	14.12	14.08	14.04	13.99	13.99	13.9
4	12.22	10.65	9.98	9.6	9.36	9.2	9.07	8.98	8.9	8.81	8.75	8.66	8.56	8.51	8.46	8.41	8.36	8.36	8.26
5	10.01	8.43	7.7	7.39	7.15	6.98	6.85	6.76	6.68	6.62	6.52	6.43	6.33	6.28	6.23	6.18	6.12	6.12	6.02
6	8.81	7.26	6.6	6.23	5.99	5.82	5.7	5.6	5.52	5.4	5.37	5.27	5.17	5.12	5.07	5.01	4.98	4.98	4.85
7	8.07	6.54	5.89	5.52	5.29	5.12	4.99	4.9	4.82	4.76	4.67	4.57	4.47	4.42	4.36	4.31	4.25	4.25	4.14
8	7.57	6.06	5.42	5.05	4.82	4.65	4.53	4.4	4.36	43	4.2	4.1	4.09	3.95	3.89	3.84	3.78	3.78	3.67
9	7.21	5.71	5.08	4.72	4.48	4.32	4.2	4.1	4.03	3.96	3.87	3.77	3.67	3.61	3.56	3.51	3.45	3.45	3.33
10	6.94	5.46	4.83	4.47	4.24	4.07	3.95	3.85	3.78	3.72	3.62	3.52	3.42	3.37	3.31	3.26	3.2	3.2	3.08
11	6.72	5.26	4.634	4.28	4.04	3.88	3.76	3.66	3.59	3.53	3.43	3.33	3.23	3.17	3.12	3.06	3	3	2.88
12	6.55	5.1	4.47	4.12	3.89	3.73	3.61	3.51	3.44	3.37	3.28	3.18	3.07	3.02	2.96	2.91	2.85	2.85	2.72
13	6.41	4.97	4.35	4	3.77	3.66	3.48	3.39	3.31	3.25	3.15	3.05	2.95	2.89	2.84	2.78	2.72	2.72	2.6
14	6.3	4.86	4.24	3.89	3.66	3.6	3.38	3.29	3.21	3.15	3.05	2.95	2.84	2.79	2.73	2.67	2.61	2.61	2.49
15	6.2	4.77	4.15	3.8	3.58	3.41	3.29	3.2	3.12	3.05	2.96	2.85	2.76	2.7	2.64	2.59	2.52	2.52	2.4
16	6.12	4.69	4.08	3.73	3.5	3.34	3.22	3.12	3.05	2.99	2.89	2.79	2.68	2.63	2.57	2.51	2.45	2.45	2.32
17	6.04	4.62	4.01	3.66	3.44	3.28	3.16	3.06	2.98	2.92	2.82	2.72	2.62	2.56	2.5	2.44	2.38	2.38	2.25
18	5.98	4.56	3.95	3.61	3.38	3.22	3.1	3.01	2.93	2.87	2.77	2.67	2.56	2.5	2.44	2.38	2.32	2.32	2.19
19	5.92	4.51	3.9	3.5	3.38	3.17	3.05	2.96	2.88	2.82	2.72	2.62	2.51	2.45	2.39	2.33	2.27	2.27	2.13
20	5.87	4.46	3.86	3.51	3.2	3.12	3.01	2.91	2.84	2.77	2.68	2.57	2.46	2.41	2.35	2.29	2.22	2.22	2.09
21	5.83	4.42	3.82	3.48	3.25	3	2.97	2.87	2.8	2.73	2.64	2.53	2.42	2.37	2.31	2.25	2.18	2.18	2.04
22	5.79	4.38	3.78	3.44	3.22	3.05	2.93	2.84	2.76	2.7	2.69	2.5	2.39	2.33	2.27	2.24	2.14	2.14	2
23	5.75	4.35	3.75	3.41	3.18	3.02	2	2.51	2.73	2.67	2.57	2.47	2.38	2.3	2.24	2.18	2.08	2.08	1.97
24	5.72	4.32	3.72	3.38	3.15	2.99	2.87	2.78	2.7	2.64	2.54	2.44	2.33	2.27	2.21	2.15	2.08	2.08	1.94
25	5.69	4.29	3.69	3.35	3.13	2.97	2.85	2.75	2.68	2.61	2.51	2.41	2.3	2.21	2.18	2.12	2.05	2.05	1.91
26	5.66	4.27	3.67	3.33	3.1	2.94	2.82	2.73	2.65	2.59	2.4	2.39	2.25	2.22	2.16	2.09	2.03	2.03	1.88
27	5.63	4.24	3.65	3.31	3.08	2.92	2.8	2.71	2.63	2.57	2.47	2.36	2.25	2.19	2.13	2.07	2	2	1.85
28	5.61	4.22	3.63	3.29	3.06	2.9	2.78	2.69	2.61	2.55	2.45	2.34	2.23	2.17	2.11	2.95	1.98	1.98	1.83
29	5.59	4.2	3.61	3.27	3.04	2.85	2.78	2.67	2.59	2.53	2.43	2.32	2.21	2.15	2.09	2.03	1.96	1.96	1.83
30	5.57	4.18	3.59	3.25	3.03	2.87	2.75	2.65	2.57	2.51	2.41	2.31	2.2	2.14	2.07	2.01	1.94	1.94	1.79
40	5.42	4.05	3.46	3.13	2.9	2.74	2.62	2.41	2.33	2.27	2.17	2.06	1.94	1.88	1.82	1.74	1.67	1.67	1.48
120	5.15	3.8	3.23	2.89	2.67	2.52	2.39	2.3	2.22	2.16	2.05	1.94	1.82	1.76	1.69	1.61	1.53	1.53	1.31
∞	5.02	3.69	3.12	2.79	2.57	2.41	2.29	2.19	2.11	2.05	1.94	1.83	1.71	1.64	1.57	1.48	1.3	1.3	1

<부표-7>

F 분포표(α=0.01)

v_2 \ v_1	1	2	3	4	5	6	7	8	9	10	12	15	20	24	30	40	60	120	∞
1	4052	4999.50	5403	5625	5764	5859	5928	5982	6022	6056	6106	6157	6209	6235	6261	6287	6313	6339	6366
2	98.50	99.00	99.17	99.25	99.30	99.33	99.36	99.37	99.39	99.40	99.42	99.43	99.45	99.46	99.47	99.47	99.48	99.49	99.50
3	34.12	30.82	29.46	28.71	28.24	27.91	27.67	27.49	27.35	27.23	27.05	26.87	26.69	26.60	26.50	26.41	26.32	26.22	26.13
4	21.20	18.00	16.69	15.98	15.52	15.21	14.98	14.80	14.66	14.55	14.37	14.2	14.02	13.93	13.84	13.75	13.65	13.56	13.46
5	16.26	13.27	12.06	11.39	10.97	10.67	10.46	10.29	10.16	10.05	9.89	9.72	9.55	9.47	9.38	9.29	9.20	9.11	9.02
6	13.75	10.92	9.78	9.15	8.75	8.47	8.26	8.10	7.98	7.87	7.72	7.56	7.40	7.31	7.23	7.14	7.06	6.97	6.88
7	12.25	9.55	8.45	7.85	7.46	7.19	6.99	6.84	6.72	6.62	6.47	6.31	6.16	6.07	5.99	5.91	5.82	5.74	5.65
8	11.26	8.65	7.59	7.01	6.63	6.37	6.18	6.03	5.91	5.81	5.67	5.52	5.36	5.28	5.20	5.12	5.03	4.95	4.86
9	10.56	8.02	6.99	6.42	6.06	5.80	5.61	5.47	5.35	5.28	5.11	4.96	4.81	4.73	4.65	4.57	4.48	4.40	4.31
10	10.04	7.56	6.55	5.99	5.64	5.39	5.20	5.06	4.94	4.85	4.71	4.56	4.41	4.33	4.25	4.17	4.08	4.00	3.91
11	9.65	7.21	6.22	5.67	5.32	5.07	4.89	4.74	4.63	4.54	4.40	4.25	4.10	4.02	3.94	3.86	3.78	3.69	3.60
12	9.33	6.93	5.95	5.41	5.06	4.82	4.64	4.50	4.39	4.30	4.16	4.01	3.86	3.78	3.70	3.62	3.54	3.45	3.36
13	9.07	6.70	5.74	5.21	4.86	4.62	4.44	4.30	4.19	4.10	3.96	3.82	3.66	3.59	3.51	3.43	3.34	3.25	3.17
14	8.86	6.51	5.56	5.04	4.69	4.46	4.28	4.14	4.03	3.94	3.80	3.66	3.51	3.43	3.35	3.27	3.18	3.09	3.00
15	8.68	6.36	5.42	4.89	4.56	4.32	4.14	4.00	3.89	3.80	3.67	3.52	3.37	3.29	3.21	3.13	3.05	2.96	2.87
16	8.53	6.23	5.29	4.77	4.44	4.20	4.03	3.89	3.78	3.69	3.55	3.41	3.26	3.18	3.10	3.02	2.93	2.84	2.75
17	8.40	6.11	5.18	4.67	4.34	4.10	3.93	3.79	3.68	3.59	3.46	3.31	3.16	3.08	3.00	2.92	2.83	2.75	2.65
18	8.29	6.01	5.09	4.58	4.25	4.01	3.84	3.71	3.60	3.51	3.37	3.23	3.08	3.00	2.92	2.84	2.75	2.66	2.57
19	8.18	5.93	5.01	4.50	4.17	3.94	3.77	3.63	3.52	3.43	3.30	3.15	3.00	2.92	2.84	2.76	2.67	2.58	2.49
20	8.10	5.85	4.94	4.43	4.10	3.87	3.70	3.56	3.46	3.37	3.23	3.09	2.94	2.86	2.78	2.69	2.61	2.52	2.42
21	8.02	5.78	4.87	4.37	4.04	3.81	3.64	3.51	3.40	3.31	3.17	3.03	2.88	2.80	2.72	2.64	2.55	2.46	2.36
22	7.95	5.72	4.82	4.31	3.99	3.76	3.59	3.45	3.35	3.26	3.12	2.98	2.83	2.75	2.67	2.58	2.50	2.40	2.31
23	7.88	5.66	4.76	4.26	3.94	3.71	3.54	3.41	3.30	3.21	3.07	2.93	2.78	2.70	2.62	2.54	2.45	2.35	2.26
24	7.82	5.61	4.72	4.22	3.90	3.67	3.50	3.36	3.26	3.17	3.03	2.89	2.74	2.66	2.58	2.49	2.40	2.31	2.21
25	7.77	5.57	4.68	4.18	3.85	3.63	3.46	3.32	3.22	3.13	2.99	2.85	2.70	2.62	2.54	2.45	2.36	2.27	2.17
26	7.72	5.53	4.64	4.14	3.82	3.59	3.42	3.29	3.18	3.09	2.96	2.81	2.66	2.58	2.50	2.42	2.33	2.23	2.13
27	7.68	5.49	4.60	4.11	3.78	3.56	3.39	3.26	3.15	3.06	2.93	2.78	2.63	2.55	2.47	2.38	2.29	2.20	2.10
28	7.64	5.45	4.57	4.07	3.75	3.53	3.36	3.23	3.12	3.03	2.90	2.75	2.60	2.52	2.44	2.35	2.26	2.17	2.06
29	7.60	5.42	4.54	4.04	3.73	3.50	3.33	3.20	3.09	3.00	2.87	2.73	2.57	2.49	2.41	2.33	2.23	2.14	2.03
30	7.56	5.39	4.51	4.02	3.70	3.47	3.30	3.17	3.07	2.98	2.84	2.7	2.55	2.47	2.39	2.30	2.21	2.11	2.01
40	7.31	5.18	4.31	3.83	3.51	3.29	3.12	2.99	2.89	2.80	2.66	2.52	2.37	2.29	2.20	2.11	2.02	1.92	1.80
60	7.08	4.98	4.13	3.65	3.34	3.12	2.95	2.82	2.72	2.63	2.50	2.35	2.20	2.12	2.02	1.94	1.84	1.73	1.60
120	6.85	4.79	3.95	3.48	3.17	2.96	2.79	2.66	2.56	2.47	2.34	2.19	2.03	1.95	1.86	1.76	1.66	1.53	1.38
∞	6.63	4.61	3.78	3.32	3.02	2.50	2.64	2.51	2.41	2.32	2.18	2.04	1.88	1.79	1.70	1.59	1.47	1.32	1.00

<부표-8>

부호검정표

이항분포표: $p = 0.5$일 때 $P(B \geq b)$

$B \sim B\left(n, \frac{1}{2}\right)$일 때 $P(B \geq b) = \alpha$이면 $b(\alpha, n) = b$

b	n							
	2	3	4	5	6	7	8	9
1	.7500							
2	.2500	.5000	.6875					
3		.1250	.3125	.5000	.6563			
4			.0625	.1875	.3438	.5000	.6367	
5				.0313	.1094	.2266	.3633	.5000
6					.0156	.0625	.1445	.2539
7						.0078	.0352	.0898
8							.0039	.0195
9								.0020

b	n							
	10	11	12	13	14	15	16	17
5	.6230							
6	.3770	.5000	.6128					
7	.1719	.2744	.3872	.5000	.6047			
8	.0547	.1133	.1938	.2905	.3953	.5000	.5982	
9	.0107	.0327	.0703	.1334	.2120	.3036	.4018	.5000
10	.0010	.0059	.0193	.0461	.0898	.1509	.2272	.3145
11		.0005	.0032	.0112	.0287	.0592	.1051	.1662
12			.0002	.0017	.0065	.0176	.0384	.0717
13				.0001	.0009	.0037	.0106	.0245
14					.0001	.0005	.0037	.0064
15						.0000	.0005	.0012
16							.0000	.0001
17								.0000

<부표-8> 부호검정표

b	n							
	18	19	20	21	22	23	24	25
9	.5927							
10	.4073	.5000	.5881					
11	.2403	.3238	.4119	.5000	.5841			
12	.1189	.1796	.2517	.3318	.4159	.5000	.5806	
13	.0481	.0835	.1316	.1917	.2617	.3388	.4194	.5000
14	.0154	.0318	.0577	.0946	.1431	.2024	.02706	.3450
15	.0038	.0096	.0207	.0392	.0669	.1050	.1537	.2122
16	.0007	.0022	.0059	.0133	.0262	.0466	.0758	.1148
17	.0001	.0004	.0013	.0036	.0085	.0173	.0320	.0539
18	.0000	.0000	.0002	.0007	.0022	.0053	.0113	.0216
19		.0000	.0000	.0001	.0004	.0013	.0033	.0073
20			.0000	.0000	.0001	.0002	.0008	0020
21				.0000	.0000	.0000	.0001	.0005
22					.0000	.0000	.0000	.0001
23						.0000	.0000	.0000
24							.0000	.0000
25								.0000

<부표-9> 부호순위 통계량(W^+) 분포표 : $P_0(W^+ \geqq x)$

$P_0(W^+ \geqq x) = \alpha$이면 $W^+(\alpha, n) = x$

x	n						
	3	4	5	6	7	8	9
3	.625						
4	.375						
5	.250	.562					
6	.125	.438					
7		.312					
8		.188	.500				
9		.125	.406				
10		.062	.312				
11			.219	.500			
12			.156	.422			
13			.094	.344			
14			.062	.281	.531		
15			.031	.219	.469		
16				.156	.406		
17				.109	.344		
18				.078	.289	.527	
19				.047	.234	.473	
20				.031	.188	.422	
21				.016	.148	.371	
22					.109	.320	
23					.078	.273	.500
24					.055	.230	.455
25					.039	.191	.410
26					.023	.156	.367
27					.016	.125	.326
28					.008	.098	.285
29						.074	.248
30						.055	.213
31						.039	.180
32						.027	.150
33						.020	.125
34						.012	.102
35						.008	.082
36						.004	.064
37							.049
38							.037
39							.027
40							.020
41							.014
42							.010
43							.006
44							.004
45							.002

(계속)

x	n					
	10	11	12	13	14	15
28	.500					
29	.461					
30	.423					
31	.385					
32	.348					
33	.312	.517				
34	.278	.483				
35	.246	.449				
36	.216	.416				
37	.188	.382				
38	.161	.350				
39	.138	.319	.515			
40	.116	.289	.485			
41	.097	.260	.455			
42	.080	.232	.425			
43	.065	.207	.396			
44	.053	.183	.367			
45	.042	.160	.339			
46	.032	.139	.311	.500		
47	.024	.120	.285	.473		
48	.019	.103	.259	.446		
49	.014	.087	.235	.420		
50	.010	.074	.212	.393		
51	.007	.062	.190	.368		
52	.005	.051	.170	.342		
53	.003	.042	.151	.318	.500	
54	.002	.034	.133	.294	.476	
55	.001	.027	.117	.271	.452	
56		.021	.102	.249	.428	
57		.016	.088	.227	.404	
58		.012	.076	.207	.380	
59		.009	.065	.188	.357	
60		.007	.055	.170	.335	.511
61		.005	.046	.153	.313	.489
62		.003	.039	.137	.292	.467
63		.002	.032	.122	.271	.445
64		.001	.026	.108	.251	.423
65		.001	.021	.095	.232	.402
66		.000	.017	.084	.213	.381
67			.013	.073	.196	.360
68			.010	.064	.179	.339
69			.008	.055	.163	.319
70			.006	.047	.148	.300
71			.005	.040	.134	.281
72			.003	.034	.121	.262
73			.002	.029	.108	.244
74			.002	.024	.097	.227
75			.001	.020	.086	.211
76			.001	.016	.077	.195

(계속)

x	n					
	10	11	12	13	14	15
77			.000	.013	.068	.180
78			.000	.011	.059	.165
79				.009	.052	.151
80				.007	.045	.108
81				.005	.039	.126
82				.004	.034	.115
83				.003	.029	.104
84				.002	.025	.094
85				.002	.021	.084
86				.001	.018	.076
87				.001	.015	.068
88				.001	.012	.060
89				.000	.010	.053
90				.000	.008	.047
91				.000	.007	.042
92					.005	.036
93					.004	.032
94					.003	.028
95					.003	.024
96					.002	.021
97					.002	.018
98					.001	.015
99					.001	.013
100					.001	.011
101					.000	.009
102					.000	.008
103					.000	.006
104					.000	.005
105					.000	.004
106						.003
107						.003
108						.002
109						.002
110						.001
111						.001
112						.001
113						.001
114						.000
115						.000
116						.000
117						.000
118						.000
119						.000
120						.000

<부표-10> Mann-Whitney U 통계량의 분포표 : $P_0(U \geqq u)$

$P_0(U \leqq u) = 1 - \alpha$이면 $u = u_\alpha$

$n \leqq m$; $3 \leq m \leq 10$

$m = 3$

	n	1	2	3
	0	.25	.10	.05
	1	.50	.20	.10
u	2		.40	.20
	3		.60	.35
	4			.50

$m = 4$

	n	1	2	3	4
	0	.2000	.0667	.0286	.0143
	1	.4000	.1333	.0571	.0286
	2	.6000	.2667	.1143	.0571
	3		.4000	.2000	.1000
u	4		.6000	.3143	.1714
	5			.4286	.2429
	6			.5714	.3429
	7				.4429
	8				.5571

$m = 5$

	n	1	2	3	4	5
	0	.1667	.0476	.0179	.0079	.0040
	1	.3333	.0952	.0357	.0159	.0079
	2	.5000	.1905	.0714	.0317	.0159
	3		.2857	.1250	.0556	.0278
	4		.4286	.1964	.0952	.0476
	5		.5714	.2857	.1429	.0754
u	6			.3929	.2063	.1111
	7			.5000	.2778	.1548
	8				.3651	.2103
	9				.4524	.2738
	10				.5476	.3452
	11					.4206
	12					.5000

$m=6$

	n	1	2	3	4	5	6
	0	.1429	.0357	.0119	.0048	.0022	.0011
	1	.2857	.0714	.0238	.0095	.0043	.0022
	2	.4286	.1429	.0496	.0190	.0087	.0043
	3	.5714	.2143	.0833	.0333	.0152	.0076
	4		.3214	.1310	.0571	.0260	.0130
	5		.4286	.1905	.0857	.0411	.0206
	6		.5714	.2738	.1286	.0628	.0325
	7			.3571	.1762	.0887	.0465
	8			.4524	.2381	.1234	.0660
u	9			.5476	.3048	.1645	.0898
	10				.3810	.2143	.1201
	11				.4571	.2684	.1548
	12				.5429	.3312	.1970
	13					.3961	.2424
	14					.4654	.2944
	15					.5346	.3496
	16						.4091
	17						.4686
	18						.5314

$m=7$

	n	1	2	3	4	5	6	7
	0	.1250	.0278	.0083	.0030	.0013	.0006	.0003
	1	.2500	.0556	.0167	.0061	.0025	.0012	.0006
	2	.3750	.1111	.0333	.0121	.0051	.0023	.0012
	3	.5000	.1667	.0583	.0212	.0088	.0041	.0020
	4		.2500	.0917	.0364	.0152	.0070	.0035
	5		.3333	.1333	.0545	.0240	.0111	.0055
	6		.4444	.1917	.0818	.0366	.0175	.0087
	7		.5556	.2583	.1152	.0530	.0256	.0130
	8			.3333	.1576	.0745	.0367	.0189
	9			.4167	.2061	.1010	.0507	.0265
	10			.5000	.2636	.1338	.0688	.0364
	11				.3242	.1717	.0903	.0487
u	12				.3939	.2159	.1171	.0641
	13				.4636	.2652	.1474	.0825
	14				.5364	.3194	.1830	.1043
	15					.3775	.2226	.1297
	16					.4381	.2669	.1588
	17					.5000	.3141	.1914
	18						.3654	.2279
	19						.4178	.2675
	20						.4726	.3100
	21						.5274	.3552
	22							.4024
	23							.4508
	24							.5000

$m = 8$

u \ n	1	2	3	4	5	6	7	8
0	0.1111	0.0222	0.0061	0.0020	0.0008	0.0003	0.0002	0.0001
1	0.2222	0.0444	0.0121	0.0040	0.0016	0.0007	0.0003	0.0002
2	0.3333	0.0889	0.0242	0.0081	0.0031	0.0013	0.0006	0.0003
3	0.4444	0.1333	0.0424	0.0141	0.0054	0.0023	0.0011	0.0005
4	0.5556	0.2000	0.0667	0.0242	0.0093	0.0040	0.0019	0.0009
5		0.2667	0.0970	0.0364	0.0148	0.0063	0.0030	0.0015
6		0.3556	0.1394	0.0454	0.0225	0.0100	0.0047	0.0023
7		0.4444	0.1879	0.0768	0.0326	0.0147	0.0070	0.0035
8		0.5556	0.2485	0.1071	0.0466	0.0213	0.0103	0.0052
9			0.3152	0.1414	0.0637	0.0296	0.0145	0.0074
10			0.3879	0.1838	0.0855	0.0406	0.0200	0.0103
11			0.4606	0.2303	0.1111	0.0539	0.0270	0.0141
12			0.5394	0.2848	0.1422	0.0709	0.0361	0.0190
13				0.3414	0.1772	0.0903	0.0469	0.0249
14				0.404	0.2176	0.1142	0.0603	0.0325
15				0.4667	0.2618	0.1412	0.0760	0.0415
16				0.5333	0.3108	0.0725	0.0946	0.0524
17					0.3621	0.2068	0.1159	0.0652
18					0.4165	0.2454	0.1405	0.0803
19					0.4716	0.2864	0.1678	0.0974
20					0.5284	0.3310	0.1984	0.1172
21						0.3773	0.2317	0.1393
22						0.4259	0.2679	0.1641
23						0.4749	0.3063	0.1911
24						0.5251	0.3472	0.2209
25							0.3894	0.2527
26							0.4333	0.2869
27							0.4775	0.3227
28							0.5225	0.3605
29								0.3992
30								0.4392
31								0.4796
32								0.5204

$m = 9$

	n	1	2	3	4	5	6	7	8	9
	0	.1000	.0182	.0045	.0014	.0005	.0002	.0001	.0000	.0000
	1	.2000	.0364	.0091	.0028	.0010	.0004	.0002	.0001	.0000
	2	.3000	.0727	.0182	.0056	.0020	.0008	.0003	.0002	.0001
	3	.4000	.1091	.0318	.0098	.0035	.0014	.0006	.0003	.0001
	4	.5000	.1636	.0500	.0168	.0060	.0024	.0010	.0005	.0002
	5		.2182	.0727	.0252	.0095	.0038	.0017	.0008	.0004
	6		.2909	.1045	.0378	.0145	.0060	.0026	.0012	.0006
	7		.3636	.1409	.0831	.0210	.0088	.0039	.0019	.0009
	8		.4545	.1864	.0741	.0300	.0128	.0058	.0028	.0014
	9		.5455	.2409	.0993	.0415	.0180	.0082	.0039	.0020
	10			.3000	.1301	.0559	.0248	.0115	.0056	.0028
	11			.3636	.1650	.0734	.0332	.0156	.0076	.0039
	12			.4318	.2070	.0949	.0440	.0209	.0103	.0053
	13			.5000	.2517	.1199	.0567	.0274	.0137	.0071
	14				.3021	.1489	.0723	.0356	.0180	.0094
	15				.3552	.1818	.0905	.0454	.0232	.0122
	16				.4126	.2188	.1119	.0571	.0296	.0157
	17				.4699	.2592	.1361	.0708	.0372	.0200
	18				.5301	.3032	.1638	.0869	.0464	.0252
	19					.3497	.1942	.1052	.0570	.0313
u	20					.3980	.2280	.1261	.0694	.0385
	21					.4491	.2643	.1496	.0836	.0470
	22					.5000	.3035	.1755	.0998	.0567
	23						.3445	.2039	.1179	.0350
	24						.3878	.2349	.1383	.0807
	25						.4320	.2680	.1606	.0951
	26						.4773	.3032	.1852	.1112
	27						.5227	.3403	.2117	.1290
	28							.3788	.2404	.1487
	29							.4185	.2707	.1701
	30							.4591	.3029	.1933
	31							.5000	.3365	.2181
	32								.3715	.2447
	33								.4074	.2729
	34								.4442	.3024
	35								.4813	.3332
	36								.5187	.3652
	37									.3981
	38									.4317
	39									.4657
	40									.5000

$m = 10$

	n	1	2	3	4	5	6	7	8	9	10
	0	.0909	.0152	.0035	.0010	.0003	.0001	.0001	.0000	.0000	.0000
	1	.1818	.0303	.0070	.0020	.0007	.0002	.0001	.0000	.0000	.0000
	2	.2727	.0606	.0140	.0040	.0013	.0005	.0002	.0001	.0000	.0000
	3	.3636	.0909	.0245	.0070	.0023	.0009	.0004	.0002	.0001	.0000
	4	.4545	.1364	.0385	.0120	.0040	.0015	.0006	.0003	.0001	.0001
	5	.5455	.1818	.0559	.0182	.0063	.0024	.0010	.0004	.0002	.0001
	6		.2424	.0804	.0270	.0097	.0037	.0015	.0007	.0003	.0002
	7		.3030	.1084	.0380	.0140	.0055	.0023	.0010	.0005	.0002
	8		.3788	.1434	.0529	.0200	.0080	.0034	.0015	.0007	.0004
	9		.4545	.1853	.0709	.0276	.0112	.0048	.0022	.0011	.0005
	10		.5455	.2343	.0939	.0376	.0156	.0068	.0031	.0015	.0008
	11			.2867	.1199	.0496	.0210	.0093	.0043	.0021	.0010
	12			.3462	.1518	.0646	.0280	.0125	.0058	.0028	.0014
	13			.4056	.1868	.0823	.0363	.0165	.0078	.0038	.0019
	14			.4685	.2268	.1032	.0467	.0215	.0103	.0051	.0026
	15			.5315	.2697	.1272	.0589	.0277	.0133	.0066	.0034
	16				.3177	.1548	.0736	.0351	.0171	.0086	.0045
	17				.3666	.1855	.0903	.0439	.0217	.0110	.0057
	18				.4196	.2198	.1099	.0544	.0273	.0140	.0073
	19				.4725	.2567	.1317	.0665	.0338	.0175	.0093
	20				.5275	.2970	.1566	.0806	.0416	.0217	.0116
	21					.3393	.1838	.0966	.0506	.0267	.0144
	22					.3839	.2139	.1148	.0610	.0326	.0177
	23					.4296	.2461	.1349	.0729	.0394	.0216
	24					.4765	.2811	.1574	.0864	.0474	.0262
u	25					.5235	.3177	.1819	.1015	.0564	.0315
	26						.3564	.2087	.1185	.0667	.0376
	27						.3962	.2374	.1371	.0782	.0446
	28						.4372	.2681	.1577	.0912	.0526
	29						.4789	.3004	.1800	.1055	.0615
	30						.5211	.3345	.2041	.1214	.0716
	31							.3698	.2299	.1388	.0827
	32							.4063	.2574	.1577	.0952
	33							.4434	.2863	.1781	.1088
	34							.4811	.3167	.2001	.1237
	35							.5189	.3482	.2235	.1399
	36								.3809	.2483	.1575
	37								.4143	.2745	.1763
	38								.4484	.3019	.1965
	39								.4827	.3304	.2179
	40								.5173	.3598	.2406
	41									.3901	.2644
	42									.4211	.2894
	43									.4524	.3153
	44									.4841	.3421
	45									.5159	.3697
	46										.3980
	47										.4267
	48										.4559
	49										.4853
	50										.5147

찾아보기

χ^2분포 205
F분포 213
t 분포 209
U 검정 515

ㄱ

가중평균(weighted mean) 30
검정 305
검정력함수 311
검정통계량 306
결정계수 417
결합밀도함수 111, 113
결합사건 70
결합확률밀도함수 113
결합확률분포표 110
결합확률질량함수 111
결합확률히스토그램 110
경험적 확률(frequency probability) 75
계급(class) 41
계급구간(class interval) 41
계급폭(class width) 41
계통추출(systematic sampling) 14
고전적 확률 73
공리적 확률(axiomatic probability) 76
공분산 131
공통모비율 349
관측도수 451
교호작용 383
교호작용의 제곱합 385
구간추정 244, 245
귀무가설 303
균등분포 145
극단이상점(extreme outlier) 49
급간변동 373
급내변동 373
기각역 306
기댓값(Expected Value) 121
기대도수 451
기술통계학(descriptive statistics) 13

ㄴ

누적도수 43
누적도수분포표 43
누적상대도수분포표 43

ㄷ

다항분포 448
다항시행(multinomial trial) 448
단순사건(simple event) 69
단순임의추출(simple random sampling) 14
단순통계적가설 302
단순회귀 410
단순회귀모형 412
단측검정 318
대립가설 303
대수의 법칙 201
대응비교 522
대응표본 523
대표값 27
도수(frequency) 41
도수다각형(frequency polygon) 45
도수분포표 41
독립 118
독립변수 405
독립사건(independent events) 84
독립성의 검정 470
독립인 확률변수 118
동일성의 검정 466
두 확률변수의 함수에 대한 기댓값 129

ㄹ

랜덤추출 26

ㅁ

막대그래프 44
맨 515
맨-휘트니-윌콕슨 순위합 검정 515
모가중평균 30
모범위 33
모변동계수 38
모분산(population variance) 34
모비율 274

모비율 p 274
모수(parameter) 27
모수적 추론 497
모절사평균 29
모중위수 31
모집단 12, 13, 25
모집단의 회귀직선 413
모집단자료 13, 25
모최빈수 32
모편차(population deviation) 34
모평균(population mean) 28
모표준편차 36
모회귀계수 419
모회귀직선 419
무한사건(infinite event) 69
무한표본공간 67
밀도함수 105, 108

ㅂ

바깥 울타리(outer fence) 49
반응변수 405
반응변수의 값 370
배반사건 71
범위(range) 33
범주 447
베르누이 147
베르누이 분포 148
베르누이 시행 447
베르누이 실험 147
베이즈 정리 90
변동 372
변수변환 424
보통이상점(mild outlier) 49
복합사건(compound event) 69
복합통계적가설 303
부호검정 503
부호검정 통계량 500
부호순위검정 506
분산 125
분산분석 370
분산분석표 374, 428
분산비분포 217
분포무관 497
분할(partition) 86
불편추정량 238
비모수적 추론 497

ㅅ

사분위수(quartile) 39
사분위수범위 39
사분위편차 39
사건 69
산술평균(arithmetic mean) 30
산점도 405
산포도 33
삼항분포 449
상관계수 131, 407
상관분석 405
상대도수 43
상대도수분포표 43
상대적으로 유효한 추정량 242
상자그림(box plot) 48
(서로) 독립 84
선형관계 407
설명변수 405
속성확률 451
수준(level) 370
순위합 검정 514
스터지스(Sturges) 41
스텝(step) 48
시행 147
신뢰계수 245
신뢰구간 245
신뢰구간의 길이 245
신뢰구간추정 245
신뢰상한 245
신뢰하한 245
신뢰한계 245
실험의 반복(replication) 370
실험자료(experimental data) 369

ㅇ

안 울타리(inner fence) 48
양의 상관관계 407
양측검정 317, 318
여사건 71
연속성 수정 178

연속형 균등분포 164
연속형자료 41
연속형 주변확률밀도함수 116
연속형 표본공간 67
연속형 확률변수 103
오차의 제곱합 412
완전확률화법 370
요인 A의 제곱합 385
요인 A 제곱합 380
요인 B의 제곱합 385
요인 B 제곱합 380
요인(factor) 370
우측검정 316
원소 25
위치모수 497
윌콕슨 506
유의수준 310
유의확률 319
유한사건(finite event) 69
유한표본공간 67
유효추정량 241
음의 상관관계 407
의존사건(dependent events) 84
이동모수 513
이산형 균등분포 145
이산형자료 41
이산형 주변확률밀도함수 115
이산형 표본공간 67
이산형 확률밀도함수 105
이산형 확률변수 103
이산형 확률분포 103
이상점 406
이원배치법 378
이표본위치문제 513
이항분포 151
이항분포의 정규분포로의 수렴 176
인과관계 408
인접값(adjacent value) 49
일원배치법 370
일치추정량 243

ㅈ

자유도 415
잔차 372
잔차제곱합 373, 380, 385, 415, 428
잡음(noise) 369
적합도의 검정 455
전수조사 25
전확률 정리 88
절사평균(trimmed mean) 29
점근상대효율 498
점추정 234
정규방정식 412
정규분포 168
제1사분위수 39
제1종오류 306
제2사분위수 39
제2종오류 307
제3사분위수 39
제어 369
조건부 확률 82
조사자료(survey data) 369
종속변수 405
좌측검정 316
주변확률밀도함수 116
줄기-잎 그림(stem-and-leaf display) 45
중심극한정리 201
중앙값 31
중위수(median) 31
중회귀모형 426
지수분포 166
집락추출(cluster sampling) 14
짝지어진 표본 340

ㅊ

처리(treatment) 370
처리제곱합 373
처리효과 372
척도모수 497
초기하분포 157
초기하분포의 이항분포로의 수렴 159
총변동 373
총제곱합 373, 380, 385, 415, 428
총편차 372, 414
최빈수(mode) 32
최소분산불편추정량 241

최소제곱법 412
최소제곱추정값 412
최소제곱 회귀직선 413
추정값 235
추정된 회귀직선 413
추정량 235
추측통계학(inferential statistics) 13
충분추정량 242
층화추출(stratified sampling) 14

ㅌ

통계량 194
통계량(statistics) 27
통계적 가설 302
통계적 자료 13
통계적 추론(statistical inference) 191
특성값(characteristic value) 370

ㅍ

편의(bias) 238
편의추정량 238
평균 27, 28
평균제곱오차 237
표변동계수 38
표본 12, 13, 25
표본가중평균 30
표본공간(sample space) 67
표본범위 33
표본분산 35, 194
표본분포 194
표본비율 274
표본상관계수 407
표본자료 13, 25
표본절사평균 29
표본점(sample point) 67
표본조사 25
표본중위수 31
표본최빈수 32
표본편차(sample deviation) 35
표본평균 28, 195
표본표준편차 36
표준오차(standard error) 236
표준정규분포 170
표준편차 125
표준화된 확률변수 170

ㅎ

합사건 70
혼합표본 516
확률밀도함수 108
확률변수(Random Variable) 101
확률변수 X로 표현된 사건 101
확률변수 X의 분포 103
확률변수의 값 101
확률변수의 함수의 기댓값 124
확률분포표 103
확률의 덧셈정리 77
확률질량함수 105
확률표본 193
확률히스토그램 103
회귀분석 405
회귀제곱합 415, 428
휘트니 515
히스토그램 44

저자소개

권성훈	서울대학교 자연과학대학 통계학과(이학사) 서울대학교 대학원 통계학과(이학석사, 이학박사) 현, 건국대학교 사회과학대학 응용통계학과 교수
김상익	연세대학교 상경대학 응용통계학과(경제학사) 연세대학교 대학원 응용통계학과(경제학석사) 미국 Virginia Tech. 대학원 통계학과(통계학박사) 현, 건국대학교 사회과학대학 응용통계학과 교수
김성환	고려대학교 사범대학 교육학과(문학사) 고려대학교 대학원 통계학과(통계학석사) University of Pittsburgh 생물통계학과(생물통계학박사) 현, 건국대학교 사회과학대학 응용통계학과 부교수
김형문	건국대학교 상경대학 응용통계학과(경제학사) 연세대학교 대학원 응용통계학과(경제학석사) Texas A&M University 대학원 통계학과(통계학박사) 현, 건국대학교 사회과학대학 응용통계학과 교수
서한손	연세대학교 상경대학 응용통계학과(경제학사) 연세대학교 대학원 응용통계학과(경제학석사) 미국 Univ. of Minnesota 대학원 통계학과(통계학박사) 현, 건국대학교 사회과학대학 응용통계학과 교수
유규상	서울대학교 자연과학대학 계산통계학과(이학사) 서울대학교 대학원 통계학과(이학석사, 이학박사) 현, 건국대학교 사회과학대학 응용통계학과 교수
조영주	서강대학교 문학부 사학과, 경영학과 (문학사, 경영학사) University of Michigan at Ann Arbor 통계학과 (응용통계학석사) The Pennsylvania State University 통계학과 (통계학박사) 현, 건국대학교 사회과학대학 응용통계학과 조교수

R & Excel 통계학의 이해와 응용

펴낸날	1999년 1월 12일 초판
	2005년 3월 7일 개정판
	2010년 9월 7일 3판
	2022년 4월 1일 4판 5쇄
	2025년 9월 1일 5판 2쇄
지은이	권성훈, 김상익, 김성환, 김형문, 서한손, 유규상, 조영주
펴낸이	김동현
펴낸곳	민영사
주 소	서울시 성동구 독서당로 39길 43 1층
전 화	(02) 711-1224~5
팩 스	(02) 711-1226
등 록	2014년 1월 1일 제2014-000001호
Home	http://www.minyoungsa.com
E-mail	myspub@hanmail.net

ISBN 979-11-86378-47-2 93310

정 가 34,000원